变动中的区域国别研究

战略、政策与学理

唐士其　韩方明◎主编

庄俊举◎执行主编

上海人民出版社

本书由察哈尔学会资助出版

总　序

　　"全国国际关系、国际政治专业博士生学术论坛"（以下简称"论坛"）是由国务院学位委员会办公室、教育部学位管理与研究生教育司共同发起、北京大学研究生院资助、北京大学国际关系学院和《国际政治研究》编辑部承办的研究生教育创新工程项目之一。首届论坛于 2008 年 10 月召开，至今已经成功举办了 16 届，成为北大国关学院以及《国际政治研究》杂志编辑部每年的一项重要学术活动，也成为全国国际关系与国际政治专业（近年也包括国家安全学和区域国别学）的博士生一个共同交流与相互学习的重要学术平台。

　　16 年来，在相关部门的指导、支持和帮助下，作为论坛承办方的北京大学国际关系学院和《国际政治研究》杂志编辑部在论坛的制度化和规范化方面进行了持续努力。目前，我们已经形成了一套相对完整成熟的工作机制。每年的论坛闭幕后不久，我们会邀请相关领域的专家，对国际关系和国际政治中一些重要的理论和现实问题进行讨论，并在此基础上形成下一年论坛的主题。最近两年，专家们还会对选题的根据加以说明，为论坛参与者论文写作提供必要的参考。随后，我们会向海内外发出论坛征文启事。在收到征文后，由北京大学国际关系学院和《国际政治研究》编辑部联合组成论文评选小组，对征文进行严格的学术评价，并根据当年论坛的规模挑选出适当数量的论文，这些论文的作者将获得参加当年论坛的资格。

　　论坛最重要的部分当然是博士生们的学术交流和论文发表。论坛组委会根据论文的内容对作者进行分组，使参会者能够有充分的时间表达观点和相互批评。学术交流的一个重要环节是老师们对论文的点评。为此，组委会事先根据每一篇论文的内容，邀请校内外相关的专家作为该篇论文的点评老师，并在论坛现场针对作者的发言进行点评。这项工作耗费了参与点评的老师们大量的时间和精力，但对于论文的作者来说，能够得到业内顶尖学者的指点是十分难得的机会，所以我们一直高度重视这个环节，而我们请到的专家学者们也一直非常支持这项工作。在这里顺便对他们表示衷心的感谢。特别值得一提的是，在疫情期间，由于外地的博士生们不能赴北京参会，我们以线上的形式组织了两届论坛。虽然大家在虚拟空间里来到一起，但论坛的认真和热烈程度并没有受到任何影响。

由于我们工作的不断改进，以及参与者的不断增加，论坛的学术品质相应地不断提高，对海内外广大相关专业博士生的吸引力也不断增强。从某种意义上说，是否参加论坛，已经成为对他们的学术水平的某种评价指标。事实上，很多博士生也的确通过参加论坛推动了自己的科研，提高了论文的写作能力，当然，更重要的是获得了一个非常难得的提高自身学术眼界和学术水平的机会，认识了更多的老师和同学，真正进入了国际关系和国际政治专业的学术共同体。早期论坛的一些参与者已经脱颖而出，成为国际关系和国际政治专业教学和研究的中坚力量。

博士阶段是一位学者重要的成长阶段，也是其思想最为活跃的阶段。在这个阶段能够从事真正有意义和有价值的学术研究，得到前辈的指点和同辈的批评，是一位未来的学者成长中的关键因素。出于这样的考虑，我们把论坛视为对国际关系和国际政治专业博士生的一个重要培养环节，一门他们各自的必修课之外重要的选修课程。在未来，我们将会一如既往地做好论坛每个环节的工作，特别是选题、遴选和点评工作，使每一位参与论坛活动的博士生（无论其论文是否入选）的学术能力和水平都能得到更大的提升。

论坛最后的环节是论文集的编辑和出版。迄今为止，我们已经出版了 12 部论文集。论文集为博士生们提供了一个发表自身科研成果的难得的机会，也是对中国国际关系和国际政治研究的一点点贡献。另外，我们也考虑对论坛的选题进行进一步的集中与指导，并且在论文遴选过程中增加论文切题程度的权重，目的不是入选论文的简单汇编，而是对相关问题的真正厚重的研究成果，并且能够成为未来相关研究深入集中的参考材料。

唐士其

北京大学国际关系学院院长、区域国别研究院院长、

《国际政治研究》主编

2024 年 11 月 3 日

序言：搭建学术平台，积极推动区域国别研究

　　本书收录了第十六届"全国国际关系、国际政治专业博士生学术论坛"的优秀论文。本届论坛的主题为"变动中的区域国别研究：战略、政策与学理"，收录的论文议题广泛，展现了区域国别研究的多元视角和研究深度。以下尝试简要从区域国别研究的理论建构、议题设置、对策建议三方面进行概括和总结。

　　一是区域国别研究的理论探索和建构。相关论文并非简单地套用单一理论框架，而是根据研究对象的特点，选择并整合不同的理论工具，展现了多种理论视角的融合与创新。例如，夏怡弯运用理性选择理论分析阿尔及利亚精英的权力竞争和策略选择，同时结合制度主义视角考察阿尔及利亚的政治制度及其对政治稳定的影响。董青青关于中美在关键矿产资源领域博弈的讨论，以及杨宇润基于坦桑尼亚的调查数据，对中国援助感知和受援国认同建构进行分析，都隐含了现实主义和自由主义理论的辩证。现实主义强调国家利益和权力竞争，而自由主义则关注合作和制度建设。两篇论文并非简单地偏向某一方，而是尝试在两者之间寻找平衡，揭示国家行为背后的复杂动机。张文静则从后殖民主义视角出发，批判性地反思了地域界定的权力关系。论文指出，传统的地域界定往往掩盖了权力不平等和殖民遗产，需要从更具批判性的视角重新审视。曾维燊介绍了"全球南方"这一新兴的视角和工具，强调发展中国家在国际关系中的重要性，并呼吁打破"西方中心论"的视角。论文认为，"全球南方"视角能够帮助我们更全面地理解国际关系中的权力动态和发展的不平衡。

　　二是区域国别研究的议题设置。论文集议题涵盖了区域国别研究的多个热点领域，体现了青年学者对当前国际形势的关注和对未来发展趋势的思考。在

大国竞争与地缘政治方面，中美关系是多篇论文讨论的核心议题之一。王雪基于大国海上危机管控机制有效性的分析，探讨了如何进一步提升中美海上危机管控机制的效率与效力。李凌志和董青青则探讨了资源安全与能源转型问题。他们的论文分析了资源稀缺性对国家安全和经济发展的影响，探讨了大国竞争对资源生产国的影响，以及资源生产国应对大国竞争的策略资源竞争、科技竞争等。李佳兴和姜丽媛探讨了区域安全合作问题，包括中国—东盟海洋环境机制复合体研究，重点关注区域合作机制在应对环境挑战方面的作用、区域安全合作机制的有效性和局限性，以及区域安全文化对安全实践的影响。

三是区域国别研究的对策建议。区域国别研究很重要的一个方面是发挥智库功能，本书中有几篇论文涉及中国在国际资源竞争中的地位和应对策略。例如，如何应对中美战略性矿产资源博弈、如何应对中美海上危机管控难题及如何应对与东盟的海洋环境合作等，这些论文提出了具体的对策建议。综合这些建议可以发现，中国致力于通过多边主义和规则框架，参与国际资源治理。中国在国际资源竞争中的应对策略并非单一，而是多层次、多维度、灵活多变的。中国既注重维护自身国家利益，保障关键资源供应安全，也重视国际合作，构建和平稳定的国际环境。其策略既包括加强军事实力，维护自身权益，也包括经济外交，推动互利共赢。从这些论文中也可以看出，政策建议能力包括问题分析、方案设计和政策评估等方面的能力，这也对区域国别研究的人才培养提供了经验和借鉴。

从这些论文中，我们可以窥见区域国别研究人才培养的几个重要方面：首先，跨学科研究能力的培养。这些论文体现了跨学科研究的趋势，融合了政治学、经济学、国际关系、社会学等多个学科的理论和方法。这要求研究者具备扎实的跨学科知识基础和研究能力。其次，语言能力和实地调查能力。部分论文基于实地调查数据，这要求研究者具备较强的语言能力和实地调查能力，能够深入研究对象所在的社会环境，收集一手资料。再次，国际视野和全球胜任力。这些论文关注全球性问题，例如气候变化、资源安全、大国竞争等，这要求研究者具备国际视野和全球胜任力，能够从全球视角分析区域问题。最后，理论创新和问题解决能力。这些论文并非简单的文献综述，部分论文结合了定量和定性研究方法，例如，运用统计数据分析经济指标，同时结合案例研究和文献分析来深入理解政治现象。这表明作者们能够根据研究对象选择合适的工具，尝试在既有理论框架的基础上进行创新，并提出解决实际问题的方案。

总之，本书为区域国别研究提供了丰富的案例和理论视角，也为区域国别研究人才的培养提供了重要的启示。我们将利用好"全国国际关系、国际政治博士论坛"这个学术平台，不断推动中国的区域国别研究的发展。

本届全国博士生论坛由北京大学研究生院、北京大学国际关系学院、《国际政治研究》编辑部、南京大学区域国别研究院、南京大学国际关系学院和察哈尔学会联合主办。本届论坛共收到来自北京大学、清华大学、复旦大学、南京大学、英国诺丁汉大学和英国赫尔大学等海内外 37 所高校的 101 篇论文，经论坛学术委员会匿名评阅，最终共有来自 19 所高校的 30 篇论文入选本届论坛，本书汇集了其中的 17 篇论文。有些论文已经刊发在《国际政治研究》《世界经济与政治》《外交评论》《世界经济与政治论坛》《南大区域国别研究》《印度洋经济体研究》等期刊或辑刊上。

本届论坛的召开得到各主办单位的大力支持。北京大学国际关系学院副院长、《国际政治研究》副主编张海滨教授，南京大学区域国别研究院院长王逸舟教授，察哈尔学会学术委员会副主任柯银斌高级研究员，南京大学国际关系学院执行院长、中国南海研究协同创新中心执行主任朱锋教授参加会议并致辞。论坛也得到国际政治研究领域诸多学者的支持和帮助，南京大学历史学院教授郑先武、南京大学国际关系学院教授毛维准、外交学院外交学系副教授牛仲君、南京大学历史学院副教授郑安光、南京大学国际关系学院副教授赵光锐、北京大学国际关系学院副教授节大磊、北京大学国际关系学院副教授刘莲莲、北京大学国际关系学院助理教授祁昊天和南京大学国际关系学院助理研究员王婉潞等学者对论文进行了认真评审和深入细致的点评。南京大学区域国别研究院的龙跃老师，北京大学国际关系学院的潘荣英老师，《国际政治研究》编辑部的王海媚老师，北京大学国际关系学院博士生同子怡、冀鲁豫、马智雍等为本届论坛的召开付出诸多努力，在此一并表示衷心感谢！

庄俊举

北京大学《国际政治研究》编辑部主任

2024 年 11 月 5 日

目　录

权力竞争与精英策略：阿尔及利亚摇摆式的政治稳定（1989—2002 年）

夏怡弯[*]

一、政治不稳定的最大可能案例：阿尔及利亚

1979 年 11 月 1 日，美国和伊朗应邀参加阿尔及利亚国庆庆典，时任美国总统卡特的国家安全顾问布热津斯基与亲美派代表时任伊朗总理巴扎尔干等私下会面，引爆了伊朗人质危机。[①]其间美国驻伊朗大使馆被占领，66 名美国外交官和平民被扣留为人质。危机始于 1979 年 11 月 4 日，直至 1980 年 11 月，连任失败后即将离任的卡特政府在阿尔及利亚外交官阿布杜勒-卡里姆·格莱布（Abdulka-rim Ghuraib）的帮助下顺利与伊朗进行谈判并最终达成和解。2006 年，美国前国务卿沃伦·克里斯托弗（Warren Christopher）发表文章《一个共同信任的时刻》[②]，对阿尔及利亚在结束伊朗人质危机中所起的作用表示敬意，认为正是因为时任阿尔及利亚外交部长的干预，才能达成《阿尔及尔协议》，从而结束美国长达 444 天的民族痛苦。这场人质危机是美伊关系史上的重大转折点，也是世界范围内的外交大事件。可以说，阿尔及利亚取得了 20 世纪最伟大的外交成就之一，能在刚爆发伊斯兰革命的伊朗与资本主义世界霸主美国之间周旋调解并不是普通小国能轻易做到的事情。但彼时的阿尔及利亚人民不会想到，十年后的自己也将深陷政治动荡的泥潭。当然，他们更不会想到，这场政治动荡最后并未使他们像

---

* 夏怡弯：复旦大学国际关系与公共事务学院博士候选人。

① 魏亮：《伊朗人质危机起因再析》，《西亚非洲》2011 年第 1 期，第 67—71 页。

② Warren Christopher, "A Shared Moment of Trust," National Public Radio, January 23, 2006.

一些邻国一样就此陷入混乱，阿尔及利亚政府最终平息动荡重新稳定了下来。

从国家历史来说，阿尔及利亚呈现出从部落直接过渡到国家、由残酷战争而独立的特征。其经历了数千年的移民和入侵，从迦太基人、罗马人再到法国人。法国对阿尔及利亚的本土社会进行了残忍的破坏，摧毁了阿尔及利亚本土的部族结构和几乎所有的本土政治机构，与此同时在阿尔及利亚疯狂掠夺财富，有计划地征用土地和征收重税，许多居民陷入赤贫，一些母亲甚至只能切开血管抽出血来喂养婴儿。①从殖民遗产来说，作为曾被写入法国宪法的殖民地，殖民主义对阿尔及利亚产生了强大而持久的影响，法国将其法律体系与行政管理模式完全嫁接至阿尔及利亚②，并实施了影响深远的教育改革进行文化殖民。从

表 1　阿尔及利亚政局的历次摇摆

年份	事　件	内　　容
1965	军事政变	胡阿里·布迈丁（Houari Boumedienne）发动军事政变，和平推翻第一任总统艾哈迈德·本·贝拉（Ahmed Ben Bella）。
1978	总统突然离世	强人布迈丁突然离世，经过和平的权力斗争，沙德利·本·杰迪德（Chadli Beh Bemdedid）当选总统。
1980	柏柏尔之春	沙德利对阿拉伯化的快速推进引起了柏柏尔人的抗议示威，并导致暴力冲突，但被当局政府成功镇压。
1991—2002	爆发内战	反对党"伊斯兰拯救阵线"在第一轮投票中获胜，遭到了军方干涉宣布选举无效，内战随之爆发，2002 年以政府当局的胜利而结束。
2011	"阿拉伯之春"	强人阿卜杜勒-阿齐兹·布特弗利卡（Abdelaziz Bouteflika）承诺改革，并解除实行 19 年的国家紧急状态法，成功化解危机。
2019	希拉克运动	自 2013 年中风后久未露面的布特弗利卡将竞选第五个任期的宣告引发了全国性的大规模社会抗议，后在民众和军方的压力下宣布辞职，同年 12 月，前总理阿卜杜勒-马吉德·特本（Abdelmadjid Tebboune）当选总统。

资料来源：作者自制。

---

①　Malika Rebai Maamri, *The State of Algeria：The Politics of a Post-colonial Legacy*, London：Bloomsbury Publishing, 2015, pp.25—29.

②　一些研究表明，相比大陆法系，普通法国家能够更好地防止腐败，参见 Daniel Treisman, "The Causes of Corruption：A Cross-National Study," *Journal of Public Economics*, Vol.76, No.3, pp.399—457.

族群构成来说，阿尔及利亚社会在宗教方面非常统一，几乎所有的阿尔及利亚人都是穆斯林，但有 20% 的人口为北非原住民——柏柏尔人（Berber），法国殖民时通过内部族群的不和与分裂来削弱阿尔及利亚，即阿拉伯人和原住居民柏柏尔人之间的对立情绪，独立后，人数较少的柏柏尔人占据着政治经济的相对优势地位。

不论从国家历史、殖民遗产还是族群构成来说，加之丰富的油气资源，阿尔及利亚存在着众多引发政治不稳定的潜在因素。但为什么阿尔及利亚政府当局总能将社会冲突控制在一定的秩序之内以保证自身政权不被颠覆，维持住一种摇摆式的政治稳定形态呢？

高增长、以发展为导向的资源出口国的政治不稳定已经成为人们的共识。考虑到石油和天然气收入在阿尔及利亚独立后所起的作用，学者往往将经济视为最重要的解释变量。无论政权形式如何，控制国家就意味着控制大量财富。这种类型的寻租国家看似有其特殊性，能够利用石油租金购买政治同意与政治沉默，并催生出贪婪的、掠夺性的精英。阿尔及利亚的邻居，王国时期的伊朗就因这种经济模式而崩溃，当石油价格停滞或崩溃时，国家已经没有能力进行调控。

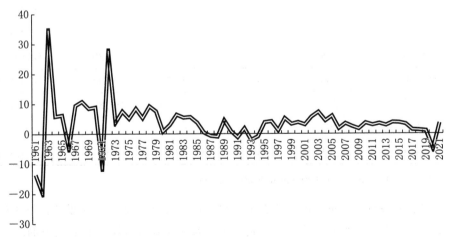

资料来源：world development indicators online。

图 1　阿尔及利亚国内生产总值增长率变化（年百分比）

为什么阿尔及利亚的发展轨迹却并未如此？是什么因素导致了高增长、以发展为导向的资源出口国的政治稳定或不稳定？自然资源是一个决定性变量吗？政治形态是否真的根源于石油资源带来的畸形的经济活动与政治关系？还是说外部的经济冲击致使的经济萧条才是必要的原因？佛罗里达大学政治学教授本杰明·史密斯（Benjamin Smith）曾发现，在21个石油出口国中，有11个在1977年或1986年（或两者兼而有之）的经济萧条时期经历了政治危机，11个政权中有4个垮台。①在他的统计中，为什么有近一半的石油出口国并没有发生政治危机？当我们尽可能地控制差异，将关注范围缩小到具有共同政治文化（即伊斯兰教）的石油出口依赖国家时，可以发现更为显著的差异：在面对外来冲击时，一些国家失败并经历了政权更迭（如伊朗），一些国家相当成功地处理了危机并保持了稳定（如沙特），还有一些国家在经历了巨大的动荡之后成功地恢复了稳定（如阿尔及利亚）。

表2　1984—1988年部分伊斯兰石油出口国人均国内生产总值的变化

（单位：2015年不变价美元）

国　家	1984年	1986年		1988年	
阿尔及利亚	3 492	3 399	（−1.92）	3 154	（−6.95）
沙特阿拉伯	18 014	17 360	（−10.04）	16 801	（−6.23）
阿联酋	85 503	62 446	（−32.15）	54 840	（−7.28）
印度尼西亚	1 198	1 247	（5.73）	1 330	（8.10）
马来西亚	3 688	3 489	（−5.07）	3 798	（10.05）
阿　曼	17 347	17 795	（6.61）	16 189	（−5.07）
尼日利亚	1 408	1 414	（6.35）	1 488	（3.0）
科威特	13 901	13 355	（−3.92）	11 883	（−11.02）

资料来源：world development indicators online。

如何解释穆斯林世界的一些石油出口国，在受到严重的经济冲击后并没有变得高度不稳定？面对经济危机，是什么因素能够让政权阻止自身实力的削弱

---

① Benjamin Smith, "The Wrong Kind of Crisis: Why Oil Booms and Busts Rarely Lead to Authoritarian Breakdown," *Studies in Comparative International Development*, Vol.40, pp.55—76.

并安抚国内异见者？政权类型或政治文化等因素会产生影响吗？作为一个自然资源极为丰裕且高度依赖资源出口的国家，为什么阿尔及利亚却能屡屡在政权崩溃的边缘设法重新保持稳定？跨国别的量化大样本分析难以对这种差异进行有效的追踪解释，而对阿尔及利亚这一摇摆式的政治稳定形态进行国别追踪，是观察差异解释问题的可行方法，能对因果机制进行更细致微观的描绘。本文选取阿尔及利亚 1989—2002 年的内战作为研究时段，深入描绘其权力竞争与精英策略的动态变化。

二、文献回顾与分析框架

（一）文献回顾：资源依赖国家的政治稳定研究

第二次世界大战后，一大批新兴的民族国家获得独立，这些国家独立后的最初发展往往都伴随着广泛的暴力，并且大多都随之爆发了暴乱、革命、政变或是内战。这些新兴民族国家的不稳定和暴力自然引起了学者的关注。杰克·戈德斯通（Jack A. Goldstone）认为有三种共同条件致使政治不稳定，进而导致政权崩溃：第一，国家失去了对社会的合法性，由于各种原因，它未能完成自身设定的和向社会承诺的主要任务，通常情况下财政危机是核心也是国家崩溃的第一步；第二，由于精英和民众团体否认国家的合法性，他们收回了支持；第三，有资源的精英在心怀不满的民众群体中动员对变革的支持，而这些群体本身就准备采取行动。[①]亨廷顿是政治稳定学说的代表学者，他认为政治稳定包含秩序性与继承性，秩序性即为政治体系相对不存在暴力、分裂和解体等，继承性则是指政治体系未发生关键要素的更改等，[②]本文所指涉的政治稳定遵循亨氏所述。对于自然资源丰裕的新兴民族国家而言，其政治稳定状况呈现出显著的差异性而备受关注，既有的研究可以从以下三个层次进行回顾。

1. 国际结构

一些国际政治经济学的学者认为，石油出口国的政治结果是遵循了市场的

---

① Jack A. Goldstone, "Ideology, Cultural Frameworks, and the Process of Revolution," *Theory and Society*, Vol.20, 1991, pp.405—453.

② ［美］格林斯坦·波尔斯比：《政治学手册精选（下卷）》，储复耘译，商务印书馆 1996 年版，第 155 页。

逻辑，正是国际资本市场的结构和石油出口国在市场中的一体化决定了其政治结果。他们认为，1998 年印度尼西亚危机中，政权崩溃和变革的基础是 20 世纪 80 年代中期的全球经济衰退，彼时随着国际石油价格的下跌和优惠贷款的缩减，印度尼西亚第一次被迫借入短期的私人资本。20 世纪 90 年代，当贷款到期时，恰逢印尼货币螺旋式下跌，国内经济崩溃，进而带来了政治不稳定。①西达·斯考切波（Theda Skocpol）也强调了国际压力的作用，认为国家特殊的结构性特征在国际压力之下导致了政权崩溃。②与此同时，由于石油资源的稀缺性，国际社会对某个石油出口国的兴趣越大、越持久，就越有可能以支持该政权、避免内乱的方式进行干预。外国势力可能会选择放弃陷入危机的政权，也可能会通过不同的支持手段使其重新焕发活力。③还有学者提出了与石油资源与超级大国之间的因果机制：超级大国在获取石油方面的利益，再加上石油财富经常出现在穆斯林占多数的国家，超级大国过于害怕石油储备落入伊斯兰反对派手中而无法向石油资源丰富国家的统治者施压，使得这些国家的政权不那么容易受到外界要求其自由化或至少不进行镇压的影响，随后统治者镇压的能力和意愿促成了政治稳定。④

这类观点强调了单一出口经济体极度脆弱的特征，以及国际结构变化与国外势力干预对国内政策、制度和结果的深刻影响。然而，他们忽略了国内的结构安排和行动者在此过程中的重要性。外部影响的解释太过宽泛，外国势力的干预可以支撑一个处于危机中的政权，但也可能破坏一个政权的稳定。在阿尔及利亚以及其他伊斯兰石油出口国，国际社会的影响是值得注意的，但除了 2003 年美国对伊拉克的干预外，我们很难断言国际结构和国外势力在其中起了决定性作用。

2. 制度结构

以制度作为解释是近年来政治学最受关注的研究视角之一。塞缪尔·亨廷

---

① 参见 G. Rodan, K. Hewison and R. Robison, *The Political Economy of South-East Asia：Markets, Power and Contestation*, New York：Oxford University Press, 2006。

② 参见 Theda Skocpol, *States and Social Revolutions：A Comparative Analysis of France, Russia and China*, Cambridge：Cambridge University Press, 1979。

③ Jason Brownlee, "… And Yet they Persist：Explaining Survival and Transition in Neopatrimonial Regimes," *Studies in Comparative International Development*, Vol.37, pp.35—63.

④ 参见 Bellin, Eva Rana, *Stalled Democracy：Capital, Labor, and the Paradox of State-Sponsored Development*, New York：Cornell University Press, 2002。

顿（Samuel Huntington）、胡安·林茨（Juan Linz）和吉列尔莫·奥唐纳（Guill-ermo O'Donnell）都认为，对于新兴民族国家而言，民主政体更容易出现政治不稳定，因为当经济现代化的速度超过民主政治制度的发展时，更容易发生政变、革命和民主的崩溃。①在民主国家，两极分化的阶级关系更容易紧张，当一个特定阶级要求财富再分配时，就容易产生政治危机。②与此相反，另一些学者认为，那些容易以民众动员的形式出现政治危机的国家通常是"封闭或排斥、组织软弱或突然被削弱以及专制的独裁政权"③。在这之中，那些世袭政权往往因其易受不稳定和崩溃的影响而被单拎出来。④一个政权的权力分享和内部争端解决程度越高，政权的稳定程度就越高，即促进共识政治的政权更有可能持久。⑤但是，有学者发现，所谓在大规模动员之下席卷整个中东的"阿拉伯之春"，最后仅导致了四个国家发生了政权更迭，那些拥有世袭继承制度的中东国家在这次浪潮中基本都保持了稳定。⑥

侯赛因·马赫达维（Hossein Mahdavy）在分析伊朗时，提出了食利国家理论（rentier states），该理论假设，当政府的大部分收入来自外部如自然资源收益或外国援助时，他们就不需要征税，从而由汲取型国家演变为分配型国家。⑦与依赖税收、必须投入大量精力从社会获取运营收入的汲取型国家不同，分配型国家只需决定哪些社会群体将成为石油租金的优先受益者。一般来说，食利国

---

① 参见［美］塞缪尔·亨廷顿：《变化社会中的政治秩序》，王冠华、刘为译，上海人民出版社2008年版，第73—85页；Juan J. Linz and Alfred Stepan, *Crisis, Breakdown, and Reequilibration*, Baltimore: Johns Hopkins University Press, 1978；［阿根廷］吉列尔莫·奥唐奈：《现代化和官僚威权主义：南美政治研究》，王欢、申明民译，北京大学出版社2008年版。

② Suman Gupta, *Theory and Reality of Democracy: A Case Study in Iraq*, London: Bloomsbury Publishing, 2006.

③ Jeff Goodwin and Theda Skocpol, "Explaining Revolutions in the Contemporary Third World," *Politics & Society*, Vol.17, No.4, pp.489—509.

④ Michael Bratton and Nicolas Van de Walle, *Democratic Experiments in Africa: Regime Transitions in Comparative Perspective*, New York: Cambridge University Press, 1997.

⑤ Michael Herb, *All in the Family: Absolutism, Revolution, and Democracy in Middle Eastern Monarchies*, New York: State University of New York Press, 1999.

⑥ J. Brownlee, T. Masoud and A. Reynolds, "Tracking the 'Arab Spring': Why the Modest Harvest?" *Journal of Democracy*, Vol.24, No.4, pp.29—44.

⑦ Hossein Mahdavy and Michael A. Cook, "The Patterns and Problems of Economic Development in Rentier States: the Case of Iran," *Studies in the Economic History of the Middle East*, Vol.1000, No.1, pp.129—135.

家的汲取能力较弱，官僚主义盛行且效率低下，政府的中央集权和缺乏有效的监管结构都助长了世袭制和腐败，法治和租金分配的透明度较低。[1]但其实，这些特征在后殖民国家中十分常见，缺乏监管和官僚机构臃肿是发展中国家行政管理的通病，而社会分裂在非洲、拉丁美洲、中东和亚洲的许多国家都是常态。通过文献回顾可以发现，不同的学者基于制度结构给出了不同的解释，政权特征或制度结构难以解释伊斯兰石油出口国政治稳定状况的差异。

3. 经济结构

普林斯顿大学政治系教授约翰·隆德里根（John Londregan）及其合作者发现，在所有政权中，政变的最佳预测因素是贫穷。[2]在民主化转型的研究中，大家都较为公认威权主义政权更有可能在经济危机期间倒台，以经济为基础的合法性似乎是一个威权主义政权存续的核心机制，因为它们缺乏民主进程所提供的合法性。[3]对于自然资源丰裕的国家，西达·斯考切波认为，对石油财富的依赖使得伊朗的巴列维政权能够从其社会中保持难以想象的自治，尽管这种自治在 70 年代末的大规模反政府动员面前被证明是效果欠佳的。[4]这些不同影响叠加形成了国家—社会弱关系，并造成了后续的政治不稳定。牛津大学经济学教授保罗·科利尔（Paul Collier）认为，以依赖初级商品出口为代表的资源丰富程度较高的国家更有可能爆发冲突。[5]如果一个叛军领导人可以随时获得钻石矿或其他可掠夺的财富来源，那么他就可以吸引新兵并维持叛乱。[6]此外，租金分配的不平等也可能导致冲突，当无法从租金分配中获益的群体试图诉诸暴力来强迫

---

① 参见 Catherine Boone, "The Making of a Rentier Class: Wealth Accumulation and Political Control in Senegal," *The Journal of Development Studies*, Vol.26, No.3, pp.425—449。

② John B. Londregan and Keith T. Poole, "Poverty, the Coup Trap, and the Seizure of Executive Power," *World Politics*, Vol.42, No.2, pp.151—183.

③ 参见 Juan J. Linz and Alfred Stepan, *Problems of Democratic Transition and Consolidation: Southern Europe, South America, and Post-Communist Europe*, Baltimore: Johns Hopkins University Press, 1996。

④ Theda Skocpol, "Rentier State and Shi'a Islam in the Iranian Revolution," *Theory and Society*, Vol.11, No.3, pp.265—283.

⑤ Paul Collier and Anke Hoeffler, "On Economic Causes of Civil War," *Oxford Economic Papers*, Vol.50, No.4, pp.563—573.

⑥ 参见 Jeremy M. Weinstein, *Inside Rebellion: The Politics of Insurgent Violence*, New York: Cambridge University Press, 2006。

再分配时，可能会破坏民主政府和权威政府的稳定。但是，本杰明·史密斯利用 1960—1999 年间 107 个发展中国家的横截面时间序列数据检验了石油财富对政权失败、政治抗议和内战的影响，发现石油财富与政权持久性的增强密切相关。①

在资源丰裕的新兴民族国家，石油租金已经被用于解释各种政治现象。它可以是政治沉默的原因②，也是反对派崛起的原因③；是政治不稳定的原因④，也是政治稳定的原因⑤；是民主化转型的原因⑥，也是威权主义存续的原因⑦。受到西方政治现代化学说的影响，既有研究普遍更关心解释不同政治秩序或政体中的冲突倾向，并且往往依赖于对经济结果的解释。量化结果也许可以帮助我们找到一些普遍规律，但跨国大样本分析难以解释更为微观的差异。同样是高度依赖石油出口的国家，有天主教国家，也有伊斯兰教国家，有历史上的帝国，也有长期遭受殖民统治的边缘小国，其政治结果受到资源影响的因果机制难说相同。由于"资源诅咒"学说的庞大，大家好像认为对石油出口高度依赖的国家就会天然地遭受"诅咒"。但已经有部分学者提出了不同的观点，认为对资源依赖的增加与威权主义无关。⑧

随着现实世界的发展，自然资源出口依赖国遭受冲击时的政治结果也出现了公认的差异，这催生了资源诅咒的"条件理论"，学者开始关注产权结构和已

---

① Benjamin Smith，"Oil Wealth and Regime Survival in the Developing World，1960—1999，" *American Journal of Political Science*，Vol.48，No.2，pp.232—246.

② 参见 Jill Crystal，*Oil and Politics in the Gulf：Rulers and Merchants in Kuwait and Qatar*，No.24，New York：Cambridge University Press，1995。

③ Gwenn Okruhlik，"Rentier Wealth，Unruly Law，and the Rise of Opposition：the Political Economy of Oil States，" *Comparative Politics*，1999，pp.295—315.

④ 参见 Terry Lynn Karl，*The Paradox of Plenty：Oil Booms and Petro-States*，Berkeley：University of California Press，1997。

⑤ 参见 Steffen Hertog，"Segmented Clientelism：the Politics of Economic Reform in Saudi Arabia，" Ph.D. dissertation，Oxford：University of Oxford，2006。

⑥ Daniel H. Levine，"Venezuela Since 1958：the Consolidation of Democratic Politics，" *The Breakdown of Democratic Regimes*，Vol.3，pp.82—109.

⑦ 参见 Dirk Vandewalle，*Libya Since Independence：Oil and State-Building*，New York：Cornell University Press，2019。

⑧ Stephen Haber and Victor Menaldo，"Do Natural Resources Fuel Authoritarianism？A Reappraisal of the Resource Curse，" *American Political Science Review*，Vol.105，No.1，pp.1—26.

有制度对政治结果的影响①，以及其他背景特征②在矿产财富和政治结果之间的介导作用。本杰明·史密斯认为，政权的持续或崩溃取决于相对于"后期发展"而言获得石油租金的时间，他分析了伊朗和印度尼西亚在 20 世纪 70 年代末的经验，认为在后期发展的初期，石油租金的可用性和有组织的反对派的存在会影响制度安排，从而影响政治结果。③特里·林恩·卡尔（Terry Lynn Karl）也指出，挪威在资源诅咒方面的相对成功表明："石油财富管理问题本质上是一个时间序列问题，即在开采石油之前，必须建立良好的制度。"④卡赞斯坦（Peter J. Katzenstein）在考察经济脆弱的欧洲小国在面对经济危机时，认为是灵活性调整的统合主义让它们与经济变迁并存并适应。⑤

总的来说，对于如何解释资源丰裕国家的政治现象仍然存在争论，但相同的是大多数研究以跨国大样本的定量分析为主，拘泥于结构性的视角。但已经有一些区域性研究拓宽了这一领域的研究视野。香港中文大学政治学教授詹晶在对中国的研究中发现了国家与政府政策在其中的能动作用，制度设计、官员激励以及再分配方式与能力等都是自然资源对政治产生影响过程中的重要变量。⑥正如对石油出口国的定量研究所表明的那样，在政府能够从外部来源获得重要财政资源的国家，可能更容易发生政治不稳定。尽管如此，石油租金并不

① 参见 Pauline Jones Luong and Erika Weinthal, "Prelude to the Resource Curse: Explaining Oil and Gas Development Strategies in the Soviet Successor States and Beyond," *Comparative Political Studies*, Vol.34, No.4, pp.367—399; Pauline Jones Luong and Erika Weinthal, *Oil is Not a Curse: Ownership Structure and Institutions in Soviet Successor States*, New York: Cambridge University Press, 2010。

② 参见 Thad Dunning, *Crude Democracy: Natural Resource Wealth and Political Regimes*, New York: Cambridge University Press, 2008; Philippe Le Billon, "Corruption, Reconstruction and Oil Governance in Iraq," *Third World Quarterly*, Vol.26, No.4—5, pp.685—703。

③ 参见 Benjamin B. Smith, *Hard Times in the Lands of Plenty: Oil Politics in Iran and Indonesia*, New York: Cornell University Press, 2007。

④ Terry Lynn Karl, "Oil-led Development: Social, Political, and Economic Consequences," *Encyclopedia of Energy*, Vol.4, No.8, pp.661—672.

⑤ Peter J. Katzenstein, *Small States in World Markets: Industrial Policy in Europe*, New York: Cornell University Press, 1985, pp.1—20.

⑥ 参见 Jing Vivian Zhan, "Repress or Redistribute? The Chinese State's Response to Resource Conflicts," *The China Quarterly*, Vol. 248, No. 1, pp. 987—1010; Jing Vivian Zhan, "Natural Resources, Local Governance and Social Instability: A Comparison of Two Counties in China," *The China Quarterly*, Vol.213, pp.78—100 等。

是不稳定的直接原因，政治制度也不是，而国际结构要引发国内危机，必须具备国内条件。本文认为，虽然石油租金给这些国家的政治经济发展带来了许多结构性挑战，但在解释政治结果时，重要的是国内的行动者如何应对与决策。换言之，国内统治精英的权力博弈与精英策略的能动性作用可以更好地解释穆斯林石油出口国的政治结果。

（二）分析框架：精英选择

胡安·林茨（Juan José Linz）关于资源丰裕国家的警告是有意义的："如果认为这些政权是经济结构的必然结果，而忽视了许多其他有助于其稳定的因素，那将是错误的。"[①]社会科学研究中一直存在结构与主体之论争，对于在国家建设早期就能通过自然资源获得大量发展租金的后殖民国家来说，结构性因素难以解释其复杂的政治发展动态。由于早期大量的发展租金都被掌握在统治精英手中，其统治精英的能动性选择，是历史的推动力量，决定了历史最终去往哪儿。

学界关于不同主体选择对政治发展影响的研究已经著述丰富，一般存在精英主义与多元主义两种视角，但西方的多元民主学说在发展中国家的实践已经屡屡遭遇尴尬境地。一个现代国家总是会制定严格的权力等级制度并伴随着产生政治精英，而精英往往拥有更大的权力来影响国家的发展。已经有许多研究表明，国家精英的团结对于政权稳定有着重要影响。[②]有学者在对巴西国家精英的调查中将精英阶层划分为军事—政府、经济、教会和城市劳工派系，这些派系在政治游戏规则上两极分化，彼此孤立，从而影响了国家能力与政治稳定。[③]同样是对巴西的研究，著名政治学家阿尔弗雷德·斯捷潘（Alfred Stepan）则强调了政治领导作为政权崩溃的促成因素的属性。他认为，虽然与社会或经济背景有关的宏观变量可能使政治制度紧张，但正是"领导的素质和风格"使这些

---

① Juan José Linz, *Totalitarian and Authoritarian Regimes*, Boulder: Lynne Rienner Publishers, 2000, p.154.

② 参见 Raymond Aron, "Social Structure and the Ruling Class: Part 1," *The British Journal of Sociology*, Vol.1, No.1, pp.1—16; Francis G. Castles, "Political Stability and the Dominant Image of Society," *Political Studies*, Vol.22, No.3, pp.289—298。

③ Peter McDonough, "Developmental Priorities among Brazilian Elites," *Economic Development and Cultural Change*, Vol.29, No.3, pp.535—559.

11

紧张"达到危机点"。在他看来，当一个领导者面对重大挑战时，如果他既不能团结已经拥有的支持，也不能阻止反对的声音越来越大，就会引发崩溃。①得克萨斯大学奥斯汀分校政治学教授约翰·希格利（John Higley）及其合作者考察了精英集团对政治变革的影响，认为自觉团结的精英是政治稳定的必要条件。②

对于发展中国家而言，统治精英的行为、选择和偏好占据着重要地位。相比于一些其他的发展中国家，阿尔及利亚无疑是幸运的。自1956年法国人在阿尔及利亚的沙地下发现石油，目前阿尔及利亚石油储量居世界第15位，天然气探明可采储量居全世界第10位。③在国家独立的初始阶段，资源丰裕的国家就能通过丰富的油气资源轻易地获得大量的发展租金，但这些巨大的财富往往掌握在统治精英的手中，这不仅可能会催生出贪婪的精英，而且如何分配和使用油气资源带来的财富很大程度上就取决于统治精英的选择与博弈。阿尔及利亚的统治精英建立了一个社会主义国家，选择将油气资源国有化，这便是阿尔及利亚政治发展的基础性时刻。在此后的现代化建设中，统治精英将这些天降的财富都用于计划经济实验，并一味强调重工业发展，实行工农业剪刀差，虽然这让阿尔及利亚进入了平稳的高速发展时期，但并未为其发展出一个更强大的工业基础。在优先发展重工业的过程中，阿尔及利亚从一个农业完全能够自给的国家转变为高度依赖粮食进口的农业落后国，过度城市化让大城市变得拥挤不堪，效率低下腐败盛行的国有企业也难以提供足够的就业岗位。在1986年石油价格危机来临之后，阿尔及利亚便迎来了其政治稳定的关键性时刻。社会危机发生后，面对出乎意料的选举结果，军事精英迅速插手政治，不仅加剧了社会力量与政权的对抗，还造成统治精英内部权力对抗的局面。随后由于矛盾愈演愈烈，统治精英都意识到了政权面临的严重危机，开始选择寻求和解并实行政治宽恕的策略，最终维持住了政治稳定。统治精英在政治发展关键性时刻的选择，直接左右了阿尔及利亚摇摆中的政治稳定状况。

---

① Alfred Stepan, "Political Leadership and Regime Breakdown: Brazil," in Juan J. Linz and Alfred Stepan, eds., *The Breakdown of Democratic Regimes: Latin America*, Baltimore: Johns Hopkins University Press, 1978, pp.110—137.

② John Higley and Michael Burton, *Elite Foundations of Liberal Democracy*, London: Rowman & Littlefield Publishers, 2006, pp.1—32.

③ 参见外交部官网《阿尔及利亚国家概况》，http://cja40.fmprc.gov.cn/gjhdq_676201/gj_676203/fz_677316/1206_677318/1206x0_677320/，访问时间：2023-09-28。

本文以阿尔及利亚这一国别作为研究的场域，选取权力竞争和精英策略作为解释变量，对阿尔及利亚的政治进程与政治发展进行过程追踪，进而解释阿尔及利亚为何能在摇摆中实现政治稳定，分析框架如图 2 所示。

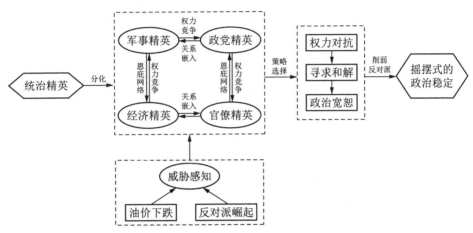

图 2　阿尔及利亚摇摆式政治稳定的分析框架

三、统治精英的派系分化及反对派崛起

阿尔及利亚独立之后，其政权有四大支柱：领导民族解放战争的军队、唯一合法的政党——民族解放阵线、政府的文官官僚以及国有化的经济部门。由此，其统治精英可分为四类：军事精英、政党精英、官僚精英以及国有经济的经济精英。这四类精英难以彻底区分，因为它们的人员构成、权力以及职能往往交织在一起。此外，不同精英间的权力对比并非静态的，统治精英内部的各个派系存在着持续的权力竞争。

（一）军事精英

在艾哈迈德·本·贝拉（Ahmed Ben Bella, 1962—1965 年在任）时代，文官官僚与军事精英的权力对比并不明晰。1963 年颁布的宪法规定阿尔及利亚由爱国政党民族解放阵线执政，而军队则应当在政党的框架内参与政治活动和国家建设。但实质上，军队并没有放弃权力，军队在政治生活中被赋予了"监督者"的角色，而高级军官军团则是"制度化国家的守护者"。①独立战争不仅为军队在政治上的主导地位奠定了基础，也为战后精英阶层的一些主要特征奠定了基础。在战争期间，由于内部竞争和后勤困难，民族解放阵线的集体领导权威较小，因此越来越多地将决策权交给六个省的指挥官，即政治—军事领导。②军事精英之间的权力斗争并不局限于武装抵抗领袖和政治领袖之间的斗争，涉及复杂的内部战争拉锯战，例如游击队员与装备更好、军事上更专业的边境军队之间的拉锯战在这两个相互竞争的团体中发展起来的关系网络，这些关系网络对于理解当代阿尔及利亚的政治动态和决策仍然很重要。而军队的情报机构到现在仍然被认为是阿尔及利亚体制内最强大的力量，它不仅控制人口，而且越来越多地参与经济，支配对外贸易和金融关系，在提名高级官员方面发挥核心作用，并参与内部军事斗争。③可以发现，反对法国殖民者的民族解放战争并没有产生一个团结的精英，而是产生了一个分裂的精英。④

1965 年 6 月，时任国防部长胡阿里·布迈丁发动政变，推翻了本·贝拉，军队开始更直接地参与政治。宪法被中止，议会被解散，革命委员会被确立为控制政府的最高政治机构，三分之一的政府官僚有军事背景，并主要在外交和内政等关键部门任职。⑤此时，军队参与政治已制度化，并在 1976 年得到了《国家宪章》和以该宪章为基础的新宪法的法律支持。

在牢牢控制政治的情况下，军队不断加强其本身的合法性，并将自身塑造为国家发展的主要贡献者。1979 年，在布迈丁突然离世之后，军方领导层选择了沙德利·本·杰迪德上校（Chadli Bendjedid）担任新总统，权力仍然牢牢地掌握在一小群具备军事背景的官员手中，尽管沙德利没有布迈丁那样的铁腕实力，这样的局面一直持续到 21 世纪初。

---

① 参见 I. William Zartman, "The Algerian Army in Politics," in W. Zartman, ed., "Man, State and Society in the Contemporary Maghrib," New York：Praeger, 1972, pp.210—224；I. William Zartman, *Political Elites in Arab North Africa*, *Morocco*, *Algeria*, *Tunisia*, *Libya and Egypt*, London：Longman, 1983, p.7.

② A. Yefsah, "L'Armée et le pouvoir en Algérie de 1962 à 1992," in P.R. Baduel ed., *L'Algérie Incertaine*, Aix-en-Provence：Edisud, 1994, pp.77—98.

③ J. Garçon and P. Affuzi, *L'armée algérienne. Le pouvoir de l'ombre*, *Pouvoirs*, 1998, pp.45—56.

④ William B. Quandt, *Revolution and Political Leadership. Algeria*, *1954—1968*, Cambridge：MIT Press, 1969, p.2.

⑤ Ibid., p.251.

（二）政党精英

有学者指出，战时的民族解放阵线既不是"一个真正意义上的政党"，也不仅仅是一支"普通的军队"，相反，它是"一场为民族主义目的而进行革命战争的政治运动，从一开始就与阿尔及利亚既有的所有政治组织不一致，并决心消灭它们"①。这种消灭大部分是通过吸纳发生的，因为民族解放阵线在独立时陷入了激烈的内部斗争，这些斗争主要由于彼时关于国家建设的相互矛盾的主张。

建国后，宪法将民族解放阵线定位为一个带领阿尔及利亚沿着社会主义发展道路前进的唯一合法的精英型政党。但在布迈丁政变后，虽然民族解放阵线仍然为唯一合法政党，但其作用被降低为国家领导的工具之一。从布迈丁时代到民主化改革期间，民族解放阵线不再是立法和政策制定的主导力量，而是成为执行政策的工具。②民族解放阵线及其附属机构的主要任务是在党的领导层中实现共识，扩大政权对人民的控制，并通过将社会斗争引导到法团主义结构中来防止自治政治力量的出现。事实上，政党对警察和军队起到了辅助作用，因为他们扩大了警察和军队的间谍网络。③

民族解放阵线党内有三个不同的派别：传统的宗教势力、社会主义复兴党和经济改革派。布特弗利卡是后来成为总统的改革派之一。随着时间的推移，这些派系在体系内的相对权重都在发生变化，社会主义者的力量在布迈丁的统治下非常强大，他们塑造了体制和精英。20 世纪 80 年代，社会主义者败给了传统主义者以及日益强大的经济改革派。如今，民族解放阵线内部这三个职能之间的斗争仍然存在，并表现在民族解放阵线在教育部门或国家经济改革方面难以达成统一立场。

（三）官僚精英

1962 年，当法国人从阿尔及利亚撤出时，他们留下了一个以法国公共行政模式为基础的复杂而强大的官僚机构。民族解放战争胜利后，阿尔及利亚走上

---

① Hugh Roberts, *The FLN：French Conceptions，Algerian Realities*，London：Routledge，2015，pp.117—118.

② S. Faath, *Algerien. Gesellschaftliche Strukturen und politische Reformen zu Beginn der neunziger Jahre*，Hamburg：Deutsches Orient-Institut，1990，p.105.

③ A. Rouadjia, *Grandeur et décadence de l'état Algérien*，Karthala，1994，p.211.

了社会主义道路，并且在社会主义阵营发挥影响力，逐步采用了社会主义的官僚模式。20 世纪 60 年代末，文官官僚和国家主导的经济成为新技术官僚精英形成和出现的主要空间，其中还包括职业军队。①

虽然阿尔及利亚官方始终强调人民的代表权，但这种代表权在官僚机构的上层始终没有实现。特定的招募机制使潜在的新兵储备主要局限于殖民地和战时精英，一些特殊规定，如高级官僚要有高等教育学位等，则有利于在城市受过教育、享有社会经济特权和会讲法语的社会上层。国家独立后新出现的官僚精英主要来自三个社会群体：殖民前阿尔及利亚旧的商业资产阶级的残余，包含军官和宗教人士的部落贵族以及去部族化的通过接受法国教育获得了向上流动机会的普通人。②

尽管有了新的技术官僚群体，但 1989 年之前的阿尔及利亚官僚机构无法由技术官僚主导。当时的阿尔及利亚官僚很少有公共服务的观念，官僚机构各部门和各级之间也很少协调。③文官官僚成为核心精英中饱私囊的工具，行政行为在很大程度上取决于阿尔及利亚人所说的"活塞"，即源于个人（家庭、部落等）的社会关系。公共行政的发展反映了这个国家的精英或许参与了一场雄心勃勃的经济转型和社会转型，但政治和行政实践却远远滞后。

（四）经济精英

自布迈丁以来，阿尔及利亚的国有经济一直是理解阿尔及利亚体制稳定与不稳定的关键。在国家独立后的第一个十年里，所有的主要企业都被国有化，最重要的经济部门，即碳氢化合物部门，到 1972 年完全由国家控制。布迈丁的目标是建立一个中央集权的现代工业国家，其发展计划的核心是进口替代工业化模式。其中，所有非工业部门都被忽视，特别是农业部门。石油和天然气出口带来了财富的稳步增长，但国家审批的许多工业项目在经济上并不合理，国有企

---

① 参见 I. William Zartman, "The Algerian Army in Politics," p.213；John P. Entelis, "Algeria：Technocratic Rule, Military Power," in W. Zartman, ed., *Political Elites in Arab North Africa*. *Morocco*, *Algeria*, *Tunisia*, *Libya and Egypt*, London：Longman, 1983, pp.92—143。

② Hugh Roberts, *The FLN：French Conceptions*, *Algerian Realities*, London：Routledge, 2015, p.109.

③ Ibid., pp.98—106.

业很快就变成了社会空间而不是经济空间，因为它们的主要活动往往不是生产，而是基于恩庇网络。这种社会网络的嵌入是后期企业私有化改革的主要障碍。[①]

除碳氢化合物部门外，国营经济既没有效率，也没有生产力，更没有盈利，20 世纪 80 年代大多数工厂的产量仅为产能的 40%。[②]然而，国有企业是布迈丁时代政治稳定的一个重要因素。它们能够向大量阿尔及利亚人分配租金，并被视为国家主权的象征，是建立国家身份和促进新的国家意识形态的核心。

在沙德利时代，油价下跌、工业化项目失败，如果要长期维持社会稳定，就必须解决过度城市化、农村和城市地区失业率上升以及由于忽视农业部门而日益依赖粮食进口等问题。由此，沙德利开始重组国有企业并推进其私有化改革。[③]但是，经济改革的每一步都为官僚、政治、军事精英带来了新的寻租机会。沙德利的改革努力未能重振公共经济。此外，在 20 世纪 80 年代，石油价格从 1981 年的每桶 40 美元跌至 1986 年的每桶 7 美元。这加速了宏观经济危机以及社会经济问题。外汇储备融化，进口增长率下滑至负两位数，对国有企业和社会项目的补贴不得不削减，失业率飙升，住房短缺变得严重。

四、民主化改革与反对派崛起

国际油价下跌后，沙德利推行了一系列改革措施：经济私有化，修改宪法，并承诺进行民主选举。然而，这些突破是沙德利及其精英派系权力竞争的结果。这些改革没有体现大众持有的民主价值观，加之军队被排除在新政府和改革进程之外，最终促使了内战的爆发。

（一）经济改革

在阿尔及利亚的后殖民时代，由于国家拥有因油气资源而获得的天降财富，人民愿意将更多的政治权力让渡给政府，以换取经济补贴。公民不会抗议政府

---

① Isabelle Werenfels, "Obstacles to Privatisation of State-Owned Industries in Algeria: The Political Economy of a Distributive Conflict," *The Journal of North African Studies*, Vol.7, No.1, pp.1—28.

② John P. Entelis, *Algeria: the Revolution Institutionalized*, London: Routledge, 2016, p.125.

③ Bradford L. Dillman, *State and Private Sector in Algeria. The Politics of Rent-Seeking and Failed Development*, Boulder: Westview Press, 2000, p.44.

并接受非参与性角色的默契取决于国家的"天意能力"。①因此，在 20 世纪 80 年代末，随着沙德利进一步减少食品补贴，并减少社会主义作为其经济自由化一部分的作用，抗议活动的蔓延也就不足为奇。阿尔及利亚人已经不再对萎缩的农业部门、低效的工业化和腐败的官僚机构抱有期望。②1985 年前后石油价格的下跌对阿尔及利亚的经济造成了毁灭性的打击，因为石油占其出口收入的 98%。③财政收入的大幅下降意味着政府更无力满足民众的需求。此外，农业部门的质量及其向社会提供基本商品的能力不足，妨碍了阿尔及利亚满足社会必需商品的能力。

在高失业率和收入差距不断扩大的情况下，阿尔及利亚难以偿还其国际债务和贷款。④因此，沙德利为了获得国际资助推行了财政紧缩政策，但却没有获得国际资助，其结果是，更多的人陷入失业状态，财富更加集中在国家精英手中。然而，这在从国家社会主义到更大的资本主义的过渡中是典型的措施：以牺牲穷人为代价使私营部门的中产阶级受益。⑤

（二）政治改革

在政治改革中，沙德利并没有使经济自由化而处于不利地位的普通人受益，反而进一步推动了特定的精英群体，即技术官僚，夺取政治权力。这样的政治改革加剧了群众发起和参与集体行动的意愿，对政府当局提出了更多要求。1988 年 10 月初，阿尔及利亚人走上了首都阿尔及尔街头，抗议政府补贴下降和商品价格上涨。这些呼吁政治变革的人在呼吁"伊斯兰共和国"和让"人民制定法律"之间分成了两派，其中任何一派都以经济诉求为基础。⑥一些宗教领袖

---

①④　Larbi Sadiki, "Popular Uprisings and Arab Democratization," *International Journal of Middle East Studies*, Vol.32, No.1, pp.71—95.

②　Ray Takeyh, "Islamism in Algeria: A Struggle between Hope and Agony," *Middle East Policy*, Vol.10, No.2, p.62.

③　Mohand Salah Tahi, "The Arduous Democratisation Process in Algeria," *The Journal of Modern African Studies*, Vol.30, No.3, pp.397—419.

⑤　Hugh Roberts, *The Battlefield: Algeria 1988—2002: Studies in a Broken Polity*, London: Verso, 2003, pp.21—55.

⑥　F.M.N. Volpi, *Islam and Democracy: The Failure of Dialogue in Algeria*, London: Pluto Press, 2003, p.42.

甚至在周五祈祷后组织了抗议活动，当国家安全部队进行干预并将其视为政变时，这些街头抗议变成了暴力，导致几名抗议者死亡，军方随后宣布进入紧急状态并实施宵禁。

政治自由化改革几乎是沙德利单方面推进的，他想要揭露民族解放阵线（FLN）内部其他派系的无能，并赋予自身更多的合法性，以及拯救已经失败的经济改革。1988 年 10 月 10 日，沙德利通过电视讲话宣布将着手进行政治改革，呼吁修改政治制度和宪法基础，以便进入"下一阶段"。①街头抗议在他宣布改革的第二天停止，紧急状态于 10 月 12 日结束。

1988 年 10 月 24 日，沙德利提出了他的政治改革计划，即颁布新宪法。②1989 年 2 月 23 日，宪法进行了全民公决，获得了 73% 的民众投票。该宪法条款首次向民族解放阵线以外的政党开放了机会，结果是 1989 年至 1990 年 6 月间阿尔及利亚成立了 14 个新政党，1990 年 7 月至 1991 年 12 月间成立了 36 个新政党。③

（三）反对派崛起

沙德利的政治改革并没有征求军方的意见，而军方迄今是阿尔及利亚的主要决策机构。1962 年《民族解放阵线宪法》明确规定，政府的高级职位不应给予非民族解放阵线的个人或团体。④当时，在阿尔及利亚人眼中，军队和民族解放阵线都不是非法组织，因为他们被视为阿尔及利亚摆脱法国殖民主义的救星。1976 年，阿尔及利亚宪法规定，军队的作用是政治和意识形态的。相比之下，1989 年的新宪法大大削弱了军队的权威：它规定军队唯一的功能应该是保卫国家。

政治改革同时还导致了反对派的迅速崛起。新宪法保障了多党民主以及结社和言论的基本自由，导致了新闻自由和其他政党的出现，也给 FLN 带来了众多竞争对手（包括世俗女权主义者、温和的自由主义者、温和和激进的伊斯兰

---

① F.M.N. Volpi，*Islam and Democracy：The Failure of Dialogue in Algeria*，London：Pluto Press，2003，p.43.

② Mohand Salah Tahi，"The Arduous Democratisation Process in Algeria，"*The Journal of Modern African Studies*，Vol.30，No.3，pp.397—419.

③ F. M. N. Volpi，*Islam and Democracy：The Failure of Dialogue in Algeria*，London：Pluto Press，2003，p.47.

④ Youcef Bouandel，"Political Parties and the Transition from Authoritarianism：The Case of Algeria，"*The Journal of Modern African Studies*，Vol.41，No.1，2003，pp.1—22.

主义者、流亡的民族主义者、少数民族、法语国家和阿拉伯人），他们都带着巨大的期望和强烈的变革呼声来到了同一个政治舞台。[①]各政党开始声称拥有国家领导权，包括 FLN、柏柏尔人主导的社会主义力量阵线（FFS）和宗教组织。

在 1990 年举行的地方选举中，新成立的宗教反对党伊斯兰拯救阵线（FIS）以 54% 的选票击败了 FLN，FLN 仅获得 28% 的选票。[②]在选举前，大多数专家预测，FLN 将在选举结果中获胜。在各方压力下，沙德利随即任命哈利德·纳扎尔（Khaled Nezzar）将军为国防部长，在权力竞争中占据优势的军方允许全国选举继续举行。当所有政党都为第一轮全国选举做准备时，政府当局试图通过将选区数量增加近一倍来加强自己的力量，国民议会还修改了选举法，从第二轮选举中取消了除第一轮选举中得票最多的两个政党外的所有政党。FIS 领导人呼吁罢工，公开主张对国家使用暴力，局势愈演愈烈。[③]1991 年 11 月 26 日，选举进行，在国民议会的 231 个竞争席位中，FIS 获得 188 个席位。反对派的绝对优势引发了统治精英的恐慌，共同的威胁感知促使统治精英在接下来的十年间不断调整策略以应对呼声高涨的反对派。

表3　1991年11月26日议会选举结果（主要政党）

政　　党	票数占比%	获得席位
伊斯兰拯救阵线	47.3	188
民族解放阵线	23.4	15
社会主义力量阵线	7.4	25
哈马斯	5.3	0
文化民主联盟	2.9	0
伊斯兰复兴运动	2.2	0
阿尔及利亚民主运动	2.0	0

资料来源：慈志刚：《阿尔及利亚政治危机研究》，西北大学博士学位论文，2010 年 6 月，第 74 页。

[①]　James D. Le Sueur, *Algeria since 1989：Between Terror and Democracy*, London：Bloomsbury Publishing, 2010, p.4.

[②]　Michael Willis, *The Islamist Challenge in Algeria：A Political History*, New York：NYU Press, 1999，p.135.

[③]　William B. Quandt, *Between Ballots and Bullets：Algeria's Transition from Authoritarianism*, Washington, D.C.：Brookings Institution Press, 2001, p.56.

五、危机中的精英策略：对抗还是和解？

（一）危机爆发初期：权力对抗

在陷入政治动荡之前的几年里，技术官僚和军事精英已经把国家的经济体系抵押出去了，他们认为没有办法摆脱政府的经济和社会政策使国家陷入的严重混乱局面。[①]当人们开始走上街头时，沙德利已经完全无力应对，政府只能诉诸唯一可以用来恢复秩序的力量：军队。当军人也持枪走上街头控制社会抗议时，其结果是大约有 500 名示威者被杀，数千人受伤被捕，这是自独立后国家军队第一次将枪口对准普通民众，残酷的镇压震惊了阿尔及利亚人民，改变了军队在人民心目中的形象，事态进一步升级。阿尔及利亚的政府当局和军队都没有意识到经济自由化的呼声将如何改变政治舞台，政府没有一个应对抗议者的有效方案，也没有在计划下一步行动时得到军方的全力支持，一部分人甚至想利用抗议者挑战军方强硬地位，他们都难以再重新获得公众的信任。[②]

在议会选举结果公布后，军方迅速越过总统和政府，采取了政变行动，于 1992 年 1 月 11 日在电视新闻发布会上迫使总统沙德利辞职。在这次讲话中，沙德利被迫宣布解散议会，军方成立安全高级委员会，并宣布选举结果无效，提议成立一个名为高级委员会（HCE）的五人常设执政机构。HCE 于 1 月 24 日被军方授权逮捕 FIS 领导人阿卜杜勒卡迪尔·哈查尼（Abdelkader Hachani），阿尔及利亚于 2 月 9 日宣布进入紧急状态，军方于 3 月 4 日宣布 FIS 非法。阿尔及利亚著名历史学家约翰·鲁迪（John Ruddy）曾作出估计，到 1992 年 2 月，有 50—150 名政治伊斯兰主义者被政府杀害，有 200—700 人在安全袭击中受伤，数千人被关进撒哈拉的战俘营。[③]针对一系列行动，军方辩称，他们是为了保护阿尔及利亚的共和制度不受政治和宗教激进主义者的影响和破坏。随着民主进程的突然断裂，国家瞬间陷入恐慌和不稳定之中，阿尔及利亚人只能不安地展望着未来。

---

① John P. Entelis, *Algeria：The Revolution Institutionalized*，London：Routledge，2016，pp.132—154.

② Ibid.，p.6.

③ J. Ruedy, *Modern Algeria*. Bloomington：Indiana UP，1992，p.259.

1992—1993 年间，阿尔及利亚由 HCE 集体统治。1992 年 2 月，72 岁的穆罕默德·布迪亚夫（Muhammad Boudiaf）被阿尔及利亚军方任命为 HCE 主席。他在摩洛哥流亡了 27 年，一直被认为是与军队无关的人，受到了国内民众的欢迎，他接受了军方交给他的任务，返回阿尔及利亚。在执政过程中，布迪亚夫明白军方超越了自己的权威，但他却与军方立场不同，发起了与伊斯兰主义者和其他因政变而被剥夺权利的民主力量的对话。1992 年 2 月，布迪亚夫在接受一名法国电视记者采访时指出，最重要的是，他希望通过"辩论"和"民主"来恢复政府的合法性。①布迪亚夫知道 FIS 仍然得到广泛支持，政府需要努力恢复声誉，他明确表示将采取强硬态度，追捕那些威胁国家安全的人，并将对滥用权力的安全人员和腐败官员进行纪律处分和点名。这一策略给布迪亚夫带来了风险，因为军事将领几十年来一直从与政府的特殊关系中获益。为了重新启动政治进程，布迪亚夫于 1992 年春天创建了爱国民族联盟（RPN）。通过这种与早期取得成功的各种世俗政党的合作，他试图弥合民众与政府之间的差距，让民众相信阿尔及利亚正在走向文官领导的道路上，并说服当权者尊重民间社会中的政治辩论空间。②但这些努力和改革都让军事精英感到不安，1992 年 6 月 29 日，布迪亚夫在国家电视台讲话时被枪杀。

（二）危机爆发中期：寻求和解

布迪亚夫被谋杀案发生在阿尔及利亚经济最糟糕的时刻。油价暴跌、巨额外债和停滞不前的国内生产总值，加速了阿尔及利亚的经济崩溃。外国投资者由于对政治不稳定的担心也大多迟疑，加上高失业率、住房和基本食品短缺，使国家处于危险的脆弱境地。HCE 竭力恢复经济发展，并于 7 月 3 日任命阿里·侯赛因·卡菲（Ali Hussain Kafi）接替布迪亚夫担任总统，任命贝莱德·阿卜杜勒-萨拉姆（Belaid Abdessalam）为总理。选择阿卜杜勒-萨拉姆负责组建政府完全是错误的，这位保守的老派官员把权力集中在自己手中，自己担任财政部长和国家元首的职务。8 月 10 日，他宣布阿尔及利亚处于战争经济中，并拒绝了国际社会使第纳尔贬值的建议。此时，阿尔及利亚当局开始遭到反对武装

---

① Mohamed Boudiaf's interview with Pascal Guimier，February 2，1992.

② J. Ruedy，*Modern Algeria*，Bloomington：Indiana UP，1992，p.260.

团体的强烈抵抗。到 11 月，安全局势已经恶化到几乎每天都有警察和军队伤亡的程度，欧洲情报部门和美国高级分析人士对政府将在 18 个月内垮台做出了可怕的预测。①随着反政府游击队越来越活跃，到 1993 年 8 月，让阿卜杜勒-萨拉姆总理上台的将军们意识到，他已经是一个累赘。随着卡菲担任 HCE 主席，马雷克担任总理，阿尔及利亚大多数反对党坚持认为，如果军政府要拥有政治合法性，就必须与 FLN、FFS 和 FIS 达成协议，这些分歧一直都没有得到解决。

当 52 岁的利亚米纳·泽鲁阿勒（Liamine Zéroual）将军于 1994 年接受任命担任总统后，局势发生了变化。泽鲁阿勒在接受任命的几天后就启动了寻求和解的进程，这一努力一直持续到他于 1999 年 4 月提前一年主动辞去总统职务。虽然曾是一名将军，但泽鲁阿勒认为自己主要是一个平民化的变革者，并承诺以政治方式解决阿尔及利亚的危机。然而，在他领导的大部分时间里，受到了政府内部两股相互冲突的力量争夺主导权的阻碍。一方面，他的内阁成员几乎都是平民，赞成和解；另一方面，政府的核心人物大多是强硬派的军方，这种紧张关系使他很难与激进势力达成任何形式的和解。②从一开始，泽鲁阿勒就在幕后与宗教人士进行私下谈判，但这些谈判没有取得实际的成果。1994 年，泽鲁阿勒转而关注紧迫的经济问题，在国内金融混乱和全球化金融体系的压力下，他与国际货币基金组织进行了谈判以稳定阿尔及利亚的经济。但是，外国金融机构将当局政府与其他党派的和解作为贷款的先决条件。在这种压力下，泽鲁阿勒采取行动孤立政府中那些拒绝与激进主义者妥协的人，尽管泽鲁阿勒最终获得了国际援助，但他仍然无法与各方势力达成协议。不过，虽然泽鲁阿勒的倡议化为泡影，但在一个月后，FIS、FLN 等政党的主要代表在圣埃吉迪奥宗教团体（一个以调解冲突而闻名的世俗天主教会）的主持下在罗马会面，开始制定对话框架。他们也向泽鲁阿勒发出了邀请，但泽鲁阿勒拒绝了邀请，鉴于阿尔及利亚各党派在圣埃吉迪奥倡议背后的团结，泽鲁阿勒自己寻找解决方案的努力显得更加无力。

由于"圣战"运动的暴力显然已经超出了 FIS 的控制，泽鲁阿勒全权委托军方消灭武装组织，并放弃与 FIS 领导人的谈判。随着与激进主义者的冲突加剧，

---

① Robin Wright, "West Sounds the Alarm as Algerian Junta Falters," *Los Angeles Times*, November 23, 1992.

② J. Ruedy, *Modern Algeria*, Bloomington: Indiana UP, 1992, p.265.

泽鲁阿勒知道 HCE 作为过渡机构的说法已经失去了可信度。因此，泽鲁阿勒宣布将于 1995 年 11 月举行选举，但选举结果是可以预测的，泽鲁阿勒以大约 61% 的选票赢得了选举。[①]1996 年 11 月，拟议的宪法修正案在全国范围内进行了全民公决。据政府当局称，80% 的人口支持新宪法。新宪法建立了一个分为上下两院的两院制立法机构，议会成员由选举产生，任期五年，它扩大了行政部门的范围，赋予总统推翻议会任何立法的权力，并禁止政党公开认同语言、种族或宗教习俗，禁止宣扬对国家身份和安全的公开敌意。[②]

阿尔及利亚走向了渐进式改革，民族解放阵线通过重组变身为民族民主联盟（RND），在 1997 年 6 月的选举中获胜，获得 380 个席位中的 156 个席位和 32% 的选票。在 1997 年 10 月 23 日举行的地方和省级选举中，RND 超出预期获得了超过一半的席位，380 个席位中有 155 个。但 RND 的压倒性胜利引发了更多的选民欺诈指控，并引发了大规模的街头抗议。尽管如此，为了确保和平，即使军方反对，泽鲁阿勒政府仍在继续重建政治进程，并努力与 FIS 军事部门（AIS）进行谈判，寻求和解。

（三）危机爆发后期：政治宽恕

阿尔及利亚恢复文官政府的过程始于 1998 年 9 月 11 日，与同时代的其他非洲领导人不同，泽鲁阿勒宣布他将在任期结束前从总统职位上退下来。由于寻求和解的努力得罪了各方势力，他无法阻止国内暴力重新获得公众信任和国际社会的信心，泽鲁阿勒越来越被孤立。尽管对泽鲁阿勒有很多批评，但难得的是，他做到了权力的和平交接。

1999 年 4 月，阿尔及利亚再次举行总统选举。在参选者中，阿卜杜勒-阿齐兹·布特弗利卡（Abdelaziz Bouteflika）得到了军方的明确支持。布特弗利卡出生于 1937 年，是布迈丁的亲密伙伴，并且有着打击恐怖主义的决心。此外，布特弗利卡是一位谨慎而有策略的政治家，他在布迈丁内政府中发挥了重要作用。在 1999 年 3 月底至 4 月中旬的竞选期间，布特弗利卡和他的七名竞争者者向阿

---

① William B. Quandt, *Between Ballots and Bullets: Algeria's Transition from Authoritarianism*, Washington, D.C: Brookings Institution Press, 2001, pp.3—72.

② J. Ruedy, *Modern Algeria*, Bloomington: Indiana UP, 1992, p.268.

尔及利亚选民提出了自己的主张。然而，布特弗利卡有更多的机会获得媒体报道，也有更多的资源可供他支配。最终，布特弗利卡获得了近74%的选票，民众投票率刚刚超过60%。

布特弗利卡于1999年4月27日宣誓就职。他竞选时的承诺很简单：他将为阿尔及利亚带来和平。就任后，布特弗利卡宣布致力于建设一个民主社会，创造社会凝聚力，刺激经济增长，改善社会福利，加强公民的整体安全保障。因此，他将民族和解作为一个关键目标。布特弗利卡开启了阿尔及利亚当代历史的第三阶段，即民族和解时代。与此同时，他在减少军方对政治与社会生活的控制方面取得了进展。尽管布特弗利卡仍打算阻止政治伊斯兰主义者获得权力，但他呼吁达成一项极具争议的大赦协议，放下武器的恐怖分子将得到赦免，重新融入民间社会。根据布特弗利卡1999年和2005年的特赦协议，恐怖分子既不必道歉，也不必在法庭上面对指控者。[1]布特弗利卡政府希望通过政治宽恕的方式来结束暴力，这是历史上最大胆也最具争议的策略之一。

为了让激进宗教主义者接受特赦，布特弗利卡不得不挑战军方，许多多年来一直与激进宗教主义者作战的军事指挥官反对布特弗利卡宽宏大量的做法。1999年7月，在与FIS前官员协商后，布特弗利卡绕过军方，宣布将举行关于特赦的全国公投。[2]布特弗利卡表示，公民投票是必要的，因为阿尔及利亚人民在过去七年中遭受的痛苦最大，决定权将掌握在公民手中。布特弗利卡旨在赦免那些曾在大多数人认为是FIS军事部门（AIS）作战的人，这是在与AIS武装分子进行长期谈判后达成的协议的结果。很明显，政府当局向激进主义者做出了重要让步，并允许他们在不受干扰的情况下重新进入社会，但是面对国际社会的担忧，他明确表示，安全部队将使用任何形式的暴力消灭任何剩余的恐怖势力："我想在所有人面前说这句话——在联合国面前，在大赦国际面前，在国际社会面前……我们将使用一切手段。"[3]事实上，布特弗利卡的宽恕是一次政治冒险，他在国际社会上受到了广泛批评。起初，和解并不像布特弗利卡所期

---

① James D. Le Sueur，*Algeria since 1989*：*Between Terror and Democracy*，London：Bloomsbury Publishing，2010，p.9.

② Ibid.，p.77.

③ Edward Cody，"Algeria's President Charges at Peace；Leader Promises Radical Change，" *Washington Post*，September 24，1999，A 23.

望的那样成功，2000 年与恐怖主义有关的死亡人数上升到 5 000 人，大约是前一年的两倍，这在一定程度上是由于对那些拒绝放下武器以换取有罪不罚的激进宗教主义者发动了迅速而全面的镇压战争。

2001 年 4 月 26 日，警方在蒂齐乌祖（Tizi-Ouzou）杀害了一名小男孩后，卡比利亚的骚乱再次将柏柏尔人问题推向了中心舞台。几天后，在警察对另外三名柏柏尔青年施暴事件之后，大规模骚乱和公众骚乱蔓延开来。据估计，有 50 万名示威者在卡比利亚走上街头，另有 10 万人在阿尔及利亚紧随其后。[①]抗议活动自发而愤怒，谴责政府对柏柏尔人的待遇，并要求正式承认他们的语言塔马齐特语。2002 年，布特弗利卡修改了宪法，将塔马济特语列为国家语言。[②]在 2001 年柏柏尔人抗议活动的高峰期，2001 年 9 月 11 日"基地"组织对美国的袭击成为缓解阿尔及利亚和美国之间多年紧张关系的契机。布特弗利卡于 2001 年 7 月 12 日访问白宫会见了小布什，两国领导人讨论了美国和阿尔及利亚之间的双边关系，并讨论了解决摩洛哥和阿尔及利亚之间长期争端的计划，包括联合国调解西撒哈拉问题的努力，两人还讨论了在石油和天然气领域加强与美国的合作等问题。布特弗利卡的首次访问使他承诺加快政治和经济改革，并达成了加强美国石油和天然气公司存在的具体贸易协议。在能源领域的共同利益使小布什和布特弗利卡走到了一起，"反恐战争"则在意识形态上巩固了这段关系，给阿尔及利亚的发展带来了经济与外交的双重机遇。

布特弗利卡对内实行政治宽恕，对外塑造反恐联盟，不断分化反政府武装，为政府军争取到了众多支持力量，AIS 武装组织逐渐四分五裂难掩分歧。2002 年，AIS 投降，这场长达十年的内战夺取了超过十万人的生命，并最终以政府当局的胜利作为结束。

六、总结与讨论

对于一国发展而言，不论是经济危机还是由此引发的社会抗议，都不会直接导致政治的不稳定。在伊斯兰石油出口国，统治精英的权力竞争与策略选择

---

① J. Ruedy, *Modern Algeria*, Bloomington：Indiana UP，1992，p.279.

② Hugh Roberts, *The Battlefield：Algeria 1988—2002：Studies in a broken polity*, London：Verso，2003，p.218.

是重要的影响因素。一些国家的统治精英以安抚异议和避免政治动荡的方式来管理经济危机，顺利过渡；一些统治精英蔑视本国的社会偏好，从而引发动乱，导致政治崩溃；还有一些统治精英最初的反应助长了社会抗议，但在社会动乱极可能导致精英失去权力引发政权崩溃的威胁下，他们改变策略重新稳定了社会。

作为政治不稳定的最大可能案例，阿尔及利亚会在 20 世纪末陷入巨大的政治动荡，是因为其制度起源于反抗外来侵略者的艰苦战争，长时间的殖民统治对阿尔及利亚的本土社会造成了毁灭性的打击，殖民者的殖民策略与殖民制度严重分化了阿尔及利亚的社会，在脆弱的资源出口依赖经济遭受外部冲击时，其冲突和抗议的社会基础更为广泛。而阿尔及利亚能在政权崩溃的边缘重新稳定下来，则是因为统治精英在政权危机中能进行灵活的策略选择，制定包容性的政策，混合利用压制、联合与操纵的策略，一边与反对派达成和解，一边分裂和削弱反对派，最终将社会冲突与抗议控制在一定的秩序之内，进而维持政治稳定。

对于石油出口国在面临外部冲击时政治稳定性的变化，还有许多其他可能的解释，例如石油收入与人口规模的比率、制度类型、国际社会的作用、国家的镇压程度，等等。虽然这些因素可能确实会在某种程度上影响其政治结果，但本研究认为它们最多只能对不同的结果提供部分解释。对于阿尔及利亚这样的在国家建设早期就能通过自然资源获得大量发展租金的后殖民国家来说，掌握大量资源的统治精英在政权危机中的权力竞争与策略选择，推动了其政治发展的方向。

受到外部环境和国际油价的影响，阿尔及利亚的政治局势仍然时有波动，但却能屡屡回到稳定的状态下。通过对阿尔及利亚政治稳定的案例分析，我们可以发现，对于因丰裕的自然资源获得较快经济增长的资源依赖型国家，在遭受外部经济冲击陷入经济萧条时，面对反对派的崛起，统治精英灵活利用压制、联合与操纵的策略可以把社会冲突控制在一定的秩序之内，在某种程度上维持政治稳定。

2006 年 3 月 18 日，阿尔及利亚议会通过新的立法，要求军队参谋长 64 岁退休，将军 60 岁退休。仅在 2005 年，就有 37 名将军退役，大约在 2004 年年中至 2006 年 6 月期间，布特弗利卡更换了 1 000 多名高级和中级军官。这意味着，军队受到了越来越多的限制，"将不再是国王的缔造者"①。2019 年，受世界政治与经济局势影响，阿尔及利亚经济也随之下行，自然又引发了社会的不满与抗议。虽然阿尔及利亚当局政府依然能将社会抗议与冲突控制在一定的秩序内，保持了社会的总体稳定，但可以说其摇摆式的政治稳定形态时至今日仍旧存在。一面是国内经济结构改革和政治转型的重重阻力，一面是外部局势与地缘政治的动荡变化，阿尔及利亚的发展仍然存在着诸多不确定性。

---

① Ed Blanche，"Algeria：The Power Within；President Bouteflika Clips the Wings of Algeria's Long Powerful Military，" *The Middle East*，May 1，2006.

政治极化背景下美国社会围绕教育问题的争论

王瑞芳*

引　言

　　联邦政府在教育方面的责任一直很有限，"教育"一词甚至没有出现在美国宪法中。根据联邦宪法第 10 修正案，"凡宪法未授予联邦而又未禁止各州行使的权限，分别保留给各州或人民"，因此美国的教育行政体制是典型的地方分权制，教育权属于各州。联邦政府没有权力干预各州的教育，只有援助的职能，起服务性质的作用。①从 20 世纪 70 年代开始，美国政治极化现象不断加剧，2016 年总统大选年已经达到"超级极化"的程度。②随着政治极化的加深，"否决政治"大行其道，导致其他社会领域也呈现出极化的趋势，在教育领域表现得尤为明显。长期以来，民主党人一直被冠以美国的"教育党"，在关于公立学校及为学校提供资金的议题上赢得了大多数选民的信任。③然而自新冠肺炎疫情暴发后，民主党逐渐丧失在教育领域的历史优势。根据有关民调显示，43%

---

　　* 王瑞芳：中国社会科学院大学 2022 级博士研究生。

　　① 郑文：《当代美国教育问题透视》，中山大学出版 2002 年版，第 17 页。

　　② David A. Graham, "How to Save Democracy," *The Atlantic*, October 21, 2022, https://www.theatlantic.com/ideas/archive/2022/10/us-democracy-prevent-polarization-violence-democrats-republicans/671780/, 2023-12-10；汪舒明：《冲击与回应：政治极化背景下美国犹太社团的转向》，《西亚非洲》2023 年第 4 期，第 46 页；Alan I. Abramowitz, *The Disappearing Center*: *Engaged Citizens*, *Polarization*, *and American Democracy*, Yale University Press, 2010, p.14; Morris P. Fiorina, et al., *Culture War? The Myth of A Polarized America* (*3rd ed.*), New York: Longman, 2010。

　　③ Alia Wong and Jennifer Borresen, "Timeline: A Look at the Progression of Education Policy in US Politics," *USA Today*, October 20, 2022, https://www.usatoday.com/in-depth/graphics/2022/10/20/education-policy-timeline-democrats-republicans-election/10475166002/, 2023-12-3。

的潜在选民表示他们在教育问题上信任民主党人，而 47% 的人表示更相信共和党人。①教育曾经位于共和党优先事项靠后位置，近年来共和党正在加强对美国教育的掌控。②2021 年 11 月 2 日共和党人格伦·扬金（Glenn Youngkin）以"家长权利"（parents' rights）为竞选口号，在势均力敌的选举中战胜民主党候选人特里·麦考利夫（Terry McAuliffe），赢得了弗吉尼亚州长选举，成功将蓝州翻红，扭转了该州的左倾趋势。③扬金的当选凸显了教育议题的重要性，"父母权利运动"（parental rights movement）将教育问题推到美国政治前沿。④从 2021 年弗吉尼亚州长选举到 2022 年美国中期选举，教育都是两党交锋的核心话题。⑤

政治极化是指同时存在对立或冲突的原则、趋势或观点。在美国，政治极化的突出体现是政党极化。美国两党的分歧越来越明显，跨党派的妥协往往被视为对党内意识形态的背叛，两党在堕胎、医疗、控枪、环保和移民等议题陷入尖锐的党派分化模式。在美国，关于儿童教育和学校的辩论一直很激烈，教育政策与经济不平等、种族不公正、联邦政府的作用、全球竞争力，甚至国家安全等问题联系密切。几十年来，关于学校种族隔离⑥、公立学校祈祷⑦、性教

① Lauren Camera, "Democrats Cede 'Party of Education' Label to GOP: Poll," *U.S. News*, https://www.usnews.com/news/education-news/articles/2022-07-20/democrats-cede-party-of-education-label-to-gop-poll，2023-12-3.

② Alia Wong, "The GOP Is Strengthening Its Grip on Education. Parents Say Democrats Are To Blame," *USA Today*, October 27, 2022, https://www.usatoday.com/in-depth/news/education/2022/10/27/gop-strengthens-grip-education-america-democrats-scramble/8136243001/，2023-12-3.

③ Maanvi Singh, "Republican Glenn Youngkin Wins Virginia Governor's Race in Blow to Biden," *The Guardian*, November 2, 2021, https://www.theguardian.com/us-news/2021/nov/02/glenn-young-kin-wins-virginia-governor-election-result，2023-11-28.

④ Jenna Benchetrit, "How The Parental Rights Movement Resurged In Response To Trans Inclusivity In Classrooms," https://www.cbc.ca/news/world/parental-rights-movement-us-canada-1.6796070, 2023-8-30; Ledyard King and Mabinty Quarshie, "It's Not Just Virginia. Education And Critical Race Theory Are on The Ballot Across the US in 2022," https://www.usatoday.com/story/news/politics/2021/12/05/republican-congress-path-suburban-parents/8667176002/?gnt-cfr=1, 2023-9-20.

⑤ Anya Kamenetz, "Why Education Was A Top Voter Priority This Election," https:// https://www.npr.org/2021/11/04/1052101647/education-parents-election-virginia-republicans, 2023-10-2.

⑥ Matthew F. Delmont, *Why Busing Failed: Race, Media, and the National Resistance to School Desegregation*, Oakland, CA: University of California Press, 2016.

⑦ Lawrence J. McAndrews, "'Moral' Victories: Ronald Reagan and the Debate over School Prayer," *Religion & Education*, Vol.30, 2010, pp.92—107.

育①和进化论教学②的争论激起了美国公众在种族和宗教方面的激烈分歧，但是这些分歧并不完全与政党极化路线一致。但是特朗普上台后，白人民族主义运动兴起，"美国优先"等政策代表着民族与民粹保守主义对激进自由主义的再度反击，保守主义思潮一度复兴，民主党和共和党两个阵营之间在意识形态和政治立场上的差异性越来越大；而各自内部在意识形态和政策立场上的同一性越来越高。在新冠肺炎疫情的冲击下，两党之间在教育领域的党派分歧日益明显，例如：是否在学校教授"批判种族理论""学校选择""学生贷款"和"父母权利运动"等。

教育议题具有特殊性，既是富有争议的社会问题，又是选民关注的热点议题。本文以美国政治极化为背景，剖析两党围绕教育的主要争论点，分析两党教育博弈的动因以及可能带来的潜在影响。

一、两党在教育领域的合作历史与对立现状

美国两党对待教育改革的原则和互相妥协程度可以大致分为两个阶段。历史上，教育政策曾经是两党合作的堡垒，主要的联邦教育法获得了两党的广泛支持，红蓝州采用了类似的教师评级制度和学习标准。虽然两党之间存在摩擦与冲突，但总体态势是良性博弈、合力改善美国国内教育。而目前，随着美国政治极化的加强，两党在教育领域的合作降低，矛盾和冲突不断增多。

（一）历史：良性博弈、合力改善教育

美国人笃信教育的威力，认为教育是国家走向富强之路的关键。③从北美建立殖民地起，欧洲移民就非常重视教育，他们每踏上一片土地，必做两件事：一是修教堂；二是建学校。④不同于堕胎、医疗、控枪、移民等党派分化尖锐的

---

① Jocelyn M. Boryczka, "Whose Responsibility? The Politics of Sex Education Policy in the United States," *Politics & Gender*, Vol.5, 2009, pp.185—210.

② Michael Berkman and Eric Plutzer, *Evolution, Creationism, and the Battle to Control America's Classrooms* 1st Edition, New York, NY: Cambridge University Press, 2010.

③ 史静寰：《当代美国教育》，社会科学文献出版社 2001 年版，第 4 页。

④ 王定华：《走进美国的教育》，人民教育出版社 2004 年版，第 12 页。

议题，两党曾经在教育问题上持有共同的立场，在特定的教育政策上能达到跨党派的妥协与合作，形成推动美国教育改革的强大政治力量。第二次世界大战后，美国教育更是迎来大发展和大改革的时期，先后经历了 50 年代的"新课程"运动、60 年代的促进教育机会平等运动、70 年代的"恢复基础"（Back to Basis）运动、80 年代重建学校运动、90 年代的教育选择与国家标准运动，以及进入 21 世纪以来的学校教育与工作需要相结合运动。①每次改革背后都体现出社会对教育变革的要求，更展现出民主党、共和党与美国社会各利益阶层进行政治力量的角逐。

首先，1958 年通过的《国防教育法》（National Defense Education Act，简称 NDEA）是美苏对抗的产物，开启了联邦政府加大对全美教育的参与力度和美国两党合力改善联邦教育的新时代，在美国教育史上具有重大意义。二战后，美苏两大对峙阵营形成，国际政治力量的对比和较量进入冷战时期。1957 年 10 月 4 日，苏联成功发射世界上第一颗人造地球卫星斯普特尼克（Sputnik），引发美国朝野内外极大震动，动摇了美国对本国经济实力、军事实力和国际竞争力的信心。美国政府顿生强烈的危机感，将宇航技术发展的落后归咎于国内教育质量的低下，没有培养出足够的科学家和工程师。其实，在过去的三个国会任期内，参议院曾通过联邦资助教育的立法，但这些法案都被众议院否定，斯普特尼克事件发生后，美国社会强烈要求政府采取行动，参议院再次推进教育改革立法。为了减少法案在众议院通过的阻力，参议员利斯特·希尔（Lister Hill）建议将教育法案称为国防法案，此举成为促进《国防教育法》制定的关键因素之一。②换句话说，苏联人造卫星的成功发射，引发了战后美国教育改革的第一次浪潮——以《国防教育法》的颁布为先声的保守主义改革。③

其次，美国两党共同关注弱势群体和贫困家庭儿童的教育，致力于提高边缘人群的平等教育权。进入 60 年代，在民权运动和反贫困运动的推动下，"教

① 陈晓端、闫福甜：《当代美国教育改革六次浪潮及其启示》，《陕西师范大学学报（哲学社会科学版）》2007 年第 6 期，第 95—99 页。

② United States Senate, "Sputnik Spurs Passage of the National Defense Education Act," https://www.senate.gov/artandhistory/history/minute/Sputnik_Spurs_Passage_of_National_Defense_Education_Act.htm, 2023.12.10.

③ 陈露茜、苏艺晴、杨燕：《战后美国公共教育改革中的"变"与"不变"》，《清华大学教育研究》2020 年第 6 期，第 123 页。

育机会平等"作为"反贫困之战"的重要工具，逐渐成为联邦政府的视线焦点。①1964 年 1 月 8 日，约翰逊总统在国情咨文中宣布"向美国的贫困无条件宣战"，强调"改善学校"是反贫困和构建"伟大社会"的"主要武器"之一。②在"伟大社会"的号召下，美国的教育政策注重消除种族隔离，对贫困家庭儿童进行补偿与提供特殊教育来提高其学业水平，从而摆脱"贫困循环圈"③。为此，约翰逊总统成立了白宫教育专项小组，负责研究和起草教育法案。1965 年 1 月 12 日，约翰逊总统向国会提交了《初等和中等教育法》草案，并呼吁"发展教育是当前美国人民的头等大事！"④大多数共和党人和部分南方民主党人强烈反对，认为联邦资助教育违背宪法，会危及州和地方的教育主导权。在约翰逊政府的强力支持和全国教育协会等教育组织的游说下，1965 年 3 月 26 日法案在众议院进行投票，经过很小的修订后在众议院以 263：153 的票数通过⑤；4 月 9 日参议院在没有任何修订的情况下以 73：18 顺利获得通过法案。⑥4 月 11 日约翰逊总统正式签署《初等和中等教育法》（Elementary and Secondary Education Act，或《中小学教育法》，简称 ESEA）。该法案得到各州的广泛支持，根据相关统计数据，美国有 94% 的地方学区接受了联邦津贴。⑦对于母语为非英语的移民子女教育和残疾人群的特殊教育，1968 年国会以压倒性多数票顺利通过另一补充法案《双语教育法案》；1972 年国会通过了禁止性别歧视的《教育修正法

---

① 钱晓菲、张斌贤：《美国全国教育协会与〈初等和中等教育法〉》，《外国教育研究》2020 年第 11 期，第 5 页。

② Lyndon B. Johnson："State of the Union Message," National Archives 8 January 1964，https://www.jfklibrary.org/asset-viewer/archives/blbpp-mf10-013＃?image _ identifier = BLBPP-MF10-013-p0006 State of the Union Message，Lyndon B. Johnson，8 January 1964｜JFK Library.

③ "贫困循环圈"在奥斯卡·刘易斯《五个家庭：贫困文化中的墨西哥人个案研究》和迈克尔·哈林顿《另一个美国：美国的贫困问题》中均有提及，含义为：穷人由于缺乏充分的受教育机会，教育水平低而影响其就业状况，进而导致了生活标准低下，包括居住条件差、食物缺乏营养、医疗状况低下，无力为子女提供充足的教育和职业培训。贫困由此代代相传，形成恶性循环。

④ 傅林：《当代美国教育改革的社会机制研究》，教育科学出版社 2006 年版，第 177 页。

⑤ To Pass H.R. 2362，The Elementary and Secondary Education Act of 1965，https://www.govtrack.us/congress/votes/89-1965/h26，2023-12-14.

⑥ To Pass H.R. 2362，The Elementary and Secondary Education Act of 1965，https://www.govtrack.us/congress/votes/89-1965/s48，2023-12-14.

⑦ Frank Baumgartner and Bryan Jones，*Policy Dynamics*（Chicago：University of Chicago Press，2002），p.297.

案》；1975 年福特总统签署了《全体残障儿童教育法案》，以保证残障儿童接受免费、适当教育的权利。

最后，两党在追求基础教育公平的同时，同样重视提高教育质量，特别是公立学校的教学质量。70 年代末，"回归基础"学科运动使得大多数学生避开学术课程而选择较易学习的普通文化课程。20 世纪 80 年代，随着日本和联邦德国的迅速崛起，美国国际竞争力下降，经济发展出现滑坡。美国国内迎来了从工业社会向信息社会过渡，生产劳动由劳动密集型向知识密集型演变，使得提升教育质量和培养公民的科学文化水平成为紧迫任务。1983 年国家高质量教育委员会（National Commission on Excellence in Education）发布了《国家处于危险之中：教育改革势在必行》（A Nation At Risk：The Imperative For Education Reform，又简称《国家在危急中》），指出"一股平庸主义正在美国的基础教育中蔓延，使得美国的教育质量出现严重的滑坡，导致美国丧失在工业、商业、科学和技术方面的优势"①。该报告深刻地揭示了美国公立中小学教育存在的严重问题和面临的严峻挑战，指出国家摆脱危机的途径以及提高教育质量和保证教育公平的重要性，引发全美公共教育中以实现"优异"和促进家长"选择"为口号的改革浪潮。为了提高教育质量，民主党和共和党经过艰难磋商，最终达成由联邦政府领导教育改革和制定国家标准两项教育改革共识。后来老布什政府与克林顿政府于 1991 年和 1994 年签署全美教育改革的纲领性文件——《美国 2000 教育目标战略》和《2000 年目标：美国教育法》，而《2000 年目标》继承了老布什政府制定的六项"国家教育目标"。②小布什入主白宫后，在"温情保守主义"理念的指导下，颁布了《不让一个孩子掉队法》（No Child Left Behind Act，简称 NCLB），强制规定了联邦对学生考试、课程和教师的标准，扣减未达标学校的联邦教育拨款，被称为"自'伟大社会'以来联邦对中小学教育的最大干预"③。奥巴马政府执政时期教育改革的主要成就之一是用《每个学生都成功法》（Every Student Succeeds Act，简称 ESSA）取代《不让一个孩子掉队法》，

---

① 陈露茜、苏艺晴、杨燕：《战后美国公共教育改革中的"变"与"不变"》，第 125 页。

② Bruno V. Manno, "George H.W. Bush：The Education President," Fordham Institute, https://fordhaminstitute. org/national/commentary/george-hw-bush-education-president，2023-10-20.

③ 张业亮：《奥巴马执政以来的美国联邦权和州权冲突》，《美国研究》2015 年第 5 期，第 52 页。

将教育的管理权由联邦转移到地方。①21 世纪美国最重要的两部联邦教育宪法，均以压倒性的票数通过，这在政治生态复杂、党派斗争激烈的美国实在罕见。

表 1　美国两党对主要教育法案的投票情况（席位）

两院席位\年份及法案		参议院				众议院			
		民主党席位	共和党席位	两党赞成票数	通过票数比	民主党席位	共和党席位	两党赞成票数	通过票数比
1958	《国防教育法》	50	47	35∶27	62∶26	232	203	140∶72	212∶85
1965	《初等和中等教育法案》	68	32	55∶18	73∶18	258	176	228∶35	263∶153
1968	《双语教育法案》	64	36	48∶23	71∶7	248	187	165∶121	286∶73
1994	《2000 年目标：美国教育法》	56	44	53∶10	63∶22	258	176	246∶59	306∶121
2001	《不让一个孩子掉队法》	50	49	43∶44	87∶10	212	221	183∶198	381∶41
2015	《每个学生都成功法》	44	54	44∶40	85∶12	188	247	181∶178	359∶64

注：该表格为笔者根据相关网站的数据，整理后绘制。

根据美国宪法，众议院和参议院简单多数赞同，议案就可以通过国会审议，提交总统签署。从表 1 数据中可以发现，在联邦教育改革的历史中，充满了出人意料的两党合作与立法，美国主要教育法案均以较高的票数甚至极高的票数通过，获得了两党的普遍赞同与支持。同时，从 20 世纪 80 年代以来，几届美国政府都较好地继承与发展前任的教育政策，呈现罕见的一致性和连贯性，比

① 王芳：《两党政治下美国教育政策对青少年发展的影响——以新世纪以来教育改革政策为例》，《当代青年研究》2021 年第 4 期，第 112 页。

如历届政府对《初等与中等教育法》的继承性实施，对美国教育产生了全面、深远的影响。总之，从 1958 年《国防教育法》到 21 世纪初的《不让一个孩子掉队法》和《每个学生都成功法》，两党在教育领域的合作和共识，是实现美国社会公平、减少贫富差距、保证阶级流动的有效途径，教育质量和教育公平直接影响美国国际地位高低及国际竞争成败。

（二）现状：矛盾增多、合作日益困难

目前，美国政治极化程度已达到自美国内战结束后的最高峰。[1]民主党和共和党两大阵营之间的差异性越来越大，政治博弈愈演愈烈。2016 年大选被称为美国近几十年历史上"最分裂的大选"，非建制派候选人特朗普的成功当选以及新冠肺炎疫情的冲击，导致两党在教育领域的对立日益明显，跨党派合作日益困难。特朗普的胜选可被视为美国白人对种族主义的回应或反击，不仅推动了白人选民与少数族裔选民党派忠诚的改变，也将民主党人和共和党人推向了意识形态的边缘。[2]保守主义和自由主义出现重大的分歧，两党的党派对立和政治竞争反过来强化了各自的立场，促使两党在教育上的合作日益困难。随着教育议题的热度在美国国内迅速提升及美国政治极化的催化，美国两党在教育政策立场分化显著。特朗普政府上台后，反对联邦政府在教育领域的权力扩张，反对奥巴马政府时期的教育政策，要求废除"共同核心州立标准"（Common Core State Standards），废除"肯定性行动计划"（Affirmative Action）[3]，减少联邦政府对教育的干预，支持在教育领域引入市场经济自由竞争规则。这些教育政策一反从 20 世纪 60 年代以来联邦政府在教育政策上权力扩张的情况，对美国教育产生了不可忽视的影响。

首先，特朗普政府反对联邦层面统一的学术标准，认为这剥夺了州和地方办学的自主权和独立权。"共同核心州立标准"是由首席州学校官员协会和

---

① 王联合：《政治极化背景下美国民主党竞选策略的调整》，《当代世界》2023 年第 11 期，第 52 页。

② 翟迈云、李庆四：《为谁讲故事：美国两党的国家叙事之争》，《美国研究》2023 年第 3 期，第 95 页。

③ "Affirmative Action"在国内学术研究的英中对译中存在多种译法，本文依据美国前总统吉米·卡特于 1978 年签署之备忘录和克林顿于 1995 年签署之备忘录等正式文件的标题以及该词组的实际内涵，将该名词译为"肯定性行动计划"。

全国州长协会于 2009 年共同制定，主要是按年级对美国从幼儿园到 12 年级 (K-12)①学生的读写和数学能力提出相应的要求，旨在确保在全国范围内提供更一致 K-12 的课程教育标准，以帮助学生更好地迎接高等教育和就业。②各州可以自愿选择是否接受"共同核心州立标准"，在执行该标准时也有一定的灵活性，以便更好地满足本州的教育需求和特点。虽然"共同核心州立标准"的出台早于《每个学生都成功法案》，但是奥巴马政府没有废除该标准，而是鼓励各州继续实施。共和党人则强烈反对共同核心课程，认为它限制了教师的权力，剥夺了州和地方办学的自主权和独立权，是奥巴马政府对地方教育的过度干预。根据 2016 年度民意调查，共和党人（53%）在某种程度上或强烈地反对共同核心，程度高于民主党人（32%）。③特朗普反对小布什总统和奥巴马政府对该标准的主张，认为"共同核心标准"是一场灾难，已经落伍，应该被废除。④最初有 46 个州通过立法，在本州内的学校采用共同核心标准。根据最新数据显示，2023 年共有 40 个州继续实施该标准，12 个州正在通过立法废除这些标准，成功退出的 4 个州是亚利桑那州、俄克拉荷马州、印第安纳州和南卡罗来纳州，从未采用该标准的 4 个州是弗吉尼亚州、得克萨斯州、阿拉斯加州和内布拉斯加州。⑤这八个州通常由共和党控制，这意味着政党隶属关系与拒绝共同核心之间存在某种相关性。

其次，特朗普政府认为"肯定性行动计划"给白人群体带来"逆向歧视"，危害教育公正。"肯定性行动计划"产生于 20 世纪 60 年代的美国民权运动时期，旨在保障少数族裔和妇女等弱势群体享受平等机会，在教育、就业、文化

---

① 美国人将基础教育称为 K-12，其中 K 代表 kindergarten，不是通常意义上的幼儿园，而是相当于中国的学前班，数字 12 代表 12 年级，相当于中国国内的高三。美国的学前班主要接收年满 6 岁的小孩，学期为一年，因此美国人在谈及基础教育时，常将学前班包含在内，统称为 K-12。

② "Common Core State Standards"，https：//corestandards. org/wp-content/uploads/2023/09/ELA _ Standards1.pdf，2023-9-14.

③ Mona Vakilifathi，"Why Trump Is Trying To Reduce The Status of The Department of Education，" Brookings，July 16，2018，https：//www. brookings. edu/articles/why-trump-is-trying-to-reduce-the-status-of-the-department-of-education/，2023-12-10.

④ Abby Jackson，"Here's Where Donald Trump Stands on Education，" *Business Insider*，November 9，2016，https：//www. businessinsider.in/heres-where-donald-trump-stands-on-education/articleshow/55337212.cms，2023-12-10.

⑤ "Common Core States 2023，" World Population Review，https：//worldpopulationreview.com/state-rankings/common-core-states，2023-12-10.

等方面给予他们优先照顾的权利，帮助他们在获取公共资源等方面可与白人公平竞争。"肯定性行动计划"实施后，确实在一定程度上提高了少数族裔的受教育情况，尤其是黑人学生群体。根据美国普查局的数据，2020 年黑人学生获得学士学位的比例达 27.8%，而 1970 年这一比例不足 5%；同时，白人和黑人新生人数比例差由 1990 年的 10% 缩减到 2020 年不足 5%。① "肯定性行动计划"使白人获得教育资格的比例减少，显然会使白人群体感到失落，反对者认为"肯定性行动计划"会给白人和亚裔群体带来"逆向歧视"，以种族为基础的优先待遇是一项极不公正的政策，与美国主流价值观念和所有人机会均等的社会政策背道而驰。②尽管"肯定性行动计划"在实施的过程中面临很多质疑和挑战，作为该政策的受益者，奥巴马总统执政期间对其表示支持。③特朗普政府则强烈要求废除该法案，认为美国大学应遵循自由竞争、择优录取原则，而不是为了照顾特定少数族裔群体，降低录取标准。④

再次，特朗普的教育改革立场符合美国共和党一贯的保守主义意识形态，即"小政府、大市场"。秉持着"小政府"的理念，特朗普质疑美国教育部存在的必要性，要求对现行的联邦政府机构进行改革和重组，合并教育部与劳工部。⑤除了前总统特朗普外，许多共和党人也曾提议关闭或削弱联邦教育部的权力，包括前副总统迈克·彭斯（Mike Pence）、佛罗里达州州长罗恩·德桑蒂斯（Ron DeSantis）和北达科他州州长道格·伯根（Doug Burgum）以及 2024 年候选人维韦克·拉马斯瓦米（Vivek Ramaswamy）。特朗普政府主张减少联邦政府对教育的干预，对于各州制定并提交审查的《每个孩子都成功法案》计划表，

---

① "Post 5：Racial Differences in Educational Experiences and Attainment," U.S. Department of the Treasury, https://home. treasury. gov/news/featured-stories/post-5-racial-differences-in-educational-experiences-and-attainment, 2023-10-1.

② 朱世达：《克林顿政府在肯定性行动中的两难处境》，《美国研究》1996 年第 3 期，第 73 页。

③ Seattle Times staff, "Obama's Take on Affirmative Action," *The Seattle Times*, May 15, 2007, https://www.seattletimes.com/opinion/obamas-take-on-affirmative-action/, 2023-12-20.

④ Andrew O'Reilly, "Trump Administration Is Breaking From Obama-era Affirmative Action Policies," *Fox News*, July 3, 2018, https://www.foxnews.com/politics/trump-administration-is-breaking-from-obama-era-affirmative-action-policies, 2023-12-20.

⑤ Sara Ganim, et al., "White House Proposes Combining Education and Labor Departments as Part of Massive Government Overhaul," *CNN*, June 21, 2018, https://edition.cnn.com/2018/06/21/politics/education-labor-departments-trump-government-restructure/index.html, 2023-12-10.

表现出更加尊重和服从的态度。比如：到 2018 年 9 月底，教育部部长贝齐·德沃斯（Betsy DeVos）批准了哥伦比亚特区以及美国 50 个州制定的 ESSA 计划。[①]对此，两名教育政策观察员评论道："我们对所有计划都得到全面批准感到震惊，因为有些计划与某些法律目标相冲突。这表明联邦政府目前已经把胡萝卜和大棒抛在了后面。"[②]

最后，新冠肺炎疫情的暴发加剧了两党在教育领域的分歧和矛盾。疫情开始时，两党对待疫情的态度基本上无党派差别。2020 年 3 月，俄亥俄州的共和党州长迈克·德万（Mike DeWine）首次关闭了全州的学校。[③]随后美国各州纷纷效仿关闭学校，防止病毒的传播。[④]红州和蓝州的学区在 2020 学年的剩余时间里一直关闭，同时争先恐后地提供"半体面"的远程学习计划。疫情得到初步的控制后，共和党人开始计划在秋季重新开放学校。特朗普总统在 2020 年 7 月 6 日发推特声称"学校必须在秋天开学"，关闭学校是"导致死亡"的行为，甚至威胁要剥夺处于关闭状态学校的联邦资金。参议院领袖米奇·麦康奈尔（Mitch McConnell）宣称："除非孩子们上学，否则我们不能拥有一个正常的国家。"[⑤]而民主党的态度则较为谨慎，他们不赞同在秋季重新开放学校。根据有关数据显示，对于是否开放 K-12 学校，超过 80% 的民主党考虑学生和教师感染病毒的风险，而只有不到 40% 的共和党考虑这一因素。[⑥]共和党强调重新开放学校

① Kenneth K. Wong, "Education Policy Trump Style: The Administrative Presidency and Deference to States in ESSA Implementation," *The Journal of Federalism*, 2020, Vol.50, No.3, pp.423—445.

② Duffy Megan and Wohlstetter Priscilla, "Negotiating Intergovernmental Relations Under ESSA," *Education Researcher*, 2019, Vol.48, No.5, p.305.

③ Lauren Camera, "Ohio Gov. Mike DeWine Orders All K-12 Schools Closed," *U.S. News*, March 12, 2020, https://www.usnews.com/news/education-news/articles/2020-03-12/ohio-gov-mike-dewine-orders-all-k-12-schools-closed, 2023-12-20.

④ Laura Meckler, "Seven states, D.C. Order All Schools Closed in Effort To Prevent Spread of Covid-19," *Washington Post*, March 12, 2020, https://www.washingtonpost.com/local/education/ohio-maryland-order-all-schools-closed-in-effort-to-prevent-spread-of-covid-19/2020/03/12/e4078b3a-6499-11ea-845d-e35b0234b136_story.html, 2023-12-20.

⑤ Michael Stratford, "Congress' Next Fight: Reopening Schools," *Politico*, July 9, 2020, https://www.politico.com/news/2020/07/09/congress-next-fight-reopening-schools-355415, 2023-12-20.

⑥ Juliana Menasce Horowitz, "Republicans, Democrats Differ Over Factors K-12 Schools Should Consider in Deciding Whether to Reopen," *Pew Research Center*, August 5, 2020, https://www.pewresearch.org/short-reads/2020/08/05/republicans-democrats-differ-over-factors-k-12-schools-should-consider-in-deciding-whether-to-reopen/, 2023-12-20.

的优势，而民主党则宣扬此举带来的危险。这场红蓝对立分明的政治戏剧在公众意识中划定了明确的界线：共和党是重新开放学校的党派；而民主党则是规避极端风险的党派。学校恢复线下教学后，民主党和共和党围绕学校的政治斗争依然没有结束。对于学生是否应该在学校戴口罩，两党采取了截然相反的态度：11 个红州禁止学生佩戴口罩，而 18 个蓝州则要求全州佩戴口罩。对于疫苗的使用、保持社交距离等策略，两党都在顽固地坚持自己的立场，将政治极化渗透到校园，使校园成为新的"文化战争"场所。

总之，不同于小布什政府和奥巴马政府时期，特朗普政府的教育政策发生彻底改变，一反联邦政府在教育政策上权力扩张的局面，将教育权还给州和地方，这与主张继续扩大联邦政府教育作用的民主党产生立场对抗。同时，新冠肺炎疫情激化了两党的政治斗争，各个议题在选举政治的运作下形成"政党站队"（party sorting）的趋势，教育领域的合作变得越来越困难。

二、两党在教育领域争论的政治燃点

新冠肺炎疫情的暴发，促使美国种族主义大回潮。在美国经济不平等加剧、人口结构不断变化、社会持续分裂、政治极化的背景下，两党在教育领域的分歧主要聚焦于以下三方面：教育内容之争——批判种族理论；教育政策之争——基础教育的"学校选择"和高等教育的学生贷款；教育权利之争——父母权利运动。

（一）教育内容之争——批判种族理论

"批判种族理论"（Critical Race Theory）①已经成为两党在教育领域争议的

---

① "Critical Race Theory"在国内学术研究中存在多种译法，第一种译为"批判种族理论"，见李欣：《美国批判种族理论教育存废之争：学术溯源、教育实践及党派博弈》，《世界民族》2022 年第 6 期，第 57—67 页；严庆、刘赫：《放逐"政治正确"抑或族裔政治焦虑——美国近期"批判种族理论"之争解析》，《学术界》2022 年第 2 期，第 185—195 页。第二种译为"批判性种族理论"，见张业亮：《当前美国反种族主义思想运动：对制度性种族主义的探索》，《美国研究》2023 年第 1 期，第 9—34 页；黄卫峰、沈丹妮：《"种族批判理论"还是"批判种族理论"？——Critical Race Theory 的翻译问题》，《杭州电子科技大学学报（社会科学版）》2021 年第 1 期，第 44—47 页。第三种译为"种族批判理论"，见贾维尔·特莱维诺、米歇尔·哈里斯等：《种族批判理论的批判性》，《国外理论动态》2017 年第 8 期，第 60—63 页；陆俊：《从"阶级"到"种族"——论种族批判理论的范式转换》，《北京联合大学学报（人文社会科学版）》2020 年第 2 期，第 39—47 页。本文选择第一种译法"批判种族理论"，因为该译法与英文单词顺序一致，更符合批判理论的范畴。

政治燃点（political flashpoint）。①它属于批判理论的范畴，源于 20 世纪 70 年代揭示美国黑人、妇女在法律体系中遭受歧视和不平等的"批判法律研究运动"（Critical Legal Studies Movement）。②作为民权运动的学术遗产，该理论认为美国社会存在严重的系统性种族歧视，强调重新审视历史上的种族问题，提出"去白人中心主义"的主张，支持以少数族裔，尤其是以黑人的视角重新审视美国历史和社会，解构白人主导的叙事模式。20 世纪 90 年代批判种族理论实现了从法律界到教育界的迁移，在教育领域聚焦美国有色人种和少数族裔的特殊经历，反对学校边缘化甚至排除少数族裔历史的教育方式，挑战传统教育史对"白人性"（whiteness）的历史建构、逻辑理论和话语霸权。③当代美国教育界将该理论作为认识论和方法论，用来审视学校教育中的种族主义和边缘群体的教育。

特朗普政府时期，种族主义运动盛行，实施了一系列反移民、反穆斯林移民的政策，导致白人至上主义大行其道，仇恨少数族裔犯罪频发，尤其是"弗洛伊德事件"的出现与"黑人的命也是命"运动的发展，将美国国内反种族主义运动推向高潮。对此，美国各层级的政府机构和学校纷纷接纳支持反对种族主义的学者和民权活动人士提出的倡议，将"批判种族理论"作为主要教材，为雇员和学生提供多元化、公平和包容的培训，推动了该理论的广泛传播。④因此，美国知识左翼发动反种族主义思想运动，"1619 项目"试图将黑人历史融入美国历史更宏大的叙事中，探讨奴隶制和种族主义在美国历史中发挥的作用，否定以《独立宣言》发表的 1776 年为开端的传统主流历史叙事。

"1619 项目"是由民主党主要阵地之一的《纽约时报》在 2019 年 8 月策划的一期特刊，刊发了一系列包括散文、音像、诗歌、图表、视觉艺术在内的作

---

① Bryan Anderson, "Critical Race Theory Is A Flashpoint for Conservatives, But What Does It Mean?" *PBS*, Nov.4, 2021, https://www.pbs.org/newshour/education/so-much-buzz-but-what-is-critical-race-theory, 2023-12-10.

② 朱景文：《对西方法律传统的挑战——评美国批判法律研究运动》，《中国法学》1995 年第 4 期，第 114—119 页。

③ María C. Ledesma & Dolores Calderón, "Critical Race Theory in Education: A Review of Past Literature and A Look to the Future," *Qualitative Inquiry*, Vol.3, No.21 (February 2015), pp.206—222.

④ 张业亮：《当前美国反种族主义思想运动：对制度性种族主义的探索》，《美国研究》2023 年第 1 期，第 12 页。

品，目的是"通过把奴隶制的后果和黑人的贡献放在美国国家叙事的中心，来重构美国的历史"。"1619 项目"重新定义了美国历史的开端，挑战了以 1620 年《五月花号公约》为起点的传统史学观，①"把奴隶制的影响和美国黑人的贡献置于美国国家叙事的正中心"②，是对种族主义的一次反击。在自由派人士的支持下，"1619 项目"在美国社会引起巨大反响。有关美国历史与种族主义的反思使更多人参与反种族主义运动，多个大中小学开设"1619 项目"课程，联邦机构开设多元化、公平和包容培训，用"批判种族理论"和"1619 项目"作为主要教材，对学生和雇员进行相关培训，推动反种族主义思想运动的发展。③"1619 项目"实际上想效仿奥巴马时期的"共同核心"的模式，从历史和公民教育入手将"批判种族理论"施加到每个州。

然而，"1619 项目"遭到了保守阵营的强烈抨击和抵制，右翼社交媒体把"1619 项目"的支持者称为"仇国左派"（America Hating Left）。多个共和党控制的州议会，如爱荷华州、南达科他州、密苏里州等州议会，都相继明令禁止使用"1619 项目"课程与种族主义相关的课程资源。④受美国国家人文基金会的资助，麦克莱（Wilfred M. McClay）特别设计了一套美国新的历史课程《希望之地》（Land of Hope），代替霍华德·津恩（Howard Zinn）和"1619 项目"的系列教材，淡化群体的怨恨和身份认同的系列教科书。特朗普批评在学校开设"1619 项目"教学，称它是"反对美国历史的一次十字军东征、有毒的宣传和意识形态毒药"，发誓将"制止对学生灌输激进的思想"。⑤作为对"1619 项目"的回应，特朗普在 2020 年 11 月签署了行政令，成立了"1776 委员会"（1776 Commission），明确反对"进步主义"和"身份政治"，打击"反美历史修正主义"

① 赵梅：《美国文化撕裂现状及其影响——美国"取消文化"评述》，《人民论坛》2023 年第 3 期，第 94 页。

② Jake Silverstein, "Why We Published The 1619 Project," *The New York Times Magazine*, August 14, 2019, pp.4—5, available at: https://pulitzercenter.org/sites/default/files/full_issue_of_the_1619_project.pdf, 2023.1.2.

③ 张业亮：《当前美国反种族主义思想运动：对制度性种族主义的探索》，第 15 页。

④ Valerie Strauss, "Why Republican Efforts to Ban the 1619 Project from Classrooms are so Misguided?" *The Washington Post*, April 7, 2021, https://www.washingtonpost.com/education/2021/04/07/why-republican-efforts-to-ban-1619-project-classrooms-are-so-misguided/, 2023-2-10.

⑤ 张业亮：《美国围绕历史叙事的文化战争愈演愈烈》，《世界知识》2023 年第 8 期，第 44—46 页。

"批判性种族理论家""取消文化追随者",在美国学校当中推广爱国主义教育。通过督导美国联邦政府对各州各学校教学计划的控制,实现"去种族主义教育计划",目的是为了坚守美国的原则信念和国家认同,为美国的年轻人提供"爱国主义教育"和真正的启发。①

2021年1月民主党总统拜登在就职演说中批评"白人至上主义",废除了"1776委员会",提倡从种族正义的视角重新解读美国历史,同时宣布把"批判种族理论"教育纳入学校课程。他还确定美国历史和公民教育计划中关于补助金的优先顺序,优先支持融合种族的、文化的、语言多样性观点的项目,"1619项目"也因此得到了补助金的支持。随着"批判种族理论"课程在美国大学、中小学课堂的开展,保守派人士进行了激烈而极端的抵制,支持者和反对者进行围绕"谁是美国人""种族认同是否应当置于国家认同至上"展开激烈的争论。民主党主张正视美国种族主义的黑暗历史,认为当今美国社会中仍存在系统性种族主义歧视,日益割裂的美国需要"批判种族理论"来团结国内各少数族裔。而共和党则强调美国的荣耀,认为奴隶制历史不是美国国家历史上最重要的部分,研究种族具有分裂性,会给社会带来分裂主义思想的"反美国"教育,同时否认美国存在系统性种族主义。这表明,民主党和共和党放弃了保持"盎格鲁—撒克逊"白人文化与多元文化的中间立场,两党的身份政治转向趋于完成,共和党略偏向白人,而民主党更偏向于少数族裔。②

(二)教育政策之争——"学校选择"和学生贷款

民主党和共和党都认为强大的教育体系对美国及其公民的成功至关重要,然而由于党派意识的冲突,两党倡导的教育政策存在显著差异。目前两党在教育政策的争论点主要集中在基础教育(K-12)的"学校选择"(school choice)以及高等教育的学生贷款问题。③自20世纪80年代以来,学校选择运动(school

---

① "Establishing the President's Advisory 1776 Commission Federal Register," *Presidential Documents*,Vol.85,No.215,November 2020,https://www.federalregister.gov/documents/2020/11/05/2020-24793/establishing-the-presidents-advisory-1776-commission,2023-1-13.

② 翟迈云、李庆四:《为谁讲故事:美国两党的国家叙事之争》,第96页。

③ 王建:《美国学校选择运动的进展、争议与启示》,《教育经济评论》2018年第3期,第96页。

choice movement）已成为美国最有影响力的教育改革之一，旨在把市场自由竞争机制引入教育领域，利用公共经费帮助学生实现自主、多样化择校。①进入 21世纪，学校选择不断地发展，参与人数逐渐增加，新冠肺炎疫情造成的长时间学校关闭和教育中断，更是将学校选择推向更广泛的人群。随着 18 个州颁布了7 项新的教育选择计划，扩大了 21 项现有计划，2021 年被称为学校选择的"突破年"。②2023 年自由择校席卷美国，北卡罗来纳州等 7 个州已经宣布了全民择校计划，所有的家庭均可以向政府申请教育券（school voucher）自由选择学校，还有十几个州正在推进自由择校计划，2023 年因此也被称为"全美学校选择年"。③

学校选择的合法性在于美国的公立中小学实行学区制（school-district system），提倡就近入学，旨在为家长提供方便，并不是完全限制选择权。美国的教育管理体制自上而下分为联邦、州和学区三个等级，联邦政府没有权力对公立学校进行直接管理，而是将这一职责交给了各州。各州将具体的学校管理权限下放给相关的地方学区，由地方学区对当地的公立中小学进行直接管理，因此，在美国形成了以学区为主导的地方公立学校管理体制。④学区受本州政府的领导并执行州内的教育政策，享有政府的某些权力，比如：管理学校、任免校长、评聘教师、财务管理的基本单位、发放教育券等。美国公立学校的办学经费主要来自联邦政府、州政府以及地方政府的财政拨款，由于各州之间存在财力悬殊，各学区的贫富差距也非常明显。"学区制"导致教育资金不平衡、教育质量差异、学生流动性差等缺点，容易带来教育的不公平现象，因此为了满足学生多层次的入学要求，特许学校（charter school）、家庭学校（home schooling）、磁石学校（magnet school）、教育券等择校形式应运而生。与公立学校相比，美国私立

① Savannah Kuchar，"'Quantum-leap change'：How School Choice, Book Bans And Student Loans Are Taking Center Stage in 2024," *USA TODAY*, October 27, 2023，https://www.usatoday.com/story/news/politics/elections/2023/10/27/school-choice-student-loans-2024-republican/71231093007/，2023-12-27.

② Jason Bedrick and Ed Tarnowski，"How Big Was the Year of Educational Choice?" *Education Next*，August 19，2021，https://www.educationnext.org/how-big-was-the-year-of-educational-choice/，2023-12-16.

③ Lauren Forte，"All In on School Choice：In 2023，States Said Yes to School Choice," *National School Choice Week*，December 13，2023，https://schoolchoiceweek.com/2023-yes-to-school-choice/，2023-12-16.

④ 于子倩：《美国公立学校的教育体制研究》，中国传媒大学出版社 2017 年版，第 73 页。

学校（Private school）以提供更优质的教育体验而闻名，对教育标准、师资水平和设施投资有更高的要求，但是私立学校高额的学费让贫困家庭望而却步。

是否应该支持家长进行"学校选择"？共和党支持在中小学教育中给予家长更多的选择权，鼓励家长使用教育券选择私立小学或者中学，作为对公立学校系统的替代选择。通过引入市场和竞争机制迫使公立学校提高办学质量留住学生，同时弱化政府对教育的干预权利，在资助教育的同时也给民众自主选择学校的权利。特朗普执政时期，倡导以自由竞争为核心，认为"自由择校"能够更好地促进美国教育的良性发展。在 2019 年 2 月的国情咨文中，特朗普曾呼吁："现在是时候为孩子们批准'学校选择'立法了。"①虽然很多人批评特朗普没有提供有关该立法的细节，但是依然得到了美国教育部长贝齐·德沃斯的称赞，她认为事关美国的"教育自由"。特朗普政府曾提出一项雄心勃勃的 200 亿美元教育券计划，该计划允许学生将联邦教育资金转移到他们选择的公立或私立学校，支持学生学校选择自由。②这些排富性的教育券能够让收入低的家庭获得面值更高的资助，实现自由择校，实现贫穷儿童接受高质量教育和打破社会阶层固化的现实。特许学校是特殊的公立学校，教育资金来源于公立教育经费，可由公立学校转制、私立学校转制而来，或者是新建。与传统的公立学校相比，特许学校有更大的自由权，它的教学目的、教学手段、教学内容均在章程中由创建者提出，学校只需实现章程中规定的目标即可，但如果没有实现预定的目标，则有可能丧失特许权。③特朗普政府为了让更多的贫困学生入读优质学校，主张教育券可以进入私立学校使用，给家长更多的自主权。民主党则态度相反，倾向于支持公立学校，包括增加联邦对公立学校的投资、改善学校基础设施和提升教育质量的措施，以此减少教育领域的不平等现象，确保所有学生都能获得高质量的教育。自由派认为，教育券会加剧教育不公平，使那些已经在私立学校就读的学生受益，使用教育券就读私立学校的学生可能会因其种族和民族、

---

①　"Remarks by President Trump in State of the Union Address," *White House Archives*，February 5，2019，https:// trumpwhitehouse.archives.gov/briefings-statements/remarks-president-trump-state-union-address-2/，2023-12-16.

②　Yamiche Alcindor，"Trump's Call for School Vouchers Is a Return to a Campaign Pledge," *New York Times*，March 1，2017，https://www.nytimes.com/2017/03/01/us/politics/trump-school-vouchers-campaign-pledge.html，2023-12-16.

③　郑文：《当代美国教育问题透视》，第 116 页。

性别表现和残疾而被明确或暗地剥夺教育机会。亚利桑那州在 2022 年宣布该州所有学生都有资格参加教育券计划，该州教育部最近发现，申请儿童中有 75% 没有进入公立学校系统。其他州的调查报告也是如此，新罕布什尔州、威斯康星州、密苏里州等大多数教育券领取者已经在私立学校或家庭学校上学。①民主党人和教师工会抨击教育券发放给了不需要援助的富裕家庭，将资金从公立学校转移到私立学校，削减了联邦对公立学校的资助，因此在民主党控制的伊利诺伊州，立法者拒绝继续为近 10 000 名低收入学生提供教育券服务。②

　　除了在基础教育上存在学校选择的政策分歧外，两党在高等教育学生贷款也有着不同的政策主张。共和党认为自由市场比政府更能够满足公众的需求，因此联邦政府应该退出学生贷款业务。特朗普反对联邦政府实行直接贷款的制度，认为联邦政府通过给学生贷款谋取巨额利润，主张银行或其他私人金融机构成为贷款发放的主体，从而为学生提供更多的教育贷款选择，学生贷款应当向市场化的方向发展。关于学生贷款的偿还问题，特朗普政府采用收入驱动还款计划（Income-Driven Repayment，IDR），即贷款学生毕业后，每年从其收入中扣除 12.5% 用于偿还贷款，在毕业 15 年后，未还清的贷款将被减免。③民主党认为联邦政府应该参与高等教育的资助，包括资助助学贷款、向没有经济能力接受大学教育的学生提供助学金。拜登政府推出的减免学生贷款项目规定：2020 年至 2021 年年收入少于 12.5 万美元的个人和年收入少于 25 万美元的已婚家庭，每人最多可减免 1 万美元的学生贷款。对于获得专为中低收入家庭学生提供的佩尔助学金（Pell Grant）者，最多可减免 2 万美元的学生贷款。截至 2023 年 6 月 30 日，拜登政府已经批准为全国 220 万借款人取消超过 660 亿美元的贷款。④

① Iris Hinh, "State Policymakers Should Reject K-12 School Voucher Plans," https://www.cbpp.org/research/state-budget-and-tax/state-policymakers-should-reject-k-12-school-voucher-plans，2023-9-21.

② Andrew Atterbury, "GOP States Are Embracing Vouchers. Wealthy Parents Are Benefitting," *Politico*，November 22, https://www.politico.com/news/2023/11/22/inside-school-voucher-debate-00128377，2023-12-20.

③ Clint Proctor, "Changes to Student Loan Forgiveness Trump Proposed: Here's How it Impacts You," *Student Loan Planner*, https://www.studentloanplanner.com/student-loan-forgiveness-trump/，2023-12-20.

④ "President Biden Announces New Actions to Provide Debt Relief and Support For Student Loan Borrowers," *The White House*, June 30, 2023, https://www.whitehouse.gov/briefing-room/statements-releases/2023/06/30/fact-sheet-president-biden-announces-new-actions-to-provide-debt-relief-and-support-for-student-loan-borrowers/，2023-12-20.

（三）教育权利之争——父母权利运动

美国的父母权利运动是两党在教育领域分歧和争论的另外一个方面。该运动是一场涉及教育和文化议题的社会运动，其核心是父母对子女教育、学校政策以及社会价值观的权利主张。该运动的起源可以追溯到新冠肺炎疫情期间，长时间的关闭学校以及强制戴口罩等问题，使不堪重负的家长对学校处理疫情的方式产生强烈不满，爆发一系列抗议活动。在共和党的推动下，保守派人士迅速抓住这一契机，将其发展演变为更广泛的文化和政治分歧，涉及有关种族、性取向和性别认同等教学内容。

2021年，格伦·扬金凭借"父母很重要"的口号，成功地将稳步呈蓝色趋势的弗吉尼亚州翻红，为全国共和党候选人提供了榜样。作为州长，扬金在任职第一天就发布了一项行政命令，禁止在该州的课堂上教授"批判性种族理论"，彻底改革了公立学校与跨性别学生相关的政策。全国各地的共和党人认为，围绕种族、性别认同和性取向的讨论不适合幼儿，他们打着"父母权利"的旗号，推动减少学校中的此类话题。保守派团体"美国转折点"（Turning Point USA）在宾夕法尼亚州匹兹堡市举行的集会上，最激进的"教育文化斗士"德桑蒂斯发表演讲，他多次提到"觉醒主义（wokeism）的意识形态是一种破坏性的思想病毒，与现实脱节，影响社会的不同机构。我们不能袖手旁观，必须与学校、行业、美国政府机构中的觉醒主义做斗争。佛州是'觉醒主义'消失的地方!"。[①]德桑蒂斯还在2022年签署了名为"停止觉醒法案"（Stop Woke Act），允许州内的家长起诉将"批判性种族理论"纳入中小学基础课程的学区，而且禁止在佛罗里达州讨论种族问题。[②]之后又签署"禁谈同性恋"（Say No Gay）的法案，禁止在幼儿园到小学三年级的课堂，谈论性取向和性别认同等问题。[③]

---

① Philip Bump, "What Does 'Woke' Mean? Whatever Ron DeSantis Wants," December 5, 2022, *Washingtonpost*, https://www.washingtonpost.com/politics/2022/12/05/desantis-florida-woke-critical-race-theory/, 2023-9-14.

② John Kennedy, "DeSantis Signs Into Law 'Stop WOKE Act' to restrict race discussions in Florida," April 22, 2022, https://www.tallahassee.com/story/news/politics/2022/04/22/florida-governor-desantis-stop-woke-act-race-bill-law-sign-discussions-republicans/7403239001/, 2023-10-1.

③ Devan Cole and Tina Burnside, "DeSantis Signs Controversial Bill Restricting Certain LGBTQ Topics In The Classroom," *CNN*, March 28, 2022, https://edition.cnn.com/2022/03/28/politics/dont-say-gay-bill-desantis-signs/index.html, 2023-10-1.

　　父母权利运动呼吁学校移除有关种族、历史、性别认同、性行为和生殖健康的书籍。这一倡议得到有很多保守派的全国性组织的积极响应与支持，包括"自由母亲"（Moms for Liberty）、"父母权利基金"（the Parental Rights Foundation）、"教育不左转"（No Left Turn in Education）、"美国转折点"等组织，其共同目标很明确，希望家长进一步了解、审阅学生课堂上的学习内容、课后的阅读书目以及图书馆提供的书目，并在全美掀起禁书运动。根据美国图书馆协会的数据显示，美国有关禁书的请求在 2022 年打破最高纪录，美国公立学校和图书馆的图书审查请求增至 2 571 种图书，创下该协会自 20 多年前开始收集图书馆审查数据以来尝试禁止图书的最高数量。被请求审查的书籍大多数是由性少数成员或者由黑人、印第安人和有色人种撰写的或者与之相关的图书①，比如2022 年被申请审查移除最多的书籍为《性别酷儿：回忆录》。②根据美国笔会（Pen America）的最新报告，在 2022—2023 学年期间，33 个州的学校学界动态实施了 3 362 多项不同的图书禁令（book bans），比 2021—2022 学年增加了33%。③美国图书馆协会的数据显示，除内华达州与特拉华州外，美国全境都有关于图书审查移除的申请，保守的州对图书审查的呼声更高，而自由派占主导的州对图书审查移除的申请则相对较少。美国各州中，申请数目最多的是得克萨斯州。2022 年得州关于限制书籍获取的申请多达 93 次，涉及书籍数量 2 349本，而得克萨斯州又是保守派及众多特朗普支持者聚集的红州，其保守势力可见一斑。

　　共和党保守派甚至将父母权利推向立法程序。在 2023 年 3 月 24 日，共和党人控制的众议院以 213 票对 208 票的微弱优势，通过了《父母权利法案》（Parents Bill of Rights Act），该法案将允许家长更多地参与公立学校的教学工作。④共和

---

① "Censorship by the Numbers," Banned & Challenged Books, https://www.ala.org/advocacy/bbooks/by-the-numbers, 2023-9-10.

② "Top 13 Most Challenged Books of 2022," *Banned & Challenged Books*, https://www.ala.org/advocacy/bbooks/frequentlychallengedbooks/top10，2023-9-10.

③ Banned in the USA, "The Mounting Pressure to Censor," https://pen.org/report/book-bans-pressure-to-censor/, 2023-9-30.

④ Annie Karni, "Divided House Passes G.O.P. Bill on Hot-Button Schools Issues," *New York Times*, March 24, 2023, https://www.nytimes.com/2023/03/24/us/politics/parents-bill-of-rights-act.html, 2023-9-10.

党支持者将该法案描述为"确保父母的权利在全国公立学校得到尊重和保护"的措施，目标是为学生提供最好的学习体验。相反，民主党人认为，该法案可能会为学校的审查制度和禁书创造法律基础，并制造性取向和性别认同分裂。鉴于参议院的两党席位对比，《父母权利法案》几乎没有获得通过的可能性。参议院多数党领袖舒默（Chuck Schumer）已经做出承诺，该法案将在抵达参议院后遭到"立即否决"。①白宫在一份政府政策声明中表示不支持该法案，因为"该法案实际上对学校里的孩子没有任何帮助"，反而将男同性恋、女同性恋和跨性别学生置于更高的风险中。

民主党和共和党对于教育领域中的父母权利产生巨大分歧。在皮尤研究中心关于 K-12 教育的一份民调中，多数共和党人认为联邦政府、州政府以及校董理事会对 K-12 教育所施加的影响过多，而家长对学生的影响又过少，44% 的共和党人认为家长的影响是远远不够的，父母需要增加对教育的影响，而 39% 的民主党人表示，家长对 K-12 教育的影响是正常的。②总的来说，共和党人强调家长对孩子的影响，这与保守势力对于家庭教育的重视不无相关，而民主党人对 K-12 教育则较为满意，认为各群体对学生教育的影响均为合理的。围绕"父母权利运动"的争论，其实就是自由主义者强调性别认知的多元自由，支持较为自由的性别认知的教育内容、承认奴隶制对非洲裔的社会地位的影响。而共和党人及保守派则因重视家庭教育的重要性、传统性别认知，同时在族裔关系方面持较为保守的观点，选择支持传统性别认知的教育。

三、引发教育问题争论的内在生成原因

美国教育问题产生的原因是多方面的，包括选举政治的催化、两党政治博

---

① Shawna Mizelle and Kristin Wilson, "House Passes GOP Education Bill That Aims To Provide Additional oversight for Parents," CNN, March 24, 2023, https://edition. cnn. com/2023/03/24/politics/house-vote-parents-bill-of-rights-act/index.html, 2023-9-10.

② Juliana Menasce Horowitz, "Parents Differ Sharply by Party Over What Their K-12 Children Should Learn in School," *Pew Research Center*, October 26, 2022, https://www.pewresearch.org/social-trends/2022/10/26/parents-differ-sharply-by-party-over-what-their-k-12-children-should-learn-in-school/＃wide-partisan-gaps-in-views-of-how-much-influence-parents-school-boards-and-governments-have-on-what-public-k-12-schools-teach, 2023-9-7.

弈、联邦和州权力的冲突、利益集团的推动等，这些原因相互促进和强化，导致民主党和共和党在教育领域的分歧日益显著，教育改革愈发极端化、标签化。

（一）选举政治的"扭曲效应"直接引发教育领域的分歧

美国教育政策之所以呈现左右摇摆、不稳定的局面，与两党轮流执政的选举制度有着密不可分的关系。随着近年来美国政治极化的加深加剧，新冠肺炎疫情的催化，美国国会选举、总统选举带来一系列社会混乱和对立。在小布什就任总统之时，美国就已经出现了半个国家欢呼而另一半苦恼的局面，"蓝州更蓝，红州更红"[1]。美国政党政治极化在奥巴马任期内明显加速，两党从精英到基础选民都呈现加速"两极化"的趋势。2016 年大选被称为美国近几十年历史上"最分裂的大选"[2]。竞选过程中，为了赢得选民的支持，候选人会向选民传达对关键问题的立场和解决方案，甚至提出极具争议性的政策主张，强化候选人的形象。选民在对候选人进行选择时，很容易出现明显的选边"站队"现象。共和党主要得到未受高等教育、福音派、白人、男性选民支持，而受过高等教育、不信教、少数族裔和女性选民更倾向于支持民主党。[3]同时，为了与前一届政府形成明显的差异和兑现竞选承诺，新一届政府执政后，一般不会延续往届政府在某些领域的政策。[4]换言之，美国选举过程的"扭曲效应"和制度性缺陷是引发教育领域分歧的直接诱因。

在教育领域，根据皮尤研究中心 2022 年中期选举民意调查数据显示，有58%的美国民众认为教育问题的重要性位于第四位，仅次于国内经济复苏、减少医保价格和应对新冠肺炎疫情。[5]相关数据表明"教育选民"（education voters）

---

① Pietro S. Nivola and David W. Brady eds., *Red and Blue Nation？Characteristics and Causes of America's Polarized Politics*，Washington，D. C.：Brookings Institution Press，2006，p.119.

② 王希：《特朗普为何当选？对 2016 年美国总统大选的历史反思》，《美国研究》2017 年第 3 期，第 10 页。

③ Pew Research Center，"In Changing U. S. Electorate，Race and Education Remain Stark Dividing Lines，" https：//www.pewresearch.org/politics/2020/06/02/in-changing-u-s-electorate-race-and-education-remain-stark-dividing-lines/，2023-2-16.

④ 徐理响：《竞争型政治：美国政治极化的呈现与思考》，《社会科学研究》2019 年第 6 期，第 16—23 页。

⑤ PEW Research Center，"Public's Top Priority for 2022：Strengthening the Nation's Economy，" https：//www.pewresearch.org/politics/2022/02/16/publics-top-priority-for-2022-strengthening-the-nations-economy/，2023-10-2.

可能成为新的"摇摆"选民——对于在联邦、州选举中投票的家长来说，教育是他们投票的关键考虑因素之一。大量选民会根据候选人在教育问题上的立场投票，而不拘泥于其所属政党，82%的父母愿意投票给与他们教育观点一致的候选人。[①]对于"潜在的"青年选民而言，受过教育的年轻一代更有可能积极参与投票、参加政治活动、就社会问题表达意见。"Z世代"[②]大学生是美国未来政治的主力军。在2020年美国总统大选中，来自这一群体的选民占合格选民人数的10%，投票率超过53%，成为美国有史以来总统选举投票率最高、政治参与最活跃的青年人群。[③]2022年在中期选举中，"Z世代"的积极参政，在一定程度上成功阻止了共和党人的"红色浪潮"回归，他们的迅速崛起也获得广泛关注。[④]预计在2024年大选中，"Z世代"与"千禧一代"（出生于1981—1995年的群体，也被称为"Y世代"）选民将占到美国选民总数的四成以上[⑤]，他们或将对美国政治的走向发挥决定性作用。为了更好地吸引和迎合选民，候选人会在教育问题上更多地出现"身份政治"的影子，对"批判性种族理论"教学、父母权利运动、学校选择和学生贷款等教育议题不断趋于激进和极端化，加剧民众对教育政策的立场分歧。随着美国中期选举和总统竞选活动的不断开展，每一次选举都是对美国教育政策的冲击，也是对美国社会的一次分化。

（二）两党政治博弈是教育领域争论的核心因素

美国教育领域的争论与民主党、共和党的政治极化密不可分。民主党认为

---

① Public Charter Schools，"Is the 'Education Voter' the New Swing Voter?" June 21，2022，https://info.publiccharters.org/hubfs/NAPCS _ NewSwingVoter-1pager-220617-Digital.pdf，2023-12-2.

② "Z世代"指美国1996年以后出生的人口，其约占全美总人口的26%，其中年龄最大的一批正走出校园、迈向社会。从族群结构来看，"Z世代"大学生中白人约占53%，拉美裔约占20%，是美国历史上族群分布最多样化的一代大学生。

③ Abigail Hess，"The 2020 Election Shows Gen Z's Voting Power for Years to Come," *CNBC*，November 18，2020，https://www.cnbc.com/2020/11/18/the-2020-election-shows-gen-zs-voting-power-for-years-to-come.html，2023-9-20.

④ 周顺：《美国"Z世代"对华认知的表现、成因及影响》，《当代美国评论》2023年第2期，第19—40页。

⑤ Morley Winograd et al.，"How Younger Voters Will Impact Elections：Younger Voters Are Poised to Upend American Politics," *Brookings*，February 27，2023，https://www.brookings.edu/articles/younger-voters-are-poised-to-upend-american-politics/，2023-9-20.

联邦政府在保障所有公民享有平等的教育机会上发挥着重要作用，主张继续扩大联邦政府在教育中的作用，提高教师待遇，提倡统一的基础教育评价标准，确保所有学生都能在核心教育领域，如阅读、写作、数学和科学方面达到最低的能力水平。对于高等教育，民主党认为联邦政府应该参与高等教育的资助，包括提供助学贷款、向没有经济能力接受大学教育的学生提供助学金。同时，民主党支持"肯定性行动计划"，认为该计划有利于消除少数族裔和妇女追求高等教育的不利地位。因此，扩大联邦政府对教育的干预体现了左翼激进主义的立场，符合民主党的传统政策偏好。然而，共和党坚持保守的意识形态，强调个人选择和责任，主张有限的政府干预，倾向于支持各州和学校董事会制定教育政策。保守主义者提倡在小学和中学给予家长更多的选择权，倡导自由择校。面对高等教育不断攀升的费用，保守派坚信自由市场比政府更能够满足公众的需求，因此联邦政府应该退出学生贷款业务，贷款的发放应该由银行等金融机构承担。保守派抨击"肯定性行动计划"，认为学生的录取资格应该依据个人在教育中付出的努力，而不是依靠种族或性别方面的特殊优待。因此，教育领域的"小政府、大市场"契合共和党的立场。在此背景下，美国教育问题便成为两党众多政策分歧之一。

两党在教育问题上互相攻讦，导致学校成为党争的"战场"，促使教育改革政策沦为美国政治博弈的筹码和牺牲品。共和党及其支持者批评民主党过于重视联邦政府在教育领域中的作用，专注于少数族裔的利益而损害了主流白人群体的利益，并在美国的教育领域发起了一场针对民主党的批判行动，美国十多个州的共和党议员提出法案，希望将批判性种族理论驱赶出学校的课堂。[1]共和党人认为，批判性种族理论等于白人有罪论，这一理论向少数族裔孩童灌输仇恨，并让白人儿童感到不适和自卑，他们希望立即禁止这一分裂美国的不当言论。反之，民主党及其支持者抨击保守派倡导的"白人至上主义"运动，拜登在2024年大选激烈之际称"白人至上主义"是最大的恐怖主义威胁，共和党人对待种族不公正的关注过犹不及，是出于政治目的的伪善。[2]党派争端渗透到教

---

① Caitlin O'Kane, "Nearly A Dozen States Want To Ban Critical Race Theory in Schools," *CBS News*，MAY 20，2021，https://www.cbsnews.com/news/critical-race-theory-state-bans/，2023-12-26.

② Toluse Olorunnipa, "Biden Calls White Supremacy Greatest Terrorism Threat As 2024 Race Heats Up," *The Washington Post*，May 14，2023，https://www.washingtonpost.com/politics/2023/05/14/biden-white-supremacy-howard-university/，2023-12-26.

育领域，不仅是美国共和党保守派与民主党自由派之间的争斗，也是现代美国本土主义与多元文化主义围绕美国未来社会发展理念矛盾加剧的表现，揭示了一系列重要教育议题的政治化。在两党不断的政治博弈过程中，美国教育改革分歧两极分化不断深化、加重。

（三）联邦和州、地方的权力冲突是美国教育问题的加速器

联邦政府和州政府作为美国不同的权力主体，可以直接对人民进行统治，都具有排他性的权力。由于美国宪法规定的模糊性，联邦和州围绕不同议题的权力冲突从未停止。①根据美国宪法，教育管理体制实行地方分权制，办学和管理的主要责任集中在各州和地方。尽管各州在法律上对公共教育负责，但治理学校的权力大多被下放给地方官员。②教育治理权主要掌握在学校董事会手中，各州教育厅对本州教育董事会负责，而不是对州长负责。③联邦教育部（Federal Department of Education）于 1980 年成为独立的内阁级政府机构。为了避免削弱各州对教育的行政管理权，联邦教育部法案规定："关于教育的权限和责任保留给州和地方学区以及州所规定的其他机构。"④从 20 世纪 80 年代开始，各州开始收回对教育的控制权，州政府通过集中教育资金、制定州课程标准、提高对老师的要求等方式重申了对地方教育政策的权力。⑤面对联邦教育不断提高对教育政策制定的参与度，反对者认为联邦教育权的扩张会削弱各州和地方教育权力。州权力活动家和教师工会达成了一致观点，他们认为标准化考试的兴起扼杀和破坏了教师职业。⑥随着教育治理权从地方控制转向州和联邦政府，绝大多

① 张业亮：《奥巴马执政以来的美国联邦权和州权冲突》，第 48—49 页。

② Rebecca Jacobsen and Andrew Saultz, "The Polls—Trends: Who Should Control Education?" *Public Opinion Quarterly*，Vol.76，2012，pp.379—390.

③ 王定华：《走进美国的教育》，第 14 页。

④ 郑文：《当代美国教育问题透视》，中山大学出版社 2002 年版，第 17 页。

⑤ Allan Odden and Lawrence Picus, *School Finance: A Policy Perspective*，New York: McGraw-Hill，2008；William J. Reese, *America's Public Schools: From the Common School to "No Child Left Behind"*，Baltimore: Johns Hopkins University Press，2011.

⑥ Jesse H. Rhodes, Patrick J. McGuinn, *No Child Left Behind and the Transformation of Federal Education Policy*，p.231；Jesse H. Rhodes, *An Education in Politics: The Origins and Evolution of No Child Left Behind*，Ithaca，NY: Cornell University Press，2014.

数美国公众继续支持地方对公立学校的控制。①

自从 20 世纪 60 年代以来，联邦政府越来越多地卷入教育事务，"集权"趋势越来越明显，并且对教育的介入和干预日益加强，通过教育立法和财政拨款等杠杆对教育进行着直接的或间接的影响，成为领导基础教育改革，推动基础教育公平的重要力量。小布什政府时期曾采取强硬措施对付各自为政的各州教育当局。如果州教育当局未能落实联邦教育法规中的要求，那么联邦教育部将扣留其拨款。例如，俄亥俄州的教育法规与联邦政府《不让一个孩子掉队法》的规定有许多冲突之处。对此，联邦政府警告说，如果该州教育法规不及时修正，教育部极有可能扣发其联邦教育拨款。在俄亥俄州政府财政紧张的形势下，联邦教育拨款显得尤为重要，州内各界也不会同意失去这笔教育经费，因此州长向州议会施压，让它尽快修改州内教育法规有关条款。②在疫情期间，拜登总统也曾经对禁止学生戴口罩的州，采取扣留其联邦教育拨款的威慑。③

美国政界在教育问题上的冲突更多体现在州层面，立法成为两党在教育领域斗争的主要形式。近年来，美国各州关于教育的法案不断增加。自 2021 年 1 月以来，美国已有 44 个州出台法案或采取其他措施来限制对历史上种族、性别和性取向的讨论。④2022 年，试图限制中小学教育（K-12）和高等教育中有关种族、性别、美国历史和 LGBTQ＋身份的教学的教育言论禁止令（educational gag orders）提案比上一年增加 250%。⑤在此前的 3 个学年中，45 个州的立法者提出 283 项法案，试图限制种族主义相关教学内容，改变教师对性别议题的教学方式，提高家长对子女教育的干预程度等。其中，64 项法案已在 25 个州被签署成

---

① Rebecca Jacobsen and Andrew Saultz, "The Polls—Trends：Who Should Control Education?" pp.379—390.

② 王定华：《走进美国的教育》，第 305—306 页。

③ Monique El-Faizy, "Biden Threatens Governors Opposing School Mask Mandates with Legal Action," https://www.france24.com/en/americas/20210820-biden-threatens-governors-opposing-school-mask-mandates-with-legal-action，2021-12-26.

④ Joshua Q. Nelson, "44 States Introduced Bills, Took Steps To Restrict Teaching CRT Or How Teachers Discuss Racism, Sexism：Report," *Fox News*，May 5，2023，https://www.foxnews.com/media/44-states-introduced-bills-took-steps-restrict-teaching-crt-how-teachers-discuss-racism-sexism-report，2023-7-20.

⑤ Anna Merod, "Proposed Curriculum Censorship Bills Increased 250% In 2022," https://www.k12dive.com/news/proposed-curriculum-censorship-bills-increased-250-percent-in-2022/629926/，2023-9-30.

为法律，影响全美 42% 的人口。①由此可见，联邦和州对于教育政策的权力博弈，不但展现了党派教育利益的冲突，而且进一步加速在教育领域的分歧。

（四）利益集团政治和最高法院全面右转是美国教育问题激化的推手

利益集团是美国政体的重要组成部分，通过游说、游行示威、政治献金、动员选民等方式施加政治压力，以此左右美国公共政策的产出。与美国教育政策相关的利益集团主要包括：（1）教育工会利益集团：全国教育协会（National Education Association，NEA）、美国联邦教师协会（American Federation of Teachers，AFT）等；（2）家长和家庭组织：全国家长教育协会（National Parent Teacher Association，PTA）；（3）学校董事会和学区管理组织：全国学校董事会协会（National School Boards Association）、全美种族平等协会（American Civil Liberties Union，ACLU）、全美教育改革组织（Stand for Children）等。这些利益主体在美国教育问题上坚定各自的立场，不肯轻易妥协让步，导致美国教育问题的分歧越来越大。教师工会的力量对教育改革产生极大影响。在美国，绝大多数教师都是工会会员。就中小学而言，教师工资由工会与学区当局订立合同。美国中小学学生每学年在校时间一般为 180 天，每天下午 3 点或 3 点半就放学了，学生在校时间相对较短。曾有人提出延长学生在校的学习时间，但由于教师工会的反对而未果。在地方层面，学校董事会的竞选通常是非党派性的，投票与其他选举分开进行，但这种与党派绝缘的教育局面已经慢慢被侵蚀，市长、州长和慈善团体挑战了地方学校董事会和地方教师工会的权威。例如：保守派政治行动委员会向学校董事会竞选投入了数百万美元，支持反对公立学校极左主义意识形态的候选人。②教师工会和自由派草根团体一直在用自己的金钱和信息进行反击，将保守派活动家塑造成恐惧散布者，意图让家长反对公立学校、边缘化 LGBTQ＋学生，并分散选民对不受欢迎政策的注意力。

① Hannah Natanson, Clara Ence Morse, Anu Narayanswamy and Christina Brause, "An Explosion of Culture War Laws Is Changing Schools," https://www.washingtonpost.com/education/2022/10/18/education-laws-culture-war/, 2023-1-30.

② Colin Binkley and Julie Carr Smyth, "Conservative PACs Inject Millions Into Local School Races," *AP News*, October 12, 2022, https://apnews.com/article/entertainment-elections-education-school-boards-teaching-059f2465829ab009394469b95c8cc94a, 2023-12-21.

最高法院的全面右转成为教育问题激化的推手。20 世纪 80 年代以来，保守派人士逐渐替代了数位自由派大法官，至 2020 年则完全掌控了最高法院。①2022年 6 月 24 日，美国最高法院对"多布斯诉杰克逊女性健康组织案"的裁决中，以 6∶3 的表决结果，推翻了确立近 50 年的"罗伊诉韦德案"判例，宣称美国宪法根本没有规定妇女享有堕胎权，堕胎会消灭"胎儿生命"或"未出生的人"，不再从宪法层面对妇女堕胎权给予支持。同一法院在两案中做出截然不同的判决，原因不是美国宪法相关条款被修订，而是最高法院大法官构成发生了变化。②支持推翻原判例的 5 位保守派大法官阿利托（Samuel A. Alito）、戈萨奇（Neil M. Gorsuch）、卡瓦诺（Brett M. Kavanaugh）、托马斯（Clarence Thomas）和巴雷特（Amy Coney Barrett）均由共和党总统提名，同为保守派的大法官约翰·罗伯茨（John G. Robets）维持宪法对妇女堕胎权的保护。反对推翻原判例的 3 位自由派大法官布雷耶（Stephen G. Breyer）、卡根（Elena Kagan）和索托马约尔（Sonia Sotomayor）均由民主党总统提名。最高法院大法官的控制权发生了由自由派转向保守派的变化，"多布斯"案的判决充满党派色彩，凸显美国司法机构的政党化倾向，两派大法官的尖锐对立进一步表明大法官并非完全独立、不偏不倚的司法解释者，引发美国最高法院公信力的大幅下降。③最高法院完成从自由主义到保守主义的全面右转，在一系列宪法问题上会做出与前不同的解释，包括竞选开支、公民投票权、宗教信仰和政教分离、枪支管制、政府监管等，这将对美国社会的方方面面产生深远影响。④最高法院全面右转对教育领域最直接的影响是：最高法院于 2023 年 6 月推翻有关"肯定性行动计划"的判决先例，宣布废除平权法案，首席大法官约翰·罗伯茨称全国的高校在招生时必须使用不分种族的标准，以此结束了美国半个多世纪"照顾"少数族裔的教育的"肯定性行动计划"。最高法案这一判决向美国的教育改革分歧投入了一枚宪法"炸弹"。

---

① 张毅：《美国最高法院完成全面右转》，《美国研究》2023 年第 1 期，第 35 页。

② 张毅：《美国最高法院完成全面右转》，第 47 页。

③ Jeffrey M. Jones, "Confidence in U.S. Supreme Court Sinks to Historic Low," June 23，2022，https://news.gallup.com/poll/394103/confidence-supreme-court-sinks-historic-low.aspx，2023-8-30.

④ 宋子丰、谢韬：《美国最高法院的极化：趋势、成因与影响》，《区域国别学刊》2023 年第 3 期，第 138 页。

总之，美国的选举制度、轮番执政的两党制、联邦权力与地方权力的斗争、利益集团政治和最高法院的全面右转都加速了两党在教育领域的分歧，构成了对立的双方，很难回到良性博弈、合力改善教育政策的时期，导致教育出现极大的不稳定性和不连续性，进一步撕裂了美国政治社会。

四、美国社会围绕教育议题争论的影响

美国政治极化问题，加剧了两党在教育领域的分歧，这不仅影响到美国的地方教育，也对国家层次如选举政治、公共政策制定产生影响。

（一）地方层次：影响各州的教育质量、危害人才培养

教育对于个体的社会发展性发展而言，主要是促进青少年在社会、政治、经济、文化等文化资本的提升，实现个体的社会变迁和社会流动。[1]美国社会的政治极化、种族冲突、阶层割裂等问题，对其国内教育发展带来挑战。

首先，家长对公立教育质量的怀疑，美国民众对教育的信心不断下降。根据盖洛普 2022 年的统计，家长对美国 K-12 教育的满意度仅为 42%，是过去 20 年统计的最低值。美国民众对小学教师的信任度降到历史最低，从 2020 年的 75% 降到 2022 年的 60%。[2]仅有 28% 的美国人对公立教育保持"很大"或"相当大"的信心，是自 1973 年以来的第二低。[3]公立学校质量低下，教育水平参差不齐，表面上是青少年所受到的教育差距问题，但反映出的不仅是教育内部的问题，更是美国的经济、政治和社会问题。近年来频频出台的教育立法和教育政策大多围绕"文化战争"，真正关于提高教学质量、学生学习能力的立法却寥寥无几。据统计，新冠肺炎疫情导致美国学生平均数学课程进度相比疫情前落后 5 个月，阅读进度落后 4 个月。少数族裔占多数的学校，教学进度的差距更

---

① 王芳：《两党政治下美国教育政策对青少年发展的影响——以新世纪以来教育改革政策为例》，第 115 页。

② "Trust in Teachers is Plunging Culture War in Education," *Washington Post*，https://www.washingtonpost.com/education/2022/09/06/teachers-trust-history-lgbtq-culture-war/，2023-9-20.

③ "Confidence in U.S. Institutions Down; Average at New Low," *Gallup*，https://news.gallup.com/poll/394283/confidence-institutions-down-average-new-low.aspx，2023-10-20.

为明显。在疫情流行期间，低收入家庭学生为主的学校平均落后 7 个月教学进度，导致低收入区域辍学率的上升。①政治极化导致美国公立教育标准化缺失。一方面课程大纲、衡量指标等缺乏统一标准，难以弥合不同的州、地方之间教育资源的差距；另一方面不同族裔的学生无法接受同样标准的教育。换句话说，教育领域的分歧集中在少数富有人群享受绝大多数教育资源、白人群体与少数族裔无法平等接受教育的问题。

其次，公立学校教师的流失。当愈发激烈的党争进入大中小学的教室，教师们发现自己置身于政治和社会观念的冲突之中，不仅需要在不同的价值观和意见之间保持平衡，还要履行教育责任。这使得教师们在传授知识的同时，必须小心翼翼地处理敏感话题，以避免触发家长、学生或学校管理层的不满。②公立学校教师面临更严格的教学审查，在教学内容和方法的选择，教师们需要承受来自各方的压力，要求在课程中包含特定的观点或排除某些观点。这种干预威胁到学术自由和客观的原则，使教师难以在教室中自由地探讨各种思想，进而激化教师群体的不满情绪。同时，美国政府使用大量的政府资金宣传种族平等"文化战争"议题，却没有提高教师待遇，导致公立学校教师不满程度和流失率不断增高。根据《华盛顿邮报》的统计，过去两个学年全美范围内已有 160名教师因为文化战争而选择辞职或被解雇。③佛罗里达州教育协会主席安德鲁·斯帕尔（Andrew Spar）认为，围绕 K-12 教育的政治化环境是"驱使很多富有经验教师离开本行业"的原因之一。④

最后，两党的政治理念在教育改革中存在明显的分歧，轮流执政造成教育

---

① Emma Dorn, Bryan Hancock, Jimmy Sarakatsannis, and Ellen Viruleg, "Covid-19 and Education: The Lingering Effects of Unfinished Learning," *McKinsey*, July 27, 2021, https://www.mckinsey.com/industries/education/our-insights/covid-19-and-education-the-lingering-effects-of-unfinished-learning, 2023-12-23.

② Tim Walker and Senior Writer, "Teaching in an Era of Polarization," *NEA News*, July 14, 2021, https://www.nea.org/nea-today/all-news-articles/teaching-era-polarization, 2023-12-26.

③ Hannah Natanson and Moriah Balingit, "Caught In The Culture Wars, Teachers Are Being Forced From Their Jobs," *The Washington Post*, June 16, 2022, https://www.washingtonpost.com/education/2022/06/16/teacher-resignations-firings-culture-wars/, 2023-12-26.

④ Scott Neuman, "The Culture Wars Are Pushing Some Teachers To Leave The Classroom," *NPR*, November 13, 2022, https://www.npr.org/2022/11/13/1131872280/teacher-shortage-culture-wars-critical-race-theory, 2023-12-26.

政策具有极大的不稳定性和不连续性，出现教育政策左右摇摆的情况，加剧青少年群体政治态度的极端化。青年人因为政见不同，相互交流越来越少，频繁组织各种抗议运动，形成互不相容的两大群体。例如，年龄在18—35岁之间的青年群体，大多反共和党和保守派，在今天的美国大学，支持民主党的人和支持共和党的人比例大概为11.5：1。①两党对于青年的争夺和塑造，陷入了一种针锋相对的状态。民主党更强调联邦政策的作用，就是推行基于批判性种族理论之上的批判性的爱国主义教育。共和党更加强调要调动州和地方性的作用，要推行基于"美国例外论"之上的威权式的爱国主义教育。以"白人至上论"和"多元主义"围绕美国未来社会发展理念而展开的意识形态竞争，反映了美国传统盎格鲁-撒克逊人在面对美国社会越来越激化的民族矛盾而不断产生的"身份焦虑"。教育问题本是美国民主、共和两党能合作处理的问题，但现在美国社会在教育政策问题上却按党派形成对立。总之，随着美国教育界"政治站队"现象增多，相关人员在教育问题上的立场更趋极端，两党频繁爆发激烈争吵，使教育政策在国会频繁陷入僵局，威胁美国的长期人才培养系统的发展与经济潜在竞争力。

（二）国家层次：加剧美国政治危机和主流价值观危机

美国教育问题已经成为两党在文化和道德价值观问题上冲突的新焦点。两党及其代表的保守派和自由派在教育层面的分歧，对选举议题、两党的战略和选民的投票行为都有一定程度的影响。民主党代表大部分中产阶层和贫民阶层，希望政府在教育领域发挥主导和协调作用，支持强化教育投资，追求教育资源公平配置，支持提高教师待遇，倾向于为少数群体设置政策优惠。而共和党则代表社会保守派势力，主张减弱政府介入教育的程度，将强调教育知情权的"父母权利运动"和强调教育中立的"学校课程政治化"议题作为攻击民主党的重要抓手。

首先，教育领域的分歧将进一步分裂美国两党和社会，并可能使2024年总统选举增加新变数。美国前副总统迈克·彭斯计划花费至少100万美元帮助父

---

① 王芳：《两党政治下美国教育政策对青少年发展的影响——以新世纪以来教育改革政策为例》，第116页。

母在子女教育享受更大的权利，为参选造势。①2024 年总统大选共和党候选人尼基·黑利（Nikki Haley）认为佛罗里达州州长德桑蒂斯在教育领域的改革不够深入，需要更加激进。②在社会分化、两党政治分裂日趋严重的环境下，双方不可能达成妥协，而是采取针锋相对的方式，这种情况迫使选民必须做出"零和"决定，选民主党推广的"1619"还是共和党支持的"1776"？从一定程度上来说，非裔总统奥巴马的当选在一定程度上造成美国种族主义的反弹。2016 年特朗普就任美国总统后，大打种族牌、移民牌，鼓吹白人至上，人为激发黑白种群间的矛盾，排斥外来移民，种族仇恨、暴力事件层出不穷。2017 年 8 月，数百名白人至上主义者聚集在夏洛茨维尔市进行名为"团结右翼"（Unite the Right）的集会，高喊"把美国夺回来""你们不会取代我们"以抗议该市政府计划移除南北战争时期南方军事将领罗伯特·李的雕像，迅速演变成白人极端分子与左翼抗议者之间的激烈冲突。意识形态领域的对立，使中间摇摆选民数量减少。2020 年的总统选举中，竞选双方票数高度接近，"两个敌对的美国"成为美国政治最显著的危机和特点。

其次，为了增加票仓，执政党会承诺或制定一系列公共政策来吸引选民。在距 2022 年的中期选举仅 76 天时，拜登为了得到更多年轻选民的支持，宣布履行他在 2020 年竞选总统时的承诺，为数百万人免除 1 万美元的学生贷款，总额度大概在 4 000 亿美元到 6 000 亿美元之间。③教育部将为申请教育部发起的"佩尔助学金"受益人提供高达 20 000 美元的债务减免，并为非"佩尔助学金"受益人提供高达 1 万美元的债务减免。借款人如果其个人收入低于 12.5 万美元（已婚夫妇为 25 万美元），则有资格获得这一减免。高收入个人或高收入家庭

---

① Juan Perez Jr. and Adam Wren，"Pence Moves to Claim Culture War Lane Before DeSantis Gets There，" https：//www.politico.com/news/2023/02/15/mike-pence-culture-war-desantis-00083148?nname = politico-nightly & nid = 00000170-c000-da87-af78-e185fa700000 & nrid = 0000014e-f117-dd93-ad7f-f917c03c0000&nlid = 2670445，2023-10-1.

② Martin Pengelly，"Nikki Haley Says Florida's 'Don't Say Gay' Law Does Not Go 'Far Enough'，" *The Guardian*，February 17，2023，https：//www.theguardian.com/us-news/2023/feb/17/nikki-haley-ron-desantis-dont-say-gay-law，2023-10-1.

③ Joey Garrison，Chris Quintana，"Biden Set To Announce Plan To Cancel \$10 000 In Student Loan Debt，" *USA TODAY*，https：//www.usatoday.com/story/news/politics/2022/08/23/biden-near-decision-10-000-student-loan-can cellation/7868363001/，2023-9-20.

（收入排名前 5%）将不受此措施的影响。为确保顺利过渡到还款阶段并防止不必要的违约，对联邦学生贷款还款的暂停将最后一次延长至 2022 年 12 月 31 日，借款人应预计从 2023 年 1 月开始恢复还款。反对学生贷款减免计划已成为共和党人的共识。9 月 12 日，22 位共和党州长联名上书拜登，要求撤回学生贷款减免计划，占所有共和党州长数量的 78%。[①]佛罗里达州参议员鲁比奥（Marco Rubio）指出："减免计划会使 85% 没有贷款的人为小群体买单，意味着责任与义务的错配。"[②]在中期选举投票结束的第 2 天，美国前总统特朗普任命的得州地方法官马克·皮特曼（Mark Pittman），裁定拜登减免贷款计划是"对国会立法权的违宪行使"[③]。所以有评论说，拜登在明知自己是违宪的情况下，公然地骗取了青年人的选票，把民主党从红色浪潮当中解救出来。青年人在对裁定结果失望的同时，还对拜登未能兑现在竞选总统时许下的承诺而感到愤怒，并表示将谨慎考虑在大选中是否还会继续支持拜登。

最后，两党大肆利用教育的政治功能，将教育改革极端化和标签化，损害了美国主流价值观，加剧了社会贫富分化，降低了民族自豪感和国家整体竞争力。党争常常演变为文化战争，即在文化、社会价值观念上的冲突。共和党强调传统价值观，而民主党则强调进步和多元化，形成不同群体之间的文化鸿沟，降低社会凝聚力，导致社会主流价值观的分裂。根据 2023 年《华尔街日报》发起的一项新调查发现：爱国主义、宗教信仰、生儿育女和其他一些曾帮助在几代人心中定义了美国国民性格的优先事项发生了重大转变，它们对于美国人的重要性似乎正在下降。在调查中，约 38% 的受访者表示，爱国主义对他们非常重要，39% 的受访者说，宗教非常重要。该调查结果与 1998 年《华尔街日报》首次提出相关问题时的结果相比均大幅下降，当时 70% 的人认为爱国主义非常重要，62% 的人认为宗教非常重要。四年前，80% 的美国人认为对他人宽容非

① Shawna Chen, "GOP Governors Urge Biden to Withdraw His Student Loan Forgiveness Plan," https：//www.axios.com/2022/09/12/biden-student-loan-gop-governors，2023-9-21.

② Scott Wong, Kate Santaliz, "Democrats cheer Biden's student loan relief plan as Republicans call it 'unfair'," https：//www.nbcnews.com/politics/congress/democrats-cheer-bidens-student-loan-cancel-plan-republicans-call-unfai-rcna44689，2023-9-21.

③ Julia Shapero, "Federal Judge Strikes Down Biden Student Debt Relief Program," *The Hill*, https：//thehill.com/regulation/court-battles/3730347-federal-judge-strikes-down-biden-student-debt-relief-program/，2023-9-20.

常重要，但 2023 年该比例已下降到 58%；认为钱很重要的人数呈现出上升趋势。①社会贫富差距扩大，导致学生接受的教育资源不平等，富有的学生可以享受更好的教育资源，贫穷的学生则不然。教育领域资源的不平等，使贫困学生很难通过知识实现"美国梦"，尤其是高额的大学学费，是导致美国中产阶层"缩水"的原因之一。穷孩子难以进入优秀大学，能进入大学校园的穷孩子集中在社区大学，然而社区大学很难帮他们实现阶层的跃升。②更为严峻的是，仅有29%的成绩好的穷孩子最终能从大学中毕业，成绩差的富家子弟中会有 30%拿到大学文凭，而成绩差的穷孩子拿到大学学位的比例仅为 3%。③判断一个孩子能在教育之路上走多远时，家庭出身压倒学习成绩成为最具决定性的因素，美国梦中以机会平等为核心的理念被严重削弱。

五、结　语

美国当代政治学家罗伯特·帕特南曾于 2017 年出版《我们的孩子》，此书甫一出版，便引起了学界的广泛关注，原因在于其核心是阐释当代青少年"平等"的美国梦已经破碎。穷人和富人的孩子们能得到的教育资源也完全不同，教育促进社会地位向上流动的功能减弱。美国作为一个多种族的移民国家，美国社会有着明显的多元化的特征，其教育也呈现出多元文化主义的特色。作为一种社会实践，多元文化主义丰富了美国教育的内容，并通过联邦政府的相关政策在一定程度上改正了历史上对少数民族和妇女在就学就业方面的体制性歧视，使"多元化"成为当代美国生活中的不可忽视的现实。④种族矛盾也随多元主义相伴而生，传统的既得利益者不愿放弃原有"属于"他们的利益，同时保守派对族裔、性别的传统认识也在经受不同族裔、性别意识的冲击，一些矫枉

---

① Aaron Zitner，"America Pulls Back From Values That Once Defined It，WSJ-NORC Poll Finds Patriotism，Religion and Hard Work Hold Less Importance，" *The Wall Street Journal*，March 27，2023，https://www. wsj. com/articles/americans-pull-back-from-values-that-once-defined-u-s-wsj-norc-poll-finds df8534cd，2023-12-26.

② Robert D. Putnam，*Our Kids：The American Dream in Crisis*，pp.185—186.

③ Ibid.，pp.189—190.

④ 王希：《多元文化主义的起源、实践与局限性》，第 45 页。

过正的做法，引发担忧，出现了教育领域的自由派与保守派的"针锋相对"。

伴随着美国政治极化，两党在教育领域的分歧日益显著，民主党强调政府的作用，倡导增加对教育的投资；而共和党则主张减少政府对教育的干预。教育的重要性日趋突显，对人的思维定式的影响以及认知方式的塑造作用非常强大，这将直接影响两党的未来的选民基础以及选举的未来，也将塑造美国政府在未来处理社会矛盾问题上的政策倾向，因此，两党在教育内容、教育政策和教育权利等问题上针锋相对，就批判性种族理论、"学校选择"、学生贷款和父母权利等问题展开争论，针对给予少数族裔被优先录用权利的"肯定性行动计划"的存续进行司法博弈。美国两党为了赢得选举而不择手段，政客大肆利用教育的政治功能，把教育标签化来博取选民眼球，增加票仓，公共教育已经逐渐成为美国国内党争的牺牲品。两党在教育领域引发的"文化战争"，牺牲的不仅是美国公立教育的质量和公信力，而且是美国千万青少年的接受公平教育的权利和培养正确人生观的机会。教育领域的分歧和争辩会加剧美国的主流价值观危机、社会凝聚力不足和国际竞争力下降等诸多弊端。

总体而言，美国当下的教育问题是其国内政党利益交织与矛盾对立的"宣泄口"，在政治极化不断加剧、经济通货膨胀与社会裂痕加深等深层次因素的影响下，弥合两党在教育领域的分歧将会是一个长期而艰难的过程。

化茧成蝶：俄罗斯粮食产业崛起的"安全化"逻辑

赵 岚[*]

2014 年克里米亚危机后，俄罗斯面临愈演愈烈的经济制裁，国家经济发展遭受了沉痛打击，然而俄罗斯的粮食产业却逆势崛起，农业从经济结构中的弱势产业成长为俄罗斯出口创汇的核心来源。自苏联解体后，俄罗斯的农业衰退愈发明显。1990 年，农业在俄罗斯国内生产总值中占比为 15.4%，2000 年后，农业占比下降至不足 6%，仅有三分之一的俄罗斯农场处于盈利状态。[①]但在 2014 年后，俄罗斯农业迅速复兴，不仅其粮食安全水平获得大幅改善，农业还成为其经济发展中的"亮点"。在西方经济制裁最严厉且国际能源价格最低潮的 2015 年，农业是俄罗斯少数仍然实现净增长的部门。2016 年，俄罗斯粮食出口收入首度超过武器出口。2017 年，俄罗斯的粮食产量首次突破 1 亿吨[②]，达到近 40 年来的最高水平。2018 年，俄罗斯成为全球最大的小麦出口国，以及全球最主要的大麦和玉米出口国。如今，俄罗斯已经成为全球最重要的粮食出口国之一，向包括土耳其、中国、哈萨克斯坦、埃及等 160 个国家出口粮食，其粮食供给是埃及、叙利亚等国最主要的粮食来源。与 20 世纪末相比，俄罗斯的农业不仅实现了跨越式的发展[③]，还成为俄罗斯经济发展的"驱动器"[④]。

---

* 赵岚：华东政法大学中国法治战略研究院助理研究员。

① "1990-е：сложное время для АПК，" IKAR, November 11, 2015, http://ikar.ru/companynews/402.html，2023-10-21.

② 数据来源：联合国粮农组织，https://www.fao.org/faostat/en/#data/QCL，2023-10-21。

③ 司文、郑仪、梁建武：《俄乌冲突对全球粮食安全的影响》，《现代国际关系》2022 年第 5 期，第 13 页。

④ "Максим Решетников назвал отрасли，которые станут драйверами российской экономики，" Министерство，https://www.economy.gov.ru/material/news/maksim_reshetnikov_nazval_otrasli_kotorye_stanut_drayverami_rossiyskoy_ckonomiki.html，2023-10-21.

2022 年俄乌冲突爆发后，俄罗斯农业大国的地位进一步凸显，粮食出口成为其配合外交行动的战略资源及进行政治博弈的经济工具。①由于俄罗斯宣布收紧粮食出口并中止化肥贸易，国际粮价因此突破历史新高、全球粮食贸易中的保护主义复兴、脆弱国家因粮价暴涨而面临政局动荡风险，这在全球粮食市场中引发了"蝴蝶效应"。②根据联合国粮食计划署统计，2022 年全球有近 8 亿人处于长期饥饿状态中，其中有 3.5 亿人面临重度粮食不安全威胁，同比增长 80%，超越了 2021 年全球饥饿人口最高纪录。③其中，有 33 个面临饥饿威胁的国家对俄罗斯和乌克兰小麦出口依赖超过 10%。④自 2022 年 3 月以来，喀麦隆、印度、巴基斯坦、斯里兰卡等国都曾因粮价高涨和饥荒而爆发大规模抗议。⑤俄罗斯即使在 2022 年 7 月签署了《黑海港口农产品外运协议》后，也反复以本国无法获得安全保障为由，威胁中止或拒绝延长该协议，意图以此为战略楔子撬开美西方国家全面制裁和限制措施的缺口。⑥而随着俄罗斯在 2023 年 7 月宣布退出该协议，全球粮食安全的风险重燃，全球粮食供给正在因此而呈现出长期不安全的态势。

俄罗斯的粮食产业为何能够短时间内扭转颓势，甚至成为其应对国际竞争的武器？普京如何推动粮食产业进入国家经济政策的议事日程、采用了哪些策略促进其粮食产业崛起？本文的目的在于厘清俄罗斯粮食产业发展过程的同时，阐释粮食这一国家战略性产业崛起的安全化逻辑。与其他经济领域不同，粮食兼具生存必需品、战略物资等多重属性⑦，其产业发展与国家政权稳定、国家政治自主息息相关，粮食安全因此是国家安全中不可或缺的一部分。对于面临地

---

① 司文、郑仪、梁建武：《俄乌冲突对全球粮食安全的影响》，第 18 页。

② 赵岚、李巍：《俄乌冲突的"蝴蝶效应"与中国粮食安全的地缘风险》，《太平洋学报》2023 年第 3 期，第 33—34 页。

③ "A Global Food Crisis," World Food Programme, https://www.wfp.org/global-hunger-crisis, 2023-10-17.

④ *The Importance of Ukraine and the Russian Federation for Global Agricultural Markets and the Risks Associated with the Current Conflict*, FAO, March 2022, p.10.

⑤ 司文、郑仪、梁建武：《俄乌冲突对全球粮食安全的影响》，第 17 页。

⑥ 赵玉明：《从经济红利到战略工具：俄罗斯粮食外交评析》，《俄罗斯东欧中亚研究》2023 年第 5 期，第 83 页。

⑦ 周立：《从"谁来养活中国"到"怎样养活中国"：粮食属性、AB 模式与发展主义时代的食物主权》，《中国农业大学学报（社会科学版）》2012 年第 2 期，第 12 页。

缘政治压力的国家来说，它不仅要满足粮食供给充裕以保障国家政权合法性，还要面临粮食领域的贸易中断对本国政策自主性的威胁，粮食安全的地位更加突出。因此，厘清俄罗斯粮食产业崛起的"安全化"逻辑既可以丰富对粮食安全的战略研究，还可以揭示在粮食领域中相互依赖"武器"的起源，对中国也具有重要的现实意义。

一、既有研究及不足

粮食安全是冷战后传统安全问题向非传统安全问题延伸的产物，现有研究主要围绕国家生存所存在的脆弱性及因此产生的威胁进行分析。一国的粮食安全可以被看作本国粮食供给免受国际市场波动影响的一种状态。尽管农业经济学与国际关系研究在粮食安全的分析层次上略有不同，但就粮食安全的实现方式而言，既有研究基本已经形成共识，即一国可以通过国内生产或国际贸易两种方式满足粮食分配的需求，以实现其经济和社会收益。[①]

在探究俄罗斯粮食安全与跨国经济活动之间关系的既有文献中，基于粮食安全实现方式的差异，研究成果分为重视利益的自由主义视角和重视权力的现实主义视角。基于不同的研究视角，自由主义学者认为俄罗斯尚未充分融入全球粮食市场，这阻碍了其农业资源禀赋优势的发挥，不利于其粮食安全状态的增益；现实主义学者指出俄罗斯已经过度融入全球粮食市场，致使本国的粮食产业发展劣势凸显，这反而遏制了其粮食产业的发展，威胁了俄罗斯的粮食安全。

① 相关文献参考：Per Pinstrup-Andersen, "Food Security: Definition and Measurement," *Food Security*, Vol.1, No.1, 2009, pp.5—7; Rosamond Naylor ed., *The Evolving Sphere of Food Security*, Oxford University Press, 2014; Rafael Pérez-Escamilla, "Food Security Measurement and Governance: Assessment of the Usefulness of Diverse Food Insecurity Indicators for Policy Makers," *Global Food Security*, Vol.14, 2017, pp.96—104; Joanna B. Upton, Jennifer Denno Cissé and Christopher B. Barrett, "Food Security as Resilience: Reconciling Definition and Measurement," *Agricultural Economics*, Vol.47, No.S1, 2016, pp.135—147; 查道炯：《国际政治研究与中国的粮食安全（代序）》，《国际政治研究》2010年第2期，第1—9页；李轩：《重构中国粮食安全的认知维度、监测指标及治理体系》，《国际安全研究》2015年第3期，第68—95页；张蛟龙：《金砖国家粮食安全合作探析》，《国际安全研究》2018年第6期，第107—132页；唐丽霞、赵文杰、李小云：《全球粮食安全评价体系的深层逻辑分析》，《华中农业大学学报（社会科学版）》2020年第5期，第151—159页。

在自由主义视角下，国际贸易丰富了粮食供给的来源，有助于提高一国粮食安全水平。这类研究以大卫·李嘉图（David Ricardo）的"比较优势"观点为基础，以提高效率为经济活动的核心考量，[1]着力于强调国际贸易对保障粮食安全的积极作用。例如，莱因哈德·舒马赫（Reinhard Schumacher）等学者认为，国际贸易不仅有助于不发达国家参与全球农业价值链，利用国际粮商提供的廉价农产品而改善本国粮食安全水平，还能够激励发展中国家主动提高农业生产效率，推动粮食生产的现代化和工业化进程，从而提高本国的粮食供给自主性。[2]深耕于俄罗斯农村发展的经济学者兹维·列尔曼（Zvi Lerman）指出，正是由于俄罗斯在经济现代化进程中对农业进行了与市场规律相悖的扶持政策，通过国家手段过度干预农业发展，而未能推动俄罗斯融入全球粮农体系之中，才导致俄罗斯不仅没有在国际竞争中发挥其农业资源禀赋优势，反而需要为农业的正常运行承担巨额财政支出，以至于俄罗斯不时处于粮食供给不足的危机之中。[3]

自由主义视角对理解各国实施相对更为开放的粮食贸易政策做出了解释，这种观点也推动了 20 世纪 80 年代 WTO "乌拉圭回合"谈判后全球粮食贸易的自由化进程。然而，自由主义视角过于关注粮食的商品属性而忽视了粮食的战略属性，亦未能充分关注到全球粮食贸易市场的不完全竞争性。因此，自由主义视角的相关研究难以解释，相较于苏联时期，为何俄罗斯在融入国际粮食市场后依然面临着严峻的粮食安全风险？为何普京在加强对农业的政策支持力度后反而改善了俄罗斯粮食安全形势？

① Wanki Moon, "Is Agriculture Compatible with Free Trade?" *Ecological Economics*, Vol.71, No.1, 2011, p.13.

② Mark Langan, "Agricultural Trade Liberalization and the Least Developed Countries," *Journal of Modern African Studies*, Vol.47, No.2, 2009, pp.324—326; Reinhard Schumacher, "Deconstructing the Theory of Comparative Advantage," *World Economic Review*, Vol.83, No.2, 2013, pp.83—105; Alain de Janvry and Elisabeth Sadoulet, "Using Agriculture for Development: Supply- and Demand-Side Approaches," *World Development*, Vol.133, 2020, pp.1—14.

③ Zvi Lerman, "Russian Agriculture and Transition," in Michael Alexeev and Shlomo Weber eds., *The Oxford Handbook of the Russian Economy*, Oxford: Oxford University Press, 2013, pp.514—543; Zvi Lerman ed., *Russia's Agriculture in Transition: Factor Markets and Constraints on Growth*, Lanham: Lexington Books, 2004; Vasily Uzun, Natalya Shagaida and Zvi Lerman, "Russian Agriculture: Growth and Institutional Challenges," *Land Use Policy*, Vol.83, 2019, pp.475—487.

在现实主义视角下，跨国粮食贸易削弱了国家粮食供给的自主性，不利于保障国家粮食安全。这类研究继承了戴维·鲍德温（David Baldwin）的"经济权术"（economic statecraft）观点，认为在相互依赖的经济关系中脆弱性较低的国家在对外活动中拥有权力优势，而在相互依赖中脆弱性较高的国家在外交行动中受到更多限制。[①]以此为基础，相关研究分别阐述了国际贸易产生的不同权力对一国粮食安全的影响。其一，权力来源于粮食贸易中的比较优势。基欧汉（Robert Keohane）和奈（Joseph Nye）将包括粮食在内的对国家具有重要作用的资源及商品的贸易优势视为一种权力来源，认为粮食贸易的不对称相互依赖具有战略意义，并以1974年美苏农产品贸易为例探究不对称相互依赖作为政治工具的可能性。[②]罗伯特·帕尔伯格（Robert L. Paarlberg）进一步论述了将这种来源于粮食贸易比较优势的权力，将其命名为"粮食权力"（food power）。[③]张宏洲在借鉴彼得·瓦伦斯滕（Peter Wallensteen）关于稀缺资源作为政治武器的研究基础上[④]，分析了用以惩罚对手的"粮食武器"（food weapon）能够发挥效用的条件。[⑤]以此为基础，奥恩·维瑟（Oane Visser）等学者指出，俄罗斯在苏联解体后操之过急的土地私有化改革以及不切实际的农业开放政策削弱了俄罗斯对本国农业生产的控制，不仅粮食生产受国际资本干扰，而且粮食供给遭遇国际市场中廉价农作物入侵，以至于俄罗斯粮食安全形势逐渐恶化。[⑥]以斯蒂

---

① David Baldwin, *Economic Statecraft*, Princeton: Princeton University Press, 2020, pp.28—50.

② ［美］罗伯特·基欧汉、［美］约瑟夫·奈：《权力与相互依赖（第四版）》，门洪华译，北京大学出版社2012年版，第11—18页。

③ Robert L. Paarlberg, "Food, Oil and Coercive Resource Power," *International Security*, Vol.3, No.2, 1978, pp.3—18.

④ Peter Wallensteen, "Scarce Goods as Political Weapons: The Case of Food," *Journal of Peace Research*, Vol.8, No.4, 1976, pp.277—298.

⑤ Zhang Hongzhou, "Is Food China's Most Powerful Weapon?" *Asia Policy*, Vol.15, No.3, 2020, pp.59—86.

⑥ Grigory Ioffe, "The Downsizing of Russian Agriculture," *Europe-Asia Studies*, Vol.57, No.2, 2005, pp.179—208; Peter Lindner, "Localising Privatisation, Disconnecting Locales-Mechanisms of Disintegration in Post-Socialist Rural Russia," *Geoforum*, Vol.38, No.3, 2007, pp.494—504; Oane Visser, Natalia Mamonova and Max Spoon, "Oligarchs, Megafarms and Land Reserves: Understanding Land Grabbing in Russia," *The Journal of Peasant Studies*, Vol.39, No.4, 2012, pp.899—931; 方平、奚云霄、周立：《脱嵌与回嵌：俄罗斯的食物体系治理困境与启示》，《俄罗斯研究》2023年第1期，第137—158页。

芬·韦伦（Stephen K. Wegren）为代表的学者对俄罗斯在全球粮食市场中的脆弱性以及由此带来的粮食安全风险进行分析，指出俄罗斯需要加强粮食产业的自主性，进一步提高本国粮食生产的效率并继续扩大粮食出口，才能保障其粮食安全。①

其二，权力来源于国家在国际经济网络中的节点地位。亨利·法雷尔（Henry Farrell）和亚伯拉罕·纽曼（Abraham L. Newman）继承了基欧汉和奈权力与相互依赖的学术观点，提出权力源自一国在网络结构中的节点位置，以至于节点国家更加有能力对他国实施强制，从而获得更大的权力。②马丁娜·萨托里（Martina Sartori）和斯特凡诺·斯基亚沃（Stefano Schiavo）等人探究了全球粮食贸易的网络结构，提出全球粮食贸易网络处于出口国相对集中、进口国较为分散的结构之中，因此包括美国、俄罗斯、加拿大在内的少数处于粮食出口的节点国家拥有利用粮食出口威胁其他国家的权力。③周锡饮等学者比较了俄罗斯在能源和粮食贸易网络中的节点地位，指出在 2022 年俄乌冲突爆发后，由

---

① Stephen K. Wegren, "Russian Agriculture during Putin's Fourth Term: A SWOT Analysis," *Post-Communist Economies*, Vol.31, No.4, 2019, pp.419—450; Stephen K. Wegren, "Can Russia's Food Exports Reach $45 Billion in 2024?" *Post-Communist Economies*, Vol.32, No.2, 2020, pp.147—175; William M. Liefert and Olga Liefert, "Russian Agricultural Trade and World Markets," *Russian Journal of Economics*, Vol.6, No.1, 2020, pp.56—70; Stephen K. Wegren, *Russia's Role in the Contemporary International Agri-Food Trade System*, Berlin: Springer International Publishing, 2022; Stephen K. Wegren, "The Fragility of Russia's Agricultural Production and Implications for Food Security," *Eurasian Geography and Economics*, Vol.64, No.3, 2023, pp.257—295.

② Henry Farewell and Abraham L. Newman, "Weaponized Interdependence: How Global Economic Networks Shape State Coercion," *International Security*, Vol.44, No.1, 2019, p.46.

③ Felicia Wu and Hasan Guclu, "Global Maize Trade and Food Security: Implications From A Social Network Model," *Risk Analysis*, Vol.33, No.12, 2013, pp.2168—2178; Martina Sartori and Stefano Schiavo, "Connected We Stand: A Network Perspective on Trade and Global Food Security," *Food Policy*, Vol.57, 2015, pp.114—127; Michael J. Puma, Satyajit Bose, "Assessing the Evolving Fragility of the Global Food System," *Environmental Research Letters*, Vol.10, No.2, 2015, pp.1—14; Ozge Geyik, Michalis Hadjikakou and Baris Karapinar, "Does Global Food Trade Close the Dietary Nutrient Gap for the World's Poorest Nations?" *Global Food Security*, Vol.28, 2021, pp.1—13; E. Gutiérrez-Moya, B. Adenso-Díaz and S. Lozano, "Analysis and Vulnerability of the International Wheat Trade Network," *Food Security*, Vol.13, No.1, 2021, pp.113—128; 王祥、强文丽等：《全球农产品贸易网络及其演化分析》，《自然资源学报》2018 年第 6 期，第 940—954 页；和聪贤、李秀香：《世界粮食贸易网络结构特征与中国地位变迁研究》，《世界农业》2021 年第 5 期，第 64—78 页；赵岚、李巍：《俄乌冲突的"蝴蝶效应"与中国粮食安全的地缘风险》，第 29—41 页。

于俄罗斯在全球粮食网络中的节点地位相较于能源网络而言更为强大，即使粮食出口规模小于能源出口，全球谷物网络因地缘冲突受到了更加严峻的冲击，俄罗斯对全球粮食安全造成了更严峻的后果。[①]

现实主义视角阐释了各国在制定粮食相关经济政策过程中的政治考量。然而，现实主义视角将粮食权力视为资源禀赋优势所造就的权力，集中于探究不同来源的权力所导致的安全后果，但是未能关注到这种权力不仅是市场自发形成，更是国家主动干预的结果。因此，现实主义视角难以解释，俄罗斯为何在苏联时期未能发挥其农业资源禀赋优势？亦难以说明俄罗斯为何在不断强调粮食安全重要性的同时仍然大力支持并推动俄罗斯参与全球粮食贸易？最重要的是，现实主义视角未能解释俄罗斯粮食产业为何能迅速突破短板逆势崛起，成为国家对外战略的工具？

总体而言，上述研究尽管重点突出且具有启发性，但他们的共同缺陷在于偏重于探究粮食的单一属性，缺乏对粮食多重属性的关注，因此也未能意识到粮食产业发展与保障粮食安全可遵循相同逻辑。事实上，处于大国战略竞争中的国家需以粮食供给自主为基础，并推动粮食产业全球扩张以增进本国粮食安全状态。因此，不论是作为经济商品还是战略物资，粮食的政策导向应当涵盖提高本国粮食生产水平和处理与出口对象政治关系两方面的内容，即同时包括产业发展和粮食安全。但既有研究要么将丰富粮食供应来源作为经济发展的附属品、要么将牺牲粮食产业发展作为保障粮食安全的成本，因此不够全面。

有鉴于此，本文引入哥本哈根学派的安全化理论（securitization theory），试图探究在地缘政治压力愈发严峻的背景下，俄罗斯如何兼顾粮食安全与产业发展，还将粮食出口塑造为地缘政治竞争的新武器。本文认为，俄罗斯充分利用并放大其粮食产业的安全价值，借由地缘冲突对其粮食供给现状的改变，主动地将粮食产业发展升级为国内、国际安全议程中的核心议题。通过一系列"安全化"操作，俄罗斯提升了粮食议题在政治经济议程中的优先级，从而推动了粮食产业获得更多的政治经济资源，最终实现了其粮食产业的逆势崛起。

---

① Xi-Yin Zhou, Gang Lu et al., "Influence of Russia-Ukraine War on the Global Energy and Food Security," *Resources, Conservation and Recycling*, Vol.188, 2023, pp.1—12.

二、安全化助推粮食产业发展的逻辑

粮食产业的安全化实践事实上是将粮食议题从经济发展议题升级为政治议题乃至关乎国家存续的安全议题，从而使得粮食产业发展能够更加充分地使用政治经济资源或者借此在外交行动中争取更多的政治盟友。因此，探究粮食产业发展的安全化逻辑，一方面须明确粮食产业能否实现安全化，即需要厘清粮食议题本身的安全价值、粮食安全议题生成的外部动力以及政治精英的主观意愿；另一方面须剖析粮食产业如何实现安全化，即须阐释议题升级中如何强化安全价值、确定威胁来源以及进行政策调整。

（一）粮食产业"安全化"的生成基础

巴里·布赞（Barry Buzan）认为，安全问题是指对某种指涉对象形成了具有明显特征的存在性威胁（existential threat），因此必须采用非常规手段应对这一威胁。[1]哥本哈根学派用"例外逻辑"（the logic of exception）强调安全议题处理过程的特殊性。[2]但略有不足的是，哥本哈根学派并未在研究中贯彻"例外逻辑"，而是尝试用相同的框架解释所有安全化议题，其分析框架独立于安全施动者的意图以及议题的安全化背景之外，这就导致其所论述的安全化过程焦点过于狭窄、定义相对模糊，最终展现出一个并不完整的安全化图景。[3]事实上，只有特定的行为主体在特定的情况下使用特定的方式才能够实现成功的安全化。[4]

---

[1]　Barry Buzan, Ole Wæver and Jaap de Wilde, *Security: A New Framework for Analysis*, Boulder: Lynne Rienner Publishers, 1998, p.24.

[2]　Philippe Bourbeau, "Moving Forward Together: Logics of the Securitisation Process," *Millennium: Journal of International Studies*, Vol.43, No.1, 2014, pp.187—188.

[3]　相关文献参考：Nicole J. Jackson, "International Organizations, Security Dichotomies and the Trafficking of Persons and Narcotics in Post-Soviet Central Asia: A Critique of the Securitization Framework," *Security Dialogue*, Vol.37, No.3, 2006, pp.299—317; Matt McDonald, "Securitization and the Construction of Security," *European Journal of International Relations*, Vol.14, No.4, 2008, pp.563—587; Maria Julia Trombetta, "Linking Climate-induced Migration and Security within the EU: Insights from the Securitization Debate," *Critical Studies on Security*, Vol.2, No.2, 2014, pp.131—147; 艾喜荣：《话语与话语之外：安全化理论发展述略》，《世界经济与政治论坛》2016年第6期，第51—69页。

[4]　Paul Roe, "Securitization and Minority Rights: Conditions of Desecuritization," *Security Dialogue*, Vol.35, No.3, 2004, p.282.

这种不同行为体对某种威胁来源塑造共同认知的过程，正凸显了安全的"主体间性"特征，安全化实践成功与否亦取决于"主体间性"。①因此，为剖析安全化实践的生成基础，应当基于安全化的"主体间性"，从所涉议题的安全价值、分析客体的安全现状以及安全施动主体的主观意愿三方面进行探究。

首先，粮食产业安全化的生成前提在于，粮食作物本身具有安全价值，其所面临的潜在威胁对国家安全的确造成了负面后果。尽管"安全化"是行为体对议题的建构过程，然而，潜在的"存在性威胁"对于战略能否成功依然最为重要。对观念因素的重视与对客观因素的认同并不矛盾，重点在于如何形成一套观测行为体在启动安全化进程前框定和吸收各种因素的基本标准，而不是简单地忽略这些因素。②只有在指涉议题中确实存在具体的安全威胁，方能避免"安全泛化"，以至于过多议题通过安全战略谋求在政治议程中升级而导致安全战略本身失去意义；或出现各国均通过安全战略升级某一具体议题的危害性，从而造成国家间协商空间受到挤压而出现"观念上的安全困境"③。就粮食议题而言，粮食本身就兼具经济属性和战略属性，因此原属于低政治领域的粮食供给议题存在被纳入安全框架的前提。

其次，粮食产业安全化的生成动力在于，有悖于市场发展规律的危机改变了粮食供给的现状，以至于这一改变无法通过常规的政治手段予以应对，必须升级粮食议题在政治决策中的优先排序。安全化实践的本质是，基于安全原因而使用非常手段以应对危机，从而能够在不遵守既有规则和法定政策决策程序的条件下，将某个议题从常规政治推向超越政治的紧急状态。④在常规状态下，启动安全化以升级议题的动力不足，尤其是在安全状态长期处于动态平衡的议题领域内，以"安全"为由改变现状的行动更加依赖既有形势的剧烈变化。在粮食议题中，自由主义经济秩序下的粮食流通确实丰富了粮食供给来源的选择，粮食安全在通常情况下处于相对稳定的状态中。故而，仅仅基于市场波动所带

① Barry Buzan, Ole Wæver and Jaap de Wilde, *Security：A New Framework for Analysis*, p.31.
② Thierry Balzacq, Sarah Léonard and Jan Ruzicka, "'Securitization' Revisited：Theory and Cases," *International Relations*, Vol.30, No.4, 2016, pp.494—531.
③ 朱宁：《安全与非安全化：哥本哈根学派安全研究》，《世界经济与政治》2003年第10期，第26页。
④ 叶晓红：《哥本哈根学派安全化理论述评》，《社会主义研究》2015年第6期，第167页。

来的粮食供需变化难以对粮食安全状态造成强烈改变，只有当粮食贸易的正常运行被强制中断或粮食生产被迫暂停等情况发生，粮食安全的状态才会出现剧烈变化，必须通过国家强势的政策干预以应对这一紧急状态。

最后，粮食产业安全化的生成条件在于，具有政治权威的施动者主动在政治决策议程中对粮食议题进行升级，以便于其获得额外的政治经济资源。常见的安全化行为体包括政治领袖、官僚集团、政府、游说者和压力集团，其中只有当安全施动者具有权威地位时，其对安全威胁的强调更具有说服力、对于改变既有政治议程排序的建议更为有效。[1]政治决策者作为安全化施动主体，在政策推行中出现身份危机、政策话语面临解构风险或者决策者主观决意调转政策方向时，安全化实践能够使决策者得以最大限度地掌握政策灵活性和主动权[2]，从而将其主观意愿转化为对应政策，提高其政策的可操作性。[3]在粮食议题中，尽管粮食体系的潜在威胁是客观存在的，但是否以及何时实施粮食安全战略则由安全施动者主导，因此一国政府以及主导国家政策导向的政治精英仍然是推动其安全战略形成的最核心施动者。在粮食议题中，由于粮食产业在国民经济结构中比重较弱、经济收益率低，政治权威在经济议程中对粮食议题的升级通常面临着合法性质询，因此其更加有赖于通过安全化操作对其政策调整动因进行安全建构，从而使得政治精英在获取农业产业联盟政治支持的同时实现经济收益的增长。

（二）粮食产业安全化的操作策略

安全化理论使得对外政策分析摆脱了"主体理性—客体安全"路径依赖，扩宽了安全问题的分析视域，[4]更新了安全研究的范式。[5]然而，安全化理论将

---

① Barry Buzan, Ole Wæver and Jaap de Wilde, *Security: A New Framework for Analysis*, pp.34—40.

② Saloni Kapur and Simon Mabon, "The Copenhagen School Goes Global: Securitisation in the Non-West," *Global Discourse*, Vol.8, No.1, 2018, pp.1—4.

③ Lucas G. Freire, "Security Studies: Towards a Reformational Approach," *Philosophia Reformata*, Vol.81, No.1, 2016, pp.1—10.

④ Juha A. Vuori, "Illocutionary Logic and Strands of Securitization: Applying the Theory of Securitization to the Study of Non-Democratic Political Orders," *European Journal of International Relations*, Vol.14, No.1, 2008, pp.65—99.

⑤ 余潇枫：《选择性"再建构"：安全化理论的新拓展》，《世界经济与政治》2015 年第 9 期，第 107 页。

"言语—行为"视为安全化的核心①，这种"以言取效"的分析路径凸显出其对于安全化实践的关注不足，没有为具体政治实践提供可供操作的路径，难以解答安全观念如何转化为安全行为这一问题。完整的安全化实践不仅包括在所涉议题中建构共同的安全认知，还包括与施动者叙事逻辑相一致且能够有效改善安全状态的一系列战略措施。②对于具体议题的安全化实践，其操作路径应当通过官方行动聚焦议题安全价值，此举可以被称为在安全化操作中"拉响警铃"；随后强调政治对手所造成的安全威胁，此举可以被称为"塑造敌人"；最后对所涉议题增加经济政治资源投入，此举可以被称为"政策洗牌"。这三种策略将推动安全施动者改变议题的安全现状，从而实现其免受安全威胁乃至成为外交武器的目标。对于安全化操作的目标而言，"在客观上不惧威胁、主观上免于恐惧"是基本目标，以安全战略扩充政治经济资源的获取能力并以此增强施动者在相关议题中的权力是安全化操作的最终目标。

首先，通过强化所涉议题的安全价值"拉响警铃"，以启动安全化操作。安全实践的起步是突出常规政治议题对集体造成的生存威胁。③安全施动者须点明"如果不解决这个问题，那么'我们'将不复存在或者无法以独立的方式处理问题"④，从而将"安全"与存在性威胁和极端必要性的逻辑相等同，使其后续的安全化操作更为合理和必要。

在国内政策语境下，通过强调粮食生产自主的生存必需性，从而"拉响警铃"，使得粮食生产从常规经济议题升级为国家安全议题。在粮食安全化的策略中，通过强化粮食作物的生存必需品特征，突出粮食进口所造成的严峻威胁。其核心诉求是一国粮食供给免受粮食进口国的主导，国家的粮食生产活动和国家主权不因粮食问题而受到冲击。⑤此举有助于在国内塑造超越既有政治经济联盟的共同体，消解因政治经济资源倾向而导致其他产业联盟有所不满，从而为

① Barry Buzan, Ole Wæver an Jaap De Wilde, *Security：A New Framework for Analysis*, p.46.
② Thierry Balzacq, "The Three Faces of Securitization：Political Agency, Audience and Context," *European Journal of International Relations*, Vol.11, No.2, 2005, p.174；Philippe Bourbeau, "Moving Forward Together：Logics of the Securitisation Process," p.190.
③ Rita Taureck, "Securitization Theory and Securitization Studies," *Journal of International Relations and Development*, Vol.9, No.1, 2006, p.55.
④ Barry Buzan, Ole Wæver and Jaap de Wilde, *Security：A New Framework for Analysis*, p.24.
⑤ 赵岚、李巍：《俄乌冲突的"蝴蝶效应"与中国粮食安全的地缘风险》，第30页。

有悖于常规的政策调整提供合理性。

在对外公开活动中，通过强调粮食贸易的不完全竞争性，从而"拉响警铃"，使粮食国际贸易由跨国经济活动升级为经济外交行为。随着全球粮食贸易的规模逐渐扩大，粮食贸易的权力属性被隐藏在粮食自由贸易的运行之中，垄断的全球粮食贸易结构对全球粮食市场的扭曲被忽视，①因此粮食安全常常被看作一个经济问题而非政治问题。②然而当前全球粮食系统运行的根本缺陷正是垄断全球粮食贸易结构所致。在少数国家主导全球粮食贸易的情况下，国家对全球粮食贸易体系弱弹性特征关注不足、对粮食贸易大国通过投资和贸易干预进口国政治自主性的判断不足，以至于多数国家缺乏对本国粮食进口来源中断贸易的应对。③因此，在粮食安全化的策略中，通过强调粮食贸易的不对称性对进口国家带来的粮食安全威胁，粮食贸易被升级为外交活动中的核心议题。

随后，通过锚定安全威胁来源"塑造敌人"，从而为超越常规的安全化行动提供正当性。在安全化实践中，敌友关系创造了忠诚和团结的基础结构，支撑着安全施动者有效决策的能力。④通过锚定威胁来源，安全化施动者将不同利益诉求的群体纳入一个集体，寻求共同的、高于常规政治诉求的"安全"目标，从而使得安全化施动者能够在行动中获得更多的支持并拥有更强的灵活性。⑤

在国内协商中，突出国际贸易对本国粮食生产自主性的破坏，从而"塑造敌人"，以便于将国内粮食生产框定在爱国主义范畴之中，推动国内粮食产业崛起。由于农业具有自然依赖性高、需求弹性小且比较利益低等弱质性特征⑥，且

---

① Timothy Wise, "Distorting Markets in the Name of Free Trade," Institution for Agriculture and Trade Policy, December 22, 2022, https://www.iatp.org/distorting-markets-name-free-trade, 2023-07-10.

② Melanie Sommerville, Jamey Essex and Phillip Le Billon, "The 'Global Food Crisis' and the Geopolitics of Food Security," *Geopolitics*, Vol.19, No.2, 2014, pp.241—245.

③ Jennifer Clapp and William G. Moseley, "This Food Crisis Is Different: COVID-19 and the Fragility of the Neoliberal Food Security Order," *The Journal of Peasant Studies*, Vol.47, No.7, 2020, pp.16—19.

④ Michael C. Williams, "Words, Images, Enemies: Securitization and International Politics," *International Studies Quarterly*, Vol.47, No.4, 2003, p.517.

⑤ Jef Huysmans, "The Question of the Limit: Desecuritisation and the Aesthetics of Horror in Political Realism," *Millennium: Journal of International Studies*, Vol.27, No.3, 2003, pp.569—589.

⑥ 周立：《极化的发展》，海南出版社 2010 年版，第 50 页。

粮食议题涵盖分配公平、劳动力转移、土地分配、环境保护等多个议题领域①，因此尽管粮食相关议题在政治议程设置中相当重要，但各方的利益诉求往往难以聚集。故而，通过突出国际贸易对当前的粮食自主性的破坏，框定了粮食议题协商的讨论边界，这有助于最大化聚集各方利益诉求，从而使得推动粮食产业发展的相关政策能够迅速取得共识。

在经济外交活动中，强调粮食贸易对象的地缘政治属性，从而"塑造敌人"，以便基于地缘关系而开展粮食贸易合作。在全球粮食贸易市场中，少数实现了规模化、现代化生产的粮食大国是粮食供给的主导方，这种优势会通过国际贸易不断强化，粮食进口国因此丧失本国在粮食生产和消费中的主导权，这将对粮食安全造成侵蚀，并危害国家安全。②因此，国家保障粮食贸易自由是争取外交独立性、扩展地缘政治网络的重要基础。在粮食安全化的策略中，通过强调粮食作物的战略物资特征，突出粮食进口来源与本国外交政策自主间的密切联系，以保障国家的粮食供给免受地缘政治竞争对手威胁，出口大国在粮食贸易中的外部干预不会威胁进口国的政治合法性。③此举有助于将粮食贸易往来纳入各国开展外交关系考量，从而在粮食安全议题中凝聚共识，使得安全化施动者的粮食出口更具吸引力。

最后，突破既有规则约束进行"政策洗牌"，以改善粮食安全状态。在农业发展中，通过安全化实践有利于更加及时、高效、合法地调用政治经济资源用以改善粮食安全状态。随着粮食安全在政策议程中的排序升级，粮食产业发展能够调用更多政治经济资源，甚至促使其他议题为粮食安全的政策实施让步，从而通过一系列制度化措施巩固粮食安全议题的特殊性，并改善粮食安全状态。在此期间，即使相关政策实施的经济成本高昂、其他经济领域的收益受损，但是在现实安全威胁或安全焦虑的影响下，决策者对经济成本的敏感度也会有所降低④，甘

---

① Ronald J. Herring, "Introduction: Food, Politics, and Society," in Ronald J. Herring ed., *The Oxford Handbook of Food*, *Politics*, *and Society*, Oxford: Oxford University Press, 2015, pp.3—40.

② Edward Newman, "Hungry, or Hungry for Change? Food Riots and Political Conflict, 2005—2015," *Studies in Conflict & Terrorism*, Vol.43, No.4, 2020, pp.300—324.

③ Luíza Luchi De Paulo Gewehr, José Baltazar Salgueirinho Osório De Andrade Guerra, "Geopolitics of Hunger: Geopolitics, Human Security and Fragile States," *Geoforum*, Vol.137, 2022, p.91.

④ 管传靖：《安全化操作与美国全球供应链政策的战略性调适》，《国际安全研究》2022 年第 1 期，第 83 页。

愿接受由此带来的高昂代价。

在国内政策调整中，通过向粮食生产进行有倾向性的资源分配实现"政策洗牌"，从而弥补本国在粮食生产中的短板、保障粮食生产自主权。为了改善国家的粮食安全现状，一国政府通过加强对农业发展的产业支持，以提高本国粮食生产能力、避免国际市场对国内粮食安全的侵蚀。一方面，通过设置生产红线，本国粮食自给率大幅提高且国外资本在国内产业发展中的参与度快速降低，从而加强本国在粮食产业发展中的主导地位。另一方面，通过实施正向的产业扶持，本国的农业生产者可获得大部分的经济资源，从而提升本国粮食生产的国际竞争力以推动粮食产业的崛起。

在对外政策实践中，通过主动开展经济外交实现"政策洗牌"，从而提高在粮食贸易中的主导权。在相对垄断的全球粮食贸易格局中，为降低本国在不对称相互依赖中的脆弱性、提高粮食贸易保障国家粮食安全的能力，一国政府通过积极主动的外交活动筛选粮食贸易对象，从而避免国际贸易对本国外交政策自主性的负面干预。一方面，通过实施经济制裁、提高贸易壁垒等方式削弱与政治对手的粮食贸易往来；另一方面，通过开放粮食贸易窗口或开展粮食援助等方式拓展与地缘政治盟友的粮食贸易往来，最终塑造以本国为核心的粮食贸易网络。

综上，本文继承并扩展了安全化的研究路径，搭建了一个从粮食安全角度理解粮食产业发展的分析框架。安全化实践能够开展的基础在于，粮食议题本身具有安全价值、供需现状发生剧烈改变且政治精英有意施动。以安全化催化粮食产业发展的实践体现为强化安全价值、塑造威胁来源以及调用政策资源三方面。通过一系列安全化策略，粮食产业的经济利益与国家安全诉求之间的联系被激活和强化，粮食产业得以在国内实现产业发展、在国际挤占更多市场，成为国家经济发展中的"砥柱"以及护卫国家安全的屏障，甚至对国际关系产生重要影响。俄罗斯粮食产业迅速崛起的过程对这一分析框架做了详尽诠释。

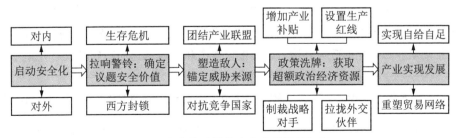

图 1　安全化助推粮食产业发展的机制

三、俄罗斯粮食产业安全化的生成基础

相较于大多数国家而言，俄罗斯拥有关于粮食短缺危及政权稳定的历史记忆，粮食安全与政治安全密切相关，正因如此，俄罗斯在粮食产业实施安全化的启动中具有独特优势。俄罗斯经济发展中潜在的粮食安全威胁、地缘政治环境对俄罗斯粮食安全状态的强势改变，以及特殊政权制度下普京对扩展粮食产业的主观意愿，均为俄罗斯以安全为名催化粮食产业发展奠定了基础。

（一）对外依存凸显粮食安全价值

自苏联解体后，俄罗斯在农业领域进行了强有力的去集体化措施，加速向市场经济阶段过渡，这导致国际资本加速进入俄罗斯粮食产业，其国内生产被国际进口所取代，以至于俄罗斯粮食安全面临严峻挑战。在加入世界贸易组织后，俄罗斯接受了更加开放的粮食贸易规则，进一步融入了由少数国家主导的全球粮食贸易体系中，以至于俄罗斯粮食供给的对外依存日益增加，本国粮食生产因此陷入萧条。正因如此，对外依赖对俄罗斯粮食主权的挑战凸显出粮食安全的价值所在，这种挑战体现为国际市场对俄罗斯本国粮食生产主体和生产方式的改变。

其一，跨国粮企挑战了小农农场在粮食生产中的核心地位，俄罗斯本国粮食生产者面临生存挑战。苏联解体后，俄罗斯开启了农业私有化的进程，根据1991 年《集体农庄和国营农场改组办法》，国营农场、集体农庄和合作社纷纷转型为私有农业企业。这一改革措施对于提高俄罗斯农业生产收效甚微，反而导致了俄罗斯农业生产的倒退[1]，进一步拉大了小农生产者与大型跨国粮企的实力差距。相较于小农生产者而言，大型农业企业拥有雄厚的资本、良好的运行方式以及对产业链的掌控，很容易在行业内取得领先的竞争优势。[2]因此，在俄罗斯推动农业私有化的政策环境下，其粮食生产和经营迅速向跨国粮农企业集中，

---

① 徐振伟、王旭隆：《俄罗斯农业生产与粮食安全评析》，《欧亚经济》2015 年第 4 期，第44 页。

② 刘林青、周璐：《比较优势、FDI 与中国农产品产业国际竞争力：基于全球价值链背景下的思考》，《国际贸易问题》2011 年第 12 期，第 51 页。

并逐渐发展出工业资本、商业资本、金融资本的互联模式，呈现出明显的市场固化趋势，①这就使得国际资本对俄罗斯粮食生产的控制加强，俄罗斯小农生产者因此陷入困境之中。2000年，俄罗斯从事农业生产的国内生产者只有四分之一盈利，农业在国内生产总值中的占比从1990年的15.4%下降到6.5%。②在俄罗斯农业产量急剧下降的同时，跨国大型粮农企业取代传统的小农生产者成为俄罗斯农业生产的主要行为体。据统计，约50家外国公司控制着大约350万公顷（5 250万亩）的俄罗斯农业用地③，而37%的俄罗斯小农农场拥有的土地少于10公顷（150亩），另有17%的小农农场已经不拥有任何土地，他们只是从事农村服务和金融的中间商。④

其二，国际规则改变了俄罗斯农业政策方向，俄罗斯农业发展自主性面临冲击。2012年加入世界贸易组织后，俄罗斯并不完善的国内粮食市场加速融入国际粮食贸易体系，根据其入世承诺，俄罗斯须在5—7年时间内大幅减少国内产业支持、削减粮食进口的市场准入壁垒以及降低出口补贴。⑤这一措施严重限制了俄罗斯保障本国粮食安全的政策空间，不仅不利于俄罗斯本国粮食贸易的扩张，还会削弱俄罗斯国内脆弱的粮食生产能力，进一步加大俄罗斯粮食供给对外依赖的不对称性。相较于包括俄罗斯在内的发展中国家，发达国家在WTO贸易规则中享有不平衡的政策空间，仍可通过出口补贴在国际市场中进行粮食倾销、通过市场准入限制粮食进口，这严重限制了发展中国家促进粮食安全的政策选择。⑥在加入WTO后，俄罗斯不得不违背其既定的农业政策导向，粮食发展方式出人意料地转向自由主义，这使其丧失了对本国粮食生产及贸易的主导权。2012年后俄罗斯对农业的支持力度逐渐递减，承诺到2018年后产业补贴

---

① Tim Lang, "Food Industrialisation and Food Power: Implications for Food Governance," *Development Policy Review*, Vol.21, No.5, 2003, pp.555—568.

② "1990-e: сложное время для АПК (Наша земля 1990-е годы)," IKAR, November 11, 2015, http://ikar.ru/companynews/402.html, 2023-07-10.

③ 方平、奚云霄、周立：《脱嵌与回嵌：俄罗斯的食物体系治理困境与启示》，第148页。

④ "Всероссийская сельскохозяйственная перепись 2006 года," Федеральная служба государственной статистики, https://rosstat.gov.ru/folder/520, 2023-08-10.

⑤ Sergey Kiselev, *Possible Effects of Russia's WTO Accession on Agricultural Trade and Production*, International Center for Trade and Sustainable Development, 2012, pp.32—36.

⑥ 张晓京：《WTO〈农业协议〉下的粮食安全：基于发达与发展中国家博弈的思考》，《华中农业大学学报（社会科学版）》2012年第2期，第94页。

削减至入世前的二分之一，降至 44 亿美元以下。根据入世规则，俄罗斯农产品进口的平均关税降至 10.8%，削幅度减超过了 20%。①此外，旨在实现粮食自给的"2013—2020 年农业发展国家规划"被重新退回修正，以适应俄罗斯加入 WTO 后应履行的规则。②

（二）经济制裁改变粮食安全状态

2014 年克里米亚危机爆发后，俄罗斯经济发展方向以及地缘政治关系均出现剧烈变化，俄罗斯通过国际市场补充本国粮食供给的方式难以为继，粮食安全状态因此面临直接且紧迫的威胁。由于美国与俄罗斯的敌对关系呈螺旋式上升，美国在经济上制裁俄罗斯、外交上孤立俄罗斯，两国的对话几乎完全终止，③这基本中断了俄罗斯融入全球粮食市场的道路。与此同时，由于美国及其盟友的经济制裁，俄罗斯面临经济衰退的危机，这促使俄罗斯加速调整国内经济发展结构，改善国内经济发展水平。正因如此，俄罗斯更加积极地应对粮食产业发展的安全威胁，推动粮食产业的经济利益与国家安全目标相结合。

其一，俄美关系的恶化使得俄罗斯愈发关注经济发展与地缘政治间的密切联系，俄罗斯粮食产业中的对外依赖被迫改变。在军事手段受限的情况下，西方国家将经济制裁作为应对俄罗斯的主要手段。④2014 年克里米亚危机后，美国先后切断了俄罗斯银行、能源以及国防等关键部门的融资途径，并且限制同俄罗斯的经贸往来关系，以保障制裁的威慑力。⑤美国及西方国家的经济制裁无疑沉重打击了俄罗斯的经济发展，以至于俄罗斯在 2014 年后连续六个季度深陷经济衰退的危机之中。2014 年 3 月和 2015 年 1 月，国际信用评级机构标普将俄罗斯主权评级展望两次下调至负面，认为俄罗斯经济发展前景暗淡，⑥2015 年俄罗

---

① "World Tariff Profile," WTO, 2022, p.18.

② C. 巴尔苏科娃、肖辉忠：《俄罗斯经济与社会政策的当代选择：以农业政策为例》，《俄罗斯研究》2018 年第 5 期，第 88 页。

③ 宋伟、于优娟：《俄罗斯对美国战略认知的演变及其政策效应》，《太平洋学报》2020 年第 2 期，第 81—82 页。

④ 康晓：《乌克兰危机与大国地缘战略新态势》，《国际展望》2015 年第 2 期，第 64 页。

⑤ 马雪：《美国对俄罗斯金融制裁的效力、困境及趋势》，《现代国际关系》2018 年第 4 期，第 33 页。

⑥ Chiara Albanese, "S&P Downgrades Russia Foreign Currency Rating to Junk," *The Wall Street Journal*, Jane 26, 2015, https://www.wsj.com/articles/DJFHYW0120150126eb1qlmtp7, 2023-08-25.

斯 GDP 增幅为 − 3.4%。①这一系列负面后果促使俄罗斯在 2014 年后结束了"西向之路"，在经贸合作中更加倾向于同地缘政治关系稳定的国家合作。

其二，美西方国家的经济制裁使得俄罗斯更着力于调整本国经济发展结构，俄罗斯粮食产业中的资源禀赋优势得以凸显。2014 年后日益强化的经济制裁暴露出俄罗斯经济发展的脆弱性，即高度依赖石油能源材料出口的经济发展模式极易因单一领域的经济中断而遭受整体性的冲击。因此，俄罗斯加快了经济结构优化的步伐，粮食产业在俄罗斯经济发展中的资源禀赋优势更加突出。俄罗斯国内耕地面积广袤且农业劳动力廉价②，具有发展粮食产业的资源禀赋优势，但是在高油价、外汇充足以及财政充裕时期，这一优势并不突出，难以比肩能源产业带来的经济效益。然而，在经济制裁导致能源出口收缩、卢布大幅贬值以及外汇收入不足后，俄罗斯必须改善经济发展结构，而农业是为数不多可以弥补能源出口收缩的经济领域，因此成为俄罗斯经济增长的"新亮点"③。俄罗斯亟须通过增加本国粮食生产以实现自给自足、扩大粮食出口以补充外汇收入，以弥补地缘关系变化对俄罗斯粮食安全造成的负面影响。

(三) 普京亟须扩大政治联盟

自 2012 年大选后，普京就开启了一系列强化保守主义政策，旨在扩展政治联盟以保障其政权稳定性与合法性，这一趋势在 2014 年克里米亚危机后更加突出，新兴农场阶级成为普京可以争取的力量。因此，在俄罗斯过度依赖能源出口呈现负面后果且国内油气联盟依然强大的政策环境中，通过安全化操作提升粮食产业在国家政治经济议程中的排序是普京维护政权稳定性及合法性的重要手段。

一方面，俄罗斯农场阶层正在崛起，其经济诉求与普京的执政目标高度匹配，是普京有待争取的新兴力量。苏联解体后，俄罗斯农业控股公司逐渐壮大（也称为农业公司或农业综合体，Agroholdings），其所有者农场阶层成为俄罗斯政治进程中的新兴势力。因其在俄罗斯农业私有化进程中获得了相应的农业土

---

① *Russia Economic Report 35*：*The Long Journey to Recovery*，World Bank，2016，p.7.

② 张红侠：《俄罗斯农业：经济增长的新亮点》，《俄罗斯东欧中亚研究》2018 年第 3 期，第 48 页。

③ 同上文，第 37 页。

地资源，农场阶层正在成为俄罗斯农业发展中不可忽视的群体。[1]农场阶层的整合有助于俄罗斯推动农业现代化进程，也使俄罗斯农业发展更加直接地面对大型跨国粮企的竞争压力。由于俄罗斯农业控股公司在先进粮农技术、国际市场规模方面难以同跨国粮企相竞争，其盈利能力的实现只能依赖本国政府提供经济支持以及保护国内市场。[2]农场阶层的经济诉求与普京调整经济结构的政策导向高度匹配，因此成为普京提升其政治影响力可以合作的力量。基于此，对于普京而言，推动粮食生产的复兴不仅符合其改革国内经济结构的执政目标，而且有助于扩大其政治支持范围并维护其政权稳定性。

另一方面，普京对粮食产业的政策支持必须通过超越既有经济议程的方式才能快速实现。尽管推动俄罗斯经济改革势在必行，然而由于俄罗斯不同利益集团对经济改革存在较大的争议，故而无论从维护个人地位还是保持国家整体发展的角度而言，普京对经济改革的态度总是小心谨慎，以经济稳定增长为优先目标。[3]正因如此，普京对包括粮食生产在内的相关领域进行安全化操作，既有助于为粮食产业发展提供更有力的政策支持，为其超越常规政治程序的相关举措创造正当性与合法性，[4]还能够满足其借由粮食安全反对西方霸权、凝聚社会力量的政治需求，以巩固其执政基础。

综上，由于对外依赖凸显俄罗粮食安全价值、地缘政治改变其粮食安全状态且政治精英具有发展粮食产业的主观意愿，俄罗斯的安全化策略得以启动。相较于仅仅从民族主义角度或者比较优势角度探究俄罗斯农业的发展，安全化视角为解释俄罗斯粮食产业的崛起提供了一个纵览全局的分析视角。安全化理论整合了经济发展与国家安全，将俄罗斯地缘政治环境变化与国内政治经济导向相关联，这更有利于系统地分析俄罗斯粮食产业发展方向以及政策逻辑。

---

① Stephen K. Wegren, "The 'Left Behind': Smallholders in Contemporary Russian Agriculture," *Journal of Agrarian Change*, Vol.18, No.4, 2018, p.919.

② Vasily Uzun, Natalya Shagaida and Zvi Lerman, "Russian Agriculture: Growth and Institutional Challenges," p.481.

③ 韩璐：《试析普京复任以来俄罗斯的保守主义政策》，《国际研究参考》2014年第2期，第11—12页。

④ 叶晓红：《哥本哈根学派安全化理论述评》，第167页。

四、俄罗斯的粮食安全化策略

面对外部的制裁压力以及国内的衰退危机，普京以罕见力度介入国民经济发展之中，在全领域推动"进口替代"，试图扭转俄罗斯的发展困境，重振大国地位。在此过程中，粮食具有利用安全化实践实现快速发展的生成基础，因此成为俄罗斯着力推动的经济领域。为了实现这一目标，俄罗斯对内、对外推动了一系列安全化策略，从而提升粮食议题在国家经济议程中的排序，以聚集政治经济资源保障其产业复兴。

（一）拉响警铃：在经济议程中凸显粮食安全

由于克里米亚危机，俄罗斯融入全球化的进程基本中断，在国民经济发展的政策制定中，政策目标更加倾向于多维度发展国内经济产业以缓解能源领域在国民经济中一家独大的情况。基于此，俄罗斯政府不仅在多份正式文件中强调粮食安全的重要性，而且在外交活动中积极参与粮食安全相关议题的国际活动，以拉响"安全警铃"，提高粮食产业在国民经济中的重要性，使得粮食产业发展能够获得更积极的政策支持来满足国家安全需要。

在国内政策话语中，俄罗斯政府将粮食生产的安全价值写入官方文件当中，从而"拉响警铃"，强化粮食自主对保障国家安全的特殊地位。普京在2014年联邦议会发言中，强调经济发展自主性对国家安全具有至关重要的价值，其中尤其指出在农业领域进一步加强国内生产。[①]在俄罗斯2015年更新的《国家安全战略》中，粮食安全的价值以及实现方式得到了更加明确的论述，这是该文件相较于2009年版本最重要的修订内容之一。文件不仅指出"确保粮食安全是提高国民生活质量的首要条件"，还将"俄罗斯粮食独立"作为保障俄罗斯粮食安全的首要方式。[②]这份文件奠定了粮食产业的安全价值，表明粮食产业作为国家安全战略应当在经济发展中享有优先性。同年，俄罗斯颁布《关于保障经济可

---

① "Presidential Address to the Federal Assembly," *President of Russia*，December 4，2015，http://en.kremlin.ru/events/president/news/47173，2023-09-07.

② "Указ Президента Российской Федерации от 31.12.2015 г. № 683," *Президент России*，December 31，2015，http://www.kremlin.ru/acts/bank/40391/page/1，2023-09-07.

持续发展和社会稳定的优先措施》，将农业与农产品加工作为优先推动进口替代的领域。①2020 年，俄罗斯联邦安全会议进一步细化了俄罗斯在 2010 年所推行的粮食安全战略，其中明确提出"俄罗斯粮食独立就是粮食自给自足"的具体阐述。②俄罗斯对粮食安全的重新定义更加凸显了对于粮食安全的特殊定位，相较于联合国粮农组织以个人安全为基准、以饮食需求为内涵而定义的概念，俄罗斯直接将粮食安全视为国家安全的关键组成部分，以此强调粮食对俄罗斯至关重要的安全价值。③

在对外公开活动中，俄罗斯政府强调粮食供给的安全价值，从而"拉响警铃"，促使粮食安全纳入国际政治经济合作议程之中。2014 年克里米亚危机发生后，俄罗斯政府积极投身粮食安全相关的跨国活动，在明确粮食供给的安全价值方面有所作为，从而将粮食跨国流动与一国国家安全紧密结合，凸显粮食安全议题在当前国际形势中的紧迫性。2014 年初，俄罗斯作为八国集团的轮值主席国，组织召开了八国集团首次粮食安全工作组会议，④明确承诺在未来将粮食安全作为重要的协商议程。同年，俄罗斯加入国际农业发展基金并成为农发基金的最大资助国家之一。农发基金总裁多次访问莫斯科，就全球粮食安全复杂形势同俄罗斯政府进行商讨。俄罗斯外交部副部长根纳季·安德烈耶维奇·加季洛夫（Генна́дий Андре́евич Зюга́нов）与农发基金总裁恩万泽（Kanayo F. Nwanze）共同强调当前全球粮食安全危机的严峻性，并且声明俄罗斯将继续与农发基金在粮食安全领域中开展多元化合作。⑤在 2016 年亚太经合组织会议举行期间，俄罗斯外交部长谢尔盖·维克托罗维奇·拉夫罗夫（Серге́й Ви́кторович Лавров）发

① "План первоочередных мероприятий по обеспечению устойчивого развития экономики и социальной стабильности в 2015 году," Документы, Jane 27, 2015, http://government.ru/docs/16639/, 2023-09-07.

② "О внесении изменений в Доктрину продовольственной безопасности Российской Федерации, утвержденную Указом Президента Российской Федерации от 30 января 2010 г. № 120 （проект），" Источник, January 10, 2015, https://www.eg-online.ru/document/regulatory/292918/, 2023-09-09.

③ Janetta Azarieva and Yitzhak M. Brudny, "Bread and Autocracy in Putin's Russia," *Journal of Democracy*, Vol.33, No.3, 2022, pp.100—114.

④ "Russia: Food Security and Nutrition Will Remain a Top Priority for G20 and G8 During Russian Presidency," FAO, https://www.fao.org/news/story/en/item/164454/icode/, 2023-09-10.

⑤ "Press Release on Deputy Foreign Minister Gennady Gatilov's Meeting with President of the International Fund for Agricultural Development Kanayo Nwanze," Министерство иностранных дел Российской Федерации, October 7, 2015, https://mid.ru/tv/?id=1516414&lang=en, 2023-09-15.

文称"多国仍面临饥饿问题，粮食安全仍应当是优先合作主题"①。此外，为配合联合国粮农组织 2021 年粮食安全峰会的筹备工作，俄罗斯先后组织召开了国家级粮食安全峰会、全球粮食安全对话等系列活动。其间，俄罗斯外交部发言人反复强调当前全球饥饿问题的紧迫性，并积极主张推动全球粮食系统吸纳俄罗斯经验进行转型。②

（二）塑造敌人：将政治对手锚定为威胁来源

普京政府在凸显粮食安全重要性的同时，将美西方国家的粮食出口视为本国粮食安全的威胁来源，③从而借助爱国主义和民族主义旗帜凝聚共识，推动粮食产业的经济利益与安全利益相联结。因此，粮食产业发展成为俄罗斯对抗美西方国家自由主义经济秩序、争取经济主权的重点领域。④具体到安全化策略中，俄罗斯政府对内锚定美西方国家粮食进口为威胁来源，将粮食领域发起的反经济制裁视为对本国经济主权的保护；对外锚定美西方国家粮食贸易垄断为威胁来源，将本国粮食出口视为同他国自主贸易的延伸。

在对内政治宣传中，借美西方国家经济制裁锚定安全威胁来源，在国内"塑造敌人"，便于以国家安全为由推动粮食产业发展。俄罗斯国内的反西方主义思潮在 2014 年克里米亚危机后达到高潮，⑤在这一民族情绪的催化下，俄罗斯强化了关于主权的理念，其中就将粮食主权这一概念涵盖其中。⑥在这一概念框架下，美国与西方世界成为俄罗斯粮食产业发展的威胁来源，俄罗斯粮食产业的发展被视为维护国内经济主权及反西方主义的胜利。在 2015 年俄罗斯首届国

---

① "Article by Sergey V. Lavrov APEC: Genuine Collectivism and Effective Connectivity," The Ministry of Foreign Affairs of the Russian Federation, November 16, 2016, https://mid.ru/en/foreign_policy/news/1538227/, 2023-09-15.

② "UN Food Systems Summit 2021: What Does Russia Have to Offer," FAO, November 24, 2020, https://www.fao.org/russian-federation/news/detail-events/en/c/1333157/, 2023-09-15.

③ Stephen K. Wegren and Alexander M. Nikulin, "The Russian Variant of Food Security," Problems of Post-Communism, Vol.64, No.1, 2017, p.55.

④ Silnava Malle, "Economic Sovereignty: An Agenda for Militant Russia," Russian Journal of Economics, Vol.2, No.2, 2016, pp.111—128.

⑤ 关雪凌、张猛：《普京新保守主义解析》，《中国人民大学学报》2015 年第 2 期，第 93—94 页。

⑥ Ладислав Земанек, "Российский Всеобъемлющий Суверенитет: Консервативная Государственная Парадигма," Перспективы, Электронный Журнал, No.1, 2022, pp.21—24.

家粮食安全论坛上，梅德韦杰夫发言表示，在过去一年中对美西方国家的粮食禁运成果证明俄罗斯"有能力养活自己"，并非"必须依赖粮食进口"维持国内粮食供给。①普京也在其 2015 年向联邦议会的年度报告中指出，农业是避免进口导致国家经济主权受损的积极案例。②俄罗斯总统办公厅主任谢尔曼·鲍里索维奇·伊凡诺夫（Серге́й Бори́сович Ивано́в）也在公开发言中声称，放弃对西方国家的粮食制裁是对本国农业生产者的"背叛"，俄罗斯不会在粮食领域放松对西方国家的反制。③

在经济外交活动中，将美西方国家在全球粮食市场中的优势地位锚定为威胁来源，从而在国际市场中"塑造敌人"，为扩大本国粮食出口市场创造条件。2008 年金融危机后，全球粮食价格的飙升以及与粮价高涨息息相关的"阿拉伯之春"运动激化了国际社会对美国控制下的全球粮食贸易的不满，粮食主权运动持续勃兴。④俄罗斯政府在外交活动中迎合了这种不满情绪，将美西方国家主导的国际粮食贸易视为一国粮食安全的威胁来源，将断绝对美粮食贸易视为反美斗争胜利的一部分，从而借助国际社会中的反美情绪和反垄断思潮凝聚共识，推动俄罗斯粮食出口向更多与本国地缘政治倾向相近的国家。2019 年，时任俄罗斯外交部长谢尔盖·拉夫罗夫在访问叙利亚期间，将叙利亚国内严峻的饥饿问题归结于美国对叙利亚的经济制裁，并声称"美国的行动将扼杀叙利亚的人民"⑤。同年，俄罗斯主导举办了首次俄罗斯—非洲峰会，在会议上普京承诺愿意在包括联合国粮农组织在内的国际制度中为非洲提供更多的粮食援助，⑥并在发言中意有所指地强调"俄罗斯的贸易与援助不会以干预对象国价值观为条件，

①　"Dmitry Medvedev takes part in the First National Food Security Forum," The Russian Governance，June 5，2015，http://government.ru/en/news/18378/，2023-09-17.

②　"Presidential Address to the Federal Assembly," President of Russia，December 3，2015，http://en.kremlin.ru/events/president/news/50864，2023-09-17.

③　"С. Иванов. Отмена контрсанкций была бы ударом в спину российским аграриям," Agrofakt，June 11，2015，https://kvedomosti.ru/?p=203685，2023-09-16.

④　方平、奚云霄、周立：《脱嵌与回嵌：俄罗斯的食物体系治理困境与启示》，第 151 页。

⑤　"Assad seeks Russian help in face of US sanctions," The Arab Weekly，July 9，2020，https://thearabweekly.com/assad-seeks-russian-help-face-us-sanctions，2023-09-17.

⑥　"Russia Exporting More Food Than Weapons to Africa-Putin," Observer，October 2015，2019，https://observer.ug/news/headlines/62438-russia-exporting-more-food-than-weapons-to-africa putin，2023-09-17.

只有俄罗斯的支持才能帮助保护非洲国家的主权"①。在 2021 年瓦尔代论坛上，普京继续将粮食安全的威胁来源指向了美国主导下的国际市场，声称，"当前资本主义模式已经走到了尽头，以至于一些国家和地区经常性地遭受粮食危机，这种危机将在未来变得更加严重甚至到达极端情况"②。

（三）政策洗牌：塑造以俄罗斯为中心的粮食网络

为改善因西方制裁而导致的经济衰退，普京在几乎全产业链中推动"进口替代"战略，其中通过安全化操作在粮食领域率先完成了粮食产业的转型。具体而言，由于粮食产业与国家政权稳定以及对外政策自主密切相关，普京借此在俄罗斯国内强势抵御粮食作物进口并提供资金支持本国农业产业发展，在国际市场上以违背国际贸易规则为代价主动开辟粮食贸易网络，从而实现俄罗斯在全球粮食贸易网络中获取核心地位。

在国内经济政策中，通过实施积极的产业扶持，俄罗斯在粮食领域实现了"政策洗牌"，促进了俄罗斯粮食产业的复兴。一方面，在资金投入规模上，俄罗斯对农业生产提供了史无前例的财政支持。尽管 2014 年国际油价低迷叠加西方经济制裁导致俄罗斯的经济呈现出整体衰退的特征，以至于俄罗斯的预算赤字逐年递增，即使在这种财政预算吃紧的情况下，俄罗斯依然大幅增加了对农业的财政支持力度。2014 年至 2017 年间，俄罗斯对农业提供的资金支持提高了 27%，从 2014 年的 1 900 亿卢布提高至 2017 年的 2 420 亿卢布。③2015 年，俄罗斯正式出台了扩大对农业产业进行扶持的法令，对包括农产品和畜牧产品生产加工、育种中心建设等多个领域进行现代化改造，投资总额超过 2 000 亿卢布。④即

---

① "At Russia's Inaugural Africa Summit, Moscow Sells Sovereignty," *The Moscow Times*，October 26，2019，https://www.themoscowtimes.com/2019/10/26/russias-inaugural-africa-summit-moscow-sells-sovereignty-a67916，2023-09-17.

② "Vladimir Putin Took Part in a Plenary Session of the 18th Annual Meeting of the Valdai International Discussion Club," President of Russia，October 15，2021，http://en.kremlin.ru/events/president/news/66975，2023-09-17.

③ 刘凡溪：《俄罗斯转型中的农业问题：农业战略与前景》，《辽宁大学学报（哲学社会科学版）》2021 年第 4 期，第 157 页。

④ 《2016 年俄将继续保持农产品出口大国地位》，中俄资讯网，2016 年 6 月 17 日，http://www.tech-food.com/news/detail/n1286490.htm，2023-09-18.

使在 2017 年俄罗斯因国际油价低迷而制定了"史上最严苛"财政预算之际，财政部仍然未曾削减农业的财政支出份额，反而增加了对农业发展的资金投入。[①] 2017 年，俄罗斯重新制定了对农业的政策支持力度，将预算总额整体提高了 12.4%，年均投入均超过 2 400 亿卢布。[②]虽然俄罗斯声称其逐年递增的农业资助遵循了其入世承诺，但包括美国在内诸多国家仍频频指责俄罗斯违背了 WTO 的反补贴规则，对俄罗斯农业出口补贴力度、农业政策透明度以及市场价格支持范围等多项农业政策提出质疑。[③]

另一方面，在政策实施力度上，俄罗斯通过提高粮食自给率、支持本地粮农企业崛起等方式强势推动本国粮食产业扩张以保障粮食安全。其一，俄罗斯在 2014 年后制定了高于国际标准的粮食自给率，以保护本国粮食生产者。2014 年后，俄罗斯对 2010 年出台的《粮食安全准则》进行了更新，进一步提高了本国粮食供给的比例并增加了关涉粮食安全的作物品种。尽管俄罗斯在 2010 年已经出台了首份《俄罗斯联邦粮食安全准则》，但其标准大体靠近联合国粮农组织的基本要求，对包括谷物、肉类、菜籽油等八种农产品制定了自给率不得低于 90% 的粮食安全红线。[④]2014 年后，俄罗斯进一步提高了国内粮食自给率的标准，不仅将谷物类的粮食作物自给率提高至 95% 以上的自给水平，而且还新增了对蔬菜、水果和粮种三种农产品的自给标准。在这一政策导向下，大批俄罗斯本地农产品借爱国主义情感进入市场。在俄罗斯，一种富有成效的营销方式便是在农作物的销售、包装中采用具有"苏联"因素的指向，即使这种农产品价格高于进口作物，俄罗斯民众也更倾向于购买本地农产品。[⑤]其二，俄罗斯在政策实施中大力支持本国粮农企业发展，通过集中资源倾斜增强本国粮农企业的市场竞争力。2016 年，俄罗斯出台了《农工综合体出口项目》。在这一项目的

---

① 张红侠：《俄罗斯农业：经济增长的新亮点》，第 45—46 页。

② *Russia*：*Agricultural Economy and Policy Report*，FAS，July 9，2018，https：//apps.fas.usda. gov/newgainapi/api/report/downloadreportbyfilename? filename = Agricultural%20Economy%20and% 20Policy%20Report_Moscow_Russian%20Federation_7-19-2018.pdf，2023-09-18.

③ "2021 Report on the Implementation and Enforcement of Russia's WTO Commitments," United States Trade Representative，December 2021，pp.18—25.

④ *Food Security Doctrine of Russia Federation*，FAS，February 11，2010，https：//apps.fas.usda. gov/newgainapi/api/report/downloadreportbyfilename?filename=Food%20Security%20Doctrine%20Adopted %20_Moscow_Russian%20Federation_2-11-2010.pdf，2023-09-24.

⑤ Svetlana Barsukova，"Agricultural Policy in Russia," *Social Science*，Vol.47，2017，p.13.

支持下，俄罗斯每年向本国大型农商集团提供 8.5 亿卢布的资金支持，在 2020 年后，这资助金额进一步提升至 25 亿卢布。[①]与此同时，俄罗斯农业部在 2017 年还成立了"联邦分析中心"，旨在为本国粮食企业开展国际贸易提供协商谈判、物流、法律援助，[②]从而借由政府的支持推动俄罗斯企业适应国际规则、走向国际市场。此外，即使普京在 2015 年后积极引进国际投资以推动俄罗斯的经济发展，依然坚持在农业中避免国际资本介入。以土地政策为例，《俄联邦土地法典》禁止外国公民和法人对投资项目土地的权利份额超过 50%。[③]这均为本国粮农产业的发展创造了有利的制度条件。

在对外政策实践中，通过开展积极的粮食外交，俄罗斯在粮食贸易中实现"政策洗牌"，推动俄罗斯成为全球粮食贸易中的核心出口国。一方面，以反制裁为起点，俄罗斯不惜代价断绝与美西方国家的粮食贸易关系。2014 年 6 月，普京签署了一项进口禁令，禁止或限制从美西方国家进口包括粮食在内的农作物。这份禁令的涉及范围除欧盟和美国之外，还包括加拿大、澳大利亚和挪威等同美欧国家地缘政治关系接近的国家。[④]由于这份禁令不断被延期，俄罗斯在 2014 年后基本中断了同美西方国家的贸易往来。为了配合粮食禁令的执行，普京在 2015 年 7 月颁布了销毁非法进口粮食的行政命令。[⑤]随后，俄罗斯在其边境销毁了超过 1.9 万吨的进口农产品，从而断绝了非法农产品的进口来源。[⑥]尽管此举引发了巨大的争议，导致俄罗斯国内粮食价格上升、质量下降且出现短暂的粮食短缺[⑦]，还

[①] Stephen K. Wegren，"The 'Left Behind'：Smallholders in Contemporary Russian Agriculture，"p.919.

[②] Stephen K. Wegrn，"Russia's Changing Role in the International Agri-Food System and Why It Matters，" *Post-Communist Economies*，Vol.33，No.4，2021，p.14.

[③] 郭志奔：《互联互通视角下的中俄农业合作：进展、障碍与对策》，《西伯利亚研究》2022 年第 4 期，第 41 页。

[④] 张红侠：《俄罗斯农业：经济增长的新亮点》，第 46—47 页。

[⑤] "Executive Order on Destroying Banned Agricultural Imports as from August 6，2015，" President of Russia，July 29，2015，http：//en.kremlin.ru/events/president/news/50074，2023-09-25.

[⑥] "Russia Has Destroyed 19,000 Tons of Food Since Import Ban，" *The Mosco Time*，January 9，2018，https://www.themoscowtimes.com/2018/01/09/russia-has-destroyed-19000-tons-of-food-since-import-ban-a60143，2023-09-25.

[⑦] "Outrage after Russia Steamrolls Tonnes of Western Food，" Al Jazeera，August 6，2015，https://www.aljazeera.com/news/2015/8/6/outrage-after-russia-steamrolls-tonnes-of-western-food，2023-09-25.

使得欧盟向世界贸易组织起诉求偿 14 亿欧元①，但仍然得到了本国相当多民众的支持，超过 70% 的俄罗斯人对此持积极态度。②

另一方面，以维护地缘关系为目标，俄罗斯积极构建以本国为中心的粮食贸易网络。其一，借助欧亚经济联盟，同其他原苏联加盟共和国绑定粮食贸易关系。2015 年成立的欧亚经济联盟是俄罗斯利用经济活动共享安全利益的核心机制，其中，粮食贸易是俄罗斯与成员国合作的优先领域。2018 年，在俄罗斯的主导下，欧亚经济联盟成立了欧亚农工政策委员会（Council for Agro-industrial Policy of the Eurasian Economic Union），以确保成员国农业部之间的有效互动和政策协调。③2020 年，俄罗斯农业部与欧亚经济联盟开始就成立单一的内部农业共同市场进行协商谈判，已经在包括肉类出口方面率先实施了共同关税。④在新冠肺炎疫情全球蔓延以及 2022 年俄乌冲突爆发后，俄罗斯在粮食领域缩减国内粮食出口以保证国内粮食供给，⑤但仍对欧亚经济联盟成员国采取了低于全球平均水平的出口税率，将其排除在了关税调整范围以外。⑥

其二，借助扩展外交盟友，主动向同俄罗斯政治关系亲近国家扩大粮食出口。粮食出口被视为俄罗斯争取外交盟友、构建反美联盟的一种政策工具⑦，通过为地缘政治关系动荡或面临激烈战略竞争的国家提供粮食，俄罗斯在国际事务中获得更多的地缘影响力，从而助其摆脱西方国家的封锁与孤立。在中东北

---

① "EU Takes Billion-euro Battle to Russia: Brussels Claims Meat Restrictions on European Exports to Russia Were Politically Motivated," Politico, January 5, 2018, https://www.politico.eu/article/russia-sanctions-europe-trade-eu-takes-billion-euro-battle/, 2023-09-25.

② C. 巴尔苏科娃、肖辉忠：《俄罗斯经济与社会政策的当代选择：以农业政策为例》，第 90 页。

③ "Decision of The Supreme Eurasian Economic Council," CIS Legislation, May 14, 2018, https://cis-legislation.com/document.fwx?rgn=106590, 2023-09-27.

④ Stephen K. Wegren, Russia's Role in the Contemporary International Agri-Food Trade System, pp.170—173.

⑤ "Два ростовских зернотрейдера получили 27,5% российской квоты на экспорт зерна" АгроВестник, November 2, 2021, https://agrovesti.net/news/indst/dva-rostovskikh-zernotrejdera-poluchili-27-5-rossijskoj-kvoty-na-eksport-zerna.html, 2023-09-26.

⑥ "Russian Federation Announces Plans for Wheat Export Tax and Grain Quota in 2021," FAO, December 14, 2021, https://www.fao.org/giews/food-prices/food-policies/detail/en/c/1366902/, 2023-09-29.

⑦ Stephen K. Wegrn, "Russia's Changing Role in the International Agri-Food System and Why It Matters," pp.18—19.

非地区，俄罗斯通过为"阿拉伯之春"之后各处于政权巩固时期的国家提供关键粮食资源，巩固其政治盟友。自 2015 年起，俄罗斯与叙利亚建立起了双向的粮食援助通道，定期向阿萨德政府提供粮食。直至 2020 年，俄罗斯已经向叙利亚提供了超过 10 万吨的小麦援助，并计划运输更多的粮食至叙利亚。①此外，随着埃及亲美政权在"阿拉伯之春"运动中下台，俄罗斯与新任埃及政府愈发亲近，其中经贸关系的维系主要依赖粮食贸易。如今，粮食在俄埃双边贸易往来中占比超过 30%，俄罗斯在 2016 年后取代美国成为埃及最大的粮食进口来源，满足了埃及全国超过 65% 的粮食需求。②2017 年，在中美贸易摩擦爆发后，俄罗斯与中国签署了粮食贸易开放的相关协议，这就为中国抵制美国粮食出口、扩大俄罗斯对华粮食出口创造了条件。基于此，在 2017 年后，中国自美国的粮食进口大幅缩减，这对遏制美国对华采取进一步制裁措施有所助益。③

总体而言，俄罗斯在粮食领域中的安全化策略催化了俄罗斯粮食产业的发展，得益于此，俄罗斯的粮食产业逐步迈向了现代化、规模化发展的道路，迅速完成了从"弱势产业"到"创汇来源"的转变。

一方面，俄罗斯基本实现了粮食的自给自足，而且造就了一批具有国际竞争潜力的大型农工综合体。2015 年至 2021 年期间，俄罗斯的粮食产量增长了 1.3 倍，俄罗斯的粮食自给率已经高达 150%，植物油、鱼类和肉类也基本实现了自给自足。④值得一提的是，俄罗斯在农业领域积极的政策导向促使俄罗斯本国的大型粮农企业快速崛起。大型农工综合体取代家庭农场成为了俄罗斯粮食产业中最核心的行为体，俄罗斯大部分农业用地均由本国大型农企所掌控，前五大农业企业控制了俄罗斯 410 万公顷（6 150 万亩）。⑤与之相应地，大型粮

---

① "Russia Will Continue Shipping Wheat as Humanitarian Aid to Syria," Reuters，December 17，2020，https：//www. reuters. com/article/russia-syria-wheat-int/russia-will-continueshipping-wheat-as-humanitarian-aid-to-syria-interfax-idUSKBN28R1P1，2023-09-28.

② Alexey Khlebnikov, *Russia and Egypt：A Precarious Honeymoon*，London：I.B.Tauris，2021，p.9.

③ Olga V. Chyzh and Robert Urbatsch, "Bean Counters：The Effect of Soy Tariffs on Change in Republican Vote Share between the 2016 and 2018 Elections," *The Journal of Politics*，Vol.83，No.1，2021，pp.415—419.

④ 尚月：《俄罗斯进口替代战略新动向》，《现代国际关系》2022 年第 10 期，第 40 页。

⑤ 方平、奚云霄、周立：《脱嵌与回嵌：俄罗斯的食物体系治理困境与启示》，第 146 页。

农企业为俄罗斯粮食产业提供了主要的经济收益。根据数据显示，俄罗斯23%的农场生产了超过93%的农业利润。[①]

另一方面，俄罗斯成为全球粮食出口大国，塑造出与俄罗斯地缘关系亲近、贸易往来密切的粮食出口网络，成功地将粮食出口发展为其对外政策中的战略工具。俄罗斯在2020年后成为粮食净出口国[②]，在2022年已经成为全球最大的大麦生产国、第三大小麦生产国和最大出口国以及第二大葵花籽产国。与此同时，俄罗斯已经塑造了一个以本国为核心、以地缘政治关系为引力的粮食贸易网络，在俄罗斯前十大粮食出口对象中，仅有三个国家是美国"自由之家"认定的所谓"自由国家"，近45%的粮食出口均流向了所谓"不自由"或"部分自由"的国家。[③]

因此，无论是从经济红利的增长还是从对外战略的实现角度而言，普京政府在粮食产业采取安全化措施成功地改善了俄罗斯的粮食安全状态，同样也有效缓解了克里米亚危机后俄罗斯面临的地缘环境压力。显然，普京政府的行动初步表明，在农业经济政策制定中，经济利益与安全目标不仅可以兼顾而且能够相互增益呈现出叠加效果，政府不仅能够通过强化安全目标在经济政策制定中获取更多的政策选项，而且还能够将借此实现的经济利益转换为战略工具用以保障国家安全。

五、结　语

为了探析俄罗斯粮食产业快速复兴的政治经济动因，本文借鉴哥本哈根学派的安全化理论，解析了俄罗斯粮食通过安全化操作催化粮食产业崛起的逻辑。本文认为，基于安全的"主体间性"，粮食产业安全化的操作需要同时满足客观威胁的现实存在、既有安全状态的剧烈变动及权威政治行为体的主观施动三大生成基础，粮食安全化操作分别包括通过"拉响警铃"明确议题的安全价值、

---

① Stephen K. Wegren, "The 'Left Behind'：Smallholders in Contemporary Russian Agriculture," p.918.

② 数据来源：联合国粮农组织，https://www.fao.org/faostat/en/#data/domains _ table。

③ Stephen K. Wegrn, "Russia's Changing Role in the International Agri-Food System and Why It Matters," pp.18—19.

通过"塑造敌人"锚定安全议题的威胁来源、通过"政策洗牌"改善安全状态三种策略，最终方能实现粮食安全的保障以及粮食产业的崛起。

俄罗斯迅速从农业弱势国家成长为粮食核心出口国正是由于其借安全化逻辑推动粮食产业的发展，成功地打造了在国际舞台上的外交新名片。由于俄罗斯粮食供给的对外依赖强化了粮食安全价值，而2014年克里米亚危机改变了俄罗斯粮食供需平衡，且普京为凝聚政治联盟而主动推动粮食议题升级，既有现实奠定了俄罗斯粮食产业安全化的生成基础。基于此，俄罗斯对内、对外采取了安全化策略推动粮食产业发展。首先，俄罗斯对内强化粮食自主对国家安全的特殊地位、对外明确粮食贸易对政权稳定的安全价值以"拉响警铃"；其次，俄罗斯对内锚定国际贸易对本国粮食自主的威胁、对外锚定美西方国家的贸易优势对政权稳定的干预以"塑造敌人"；最后，俄罗斯对内实施强势的产业政策、对外拉拢粮食贸易伙伴从而进行"政策洗牌"。正因如此，俄罗斯快速从粮食进口国转变为粮食出口大国，不仅将粮食产业转变为仅次于能源出口的"创汇来源"，而且还将粮食贸易纳入本国"经济武器"的工具箱中。

随着粮食产业的崛起，俄罗斯应对国际竞争、争取战略伙伴的政策工具箱更加丰富。尤其在自由主义经济秩序有所收缩、各国经济往来同大国战略竞争紧密联系的时代背景下，俄罗斯在全球粮食市场中不断提升的核心地位将为俄罗斯回归世界一流大国聚拢更多政治盟友、为其反击西方主导下的国际秩序增加砝码。此外，俄罗斯经验对中国未来粮食安全战略的制定与实施具有启示意义。面对国际粮食市场的冲击，中国应加强对"粮食安全"的关注，加大对农业发展的政策支持力度以摆脱当前中国在国际粮食市场中的被动地位。

最后需要说明，安全化逻辑尽管促使俄罗斯快速跻身全球粮食出口大国行列，但难以助其在短时间内突破粮农技术壁垒、摆脱粮食"金融化"困局，因此俄罗斯的全球粮食强国之路依然道阻且长。从安全化理论角度来看，俄罗斯粮食产业发展已经借由"粮食安全"实现了议程升级，但其跨越安全威胁以回归常规议题的"去安全化"进程尚未开始。

法国在联合国教科文组织中的提案联合
——基于在场的分析

孟子祺*

一、问题的提出

成立于第二次时间大战后的联合国教科文组织是联合国系统内职能范围最广的专门机构，总部设于法国巴黎，现有194个会员国，其宗旨是通过教育、科学及文化来促进各国间之合作，对和平与安全作出贡献。文化长期是法国外交政策的重点领域，法国是唯一一个通过特定的国家和行政机构实施对外文化政策，并为此投入大量国家预算的发达国家[①]，文化外交是法国影响力外交的四大优先事项之一[②]；加之针对国际组织制定更加积极主动的多边外交战略是法国影响力外交的两大支柱之一[③]，作为联合国系统内唯一一个明确致力于文化事业的组织，联合国教科文组织毫无疑问地成为法国施加影响的重点对象。

然而，法国承担的联合国教科文组织会费比重在大国里并不突出，长期低

---

* 孟子祺：北京外国语大学国际组织学院讲师。

① Marie-Christine Kessler, "Chapitre 15. La diplomatie culturelle," in Thierry Balzacq et al., *Manuel de diplomatie*, Paris: Presses de Sciences Po, 2018, p.266.

② Revue internationale et stratégique, "Entretien avec Laurent Fabius, Ministre des Affaires étrangères et européennes," *Revue internationale et stratégique*, Vol.89, No.1, 2013, pp.51—65.

③ Nicolas Tenzer, "La diplomatie d'influence sert-elle à quelque chose?," *Revue internationale et stratégique*, Vol.89, No.1, 2013, pp.77—82.

于美国、日本和德国，从 21 世纪 10 年代中期以来被中国大步超越，在英国具备会员国资格时期的多数时候也低于英国（见图 1）。尽管物质贡献在大国中相对弱势，法国在联合国教科文组织的创设和发展过程中却以相对较小的物质成本塑造了突出的"在场性"。自 1999 年第 30 届大会至 2023 年第 5 届大会特别会议，法国在联合国教科文组织的决策机关暨最高权力机关——大会——中的提案数量位于 2023 年六大会费国（美国、中国、日本、德国、英国和法国）之首；在联合国教科文组织执行局中，自提案主体从个人转变为国家以来，法国的提案数量同样在六大会费国中位列第一。而在法国提交的所有提案中，70%以上的执行局提案为法国与其他会员国的联合提案，在大会中该比例更是高达90%以上。国家在国际组织中构建提案联合的动因是什么？为什么联合提案而非单独提案会成为国家主要的提案策略？法国是如何选择联签国并布局提案联合的？为回答以上问题，本文通过对比不同类型的联盟，探究提案联合在联盟中的定位，在此基础上尝试在提案联合与国家在国际组织中的在场之间构建一个分析框架，以法国动议并促使《保护和促进文化表现形式多样性公约》的通过作为案例进行分析。

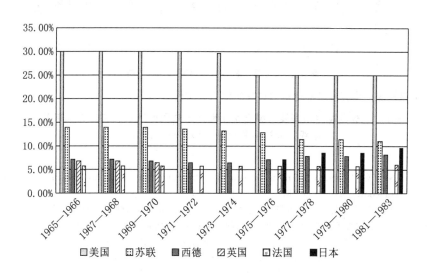

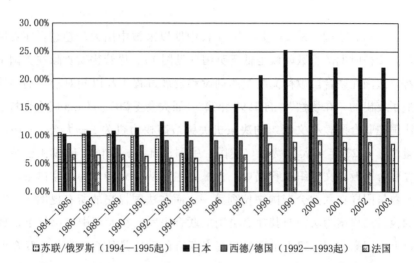

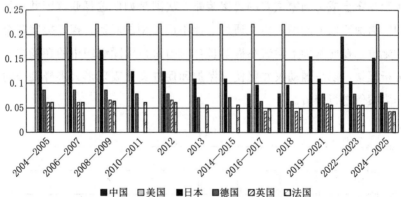

资料来源：作者参考联合国教科文组织大会文件自制。①

图 1　部分国家（法国及分摊会费比额高于法国的国家）在联合国教科文组织的分摊会费比额（1965—2023 年）②

---

① UNESCO, General Conference Documents, https://unesdoc.unesco.org/collections/governing-bodies/general-conference, 访问日期：2023 年 8 月 11 日。

② 截至 2023 年 8 月，联合国教科文组织公开的会费数据最早可追溯至 1965 年。应指出的是，执行局第 4 届特别会议曾建议"会员国退出而造成的短缺不应导致增加任何会员国分摊的会费"（决定 4X/EX/2，II.6）；因此，大会第二十三届会议、第二十四届会议、第二十五届会议、第二十六届会议、第二十七届会议和第二十八届会议采用的 1986—1987 双年度、1988—1989 双年度、1990—1991 双年度、1992—1993 双年度、1994—1995 双年度和 1996—1997 双年度会费分摊比额表的总分摊比例为 70 个百分点左右，而不是 1986—1987 双年度之前一直采用的 100% 比额表，换句话说，应收会费的理论总和包括已退出本组织的国家如还留在其中而需交付的会费额。大会第二十九届会议重新采用 100% 比额表。

二、既有研究回顾

中文的"联盟"一词在英文中既可译为"alliance",也可对应"coalition",因此二者常被混用。实际上,alliance(本文译作联盟)和 coalition(本文译作联合)的内涵和外延均有区别,集中体现在是否为正式合作、合作议题是否仅限于安全领域、合作时间长短等维度。关于联合的既有研究主要从三个视角切入:一是联合的类型研究;二是联合的功能研究;三是单个联合的案例研究。

(一)联盟与联合概念的演进与关系研究

作为一种具有战略意义的国家间关系,联盟在国际政治理论和外交政策实践中无处不在。[1]乔治·里斯卡(George Liska)于 1962 年出版的著作《联盟中的国家:相互依赖的限度》开启了联盟理论的系统性研究,他在该书中指出:"说到国际关系,就不能不提到联盟,这二者往往合为一体,只是名称不同。"[2]乔治·莫德尔斯基(George Modelski)称联盟是国际关系的重要术语,奥利·霍尔斯蒂(Ole Holsti)等学者将联盟是视为政治单元之间关系的一种普遍的构成要素,朱利安·弗里德曼(Julian Friedman)将联盟定位为国际政治的核心特征。[3]尽管联盟的重要性在学界具有广泛共识,但是迄今为止,学界仍未就联盟概念的内涵与外延达成统一。传统的联盟研究多关注安全领域的正式合作,关系的正式性(以公开或秘密的正式条约为标志)和以军事安全为合作重点是严格定义下联盟不可或缺的特征。根据罗伯特·奥斯古德(Robert Osgood)的经典定

---

① Ken Booth,"Alliances," in John Baylis et al., *Contemporary Strategy:Theories and Policies*, Oxon:Routledge,2021,pp.172—191;宋伟:《联盟的起源:理性主义研究新进展》,《国际安全研究》2013 年第 6 期,第 3—23 页。

② George Liska, *Nations in Alliance:The Limits of Interdependence*, Baltimore:Johns Hopkins Press,1968,p.3.

③ George Modelski,"The Study of Alliances," *The Journal of Conflict Resolution*, Vol.7,No.4,1963,p.773;Ole R. Holsti et al., *Unity and Disintegration in International Alliances:Comparative Studies*, New York:John Wiley & Sons,1973,p.2;Julian R. Friedman,"Alliance in International Politics," in Julian R. Friedman et al., *Alliance in International Politics*, Boston:Allyn and Bacon,1970,pp.3—44. 转引自〔美〕斯蒂芬·沃尔特:《联盟的起源》,周丕启译,上海人民出版社 2018 年版,第 1—16 页。

义，联盟是"一种正式协议，该协议保证各国合作使用其军事资源打击一个或多个特定国家，并且通常规定一个或多个签署国在特定情况下有义务使用武力或考虑（单方面或与盟国协商）使用武力"①。该定义经格伦·斯奈德（Glenn Snyder）完善，形成了最为精炼和准确的严格联盟定义，即"联盟是在特定情况下针对其成员之外的国家使用（或不使用）军事力量的国家的正式联合"②。

冷战后，由于国际环境和地缘政治格局的改变，联盟的性质与主题出现了新的变化，冷战下以北约和华约为代表的正式军事联盟模式面对不断涌现的国际合作新形势，暴露出包容性不足的缺陷。斯图尔特·伍德曼（Stewart Woodman）在20世纪末对此作出了以下判断：以军事力量为基础的正式联盟结构已转变为在具体问题上更短暂的权宜婚姻；此外，各国可利用不同的战略杠杆工具，任何诉诸武力的决定都将日益受到更复杂的成本效益分析和非国家行为体利益的影响。③鉴于此，有学者从两方面对联盟的内涵和外延进行了扩展。

一方面，从正式安排扩展到非正式安排。斯蒂芬·沃尔特（Stephan Walt）提出正式的条约并非联盟的必要条件，从而将联盟的定义调整为"两个或更多主权国家之间正式的或非正式的安全合作安排"④；迈克尔·巴尼特（Michael Barnett）和杰克·利维（Jack Levy）对联盟的定义做了类似的处理，即联盟是"两个或两个以上国家之间的正式或非正式的安全合作关系，并涉及相互期望在未来某些条件下就安全问题进行某种程度的政策协调"⑤；经调整的联盟概念中纳入的非正式安全合作也被称作"准联盟"⑥。另一方面，从安全领域扩展到其

---

① Robert E. Osgood, *Alliances and American Foreign Policy*, Baltimore: Johns Hopkins Press, 1968, p.17.

② Glenn H. Snyder, *Alliance Politics*, Ithaca: Cornell University, 1997, p.4.

③ Stewart Woodman, "Beyond Armageddon? The Shape of Conflict in the Twenty-First Century," in Denny Roy, *The New Security Agenda in the Asia-Pacific Region*, London: Macmillan Press, 1997, pp.76—98.

④ ［美］斯蒂芬·沃尔特：《联盟的起源》，第9页。

⑤ Michael N. Barnett and Jack S. Levy, "Domestic Sources of Alliances and Alignments: The Case of Egypt, 1962—73," *International Organization*, Vol.45, No.3, 1991, p.370.

⑥ Victor D. Cha, *Alignment Despite Antagonism: The United States-Korea-Japan Security Triangle*, Stanford: Stanford University Press, 1999；孙德刚：《论"准联盟"战略》，《世界经济与政治》2011年第2期，第55—79页。

他领域。虽然斯蒂芬·沃尔特等学者将非正式联盟纳入联盟范畴之中，但国家之间联盟的领域仍然限制在安全合作，即便"准联盟"不为安全合作签订正式条约，却也是以安全合作为目的聚合力量。随着国家的传统安全诉求的减少和国家利益考量的多元化，联盟行为突破军事安全领域，拓展至经贸、气候变化等不断涌现的全球治理新领域，进一步推进了联盟概念外延的泛化。①如果说国际安全合作框架下的联盟（无论正式还是非正式）在英文中对应的术语为"alliance"，那么合作范围不局限于安全领域的国家联盟、特别是非正式联盟，在更多情况下采用"coalition"这一术语更为精确。②在中文语境下，"alliance"和"coalition"都被译作"联盟"，又因内涵相近，二者很容易被混为一谈。为避免混淆，下文将"alliance"译作"联盟"，将"coalition"译作"联合"。除了合作的正式性和合作议题的广泛性两个核心要素之外，托马斯·威尔金斯（Thomas Wilkins）和刘丰等学者还在联盟与联合的差异中纳入了存续时间、内部成员的凝聚力、成本分担的灵活性等维度。③

（二）关于联合的既有研究

在政治学和国际关系研究中，联合（coalition）意指为实现共同目标而以有限和临时的方式协调行为的行为体群体。④参考约翰·奥德尔（John Odell）、刘丰、史田一和卡罗拉·克洛克（Carola Klöck）等学者的研究，可以将联合定义为"两个及以上的国际行为体在特定时期、针对具体议题、基于共同的利益关

---

① 任琳、郑海琦：《联盟异化的起源》，《国际政治科学》2021年第2期，第33—58页。

② coalition与alliance的主要区别之一是前者的合作议题所涉及的范围并不局限于安全领域，但在军事和安全领域同样存在。在国际安全领域，二者的不同之处在于，alliance的成员在非战争时期签署条约，界定对成员的威胁，在战争或冲突发生的时候通过条约的机制、根据条约的规定对出现的威胁作出一定的反应；coalition则是在战争或冲突已经发生的情况下，立场相似的几方暂时联合起来应对共同的威胁或开展联合作战。参见刘丰：《联合阵线与美国军事干涉》，《国际安全研究》2013年第6期，第24—37页。

③ Thomas S. Wilkins, "'Alignment', Not 'Alliance'—the Shifting Paradigm of International Security Cooperation: Toward a Conceptual Taxonomy of Alignment," *Review of International Studies*, Vol.38, No.1, 2012, pp.53—76; 刘丰：《国际政治中的联合阵线》，《外交评论（外交学院学报）》2012年第5期，第56—67页。

④ Encyclopedia Britannica, *Coalition*（*politics and international relations*）, https://www.britannica.com/topic/coalition, 2024-02-08.

切，为采取共同立场和行动而结成的非正式合作关系"①。联合多出现在国际会议或国际组织的多边谈判之中，阿里尔·马卡斯帕克·佩内特兰特（Ariel Macaspac Penetrante）指出，多边谈判不仅为构建联合提供了可能性，也提供了必要性②；用克里斯朵夫·杜邦（Christophe Dupont）的话来说就是"谈判即联盟"③。目前学界对于联合的研究主要集中于以下三种视角。

第一，联合的类型研究。为更好地理解联合的多样性，有些学者从不同的视角尝试对联合进行分类。以可见度、凝聚力、联系强度、行为和战略等要素为标准，联合可分为五种类别：由在关键问题上关系密切的成员组成的硬核联合、集团内联合、特定议题联合、机会主义和战术联合、外部参与者联合；④根据联合的起源，可分为由因某些超越特定领域的外生共同特征而聚集在一起的国家组成的"默认联合"，和国家间为了推进共同利益和共同目标而形成的"工具性/战略性联合"⑤；从地理和主题范围、成员规模以及正式程度三方面，可以识别三个联合类型，包括地区联合、全球通用联合和针对某一议题的全球特定联合。⑥

第二，联合的功能研究。这类研究指出，联合有三大基本功能。一是降低复杂性：通过集结共同的目标和立场，联合减少了参与者和问题的数量、缩减

---

① John S., Odell, "Introduction," in John S. Odell, *Negotiating Trade: Developing Countries in the WTO and NAFTA*, Cambridge: Cambridge University Press, 2006, p.13；刘丰：《国际政治中的联合阵线》，《外交评论（外交学院学报）》2012 年第 5 期，第 59 页；史田一：《国家为何因特定议题结盟?》，《世界经济与政治论坛》2020 年第 3 期，第 23—24 页；Carola Klöck, "Multiple Coalition Memberships: Helping or Hindering Small States in Multilateral (Climate) Negotiations?" *International Negotiation*, Vol.25, No.2, 2020, pp.282—283.

② Ariel Macaspac Penetrante, "Common but Differentiated Responsibilities—The North-South Divide in the Climate Change Negotiations," in Gunnar Sjöstedt and Ariel Macaspac Penetrante, *Climate Change Negotiations: A Guide to Resolving Disputes and Facilitating Multilateral Cooperation*, Abingdon: Routledge, 2013, p.262.

③ Christophe Dupont, "Negotiation as Coalition Building," *International Negotiation*, Vol.1, No.1, 1996, pp.47—64.

④ Ibid., pp.50—51.

⑤ Carola Klöck, "Multiple Coalition Memberships: Helping or Hindering Small States in Multilateral (Climate) Negotiations?" *International Negotiation*, Vol.25, No.2, 2020, pp.284—285.

⑥ Paula Castro and Carola Klöck, "Fragmentation in the climate change negotiations: Taking stock of the evolving coalition dynamics," in Carola Klöck et al., *Coalitions in the Climate Change Negotiations*, Oxon: Routledge, 2021, pp.17—34.

了谈判的规模，从而促进谈判进程的结构化和组织化、使谈判结构更易管理。① 二是提高成员的谈判能力和议价能力：联合是国家汇集力量的行为，多个国家的共同立场总比单个国家的立场更有分量，特别是对于外交技巧、谈判经验和专业知识相对薄弱的小国来说，联合的积极意义更加明显。②三是联合通过引导各方行为和增加可预测性因素，增加了多边谈判的稳定性。③

第三，单个联合的案例研究。这部分学者重点考察所选具体某一联合的设计、战略与挑战。欧盟④、七十七国集团和中国⑤、小岛屿国家联盟⑥、基础四国⑦、

---

① Christophe Dupont, "Coalition Theory: Using Power to Build Cooperation," in I. William Zartman, *International Multilateral Negotiations: Approaches to the Management of Complexity*, San Francisco: Jossey-Bass Publishers, 1994, pp.148—177; Christophe Dupont, "Negotiation as Coalition Building," *International Negotiation*, Vol.1, No.1, 1996, p.49.

② I. William Zartman and Jeffrey Z. Rubin, *Power and Negotiation*, Ann Arbor: The University of Michigan Press, 2000; Amrita Narlikar, *International Trade and Developing Countries: Bargaining Coalitions in GATT and WTO*, London: Routledge, 2003; Pamela S. Chasek, "Margins of Power: Coalition Building and Coalition Maintenance of the South Pacific Island States and the Alliance of Small Island States," *Review of European Community & International Environmental Law*, Vol.14, No.2, 2005, pp.125—137; Marc Williams, "The Third World and Global Environmental Negotiations: Interests, Institutions and Ideas," *Global environmental politics*, Vol.5, No.3, 2005, pp.48—69; Ariel Macaspac Penetrante, "Common but Differentiated Responsibilities—The North-South Divide in the Climate Change Negotiations," in Gunnar Sjöstedt and Ariel Macaspac Penetrante, *Climate Change Negotiations: A Guide to Resolving Disputes and Facilitating Multilateral Cooperation*, Abingdon: Routledge, 2013, pp.249—276.

③ David A. Lax and James K. Sebenius, "Thinking Coalitionally: Party Arithmatic, Process Opportunism, and Strategic Sequencing," in H. Peyton Young, *Negotiation Analysis*, Ann Arbor: University of Michigan Press, 1991, pp.153—193; Gunnar Sjöstedt, "The Dynamics of Regime-building Negotiations," in Bertram I. Spector et al., *Negotiating International Regimes: Lessons Learned from the United Nations Conference on Environment and Development (UNCED)*, London: Graham & Trotman, 1994, pp.63—86.

④ Lisanne Groen and Arne Niemann, "The European Union at the Copenhagen Climate Negotiations: A Case of Contested EU Actorness and Effectiveness," *International Relations*, Vol.27, No.3, 2013, pp.308—324.

⑤ Antto Vihma et al., "Negotiating Solidarity? The G77 through the Prism of Climate Change Negotiations," *Global Change, Peace & Security*, Vol.23, No.3, 2011, pp.315—334.

⑥ Inés de Águeda Corneloup and Arthur P. J. Mol, "Small Island Developing States and International Climate Change Negotiations: the Power of Moral 'Leadership'," *International Environmental Agreements: Politics, Law and Economics*, Vol.14, No.3, 2014, pp.281—297.

⑦ Debashis Chakraborty and Dipankar Sengupta, "IBSAC (India, Brazil, South Africa, China): A Potential Developing Country Coalition in WTO Negotiations," *CSH Occasional Paper No.18*, New Delhi: Publication of the French Research Institutes in India, 2006; Karl Hallding et al., "Rising powers: the evolving role of BASIC countries," *Climate Policy*, Vol.13, No.5, 2013, pp.608—631.

小型脆弱经济体集团①、志同道合集团②等具有代表性的联合均曾被选为案例分析对象。

基于以上梳理，可以看出既有研究在以下几方面的不足。第一，既有研究天然地将小国和弱国视作联合的最大需求者和受益者，对于大国在联合中的角色以及对于联合的诉求缺乏讨论，同时还进一步强调了小国相对于大国的不平等关系。而在现实中，建立和维持联合需要花费大量时间上、精力上和物质上的协调成本，只有资源丰富的大国才有力承担；此外，大国与小国之间的依赖关系并非单向的，大国若想构建一个联合，必须争取到小国的支持。第二，既有研究在领域关注度上表现出极度的不平衡，绝大多数文献聚焦全球气候治理和全球经贸治理，其他非传统安全领域——例如文化、教育、科技伦理等领域中的联合有较大的研究空间。第三，无论是气候变化领域还是经济贸易领域，既有研究所关注的联合实践均为国际会议场域中的谈判，国际气候谈判每年举行一次，每次约持续 10 到 20 天，国际贸易谈判的频率更低，每次会议时长也更短。而国际组织与国际会议不同，它是常设机构，是一种具有相对稳定性与持续性的制度性活动场所。③因此对于国际组织场域而言，谈判只是联合实践的其中一个环节，从提案酝酿、倡议、草拟、列入议程、谈判讨论、草案修正、表决，最后通过决议或决定乃至形成公约、建议书或宣言等国际准则性文件，联合无处不在并处于动态变化之中，现有文献尚未对此进行充分讨论。第四，共同利益是联合的前提和必要条件，既有研究就这一点达成了广泛共识，但学界对"共同利益"的讨论仅停留在分类讨论的阶段，缺乏理论化的学理研究，这也是迄今为止的研究以单个联合的案例研究为主，数量多却分散化的原因。因此，本文以法国为研究对象，选取联合国教科文组织这一国际组织作为研究场域，引入在场概念，分析提案联合主要类型与建立和管理方式。

---

① Amrita Narlikar, *International Trade and Developing Countries: Bargaining Coalitions in GATT and WTO*, London: Routledge, 2003.

② Amrita Narlikar and John S. Odell, "The Strict Distributive Strategy for a Bargaining Coalition: The Like-Minded Group in the World Trade Organization, 1998—2001," in John S. Odell, *Negotiating Trade: Developing Countries in the WTO and NAFTA*, Cambridge: Cambridge University Press, 2006, pp.115—144.

③ 梁西：《梁西国际组织法（第七版）》，武汉大学出版社 2022 年版，第 5—7 页。

三、双重在场视角下的提案联合

国家在国际组织中的在场包含实体在场和实质在场两个维度。实体在场反映在制度性席位的占有情况，与竞选实践紧密相关；实质在场则表现为提案数量及其通过率，通过提案实践而实现。

（一）实体在场与竞选实践

"在场"（presence）是形而上学存在论哲学体系中的重要概念，最简要的意思是"现时呈现的确实性的存在实体"，也就是说，在场因其所具有的实体性而总是在确定的时间方式——"现时"之中被理解。①在存在主义现象学中，海德格尔（Martin Heidegger）指出"此在（实际生命）是在一个世界中的存在"，即在场就是事物来到这个世界上的自我呈现。②可见，在场涵盖实体性、时间性和空间性三个维度。在实体性的基础上，梅洛-庞蒂（Maurice Merleau-Ponty）系统论述了"身体性"，其观点是只有当主体通过身体进入世界，才能实现自我性。③布迪厄（Pierre Bourdieu）是梅洛-庞蒂在社会学领域的继承者，他在阐释惯习概念时指出："身体处于社会世界之中，同时社会世界又处于身体之中。"④在文艺理论与批评研究中，在场最初只意涵表演者与观众空间共在的空间在场，迈克尔·弗雷德（Michael Fried）后通过提出"在场性"（presentness）概念在空间性的基础上为在场增加了时间性逻辑，意指现代主义绘画和雕塑打破了戏剧的连贯叙事，即作品在每一瞬间都能展示其整体内容，使观众在单一瞬间即可感知和体验作品的全部深度与完整意义。⑤不同领域有关在场的研究都指向一个结论：身体维度、时间维度和空间维度是在场概念的三大基本维度。尽管各国

---

① 陈晓明：《拆除在场：德里达的解构策略》，《当代电影》1990 年第 5 期，第 37 页。
② ［德］海德格尔：《存在论：实际性的解释学》，何卫平译，人民出版社 2009 年版，第 82 页。
③ ［法］莫里斯·梅洛-庞蒂：《知觉现象学》，姜志辉译，商务印书馆 2001 年版，第 511 页。
④ Pierre Bourdieu, *Leçon sur la leçon*, Paris：Les Éditions de Minuit, 1982, p.38；［法］皮埃尔·布迪厄、［美］华康德：《实践与反思——反思社会学导引》，李猛、李康译，中央编译出版社 1998 年版，第 72 页。
⑤ ［美］迈克尔·弗雷德：《艺术与物性（论文与评论集）》，张晓剑、沈语冰译，江苏美术出版社 2013 年版，第 176—178 页。

建立联合的动因——共同利益因议题领域的不同而各异，但在国际组织场域中可以抽象为对在场的追求。以哲学、社会学、艺术学等领域的学者对在场所作的定义为基础，国家在其为成员的国际组织中的在场可分为两个方面（见图2）：一是实体在场；二是实质在场。

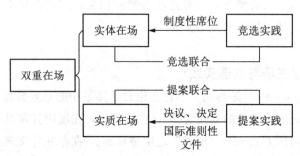

资料来源：作者自制。

图 2　国家在国际组织中的在场

实体在场是指国家在国际组织的审议/决策机关和执行机关及各理事会、委员会中拥有制度性席位。以联合国教科文组织为例，制度性席位包括大会主席团（主席、副主席及九个下设委员会主席）、执行局委员、国际教育局理事会理事、寻求解决《反对教育歧视公约》缔约国之间可能发生的争端的调解与斡旋委员会的委员、人与生物圈计划国际协调理事会理事、政府间水文计划政府间理事会理事、社会变革管理计划政府间理事会理事、政府间体育教育与体育运动委员会委员、政府间生物伦理委员会委员、促进文化财产返还原主国或归还非法占有文化财产政府间委员会委员、促建阿斯旺努比亚博物馆和开罗埃及文明国家博物馆国际运动执行委员会委员、国际传播发展计划政府间理事会理事、全民信息计划政府间理事会理事、教科文组织统计研究所理事会理事、大会法律委员会委员、大会总部委员会委员。

实体在场通过"竞选实践"实现，其时长有限，是否具有实体在场与占据制度性席位与否同步发生，所占席位越多、越久、越重要，实体在场的显著度就越强。在所有制度性席位的竞选中，执行局委员的竞选最为激烈。联合国教科文组织的决策机关——大会与执行机关——执行局的成员构成不同，前者是全体机构，所有会员国均有权参加；后者仅由58个会员国组成，但职权意义重大，有权通过有关组织工作计划及预算概算审查意见、推荐接纳新会员和总干事人选、监督大会决议落实情况。执行局最初是由个人委员组成，选举方式是先由会员国指定代表推到大会，继而由大会选举产生，选举出的委员以个人名义参加执行局，集体行使大会以整个会议的名义授予他们的权力，而非代表各自的政府。1954 年联合国教科文组织大会第八届会议赋予执行局委员同时代表其国籍国政府的资格，但并未改变执行局委员的个人身份。1991 年大会第二十六届会议对《组织法》中关于执行局委员地位的第 V 条进行修正，执行局自此由会员国而非由个人组成。1993 年执行局第 141 届会议是最后一届同时存在个人和国家提案的执行局会议，自同年执行局第 142 届会议起，提案均以国家提出，至今，只有法国、中国、印度、日本、巴基斯坦和埃及一直连选连任执行局委员国从未间断；若算上个人委员时期，自联合国教科文组织成立以来，法国是持续拥有执行局委员地位的仅有的两个国家之一。

（二）实质在场与提案实践

实质在场是指国家将自己的意志转化为国际组织的决策，并通过决议、决定或公约、建议书、宣言等国际准则性文件确定下来。实质在场的实现主要依托"提案实践"，提案数量越多、通过率越高，实质在场的强度就越高。与制度性席位不同，提案一旦形成决议、决定或国际准则性文件，无论国家是否身体在场，也不论时间和空间的限制，其影响将会一直存在。提案是会员国参与国际组织最基本的实践类型和能力体现，国际组织中最高效的代表团就是能够通过程序性动议、提交提案和修正案、或动议删除提案中反映他人诉求的特定部分以引导审议进程的代表团。[①]每个会员国都有自己的外交政策议程，但国际组织因所涉议题范围大多较广，例如联合国教科文组织的主要活动领域就有教育、自然科学、海洋科学、社会与人文科学、文化、传播和信息六个，同时的议程上的项目数量又十分有限，因此价值的权威性分配——即哪个会员国关注的议题可以成为得到优先关注、被列入组织议程、并能够引出或重新界定其他的关键议题——成为国家争夺的目标，否则便只能学习或被迫接受其他国

---

① M.J. Peterson, "General Assembly," in Thomas G. Weiss and Sam Daws, *The Oxford Handbook on the United Nations*，Oxford：Oxford University Press，2018，pp.122—123.

家的关切。①

以联合国教科文组织为例，大会决议草案的数量伴随组织的发展不断激增，特别是进入 20 世纪 90 年代之后，该现象日益严峻。确定联合国教科文组织的总体工作方针和政策是《组织法》赋予大会的根本任务，但由于文件数量太多，且内容缺乏优先顺序，大会将大量时间花费在许多纯属单一国家或地方范围的局部问题或并不需要由参加大会的所有会员国做决定的细节问题上，造成辩论分散且流于表面，同时也大幅提升了处理决议草案的费用和工作量。以 1995 年大会第二十八届会议为例，此次会议共收到 545 份决议草案，甚至有一个会员国提交了 60 多份草案、3 个会员国提交了 30 多份草案，草案处理费估计为 165 万美元。②鉴于此，大会实施了控制决议草案数量的改革，明确了对受理决议草案的时间和条件所作的更加严格的限制，并给予总干事对决议草案可否受理的初步筛选权，该决议从 1999 年大会第三十届会议起全面实行。

联合国教科文组织中的提案分为大会中的决议草案（draft resolutions）和执行局中的决定草案（draft decisions）两种类型。决议草案和决定草案，包括对先前提交的决议草案和决定草案的修正案，应以书面形式送交给总干事，由总干事需要在会议开幕前以工作语言向各代表团分发副本，才得以付诸讨论或表决。提交决议或决定草案之前的酝酿和草拟阶段，会员国大多会寻求其他会员国的支持以组成提案联合（proposal coalition）共同进行提案，这些国家也被称为联签国（co-sponsor）。在"联合"概念定义的基础上，本文将国际组织中的"提案联合"定义为两个及以上国家针对特定提案、基于提案所涉议题的具体利益关切，以及提升在国际组织中在场显著度的根本利益关切，在提案酝酿、倡议、草拟、列入议程、谈判讨论、草案修正、表决等提案全环节采取共同立场和行动的合作关系。

寻求联合的策略是由组织的决策机制所决定的。联合国教科文组织的决策机制包括投票表决和共识决策两种模式，对于第一种模式投票表决来说，联合国教科文组织采取一国一票的投票权分配规则和简单多数或特定多数的表决权集中规则，大多数大会决议的通过采取简单多数表决，而接纳非联合国成员国

---

① John A. Vasquez and Richard W. Mansbach, "The Issue Cycle: Conceptualizing Long-Term Global Political Change," *International Organization*, Vol.37, No.2, 1983, pp.257—279.

② UNESCO Executive Board, *Study on the Possible Ways of Limiting the Number of Draft Resolutions and Amendments to be Submitted by a Single Member State*, Paris, 1997.

为新会员国、通过提交会员国批准的国际公约、变更组织所在地、修正《组织法》及《大会议事规则》的部分条例等重大事项须出席并参加表决的会员国三分之二多数表决通过。执行局的决定在大多数情况下同样是出席并参加表决的委员国简单多数即可通过，但提案的复议、《执行局议事规则》的修正及暂停适用、确定大会观察员国名单等重要事项则须三分之二多数表决通过。一国一票的平权分配与多数决的集中规则相结合，意味着没有一个国家能够单独将议题推向组织议程，若想使本国提出的提案获得通过，则必须争取尽可能多的国家的支持。更重要的是，联合国教科文组织的主流决策机制是第二种模式，即共识决策（consensus），或称协商一致。一般实践是：对所议事项的决议或决定草案，如在基本点上没有国家正式反对，即不需实际投票而应认为已协商一致通过，只有当不能以协商一致作出决定时，才采用投票方式，以避免生硬的投票方式引发对抗。[①]以共识决策为主、投票表决为辅的决策文化意味着国家推进议程不仅要争取绝大多数会员国的支持，而且还需要少数持有不同意见的国家并不明确反对。因此，为增加提案在国际组织中的可见度和被接受的可能性，构建联合是提高提案质量和效果的基础。

四、法国提案联合策略与案例分析

欧盟国家、规范性中等强国和发展中法语国家是法国首选的三类联合提案国，地区性默认联合、基于共同价值观的技术性战略联合与基于弱文化连接的道义性战略联合是法国赋予其三大类联签国的不同角色。法国联合这三类国家倡议并推动《保护和促进文化表现形式多样性公约》的案例为此提供了经验验证。

（一）法国提案联合的联签国

法国在联合国教科文组织中的提案行动积极。在大会中，自1999年联合国教科文组织大会第三十届会议至2023年大会第五届特别会议，法国共提案63项，仅次于伊朗（96项）和埃及（92项），位列2023年六大会费国——美国、

---

① 梁西：《梁西国际组织法（第七版）》，杨泽伟修订，武汉大学出版社2022年版，第36页。

中国、日本、德国、英国和法国——之首。与法国相比，中国贡献了 30 项提案，德国紧随其后有 29 项提案，日本提案 20 项，英国提案 16 项；美国仅有 9 项提案，与毛里求斯、瑙鲁、尼加拉瓜、尼日尔、汤加和赞比亚处于同一水平（图 3）。在执行局中，从 1993 年执行局第 142 届会议到 2023 年执行局第 216 届

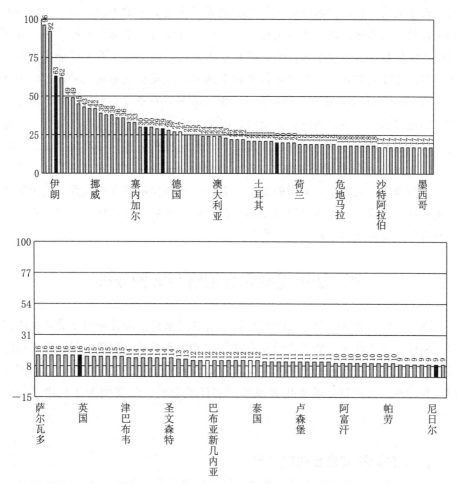

资料来源：作者根据联合国教科文组织大会文件自制。①

图 3　1999—2023 年联合国教科文组织大会中的部分会员国提案

① UNESDOC，General Conference Documents，https://unesdoc.unesco.org/collections/governing-bodies/general-conference，访问日期：2023 年 11 月 1 日。

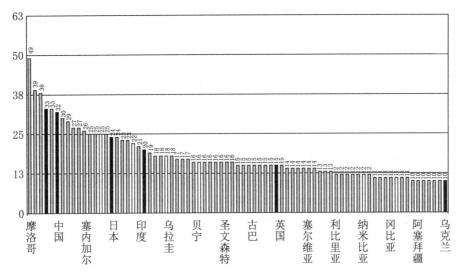

资料来源：作者根据联合国教科文组织执行局文件自制。①

图 4　1993—2023 年联合国教科文组织执行局中的部分会员国提案（不含修正案）

会议期间，法国在执行局中提案 33 项（不含修正案），仅次于摩洛哥（48 项）、黎巴嫩（39 项）和埃及（38 项）。中国以 32 项提案数位列第六；日本以 24 项提案数同墨西哥并列第十六；拥有 20 项提案的德国位列第二十二位；英国提案 15 项，与孟加拉国、智利、古巴、肯尼亚、利比亚、卡塔尔、阿联酋以及越南处于同一水平；而美国仅有 10 项提案，与其提案数量相同的国家还有阿塞拜疆、厄瓜多尔、赤道几内亚、卢森堡、菲律宾与乌克兰（见图 4）。

在法国提交的提案中，绝大多数是与其他会员国联合提交的共同提案。法国在 1993—2023 年提交的 33 项执行局提案中，只有 2 项提案是单独提交的，其他均是与他国联合提交的提案；而在 1999—2023 年的 63 项法国大会提案中，有 18 项是单独提案，这意味着超过 70% 的提案为共同提案。综合法国 1999—2023 年在大会中及 1993—2023 年在执行局中的共同提案情况可见，法国在联合国教科文组织中的联签国大致有三类：第一类是欧盟国家，特别是德国、西班牙、希腊、瑞典和意大利。第二类是以加拿大、日本为代表的规范性中等强国。

---

① UNESCO, Executive Board documents，https://unesdoc. unesco. org/collections/governing-bodies/executive-board，访问日期：2023 年 11 月 1 日。

第三类是发展中法语国家，其中与法国在联合国教科文组织内的关系最为密切的首先是以黎巴嫩和摩洛哥为代表的中东和北非法语国家，其次是以塞内加尔和科特迪瓦为首的撒哈拉以南非洲法语国家。还有以奥地利、捷克、立陶宛和斯洛文尼亚为代表的个别中东欧国家，它们的特殊之处在于同时具有欧盟成员国和法语国家组织观察员国双重身份。

（二）案例分析：文化多样性议题

截至 2023 年，联合国教科文组织共有 43 项公约、37 项建议书和 14 项宣言。[①]国际公约须经各国批准、接受或加入，签署或同意遵守公约的会员国即为公约的缔约国；建议书由联合国教科文组织的最高权力机构大会审议通过，具有极大的权威性，旨在影响各国的法律和实践，建议书中的规范无需批准，但请会员国予以实施；宣言是确定规范的另一种手段，也无需批准，与建议书一样，宣言一般提出普遍原则，国际社会希望赋予这些原则最大的权威，并给予尽可能广泛的支持。在这些准则性文件中，文化公约有 23 项，文化建议书有 18 项，文化宣言有 3 项。其中，《保护和促进文化表现形式多样性公约》是联合国教科文组织 21 世纪以来仅有的三个文化公约之一，也是最晚近的文化公约，这意味着迄今为止文化多样性仍是联合国教科文组织中占据主导地位的规范和原则。

法国在推广文化多样性概念中发挥了核心作用，它选择联合国教科文组织作为制定文化多样性国际法律文书的平台框架，在创造一个能够得到最广泛认同的适当概念的基础上，通过与不同伙伴建立强大联合，快速且成功地取得谈判成果。2001 年 11 月 2 日，联合国教科文组织通过了《世界文化多样性宣言》（以下简称 2001 年《宣言》），文化多样性首次被承认为"人类的共同遗产"；2002 年 9 月 3 日，在约翰内斯堡可持续发展首脑会议上，法国总统雅克·希拉克（Jacques Chirac）建议赋予 2001 年《宣言》的原则以国际法效力，并建议联合国教科文组织为此拟定一项公约；经过两年的谈判，使《保护和促进文化表现形式多样性公约》（以下简称 2005 年《公约》）于 2005 年 10 月 20 日在联合国教科文组织大会第三十三届会议（2005 年 10 月 3 日至 21 日）上通过。在对

---

① UNESCO, Standard-setting, https://www.unesco.org/en/legal-affairs/standard-setting? lub = 66535♯standard-setting-instruments，访问日期：2023 年 11 月 1 日。

该公约进行表决的 156 个国家中,有 148 个国家投了赞成票,只有以色列和美国投了反对票,澳大利亚、洪都拉斯、利比里亚和尼日利亚投了弃权票。①2005年《公约》之所以能够以压倒性优势获得通过,法国构建的广泛的提案联合功不可没。

第一类,法国—欧盟(欧洲共同体)国家联合。文化多样性成为国际争论的议题源于全球化对视听产业带来的挑战。为把视听产业排除在《服务贸易总协定》谈判和国际贸易自由规则之外,法国提出"文化多样性"概念的前身"文化例外"概念后的第一步就是将其移植到地区层面,争取欧洲伙伴的支持。②20 世纪 80 年代,法国率先发起了协调欧洲视听部门的倡议,召集西德、奥地利、比利时、卢森堡、荷兰和法国的代表于 1982 年 7 月 19 日至 20 日在巴黎举行了一次政府间会议,会议确定了三项原则:信息的自由流通、尊重文化的多元化和文化表现形式的特殊性、发展各种形式的视听合作。③法国从而在建设"欧洲视听合作空间"的讨论中占据了主动,并逐步将讨论扩大至欧洲理事会文化合作委员会,再到整个欧共体(1993 年 11 月前)/欧盟(1993 年 11 月后)。

在法国的继续推动下,欧洲内部开启了一场谈判,旨在就"文化例外"原则的核心机制之一——电视广播节目的播放配额问题达成统一的欧洲立场,通过一项《无国界电视指令》。法国和比利时坚持主张采用限制性更强的配额条款,希望将欧洲作品播放时间的最低配额规定为 60%,而英国、丹麦、爱尔兰和卢森堡最先以尊重自由市场为名反对欧洲作品配额制,德国和荷兰后来也加入了反对行列。为争取持反对意见国家的态度转变,法国在各频道播放欧洲作品的最低配额方面作出了让步:《无国界电视指令》第 4 条和第 5 条有关播放和制作配额的条款呼吁为鼓励欧洲电视节目的发行和制作,在可行的情况下,成员国需通过适当方式确保广播公司将大部分播放时间留给欧洲作品(新闻、体育赛事、游戏、广告和图文电视服务除外),同时也给予各成员国对本国的配额

---

① Alan Riding, "U.S. all but alone in opposing UNESCO Cultural Pact," *The New York Times*, October 20, 2005.

② Irena Kozymka, *The Diplomacy of Culture: The Role of UNESCO in Sustaining Cultural Diversity*, London: Palgrave Macmillan, 2014, pp.57—61.

③ Le Monde, Le gouvernement français est chargé de réunir une conférence internationale Le premier ministre luxembourgeois affirme que son pays n'est pas "sans scrupule," *Le Monde*, le 23 juillet 1982.

决定权。①最终，《无国界电视指令》以特定多数的形式得以通过并于 1992 年生效，比利时和丹麦投了反对票，除丹麦是唯一一个拒绝欧共体在视听领域立法并在整个决策过程中不改变立场的国家之外②，其余最初反对配额制的国家都转而赞同法国的倡议。

第二类，法国—加拿大联合。与法国不谋而合，加拿大在 20 世纪 80 年代末提出与"文化例外"类似的概念——"文化豁免"。1998 年 12 月，法国和加拿大两国总理发表了《文化多样性在全球经济中的重要性联合公报》，一方面将法国"文化例外"理念与加拿大"文化豁免"理念合流，创造出"文化多样性"新概念，另一方面两国确立了以提供智力支持为重点的合作框架。文化多样性这一更具活力的概念在国际舞台上正式取代"文化例外"意味着这不再是一个要求商业豁免的问题，而是要在文化领域建立一种新的积极的权利。③1999 年 6月，法国和加拿大政府在法国联合国教科文组织全国委员会的支持下在联合国教科文组织举办了"文化：不同于其他商品？文化，市场与全球化"研讨会。④在 1999 年 10 月 26 日至 11 月 17 日召开的联合国教科文组织大会第三十届会议期间，法国和加拿大联合奥地利推动通过了一项提案，请总干事设立一个负责"文化：不同于其他商品？文化，市场与全球化"研讨会后续活动的文化多样性政府专家工作组。⑤该专家工作组于次年 9 月召开了"关于加强联合国教科文组织在促进全球化时代文化多样性方面作用"的会议，建议总干事考虑起草一份包含一些重要政治原则的文化多样性宣言，并提交大会批准，以使宣言文本具有庄严的性质。⑥执行局第 160 届会议采纳了专家委员会的建议，"请总干事确定

---

① Armand Mattelart, *Diversité culturelle et mondialisation*, Paris：La Découverte, 2017, p.83.

② Pascal Delwit and Corinne Gobin, "L'option de la communauté européenne en matière culturelle：le cas de la directive relative à l'audiovisuel du 3 octobre 1989," *Politiques et Management Public*, Vol.9, No.3, 1991, pp.83—112.

③ Claire Tréan, *La Francophonie*, Paris：Le Cavalier Bleu, 2006, p.67.

④ French National Commission for UNESCO, *Culture：a Form of Merchandise like No Other？Symposium of Experts on Culture, the Market and Globalization*, *UNESCO Headquarters*, *14—15 June 1999：Final Document*, Paris, 1999.

⑤ UNESCO General Conference, *Amendment to the Draft Programme and budget for 2000—2001（30 C/5）, submitted by Canada, France（30 C/DR.13 Rev.）*, Paris, 1999.

⑥ UNESCO, *Meeting of the Experts Committee on the Strengthening of UNESCO's Role in the Promotion of Cultural Diversity in the Context of Globalization*, Paris, 21—22 September 2000；*general conclusions*, Paris, 2000.

可作为联合国教科文组织文化多样性宣言草案的初步内容，该宣言将成为具有重大伦理意义的参考框架"①。专家委员会所指宣言即为后来的 2001 年《宣言》。

与此同时，法国在 1998 年 12 月还和魁北克成立了"法国—魁北克文化多样性工作组"，在国际协定中纳入文化多样性概念与条款的想法开始萌芽。②法国—魁北克文化多样性工作组请时任拉瓦尔大学法学院副教授伊万·贝尔尼耶（Ivan Bernier）和巴黎第一大学—先贤祠索邦大学教授埃莱娜·鲁伊斯·法布里（Hélène Ruiz Fabri）两位国际法专家领衔编写了题为《评估制定文化多样性国际文书的法律可行性》的研究报告，这份于 2002 年发表的报告建议围绕三个目标制定未来的国际准则性文件：第一，将文化多样性列为一种基本权利；第二，承认各国有权决定为确保其领土上的文化表现形式多样性而要采取的措施；第三，确保可以采取国家手段——指配额和补贴等方式——影响文化方面的国际流通。③在此基础上，法国做出了在联合国教科文组织平台上发起 2005 年《公约》的政治决定。

第三类，法国—发展中法语国家联合。早在 1993 年 10 月召开的毛里求斯第五届法语国家峰会上，47 个与会国一致通过了一项关于"文化例外"的决议，以支持法国和欧盟当时为促进"文化例外"而采取的行动。④该决议表明法语国家集在国际舞台上，特别是面对盎格鲁-撒克逊世界发出自己的声音的决心。随着核心概念由"文化例外"逐渐转向"文化多样性"，1999 年 9 月，法语国家的各国元首和政府首脑在于加拿大蒙克顿举行的第八届法语国家峰会上发表联合宣言，计划"鼓励在支持文化多样性方面达成尽可能广泛的共识，并努力动员各国政府支持文化多样性"⑤。在联合国教科文组织通过 2001 年《宣言》之前，

---

① UNESCO Executive Board, *Decisions adopted by the Executive Board at its 160th session*, *Paris*, *9—25 October 2000*, Paris, 2000.

② Lionel Jospin and Lucien Bouchard, *Pour un partenariat stratégique*, Québec, le 19 décembre 1998.

③ Ivan Bernier and Hélène Ruiz Fabri, *Évaluation de la faisabilité juridique d'un instrument international sur la diversité culturelle*, Québec：Groupe de travail franco-québécois sur la diversité culturelle, 2002.

④ Organisation internationale de la Francophonie, *Actes de la cinquième Conférence des chefs d'État et de gouvernement des pays ayant le français en partage*, *Sommet de Maurice*, Grand Baie, 16, 17 et 18 octobre 1993, p.77.

⑤ VIIIe Sommet des Chefs d'Etat et de gouvernement des pays ayant le français en partage, *Déclaration de Moncton*, Moncton（Canada-Nouveau-Brunswick），3, 4 et 5 septembre 1999.

法语国家的文化部长们于 2001 年 6 月 15 日通过了《科托努宣言》，呼吁制定一份有利于促进文化多样性的具有约束力的法律文件，并坚定维护联合国教科文组织在文化多样性领域的特殊地位。① 《科托努宣言》是第一个文化多样性领域的宣言，为五个月后 2001 年《宣言》的通过铺平了道路。

因为 2001 年《宣言》不具有约束力，所以它虽是一个阶段性胜利，但更是一场为期四年的斗争的起点。法语国家 2002 年的贝鲁特法语国家峰会将文化多样性作为核心议题，法语国家在贝鲁特峰会上决定"更进一步"，即"支持联合国教科文组织通过一项关于文化多样性的国际公约"②。2003 年 4 月 4 日，法语国家组织与伊比利亚美洲国家组织（OEI）、拉丁联盟（UL）的秘书长们通过了一项宣言，代表其成员国支持"在联合国教科文组织的框架内谈判一项关于文化多样性的国际公约"③。2004 年瓦加杜古法语国家峰会通过了第一个"法语国家十年战略框架"，明确将"继续动员各国支持在联合国教科文组织通过并实施一项有效保护文化内容和艺术表现形式多样性的公约"以完成十年战略框架的四大任务之首——"推广法语、促进文化和语言多样性"④。

（三）法国提案联合的布局方式

在文化多样性案例中，法国与其三大类联签国的合作分别代表了不同的联合类型。法国—欧盟国家联合属于地区性的默认联合，这种联合中的国家因外生共同特征，通常是由已经存在的地区组织或其一部分构成。⑤ 与法国—欧盟国家联合相反，法国—加拿大联合与法国—发展中法语国家联合则更倾向于工具

---

① IIIe Conférence ministérielle de la Francophonie sur la Culture, *Déclaration de Cotonou*, Cotonou（Bénin），le 15 juin 2001.

② IXe Conférence des chefs d'Etat et de gouvernement des pays ayant le français en partage, "Allocutions à la cérémonie solennelle de clôture de la IXe Conférence des chefs d'Etat et de gouvernement des pays ayant le français en partage," *Actes de la IXe Conférence des chefs d'Etat et de gouvernement des pays ayant le français en partage*, Beyrouth（Liban），18—20 octobre 2002，pp.370—371.

③ Trang T. H. Phan, "Les défis de la diversité culturelle et linguistique en francophonie," *Géoéconomie*, Vol.55, No.4, 2010, p.60.

④ Xe Conférence des chefs d'Etat et de gouvernement des pays ayant le français en partage, *Cadre stratégique décennal de la Francophonie*, Ouagadougou, Burkina Faso, 26—27 novembre 2004.

⑤ Carola Klöck, "Multiple Coalition Memberships: Helping or Hindering Small States in Multilateral (Climate) Negotiations?" *International Negotiation*, Vol.25, No.2, 2020, pp.284—285.

性或称战略性联合，只是二者的合作基础不同。

法国—加拿大联合是基于共同价值观的技术性战略联合。法国和加拿大均为国际社会中的规范性力量，对文化有相似的认知，两国因价值观的相似性而互相吸引；与此同时，得益于发展水平，法国和加拿大都拥有相对充足的资源和能力，特别是在专业知识方面。国际专业知识包括但不限于：制定国际规范和标准；在国际会议上的发言和工作文件；协助国家和国家集团制定发展计划；在国际媒体上发表的立场或建议；大学或智库之间与国际问题有关的合作内容；外交官在双边层面或联合国等多边机构中为捍卫立场而进行的辩论；收集和汇总特定国家信息等。①国际组织对专业知识的需求呈现出一些共同特点，大致可以区分为两大类：一类是组织总部需要的专家，另一类是组织代表处一级需要的有关具体项目或计划的专家。对组织总部专家的需求又可细分为两种类型，一方面，他们可能是某一领域或学科的专家，往往加入各种专家小组以参与起草文件、战略或指南；另一方面，他们也可能是更专业的技术人员，应邀加入专家委员会，包括一些技术性极强的专家委员会，这类需求的期限一般较短，但知名专家往往会规律性地定期收到邀请。在国际组织的代表处一级则较少对战略规划性或基础科学性的专业知识产生需求，而多是为了实施某项计划或某项计划在当地的一部分招聘专家，在这种情况下，期限和需求往往比较多样。②

在 2005 年《公约》通过的过程中，法国—魁北克文化多样性工作组提供的《评估制定文化多样性国际文书的法律可行性》报告为法国促使关于文化多样性的国际准则性文件赋予法律效力——即从宣言到公约——提供了具有说服力的理论依据。此外，联合国教科文组织总干事组建了由 15 位独立专家组成的多学科国际专家组负责 2005 年《公约》草案初稿的起草工作，前法国常驻联合国教科文组织代表（1997—2002 年）、法国外交部领导的文化多样性部际工作组主席让·穆西泰利与《评估制定文化多样性国际文书的法律可行性》报告的主笔人

① Nicolas Tenzer，"Chapitre 46. L'expertise internationale," in Thierry Balzacq and Frédéric Ramel，*Traité de relations internationales*，Paris：Presses de Sciences Po，2013，p.1169.

② Nicolas Tenzer，*L'expertise internationale au cœur de la diplomatie et de la coopération du XXIᵉ siècle*. *Instruments pour une stratégie française de puissance et d'influence*：rapport au Premier ministre，au ministre des Affaires étrangères et européennes，au ministre de l'Économie，de l'Industrie et de l'Emploi et au ministre du Budget，des Comptes publics et de la Fonction publique，Paris：La Documentation française，2008，pp.29—30.

之一、加拿大拉瓦尔大学国际法专家伊万·贝尔尼耶参加了该小组，不仅有助于起草的《公约》草案初稿符合法国和加拿大的主要目标，而且还化解了美国专家的反对意见。[①]专业知识的首要效果之一是减轻影响力的攻击性和可识别度[②]，一般来说，专家的意见比政府的立场更易被认可和接受，因为通常认为专家提出的是客观和"科学"的观点[③]，但实际上专家依然是为本国争取利益服务。正如让·穆西泰利在谈论《公约》草案初稿起草国际专家组的工作时承认自己虽为独立专家，但所捍卫的立场实际上是法国政府的立场。[④]

法国—发展中法语国家是基于弱文化连结的道义性战略联合。虽然法语—发展中法语国家背靠法语国家组织（OIF），双方的文化连结不可否认，但在文化多样性议题上，法国与发展中法语国家的联合并非因它们之间的文化连结自然产生的，而是法国策略调整的结果。在"文化例外"阶段，发展中国家对此并不感兴趣，认为"文化例外"是欧洲人为抵御美国娱乐业入侵其视听和电影市场而筑起的一道堤坝，或者说是富裕国家维护自身文化产业的工具，而自己与这场跨大西洋的"富国"争端没有什么关系。"文化例外"的缺陷使法国意识到"谦逊"（humilité）的重要性，在外交中，谦逊一词不是指个人品质，而是一种功能性、甚至是战术性的要求，它强调倾听，"以了解对方想要达到什么目的以及他们对你有什么期望"，"你必须有耐心，关注他人，甚至表现出一定程度的同理心"。[⑤]换言之，法国若想使自身的理念和主张得到普遍支持，则必须使发展中国家能够从中受益。

因此，以发掘共同利益为导向，法国提出了创建一个积极的政治工具来捍卫文化的想法，"文化多样性"概念由此诞生。文化多样性的提出不仅代表法国

---

① Chloé Maurel, "La Convention sur la diversité culturelle de l'Unesco（2005）," *Recherches Internationales*，Vol.103，2015，pp.174—176.

② Nicolas Tenzer, "Organiser l'influence：une stratégie intellectuelle pour la France," *Revue internationale et stratégique*，Vol.52，No.4，2003，pp.89—96；Nicolas Tenzer, "La diplomatie d'influence sert-elle à quelque chose?" pp.77—82.

③ Nicolas Tenzer, "Chapitre 46. L'expertise internationale," pp.1177—1181.

④ Irena Kozymka, The Diplomacy of Culture：The Role of UNESCO in Sustaining Cultural Diversity, p.67.

⑤ Guillaume Devin, "Paroles de diplomates. Comment les négociations multilatérales changent la diplomatie," in Franck Petiteville and Delphine Placidi, Négociations internationales，Paris：Presses de Sciences Po，2013，pp.94– 98.

放弃防御姿态，以文化手段取代商业逻辑，掌握主动权；而且将问题从跨大西洋竞争的框架中剥离出来，赋予其普遍性；①更重要的是，将"文化—贸易"轴心和"文化—发展"轴心结合起来，之前所忽视的问题，即身份认同和文化创造力在经济和社会发展中的作用，被纳入考量。②"文化例外"在发展中国家眼中无足轻重，但文化对发展的贡献问题却在它们的政治议程中占据重要位置。这两种方法的结合使法国外交得以利用国际关系中最广泛的文化焦虑，并组建了跨越南北的联合。最终2005年《公约》的确对国际合作、特指有利于发展中国家的国际合作问题予以特别关注，旨在使所有国家，无论远近，都能共享彼此的文化内容和艺术表现形式的多样性，同时支持发展中国家建立能够满足国内和国际对文化产品需求的文化产业。③

五、结　　语

提案联合是会员国在参与国际组织过程中常见的实践策略，具体表现为至少两个国家针对特定议题，在提案的全环节采取共同立场和行动的合作关系。解释国家建立联合的动因需要超越以分散化单一案例研究为方法的"共同利益"说，探究国家参与国际组织的根本诉求。"在场"概念综合了具身意义、时间意义和空间意义，本文在此概念基础上构建的双重在场分析框架将提案的重要性提到前台。与以制度性席位为表现形式的实体在场不同，国家在国际组织中双重在场的第二重维度——"实体在场"——意味着国家将自己的意志转化为国际组织的决策，通过决议、决定或国际准则性文件确定下来，其影响更为深远，不会因国家"身体在场"与否或时空限制而失去。

---

① Jean Musitelli, "La Convention sur la diversité culturelle: anatomie d'un succès diplomatique," *Revue internationale et stratégique*, Vol.62, No.2, 2006, pp.12—14.

② Jean Musitelli, "L'invention de la diversité culturelle," *Annuaire Français de Droit International*, Vol.51, 2005, pp.513—514; Irena Kozymka, *The Diplomacy of Culture: The Role of UNESCO in Sustaining Cultural Diversity*, pp.63—64.

③ UNESCO General Conference 33rd session, Preliminary Report by the Director-General Setting out the Situation to Be Regulated and the Possible Scope of the Regulating Action Proposed, Accompanied by the Preliminary Draft of a Convention on the Protection of the Diversity of Cultural Contents and Artistic Expressions (33 C/23), Paris, 4 August 2005.

　　提案联合不只是小国提升谈判能力的选择，对于大国、特别是法国这种主要依托外交技巧而非物质贡献在国际组织中同其他大国争夺在场性的国家来说同样重要。法国倡议并联合欧盟国家、加拿大和发展中法语国家推动《保护和促进文化表现形式多样性公约》的案例表明，在争取尽可能广泛的联合的同时，还要为不同类型的联合找到准确定位，对联合策略作出合理布局。中国和法国的国际地位具有一定的相似性，两国的多边外交理念也较为契合，都是维护多边主义的中坚力量；法国虽然在经济体量和军事力量等物质实力上不敌中国，但参与国际组织设计、创建和运行的历史年久且经验丰富。因此，法国在国际组织中增强在场性的有效经验对中国参与全球治理，引领国际体系和秩序变革方向，全面推进中国特色大国外交，倡导并践行真正的多边主义可以提供实践启示。

中国援助感知与受援国认同建构

——基于坦桑尼亚的调查数据

杨宇润[*]

一、引　言

全球化让传统上属于一国国内政治范畴的认同政治不可避免地经受各种国际因素的影响，外国援助便是其中之一。冷战后国际社会长期通过援助推动非洲国家建设与发展的进程，但对于大量的援助是否以及如何影响受援国的认同格局与民族建构缺少充分的讨论。一段时期以来，中国对外援助的规模不断扩大，提供了多种形式的援助方式，为国际发展合作发挥了建设性作用。[①]区别于发达国家，在建设人类命运共同体的理念之下，中国推出了以"一带一路"合作倡议为代表的极具特色的国际合作与发展道路，呈现出一种具有中国特色的援助。[②]在这一背景下，有必要讨论中国援助对于受援国国内社会将产生何种影响，以丰富关于国际援助作用的认知。

外来援助与国内认同政治关系的讨论近年来成为部分研究者关注的议题，并形成了多种观点分明的看法。非洲地区的族群认同与国家认同常常被视为单纯的国内政治议题，对于国际社会能否以及如何帮助后发国家推进国内包容性政治建设的研究并不充分。作为一种公共产品，外国援助理论上应能缓解非洲多国治理水平与民众生活状况相对落后的局面，减轻社会不平等水平，帮助受

---

[*]　杨宇润：中山大学政治与公共事务管理学院政治学专业博士研究生。

[①]　国务院新闻办，《中国的对外援助（2014）》，http://www.scio.gov.cn/zfbps/ndhf/2014/document/1375013/1375013.htm，访问时间：2023年2月6日。

[②]　Deborah Brautigam，"Aid 'With Chinese Characteristics'：Chinese Foreign Aid and Development Finance Meet the OECD-DAC Aid Regime，"*Journal of International Development*，Vol.23，No.5，2011，pp.752—764.

援国提高国家能力，进而促进民众对国家权力机构及制度体制的认同。但也有学者对此态度谨慎，认为外国支持的项目可能会产生违背援助本意的负面效果，反而引发各个族群间的竞争与矛盾。而中国援助的社会影响同样面临着类似的争论，在族群领域，中国援助既可能填补传统援助的空缺[1]、增强政治包容与凝聚力以显著减少各方冲突[2]，但也可能引发资源分配不均、突出族群身份等一系列问题。[3]就目前所知，对于援助特别是中国援助在非洲国内身份与认同构建领域的细致研究还较为缺乏。

认同族群抑或认同国家之争曾影响了许多非洲国家的政治发展，但各国国家建构成功或失败的经验也暗示了民众在国家—族群这个认同维度上并不是非此即彼的，两种身份在不同的情况下突出程度可能有所不同。作为一种持续影响当地经济社会的外来因素，外国援助在理论上同样也存在造成族群身份更加凸显抑或加强民众国家认同两种可能的结果。在已有研究的知识基础上，本文立足受援国认同建构的视角，希望在以下方面促进当前对于中国援助对受援国影响的讨论：（1）在影响对象上，笔者将着重讨论外国援助对非洲国家的国家认同建设发挥何种作用，这将是与通常强调援助的经济影响同样重要的、事关非洲冲突管理和国家建构的重要领域；（2）在解释变量上，本文选择关注民众对于中国援助的感知与评价，以填补大部分研究仅将援助视作援助国至受援国的单向过程、强调援助客观存在而较少讨论主观感知的不足。为此，本文将试图回应下列研究问题：（1）非洲国家民众了解听闻中国援助项目会对其族群—国家认同水平产生何种影响？（2）非洲国家对包括援助在内的中国对非活动评价是否又会对其族群与国家间的认同产生影响？作为非洲长期接受中国援助的区域主要国家，坦桑尼亚为我们了解中国援助效果提供了较好的案例来源。基于非洲晴雨表第八轮调查的国别数据，本文在过往研究的基础上进一步聚焦

---

① Austin M. Strange, et al., "Tracking Under-reported Financial Flows: China's Development Finance and the Aid-conflict Nexus Revisited," *Journal of Conflict Resolution*, Vol.61, No.5, 2017, pp.935—963.

② 杨攻研、刘洪钟、范琳琳：《援以止战：国际援助与国内武装冲突——来自中国对外援助的证据》，《世界经济与政治》2019年第11期，第129—156页；李嘉楠、龙小宁、姜琪：《援助与冲突——基于中国对外援助的证据》，《经济学（季刊）》2021年第4期，第1123—1146页。

③ Ann-Sofie Isaksson, "Chinese Aid and Local Ethnic Identification," *International Organization*, Vol.74, No.4, 2020, pp.833—852.

于中国官方援助对坦桑尼亚民众身份认同的效应，从受援国民众感知与评价的角度分析援助在非洲国家民众国家认同方面所起的作用。本文的研究结果表明，在坦桑尼亚这一族群关系较为和谐的国家，知晓中国援助可能让强烈认同族群的民众族群身份更加突出，但也能推动两种认同持平的民众更认同国家；积极评价援助对于提升国家认同的效果并不明显。研究结果揭示了对外援助工作在受援国认同政治面临的复杂条件与结果，将为提高我国援助工作的有效性、处理援助国与受援国的伙伴关系提供参考。

本文余下部分将作如下安排：第二部分为文献综述；第三部分将介绍本研究使用的数据、变量操作化与实证策略；第四部分将分析主要的研究结果；最后是结论与讨论。

二、文　献　综　述

第二次世界大战后国际援助的兴起使学界对援助的效应进行了较多的讨论，而当前许多受援地区持续经历的动荡则引起研究者对援助有效性的反思。随着战后国际局势的变迁，认同政治尤其是族群政治在不少国家和地区成为日益突出的议题。外来援助对受援国的影响存在于方方面面，作为国际化的公共物品和发展支持，国际援助能否减少受援国国内认同矛盾，改善一个国家内的社会认同状况也因此逐步得到理论和政策实务界的关注，进而成为研究国际因素在国内国家建构中作用和影响的新兴理论点。

文献对于外来援助能否以及如何维持社会团结、增进国家认同提出了多种可能的结果与路径。抱有积极看法的研究者主张援助与受援国社会凝聚力间有着明确而积极的影响关系[1]，并指出了发展援助可能促进社会团结、缓解社会矛盾的一些渠道，一个明显的路径是通过经济增长与发展的积极改善来实现。[2]援助过程将有效拉动当地就业需求，以此帮助促进社会团结与国家认同。维茨克探讨了就业影响社会凝聚力的途径，表明获得就业机会，特别是正式就业，会

---

[1]　Michael Danquah and Bazoumana Ouattara, "Aid and social cohesion," *The Quarterly Review of Economics and Finance*，Vol.87，2023，pp.118—131.

[2]　Eskander Alvi and Aberra Senbeta, "Does foreign aid reduce poverty?" *Journal of International Development*，Vol.24，No.8，2012，pp.955—976.

产生广泛社会互动和福祉，从而转化为一种福祉溢出效应并改善群体关系。①在大多数社会，年轻男性的低受教育水平和高失业率，可能是对社会稳定的威胁，因为他们可能因对社会和经济状况的不满而成为反叛国家的成员。②在这一方面，由于中国援助侧重于投资建设基础设施工程，项目所需的建设者和随之集聚的服务人员意味着援助在提供大量就业机会的同时也提高了冲突爆发的机会成本，为降低冲突提供了可能。③援助还可以通过提供基础设施和技术援助，改善能源、教育和卫生资源匮乏等方式促进受援国发展模式的提质增效，推进社会现代化进程，从而促进社会凝聚力。总体上看，不少学者赞成收入和福利的增加将促进国家认同的培育。实际上，中国援助积极的经济影响也一直是学者关注的重点，有效改善民众生活水平、提高国家经济实力是中国援助的显著影响。④

与此同时，国际援助同样也有良好的社会与政治效应。持这一主张的学者考虑了援助如何帮助减少不平等、改进制度、提高国家能力建设等。分配的不平等往往被认为是非洲国家族群冲突的重要原因，援助对于减少贫困的效果很大程度上依赖于对腐败与不平等的治理。⑤因此，援助对于减少社会不平等是否有用成为不少学者首先关注的领域。对外来援助进行类型学划分后的实证研究表明，大多数类别的援助都能够有效帮助社会弱势群体，但援助促进平等的作用与当地腐败息息相关。在控制腐败能力优良的国家，良好的制度环境将会有效促进各类援助减少收入不平等的能力。⑥因此理论上，援助所隐含的外部监管

---

① Frank-Borge Wietzke, "Pathways from jobs to social cohesion," *The World Bank Research Observer*, Vol.30, No.1, 2015, pp.95—123.

② Paul Collier and Anke Hoeffler, "Greed and Grievance in Civil War," *Oxford Economic Papers*, Vol.56, No.4, 2004, pp.563—595.

③ 李嘉楠、龙小宁、姜琪：《援助与冲突——基于中国对外援助的证据》，《经济学（季刊）》2021年第4期，第1123—1146页。

④ 朱丹丹、黄梅波：《中国对外援助能够促进受援国的经济增长吗？兼论"促贸援助"方式的有效性》，《中国经济问题》2018年第2期，第24—33页；黄振乾：《中国援助项目对当地经济发展的影响——以坦桑尼亚为个案的考察》，《世界经济与政治》2019年第8期，第127—153页；徐志成、张宇：《点亮非洲：中国援助对非洲经济发展的贡献》，《经济学（季刊）》2021年第5期，第1499—1519页。

⑤ Paul Mosley, John Hudson and Arjan Verschoor, "Aid, Poverty Reduction, and the New Conditionality," *Economic Journal*, Vol.114, No.496, 2004, pp.F217—F243.

⑥ Sundas Maqbool and Muhammad Ali, "The Relationship between Foreign Aid and Income Inequality and the Role of Corruption," *Journal of Public Affairs*, Vol.22, No.4, 2021.

要求，将有可能会抑制受援国的腐败行为，进而降低社会不平等水平。进一步地，援助可以提高受援国的制度水平与服务供给能力，提升民众对政府合法性的评价，从而促成在制度信任/合法性层面的国家认同。萨克斯对于非洲社会调查的分析发现，国家的公共服务能力与公民对制度的认同有关。在撒哈拉以南的非洲地区，大量公共服务由本国政府以外的行动者提供，他们的援助与服务改善了公民权益与生活境遇。这些机构对本国政府的影响越大，民众越有可能服从政府的征税、警察与法律。[1]尽管世界银行援助的证据表明援助促进制度认同需要一个相对持久而缓慢的过程，[2]但总体来看，国际援助有助于促成公民对制度质量的正面评价，对于民众遵守国家的正式制度有积极影响。[3]中国的对外援助同样也对当地的国家认同有显著影响，中国的援助提升了民众的政治参与度和对政府的积极评价[4]，同时又减少了资源配置的不平等现象，加强中央政府的控制性，推动了当地国家建设的进程。[5]以上研究大多基于单轮次或相近时期的数据与调查结果，而值得注意的是，援助对认同状况在长时间维度上同样可能有影响路径。现有研究发现，中国在 20 世纪输出的坦赞铁路使当时铁路周边的民众形成了对于新生独立政权的直观感知，而这种对独立和团结的集体记忆效应随着时序变迁有所减弱。[6]

　　然而，有研究同样也发现了包括中国等新兴援助经济体在内的国际援助力量可能会对当地社会带来消极影响，援助对社会认同的负面影响主要通过以下路径来体现。其一，不同族群的不平等感知可能被援助分配放大。例如肯尼亚

①　Audrey Sacks, "Can Donors and Non-State Actors Undermine Citizens' Legitimating Beliefs?" *World Bank Policy Research Working Paper*, No.6158, 2012, pp.1—45.

②　Lindsay R. Dolan, "Rethinking Foreign Aid and Legitimacy: Views from Aid Recipients in Kenya," *Studies in Comparative International Development*, Vol.55, No.2, 2020, pp.143—159.

③　Sam Jones and Finn Tarp, "Does Foreign Aid Harm Political Institutions?" *Journal of Development Economics*, Vol.118, 2016, pp.266—281; Ann-Sofie Isaksson and Dick Durevall, "Aid and Institutions: Local Effects of World Bank Aid on Perceived Institutional Quality in Africa," *The Review of International Organizations*, November, 2022.

④　黄振乾：《中国援助与受援国绩效合法性——基于地理信息数据的实证考察》，《世界经济与政治》2022 年第 3 期，第 30—58 页。

⑤　杨攻研、刘洪钟、范琳琳：《援以止战：国际援助与国内武装冲突——来自中国对外援助的证据》，《世界经济与政治》2019 年第 11 期，第 129—156 页。

⑥　黄振乾：《中国对外援助与受援国民族建构——基于坦赞铁路的实证考察》，《世界经济与政治》2023 年第 8 期，第 29—59 页。

的证据显示，很多双边援助资源可能会被当地庇护关系或优势族群所捕获，从而加剧已有的族群不平等。①中国的援助带有尊重受援国意愿、响应受援国需求、不干涉受援国内政等优点，但这也容易使一些受援国当局政治精英得以为自己族群攫取利益。研究表明，中国援助并未对边缘族群有明显偏好，这不利于发展资源在各地之间的平衡。②相反，由于受援国内选举政治的影响，政治精英的出生地更有可能获得援助资金。③这使得中国援助可能会产生强化族群认同、凸显族群身份的意外效果。④在更为广泛的意义上，援助对社会认同的负面效应有可能会导致安全局势的恶化，延长冲突的持续时间。⑤其二，援助同样也有可能生成所谓"援助诅咒"，无法改进受援国治理水平，从而阻碍民众对于国家制度与机构的认同。例如，外来援助不可避免地需要进入那些发展水平落后、同时治理能力也欠缺的国家⑥，在这种情况下，大量援助的直接投入完全有可能助长当地的腐败，或者在各种因素的作用下加强民众对于政府当局的腐败感知。⑦另一个例子则是援助所提供的公共物品同样有可能会令民众更加抗拒政府。若受援国高度依赖外国援助，国家公共服务能力可能长期依赖援助而得不到发展，民众会认为当局只迎合援助国要求、忽视民众诉求，进而拒绝支持国家，这无疑会削弱民众的国家认同进而动摇政权合法性基础。⑧

  以上研究都探究了援助通过经济、社会与政治途径影响社会凝聚力、政治

---

  ① Ryan C. Briggs, "Aiding and Abetting: Project Aid and Ethnic Politics in Kenya," *World Development*, Vol.64, 2014, pp.194—205.

  ② 黄振乾：《中国援助分配的政治经济学——对 21 世纪中国援非项目的空间考察》，《世界经济与政治》2021 年第 9 期，第 102—127 页。

  ③ Axel Dreher et al., "African Leaders and the Geography of China's Foreign Assistance," *Journal of Development Economics*, Vol.140, 2019, pp.44—71.

  ④ Ann-Sofie Isaksson, "Chinese Aid and Local Ethnic Identification," pp.833—852.

  ⑤ Nathan Nunn and Nancy Qian, "US Food Aid and Civil Conflict," *American Economic Reviews*, Vol.104, No.6, 2014, pp.1630—1666.

  ⑥ Martin Acht, Toman Omar Mahmoud and Rainer Thiele, "Corrupt Governments Do Not Receive More State-To-State Aid: Governance and the Delivery of Foreign Aid through Non-State Actors," *Journal of Development Economics*, Vol.114, 2015, pp.20—33.

  ⑦ Ann-Sofie Isaksson and Andreas Kotsadam, "Chinese Aid and Local Corruption," *Journal of Public Economics*, Vol.159, 2018, pp.146—159.

  ⑧ 卢凌宇：《西方学者对非洲国家能力（1970—2012）的分析与解读》，《国际政治研究》2016 年第 37 期第 4 卷：第 102—126 页；卢凌宇：《战争与撒哈拉以南非洲国家建设》，《世界经济与政治》2018 年第 11 期，第 4—39 页。

信任与认同水平的效果，针对不同学者间矛盾的证据，部分研究也尝试进一步精细化案例条件，例如区分不同的援助者、界定受援国内已有的社会凝聚力水平①、比较国际社会和国内政府在公共物品提供上的效果差异等②。但当前的大多数研究从援助方的视角出发，仍主要聚焦于援助如何对受援伙伴的经济与产业产生直接影响。这些研究尚未充分考虑受援国民众的感知视角，忽视了当地认同状况与民众主观感知对于评估援助工作有效性的重要政策意义。本文将进一步细化认同水平的分类，并将民众对中国援助的主观了解与评价作为关键解释变量，以此分析中国的援助在民众层面如何影响了他们在族群与国家之间的认同选择。

三、数据与实证方法

（一）数据来源

为了直观分析民众的认同情况与政治态度，本文主要使用大型社会调查"非洲晴雨表"（Afrobarometer）在非洲多国所做的第八轮调查数据中的坦桑尼亚国别数据，来探讨外国援助感知与国家认同之间的关系。非洲晴雨表是在非洲地区开展的规模最大的社会调查之一，通过定期在数十个非洲国家对各地民众的调查询问，了解非洲各国人民对于政治、经济、社会、对外交往等领域的看法。非洲晴雨表的受访对象为各国的成年公民，采用随机、分层、分阶段的方法抽取地区随机样本。除了为特定需要而注明的超额抽样外，基于初级抽样单位的地区分层保证了相对客观的数据来源，最终数据为具有代表性的特定国家截面数据。这一大型数据库多年来已被众多关注非洲社会的国内外研究者所使用。

本文选取的是非洲晴雨表于 2020 年在坦桑尼亚完成的调查数据，此次调查共计对两千多名坦桑尼亚人进行了面对面的访谈。第八轮非洲晴雨表调查是最新一份包含本文所关注研究问题的问卷：一是受访人关于自身国家、族群认同

---

① Danquah Michael and Ouattara Bazoumana，"Aid and Social Cohesion，" *The Quarterly Review of Economics and Finance*，Vol.87，2023，pp.118—131.

② ［瑞士］安德烈亚斯·威默：《国家建构：聚合与崩溃》，叶江译，格致出版社、上海人民出版社 2019 年版。

的自我感知；二是受访人对于国际组织和世界主要国家对本国捐赠和援助规模与效果的态度。同时，问卷还包含了受访者的各类人口学特征、经济社会状况变量等，使得本研究可以采用更为细致微观的分析而不是宏观的描述性介绍。下文也将根据研究需要纳入更多的变量。①之所以选择坦桑尼亚为研究的切入点，是因为作为一项先导性的研究，本文希望能从单一国家入手，在具体的空间场域内揭示域外国家的援助是否影响了非洲多族群国家的国家认同情况，从而为下一步探索国外援助对其他非洲国家和发展中地区民众态度与国内政治的效果奠定基础。即使不使用多国数据使得研究暂时损失了更广泛的样本，但是本研究也得以控制住许多跨国因素与国家特质，能够更加精确识别援助感知的影响。同时，研究问题决定了本文需要选取国内族群身份多样、同时目前已有一定数量中国援助的国家作为研究对象。坦桑尼亚是一个族群多样性的国家，全国共有 126 个族群。在将近六千万人的全国总人口中，比较大的几个族群有苏库马（Sukuma）、尼亚姆维奇（Nyamwezi）、查加（Chagga）、赫赫（Hehe）和哈亚（Haya）族等，但是没有任何一个族群在数量上占有绝对的主导地位，可以说坦桑尼亚在如何在尊重族群多样性和统合塑造统一的国家认同之间面临着基础性挑战。需要说明的是，客观来说坦桑尼亚在非洲各国中属于族群问题并不特别突出的国家。根据 2022 年"非洲晴雨表"的数据，坦桑尼亚近一半的受访民众国家认同较强，远高于埃塞俄比亚、肯尼亚、乌干达等地区重要国家。本文承认单个案例选择的特殊性，但单案例在控制一些难以控制的自身特质外同样也可以有一定的推广空间，坦桑尼亚作为东非地区代表性国家，本身与周围邻国有诸多可类比之处。同时，即使坦桑尼亚国家认同水平较高，数据显示该国仍有将近一半的受访民众并未充分认同国家，反映出在坦桑尼亚研究认同建构仍有其必要性。

同时，坦桑尼亚也是非洲地区接受中国援助最多的国家之一，双方的合作以及中国对坦援助历史悠久，从 20 世纪 70 年代中国首条对外援助的铁路项目坦赞铁路，到"一带一路"倡议下大量在坦开展的基础设施项目。中国援助聚焦于各类民生与基础设施项目，同时开展一系列技术合作，具体领域包括教育

---

① 原始数据参见 https://www.afrobarometer.org/survey-resource/tanzania-round-8-survey-2021/，访问时间：2023 年 2 月 14 日。

设施、能源管道、医疗支援、公务装备等。中国对坦桑尼亚的援助无论在规模还是范围上都令人印象深刻。虽然非洲晴雨表并没有对外国援助的类型、时间等属性做更进一步的区分，但是问卷专门就中国在非洲国家援助和投资的情况设置了多个问题，有助于研究有针对性地对中国这一新兴援助国在非洲所发挥的作用进行观察。实际上，目前学界已有不少以坦桑尼亚为案例的优秀研究成果。①总之，本文不仅认为坦桑尼亚这一案例具有有助于回应研究问题的自身的特殊性，同时也具有将理论发现推广到其他非洲国家的基本条件。

（二）变量操作化

突出的族群身份是非洲不少国家的现实结构特征。对于族群与语言高度分化的非洲大陆而言，国家建设的成功往往与稳定的国家认同密不可分，而族群的冲突与国家意识的缺失往往引起国家的动荡不安。因此，两种认同之间的关系非常紧密。本文的核心因变量"国家认同水平"基于问卷中以下问题进行测量，该问题询问受访者："假设你需要在成为一个坦桑尼亚人和成为本族群人士之间进行选择，下列哪种表述最符合你的感觉？"受访者可选择的回答分别为"仅感觉到族群认同""族群认同比国家认同更多""两种认同一样多""国家认同比族群认同更多"和"仅感觉到国家认同"五类。需要说明的是，鉴于原始调查数据的题项设置和类似研究，本文所关注的"族群"指的是由官方识别或承认的族群身份，而未考察单纯的自我族群身份界定等难以获取的信息。

本研究的关键解释变量分别为"是否知晓中国对于本国已进行的援助"以及"如何评价中国对本国的影响"。这两个变量分别对应问卷中的两个问题。前者为二分变量，来自问题"据你所知，中国是否向我们国家的政府提供贷款或发展援助，或者你没有机会听说此类消息？"，而后一个变量是有序类别变量，来源于"你认为中国对我们国家的经济政治影响主要是积极还是消极的，或者你不太了解这一方面信息？"这一问题。对前一个问题的回答能够确切地识别受访者对于中国援助的感知。而后一个问题虽然并不是直接针对中国的援助提问，但对民众而言，评价中国在政治和经济上对本国的影响很大程度上需要考量包

---

① 黄振乾：《中国援助项目对当地经济发展的影响——以坦桑尼亚为个案的考察》，第127—153页；黄振乾：《中国对外援助与受援国民族建构——基于坦赞铁路的实证考察》，第29—59页。

括中国援助在内的多种直接作用于坦桑尼亚国内社会的两国互动，同时考虑到中国是坦桑尼亚最主要的援助国，本文认为这一问题与中国援助这一议题有着密切联系。研究基本沿用了原始问卷对于选项的赋值，但对于受访者表示"不清楚""拒绝回答"以及"不适用"等情况，则将相应取值处理为缺失值。表1给出了因变量与解释变量的具体处理及描述性统计。

在控制变量方面，作为基于个人的截面数据，本研究主要控制相关个人层次的变量。首先，研究控制了相关的人口学特征，包括受访者的年龄、性别、居住地类型（城市或是农村地区等）。第二，研究控制了一些个人社会经济变量，包括个人当前生活状况、受教育程度、是否工作等。第三，模型内还需要控制一些在理论上无法忽视其影响的变量。例如，非洲各国由于族群多样，国内语言也呈现出高度分化的局面。虽然各国规定了官方使用的语言，但坦桑尼亚国内有100多种语言，我们不能否认许多非洲民众在自己的生活环境内可能偏好使用本地的或本族群的语言。语言同质性对认同与国家建构的意义在于，不同的群体如果能使用共同的语言进行交流，更有可能消弭不同群体之间的隔阂。换句话说，语言代表了文化上的沟通与整合的可能性。坦桑尼亚首任总统尼雷尔（Nyerere）就大力加强斯瓦希里语作为国家语言的地位，作为统一所有坦桑尼亚人的一种手段，斯瓦希里语成功地将大部分族群团结在了一起，有助于减少国家在政策推广、国民教育、地区沟通等方面的阻力。同时，主流语言背后可能同样反映出一系列的社会规范与社会经济地位，使用官方通用语言有可能给个人带来更高的社会经济地位，而民族语言的使用者在收入与职业等方面可能会逊于主流语言使用者。[1]基于以上考虑，笔者将回答在家中也使用官方语言（英语和斯瓦希里语）的受访者赋值为1，而说其他语言的受访者则都记为0，本文假设使用官方语言的民众更有可能认同国家。另一组控制变量则是新闻信息来源。在了解中国援助时，除了生活在援助项目附近、参与援助过程等亲身经历外，新闻是受访者获得有关中国援助信息的另一重要渠道。非洲地区仍然有大量的广播电台、报纸这样的传统大众传媒，而近年来在线社交媒体也在非洲各国推广。本研究的数据显示，在坦桑尼亚的2 398名受访者中，有1 089人

---

① Wenfang Tang, Yue Hu and Shuai Jin, "Affirmative Inaction: Education, Language Proficiency, and Socioeconomic Attainment Among China's Uyghur Minority," *Chinese Sociological Review*, Vol.48, No.4, 2016, pp.346—366.

表示每天都收听电台的新闻，有 1 757 人称自己从未使用互联网获取新闻。显然，不同的新闻媒介可能反映出受众偏好、经济地位等方面的差异，因此将通过收音机/互联网获得新闻的频率纳入模型之中。解释变量的具体情况同样可见表 1。

表 1　变量描述性统计表

变量名称	样本量	平均值	标准差	最小值	最大值
国家认同水平 （1 = 仅认同族群， 3 = 两种认同同等， 5 = 仅认同国家）	2 289	3.843	1.144	1	5
知晓中国援助 （0 = 不知晓，1 = 知晓）	1 434	0.546	0.498	0	1
评价中国影响 （1 = 很消极，5 = 很积极）	2 052	4.294	0.955	1	5
年龄	2 398	39.60	15.45	18	90
居住地：城乡 （0 = 农村，1 = 城市）	2 398	0.340	0.474	0	1
受教育水平	2 398	3.074	1.678	0	9
性别 （0 = 女性，1 = 男性）	2 398	0.500	0.500	0	1
是否使用官方语言 （0 = 其他语言，1 = 官方语言）	2 398	0.646	0.478	0	1
当前生活状况 （1 = 很糟，5 = 很好）	2 397	2.727	1.129	1	5
通过互联网获取新闻的频率	2 381	0.819	1.476	0	4
通过收音机获取新闻的频率	2 398	2.739	1.523	0	4

注：变量"受教育水平"为类别变量，其中，0 为未接受过正式学校教育，1 为接受过非正式的学校教育（Informal schooling），2 为有部分小学经历，3 为小学毕业，4 为有部分初/高中教育经历，5 为初/高中毕业，6 为接受初/高中之后的教育但没有上过大学，7 为有部分大学教育经历，8 为大学毕业，9 为研究生及以上学习经历。变量"通过互联网获取新闻的频率"和"通过收音机获取新闻的频率"为类别变量，其中，0 代表从未使用，1 代表一个月不到一次，2 代表一个月数次，3 为一周数次，4 为每天使用。

资料来源：作者依据非洲晴雨表的原始数据整理。

最后，为了更加直观地了解本文选取变量的分布特征，本文对主要的变量进行图示（见图1）。从图中可以看出，在认同程度上，受访者的表态整体上看偏向于认同国家，均值接近于4（国家认同比族群认同更多），这反映出以首任总统尼雷尔为代表的坦桑尼亚革命党长期稳定执政、强调公民身份建设的成效。但由于坦桑尼亚族群众多，在族群权力分配上难以避免地存在不少族群话语权较弱的情况，因此依然有一定规模的民众更加认同族群。[1]类似地，图示表明知晓/不知晓中国进行了援助的民众规模相近，但知道援助的民众普遍积极评价了中国援助；受访者仍主要通过传统媒体获得信息，互联网社交传媒并没有得到普遍接受，这也反映了当下非洲不少国家在数字时代仍然有大量民众面临着数字资源与接入渠道匮乏的现状。

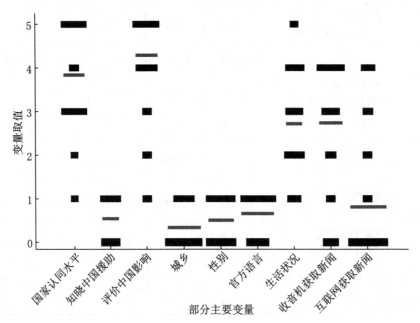

注：黑色色块及其长度表示各变量取值及其频数，灰色色块位置为各变量平均值。
资料来源：作者根据有关数据自制。

图1　主要变量取值分布图

---

① 徐鑫、徐薇：《坦桑尼亚：多元族群和谐的实现》，《非洲研究》2018年第1卷，第71—84页。

（三）计量方法与模型

根据数据类型和被解释变量的特征，本文将采用广义有序逻辑斯蒂回归的方法。但在正式分析之前，本文同样考虑了其他常见的模型。通过初步的测试性回归分析，本文首先排除了逻辑斯蒂回归分析方法。在本文的案例中，一种可能的方法是将国家认同水平区简单分为"国家认同"和"族群认同"，进而将这一变量处理为虚拟变量。有类似研究确实会如此处理非洲晴雨表中一些询问受访者态度的问题，尽管本文并不否认这一操作的合理性，但出于更加细致准确研究的需要，作者在正式分析中并未采用这一处理方式，但在稳健性分析中会加以检验。接下来，由于因变量类型为有序类别变量，本文考虑使用常见的有序逻辑斯蒂（ologit）模型进行分析。但 ologit 模型的前提假设是变量满足平行线回归假设（parallel regression assumption），而这一假设在现实中通常难以完全符合。为此，本文尝试了 ologit 方法，并使用 brant 命令平行性检验。例如，仅将国家认同水平与知晓中国援助纳入模型并进行 brant 检验，p＞chi2 结果为0.013。显然，这一显著的结果使得笔者拒绝了各组间系数没有差异的零假设。由于部分变量违背了平行线假设，必须寻找另一种更为宽松的方法。最终，本文选择由 Williams 改进的广义有序逻辑斯蒂模型（命令为 gologit2）。gologit2 命令放松了 ologit 命令的假设，变量不再要求满足平行线假设，可以适用于部分变量满足假设的情况。[①]同时，与 ologit 类似，gologit2 同样允许通过两两分组的形式解读回归结果，使研究者能够解读解释变量的效果是否对因变量的子类型产生不同的效果。gologit2 模型的公式给定如下：

$$P\left(Y_i > j\right) = \frac{\exp\left(\alpha_j + X_i\beta_j\right)}{1 + \left[\exp\left(\alpha_j + X_i\beta_j\right)\right]}, \; j = 1, 2, \cdots, M-1$$

四、研 究 发 现

（一）知晓援助与国家认同

根据上文的讨论，本文首先呈现了是否知晓中国对本国的援助如何影响了

---

① 参见 Richard Williams，"Generalized Ordered Logit/Partial Proportional Odds Models for Ordinal Dependent Variables，"*The Stata Journal*，Vol.6，No.1，2006，pp.58—82；Richard Williams，"Understanding and Interpreting Generalized Ordered Logit Models，"*The Journal of Mathematical Sociology*，Vol.40，2016，pp.1，7—20。

他们的认同感知。回归结果显示，听说过中国援助对族群—国家认同水平产生了显著影响，但这种影响的效应与本文的预设有所不同。表2汇报了基本的回归结果，模型1检验知晓援助对认同水平的影响，提供了基准回归模型结果，而模型2在模型1的基础上纳入了所有控制变量加以分析。为便于理解，表中报告的结果为优势比OR（又称胜算比、比值比）而非标准化系数。模型1显示，在不控制其他变量的情况下，中国援助并未促使极度认同族群的人转向国家认同的一侧，尤其是第（2）列的显著结果表明，知晓中国援助反而可能会降低那些族群认同较强的人群加强国家认同的可能，这表明知晓中国援助有可能无法推动族群认同向国家认同转变。不过，对于那些表示对族群和国家同等认同的人而言，中国援助的存在使得他们更有可能倾向于认同国家，OR值为1.274。类似地，中国援助也会让本已认同国家的人增强对国家的支持。在这一条件下，似乎可以认为，随着人们了解到中国援助的存在，中间派和那些相对支持国家的人士会更有可能向着更加强烈的国家认同那一端转变。

表2　知晓中国援助对定序认同水平的影响

模型1:仅纳入关键解释变量与因变量			
变量	仅认同族群 （1）	较认同族群 （2）	两种认同相当 （3）	较认同国家 （4）
知晓中国援助	0.677 （0.204）	0.605** （0.143）	1.274** （0.140）	1.211* （0.134）
常数	33.17*** （7.934）	20.21*** （3.844）	0.869* （0.070 3）	0.671*** （0.055 2）
样本量	1 342	1 342	1 342	1 342
模型2:加入控制变量			
变量	仅认同族群 （5）	较认同族群 （6）	两种认同相当 （7）	较认同国家 （8）
知晓中国援助	0.504** （0.175）	0.521*** （0.131）	1.222* （0.147）	1.169 （0.142）
年龄	1.005 （0.010）	1.007 （0.008）	0.999 （0.004）	0.998 （0.004）

（续表）

	模型2:加入控制变量			
变量	仅认同族群 （5）	较认同族群 （6）	两种认同相当 （7）	较认同国家 （8）
城乡	0.972 （0.379）	0.787 （0.214）	1.111 （0.149）	1.180 （0.161）
受教育水平	1.083 （0.110）	1.102 （0.087）	1.045 （0.040）	1.033 （0.040）
性别	1.045 （0.330）	1.112 （0.262）	1.287** （0.149）	1.329** （0.155）
当前生活状况	1.145 （0.166）	1.118 （0.111）	1.205*** （0.059）	1.142*** （0.057）
官方语言	1.596 （0.577）	1.451 （0.369）	0.814 （0.105）	0.735** （0.097）
通过收音机 获取新闻	1.102 （0.114）	1.058 （0.084）	0.961 （0.039）	0.989 （0.040）
通过互联网 获取新闻	1.038 （0.131）	1.004 （0.090）	0.962 （0.042）	0.949 （0.042）
常数	9.754*** （6.366）	6.501*** （3.368）	0.547** （0.143）	0.497*** （0.132）
样本量	1 340	1 340	1 340	1 340

注：回归系数为OR（Odd ratio）。括号内数字为标准误。 ***、** 和 * 分别表示相关系数通过0.01、0.05和0.10水平的显著性检验。

资料来源：作者依据分析结果整理。

但是，当加入控制变量后，知晓中国援助所产生的显著影响更多地体现在了族群认同上。模型2揭示，知晓中国援助并未促成极端族群认同以及族群认同偏好的转变。列（5）中，知晓中国援助的OR值进一步下降至0.504且通过5%水平显著性检验，表明随着意识到中国对本国政府进行了援助，仅认同族群的人向高层次认同转变的概率有明显下降。类似地，列（6）表明，是否知晓中国对自己国家的帮助同样没有促进属于前两类认同水平的人向更高层次的国家认同转变，且结果通过了1%水平的显著性检验。此时还可以观察到，知晓中国援助对于两种认同持平的人士虽然还有一定的正向影响，但是显著性产生了下降，且OR为1.222，这一数值相比模型1中第（3）列的结果也略有下降，反映出在其他变量控制的情况下，中国援助的存在对于促进中等认同状态人群国家认同水平的效果有所减弱。综上所述，模型2的回归结果表明，在其他变量受到控制的情况下，对于极端族群认同以及其他倾向于更认同族群的坦桑尼亚民众而言，知晓中国援助会降低他们增强国家认同意识的可能性。对于持有极端族群认同者而言，有研究认为外国援助确实有可能会加剧民族区隔界限明显社会中的紧张局势，导致那些自我感知被边缘化的族群进一步加深了对国家的不满。①

　　一种可能的解释是，参考经典的族群冲突成因的不公理论，强烈的族群认同可能是由于长期基于族群身份的经济社会地位不平等而导致的。政府间援助往往直接对接中央政府，并在大多数情况下通过本国政府机构执行。这种安排可能会使得本已不认可国家的人群进一步担忧优势族群在对援助物资、资金或项目分配时存在族裔身份的偏见。换言之，对认同族群的民众而言，援助的进入有可能被优势族群的政治精英们所利用，援助资源反而调动了业已存在的族群身份。简而言之，对于偏向认同族群的民众，援助的进入并不会直接帮助他们改善国家认同的水平。本文使用坦桑尼亚民众对地方政府腐败程度的回答初步印证了这一解释。基于这一推测，那些同样认可族群与国家两种身份的人，由于缺少了对于族群地位不平等的预设，他们对于由本国政府引入的外国援助可能有更积极的态度，认为援助项目将有助于国家为民众提供更好的服务，进而促成他们偏向于认同国家。

　　在控制变量部分，男性在处于中间或较认同国家的状态下会比女性更有可能产生更加强烈的国家认同。此外，生活条件与水平的改善对于表中所呈现四类人群国家认同的提升均有积极作用，这一作用同样对处于中间或较认同国家的状态的人而言十分显著。有趣的是，一方面，对官方语言的使用改善了族群认同者对国家的认同状态，这部分体现了语言同质性对于国家认同培育的作用（尽管未通

---

① Demet Yalcin Mousseau, "Does Foreign Development Aid Trigger Ethnic War in Developing States?" *Armed Forces & Society*，Vol.47，No.4，2021，pp.750—769.

过显著性检验）。但另一方面,第(7)(8)列反映了官方语言的使用对于后两类民众国家认同的加强起到了与常理相反的情况:对于那些偏向认同国家的民众,使用官方语言并不会进一步帮助他们强化公民身份。对此本文可以尝试进行如下分类猜想:对于那些本就倾向国家认同但平常更乐意使用族群或地方语言的人而言,使用官方语言意味着对于个人偏好的违背。而对于那些一直接受官方教育并使用官方语言的人士,官方语言更多的是一种固有的、习以为常的模式,再加上他们已经对国家有一定认同,我们也很难期待语言同质性能进一步助推他们实现彻底的国家认同,官方语言使用对于这一部分人士国家认同的促进作用十分有限。更精确的解释有赖于未来研究的进一步讨论。

(二) 评价援助与国家认同

除了是否知晓中国的援助,本研究同样关注当地民众对于主要援助国的评价是否会对他们的国家认同状态产生影响。表3报告了国家认同水平与民众对华评价间的回归结果。在步骤上,与模型1、2类似,研究首先仅在模型3中纳入因变量和评价中国影响这一主要解释变量。表3第(1)(2)列的结果表明,随着对中国影响的评价愈发积极,那些相对来说更加认同族群的民众更有可能向更偏向于认同国家的一侧转变,但由于OR值分别为1.026与1.043,说明这一效应的作用并不强,同时这一组结果并没有通过显著性检验。而第(3)(4)列的结果显示,对于那些两种认同相当或较认同国家的人而言,对中国政治经济影响评价越积极,反而有可能降低他们产生较强国家认同的可能性。

模型4进一步纳入了本文所设置的控制变量,其结果基本符合模型3的报告情况。模型4表明,评价中国对本国产生的影响一方面仍未能对偏向于认同族群的两组人士产生显著影响,同时对于处于中间认同状态和较认同国家的两类人群产生了负向影响。表3第(7)(8)列的结果显示,正面评价中国政治经济影响对于后两类人进一步认同国家起到了一定程度的负向效果,OR分别为0.903与0.897,并都通过了0.05水平的显著性检验,这意味着随着对中国影响的评价愈发积极,民众更加认同国家或仅认同国家的概率降低了10%左右。

积极评价援助为何对提升国家认同影响有限?评价外国援助更多地反映出受访者对于外国影响的价值判断,其中难免立足于自身所处环境加以比较。对于那些本来居中或较认同国家的人来说,他们在身份政治上通常所考虑的可能并不再是在族群与国家间选择，而是有多认同国家的问题。根据交换理论，那些认为外国对本国产生较大积极影响的人可能会在无形中将这些影响与本国政府所提供的公共产品进行比较。由于外国援助通常带来更高质量和更加有效的公共服务，这将有可能导致一些积极评价外国援助的民众对于本国公共机构与服务做出相对较差的评价。已有研究揭示，中国对外援助聚焦受援国现代化建设，在减贫、促进教育公平等领域的成效使得非洲民众趋于正面评价中国援助。①在这种情况下，民众可能认为自己的政府并不是合格的服务提供者。而公民义务与忠诚在很大程度上是基于国家"组织良好、有能力、能够提供公共物品"，这样民众才愿意为国家纳税、支持公共政策。本文通过测量坦桑尼亚民众对逃税频率的回答初步印证了这一解释。受制于数据，研究暂无法比较由本国和援助国所提供的公共产品对国家认同的影响差异，但已有一些其他地区的证据论述了这一观点。②进一步地，基于这一推测，援助国理应对受援国的治理提出要求或帮助其改善公共服务水平。尽管不少西方援助会对受援国改善经济社会治理提出不少限制条件，但已有研究也注意到由于本地官员的信息优势，不少负责落实援助的代理机构实际难以确保规定的落实。③如若外国试图在坦桑尼亚当地建立一套符合援助监管要求的本地化机构以提高援助有效性，又往往会引起当局的警觉与不满，担心影响援助与受援双方之间的平等，④且可能有干涉一国内政的风险。中国援助的一大特征是不附带任何政治条件，集中于援助本身的社会经济效应，这体现了中国对受援国的善意与真诚态度，但一定程度上也使得援助对于受援国公共机构服务的直接影响和社会治理效应可能有限。这也反映出本文研究问题的现实关切：致力于改进受助伙伴的举措在一些情况下反而有可能疏远公民与自己国家间的进一步联系，政策制定者在提供援助计划时必须将与本地当局的关系纳入考量。

---

① 韩冬临、黄臻尔：《非洲公众如何评价中国的对非援助》，《世界经济与政治》2016 年第 6 期，第 134—154 页。

② ［瑞士］安德烈亚斯·威默：《国家建构：聚合与崩溃》，第 297 页。

③ Alexander Cooley and James Ron, "The NGO Scramble: Organizational Insecurity and the Political Economy of Transnational Action," *International Security*, Vol.27, No.1, 2002, pp.5—39.

④ Molly Sundberg, "Donors Dealing with 'Aid Effectiveness' Inconsistencies: National Staff in Foreign Aid Agencies in Tanzania," *Journal of Eastern African Studies*, Vol.13, No.3, 2019, pp.445—464.

在控制变量方面，与表2结果一致，相较于女性，那些族群与国家认同相等或者较为认同国家的男性更加可能拥有更高层次的国家认同。生活状况依旧对除仅认同国家外的四种认同类别均产生正向促进作用，但这一作用只在两种认同水平持平的人群中通过显著性检验。在是否使用官方语言一项上，在家庭中使用官方语言能让抱有族群认同的前两类人士有更多可能转变其族群认同的立场，而对于中间及较认同国家的人群而言使用官方语言并无助于他们进一步增强对国家的认同，且以上结果的显著性水平优于本文在表2中类似的发现。

表3　评价中国援助影响对定序认同水平的影响

模型3:仅纳入关键解释变量与因变量			
变量	仅认同族群 （1）	较认同族群 （2）	两种认同相当 （3）	较认同国家 （4）
评价中国影响	1.026 (0.125)	1.043 (0.101)	0.917* (0.046)	0.912* (0.045)
常数	23.934*** (12.862)	12.668*** (5.409)	1.619** (0.358)	1.243 (0.271)
样本量	1 945	1 945	1 945	1 945
模型4:加入控制变量			
变量	仅认同族群 （5）	较认同族群 （6）	两种认同相当 （7）	较认同国家 （8）
评价中国影响	1.014 (0.127)	1.043 (0.101)	0.903** (0.046)	0.897** (0.045)
年龄	1.004 (0.009)	1.004 (0.007)	0.997 (0.003)	0.997 (0.003)
城乡	0.880 (0.280)	0.841 (0.197)	1.192 (0.132)	1.145 (0.127)
受教育水平	1.123 (0.096)	1.057 (0.070)	1.051 (0.034)	1.044 (0.034)

（续表）

（续表）

	模型4：加入控制变量			
变量	仅认同族群 （5）	较认同族群 （6）	两种认同相当 （7）	较认同国家 （8）
性别	1.046 （0.283）	0.995 （0.194）	1.193* （0.112）	1.227** （0.116）
当前生活状况	1.147 （0.131）	1.132 （0.095）	1.111** （0.046）	1.046 （0.044）
官方语言	1.396 （0.409）	1.516* （0.323）	0.778** （0.083）	0.812* （0.087）
通过收音机 获取新闻	1.103 （0.091）	1.058 （0.069）	1.024 （0.034）	1.033 （0.034）
通过互联网 获取新闻	0.895 （0.092）	0.962 （0.074）	0.950 （0.035）	0.951 （0.035）
常数	7.306*** （5.482）	4.928*** （2.907）	1.219 （0.365）	1.090 （0.324）
样本量	1 934	1 934	1 934	1 934

注：回归系数为OR。括号内数字为标准误。***、**和*分别表示相关系数通过0.01、0.05和0.10水平的显著性检验。
资料来源：作者依据分析结果整理。

（三）稳健性检验

为进一步验证本文实证结果的稳健程度，针对知晓中国援助这一重要的援助主观感知变量，考虑到本文所选数据的特征，本文也进行了一系列的稳健性检验。第一种方法是改变被解释变量的测量方式。上文中实证结果沿用了第八轮非洲晴雨表调查中对认同状况的原始界定，此时本文进一步将认同状况处理为二分变量，排除了两种认同相当人士的受访结果，进而更好地观察援助感知对两类清晰认同的影响（如无特别说明，下文的样本皆照此处理）。表4的模型1显示，更换模型后的结果依然显著，知晓中国援助并未提高受访民众国家认同。使用Stata自带的margins命令进一步检验知晓援助这一变量的边际影响，结果表明：平均而言，知晓中国援助让民众提高国家认同的概率下降5.7%左右。

表 4　稳健性检验

变量	二分国家认同 Logit 模型 模型 1	定序国家认同 OLS 模型 模型 2	定序国家认同 增加控制变量 模型 3
知晓中国援助	0.545** (0.146)	− 0.206** (0.093)	− 0.184** (0.092)
年龄	1.007 (0.008)	0.002 (0.003)	0.002 (0.003)
城乡	0.830 (0.238)	− 0.037 (0.101)	− 0.007 (0.100)
受教育水平	1.111 (0.092)	0.037 (0.029)	0.029 (0.029)
性别	1.337 (0.331)	0.119 (0.089)	0.130 (0.088)
官方语言	1.386 (0.390)	0.048 (0.100)	0.056 (0.099)
当前生活状况	1.227* (0.129)	0.051 (0.038)	0.050 (0.037)
通过收音机获取新闻	1.059 (0.088)	0.034 (0.031)	0.035 (0.030)
通过互联网获取新闻	0.986 (0.092)	− 0.011 (0.033)	− 0.005 (0.032)
族群不公经历			− 0.527*** (0.105)
常数	2.352 (1.291)	4.074*** (0.201)	4.120*** (0.199)
样本量	752	752	748
R-squared		0.014	0.048

注：除模型 1 系数为 OR 外，其余模型汇报 OLS 回归结果。括号内数字为标准误。
***、** 和 * 分别表示相关系数通过 0.01、0.05 和 0.10 水平的显著性检验。
资料来源：作者依据分析结果整理。

接下来，本文将模型方法改变为普通最小二乘法（OLS）线性回归模型。基准模型强调认同层次的有序与离散性，因此选用 gologit2 模型。由于因变量具有数个取值，可以考虑使用 OLS 模型进行检验并获得更加直观且易于解读的结果。如表 4 模型 2 所示，知晓中国援助对于认同建构在总体上的影响效果与基准回归一致。

第三个稳健性检验则是考虑控制受访者族群是否经历过基于族群身份的不公待遇。参考族群冲突成因的"怨恨说"解释，一个族群相对于其他族群在政治经济社会层面上受到的不公对待会造成各个族群在横向层面的不平等，而这种族群不平等十分容易成为国内族群冲突爆发的契机。已有研究证实被排斥的族群存在更有可能引发激烈的暴力冲突。①因此，可以设想因族群身份而在生活中遭受排斥（尤其是由政府当局所造成的不公）的民众会对国家产生厌恶或不信任，影响他们的国家认同。本文根据前述的非洲晴雨表中对于受访者遭受政府对本族群不公对待经历频率的询问，将族群不公经历纳入控制变量进行检验。②结果表明，控制族群不公经历后的主要回归结果依旧稳健。（见表 4 模型 3）

五、结论与讨论

在一段时间内，对于外国援助能在多大程度上弥合国家内部族群之间的区隔、进而促进当地国家建构这一议题，不少研究给出了多样的结论。根据中国政府的公开数据，2013 年至 2018 年，中国对外援助金额为 2 702 亿元人民币，包括无偿援助、无息贷款和优惠贷款，资金和项目遍布五大洲。③随着中国"一带一路"建设的持续深化，中国援助对于受援国社会领域将产生何种影响需要进一步地深入讨论。本文选择国家认同作为关键被解释变量，利用非洲晴雨表在坦桑尼亚的调查数据，进一步细化了从族群认同到国家认同的五类认同层次，

---

① 陈冲：《机会、贪婪、怨恨与国内冲突的再思考——基于时空模型对非洲政治暴力的分析》，《世界经济与政治》2018 年第 8 期，第 94—127 页。

② 该数据来自原始调查问卷中第 Q82A 题项，询问"受访者的族群遭受来自政府的不公正对待的频率"，应答选项为"从未""偶尔""常常"和"总是"，取值分别为 0—3。原始问卷参见 https://www.afrobarometer.org/survey-resource/tanzania-round-8-survey-2021/，访问时间：2023 年 2 月 14 日。

③ 国务院新闻办，《新时代的中国国际发展合作》，http://www.scio.gov.cn/zfbps/32832/Document/1696685/1696685.htm,访问时间：2023 年 2 月 6 日。

检验了对中国援助的主观感知将对受援国的族群与国家认同产生何种影响。实证结果表明，民众是否了解、如何评价中国援助对于受援国内多层次的认同政治的影响是多样的，这与过往仅仅考虑中国援助的客观存在产生影响有所不同。研究的主要结论是：首先，对中国援助存在的感知主要影响了那些相对更加认同族群的受援国民众，随着他们听闻和了解到中国对本国政府的帮助，这类人群进一步认同国家的可能下降，族群身份会更加突出。这种略显意外的结果可能反映出对援助分配不平等的固有担忧阻碍了中国援助帮助此类人群进一步认同国家，也印证了知晓援助存在的简单事实并不能对于受援国内国家认同的建构有积极作用。而了解援助则在大多数情况下巩固了本已较强烈的国家认同。第二，对中国援助影响的评价趋于积极，将有助于提高之前较为认同族群的人群转而认同国家的可能性，但这一效果并不算显著。而积极评价中国政治经济影响，将会降低同等认同族群和国家或较认同国家的人完全认同国家的可能性，这可能与民众如何看待外国积极援助与本国公共服务间的关系有关。

本研究在理论与政策上都有特定的贡献：首先，本文通过在非洲开展的社会调查，纳入受援国民众的主观视角，为援助与非洲国家认同图景关系的讨论贡献了新的证据。进一步地，援助对于认同的多样影响又会进一步影响族群冲突管理、国家能力建设等一系列重要议题。这不仅对研究者考察援助影响提供了有益的视角，更重要的是，本文对于国际行动者是否以及如何帮助受援国开展国内社会建设的讨论提供了一定的证据。第二，本研究同样也有着政策意涵。本文认为，当地民众主观感知也是对外援助工作需要考虑的重要环节，只有让受援国民众真切感受到援助效果的援助才能真正体现出我国援助的优势与本质属性。研究揭示，援助工作需要充分考虑各类外部因素与非预期后果，妥善协调各方。对于非洲这片族群身份突出、认同图景复杂的地区，中国的援助项目开展需要进行更为细致和长远的考虑。在援助国、受援国政府、当地民众这样的多主体互动中，中国一方面应通过事前友好协商、明确执行方案、加强人员培训等方式，在充分尊重对方主权与内政的基础上确保援助普遍促进当地民众的生活水平、保证援助合规有效推行，减少腐败风险；同时加强完善宣传工作，充分考虑受援国民众的思维方式和当地社会状况，让当地民众在舆论上真切了解到中国援助的普惠与诚意；避免仅对援助情况进行简单报道，而应充分深入当地基层社会，呈现中国援助如何与当地民众福祉息息相关，进而提升民众对援助后果的预期。本文需要强调，中国援助并不会区别对待处于不同权力关系中的族群①，这为国际援助工作提供了可供借鉴的良好示范。该研究也提醒人们看待援助时，不仅要意识到援助体现着援助国的目标，也难以避免地会在受援国社会产生各类潜在影响。讨论中国援助对中国战略、国际地位企业贸易等的直接影响固然重要，但从长远来看，中国援助若能对受援国社会团结产生积极效应，将有助于为中国外援项目创造更加稳定可期的社会环境，这也是当下"一带一路"合作正从硬联通扩展到软联通的题中应有之义。

作为一项探索性的研究，本研究同样也有着一些局限性，未来的研究可以在以下方面深入进行：一是扩充本文使用数据的空间广度与时间长度，在量化研究方面考虑更多的证据。例如，本文主要关注知晓和评价已经实施和提供的援助，并未进一步考虑这一态度可能的历时性改变。而经历援助和即将接受援助等不同时期内民众的观点可能已经发生了转变。二是由于调查丰度的限制，实证部分仍有许多有趣的差异难以深究。例如，对于认同处于中间地带的受访者为何在知晓与评价援助上影响有所差异，本文只能给出初步的推想，但在理论上尚未充分讨论背后的成因。三是开展跨国案例比较研究，以此来减少单一国家自身历史背景的干扰，例如寻找近年来中国援助才开始逐步进入的国家进行对比。中国对非援助研究在定量方法上已经取得很多进展，而可靠的案例将有助于未来研究去明确中国援助背后的影响机制。

---

① Ann-Sofie Isaksson, "Chinese Aid and Local Ethnic Identification," pp.833—852.

21 世纪以来澳大利亚的南海政策和南太平洋战略：
威胁感知、利益排序与角色定位

刘颖哲*

一、研究缘起：作为中美第三方的澳大利亚

大洋洲（Oceania）的英文原意为"被大洋环绕的陆地"，由核心的澳大利亚大陆和 1 万多个岛屿组成，是全球面积最小、人口最少的大洲。澳大利亚位于南太平洋与印度洋交汇处，地缘价值日益重要，是大洋洲实力地位领先的国家。第二次世界大战后，澳大利亚的对外政策存在身份、利益、角色三个矛盾：西方文化认同与紧邻亚洲位置的矛盾、联盟安全利益与周边经济利益的矛盾、地区领导者与霸权依附者角色的矛盾，体现在其战略利益的复合性和外部压力下的政策摇摆。①与此同时，作为中等强国，澳大利亚的战略视域和利益界定又是

──────────

* 刘颖哲：中国人民大学国际关系学院国际关系专业 2023 级博士研究生。感谢《印度洋经济体研究》编辑部、《国际政治研究》匿名专家，以及第十六届全国国际关系、国际政治专业博士生学术论坛评议老师的宝贵意见。文责自负。

① 关于澳大利亚身份矛盾的代表性文献参见许善品、汪书丞：《国家身份视角下澳大利亚的外交政策选择》，《印度洋经济体研究》2018 年第 3 期，第 67—84 页；许善品、张涛：《权力·历史·文化：澳大利亚对华战略疑惧的由来》，《印度洋经济体研究》2019 年第 5 期，第 32—52 页。关于澳大利亚利益矛盾的代表性文献参见鲁鹏：《在理想与现实之间——从澳大利亚外交战略看澳大利亚南海政策》，《亚太安全与海洋研究》2015 年第 4 期，第 11—26 页；李途：《二元困境、"反思主义"与澳大利亚的对外政策调整》，《国际论坛》2021 年第 4 期，第 99—117 页。关于澳大利亚角色矛盾的代表性文献参见孙通、刘昌明：《"追随"或"自主"：美澳同盟中澳大利亚外交困境与选择》，《世界经济与政治论坛》2018 年第 3 期，第 62—77 页；邱涛：《"印太战略"框架下澳大利亚对美政策研究——安全焦虑与"中等强国"的视角》，《世界经济与政治论坛》2021 年第 3 期，第 106—126 页。

稳定且连贯的，既追求次区域领导地位，又强调全球利益和外向型政策。

建国伊始，联盟关系和地区关系是澳大利亚对外政策最重要的两个方向，至21世纪初这两条主线基本等同于对美关系和对华关系。1996年3月，约翰·霍华德（John Howard）在就职总理后力倡"不必在地理和历史之间做选择"的平衡外交。①2003年，霍华德邀请美国总统与中国国家主席同期在联邦议会两院联席会议上发表演讲，标志着正式将中国置于和美国同层次的外交地位。②陆克文（Kevin Rudd）早年研究中国历史和文学，掌握流利的中文，曾被视为有望助推中澳关系的"知华派"，然而上台后多次以"无情的现实主义态度"抨击中国，与工党同僚朱莉娅·吉拉德（Julia Gillard）频繁内斗。③2013年联盟党领袖托尼·阿博特（Tony Abbott）掌握政权，他坦言对待中国的感受是一种"恐惧"和"贪婪"交织的心理。④2017年以来，随着美国对华竞争日益显化，保守党领导下的澳大利亚日益偏离平衡外交，对华敌对倾向愈加突出。马尔科姆·特恩布尔（Malcolm Turnbull）政府（2015—2018年）迅速加大军事投入，积极响应美国的"印太"战略和"小多边"机制；斯科特·莫里森（Scott Morrison）政府（2018—2022年）期间中澳矛盾和摩擦由经贸、价值观外溢到舆论宣传、立法等多领域。⑤2022年工党领袖安东尼·阿尔巴尼斯（Anthony Albanese）胜选

① John Howard, "Press Conference—Dr Mahathir's visit, The Heritage, Brisbane," Australia Government Department of the Prime Minister and Cabinet, March 29, 1996, https://pmtranscripts. pmc.gov.au/release/transcript-9967, 2023-09-28.

② Timothy David Kendall, *Within China's Orbit? China through the Eyes of the Australian Parliament*, Department of Parliamentary Services, 2008, pp.87—118.

③ Geoffrey Garrett, "Rudd's Chinese Whispers Will Have Been Heard Loud and Clear," *The Sydney Morning Herald*, December 7, 2010, https://www.smh.com.au/politics/federal/rudds-chinese-whispers-will-have-been-heard-loud-and-clear-20101206-18mpa.html, 2023-09-28.

④ John Garnaut, "'Fear and Greed' Drive Australia's China Policy, Tony Abbott Tells Angela Merkel," *The Sydney Morning Herald*, April 16, 2015, https://www.smh.com.au/politics/federal/fear-and-greed-drive-australias-china-policy-tony-abbott-tells-angela-merkel-20150416-1mmdty.html, 2023-09-28.

⑤ "Turnbull Says Australia will 'Stand up' to China as Foreign Influence Row Heats up," *The Guardian*, December 9, 2017, https://www.theguardian.com/australia-news/2017/dec/09/china-says-turnbulls-remarks-have-poisoned-the-atmosphere-of-relations, 2023-09-28; "Joint Media Statement: Australia to Pursue Nuclear-powered Submarines through New Trilateral Enhanced Security Partnership," Australian Government Department of Defence, September 16, 2021, https://www.minister.defence.gov.au/minister/peter-dutton/statements/joint-media-statement-australia-pursue-nuclear-powered-submarines, 2023-09-28.

组阁，新政府采取"软性"措施与亚太国家接触、追求"更好外交"，但仍延续追随美国"印太"战略的基本方向。①由此可见，澳大利亚与地区崛起国和体系霸权国形成了紧密外交关系，既受大国战略变化影响，又能通过自主外交发挥影响力，是中美之间重要的第三方国家。新千年以来，澳大利亚的对外战略逐渐表现出对美依附、对华制衡色彩，但在不同阶段与议题上的表现形式有所区别。那么，澳大利亚决策者的威胁认知、利益排序和安全战略的转向有何规律？

既有研究从国际格局、战略文化和国内政治角度总结了澳大利亚对外政策的影响因素。第一，中美实力对比和互动关系变化塑造了中小国家的战略环境，冷战后澳大利亚面临安全—经济分离的"二元困境"。②第二，澳大利亚的战略文化存在结盟与"自我依赖"（self-reliance）、"前沿防御"（forward defence）和"大陆防御"（continental defence）的内在张力，在"选边"压力加剧时回归"与强国结盟"的传统。③第三，澳大利亚在中美间的选择长期以国内利益为基础，采取灵活手段维持相对独立的外交模式，国内政治斗争可能损害该模式的延续。④综合来看，多数研究简化了澳大利亚决策者评估外部环境、界定核心议题和定位国际角色的微观过程，也较少探索澳在不同安全议题上的利益排序和策略组合。事实上，澳大利亚日益追求借力大国与自力更生的平衡，比如在南海议题上尽管为美国的说辞和军事行动背书，但始终未进入敏感海域开展"自由航行行动"（freedom of navigation operations，FONOPs）；而对于中国在南太

---

① Anthony Albanese, "Stronger in the World, United at Home: An Address by Opposition Leader Anthony Albanese," Lowy Institute, March 10, 2022, https://www.lowyinstitute.org/publications/address-opposition-leader-anthony-albanese, 2023-09-28.

② 李途：《二元困境、"反思主义"与澳大利亚的对外政策调整》，《国际论坛》2021 年第 4 期，第 99—117 页；秦升：《政策摇摆与认知分裂：转变中的澳大利亚对华外交》，《战略决策研究》2019 年第 5 期，第 18—34 页。

③ 杨毅：《在历史与地理之间——澳大利亚安全认知与实践的两难抉择》，《当代亚太》2017 年第 3 期，第 78—99 页；Michael Evans, *The Tyranny of Dissonance: Australia's Strategic Culture and Way of War 1901—2005*, Land Warfare Studies Centre, 2005, pp.40—51；Mark Beeson and Alan Bloomfield, "The Trump Effect Downunder: U.S. Allies, Australian Strategic Culture, and the Politics of Path Independence," *Contemporary Security Policy*, March 2019, pp.1—27.

④ 宁团辉：《政党政治与澳大利亚对华政策的转变》，《国际政治科学》2021 年第 3 期，第 95—124 页；Shannon R. Tow, "Diplomacy in An Asymmetric Alliance: Reconciling Sino-Australian Relations with ANZUS, 1971—2007," *International Relations of the Asia-Pacific*, Vol.12, No.1, 2012, pp.71—100.

平洋拓展正常的基础设施建设项目和安全协议的举动，澳大利亚的反应比美国更强烈和激进。本文将从决策者认知角度比较 21 世纪以来澳大利亚的南海政策与南太平洋战略变化。南海和南太平洋均为印太枢纽海域，分别是中美互动的核心议题和上升议题，而澳大利亚与海上东盟国家与南太平洋岛国的互动非常密切，二者对比有助于展现外生与内生因素如何影响澳大利亚的对外政策。

二、威胁感知、利益排序与角色选择过程

决策者是接受外部信息、定位国家角色的主体，其认知在"结构—施动者"互动中起桥梁作用，既包含对安全环境压力的感受、理解和判断，又产生了阶段性的身份和利益界定。本文将澳大利亚决策者的战略选择概括为在"对华竞争者""对华合作者""东西方桥梁"三类国际角色中的定位，威胁感知和利益排序分别是对外部冲击的反应和内生的战略目标，二者综合影响了政策结果。

（一）双重威胁感知与利益优先级

澳大利亚的中等强国地位和结盟国家身份使其受到体系"大环境"和联盟"小圈子"的双重压力。二战后，澳大利亚逐渐形成了中等强国的自我认同，追求地区枢纽位置和稳定国际秩序，主要行为特质是在多边制度中增强影响力和战略自主能力。①相对于小国，澳大利亚更重视亚太地区的关系网络和秩序前景，地区安全局势、大国竞争关系、非传统安全风险等均为外部威胁来源。

结盟既是国家应对威胁的外部平衡手段，也蕴含着"抛弃—牵连"的潜在安全风险。②作为不对称同盟中的弱国，澳大利亚为获取军事保障、克服安全焦虑在联盟中让渡国家权力，与美国在权责分配和战略排序上的差异可能导致资源无效投入，甚至卷入不必要的危机。联盟风险与外部威胁有时是相互强化的，如大国激烈竞争会加剧被牵连的风险，盟国对敌怀柔可能促进局势恶化；③有时

① Gareth J. Evans and Bruce Grant, *Australia's Foreign Relations in the world of the 1990s*, Carlton, VIC: Melbourne University Press, 1995, p.397.

② Glenn H. Snyder, *Alliance Politics*, Ithaca and London: Cornell University Press, 1997, p.308; Thomas Christensen, "Perceptions and Alliances in Europe, 1865—1940," *International Organization*, Vol.51, No.1, 1997, pp.65—97.

③ Josef Joffe, "NATO and The Dilemmas of a Nuclear Alliance," *Journal of International Affairs*, Vol.43, No.1, 1989, pp.29—45.

则是相互抑制的，如联盟在恐怖主义威胁中走向同仇敌忾。本文关注的决策者感知是具体情境下对双重威胁来源的主观评估结果，而非其互动形成过程。

21 世纪以来澳大利亚决策者的威胁感知从乐观自信走向深度忧虑。2000 年《国防白皮书》的判断是美国战略主导地位增强，国家间冲突前景较低，常规战争的威胁下降。①澳大利亚主要担忧的是恐怖主义、大规模毁灭性武器与核武器的扩散等全球性问题，并以积极主动姿态应对敌对势力。2007 年《国防战略更新》意识到全球化是降低传统威胁和放大潜在风险影响力的"双刃剑"，美国"再平衡全球承诺"体现出单极格局的机遇窗口开始收缩。②2009 年《国防白皮书》双重威胁感知均明显增强，认为亚太大国关系转变将对战略环境产生深远影响，而美国作为稳定力量的意愿或能力可能减弱。③此后决策者对战略环境不确定性的恐慌日益凸显，历年战略文件的修辞日益严厉，强调国际秩序处于权力分配变化、区域军事现代化、霸权保护主义、技术颠覆和疫情扩散的冲击。2023 年《国防战略审查》更是忧心忡忡地表示"二战后首次需要管理最高水平战略风险（地区冲突）"④。

一国的安全利益排序受其地理、历史、战略环境、经济状况、价值观的影响。⑤由于不同议题上的战略目标、投入能力和外部支持预期不同，澳大利亚对秩序前景的想象和威胁承受能力随之变化，决策者对优先次序的评估是独立、内生的。通常来说，大国追求辽阔地域中的权力最大化，中等强国则在次区域辐射其影响力。澳大利亚较早地认识到其全球利益与谨慎分配资源的重要性，

---

① "Defence 2000：Our Future Defence Force," Australian Government Department of Defence，2000，https://defence.gov.au/publications/wpaper2000.pdf，2023-07-21.

② "Australia's National Security：A Defence Update 2007," Australian Government Department of Defence，2007，https://www.navedu.navy.mi.th/stg/databasestory/data/youttasart/youttasartchart/big-country/AUS%20NSS%202007/Australia%20Preliminaries%202007.pdf，2023-07-21.

③ "Defending Australia in the Asia Pacific Century：Force 2030," Australian Government Department of Defence，2009，http://www.defence.gov.au/whitepaper/docs/defence _ white _ paper _ 2009. pdf，2023-07-21.

④ "National Defence：Defence Strategic Review 2023," Australian Government Department of Defence，2023，https://www.defence.gov.au/about/reviews-inquiries/defence-strategic-review，2023-11-20.

⑤ "In the National Interest：Australia's Foreign and Trade Policy：White Paper," Australian Government Department of Foreign Affairs and Trade，1997，http://repository.jeffmalone.org/files/foreign/In _ the _ National _ Interest.pdf，2023-07-21.

重点培养某些区域和领域的能力，在优先利益范围中具有权力护持思维，而在更广泛事务中扮演"国际良好公民"①。按照利益重要性排序差异，可将澳大利亚的安全议题分为优先和非优先事项，体现在历届政府的战略文件中。

进入21世纪，澳大利亚首次面临最大贸易伙伴为安全盟友竞争对手的困境，其利益排序是从分散点状到"同心圆"（concentric circle）架构，再走向有重点的次区域范围。霍华德政府强调超越地缘的全球性利益，从亚太到中东的安全热点均具有战略意义，特别关注印度尼西亚、东帝汶和太平洋岛国的治理不善问题。②陆克文政府在2009年《国防白皮书》中清晰界定了"本土—邻域—亚太—全球"四环利益，除本土和领国外，东南亚国家及海上航道的安全至关重要，因为北方通道是敌对势力武器投送的必经之路。③2012年起澳大利亚官方文件开始探讨"印太"概念，将西太平洋至印度洋视为一条战略弧线，南亚、东北亚和东南亚被统一起来，澳大利亚处于两洋交汇的枢纽位置。④本土安全的含义也从大陆、海域、空域扩展至网络空间和太空系统。⑤特恩布尔政府更加重视邻近区域并扩大其范围，明确了安全战略重点是"从印度洋东北部，通过东南亚，到巴布亚新几内亚和西南太平洋"，南太平洋与东南亚被列为地区构想的"两翼"。⑥

① "Defence 2000: Our Future Defence Force," Australian Government Department of Defence, 2000, https://defence.gov.au/publications/wpaper2000.pdf, 2023-07-21.

② "Australia's National Security: A Defence Update 2003," Australian Government Department of Defence, 2003, https://apps.dtic.mil/sti/tr/pdf/ADA480968.pdf, 2023-07-21; "Advancing the National Interest: Australian's Foreign and Trade Policy White Paper," Australian Government Department of Foreign Affairs and Trade, 2003, https://www.aph.gov.au/Parliamentary _ Business/Committees/Senate/Foreign _ Affairs _ Defence _ and _ Trade/Completed _ inquiries/2002-04/white _ paper/index, 2023-07-21.

③ "Defending Australia in the Asia Pacific Century: Force 2030," Australian Government Department of Defence, 2009, http://www.defence.gov.au/whitepaper/docs/defence _ white _ paper _ 2009.pdf, 2023-07-21.

④ "Australia in the Asian Century," Australian Government, 2012, https://china.embassy.gov.au/bjng/whitepaperwhitepaper.html, 2023-07-21.

⑤ "Defence White Paper 2013," Australian Government Department of Defence, 2013, https://www.aph.gov.au/About _ Parliament/Parliamentary _ Departments/Parliamentary _ Library/pubs/rp/rp1516/DefendAust/2013, 2023-07-21.

⑥ "2016 Defence White Paper," Australian Government Department of Defence, 2016, https://www.defence.gov.au/sites/default/files/2021-08/2016-Defence-White-Paper.pdf, 2023-07-21; "2020 Defence Strategy Update," Australian Government Department of Defence, 2020, https://www.defence.gov.au/about/strategic-planning/2020-defence-strategic-update, 2023-07-21.

（二）决策者认知规律与国际角色定位

角色定位是领导人对本国在国际体系中的位置、行为和规范的看法。[①]一国在历史中发展了不同维度和含义的角色，蕴含与他者互动时可使用的"剧本"，决策者需评估怎样的角色扮演或角色构建有助于减低风险、实现目标，进而推行符合角色要求的政策。二战以来澳大利亚外交目标基本固定，一是形成维护周边安全且有利于自身的地区秩序，二是扩展自身影响力成为在亚太拥有关键地位的大国。为实现安全、政治和经济目标，澳大利亚具有三类成熟的国际角色类型："对华竞争者"是维护联盟承诺的保守型角色、"对华合作者"是支持与周边国家深度合作的改革型角色、"东西方桥梁"是强调全球利益和大国间特殊位置的务实型角色。[②]

基于外部变化的双重威胁感知限定了澳大利亚对外政策的基本范围，利益排序则决定了决策者对多个战略选项的精力分配。本文假设，外部威胁高于联盟风险感知更有可能唤醒对华竞争者角色，联盟风险超过外部威胁感知则推进对华合作者角色；当环境极度不确定、双重威胁均高时，决策者在优先事项中更可能选择对华竞争者角色，否则转向东西方桥梁角色；当战略环境宽松、双重风险均低时，决策者在优先事项中更可能选择东西方桥梁角色，否则转向对华合作者角色（如表 1）。

表 1 澳大利亚决策者的认知与角色定位

		外部威胁感知	
		高	低
联盟风险感知	高	对华竞争者（优先事项） 东西方桥梁（非优先事项）	对华合作者
	低	对华竞争者	东西方桥梁（优先事项） 对华合作者（非优先事项）

资料来源：作者自制。

---

① K.J. Holsti, "National Role Conceptions in the Study of Foreign Policy," *International Studies*, Vol.14, No.3, 1970, pp.233—309.

② 刁大明、刘颖哲：《体系压力、决策者认知与澳大利亚作为中美第三方的战略选择》，《同济大学学报（社会科学版）》2023 年第 2 期，第 40—55 页。

质性文本分析（qualitative text analysis）是运用符码和类目对文本进行分析和诠释的研究方法，要求根据清晰规则来创建类目和编码文本，特别适用于对复杂文本的诠释。①本文希望通过质性文本分析检验决策者威胁感知与角色定位的相关性，选用了 2000—2020 年澳大利亚的代表性外交文本，一部分为澳大利亚国防部、外交贸易部发布的战略报告（13 份），另一部分是澳大利亚总理内阁部的"总理文字记录"（PM Transcripts）数据库中历届总理的公开言论（62份）。②通过 MAXQDA 软件，本文逐一为文本编码，具体归类标准如表 2 所示，再将与评估类目相关的段落进行编码并整合（编码结果参见附录）。

表 2　决策者的认知变化符码表

主类目	子类目	含义与特征
威胁感知	低低	外部威胁与联盟风险感知均低。①对中国崛起和发展前景持有限积极或中性态度，不认为周边出现对澳大利亚的巨大威胁。②对联盟态度积极，将联盟（包括美国主导的秩序）视为克服潜在风险的关键。
	高高	外部威胁与联盟风险感知均高。①明确提到外部威胁、挑战、紧张局势，强调地区安全、大国关系或非传统安全风险。②提到与美国意见不一致（分歧）、主观上认为具有不同于美国的独特利益。
	高低	外部威胁感知高，联盟风险感知低。①明确提到外部威胁、挑战、紧张局势，强调地区安全、大国关系或非传统安全风险。②对联盟态度积极，将联盟（包括美国主导的秩序）视为克服潜在风险的关键。
	低高	外部威胁感知低，联盟风险感知高。①对中国崛起和发展前景持有限积极或中性态度，不认为周边出现对澳大利亚的巨大威胁。②提到与美国意见不一致（分歧）、主观上认为具有不同于美国的独特利益。

---

①　［德］伍多·库卡兹：《质性文本分析：方法、实践与软件使用指南》，朱志勇、范晓慧译，重庆大学出版社 2017 年版，第 35 页。

②　"总理文字记录"（PM Transcripts）电子数据库收藏了 1997—2018 年历届总理的所有公开发言文本，并具有内容搜索与简单筛选功能。本研究采用的主要筛选标准是以"Foreign Policy""China""Threat"为关键词，对同时含有三个关键词的文本再进一步阅读，判断文章中是否提到对威胁环境的感知和对本国国际角色的表述。由于决策者的认知和大战略调整是相对缓慢的过程，本研究以年为单位，保证每年的文本分析数量至少有两个，最终收集到 62 份文木材料，与战略义本相加共计 75 份研究材料。

（续表）

主类目	子类目	含义与特征
角色 选择	对华 竞争者	将本国角色与联盟关系紧密结合，以捍卫共同利益、价值、秩序为目标，提到对联盟的贡献或对承诺的支持。
	对华 合作者	强调利益重点在亚太区域，支持和推动区域制度，具有防御性、开放性表述，如国际主义者、全球公民、多元文化、亚洲国家。
	东西方 桥梁	平衡西方认同与地区身份，强调全球利益、地区大国地位和（在中美间的）特殊位置，提到无须在历史和地理间做选择。

资料来源：作者自制。

本文对"威胁感知"和"角色定位"进行双变量频率分析，形成的交叉表如表 3 所示。①可以发现，在 2000—2020 年这十年中，决策者双重威胁感知在多数情况是较为平衡的；角色定位为"b"的情况最多，其次为"bc""ab""a"。角色定位"a"在"高低""高高"时出现，"c"在"低高""低低"时出现，"b"在"低低""高高"时出现。换言之，澳大利亚决策者在外部威胁感知高时倾向"对华竞争者"角色，在外部威胁感知低时倾向"对华合作者"角色，在双重感知均高或均低时以"东西方桥梁"角色为主。

表 3　威胁感知与角色定位交叉表

角色定位	威胁感知				
	低低	低高	高低	高高	总计
a	0	0	12	0	12
ab	2	0	7	3	12
ac	0	0	1	2	3
b	12	0	11	4	27
bc	6	1	7	3	17
c	4	0	0	0	4
总计	24	1	38	12	75

资料来源：作者自制。

---

① 为制图方便，本文以"a"代表"对华竞争者"、"b"代表"东西方桥梁"、"c"代表"对华合作者"。

为进一步探究各变量间的关系，本文将"威胁感知"和"角色定位"中的各要素设为虚拟变量进行相关性分析（如表4所示）。[①]结果显示，"T1"与"a"显著相关，"T2"与"c"具有较高相关性，意味着外部威胁感知和联盟风险感知的增强将分别刺激"对华竞争者"和"对华合作者"角色定位。"T1"与"T2"基本具备差异显著，说明决策者达到双重威胁感知存在相互强化，但相关系数不高，可被视为一种间接关联。此外，三类角色定位具有相互抑制的关系，意味着澳大利亚的对外政策通常符合某种主导性国际角色。

表4 威胁感知与角色定位相关性分析

	T1	T2	a	b	c
T1	1.000				
T2	0.249 (0.031)	1.000			
a	0.413 (0.000)	0.024 (0.842)	1.000		
b	− 0.152 (0.194)	0.105 (0.371)	− 0.521 (0.000)	1.000	
c	− 0.198 (0.088)	0.185 (0.113)	− 0.371 (0.001)	− 0.027 (0.821)	1.000

资料来源：作者自制。

值得注意的是，该质性文本在分析中的编码是决策者针对特定议题和观众的主观表达，存在主观夸大（外部威胁）或刻意隐瞒（联盟风险）的可能性，但威胁感知与角色定位相关性的总体趋势验证了上文假设。尽管一国在某阶段的主导性角色基本固定，但对于不同政策议题中可拥有混合角色，同一角色在不同事务中的表现也有所差异，因此需要对重要议题进行历时性比较研究。

---

① "T1"指外部威胁感知，"T2"指联盟风险感知，"1"和"0"分别为高和低；对于"a""b""c"三类角色，"1"表示有，"0"表示无。

（三）澳大利亚的安全利益排序

南海与南太平洋是澳大利亚与中美的利益交汇处，新千年后两个议题都涉及复杂的内部互动和域外国家介入情况，牵动了亚太地区局势。本文梳理了1997—2023 年战略文本对两个议题的表述和对中国的看法（如表 5 所示），可以发现：澳大利亚在南海问题上更早感受到大国博弈压力，但长期保持谨慎乐观；在南太平洋问题上关注重点由内部发展脆弱性转为大国影响力扩展。

表 5　澳大利亚战略文本中的利益排序与主要表述

文件	利益排序	提及中国页数/总页数
1997 年外交外贸白皮书	① 澳大利亚拥有全球利益，但最重要的战略和经济利益在亚太地区。 ② 国际地位（特别是在东亚、北美和欧洲的地位）取决于在南太平洋发挥领导作用的程度。	55/97。 中国经济增长和影响力提升将是未来 15 年最重要的战略发展。
2000 年国防白皮书	保卫澳大利亚领土—确保近邻的安全（国家脆弱性问题）—促进东南亚的稳定与合作（南海问题需要谨慎处理）—支持亚太区域的战略稳定—支持全球安全。	12/142。 中、日、美三边关系将决定东亚战略框架。中印关系存在战略竞争因素。
2003 年国防战略更新	① 近邻区域的困境—东南亚的恐怖主义—具有高度战略意义的地区（特别是北亚和中东）。 ② 北印度洋和南海的海洋监视活动降低。	4/29。 尽管曾有摩擦，中美关系已趋于稳定。中美战略竞争将在未来 10 年继续。
2003 年外交白皮书	① 积极接触亚洲—强化澳美同盟—帮助太平洋伙伴—发展与欧洲国家关系—提升全球利益。澳大利亚对南太平洋国家负有特殊责任。 ② 东南亚是反恐战争的前线。	86/188。 在中美管理其复杂关系的过程中，澳大利亚拥有重大利益并可以发挥支持作用。
2005 年国防战略更新	①"自我依赖"不仅是国防需要，也符合国家长期利益。 ② 西南太平洋的许多国家仍然面临内部冲突、治理不力、经济不持续、社会不稳定等挑战。东南亚的安全取决于各国的能力。	20/33。 中美竞合关系影响着亚太地区。中国军事现代化的速度和规模可能造成误解。
2007 年国防战略更新	① 本土和邻近地区（领土和周边海上通道、南太岛屿）是需要发挥主导防御作用的最重要领域，国防重点将集中于亚太和中东的安全。 ② 东南亚未来几年最紧迫的是内部安全问题。	15/65。 中澳战略接触目前是有限的但在持续增长。

（续表）

文件	利益排序	提及中国页数/总页数
2009 年国防白皮书	本土受到攻击—与印度尼西亚、巴布亚新几内亚、东帝汶、新西兰和南太平洋岛国共有的邻国的安全、稳定和凝聚力—对从北亚到东印度洋的更广泛亚太地区的稳定（特别是东南亚）—基于规则的全球安全之需。	34/144。中国经济和军事实力上升将影响地区态势和全球秩序，台海可能出现战略误判。
2010 年反恐白皮书	① 首要任务是保本国免受恐怖主义侵害。 ② 东南亚已成为关系松散的恐怖网络所在地。	0/83。
2012 年亚洲世纪白皮书	① 西太平洋和印度洋将被视为一条战略弧线。需要关注长期存在的地区热点问题——朝鲜、台湾海峡、南海和东海争端、印巴关系。 ② 南海问题将继续成为地区摩擦的焦点，但澳大利亚对双边和区域参与的稳定作用有信心。	320/302。地区稳定和繁荣将取决于大国关系的发展，特别是中国、印度、日本和美国之间的关系。
2013 年国防白皮书	安全的澳大利亚本土（大陆、海域、网络空间和太空系统）—安全的南太平洋与东帝汶（没有威胁性大国建立基地）—稳定的印太地区（特别是东南亚的海上安全通道、印度尼西亚的安全）—稳定的基于规则的国际秩序。	57/148。中国存在结构性经济失衡问题，国防预算继续持续增长。期待中国和平崛起。
2015 年国防白皮书	① 优先考虑加强防务接触，特别但不限于印太地区。除对美关系外，值得优先关注的防务关系包括南太平洋岛国、印度尼西亚、中国、日本、印度、五国联防机制、五眼联盟和北约。 ② 必须更加重视南太平洋，与小微型国家开展更多的军事合作，否则外部大国会继续介入。	85/156。中国崛起具有重大安全影响，但没有被普遍认为应影响国防政策。
2016 年国防白皮书	① 安全、有韧性的澳大利亚—安全的临近区域（东南亚海域和南太平洋）—稳定的印太地区和基于规则的全球秩序。 ② 南海的领土争端加剧了不确定性。 ③ 南太平洋以外的国家将寻求继续扩大在该地区的影响力，澳将继续发挥区域领导作用。	51/191。认识到与中国的战略利益可能在某些地区和全球安全问题上存在差异。
2017 年外交政策白皮书	① 促进开放、包容和繁荣的印太地区（印太民主国家对澳大利亚至关重要，东南亚处于印太地区战略竞争的枢纽位置）、反对贸易保护主义、避免澳大利亚的恐怖主义威胁、维护国际规则、加强对太平洋和东帝汶的复原力建设。 ② 南太平洋是澳大利亚的根本战略利益。	108/136。中澳关系广泛而复杂，密切接触会伴随着不同利益、价值观、政治和法律制度所产生的摩擦。

（续表）

文件	利益排序	提及中国页数/总页数
2020 年国防战略更新	① 重点关注邻近地区：从印度洋东北部，通过东南亚海洋和大陆，再到巴布亚新几内亚和西南太平洋。与该地区国家的防务关系是安全规划的重要组成部分，其中包括与东盟成员国和太平洋岛国的关系。 ② 在此之外继续开展多边合作、倡导基于规则的国际秩序，做出更广泛的军事贡献。	7/68。 一些国家将通过胁迫性活动（间谍活动、干预和经济杠杆）追求战略利益。澳对建立军事基地等可能破坏地区稳定的行动感到担忧，包括南海的胁迫性准军事活动。
2023 年国防战略审查	① 保卫本土和邻近地区（东北印度洋、东南亚海域直至太平洋）—通过拒止战略阻止对手通过北方投送力量的企图—保护与地区和世界的经济联系—维护印太地区的集体安全—维护基于规则的全球秩序。 ② 外交对太平洋和东南亚的关注度大幅提高。	8/116。 在力所能及的情况下与中国合作，在必需的情况下提出分歧，明智地处理分歧。中国也在澳大利亚近邻地区参与战略竞争。

资料来源：作者自制。

南海是澳大利亚的北部安全屏障和出口经济通道，澳大利亚的利益排序随着领土与海洋争端的频率增加而上升。目标类型上，澳大利亚在 2010 年前未将南海列入优先事项，仅将东南亚作为恐怖主义多边行动的目的地之一。随着南海主权矛盾和军备竞争日益剧烈，澳大利亚对所谓"航行自由"更加重视。2012 年《亚洲世纪白皮书》强调在地区冲突与误判风险中的非竞争立场，而 2015 年《国防白皮书》直接指责中国为"秩序威胁者""现状破坏者"，逐渐提升对南海问题的关注度并深度介入。[①]

南太平洋区域的岛屿国家在防务、经贸、社会生活方面与澳大利亚深度绑定，长期被澳视为"后院"，但利益重点从改善内部脆弱性转变为平衡域外大国影响力。21 世纪初，南太平洋处于大国互动的边缘位置，政府治理能力不足导致了区域安全的恶性循环。澳大利亚既积极发展有条件的援助，同时避免深度

① "Australia in the Asian Century," Australian Government，2012，https://china.embassy.gov.au/bjng/whitepaperwhitepaper.html，2023-07-21；"Guarding against Uncertainty：Australian Attitudes to Defence，2015 Defence White Paper," Australian Government Department of Defence，2015，https://www.internationalaffairs.org.au/news-item/release-of-the-defence-white-paper-public-consultation-report/，2023-07-21.

介入而具有"新殖民主义"色彩。①随着中美战略视野的扩展，澳大利亚因周边难以掌控而产生安全焦虑，警惕太平洋岛国其他来源的援助和贷款，展现出排他性竞争姿态。②2023 年《国防战略审查》明确提出地区拒止战略，阻止对手以强制手段进入核心军事区域，避免其行动准入受到限制。③

可以发现，澳大利亚决策者对中国参与地区事务的看法鲜明彰显了利益判断。决策者早期关注中、美、日互动，以及印度的经济潜力和崛起态势，2012 年左右对中国影响力的提及次数大幅提升，2016 年起对华表述明显由中性转为负面。在中美关系趋于稳定时，澳大利亚决策者热情洋溢地畅想"亚洲世纪"的发展机遇，将与中国建立更加牢固的伙伴关系作为重要目标。南海局势紧张促使澳大利亚更加重视周边潜在不稳定性，南太平洋议题上的分歧直接使其选择了"中国威胁"的叙事模式。本文将进一步对比 21 世纪以来澳大利亚的南海政策与南太平洋战略，探究决策者认知变化与政策转向的具体表现。

三、21 世纪以来澳大利亚的南海政策

自奥巴马政府"重返亚太"以来，南海问题成为中美战略竞争的焦点议题。美国拓展与东盟国家的军事承诺，主动介入菲律宾、越南等国挑起的南海争端，与中国在主权安全、海洋规则等方面分歧较大且频繁出现对峙局面。澳大利亚在南海的战略选择由谨慎旁观到高调介入再到明确制衡，逐渐提升了该议题的利益排序。

（一）多方接触但置身事外的中立政策（2000—2010 年）

冷战结束后，尽管东南亚南海争端方国家积极采取单边行动，强化对所占

---

① "Australia's National Security：A Defence Update 2003，" Australian Government Department of Defence，2003，https://apps.dtic.mil/sti/tr/pdf/ADA480968.pdf，2023-07-21.

② "2017 Foreign Policy White Paper：Opportunity，Security，Strength，" Australia Government，2017，https://www.dfat.gov.au/sites/default/files/2017-foreign-policy-white-paper.pdf，2023-03-10.

③ "National Defence：Defence Strategic Review 2023，" Australian Government Department of Defence，2023，https://www.defence.gov.au/about/reviews-inquiries/defence-strategic-review，2023-11-20.

据岛屿的控制与建设，中国则采取克制方式推动国家间协商。2002 年《南海各方行为宣言》达成，该宣言通过模糊化方式绕开分歧，对南海局势稳定具有标志性意义。中美作为南海区域的沿岸国家和域外国家，对专属经济区内军事活动的航行自由问题具有不同立场，2001 年中美南海撞机事件反映了双方在南海水域法律地位界定的分歧，但两国默契地控制了危机升级。①

这一阶段，澳大利亚决策者认为南海问题并非主要威胁和优先事项，而是需谨慎处理的众多地区议题之一。一方面，南海相关方的磋商谈判取得进展，发生武装冲突的风险较小。总理发言数据库显示，二战后至陆克文上台前，澳大利亚总理的公开表述仅三次提到南海，均以第三方姿态观察当事国行为。②另一方面，美国保留军事存在、谨慎介入南海争端的做法对澳压力较小。对美国而言，冷战后东亚和太平洋地区存在多个潜在安全风险，南海的紧迫程度远小于朝鲜半岛和台湾海峡，因此减弱了军事存在和安全保证，担任南海争端的"观察者"和"调停者"。美国军方对南海防务问题上更为积极，即便干预意愿较低，其军费支出维持在中国的三倍以上，能够给予盟友稳定支持，总体上符合澳大利亚的战略诉求。③

澳大利亚在南海问题上的倡议是遵守国际规则、采取多边合作方式解决争端、不必"选边站队"，表现出两个鲜明特点。其一，澳大利亚的中立态度并非不重视南海问题，而是同时维系与多个相关国的关系。面对中国与东盟国家这两个亚洲主要的经济伙伴，澳大利亚不愿在双方纷争中惹是生非。其二，澳大利亚虽声称不支持区域外国家介入，却乐见美国在亚洲的更多关注和投入。澳将美国的存在视作地区安全的屏障，1996 年霍华德总理认为美国重申南海航行自由的利益是其在东亚"保持前沿存在的承诺"的表现，是"认识到该地区利害关系的重要信号"。④可见，

---

① Nong Hong, "Freedom of Navigation: Where to Go When the Political Agenda Overshadows Legal Substance," in Myron H. Nordquist, John Norton Moore, and Ronán Long, et al., *Cooperation and Engagement in the Asia-Pacific Region*, Brill, November 28, 2019, pp.179—205.

② "PM Transcripts," Australian Government Department of the Prime Minister and Cabinet, http://pmtranscripts.pmc.gov.au/, 2023-01-31.

③ "Military expenditure," Stockholm International Peace Research Institute, https://www.sipri.org/research/armament-and-disarmament/arms-and-military-expenditure/military-expenditure, 2023-09-28.

④ Paul Dibb, "Opening Address to IISS/SDSC Conference—The New Security Agenda in the Asia-Pacific Region," Parliament House, May 1, 1996, https://pmtranscripts.pmc.gov.au/release/transcript-9987, 2023-02-01.

澳大利亚政治家积极支持美国的南海战略，但并未将自身视为卷入南海事态、需要具体行动的相关方，而是以"对华合作者"角色进行支持国际法和维持现状的原则性宣誓。

霍华德与陆克文政府分别具有增强地区领导力和发展多边主义的愿望，努力发展与中国、东盟国家的友好关系。澳大利亚不仅在东盟地区论坛框架下发挥协调作用，而且试图推动融合各方的地区机制。2004 年五国联防机制（澳大利亚、马来西亚、英国、新加坡、新西兰）正式宣告重启，在南海开展反恐相关的海上军事联合演习。[①]2005 年，霍华德政府决定加入《东南亚友好合作条约》，其中的互不侵略条款可能与联盟条约相矛盾，标志着澳大利亚超越美国授意向地区邻国走近。[②]陆克文上台后在周边进行多方游说，以期建立更大范围的共同体框架，提升了在印太安全事务中的影响力。综合来看，澳大利亚与东南亚国家主要针对非传统安全威胁开展合作，传统安全方面的合作则围绕海洋安全。2002 年、2004 年印度尼西亚两次遭到恐怖袭击，推动澳运用"先发制人"战略与区域国家开展反恐行动，包括增加反恐演习的频率、主办地区反恐会议、签订双边反恐协定等。

（二）不选边但有所偏向的两面性政策（2010—2016 年）

2010 年，时任美国国务卿希拉里·克林顿（Hillary Clinton）的河内讲话宣布在南海拥有国家利益，明确表达担任南海争端调停人的兴趣，被认为是美国介入南海的转折点。2012 年美国正式批准南海"自由航行行动"。[③]域外大国的实际偏向增加了南海问题的复杂性和对抗性，美国的联盟体系也在主导国的压力下被卷入其中。

威胁感知方面，澳大利亚决策者对安全环境评估的乐观态度减弱。一方面，随着美国战略重心转至亚太，东南亚相关国家希望将南海问题国际化，以借助域外大国迫使中国让步，引发地区局势紧张。菲律宾、马来西亚、越南采取先

---

① 蔡鹏鸿：《试析南海地区海上安全合作机制》，《现代国际关系》2006 年第 6 期，第 7—11 页。

② 汪诗明：《1951 年〈澳新美同盟条约〉研究》，世界知识出版社 2008 年版，第 349 页。

③ "Remarks with Philippines Foreign Secretary Albert del Rosario after Their Meeting," US Department of State, June 30, 2011, http://www.state.gov/secretary/remarks/2013/12/218835.ht, 2023-02-28.

发制人做法，在南海争议岛礁开展国内立法、国际提案、到地参访等敏感活动。2013 年年底中国实施合法的南海岛礁建设，而美国拒绝承认中国的主权主张与填海行动合法性。另一方面，澳大利亚高度依赖海洋环境，但不想因美国的强硬表达和激进行动导致"引火上身"，因此南海问题的剑拔弩张也同步强化了美澳联盟分歧。澳参与地区事务需要团结东南亚国家，但对国际法有不同解读，又担心美国与东盟走近而失去特殊的"南锚"地位，限制其自主作用的空间。

在双重威胁感知对比不明显时，决策者将南海事务作为有投机空间的非优先议题，选择左右摇摆的"东西方桥梁"角色，介入程度明显提升。2009 年左右，澳开始渲染中国军事实力上升及海上行动造成的威胁，此后国防白皮书中均将南海描述为自由主义国际秩序的"试金石"，反复提及对沿岸国"改变现状""挑战国际规则"的担忧。[1]2010 年陆克文总理公开表示南海问题关乎国家利益。2011 年吉拉德总理首次将南海"自由航行"与国家安全挂钩，此后关于南海问题的表态和联合军事行动激增。[2]澳大利亚维持同中国、美国、日本、东南亚国家积极接触，采取宣示性政策方式，在多边场合宣称本国是"区域主要贸易国家""国际法支持者"，鼓励通过多方安全与协商机制形成行为准则。[3]

澳大利亚追求言论与实践分立、尽量不得罪任何一方的"战略灵活性"，既乐见美国更加关注南海问题，又强调国际法和多边合作方式，渴望成为"仲裁者"发挥影响力。在越南撞船事件（2014 年）、菲律宾扣押中国渔船事件（2014 年）中，澳就南海问题与东南亚国家探讨，同时又坚称"不偏袒任何一方"。[4]在是否要追随美国巡航南海问题上，官方仍保持对敏感行动的模糊态度。2015 年，美国军方提及拟在澳部署战略轰炸机和侦察机以在南海投射更多力量时，澳方

---

① Rory Medcalf, "Rules, Balance, and Lifelines: An Australian Perspective on the South China Sea," *Asia Policy*, No.21, 2016, pp.6—13.

② 参见冯雷、喻常森：《论澳大利亚的南海战略目标及政策选择》，《国际观察》2016 年第 6 期，第 129 页；于镭、赵少峰：《澳美同盟与澳大利亚南海政策的蜕变》，《国际政治科学》2018 年第 2 期，第 130—157 页。

③ 庄国土、卢秋莉：《近年来澳大利亚官方对南海争端的基本立场》，《南洋问题研究》2013 年第 3 期，第 97—102 页。

④ Bob Carr, "Australia Does not Have to Take Sides," BBC News, August 21, 2012, https://www.bbc.com/news/av/world-australia-29699701, 2023-01-28.

谨慎地予以否认并提到在澳美军"并非要遏制中国的威胁"。①事实上，澳大利亚精英也借此观察美国在危机中的决心和行动，警惕将威胁简单化的不必要挑衅，希望获得在大国间游走的空间。

（三）主动对华制衡的强硬选边策略（2016 年至今）

随着亚太区域的权力转移和"印太"概念的出现，美国更加有计划地介入地区热点问题，试图以南海行动将干预行动事实化、常态化。2016 年 7 月，菲律宾推动的"南海仲裁案"结果出台。在东盟尚未对仲裁结果形成"协商一致"意见时，澳大利亚成为首个就南海问题向联合国发表声明的非沿岸国家，引发中国的抗议和反制。2015—2018 年，美国官员通过多种渠道要求澳大利亚在南海地区进行美式航行自由行动，鼓励其更多分担义务，日本、菲律宾、越南也将澳大利亚作为可以寻求外部支持的对象。

澳大利亚决策者的外部威胁感知显著上升，国内精英将中国在南海的合理行动与在他国挑起的冲突中的对等反制进行负面解读，指责中国的"强权""胁迫性活动""违背《联合国海洋法公约》"。②2016 年 7 月，美澳宣布建立"太平洋统一战线"，两国在南海航行自由必要性上达成共识。③2021 年 7 月，澳大利亚外交部长玛丽斯·佩恩（Marise Payne）直接否定中国在南海的"历史性权利"和"海洋权益"，在法理上否定中国。④有观点指出，澳官方曾将"大国平衡"政策比作"边走路边吃口香糖"，但在紧急情况下这种能力却难以维持。⑤

---

① Michael Vincent, "Tony Abbott Confirms US Has No Plans to Send B-1 Bombers to Australia, Says Defence Official 'Misspoke'," ABC News, May 15, 2015, https://www.abc.net.au/news/2015-05-15/pm-confirms-b-1-bombers-not-heading-to-australia/6471528, 2023-01-30.

② Bonnie Glaser, "High Stakes for Australia in Limiting China's South China Sea Incursions," *The Age*, May 22, 2015, https://www.theage.com.au/opinion/high-stakes-for-australia-in-limiting-chinas-south-china-sea-incursions-20150521-gh6nwv.html, 2023-09-28.

③ "US, Australia a 'United Front' in Pacific: Joe Biden," NDTV, July 19, 2016, http://www.ndtv.com/world-news/us-australia-a-united-front-in-pacific-joe-biden-1433269?ndtv _ related, 2023-03-01.

④ "Making the 5th Anniversary of the South China Sea Arbitral Award," Australia Department of Foreign Affairs and Trade, December 6, 2019, http://www.dfat.gov.au/news/media/Pages/Joint-state-ment-on-the-sixth-indonesia-austalia-foreign-and-defence-minister-2x2-meeting, 2023-03-02.

⑤ Maria Rost Rublee, "Time to Worry, Mate? The Construction of Maritime Security Perceptions Down Under," *Pacific Focus*, Vol.32, No.3, 2017, pp.351—374.

利益排序方面，澳大利亚将中美对立立场与印太秩序的未来变动联系起来，南海被"安全化"为战略性议题。官方表态更加坚定和强硬，主张做南海事务攸关方而非局外人，将中国描述为"使用单方面手段……企图改变现状方"。①2015 年 12 月，佩恩称澳大利亚是美国武力干涉南海的坚定支持者，将行使军事巡航南海的"权利"。②2016 年《国防白皮书》标志着澳大利亚新的南海立场成型，包括"严重关切"中国的行动与规模，计划增加潜艇与军舰以提升海军实力，支持航行与飞行自由。③以前总理基廷为代表的学者认为，美国在南海的"冒险主义行动"将破坏澳大利亚重要的海上交通线，应与其保持距离。④但这种观点被国内污名化为对中国的"示弱"和"纵容"，是"失信"于联盟，更强调与联盟在共同命运上的利害关系。

在此背景下，澳大利亚主动维护美国在印太体系与秩序中的主导位置，倾向于遏制中国的"对华竞争者"角色。澳大利亚对美国的南海介入与自由航行行动表示公开支持，这在日本、韩国、加拿大等美国盟友中属于态度最积极和明确的。⑤其南海战略逐渐走向配合美国"延伸威慑""包围中国"，广泛联络多方介入区域议题。随着美国在南海以"切香肠"方式逼近中国南海岛礁及领海

---

① David Wroe, Philip Wen, "South China Sea Dispute: Strong Indication Australia will Join Push back on China's Island-building," *The Sydney Morning Herald*, June 1, 2015, https://www.smh.com.au/world/south-china-sea-dispute-strong-indication-australia-will-join-push-back-on-chinas-islandbuilding-20150531-ghdjyy.html, 2023-01-28; Andrew Greene, "Australia Should Send Warships to South China Sea, Former Foreign Minister Gareth Evans Says," Australian Broadcast Corporation, October 20, 2015, https://www.abc.net.au/news/2015-10-20/australia-should-send-warships-to-south-china-sea-gareth-evans/6867814, 2023-01-28.

② "Minister for Defence-Statement-Freedom of Navigation in the South China Sea," Department of Defence, Australia Government, October 27, 2015, http://www.minister.defence.gov.au/2015/10/27/minister-for-defence-statement-freedom-of-navigation-in-the-south-china-sea/, 2023-03-10.

③ "2016 Defence White Paper," Australian Government Department of Defence, February 25, 2016, https://www.defence.gov.au/sites/default/files/2021-08/2016-Defence-White-Paper.pdf, 2022-07-21.

④ Joe Kelly, "Paul Keating Lashes Rex Tillerson's China Claim as 'Ludicrous'," *The Weekend Australian*, January 13, 2017. https://theaustralian.com.au/national-affairs/foreign-affairs/paul-keating-lashes-rex-tillersons-china-claim-as-ludicrous/news-story/31fac2f82a74ca026b5393b2d081c772, 2023-03-20.

⑤ "South China Sea: What the Others Are Doing," ACRI FACTS, Australia-China Relations Institute, University of Technology, Sydney, November 12, 2015, https://www.australiachinarelations.org/content/south-china-sea-what-others-are-doing, 2023-01-28.

主权的底线，澳大利亚的话语和实践逐渐靠近美国标准，排他性的"小多边合作"日益实质化。[①]

四、21 世纪以来澳大利亚的南太平洋战略

南太平洋地区（South Pacific Region）是太平洋南部的广大海域，除了澳大利亚、新西兰之外，汇集了多个欠发达岛国，包含 14 个发展中国家及 8 个自治领，是全球范围内脆弱性与依赖性最为明显的地区之一。太平洋岛国占据的海洋专属经济区空间根据《联合国海洋法公约》共计 1 729.6 万平方公里，总和约占全球海洋面积的 10%。澳大利亚是南太平洋区域综合实力最强大的国家，是该区域最大的援助国，也在地区一体化进程中贡献巨大。二战后，澳大利亚积极推动建立南太平洋委员会（1947 年）、南太平洋地区论坛（1971 年），是该地区当之无愧的"领导者"和"掌控者"，而中美均属南太平洋区域的域外国家。21 世纪以来澳大利亚的南太平洋战略长期属于优先议题，大国的力量投射与互动出现得更晚、程度更弱，适合与南海政策对比研究。

（一）推动一体化的地区主义政策（2000—2013 年）

21 世纪初，由于南太地区远离大国核心利益，域外势力对南太区域关注较少，澳大利亚独自承担安全风险的压力较大。该区域主要受非传统安全问题的困扰：东帝汶危机（1999 年）、斐济政变（2000 年）、所罗门群岛内战（2000 年）等政治危机频发；2004 年印度洋地震引发海啸，对斐济、汤加等岛国造成严重损害；此外，还有环境污染、疾病传播、毒品贸易、移民难民等一系列安全问题。2005 年，南太地区一体化纲领性文件的《太平洋计划》出台，澳大利亚在其中的核心地位得到肯定。

2006 年，美国国际开发署的南太平洋分支被关闭，意味着美国将南太视为不紧要的战略后方，希望盟国（澳新）承担起地区维稳的重担。澳大利亚决策者担忧大国撤出带来的"权力真空"，虽未公开表达对联盟不重视南太平洋的不安，但强烈呼吁美国、法国、英国、日本等盟国，以及联合国、英联邦国家、

---

① 单天雷：《印太视域下澳大利亚南海政策》，《南亚东南亚研究》2022 年第 2 期，第 29—45 页。

欧盟国家增加对南太的投入。霍华德和陆克文在任时的公开发言曾多次强调本国在南太的巨大经济付出，希望加强与盟友和其他大国在发展援助上的磋商和协调。①霍华德称中国"对世界经济做出巨大贡献"，"对中美关系的未来走向非常乐观"。②陆克文认为中国实力增长增加了地区环境复杂性，主张"共同应对南太平洋的挑战"。③

澳大利亚国内围绕反恐行动的巨大海外投入展开讨论，决策者认识到与美国的紧密配合使其成为恐怖主义的目标，但义无反顾地捍卫共同身份和价值观，两国的主要分歧是军事力量投入的重点区域。④2000年《国防白皮书》指出，澳大利亚的国防目标应主要指向周边地区，特别提到在东帝汶、巴布亚新几内亚和所罗门群岛的军事部署和行动。⑤霍华德直言联盟不意味着"屈从和统治"，澳大利亚有能力以本国利益和战略发展地区关系。⑥澳大利亚在联合国、二十国集团、亚太经合组织、东盟地区论坛等多边舞台独立发声并投入大量外交资源。政府将澳大利亚描述为"进步的伙伴"，希望在地区治理中履行发挥"领导作

---

① John Howard, "Press Conference, Hotel De Crillon—Paris, France," Australian Government, April 26, 2000, https://pmtranscripts.pmc.gov.au/release/transcript-11503, 2023-03-10; Kevin Rudd, "Joint Press Conference with Josse Barroso, President of the European Commission, Brussels, Belgium," Australian Government, April 2, 2008, https://pmtranscripts. pmc. gov. au/release/transcript-15839, 2023-03-10.

② John Howard, "Address at a Reception Hosted by the Rt Hon Helen Clark Prime Minister of New Zealand Langham Hotel, Auckland," Australian Government, February 20, 2005, https://pmtranscripts.pmc.gov.au/release/transcript-21621, 2023-03-10; John Howard, "Interview with David Speers Sky TV," Australian Government, August 13, 2003, https://pmtranscripts.pmc.gov.au/release/transcript-20855, 2023-03-10.

③ Kevin Rudd, "Interview with Jim Middleton, Newshour, ABC Radio Canberra Australian Foreign Policy," Australian Government, February 20, 2008, https://pmtranscripts. pmc. gov. au/release/transcript-15766, 2023-03-10.

④ Kevin Rudd, "The Australia-US Alliance and Emerging Challenges in the Asia-Pacific Region, The Brookings Institution, Washington," Australian Government, March 31, 2008, https://pmtranscripts.pmc.gov.au/release/transcript-15833, 2023-03-10.

⑤ John Howard, "Address to House of Representatives on Presentation of the Government's White Paper on Defence Policy," Department of the Prime Minister and Cabinet, Australia Government, December 6, 2000, https://pmtranscripts.pmc.gov.au/release/transcript-11719, 2023-02-27.

⑥ John Howard, "Address to the Sydney Institute Intercontinental Hotel, Sydney," Australian Government, July 01, 2003, https://pmtranscripts.pmc.gov.au/release/transcript-20769, 2023-03-10.

用"的"责任"。①

联盟风险感知刺激了决策者的"对华合作者"角色，澳大利亚针对地区不稳定问题发展全方面的援助外交。第一，澳大利亚与南太平洋岛国的双边外交网络成为区域发展的重要资源。由于南太平洋岛国欠缺常规军事能力，澳承担起警务和执法援助的任务。2003 年部署和平监测小组至巴布亚新几内亚支持其政治改革，同年组织所罗门群岛区域援助团（RAMSI）应对内战升级；2006 年汤加骚乱、斐济危机中澳大利亚采取有力行动影响局势。②第二，澳大利亚以领导者姿态推进地区一体化。霍华德提出"汇聚区域治理"的口号，为聚合多方力量缓解南太岛国国家能力问题，提出许多首创性意见。陆克文呼吁联合国设立用帮助最脆弱国家的快速启动基金，其中 5% 至 10% 专门用于小岛屿国家。③2009 年，澳大利亚与新西兰签订《凯恩斯契约》（Cairns Compact），涉及南太平洋的发展协调，同年两国宣布建立"太平洋发展合作伙伴关系"，承诺共同整合发展援助活动以提高效力、实现可持续发展。④

（二）借力大国但存有疑虑的过渡性政策（2013—2018 年）

随着南太平洋战略重要性不断增长，美国的"亚太再平衡"战略和中国的"一带一路"倡议均扩展至此。与南海相比，南太平洋岛国内部利益纠纷较少，大国互动暂未走向激烈竞争。域内国家的自主外交也发展到新的高度。2014 年，《太平洋地区主义框架》成为新的地区纲领性文件，最主要的变化是协商更为开放包容，弱化了澳大利亚的主导位置。南太平洋岛国的"自助"观念成为趋势，

---

① John Howard, "Address to the Australian Strategic Policy Institute Westin Hotel," Australian Government, June 18, 2004, https://pmtranscripts.pmc.gov.au/release/transcript-21325, 2023-02-27.

② David Scott, "Australia as a Middle Power," Seton Hall Journal of Diplomatic and International Relations, 2013, p.120; John Howard, "Australia's International Relations—Ready for the Future. Address to the Menzies Research Centre, Canberra," Australian Government, August 22, 2001, https://pmtranscripts.pmc.gov.au/release/transcript-12342, 2023-03-10.

③ Kevin Rudd, "Transcript of doorstop Port of Spain," Australian Government, November 28, 2009, https://pmtranscripts.pmc.gov.au/release/transcript-16944, 2023-03-10.

④ Kevin Rudd, "Joint Press Conference with New Zealand Prime Minister John Key," Australian Government, August 20, 2009, https://pmtranscripts.pmc.gov.au/release/transcript-16766, 2023-03-10; "Australia-New Zealand Partnership for Development Cooperation in the Pacific," Australia Government, August 20, 2009, https://www.dfat.gov.au/sites/default/files/anzpacpartnership.pdf, 2023-03-10.

美拉尼西亚先锋集团、小岛国集团、瑙鲁协定集团等次地区组织涌现。

威胁感知方面，澳大利亚决策者感受到地区秩序变动的不确定性，认为南太地区战略价值和风险正在同步上升。陆克文曾提到对地区未来的经济和安全挑战"没有把握"①。"印太"概念将太平洋和印度洋连接在一起，澳大利亚和整个南太平洋成为新地区框架的重要交汇点，大国与南太平洋岛国的互动可能带来局势变动，甚至有超越澳大利亚掌控范围的风险。决策者将美国视为秩序主导者和不可或缺的稳定性力量，就强化南太平洋区域投入达成一致，"被抛弃"的恐惧完全压倒"被牵连"的担忧。

2013 年《澳大利亚国家战略》报告强调太平洋发展与稳定对本国安全战略的重要性，明确支持"维持美国在地区的军事存在"。②阿博特政府认为，澳大利亚是南太平洋地区的"主导国家"，但是如果不提高军事合作水平，外部大国将持续介入。③其外长毕晓普视太平洋岛国问题为对外战略重点，维持南太平洋政策的优先次序。涉及对域外国家的看法时，仅表示支持中美就气候变化等全球治理问题进行磋商并做出承诺。④随着更多太平洋岛国与中国拉近距离，澳国内出现了"丧失地区优势"的声音，但官方仍将中国参与南太平洋事务视为机遇。

综合而言，澳大利亚决策者乐见本国成为中美南太平洋互动的桥梁，以谨慎观望姿态维持与各方的广泛接触。澳大利亚对大国的影响力保持积极态度，"大国平衡"姿态突出。一方面，积极完善海上安全部署，配合美国推进地区建设。澳大利亚 2013 年开启太平洋海上安全计划，建造海上舰队管理岛国专属经济区。⑤《2016 年国防白皮书》更详细地规划了周边军事安全部署，将巡逻工作

---

① Kevin Rudd, "Transcript of Joint Doorstop Interview—Melbourne," Australian Government, July 23, 2013, https://pmtranscripts.pmc.gov.au/release/transcript-22769, 2023-03-10.

② Strong and Secure: A Strategy for Australia's National Security, Australian Government, https://www.filcs.ethz.ch/isn/167267/Australia%20A%20Strategy%20for%20National%20Securit.pdf, p.38, 2023-03-10.

③ Tony Abbott, "Sir John Downer Oration, University of Adelaide, Adelaide," Australian Government, August 21, 2014, https://pmtranscripts.pmc.gov.au/release/transcript-23755, 2023-03-10.

④ Tony Abbott, "Joint Press Conference with Prime Minister Cameron, Canberra," Australian Government, November 14, 2014, https://pmtranscripts.pmc.gov.au/release/transcript-23957, 2023-03-10.

⑤ Julia Gillard, "2013 Defence White Paper: Regional Defence And Security Partnerships," Australian Government, May 3, 2013, https://pmtranscripts.pmc.gov.au/release/transcript-19298, 2023-03-10.

拓展到更大范围。澳支持奥巴马政府以"太平洋总统"自居，期待其在南太平洋发挥长期作用。另一方面，试图推动中国承担所谓"大国责任"。2014年中澳开展南印度洋军事演习，提升双方协调动员能力，两国还在对巴布亚新几内亚的医疗援助中进行了紧密合作。

（三）积极"联美制华"的选边策略（2018年至今）

2018年左右，美国频繁阻遏中国与南太平洋岛国的正常合作，区域内紧张态势愈演愈烈。长期以来，中国在南太平洋主要进行发展援助，提供基础设施贷款，并拓展技术援助、人员培训、城市交流等多样的合作方式。[①]中国与太平洋岛国的经济发展合作正在发挥巨大的示范效应，所有建交国均响应了"一带一路"倡议。2022年，王毅外长出访南太平洋并与斐济总理共同主持中国—太平洋岛国外长会，提出了推动合作的15条原则倡议和24项具体举措。[②]美国方面，特朗普政府将太平洋岛国作为"印太"战略的重要一环，设立"印太司令部"和"大洋洲及印太安全主管"职位。2019年，美国时任国务卿访问南太平洋地区，要求各国强化与美关系以抵抗中国的合作；特朗普政府向南太平洋岛国领导人宣传"印太"战略，动员盟国在太平洋联合对华遏制，与自由联系国家签订资助协议。[③]2022年9月，拜登政府主办首场太平洋岛国峰会，在白宫接待太平洋岛国领导人，承诺将投入8.1亿美元解决地区问题，并设立太平洋岛国论坛特使。[④]

[①] Denghua Zhang, "China's Influence as a Pacific Donor," *The Interpreter*，October 31，2022，https://www.lowyinstitute.org/the-interpreter/china-s-influence-pacific-donor，2023-03-10.

[②] 王毅：《中国同南太建交岛国合作呈现"双轮驱动"的生机勃勃局面》，中华人民共和国中央人民政府，2022年6月4日，http://www.gov.cn/guowuyuan/2022-06/04/content_5693905.htm，2023-03-09。

[③] 吴心伯：《论中美战略竞争》，《世界经济与政治》2020年第5期，第96—130页。"Secretary of State Michael R. Pompeo, Federated States of Micronesia President David W. Panuelo, Republic of the Marshall Islands President Hilda C. Heine, and Republic of Palau Vice President and Minister of Justice Raynold B. Oilouch at a Press Availability," U.S. Department of State. August 5. 2019，https://2017-2021.state.gov/secretary-of-state-michael-r-pompeo-federated-states-of-micronesia-president-david-w-pan-uelo-republic-of-the-marshall-islands-president-hilda-c-heine-and-republic-of-palau-vice-president-and-min/index.html，2023-03-10.

[④] "Fact Sheet: Roadmap for a 21st-Century U.S.-Pacific Island Partnership," The White House，September 29，2022，https://www.whitehouse.gov/briefing-room/statements-releases/2022/09/29/fact-sheet-roadmap-for-a-21st-century-u s-pacific-island-partnership/，2023-03-10.

威胁感知方面，澳大利亚决策者对中国的南太平洋政策充满疑虑。中国在提供援助时不附加政治条件，坚持不干涉内政的原则，澳大利亚则对援助项目进行审查并注重透明度和可验收原则，双方理念具有内在差异。①澳大利亚称与太平洋岛国是"朋友"和"家人"，支持"太平洋家庭"的经济角色。②基于对西方价值与制度的优越感，澳不满中国援助模式得到受援国的广泛认可，因而大肆渲染所谓"不透明""债务陷阱"等问题。根据洛伊国际政策研究所民调，2019 年有超过半数（55%）的人认为中国的南太平洋政策是未来十年重大利益的严重威胁，77% 的人认为澳大利亚对该地区具有道德援助的义务，73% 的民众支持"阻止中国增加在太平洋的影响力"。③2022 年，公众更加表现出对"中国在太平洋建设军事基地"的担忧，88% 民众表示非常或有点担心，绝大多数人（超过 80%）支持为太平洋岛国提供防疫救灾、地区建设、气候变化援助，且努力防范中国。④

伴随自我强化的"中国威胁"感知，澳大利亚对联盟的需求增强，莫里森政府称"与美国的关系从未如此牢固"⑤。对于中美的紧张局势，澳大利亚支持美国的解决方案，但坚称"对中国的决定完全是基于国家利益"，南太平洋正面临"重大安全问题和经济挑战"，澳大利亚必须"挺身而出"。2021 年，澳大利亚投入政治、经济、外交资源促成"美英澳三边伙伴关系"（AUKUS），甚至不惜单方面对法毁约，展现出追随美国的巨大决心。在中美与岛屿国家签署安全协议问题上，澳大利亚采取了双重标准和区别对待。2022 年，中国与所罗门群岛基于平等互利原则签订安全协议，澳大利亚极力渲染中国在南太区域建设军

① 汪诗明：《开放的区域主义与中澳在南太平洋岛屿地区的合作》，《国际问题研究》2019 年第 1 期，第 54—74 页。

② Scott Morrison, "Press Conference—Canberra, ACT," Australian Government, November 25, 2021, https://pmtranscripts.pmc.gov.au/release/transcript-43677, 2023-03-10; Scott Morrison, "Door-stop, Port Moresby," Australian Government, November 18, 2018, https://pmtranscripts.pmc.gov.au/release/transcript-41974, 2023-03-10.

③ "Lowy Institute Poll," Lowy Institute, April, 2022, https://poll.lowyinstitute.org/charts/potential-chinese-military-base-pacific/, 2023-03-10.

④ "Lowy Institute Poll," Lowy Institute, April, 2022, https://poll.lowyinstitute.org/charts/future-intervention-in-pacific/, 2023-03-10.

⑤ Scott Morrison, "'Where We Live' Asialink Bloomberg Address," Australian Government, June 26, 2019, https://pmtranscripts.pmc.gov.au/release/transcript-42300, 2023-03-10.

事基地的可能。①然而，2023 年，美国与巴布亚新几内亚签署防务合作协议，明确涉及军队能力建设和军事基地使用，澳大利亚却表示坚决支持。②

美澳均以中国为"挑战者"和"假想敌"，联合推进对抗性措施。2017 年，澳大利亚提出回应南太平洋复杂问题的"太平洋进阶"（Pacific Set Up）战略。③其主要内涵为与太平洋岛国促进地区经济融合、人员交流与培训、情报防务协调，防范中国影响力进一步拓展。④2018 年，莫里森增加了在太平洋岛国的外交岗位，成立太平洋办公室，并公布对太平洋岛国的约 20 亿元的基础设施金融方案。⑤同年，南太平洋问题成为党争焦点。在野党工党批评莫里森不重视南太地区，抹黑中所正常合作，称其为在任者"最大的外交失败"。⑥2022 年，阿尔巴尼斯政府上台后推出"建立更强大的太平洋家庭计划"，外长黄英贤出访斐济、汤加、萨摩亚、所罗门群岛和新西兰等国，强调"亲缘"关系并强化"首选合作伙伴地位"。⑦可见，相对于在南海问题上的犹豫，澳大利亚对美国在南太平洋的激进做法更加支持。

五、结　　论

两个案例的跨时段比较显示（见表6）："对华合作者"角色在整体威胁感知

① Scott Morrison, "Interview with Chris Uhlmann, Weekend Today," Australian Government, March 13, 2022, https://pmtranscripts.pmc.gov.au/release/transcript-43852, 2023-03-10.

② "Richard Marles Welcomes Bilateral Defence Agreement between US and PNG," Sky News, May 23, 2023, https://www.skynews.com.au/australia-news/politics/richard-marles-welcomes-bilateral-defence-agreement-between-us-and-png/video/b6b0353ea464700a6f3eb8a264f6b3f2, 2023-7-21.

③ "2017 Foreign Policy White Paper: Opportunity, Security, Strength," Australia Government, 2017, https://www.dfat.gov.au/sites/default/files/2017-foreign-policy-white-paper.pdf, 2023-03-10.

④ 秦升：《"印太"战略的南太平洋攻势：现状、动力与前景》，《亚太安全与海洋研究》2019 年第 6 期，第 79—94 页。

⑤ Scott Morrison, "Strengthening Australia's Relationships with Countries in the Pacific Region," World Citizens Association, July 8, 2019, https://www.nationaltribune.com.au/strengthening-australia-s-commitment-to-the-pacific/, 2023-03-10.

⑥ Eryk Bagshaw, "'Morrison Has Gone Missing': Albanese Attacks PM over Solomons Deal, US Sends Diplomats in," The Sydney Morning Herald, https://www.smh.com.au/politics/federal/scott-morrison-has-gone-missing-albanese-attacks-morrison-over-solomon-islands-security-deal-as-us-launches-pacific-offensive-20220421-p5af3x.html, 2023-03-10.

⑦ "Labor's Plan for a Stronger Pacific Family," Anthony Albanese PM, April 26, 2022, https://anthonyalbanese.com.au/media-centre/labors-plan-for-a-stronger-pacific-family, 2023-03-10.

低、联盟风险感知高或利益排序靠后时被选择；在双重威胁感知较为平衡或模糊时，决策者往往选择"东西方桥梁"角色；当外部威胁显著上升并成为有限次序更高的安全风险时，澳大利亚更可能走向"对华竞争者"角色。

表 6　澳大利亚的南海政策与南太平洋战略对比图

	时间阶段	威胁感知	利益排序	角色选择
南海政策	2000—2010 年	外部威胁和联盟风险感知均低，对南海区域的潜在收益感知显著较高。	非优先事项，关注恐怖主义	对华合作者
	2010—2016 年	双重威胁感知均呈上升趋势，但仍处于可控范围。	非优先事项，关注地区摩擦	东西方桥梁
	2016 年至今	南海问题被列为主要安全威胁，对华威胁感知显著较高。	优先事项，侧重地区秩序	对华竞争者
南太平洋战略	2000—2013 年	美国实力撤出的联盟风险高于外部威胁感知。	优先事项，侧重对外援助	对华合作者
	2013—2018 年	外部威胁与联盟风险均低，对南太平洋地区秩序的不确定感增强。	优先事项，侧重区域治理	东西方桥梁
	2018 年至今	外部威胁高于联盟风险感知，中国被定位为"挑战者"。	优先事项，侧重地区拒止	对华竞争者

资料来源：作者自制。

　　值得注意的是，澳大利亚的双重威胁感知在南海议题上是相互强化的，在南太平洋议题上则是此消彼长的，且南太议题的政策转变时间相对滞后，这与亚太区域大国博弈的整体态势和决策者的利益排序有关。南海位于印太战略与经济体系的关键节点位置，是各方战略利益汇集处，也是霸权国与地区崛起国关注的焦点议题。相对于中美而言，澳大利亚在战略定位上不具有大国的野心。因此大国互动走向对抗时，盟国的激烈行动往往也会提升联盟分歧，大国走向包容合作时美澳联盟分歧也相应弱化。相对而言，南太平洋事务对澳大利亚利益具有特殊性，但长期处于全球事务边缘位置。中美各自战略所涵盖的地理范围缓慢扩展至该区域，导致体系压力在时间维度上的变化不如南海问题迅速。对澳大利亚而言，周边"屏障"是其克服焦虑感和身份困境的基础，澳竭力渴望美国加强在该地区的庇护和关注，更容易对中国的行为过度反应，在地区局势趋紧时积极联合盟友制衡中国，在局势缓和时仍希望联盟维持长期投入。

综合来看，21世纪以来澳大利亚决策者的认知变化和利益排序构成了角色选择过程的基本动力。随着"印太"地区的大国博弈成为焦点，大洋洲区域的中小国家成为重要的研究对象，探究澳大利亚决策者的认知与战略选择，有助于把握美国联盟体系内部的分歧与发展趋势，为更好地应对"小圈子"军事安全机制、稳定地区局势提供思路。未来区域国别研究下的澳大利亚研究可从以下角度继续推进：第一，关注地区性强国与周边小国互动机制。澳大利亚的战略视域以地缘为基础展开，与新西兰等南太平洋岛国和印度尼西亚等东南亚国家频繁互动并形成稳定的地位结构，将国家特性与环境因素相结合有助于完善对该区域的整体性认识。第二，发展基于国别经验的普遍性逻辑。澳大利亚对于重要性不同的议题形成差异化的认知过程，反映了中等强国对外政策的内外联动性，为研究更广泛的第三方国家的策略选择过程提供支撑。第三，将微观个体的观念因素融入理性框架。澳大利亚的历史传统与文化规范使其形成独特的威胁感知与角色定位，领导人的信息收集、评估与决策是信念体系与理性思维结合的产物，研究者可以发掘多元方法探索国家行为的微观驱动因素。

附录：文本编码结果综述表

时　间	标　题	类　别	威胁感知	角色定位
2000.12.06	艾伦·琼斯电台访谈	总理访谈	高低	东西方桥梁
2000.12.06	国防2000：我们未来的国防力量	政府文件	高高	东西方桥梁、对华合作者
2001.04.30	特蕾西·格里姆肖（Tracy Grimshaw）访谈	总理访谈	高高	东西方桥梁
2001.08.22	澳大利亚的国际关系——为未来做好准备	总理演讲	低低	对华竞争者、东西方桥梁
2002.05.16	中国媒体议会大厦举行的简报会	总理演讲	低低	对华合作者、东西方桥梁
2002.09.08	Alan Jones电台采访	总理访谈	低低	东西方桥梁
2002.09.10	Alan Jones电台采访	总理访谈	高低	东西方桥梁

（续表）

时　间	标　题	类　别	威胁感知	角色定位
2003.02.10	外交白皮书	政府文件	高高	东西方桥梁、对华合作者
2003.02.26	国防战略更新 2003	政府文件	高低	对华竞争者
2003.07.01	悉尼学院洲际酒店演讲	总理演讲	高低	对华竞争者、东西方桥梁
2003.07.31	在澳大利亚国防军学院保卫澳大利亚——前线问题会议晚宴上的讲话	总理演讲	高低	东西方桥梁、对华合作者
2003.08.01	西澳大利亚珀斯自由州会议商务午餐会致辞	总理演讲	低低	东西方桥梁、对华竞争者
2003.09.02	澳大利亚—美国协会墨尔本柏悦酒店午餐会演讲	总理演讲	低低	东西方桥梁
2004.06.18	澳大利亚战略政策研究所悉尼威斯汀酒店演讲	总理演讲	高低	对华竞争者
2004.08.13	在 Asialink-ANU 国家论坛上的演讲：澳大利亚与亚洲的互动：一种新的范式	总理演讲	高低	东西方桥梁
2004.12.15	西澳州自由党州分部午餐珀斯会议展览中心	总理演讲	高低	东西方桥梁
2005.03.31	对洛伊国际政策研究所"世界上的澳大利亚"的演讲	总理演讲	高高	东西方桥梁、对华竞争者
2005.09.12	在亚洲协会午餐会上的演讲	总理演讲	高低	东西方桥梁、对华合作者
2005.11.17	韩国釜山大酒店新闻发布会	总理演讲	低低	对华合作者
2005.12.15	国防战略更新 2005	政府文件	高高	东西方桥梁
2006.03.03	路透社电视台理查德·普林（Richard Pullin）采访	总理演讲	高低	东西方桥梁、对华合作者
2006.05.04	珀斯凯悦酒店十周年晚宴致辞	总理演讲	低低	东西方桥梁

（续表）

时　间	标　题	类　别	威胁感知	角色定位
2006.05.18	在渥太华议会大厦联席会议上的讲话	总理演讲	高低	东西方桥梁、对华合作者
2007.02.24	与美利坚合众国副总统理查德·切尼先生在悉尼菲利普街举行的联合新闻发布会	总理演讲	低低	东西方桥梁、对华竞争者
2007.07.05	国防战略更新 2007	政府文件	高高	东西方桥梁
2007.12.14	巴厘岛新闻发布会	总理演讲	高高	东西方桥梁
2008.03.26	澳大利亚国立大学，促进澳大利亚的全球和区域经济利益	总理演讲	低低	东西方桥梁、对华合作者
2008.03.31	澳大利亚—美国联盟和亚太地区的新挑战，布鲁金斯学会	总理演讲	高低	东西方桥梁
2008.04.12	澳大利亚总理陆克文议员向议会发表的第一份国家安全声明	总理演讲	高低	东西方桥梁、对华竞争者
2008.06.04	悉尼亚洲协会澳大利亚中心致辞：是时候建立亚太共同体了	总理演讲	高低	东西方桥梁、对华合作者
2008.11.20	迈向亚太世纪向 Kokoda 基金会的演讲澳大利亚—美国三部曲	总理演讲	高低	东西方桥梁
2008.12.04	众议院国家安全演讲	总理演讲	低低	东西方桥梁、对华合作者
2009.03.02	在亚洲世纪保卫澳大利亚：2030 军队	政府文件	高高	对华合作者、对华竞争者
2009.04.12	悉尼亚太社区会议	总理演讲	低低	对华合作者
2009.04.24	在墨尔本码头区澳大利亚以色列商会和约翰·莫纳什爵士基金会领导午餐会上的讲话	总理演讲	高低	对华竞争者
2009.09.24	纽约外交政策协会	总理演讲	低高	东西方桥梁、对华合作者
2010.02.24	反恐白皮书	政府文件	高低	东西方桥梁、对华合作者

（续表）

时　间	标　题	类　别	威胁感知	角色定位
2010.04.23	澳大利亚和中国在世界，第 70 届莫里森讲座，澳大利亚国立大学堪培拉分校	总理演讲	低低	东西方桥梁
2010.04.23	总理在堪培拉国家安全学院开幕式上的讲话，2010 年 4 月 24 日，澳大利亚国家安全学院成立	总理演讲	高低	东西方桥梁
2010.10.31	理查德·戴维斯 SBS 访谈	总理访谈	低低	东西方桥梁
2010.12.08	墨尔本联合新闻发布会记录	总理访谈	低低	东西方桥梁
2011.03.20	在 G20 代表团团长晚宴上的讲话	总理演讲	低低	对华合作者
2011.09.28	在墨尔本 Asialink 和亚洲协会午餐会上的演讲	总理演讲	高低	东西方桥梁
2011.11.15	堪培拉新闻发布会记录	总理访谈	低低	东西方桥梁
2012.10.19	联合新闻发布会	总理访谈	高低	东西方桥梁
2012.10.28	亚洲世纪白皮书	政府文件	低低	东西方桥梁、对华合作者
2012.11.05	新闻发布会记录	总理访谈	低低	东西方桥梁
2013.01.23	国防白皮书	政府文件	高低	东西方桥梁、对华竞争者
2013.04.04	问答环节—外国记者协会新闻记者午餐	总理访谈	低低	东西方桥梁
2013.04.22	澳大利亚达沃斯连接未来峰会	总理演讲	高低	东西方桥梁、对华合作者
2013.10.10	文莱新闻发布会	总理访谈	低低	东西方桥梁、对华合作者
2013.12.05	Asialink 董事长晚宴上的演讲	总理演讲	低低	东西方桥梁
2014.08.12	澳美部长级磋商公报	总理演讲	高低	对华竞争者
2014.08.21	阿德莱德阿德莱德大学约翰·唐纳演讲	总理演讲	高低	东西方桥梁
2014.10.12	布里斯班联合新闻发布会	总理访谈	低低	对华合作者

（续表）

时　间	标　题	类　别	威胁感知	角色定位
2015.03.14	Paul Kelly 和 Greg Sheridan 的采访，天空新闻	总理访谈	低低	东西方桥梁
2015.07.04	国防白皮书 2015：保卫不确定性	政府文件	高低	对华竞争者、东西方桥梁
2015.10.30	利昂·康普顿（Leon Compton）采访，澳大利亚广播公司	总理访谈	低低	东西方桥梁
2016.02.24	国防白皮书	政府文件	高低	对华竞争者、东西方桥梁
2016.03.23	洛伊（Lowy）演讲 2016	总理演讲	高低	对华竞争者
2016.07.19	与美国副总统拜登的联合讲话	总理演讲	高低	对华竞争者、东西方桥梁
2017.03.24	与中华人民共和国国务院总理李克强阁下举行联合新闻发布会	总理访谈	高低	对华竞争者
2017.04.22	与美利坚合众国副总统迈克尔·彭斯（Michael R. Pence）总理举行联合新闻发布会	总理访谈	高低	对华竞争者
2017.06.02	主题演讲第 16 届 IISS 亚洲安全峰会，香格里拉对话	总理演讲	高低	东西方桥梁
2017.11.23	外交政策白皮书 2017	政府文件	高高	对华竞争者、东西方桥梁
2018.02.22	基兰·吉尔伯特（Kieran Gilbert）访谈，天空新闻	总理访谈	高高	对华竞争者、东西方桥梁
2018.03.18	与新加坡共和国总理李显龙阁下的新闻发布会	总理访谈	高低	对华竞争者
2018.04.24	康拉德·阿登纳基金会主题演讲	总理演讲	高高	东西方桥梁、对华合作者
2018.11.01	现场亚洲简报会主题演讲"指导我们的信念"	总理演讲	高低	对华竞争者、对华合作者
2018.12.15	悉尼研究所	总理演讲	高低	对华竞争者

（续表）

时　　间	标　　题	类　别	威胁感知	角色定位
2019.09.23	"我们生活的地方" Asialink 彭博社演讲	总理演讲	高低	对华竞争者
2019.09.23	芝加哥全球事务委员会	总理访谈	高高	对华竞争者、对华合作者
2020.07.01	国防战略更新 2020	政府文件	高低	对华竞争者、东西方桥梁
2020.08.05	阿斯彭安全论坛演讲 "印度太平洋的明天"	总理演讲	高低	对华竞争者
2020.11.23	英国政策交流问答	总理访谈	高低	对华竞争者

英美和平权力转移的建构主义分析

——以委内瑞拉边界争端的和平解决为例

干建华[*]

一、背景与问题

在漫长的国际政治史上，国际秩序主导权的转移通常伴随着一场旷日持久的战争，而英美之间的权力转移是迄今为止国际秩序主导权转移中唯一以和平方式实现的案例。[①]英国是 19 世纪国际秩序的主导者，而在该世纪末美国强势介入委内瑞拉与英属圭亚那之间的边界争端，被认为是开启权力转移的里程碑事件。如何正确解读英美双方在此争端中的国际互动，能够为当代中国的和平崛起带来一定的启发性意义。

针对国际权力转移这一现象，在西方理论界有两类分别被称为"现实主义"和"建构主义"的解读方法。总体而言，现实主义者对于国际政治中的权力和平转移秉持一种较为悲观的立场：鉴于国际政治中并不存在一个最高权威这一显而易见的事实，国际政治的起点和落脚点都在本质上自利的主权国家，因而，国际权力转移是国家之间以实力进行博弈的结果。相应地，现实主义者通常会给出这样一幅图景：由于当时的崛起国美国实力大增而主导国英国相对衰落，

　　*　干建华：上海交通大学凯原法学院博士研究生。本文受上海交通大学文科创新团队培育计划项目（项目编号：WKCX055）；教育部人文社科重大项目"协商民主与国家治理现代化研究"（项目编号：16JJD820003）基金资助。本文初稿曾在"第十六届全国国际关系、国际政治专业博士生论坛"上宣读，因此受益于与会的北京大学国际关系学院节大磊、刘莲莲两位老师与南京大学国际关系学院王婉潞老师的评议和指点，谨此致谢！

　　①　A.F.K. Organski, *World Politics*, New York：Alfred A. Knopf，1968，p.363.

或者，由于英国在世界范围内遭受更大挑战而无力应对美国的介入这样一种战略困境，英国被迫在拉美地区将国际主导权拱手相让。①建构主义者在承认国家实力之重要性的同时，试图将国际行动所依据的规则及其规范性或正当性依据纳入进来。在建构主义者看来，实力仅仅是国际规则得以维持的一个要素，另一项更重要的要素是双方就何种规则展开论辩及其所体现的善意互动。②

西方理论界这两种方法的争论在国内学术界得到延续。我国早期研究英美权力转移的文献带有非常明显的现实主义色彩。③在较为新近的文献中，有的认为美国的和平崛起是英国"被迫同意"④的产物，或者英美实现和解的根本原因在于双方实质性利益的一致，而非观念建构的产物。⑤也有文献采用"国家意志"作为概念工具，在批评现实主义实力论的明显不足的同时，认为建构主义忽视了美国"颠覆拉美既有国际秩序的意图"⑥。在目前已有的中文文献中，尚未见到建构主义对现实主义的直接回应。封永平在他的诸多文献中引介了建构主义理论⑦，然而，在谈及英美和平解决委内瑞拉边界危机时，他似乎并未充分运用

---

① Anne Orde，*The Eclipse of Great Britain：The United States and British Imperial Decline，1895—1956*，London：Macmillan，1996，pp.11—12；A. E. Campbell，*Great Britain and the United States，1895—1903*，London：Longman's，1960，pp.11，30；Stephen R. Rock，*Why Peace Breaks Out*，Chapel Hill：University of North Carolina Press，1989，p.36；Stephen R. Rock，*Appeasement in International Politics*，Lexington：University of Kentucky Press，2000，p.30.

② 较为典型的文献，参见 Charles A. Kupchan，*Power in Transition：The Peaceful Change of International Order*，New York：United Nations University Press，2001，pp.45—49。

③ 参见翟晓敏：《委—圭领土纠纷与美英争夺》，《世界历史》1985 年第 1 期，第 31—36 页；赵小兰：《19 世纪末美国干涉委、圭边界之争的实质》，《拉丁美洲研究》1990 年第 4 期，第 27—30 页；赵学功：《第一次委内瑞拉危机与英美关系》，《历史教学》2003 年第 7 期，第 20—23 页；梁军、章博：《试论大国霸权的和平转移——以英美互动为个案》，《社会主义研究》2008 年第 4 期，第 136—140 页。

④ 贺双荣、斯特格奇：《"门罗主义"的演进与美国对拉美战略》，《拉丁美洲研究》2023 年第 1 期，第 54 页。

⑤ 王卓宇：《从近现代英美两国"化敌为友"的身份转变看国家之间认同的形成》，《国际关系学院学报》2011 年第 4 期，第 22—29 页。

⑥ 韩召颖、袁伟华：《权力转移进程中的国家意志制衡——以 1895 年英美解决委内瑞拉危机为例》，《中国社会科学》2014 年第 9 期，第 191 页。

⑦ 封永平：《认同变迁：英美权力的和平转移》，《国际政治科学》2005 年第 3 期，第 21—43 页；封永平：《权力转移的认同维度》，《社会主义研究》2012 年第 6 期，第 128—132 页；封永平：《国家互动与认同转换——美国和平崛起的建构主义分析》，《国际观察》2004 年第 5 期，第 21—28 页。

建构主义的方法，而是将英国在此事件中的让步归结为"当时英国外围正面临着严峻的形势"①，这一点似乎堕入了现实主义给出的解释框架：在根本意义上，是实力而非正当性理由决定了英国在美洲事务主导权上的让步。

本文旨在以建构主义方法审视英美在委内瑞拉边界争端中的互动。本文所要解决的关键问题是，美国究竟是英国主导之国际秩序的挑战者甚至颠覆者，还是维护者或合作者？对这个问题的回答必须先行考察如下两个前提性问题：英国主导的国际秩序有什么样的特征？作为美国外交政策之基石的门罗主义，在其创生和发展过程中与之又有哪些的重合与冲突？英美双方在委内瑞拉边界争端中各自给出了什么样的正当性理由，这些理由如何在解决此次争端的同时为两国从对手甚至敌人转变成朋友发挥了什么样的作用？在建构主义视角下，英美之间的权力转移对当代中国的和平崛起有着什么样的启发性意义？对这些问题的回答依次构成了下文的主要内容。

二、19 世纪"英帝国治下的和平"与美国门罗主义

19 世纪是英帝国的世纪。到该世纪末，英帝国的权威散播于全世界四分之一的领土与人口，并牢固地占据着国际秩序的主导地位。历史学家通常比附罗马帝国来形容英帝国在国际秩序中的这一地位："滑铁卢战役之后的大不列颠，至少在一个世纪里就达到了顶峰，它对国际事务的影响是如此之大，以至于几乎实现了'英帝国治下的和平'（Pax Britannica）。"②英帝国治下的和平有着非常广泛的内容，在构筑外部（包括殖民地）关系方面，和平、安全与贸易构成了三个主要方面。③

（一）放弃旧的殖民制度以追求自由贸易

在 19 世纪以前，英国在海外殖民地施行的是一套"旧的殖民制度"（old colonial system）。历史学家以美洲殖民地为例描述了旧殖民制度的主要特征：

---

① 封永平：《从建构主义视角解读美国和平崛起》，《学术探索》2004 年第 9 期，第 90 页。

② K.B. Smellie, *Great Britain since 1688: A Modern History*, Ann Arbor: The University of Michigan Press, 1962, p.187.

③ Arthur Willert, *Aspects of British Foreign Policy*, New Haven: Yale University Press, 1928, p.2.

　　旧的殖民制度，是建立在帝国之自给和自足这一理念之上的。按照这一理念，母国生产殖民地所需之全部工业产品，而殖民地提供所需之原材料与英国人所需的热带消费品。在英国，这一理念受到狂热的乃至几乎普遍的支持和认同，因为这是所有重商主义观点的共同要素；在另一方面，殖民地人民对它反应冷淡。①

　　显然，旧殖民制度是英国本土按照重商主义直接"控制"海外殖民地的产物。殖民地是母国在海外的领土延伸，殖民地的人民需要严格遵守在母国制定的一切法律和政策，至于这些法律和政策是否切实符合当地的实际，殖民地人民无权过问。与重商主义紧密相联的是贸易保护主义。在19世纪以前，重商主义和贸易保护主义盛行于欧洲各国。②

　　英国较早地认识到了贸易保护主义给世界和平带来的潜在威胁。英国经济学家、自由贸易理论的典型代表亚当·斯密批评旧殖民制度所导致的贸易保护主义："英国统治殖民地的主要目的，或更确切地说唯一目的，一向就是维持独占。……其主要利益，据说就是这种专营的贸易。此种独占，即是此等殖民地隶属我国的主要标志，亦是我国从这种隶属所得的唯一果实。"③在斯密看来，一个未经充分竞争的贸易市场，无异于以政治手段剥夺经济活动的核心要素：在经济事务中，以英国臣民的政治身份驱逐"经济人"的理性假设，作为母国的英国不啻以政治手段获取经济利益。在这里，就出现了政治与经济的某种断裂。对此断裂有两种补救方案，要么在殖民地贯彻"无代表，不纳税"的政治原则，要么放松对于殖民地经济事务的控制，允许它们在一个更加广阔的国际市场上进行自由贸易活动。

　　北美殖民地独立战争的爆发以及之后的英美贸易更加确证了自由贸易理论的正确性。在美国成功取得独立地位后，英国人曾担心英国的国际地位一落千

---

　　① James A. Williamson, *A Short History of British Expansion*：*The Old Colonial Empire*，London：Macmillan，1965，p.424.

　　② ［法］帕斯卡·萨兰：《自由贸易与保护主义》，肖云上译，商务印书馆1997年版，第108—109页。

　　③ ［英］亚当·斯密：《国民财富的性质与原因的研究》（下），郭大力，王亚楠译，商务印书馆1997年版，第185页。

丈而变成二流国家。①但是事实却是，独立后的美国经济迅猛发展，成为英国工业品的巨大市场，英美之间的商业贸易呈现出前所未有的繁荣。这一事实表明，英美两国贸易会因为美国的独立而中断的预言，被证明为没有根据。②

自由贸易国策一旦确立，英国的帝国政策就不再像传统殖民帝国那样以扩张版图为目标，而是着力于修改或废除作为贸易保护主义主要象征的《航海条例》和《谷物法》。英国在 1825 年对旨在保护国内船舶运输业的《航海条例》进行重大修改，宣布向所有拥有海外殖民地的国家开放英国的殖民地贸易，只要其他帝国也同样对英国开放贸易。自 1846 年起英国完全取消了旨在保护国内土地贵族和农业资本的《谷物法》。英国坚定走向自由贸易的道路，受到史学家的高度赞誉。英帝国史权威菲尔德豪斯指出，施行自由贸易是 19 世纪英帝国的重要特征："在一个世纪里，自由贸易对英帝国政策和英国的殖民地产生了重大的塑造性影响。"③

（二）推动殖民地自治并坚持和平外交

英国在全世界推行自由贸易政策，客观上要确保国际秩序——首先是与它的众多殖民地之间——的和平稳定。在自由贸易论者看来，如果母国能够遵循希腊模式，那么母国与殖民地的关系就能得到恢复："殖民地和母国，就象好朋友的分离，那末几乎为近来的不和所消灭的殖民地对母国的自然感情，就会很快地恢复。……古希腊殖民地与其所从出的母市，一方面有一种父母之爱，一方面有一种孝敬之心。"④希腊模式是白人殖民地的联合方式，强调母国与其众多殖民地在各自贸易政策方面的相互尊重，是一切以英语为官方语言的国家的联合范式。⑤

如何贯彻希腊模式？在 19 世纪中期以后，奉行"无形帝国"理念的自由党

---

① Denis Judd, *Empire：The British Imperial Experience，1765 to the Present*, London：HarperCollins，1996，p.26.

② James S. Olson and Robert Shadle, *Historical Dictionary of the British Empire*，New York：Greenwood Press，1996，p.130.

③ D.K. Fieldhouse, *The Colonial Empire：A Comparative Survey from the 18th Century*，London：Macmillan，1982，p.242.

④ 亚当·斯密：《国民财富的性质和原因的研究》（下），第 187 页。

⑤ Richard Jenkyns, *The Victorians and Ancient Greece*，Cambridge：Harvard University Press，1980，p.387.

和奉行"有形帝国"理念的保守党进行了长期的争论，并在实践中相互制约。"无形帝国"的核心意旨，是将母国与殖民地之间的关系建立在先后四次出任自由党首相的格莱斯顿所倡导的"完全的自由，完全的自治"的基础上。自由党外交政策不追求帝国版图的扩张，而仅仅追求自由贸易的扩大。在自由党人看来，既然英国坚定奉行自由贸易政策，它就不能否认像加拿大、澳大利亚那样的殖民地的贸易和关税自由，而基于"自由不可分割"①的一般原理，这些殖民地一旦获得经济贸易领域的行动自由，政治上的自由就不可能长期被否定。与其让殖民地的不满情绪积累到反叛的地步，不如主动给予殖民地以高度的自治权，这是因为"自由要比屈从更加能够培育出忠诚"②。总之，在无形帝国论者看来，无论是出于母国的利益还是殖民地的利益，给予殖民地人民以自治的权利，不仅对殖民地和母国双方都有好处，而且有助于世界和平与安宁。

自由党的"无形帝国"试图为帝国瘦身而打造一个"小英格兰人"的政治认同目标③，而保守党的"有形帝国"政策则以"更大的不列颠"作为对照，力主在现有的帝国内建构更具实质性的联系。在保守党人看来，殖民地的保留与否不单纯是一个经济问题，事关英国文明在全世界的延续：英语民族是世界上最优秀的种族，创造了最合理的政治和法律制度，带动了工业文明的进程，在世界范围内培植了自由主义精神。放眼全世界，只有英国、加拿大、澳大利亚以及美国等英语民族才是真正的"自由之乡"。④为了在全世界捍卫英国文明，保持英国与殖民地，以及与英国共享文明的美国的紧密关系尤其显得重要。"有形帝国"理论深刻影响着保守党的外交政策。长期主导英国政坛的保守党首相迪斯累里在 1878 年 4 月的上议院演讲中指出：

> 这个帝国……那里居住着不同种族、不同法律制度、不同宗教和不同风俗习惯的人民。他们有的用自由的纽带与我们相连……有的通过血缘、

---

① Arthur R.M. Lower, *A History of Canada*, *Colony to Nation*, McClelland & Stewart Limited, 1977, p.263.

② A.B. Keith, *The Sovereignty of the British Dominions*, London: Macmillan, 1929, p.37.

③ Richard Gott, "Little Englanders," in Raphael Samuel ed., *Patriotism: The Making and Unmaking of British National Identity*, Vol.I, Routledge, 1989, pp.160—172.

④ C.W. Dilke, *Greater Britain: A Record of Travel in English-Speaking Countries During 1866—7*, London: Macmillan, 1868, Vol.2, p.382.

物质和精神与我们相连，还有的通过军队的力量与我们相连，他们尊重这种支配力量，他们需要用它来保卫秩序和正义。①

在迪斯累里看来，英帝国内部的联合方式是存在等级的，不同等级的文明及其联合方式需要施加不同的外交策略，英语民族之间固然要以希腊模式或"自治和自愿"的方式，但对那些帝国内的非英语民族，用"军队的力量"加以联合也是政策选项。

当然，保守党与自由党在外交政策上的真正分歧并不在于他们捍卫英帝国主导的国际和平秩序的最终目标，而在于以何种方式达成这一目标。自由党的无形帝国论希望以母国自身的善治吸引殖民地乃至更多的国家效仿英国制度；保守党的有形帝国论更加注重保持帝国巩固以应对潜在的外部威胁，尤其是那些具有高度文化同质性的殖民地与已经独立的美国应当成为维系英国文明及其主导的国际秩序的重要力量。

（三）19 世纪 80 年代后应对多国崛起的基本安全理念

随着 19 世纪 80 年代德国、美国、俄国与法国等国的相继崛起，"英帝国治下的和平"面临着诸多潜在的挑战，自由党的无形帝国所表征的理想色彩逐渐褪去，自由、保守两党的外交政策逐渐趋于一致。两党都更加注重维护英帝国所主导的国际秩序的现实利益，并在维护自身安全方面表现出如下三个方面的特点。

首先，两党在维持英帝国的现有版图和国际和平秩序方面基本保持一致。英国在充分尊重并逐步授予殖民地更大的自治权利的同时，也在国际事务中按照"条约必须信守原则"，维持帝国内部以及帝国成员以外的和平关系。为了维持和平，除了推动殖民地自治，也在外部关系上对他国采用何种政治制度表现出较高的中立性。只要他国按照国际条约履行国际义务，尤其是确保与英帝国自由贸易的义务，内政制度上的差异基本上无碍于英国对他国不同政治制度的容忍。

---

① T.E. Kebble, *Selected Speeches of Benjamin Disraeli Earl of Beaconsfield*，Vol.II, London：Macmillan，1882，p.177.

182

其次，"英帝国治下的和平"尽管不单纯地凭借军事优势谋取经济和政治利益，但也坚持"若要和平，必先备战"的原则，随时进行以维持和平为目标的军备竞赛。此种性质的和平并非毫无战事的绝对和平，而是在维持英帝国所主导的国际秩序的同时尽量避免将造成这一秩序之巨变的战争和冲突。当然，战争仅仅是维持和平的一种手段，并且仅仅是和平手段耗尽之后的手段。

最后，在国际事务中，英国人对于自身所制定或予以承认的规则，包括在特定情形中明显于己不利的规则，一般也予以严格遵守。例如，在美国内战结束后不久，美国联邦政府以英国违反中立对南部邦联进行间接帮助为由，要求英国政府做出巨额赔偿。当时的英帝国实力如日中天，而美国由于内战而极度虚弱，但英国仍然通过仲裁的方式向美国做出赔偿。[①]这一点至少表明，英国人对于自身承认之国际规则的遵守并不以双方实力强弱的排序为前提。

(四) 生长于"英帝国治下的和平"的门罗主义

门罗主义出台前，美国面临着动荡的国际环境。在 19 世纪的最初 20 年，受法国大革命的影响，原属西班牙的南美殖民地人民掀起了大范围的独立运动。美国政府很快就承认了这些新生的南美诸国。1822 年，欧洲维罗纳会议导致欧洲政府干预西班牙革命，南美诸国的独立面临着欧洲大国的威胁。由俄罗斯、奥地利和普鲁士组成的神圣同盟希望英国能够加入他们干涉美洲独立运动的行列。南美诸国试图以自由贸易换取英国的支持，而当时的美国担忧自身的民主政体受到欧洲列强的威胁。鉴于当时英国在海洋上的绝对控制权，英国的态度成为各方采取下一步行动的关键要素。

英国政府明确表示它将不加入任何同盟以干涉他国内政。时任外交大臣坎宁反对其他强权在国际事务上的军事干预，并在"君主制对民主制"的问题上保持中立。他在一次议会演说中根据国家的自利原则表明了如下态度：

> 我们正处在这样一个时代，国家之间围绕君主制和民主制的原则，展开了公开的或隐蔽的斗争。我们无须参加任何一方的争斗，……我们不能

---

① Richard Brent："The Alabama Claims Tribunal：The British Perspective," *The International History Review*，2022，Vol.44，No.1，pp.21—58.

站在任何一边而最终可能成为一个仲裁者。所有的国家为自己，上帝为大家。①

英国的这一态度鼓舞了美国政界寻求英国外交支持的意向。1823 年中期，坎宁向美国政府发出了联合反对神圣同盟干预南美事务的提议：

> 难道此刻我们双方政府不应该就西班牙的美洲殖民地问题达成共识吗？如果我们能够达成这样的共识，那么明确确定并公布其原则对我们自身和全世界不是有利的吗？
>
> 我们决不会在它们与其母国之间通过友好协商达成的安排制造障碍……我们的目标不是占领这些共和国……我们也决不坐视它们中的任何一部分被转交给其他国家。
>
> 如果我坚信的这些观念和意见为我们双方所共享，我们为何还要犹豫向彼此坦诚并向全世界宣告？如果有任何欧洲国家有其他意图……表明我们对这些意图的共同反对。②

按照坎宁的提议，英美两国应基于双方的共识并以发布联合公报的方式应对神圣同盟对于美洲事务的可能干涉。他的提议有如下三个方面：一是英美双方不干预欧洲母国与其美洲殖民地之间以友好协商的方式达成的制度安排；二是英美双方共同反对欧洲列强以旧的殖民制度强加于美洲殖民地；三是如果前述两条原则遭到违背，英美两国将决不坐视这种违背。

尽管内部有许多支持的声音，但美国政府最终拒绝了坎宁的发布联合公报的提议。在总统门罗召集的会议上，国务卿亚当斯认为坎宁的目标似乎是从美国政府那里获取公开保证，表面上是反对神圣同盟的武力干涉，但同时也限制美国在美洲大陆上的发展。亚当斯的这一想法成就了门罗宣言的核心意旨：包括英国在内的任何欧洲国家都不应染指美洲事务。至于联合公报，与会多数意

---

① E. M. Lloyd, "Canning and Spanish America," *Transactions of the Royal Historical Society*, New Series, 1904, Vol.18, p.80.

② Edward J. Renehan, *The Monroe Doctrine: The Cornerstone of American Foreign Policy*, New York: Chelsea Publishing House, 2007, pp.78—80.

见仍然遵从了乔治·华盛顿在告别演说中所确立的这一原则，即美国决不以任何方式卷入欧洲的大国纷争之中。显然，与英国发布联合公报看起来是与英国结盟。更何况，即使与英国结盟，美国最多只能扮演一个从属性的小角色："向俄国和法国明确宣布我们的原则，要比跟在英国军舰后面做一艘小划艇来得更公正，也更有尊严。"①

会议的结果是美国政府以独自向欧洲各国发布照会的方式陈述它的立场。1823 年 12 月 2 日，门罗总统在向国会递交的咨文中指出：

> 我们从未参与欧洲列强就他们自身事务发生的战争，这样做也不符合我们的政策。……我们有责任宣布，我们认为它们将其制度扩展到本半球任何地区的任何企图都对我们的和平与安全构成威胁。我们过去没有，将来也不会干涉任何欧洲国家的现有殖民地或依附国，但对那些已宣布并保持独立的国家……任何欧洲列强为了压迫它们或以任何方式控制他们的命运而进行的干涉，我们只能认为是对合众国不友好态度的表现。②

门罗总统提出的上述宣言除了重申美国一贯地置身于欧洲事务之外的立场，其余部分可以被概括为"非殖民原则"和"非干预原则"。③非殖民原则主要来自国务卿亚当斯的这一判断，即当时的神圣同盟试图在南美洲恢复旧的殖民制度。非干预原则源于门罗的这一决心，即美国将反对欧洲列强对南美诸国之民主体制的武力干涉。不难发现，门罗主义的这两条原则与坎宁的提议在原则上非常接近：英美两国共同反对欧洲列强将旧的殖民制度强加于南美诸国之上或干预其内政。

在原则上得到英国支持的门罗主义，成功打消了神圣同盟对南美的干涉企图。此后，美国历届政府经常以发布各种"推论"的方式援引门罗主义作为它在西半球进行领土扩张的理由，但同时也非常谨慎地避免引起欧洲干预。例如，

---

① Edward J. Renehan, *The Monroe Doctrine*：*The Cornerstone of American Foreign Policy*，New York：Chelsea Publishing House，2007，pp.80—84.

② Ibid.，pp.8—9.

③ Dexter Perkins, *The Monroe Doctrine*，*1823—1836*，Cambridge：Harvard University Press，1932，pp.1—33.

在与 19 世纪 30 年代就已经从墨西哥独立出来的得克萨斯共和国合并的问题上，美国政府是在两次拒绝并在得克萨斯发出这一威胁之后才同意其加入的，即如果美国不允许它加入，它就寻求欧洲国家的接纳。①在 1848 年主要以白人为主的尤卡坦特别担忧印第安人的反叛，希望向美国、英国与西班牙寻求帮助，以求得这些国家的保护。时任总统波尔克拒绝欧洲国家的卷入，但兼并尤卡坦的提案未获得国会的批准，并且波尔克的"保护"政策被认为超出了门罗主义的范围而遭到国会的严厉批评。②

重要的是，美国的数次领土扩张并不对当时的国际秩序形成挑战。对于经济贸易而非领土的注重，与当时国际秩序的主导者英国不谋而合：美国在主要方面也是以"无形帝国"③或"门户开放式的新帝国"④的形象出现的。它不仅没有主动挑战英国的利益，而且还是英国主导的国际秩序的主要受益者，被称为跟在英法等国后面追逐贸易利益的"搭便车帝国主义"⑤。无论是无形帝国还是搭便车帝国，其核心要旨在于抵制以领土要求为目标的旧的殖民制度，而与英国一样主张建立在自由贸易基础上的商业帝国。在美国扩张过程中，英美双方保持了一种有冲突但均以和平方式解决冲突的状态。美国明显地以它的"天定使命"⑥和日渐强大的实力进行扩张，英国则在世界范围内捍卫它所主导的国际秩序。自美国内战以后直到委内瑞拉边界危机爆发，英美关系总体上经历了"平静的年代"⑦。随着委内瑞拉边界危机的爆发，门罗主义和"英帝国治下的和平"将会碰撞出什么样的国际政治火花，是摆在两国政治家面前的一项重大考验。

----

① Thomas A. Bailey, *A Diplomatic History of the American People*, Englewood Cliffs：Prentice-Hall，1980，p.244.

② Dexter Perkins, *Hands Off：A History of the Monroe Doctrine*, Boston：Little，Brown and Company，1945，pp.89—92.

③ ［美］入江昭：《美国的全球化进程》，张振江、施茵译，新华书店出版社 2004 年版，第 6—7 页。

④ ［美］沃尔特·拉菲伯等：《美国世纪：一个超级大国的崛起与兴盛》，黄磷译，海南出版社 2008 年版，第 24 页。

⑤ ［美］托马斯·帕特森等：《美国外交政策》（上），李庆余译，中国社会科学出版社 1989 年版，第 220 页。

⑥ Albert K. Weinberg, *Manifest Destiny：A Study of Nationalism Expansionism in American History*, Baltimore：Johns Hopkins Press，1935，p.40.

⑦ H. C. Allen, *Great Britain and the United States：A History of Anglo-American Relations*（1783-1952），New York：St Marin's Press，1955，p.518.

三、委内瑞拉边界危机中的英美互动

委内瑞拉边界纠纷有着复杂的历史脉络，英委两国也进行了多次外交努力，但均未成功解决。19 世纪 90 年代，美国以门罗主义受到损害为由，强烈敦促英国以仲裁方式解决边界问题。在英美两国政府的共同努力下，这场争端最终以和平方式得到解决。出于本文的目的，下文将重点探究在以下三个问题上的英美互动：一是美国以何种理由干预边界争端，这牵涉到门罗主义的国际法地位问题；二是边界争端本身的责任归属问题。三是在主要方面，英国接受仲裁是迫于美国的压力还是源于英国的自愿。

（一）门罗主义的国际法地位之争：美国有权利介入吗？

美国既非"世界政府"，在边界争端中也没有美国公民的生命和财产遭受损失，那么美国究竟有什么样的理由可以将门罗主义置于国际法的地位并以美洲事务的主权者身份要求将此边界争端诉诸国际仲裁？

美国国务卿奥尔尼在他于 1895 年 7 月 20 日通过驻英大使贝亚德向英国递交的照会中，为美国的介入给出了理由。在这份照会的第一部分，奥尔尼回顾了双方的领土主张并且下结论说，任何一方对于边界线的主张都缺乏"严格的合法权利作为依据"。随后他将矛头指向英国将英属圭亚那的边界线越来越远地朝着委内瑞拉方向推进。他特别地提及了一点，那就是尽管委内瑞拉多次提议就边界争端进行仲裁，但英国政府一贯地加以拒绝。接着奥尔尼转向照会的第二部分，而这部分直接涉及了门罗主义："通过在委内瑞拉事务中经常性地介入斡旋……美国政府已经英国和全世界表明，这项争端事关美国的荣誉与利益，美国也无法坐视争端的延续。"[1]这一段话为照会的其余部分提供了关键前提，因为奥尔尼此后就将门罗主义适用到这一语句的意义之中。奥尔尼修辞性地自问美国是否拥有介入此项争端的权利，并着重回答说，美国政府确有这样的权利：按照"国际法的公认准则"，"一旦任何主要相关方的所作所为或拟议之行为对于［美国］自身的完整性、安定或福祉形成严重和直接的威胁"，那么美国有权

---

[1]　"Mr. Olney to Mr. Bayard，" *FRUS*，1895，p.552.

干预涉及两个或多个其他国家之间的争端。

在奥尔尼看来，美国有权在其权利受到威胁时干预拉美事务，并且美国也拥有保护其权利的能力。这里涉及一个关键问题，即这项争端是否牵涉美国利益到了这样一个程度，以至于美国可以进行正当的干预。他不容置疑地说："所涉及的政治控制……并不重要，但涉及一个很大范围的领域……如果它也直接涉及奥里诺科河河口的控制，对南美洲内陆的整个内河航运来说具有巨大的影响。"①在否认英国有资格被称为一个美洲国家后，奥尔尼通过宣布"和平仲裁"是确定边界的"一种可行的方式"来完成了这一照会。

如果奥尔尼所指控的是真的，那么英国正在将一套旧的殖民制度强加在委内瑞拉身上：通过不停地向委内瑞拉方向推进边界线而侵犯其领土；置美国政府的多次调停于不顾，公然违反门罗主义的"非殖民"原则；控制奥里诺科河进而控制南美大陆的内河航运并危及美国在此地区进行自由贸易的权利。对于英国的这些行为，奥尔尼措辞强硬地表示：

> 时至今日，美国在这片大陆上是事实上的最高主权者，它的命令对其干预范围所涉之臣民而言就是法律。……无限的资源再加上隔绝的地理位置赋予它以主权者的地位，也让它几乎不易受到任何其他或者所有其他国家的攻击。如果欧洲国家可以将美洲国家转变成殖民地或省份，这种优越地位的所有好处将会立即遭到威胁。②

美国的这两项主张，即门罗主义是美洲事务的国际法，并且英国正在争议地区寻求殖民扩张，都遭到了英国的驳斥。英国内阁在 1895 年 11 月 26 日批准向美国发出两份独立的照会。在涉及门罗主义的国际法地位问题时，首相索尔兹伯里提及了门罗主义的"非殖民原则"和"非干预原则"，同时提到了当时的英国政府对门罗主义抱有"完全的同情"。但他很快指出，门罗总统所持的这两项原则与当下事务无关：

---

① "Mr. Olney to Mr. Bayard," *FRUS*, 1895, p.559.

② Ibid., p.558.

英国并没有把任何"制度"强加给委内瑞拉，也丝毫不关心委内瑞拉人可能更愿意生活于其中的政治体制的性质。但是，大英帝国和委内瑞拉共和国是邻国，它们在划分其领土的界线问题上已经有了一段时间的分歧，并将继续存在分歧。这是一项美国没有任何实际利益牵涉其中的纠纷。……这个问题与欧洲国家对美洲任何部分的殖民无关。这个问题也与强加欧洲制度于南美社会无关。这仅仅是对一块英国领地边界的确定，这块领地早在委内瑞拉共和国成立之前就已属于英国。①

在指出奥尔尼照会中存在的这些问题之后，索尔兹伯里指向了国际法的实证主义标准：

国际法是建立在各国普遍同意的基础上的；无论多么显赫的政治家，无论多么强大的国家，都没有资格在国际法法典中加入一项以前从未被承认，而且此后也没有被任何他国政府接受的新奇原则。②

在索尔兹伯里看来，门罗主义是美国单方面宣布的产物，从未得到英国和其他欧洲国家的公开承认；大英帝国与委内瑞拉是美洲邻国，与门罗主义旨在反对欧洲国家在南美洲施加旧的殖民制度的"非殖民原则"无关；如果现任美国政府要将门罗主义立基于超越门罗主义传统之外的某种东西，那么美国人至少要表明这些利益是什么；对于一些美国对其行为不承担责任的独立国家，美国无权将如下主张作为一项普遍肯定命题，即仅仅因为这些国家位于西半球，美国的利益就必然与发生于这些国家中的任何事情有关。

从美国总统克利夫兰在1895年12月17日向国会递交的特别咨文中，他似乎并未接受索尔兹伯里关于门罗主义的观点。克利夫兰仍然认为英国正在将旧的殖民制度强加于委内瑞拉，但将门罗主义的国际法依据指向国家的自利原则：

---

① "Lord Salisbury to Sir Julian Pauncefote," *FRUS*，1895，pp.564—565.
② Ibid.，p.566.

如果一个欧洲国家以扩展其边界的方式在违背我们的一个邻国的意志的情况下占据其领土并损害其权利，很难理解这样的欧洲国家不会因此将其政府制度强加于他们所占据的部分领土之上。这恰恰是门罗总统宣称会"危害我们的和平和安全"的行为，并且，欧洲制度是以推进边界线或其他的方式得以施加无关宏旨。……门罗主义得到国际法原则的认可是基于这一理论，即每个国家的权利应得到捍卫，其正当要求应得到执行。①

英美双方在门罗主义的国际法地位问题上各执一词，但我们通过双方的论辩可以看出，问题的关键在于英国的行为是否像美国所指控的那样，试图将一套旧的殖民制度强加于一个弱小南美国家，还是像英国人所说的那样，这仅仅只是一个如何确定两个邻国的边界的问题。

（二）边界争端的责任之争：谁在改变边界现状？

奥尔尼的照会和克利夫兰的特别咨文给出了如下指控：英国正在以推进边界线的方式侵害委内瑞拉的正当权利，并试图在争议地区强加欧洲制度的方式危害门罗主义。但是英国给出了完全否定的回应。在第二份照会中，索尔兹伯里就委内瑞拉边界问题做了详细陈述。他开篇明义地指出，这份照会的目的就是消除美国政府的某些明显误解。第一个误解是争端引发的时间不是奥尔尼所理解的 1814 年，而是 1840 年。在 1840 年以前，无论是作为委内瑞拉宗主国的西班牙或哥伦比亚合众国，都与圭亚那的宗主国（先是荷兰然后是英国）不存在领土争端的问题。如果按照委内瑞拉政府的观点，即早已属于英国的领土仅仅由于原来的宗主国（西班牙）并未以"积极和明确"的方式将此领土转让给另外一个国家，委内瑞拉就有权以继承人的身份对这块领土主张所有权，"就可以合理地问一问，奥尔尼先生是否同意，墨西哥政府按照这一原理将早就属于美国的大片领土诉诸仲裁？"②

索尔兹伯里试图消除的第二个误解是美国政府的这一指控，即英国不停地向委内瑞拉方向推进而侵犯了后者的权利。他接着转向了朔姆布尔克线的历史

---

① "Message of the President to the Congress," *FRUS*, 1895, p.543.
② "Lord Salisbury to Sir Julian Pauncefote," *FRUS*, 1895, pp.569—570.

经纬。1835 年为勘探这块殖民地的内陆，罗伯特·朔姆布尔克得到英国政府的资助，并在 1840 年 11 月得到任命，负责调查和确定英属圭亚那的边界线。此项任命的照会被发给了包括委内瑞拉在内的相关国家。索尔兹伯里强调："当时英国政府的意图，当专门委员会的任务完成时，是与其他政府就此边界问题的观点进行沟通，并解决这些政府可能会反对的细节问题。"①也就是说，在英国政府这里，朔姆布尔克线只是英国政府"临时性"的界线划分，如果他国政府对此持有异议，那么英国政府对"细节问题"完全保持开放。

委内瑞拉在 1844 年确实提出了边界争议。但在索尔兹伯里看来，委内瑞拉的领土主张基于"西班牙最早发现美洲大陆"的这一早就被废弃的依据，并且其提供的大部分证据来自旅行家和地理学家的模糊作品，而没有提出实际管控的任何实质性证据。当时的英国外交大臣阿伯丁立即指出，如果双方的领土主张的差异如此之大，就不可能达成任何协议。但是阿伯丁代表英国政府表示愿意在某些争议领土做出某些让步，前提是这些领土不能转让给其他任何国家，在这些领土上定居的印第安部落也应受到免于压制的保护。但委内瑞拉政府并未对此提议做出答复。于是英国政府认为这项提议超过六年而失效，并通知了委内瑞拉政府。两国政府随后在同年 12 月达成一项就争议地区保持现状的共识，史称"1850 年共识"。

随后，索尔兹伯里列举了委内瑞拉政府分别在 1858 年、1876 年、1881 年和 1884 年四次违背"1850 年共识"的事例。尽管如此，英国政府本着和解精神分别在 1857 年、1877 年以及 1881 年与委内瑞拉政府开启双边谈判，尤其是 1881 年 2 月委内瑞拉提出的分界线与 1844 年的阿伯丁提出的边界线大致重合，但委内瑞拉政府一再地因为内政混乱而错失了解决边界问题的良机。由于委内瑞拉政府始终没有"认真对待"边界争议，索尔兹伯里给出了他对边界问题延续至今的立场：

> 由于英国臣民定居的进展使得做出某种决定成为绝对必要，并且委内瑞拉政府拒绝达成任何合理安排，英国政府决定不再重复之前的未得到回报的让步性提议，而是维护他们对朔姆布尔克线以内领土的毋庸置疑的权

---

① "Lord Salisbury to Sir Julian Pauncefote," *FRUS*，1895，p.570.

利……尽管仍同意保留该线与他们认为合法边界之间的未定居领土，以供进一步谈判，甚至仲裁。①

在索尔兹伯里看来，历届英国政府提出的边界线之所以存在反复和差异，是基于英委两国的友谊而做出的让步性提议，但由于委内瑞拉政府长时间不表明是否接受这些提议，因而这些提议就不存在生效与否的问题；在委内瑞拉于1887年单方面切断双边关系之后，英国从未越过朔姆布尔克线行使管辖权。在这份照会的最后，索尔兹伯里结论性地回应了奥尔尼对于英国进行殖民扩张的指责，并对英国政府坚定捍卫英国臣民的权利进行了辩护：

> ……当委内瑞拉的内政在比最近看起来更持久的基础上得到解决时，在这个问题上，英国政府可能会采取比以前更温和与和解的路线。英国政府……无意夺取属于她的领土，或将主权强行扩展到委内瑞拉的任何部分人口……不能同意或接受……将多年来享有英国殖民地稳定统治的大量英国臣民转移到一个不同种族和语言的国家，而这个国家的政治体制经常陷入混乱，它的制度对生命和财产的保护往往非常不足。②

纵观索尔兹伯里的第二份照会，他分别做了历史、当下和未来三个面向的解释。就历史面向，他给出了与奥尔尼基于委内瑞拉一方的宣传完全不同的印象：英国没有在争议地区将旧的殖民制度强加于委内瑞拉；边界纠纷只有在1840年以后才发生；争议发生后英国一贯秉持友好协商的态度，但由于委内瑞拉不切实际的领土主张或内政混乱而一再错失解决问题的良机；边界问题迟迟未获得妥善解决，主要责任不在英国一方；英国其实是在等待一个可以认真对待的作为外交谈判对手的委内瑞拉政府。就当下面向，他对英国政府的强硬立场进行了辩护：英国的强硬立场不能简单地被化约为"大国霸凌小国"这一实力对比印象，而是出于对历届委内瑞拉政府屡次破坏双边共识，甚至现在的委内瑞拉政府本身无法保持"持久"的自然反应。就未来面向，他并没有全盘否定对争议地区进行仲裁的

---

① "Lord Salisbury to Sir Julian Pauncefote," *FRUS*, 1895, p.573.
② Ibid., p.575.

192

可能性，但鉴于在争议地区已经有"4万英国臣民"长期定居在此，包括仲裁在内的一切合理的制度安排的选项都必须考虑这些英国臣民的合法利益。

美国对英国的答复也做出相应的回应。美国国会拨款组建边界委员会，对边界的历史问题进行调查。就索尔兹伯里拒绝美国卷入的强硬立场，克利夫兰也毫不示弱地表示，如果争议领土确属委内瑞拉，那么美国将采取在其能力范围内的一切手段捍卫后者的正当权利：

> 这场争端已经到了这样一个阶段，美国现在有责任采取措施，以充分确定委内瑞拉共和国和英属圭亚那之间的真正分界线……美国有责任在其能力范围内，以一切手段抵抗对其权利和利益的蓄意侵略，抵抗英国对任何土地的侵占，或对任何领土行使政府管辖权，如果我们经调查确定这些领土属于委内瑞拉的话。①

（三）无条件仲裁与有条件仲裁之争：如何看待英国的妥协？

随着英美两国通过各种联系渠道进行紧密互动，双方立场的分歧逐步缩小到这样一个程度，即英国坚持它在争议地区的所有臣民的正当权利必须得到保障，即使诉诸国际仲裁，也是排除了特定范围的有条件仲裁，而美国坚持将所有争议地区包括在内的无条件仲裁。这也是英美双方互动过程中的最后一个争议。

在英美互动过程中，两国都做出了让步。就边界问题的最终解决而言，英国的让步是在程序上的。这体现在索尔兹伯里同意将边界纠纷的有关档案、文件提交给美国的边界调查委员会②，这似乎表明索尔兹伯里不再坚持边界争端与美国无关的最初立场。之后他又同意奥尔尼在1896年2月提出的将后续谈判转到华盛顿的要求，这让外界看来，似乎美国在主导边界谈判。美国的让步是实质性的。在"非正式外交"③所积累的成果的基础上，殖民大臣张伯伦决定亲自到访美国，并与奥尔尼进行了长时间的会谈。起初奥尔尼仍然坚持无条件仲裁

---

① "Message of the President to the Congress," *FRUS*, 1895, pp.544—545.

② "Mr. Bayard to Mr. Olney," *FRUS*, 1896, p.576.

③ 英美之间的非正式外交在此次危机的和平解决中发挥了重大作用，也体现了英美两国之间的紧密联系。参见 Joseph J. Mathews, "Informal Diplomacy in the Venezuelan Crisis of 1896," *The Mississippi Valley Historical Review*, Vol.50, No.2, 1963, pp.195—212。

的立场，后来达成妥协，将定居 60 年以上的地区排除在仲裁之外。1896 年 11 月 12 日，英美双方达成了解决委内瑞拉边界争端的协议，其中关于"已定居地区"的时间期限最终确定为 50 年。至此，英美双方关于这场边界争端的所有重大分歧已经得到全部解决。依据条约成立的巴黎仲裁法庭在 1899 年 10 月 3 日做出裁决，英国获得了争议地区约 90% 的领土，委内瑞拉获得了奥里诺科河口，并向英美两国保证航行自由。英国实质性地赢得了仲裁，代价是承认美国在美洲国际事务上的发言权。

如何看待英国做出的让步？首先需要指出的是，索尔兹伯里在有条件仲裁的立场上是一贯的。在 1880 年他还是外交大臣时，就答复委内瑞拉："委内瑞拉的领土主张关乎 4 万名英国殖民地的臣民，英国愿意以妥协的方式解决边界问题。"①之后在边界危机期间，作为首相的索尔兹伯里向殖民大臣张伯伦指出："我们所争取者，是人而非土地。"②事实上，索尔兹伯里从未完全拒绝对此事项进行仲裁，他只是坚持英国公民在朔姆布尔克线内的权利不应被质疑。当英国内阁在 1896 年 1 月开会时，在认识到"绝大多数（如果不是全部）内阁成员将会欢迎任何体面的解决方案"后，索尔兹伯里在捍卫英国人权利的问题上仍然毫不退缩："如果我们打算无条件向美国人的威胁屈服，那么［内阁］要去找另外一位首相。"③事实上，保护英国公民的合法权利，自从帕默斯顿将其等同于"关乎国家政策的原则、英国重大利益及其荣誉和尊严的问题"④以后，几乎是任何一位英国首相的天职所在。如果美国人坚持无条件仲裁，那么只要索尔兹伯里还在位，英国政府在此问题上就不可能有任何妥协的余地。

因而，就其主要方面来看，英国的让步与其说是美国压力的产物，不如说是英国内部的共识。从历史上看，正如索尔兹伯里所宣称的那样，英国政府一直就边界争端的"合理的解决方案"持开放态度。从当时英国政界和舆论界对

---

① Odeen Ishmael, *The Trail of Diplomacy：The Guyana-Venezuela Border Issue*，Vol.1，New York：Xlibris，2013，p.112.

② J.A.S. Grenville, *Lord Salisbury and Foreign Policy：The Close of the Nineteenth Century*，London：Athlone Press，1964，p.63.

③ Ernest R. May, *Imperial Democracy：The Emergence of American as a Great Power*，New York：Harper & Row，Publishers，1973，p.50.

④ B.L. Blakeley and J. Collins eds., *Documents in British History*，Vol.II，New York：McGraw-Hill Inc.，1993，p.127.

于门罗主义的态度来看，向来积极接受英美团结论调的自由党人一直在敦促本国政府接受美国的介入①，而且索尔兹伯里自身所在的保守党的大部分内阁成员，也对首相的辞职威胁逐渐变得不屑一顾。②事实上，公开承认门罗主义的不光有自由党领袖，还包括诸多保守党领袖，甚至还有维多利亚女王。③索尔兹伯里首相的侄子，下议院领袖亚瑟·巴尔福告诉他的议会同僚："在历届英国政府和委内瑞拉之间的争端中，这个国家从来没有，现在也没有任何意图违反门罗主义的实质和本质……［门罗主义是］他们美国和我们都珍视的政策原则。"④在舆论界，多数公众人物敦促政府妥协以维持和平；在议会，三百五十名下院议员在一份敦促进行仲裁的请愿书上签字。在政界内部已然凝聚起共识的情况下，索尔兹伯里拒绝美国介入的强硬立场在政治上已经失去意义。当然，就像在边界纠纷上的立场一样，索尔兹伯里做出的让步是在确保英国公民的合法权利能够得到切实保障为前提的。易言之，如果美国不同意有条件仲裁，那么英国也不会同意美国的介入。

四、如何定性美国在当时国际秩序中的角色：合作者还是挑战者？

关于权力和平转移的一般动力学，奥根斯基曾做出如下论断："只有当那些拥有主导权力的人牢牢控制并满足于现状，或者对现状有望在和平环境中发展的方式感到满意时，和平才有可能实现。"⑤奥根斯基的这一论断，指出了国际权力转移的一般模式：主导国与崛起国在某个历史进程中共享了和平的现状并对此保持满意；在特定时刻，对于现状逐渐不满意的主导国与崛起国以双方都满意的和平方式造就了新的现状。如此往复，国际秩序的和平得以长久维系。那

---

① 参见 T. Boyle, "The Venezuela Crisis and the Liberal Opposition，1895—96," *The Journal of Modern History*，1978，Vol.50，No.3，pp.D1185—D1212。

② Bradford Perkins, *The Great Rapprochement：England and the United States，1895—1914*，New York：Atheneum，1968，p.18.

③ George B. Young, "Intervention under the Monroe Doctrine：The Olney Corollary," *Political Science Quarterly*，Vol.57，No.2（June 1942），p.272n.

④ Stephen R. Rock, *Appeasement in International Politics*，p.27.

⑤ A.F.K. Organski, *World Politics*，p.364.

么，英美在拉美地区的长期和平又是如何实现的，或者说，我们应当如何定性作为崛起国的美国在英帝国主导的国际秩序中的角色：在主要方面，美国是合作者还是挑战者？

首先，至少在委内瑞拉边界问题上，美国并没有一开始就"从实力地位出发"与英国对话，反而是基于这一判断：正是英国人凭借它的强大实力欺凌一个弱小的南美国家。换句话说，美国与英国的外交争端之所以白热化，并非因为美国自身实力的增长而让它自觉地挑战英国的主导地位，而是它基于门罗主义所指引的外交政策对英国凭借自身实力"欺压"一个弱小南美国家这一现状的不满。在美国人看来，如果放任英国凭借其无与伦比的实力蓄意蚕食甚至吞并委内瑞拉，将会危及美国在这一地区的自由贸易，甚至危及它自身的国家安全。尤其是在这场争端的初期，美国多次通过外交渠道对英国表达了不满，但遭到英国的拒绝或漠视。在外交渠道沟通无效之后，美国才发出了"在其能力范围内的一切手段"这一接近于最后通牒的威胁。因而，在美国人看来，动员国家实力并非旨在与英国争霸，而在于捍卫它自身的正当利益。这也正是建构主义超越现实主义"国强必霸"这一因果逻辑之处：建构主义者认为国与国之间秉持的善意至少与它们各自拥有的实力同等重要，因为如何运用实力取决于双方关系的相互定性和对各自意图的识别。①

其次，在这场边界争端中，英美两国为自身的外交行动都给出了非常充分的正当性理由，并随着双方在正式和非正式外交渠道的持续沟通，两国之间关于此次危机的误解得以消除，双方都从各自给出的理由之中看到了对方的善意：在历届美国政府所坚持并在原则上得到英国支持的门罗主义的背景中，英国根本无意危及南美洲的既有国际秩序，它仅仅关注在边界地区已成既定事实的大量英国臣民的权利如何得到有效保障的问题；美国的立场既不是与委内瑞拉联合对抗英国，也没有联合另一个欧洲强国共同挑战英国，更没有联合英国瓜分委内瑞拉——因为这种行为在根本上就违背了门罗主义所施加的自我约束。正如建构主义者一再指出的那样，指引国家行动的国际法原则或规则不能仅仅当作消除国际合作障碍的"有用工具"，原则或规则的约束力不仅来自国家之间的实力排

① ［美］亚历山大·温特：《国际政治的社会理论》，秦亚青译，上海人民出版社 2008 年版，第 252 页。

序，而且还对相关国家在采取何种行动时施加了一种"内在的约束"。①美国仅仅坚持美洲领土纠纷必须以和平的方式得到解决，而这种要求是英国人所无法拒绝的：这不仅是历届英国政府在委内瑞拉边界问题上的一贯立场，也符合英国人在"英帝国治下的和平"以自由贸易而非领土扩张构建国际和平的核心主张。

最后，也是最重要的一点，英美两国所捍卫的国家利益并不是现成地"在那里"的，而是在双方在寻找共识的国际互动中按照各自的正当性理由逐步界定的。上文已经表明，作为当时国际秩序之表征的"英帝国治下的和平"的"和平、安全与贸易"三原则与美国门罗主义的"非殖民原则"和"非干预原则"存在着高度的重合性，而且在很大程度上，美国一直受益于英帝国主导的国际秩序。同时受益于这个和平秩序的两国，即作为主导国的英国和作为崛起国的美国，都没有理由挑战更不用说颠覆这个国际秩序。至于英国自愿承认门罗主义的国际法地位以及美国（至少在）拉美事务上的发言权——这当然表示美国在一定程度上分享了拉美事务的国际权力——应被视为英国有理由相信美国在美洲事务中的这样一项规范性承诺：就像在委内瑞拉边界问题上一样，在英属美洲殖民地遭遇无端侵犯时，或者第三国试图将旧的殖民制度施加于美洲地区或武力干涉美洲国家的独立地位时，将会另有一个初具大国实力的"朋友"美国，与英国一起承担捍卫国际和平秩序的责任。在此意义上，美国不仅不是当时国际秩序的挑战者或颠覆者，而且还是愿意采取"在其能力范围内的一切手段"捍卫这一秩序的维护者或合作者。

总之，在委内瑞拉与英属圭亚那的边界争端问题上，美国成功地将门罗主义从一国的外交原则上升为得到主导国承认的国际法，并据此获取了在美洲国际事务上的发言权，英美两国的权力格局有了初步的变化，并且随着后续 1898 年美西战争、1902 年委内瑞拉债务危机等国际事务的成功解决，在英美两国以双方都满意的方式解决了各自的利益关切的前提下，②美国以和平方式最终取代

---

① 参见徐崇利：《建构主义国际关系理论与国际法原理》，《国际关系与国际法学刊》2020 年第 9 卷，第 3、15 页。

② 当然，唯一不满意的国家便是委内瑞拉。事实上，对仲裁结果的极度不满导致该国在后来的 1898 年美西战争中选择支持西班牙，但这与本文的主题——英美之间的国际权力转移——无关。事实上，不久以后委内瑞拉又爆发了国际债务危机，要不是美国在英国支持下再次出手干预，几乎引发欧洲国家对该国的联合军事占领。参见杨盛兰、白建才：《国际史视域下的 1902—1903 年委内瑞拉债务危机》，《华南师范大学学报（社会科学版）》2017 年第 4 期。

英国逐步成为美洲事务的主导者，从而完成了在这一地区的国际权力转移。

结　　语

国际政治总是现实利益和规范性主张的某种复杂融合。现实主义以实力作为最重要的解释变量，试图为复杂的国际政治现象搭建各种各样的简便模型，这一智识努力在给人们带来分析和解读上的便利性的同时，严重忽视了国际政治中的规范性机理。英美在委内瑞拉边界争端事件中的外交互动表明，双方运用国家实力的强烈国家意志都是在捍卫自身的规范性或正当性利益的前提和基础上形成的，但在一开始都没有将实力作为解决此次争端的最重要考虑因素，而是在一系列的正当性理由的持续互动中消除了误判，增进了理解，并最终达成了维护国际和平秩序的共识。

英美和平权力转移是一系列事件的结果，委内瑞拉边界事件的和平解决只是这个结果的最初的也是最重要的一步。这个事件以及围绕这个事件的英美互动对于正处于民族复兴关键时刻的当代中国人而言，有着重要意义。首先，在国际社会的复杂互动中，内政与外交密不可分，内政的和谐稳定是捍卫国家利益的前提，是在国际上讲好"中国故事"的基础。一个在内政上频繁出现问题的国家（正如当时的委内瑞拉那样）是不可能得到国际社会的充分尊重的。其次，我们不仅需要强大的经济、国防等实力，还要善于运用国际法公认的原则和规则，积极地为国际法治做出应有的贡献。最后，作为当今国际秩序的受益者，我国不仅要积极维护国际秩序的和平与稳定，而且还要加强与各国的交流合作，在坚定维护自身发展利益的同时也对他国的合理关切予以尊重，以一种能够兼容各国发展的方式推动国际秩序的持续和平。

拉美国家应对中美战略性关键矿产竞争的行为逻辑

董青青*

在大国间权力转移叠加后疫情时代的影响下，地缘政治不稳定性加剧。对自然资源的需求指数式增长的同时[1]，其供给却十分稀缺，乃致部分传统的大宗商品和公共资源都被加速政治化为战略性资源。各国将掌握战略性关键矿产（critical and strategic minerals）作为占领科技和产业制高点的必要手段，资源主题的经贸摩擦不断被嵌入大国关系中，资源安全问题趋于强化。[2]战略性关键矿产的需求增长主要依托于其在高附加值领域应用的扩展。一方面，在世界能源转型背景下，实现"脱碳"并摆脱传统能源依赖的瓶颈在于低碳技术组件和设备制造，其生产链需要大量的铜、镍、钴、锂、铌和稀土等矿产作为原材料，形成了一种似乎有悖常理的矿产依赖。[3]另一方面，伴随着以数据为关键要素的

* 董青青：中国社会科学院大学国际政治经济学院博士生。本文初稿曾在第十六届"全国国际关系、国际政治专业博士生学术论坛"上宣读，感谢各位评议人的点评，感谢《国际政治研究》匿名评审专家的意见和建议，文责自负。

① 根据世界银行报告中进行的测算，至 2050 年，锂、石墨、钴等能源转型所需矿物需求增长幅度高达近 500%。相关论述参见 Kirsten Hund, et al., *Minerals for Climate Action：The Mineral Intensity of the Clean Energy Transition*, Washington, D.C.：World Bank Publications, 2020, pp.71—79。

② 于宏源、关成龙、马哲：《拜登政府的关键矿产战略》，《现代国际关系》2021 年第 11 期，第 1—8 页；于瑞等：《主要发达国家关键矿产供应链保障战略措施简述》，《矿产勘查》2023 年第 10 期，第 1788—1797 页。

③ 相关文献参见 Fernando Ferreira de Castro, et al., *Transição Energética e Dependência por Minerais Críticos：Aspectos Geopolíticos, Socioambientais e a Perspectiva Brasileira*, Rio de Janeiro：CETEM/MCTI, 2022, pp.20—22；Benjamin C. McLellan, et al., "Critical Minerals and Energy-Impacts and Limitations of Moving to Unconventional Resources," *Resources*, Vol.5, No.19, 2016, pp.1—40；Olivier Vidal, Fatma Rostom, Cyril François and Gael Giraud, "Global Trends in Metal Consumption and Supply：The Raw Material-Energy Nexus," *Elements*, Vol.13, No.5, 2017, pp.319—324；Silviu Nate, et al., "Mineral Policy within the Framework of Limited Critical Resources and a Green Energy Transition," *Energies*, Vol.14, No.2688, 2021, pp.1—31。

第三次信息革命的兴起，科技成为中美战略竞争的核心领域[①]，处于产业链上游的矿产等原材料地位也随之提升。当前研究多聚焦于资源安全，分析矿产资源消费方间的竞争态势与竞胜策略，强调矿产资源既是大国竞争的目标，也是诱发新一轮竞争激烈程度加剧的关键杠杆。[②]这一视角固然具有意义，但对于生产方的忽视可能导致对资源博弈态势的判断及进一步的战略回应出现偏差[③]，因此有必要平衡考量供需两端。

自然资源丰裕度较高的国家在历史上往往无法实现自身经济持续且稳定的增长[④]，处于国际分工体系的边缘位置，被视为无力影响世界资源格局的行为体。然而，在大国资源竞争加剧的背景下，资源生产国已逐步成为塑造全球资源格局的关键力量，这一新现象在中美拉资源互动关系中尤为显著。[⑤]拉丁美洲和加勒比地区（以下简称"拉美"）是世界资源分布和开采最密集的地区之一，富集铜、铂、铁、金、锂等矿种，是清洁能源转型所需矿产的主要生产地。[⑥]在资源部署方面，中美两国在拉美的影响力远超日韩或欧洲国家，这使得拉美资

---

① 沈逸、莫非：《中美博弈背景下的美国对华科技外交策略演变》，《国际关系研究》2022 年第 3 期，第 83—115 页。

② 参见 Herman Cuellar, "Interesses Estratégicos em Energia e Matérias-Primas：Gás e Petróleo, Urânio e Nióbio," *Revista Brasileira de Inteligência*, No.8, 2013, pp.81—90；Diana Marcela Rojas, "La Región Andina en la Geopolítica de los Recursos Estratégicos," *Análisis Político*, No.83, 2015, pp.88—107；Sophia Kalantzakos, "The Race for Critical Minerals in an Era of Geopolitical Realignments," *The International Spectator*, Vol.55, No.3, 2022, pp.1—16；李志斐：《中美博弈背景下的澜湄水资源安全问题研究》，《世界经济与政治》2021 年第 10 期，第 130—155 页；［英］约瑟夫·斯坦尼斯劳：《能源博弈与互依共存》，《国际石油经济》2008 年第 10 期，第 18—25 页。

③ 在国际体系层面中，国家间资源禀赋的差异决定了国际贸易的方向，由此构建了"资源生产国—资源消费国"这样一对身份，其中资源生产国一般将其丰富的资源出口至在技术和劳动力方面具有比较优势的国家，即资源消费国。参见 Graham A. Davis and Arturo L. Vásquez Cordano, "International Trade in Mining Products," *Journal of Economic Surveys*, Vol.27, No.1, 2013, pp.74—97。

④ 大量学者对于自然资源禀赋与经济增长间的悖论进行研究，并提出了著名的"资源诅咒"（Resource Curse）假说，即对一些国家而言，丰裕的资源会阻碍其经济增长。相关论述参见 Jeffrey D. Sachs and Andrew M. Warner, "Natural Resource and Economic Development：The Curse of Natural Resources," *European Economic Review*, No.45, 2001, pp.827—838。

⑤ 王罗汉、陈志：《中美战略性矿产竞争的三大热点类型分析》，《全球科技经济瞭望》2020 年第 7 期，第 26—32 页。

⑥ IEA, "Latin America's Opportunity in Critical Minerals for the Clean Energy Transition," April 7, 2023, https://www.iea.org/commentaries/latin-america-s-opportunity-in-critical-minerals-for-the-clean-energy-transition, 2023-12-23.

源生产国作为利益相关方，被卷入中美资源竞争的"漩涡中心"。《圣达菲第四文件》（Santa Fe IV Document）指出，鉴于中国实力的日益增长，有必要确保拉美地区的自然资源能够优先满足美国需求。①近年来中国着力提升国际循环质量和水平、发展新质生产力并构建新发展格局，在拉美地区的影响力显著增强，目前已将能源资源议题纳入中国对拉美的"1＋3＋6"合作框架中。②面对中美两国在拉美的资源竞争所带来的安全隐忧与发展机遇，拉美国家倾向于自主地通过战略应对为自身争取权益，并能够进而影响世界资源格局。③因此，拉美国家的资源战略已成为中国在参与世界资源博弈中必须密切关注的重要变量。例如，中国在拉美寻求锂资源的过程中，一方面面临美国的激烈打压，但另一方面，同样不可忽视的是拉美国家以反垄断、维持锂市场竞争条件等为理由，正在实质性削弱中国在该区域对锂资源的控制力，致使中国锂矿企业遭受重大利益损失。

就此，本文提出研究问题：拉美国家如何应对中美两国围绕战略性关键矿产展开的资源竞争？本文从国际政治经济学的视角切入，探讨国家行为体的资源博弈关系。构建中美拉三方资源博弈态势影响拉美国家资源政策的因果机制，对拉美国家应对中美战略性关键矿产竞争的策略行为进行类型化。本文主要采取比较案例分析的定性研究方法，依托国际能源署（IEA）、美国地质调查局（USGS）、拉加经委会（ECLA）、中国国土资源部及其他相关资源部门、企业等关于矿产资源分布、开发及贸易数据和文献资料作为实证材料的基础上，围绕铌、锂、铜三个矿种分析拉美国家如何应对中美战略性关键矿产竞争，以期为大国资源竞争背景下矿产资源生产国与消费国间的互动模式进行理论补充，并廓清中拉双方在矿产资源领域的竞合关系，为中国在资源经济政策实践中规避潜在风险、深化同拉美地区的矿产合作提供政策参考。在历史中，大国崛起势

---

① Lewis Arthur Tambs, *Santa Fe IV. El Futuro de las Américas: Temas para el Nuevo Milenio*, 2000.

② 中拉"1＋3＋6"合作新框架是 2014 年习近平主席在中国—拉美和加勒比国家领导人会晤中针对中拉合作规划架构提出的建议，其中的"6"指六大重点合作领域，分别为能源资源、基础设施建设、农业、制造业、科技创新、信息技术。

③ Ximena Cujabante Villamil and Humberto Librado, "Los Recursos Naturales en América del Sur: Un Acercamiento desde la Unión de Naciones Suramericanas," *Equidad y Desarrollo*, No.35, 2020, pp.187—203.

必伴随着在资源领域的角力，这也要求中国在资源领域做出更高水平的战略应对。①通过优化同拉美国家的资源互动，中国不仅能在一定程度上缓解自身的崛起压力，还能探索出一条帮助拉美地区国家摆脱霸权国控制的潜在路径，从而有助于实现中国自身的和平崛起及中拉共同发展。

一、既有研究回顾与述评

本文首先对战略性关键矿产的两个核心维度——"关键性"与"战略性"的相关讨论进行梳理，旨在为后续分析奠定理论基础。在此基础上，本文对中美拉在战略性关键矿产领域互动的既有讨论进行回顾与述评。

（一）矿产资源的"关键性"与"战略性"讨论及相关概念界定

伴随着矿产资源的战略物资属性逐步凸显，诸如"关键矿产""战略性矿产""战略性关键矿产""战略性新兴矿产""高技术矿产"等一系列概念被相继提出，其内涵和外延的不断扩展造成了概念使用的混乱。鉴于此，有必要梳理矿产资源的"关键性"与"战略性"讨论，在此基础上对本文核心概念——"战略性关键矿产"进行概念厘清。

战略性（strategic）从需求侧视角出发进行定义，其核心在于强调事物对于需求方而言至关重要或意义重大。②随着时代变迁与需求结构调整，战略性呈现为一个动态性的概念。鉴于 20 世纪初战争频仍的时代背景，战略性最早几乎被等同于具有军事用途。第一次世界大战的爆发致使原材料运输受阻，矿产、能源价格大幅上涨，加剧了国家的保护主义和国家间的资源争夺，矿产的战略价值被凸显。③1939 年美国《战略和关键材料储备法》（Strategic and Critical Mate-

---

① 杨丹辉：《资源安全、大国竞争与稀有矿产资源开发利用的国家战略》，《学习与探索》2018 年第 7 期，第 93—102 页。

② Guido Galafassi, "Estado, Capital y Acumulación por Desposesión. Los Espacios Rurales Patagónicos y su Renovado Perfil Extractivo de Recursos Naturales," *Revista Paginas*, Vol.1, No.2, 2010, pp.151—172.

③ Luis Urteaga, "Sobre la Noción de 'Recurso Natural'," in Joan Vilà Valentí, ed., *El Seu Mestratge en la Geografia Universitària*, Barcelona: Publicacions Universitat de Barcelona, 1999, pp.441—454.

rials Stock Piling Act）强调部分矿产应被视作保障国家安全的国防储备，特别是在战争等国家紧急状态期间。①随着战略性范畴延伸至经济与社会领域，因减少潜在发展危机的战略需要增加②，战略性矿产开始包括维系国民经济正常运行的支柱性矿种以及支撑高新技术和战略性新兴产业发展的小矿种。③战略性矿产现已具有如下内涵：经济社会发展必不可少、国防安全领域不可替代的国家供应风险较高的短缺矿产或对促进国际循环有战略支撑作用、国家资源储量丰富的优势矿产。④战略性新兴矿产与高技术矿产概念也强调矿产资源的战略性，但特别聚焦于伴随着技术革命所形成的战略性新兴产业所必需的矿产资源。⑤

关键性（critical）的核心在于"作用关键"，包含使用重要性（importance in use）与可用性（availability）两个维度，分别强调供应限制所造成的影响及供应风险。⑥美国政府据此将关键矿产定义为对国家经济发展与国防安全具有重要战略意义，其供应链存在风险且难以被轻易替代的矿产资源。⑦如今学界普遍认为关键矿产是既具有重要经济性，同时又存在较高供应风险的稀缺矿产⑧，如果其供应受到威胁，可能对国民经济正常运转造成严重损害。⑨因此，关键矿产在

---

① 参见 US Public Laws, *Strategic and Critical Materials Stock Piling Act*, 1939, pp.1—15.

② 陈从喜等：《高技术矿产的内涵、分类及应用前景》，《国土资源情报》2020 年第 10 期，第 5—11 页。

③ 王登红等：《中国战略性关键矿产勘查开发进展与新一轮找矿的建议》，《科技导报》2024 年第 5 期，第 7—25 页。

④ 陈毓川：《建立我国战略性矿产资源储备制度和体系》，《国土资源》2002 年第 1 期，第 20—21 页；齐亚彬：《中国矿产资源储备问题研究》，《资源与农业》2002 年第 6 期，第 53—54 页；陈其慎、王高尚：《我国非能源战略性矿产的界定及其重要性评价》，《中国国土资源经济》2007 年第 1 期，第 18—21 页。

⑤ 张新安、张迎新：《把"三稀"金属等高技术矿产的开发利用提高到战略高度》，《国土资源情报》2011 年第 6 期，第 2—7 页；陈从喜等：《高技术矿产的内涵、分类及应用前景》，第 5—11 页。

⑥ National Research Council, *Minerals, Critical Minerals, and the U.S. Economy*, Washington, D.C.: The National Academies Press, 2008, pp.31—34.

⑦ Critical Materials Institute, *What is a "Critical Material"?* U.S. Department of Energy, 2014, p.2.

⑧ 吴巧生、薛双娇：《中美贸易变局下关键矿产资源供给安全分析》，《中国地质大学学报（社会科学版）》2019 年第 5 期，第 69—78 页。

⑨ European Commission, *Report on Critical Raw Materials for the EU: Report of the Ad-hoc Working Group on Defining Critical Raw Materials*, Brussels, 2010, p.13；涂亦楠：《美国的关键矿产总统令及中国的应对策略研究》，《中国矿业》2021 年第 2 期，第 16—20 页；李文昌等：《中国关键矿产现状、研究内容与资源战略分析》，《地学前缘》2022 年第 1 期，第 1—13 页。

国际上具有"杀手锏"效应，会导致"被别人卡脖子"或"卡别人脖子"现象的发生。①尽管有观点认为关键矿产与战略性矿产间为包含关系，将战略性矿产视为关键矿产的一个子集②，但两者定义逻辑不同，并且随着战略性的扩展，如今这一包含关系趋于淡化。

在此基础上，有学者提出了兼具战略性与关键性两个特质的战略性关键矿产概念，这也是本文所使用的核心概念。相比于关键矿产与战略性矿产，战略性关键矿产强调战略性与关键性双重属性的平衡，兼具经济重要性、供应风险性与战略性新兴产业不可或缺性三个维度。③本文从这一概念的内涵出发，抽提相关定义中的一般性要素，将战略性关键矿产界定为对国防安全、经济发展以及战略性新兴产业的发展至关重要，具有供应风险且可替代性较差的矿产。特别需要指出的是，战略性关键矿产并不依据产能进行划分判断，战略性关键矿产的产能并不一定小，产量大的矿种也同样可被视为战略性关键矿产。

（二）战略性关键矿产领域中美拉互动关系的既有讨论

在中美拉三边资源关系中，鉴于中美是实力更为突出的世界性大国，与拉美国家间存在显著的实力不对称性，这自然而然地将中美关系推至三边关系的主轴位置。大量学界研究将讨论聚焦点置于中美在资源领域的相互依赖，两国均在部分战略性关键矿种中受制于对方，如中国对于从美国进口铍及美国对于从中国获取重稀土产品均具有较高的依赖度。④为此，美国将拉美纳入其与中国的资源竞争视野中，旨在试图减少对中国的矿产依赖。⑤

在中美竞争的传统学术视野中，主流观点将拉美国家描绘为被动的资源生

---

① 王登红等：《中国战略性关键矿产勘查开发进展与新一轮找矿的建议》，第 7—25 页。

② National Research Council, *Minerals*, *Critical Minerals*, *and the U.S. Economy*, p.30.

③ 李建武等：《中国战略性关键矿产目录厘定》，《地球学报》2023 年第 2 期，第 261—270 页。

④ 王安建、袁小晶：《大国竞争背景下的中国战略性关键矿产资源安全思考》，《中国科学院院刊》2022 年第 11 期，第 1550—1559 页；王登红：《关键矿产相关问题探讨》，《矿产地质》2019 年第 2 期，第 65—72 页；刘建伟：《大国战略竞争背景下美国稀土产业链的重建及其影响》，《太平洋学报》2022 年第 12 期，第 52—63 页。

⑤ 葛维平、刘佳琦：《关键矿产战略国际比较——历史演进与工具选择》，《资源科学》2020 年第 8 期，第 1464—1476 页；余良晖、闻少博、陈甲斌：《全球矿产资源安全格局与地缘政治博弈分析》，《中国国土资源经济》2023 年第 9 期，第 24—30 页。

产国，认为中美间的资源互动不断巩固了全球矿产资源的交换格局，中美对战略性资源的部署旨在确保获取和控制此类资源，并应对阻碍这种获取的威胁。① 在谈及美拉关系时，有学者强调美国在进入拉美市场时，其核心动机在于确保能稳定获取该地区的能矿资源。为此，美国惯常通过贷款条件、允许反叛者购买武器的可能性等方式向拉美国家施压，迫使其开放对本国自然资源的采掘，成为美国全球商业网络中的廉价资源提供者。② 美国还将外交政策军事化，强调美国的武装部队必须保留进入公地的权利。③ 也有学者观察到，中美竞争为拉美国家提供了更大的回旋转圜空间，指出崛起国对霸权国的挑战带来世界秩序的深刻变革，中拉资源互动关系打破了"中心—边缘"为核心结构的经典依附模式，为拉美国家争取更多自主权和话语权提供了可能。④

在探讨拉美国家在全球矿产资源竞争中的政策取向时，已有研究形成了两种基本观点。一种观点认为，拉美国家处于中美竞争的"夹缝"，其资源政策几乎不存在明显的阵营偏向。拉美国家往往采用"两边下注"策略，意图避免"选边站队"，防止本国沦为大国博弈的牺牲品，并通过多元化战略提升资源收益。⑤ 另一种观点则指出，由于拉美国家资源面临被国际体系中有影响力的全球

---

① 参见 Ramakrushna Pradhan, "Energy Geopolitics and the New Great Game in Central Asia," *Millennial Asia*, Vol.13, No.2, 2022, pp.265—288; Jonathan Hoffman, "The Return of Great Power Competition to the Middle East: A Two-Level Game," *Middle East Policy*, Vol.28, No.1, 2021, pp.87—104; Federico Alejandro de Singlau, "Los Recursos Naturales Estratégicos como Factor de Conflictos Internacionales," *Cuadernos Universitarios. Publicaciones Académicas de la Universidad Católica de Salta*, Vol.5, 2012, pp.87—199; Michael T. Klare, *Guerras por los Recursos: El Futuro Escenario del Conflicto Global*, Ediciones Urano, 2003, pp.22—45.

② The White House, *National Security Strategic of de United States*, Washington, D.C., 1987, p.5; [美] 戴维·R.马雷斯、赵欣：《拉美的资源民族主义与能源安全：对全球原油供给的意义》，《拉丁美洲研究》2021 年第 2 期，第 64—78 页。

③ Monica Bruckmann, *Recursos Naturales y la Geopolítica de la Integración Sudamericana*, Quito: Editorial IAEN, 2012, pp.33—42.

④ Juan Gabriel Tokatlian, "Las Relaciones entre Latinoamérica y China: Un Enfoque para su Aproximación," *Desarrollo Económico*, Vol.47, No.185, 2007, pp.119—129; Diana Marcela Rojas, "La Región Andina en la Geopolítica de los Recursos Estratégicos," *Análisis Político*, No.83, 2015, pp.88—107.

⑤ 崔守军、李竺畔：《关键矿产"权力三角"：基于全球镍产业链的考察》，《拉丁美洲研究》2023 年第 5 期，第 96—118 页。

性大国以低价进行"掠夺"的威胁①，玻利维亚等拉美国家倾向于采取更具有保守性及资源民族主义色彩的政策应对，具体表现为提高矿产特许权的使用费率和税率、停止或重新谈判现有采矿合同、推动国有化进程、限制出口等资源政策。②这些措施旨在借助贸易保护主义手段控制对自然资源的供应，以维护本国资源安全和发展权益③，同时也为中国等投资国带来了较大的违约风险和政策环境的不确定性。④上述两种观点均将拉美国家的能动性局限于是否供应或向哪一特定参与方供应其矿产资源的单一维度中，忽视了其在全球资源版图中的更广泛潜力。

在理论上，战略性资源储备的地理集中性使得中美对拉美资源生产国产生依赖，因此发达国家与新兴大国间的资源争夺所提供的有利形势为拉美资源生产国摆脱在国际体系中的落后局面和边缘位置提供了可能性。⑤约翰斯·霍普金斯大学高级国际问题研究院教授亨利·法雷尔（Henry Farrell）与乔治城大学沃尔什外交学院教授亚伯拉罕·纽曼（Abraham L. Newman）提出相互依赖的武器化（weaponized interdependence）概念后⑥，有学者进一步关注到资源能源领域的相互依赖武器化现象，如俄罗斯断供欧洲的天然气。⑦不仅以中美俄为代表

---

① Federico Alejandro de Singlau, "Seguridad y Recursos Naturales Estratégicos: El Caso del Litio," *Revista Integración y Cooperación Internacional*, No.35, 2022, pp.7—25.

② 王永中：《资源国关键矿产博弈的新动向及可能影响》，《人民论坛》2022 年第 15 期，第 90—95 页。

③ 刘天科、张铎、王伊杰：《资源民族主义与典型国家行为分析》，《自然资源情报》2022 年第 11 期，第 30—35 页。

④ 王双：《资源民族主义与中国在拉丁美洲的投资安全》，《拉丁美洲研究》2015 年第 5 期，第 41—47 页。

⑤ Fernando Sánchez Albavera, "América Latina y la Búsqueda de un Nuevo Orden Energético Mundial," *Revista Nueva Sociedad*, No.204, 2006, pp.38—49.

⑥ 相互依赖塑造了一个不对称的网络结构，这一结构重新分配了国家在政治体系中的结构性权力，导致国际结构层面中出现了持久的权力对比失衡，体现为部分国家借助对中心节点的掌控，拥有了"凌驾权力"（power over）。这些国家会将其在特定领域掌握的"凌驾权力"转化为战略工具用以推行自身意志和强制，从而在与系统结构中的其他行为体的讨价还价中占据优势地位，致使相互依赖的"武器化"。相关论述参见 Henry Farrell and Abraham Newman, "Weaponized Interdependence: How Global Economic Net-Works Shape State Coercion," *International Security*, Vol.44, No.1, 2019, pp.42—79.

⑦ 参见 Emily Meierding, "Weaponizing Energy Interdependence," in Daniel W. Drezner, Henry Farrell and Abraham Newman, eds., *The Uses and Abuses of Weaponized Interdependence*, Brookings Institution Press, 2021, pp.153—168；许嫣然：《俄乌冲突中的"能源武器化"与能源韧性——以欧盟政策分析为主线》，《外交评论（外交学院学报）》2023 年第 3 期，第 78—105 页；连波：《欧盟对俄罗斯能源战略的安全化与安全化困境》，《德国研究》2022 年第 5 期，第 25—47 页。

的全球性大国能够武器化相互依赖，处于国际分工体系边缘位置的拉美资源生产国也能够将相互依赖关系武器化，这引发了对拉美国家角色的重新审视。尽管它们往往被视作最有可能在大国战略竞争中受到挤压的参与者，在全球资源经济网络上具有结构性劣势，但汉堡大学政治学与国际关系学教授阿姆里塔·纳利卡（Amrita Narlikar）指出，"全球南方"国家能够采取机会主义、对冲、临时占领咽喉要塞、形成新的赋权联盟、创造支持性叙事五种回应战略创新性利用武器化相互依赖，将这一困难局面转化为自身的优势。①

总体而言，在学科视角方面，现有研究多在地理学和自然资源学的学科视野下讨论世界资源格局中的事实性问题，较少从国际政治经济学维度分析资源消费国与生产国间的互动关系。这也致使在研究方法上，既有研究偏重于运用定量方法及计量模型进行统计性描述，对行为体间互动关系的案例研究相对匮乏。在理论路径方面，尽管相关讨论多应用"中心—边缘"的结构性视角，强调中美资源竞争对拉美地区的影响，但大国围绕战略性关键矿产形成的竞争关系为拉美国家带来了更多权力和发展机遇也已成为共识。既有研究指出，鉴于历史上的殖民经历及长期遭受美国的霸权统治，拉美国家普遍具有强烈的去殖民化意识和争取自主性传统，有意推动资源贸易规则重构，改变战略性关键矿产供需格局。然而，仅用资源民族主义或政治站队选择笼统解释拉美国家对于中美资源竞争的应对行为，将其归结于左右轮替或理性选择，一方面难以精准揭示拉美国家应对行为背后的具体机理，另一方面容易陷入以偏概全的误区，忽略了其应对行为的多样性。实际上，拉美国家的应对行为并不始终呈现为贸易保护主义或资源民族主义，也存在与之相反的积极吸引采掘资本的战略考量。针对既往研究的不足，本文尝试从拉美资源生产国因应中美拉资源博弈态势的角度构建微观理论，对拉美国家应对中美战略性关键矿产竞争行为背后的逻辑进行解构和预判，为中国调整与拉美国家的资源互动模式提供理论基础和政策参考。

---

① Amrita Narlikar, "Must the Weak Suffer What They Must? The Global South in a World of Weaponized Interdependence," in Daniel W. Drezner, Henry Farrell and Abraham Newman, eds., *The Uses and Abuses of Weaponized Interdependence*, Brookings Institution Press, 2021, pp.266—278.

二、假说和理论分析框架

本研究的背景是 21 世纪第二个十年以来中美战略竞争趋于激烈，两国间展开的资源竞争是其中的重要组成部分。拉美国家行为体基于将其资源优势最大程度转化为发展权的核心逻辑，倾向于因应中美拉三方战略性关键矿产的博弈态势采取差异性策略，主要呈现为争取资源网络主导权、强化资源价值、放松资源主权三种应对策略。

（一）前提假定

本文构建的理论框架仅分析拉美国家应对中美战略性关键矿产竞争的核心策略行为及其内在逻辑，既不试图解释拉美国家所有具体的应对行为，也不试图解释中美没有形成资源竞争关系情况下拉美国家的应对行为。在这一微观理论中，有以下两条前提假定。

第一，资源生产国与消费国间围绕资源管理与获取的互动，本质是国家间的权力之争。控制战略性关键矿产往往并非国家的根本目的，而是提升本国权力，或者剥夺另一国际行为体权力的手段。①由于重要的成矿带是地球演化的产物，战略性关键矿产分布不均匀，资源供应端稀缺且高度集中，②国家往往需借助全球市场最大限度地确保资源供应。并且大多数战略性关键矿产并没有完全替代品，这意味着如果其外部供应受到限制，国家很难保证自身的资源需求得到满足。因此，妥协往往是资源消费国所不能容忍的，市场逻辑和谈判手段在战略性关键矿产问题上也就并非总能奏效，尤其是当某种战略性关键矿产对军事工业、高科技产业发展乃至国家生存起决定性作用，以至于任何一方都不愿意放弃时，情况更是如此。③而资源生产国同样将资源作为一种权力杠杆，在资

---

① Cristian Leyton Salas, "Recursos Naturales Estratégicos（RNE）y 'Seguridad Natural'," *Escenarios Actuales*, Vol.16, No.1, 2011, pp.5—12.

② 朱清、朱海碧、邹谢华：《全球战略性矿产产业链供应链分析》，《中国国土资源经济》2024 年，第 1—24 页。

③ Vicenç Fisas, "Materias Primas: Minerales Estratégicos y Conflictos Internacionales," *Afers Internacionals*, 1982, pp.77—98.

源互动中为本国争取发展权①，意图打破传统南北范式下国际经济格局中的不平等关系，影响世界权力格局。故而，国家间围绕战略性关键矿产的互动不仅受到市场力量的影响，还涉及国家间复杂的权力关系。

第二，中美在拉美地区资源竞争关系的形成基于从拉美国家获取该种战略性关键矿产对中美而言具有不可替代性，即中美在该种矿产获取方面对外依存度较高，且拉美国家是两国获取该种矿产的重要来源国。如果拉美国家对于其中任何一方获取该种矿产资源不具有此种不可替代性，则中美两国不具有在拉美地区形成资源竞争关系的前提基础，也就不属于本框架的讨论范畴。不管对霸权国还是崛起国而言，参与资源竞争均会使其需要付出额外成本，特别是处于权力转移进程中的崛起国相对于霸权国仍然具有权力劣势。因此，在"成本—收益"的权衡取舍（trade-off）下，中美资源竞争关系并非在所有拉美国家富集的战略性关键矿种中均存在，不能将其"放之四海而皆准"地随意进行套用。在此试举一例——围绕墨西哥萤石，中美便没有形成明显的资源竞争关系。②美国本国不生产萤石，高度依赖墨西哥的萤石供应，但对中国而言，情况则大不相同。萤石本就是中国的优势矿种，自给能力强，加之中国从蒙古、越南及非洲尼日利亚等邻近或成本效益更佳的国家能够稳定进口萤石，使得墨西哥萤石并非成为中国不可或缺的进口来源，③亦未成为中美资源竞争的焦点。

（二）核心观点与理论假说

拉美资源生产国如何最大限度地将资源优势转化为发展权，对于其战略选择具有强有力的诱导作用。单纯的资源禀赋并不足以保障国家的繁荣与稳定，关键在于如何策略性地利用这些资源赋权自身，转化为可持续的发展收益。中

---

① 本文所使用的发展权（power of development）不同于发展权利（right to development），是就国家在发展的全球性权力结构中的位置而言。发展本身就牵涉权力问题，传统的西方中心主义视角将发展视为一种将关于第三世界的知识形式与权力及干预的相关部署联系起来，从而"控制"第三世界的工具。但关于发展理论的批判性分析也指出，第三世界国家会抵制西方现代性的统治性话语，将发展视为其应有权益并为此进行斗争。相关论述参见 Jonathan Crush, "Imagining Development," in *Power of Development*, Taylor & Francis, 2005, pp.1—21;［美］阿图罗·埃斯科瓦尔：《遭遇发展：第三世界的形成与瓦解》，社会科学文献出版社 2011 年版。

② 2016 年我国将萤石列入"战略性矿产名录"，同时萤石也是美国关键矿产清单中的重要矿种。

③ Secretaría de Economía, *Perfil de Mercado de la Fluorita*, Ciudad de México, 2021, p.26.

美两国在拉美地区围绕战略性关键矿产展开的竞争，实质上构成了一个中美拉三方资源博弈网络。该网络包含两对同时发挥作用的核心关系：一是中美作为主要的资源消费国，与拉美资源生产国间的供需互动关系；二是作为崛起国与霸权国的中美间的资源竞争关系。可分别从两对关系中抽提出两种理论情形，其叠加塑造了拉美国家差异化应对中美战略性关键矿产竞争的基础。

首先，在"资源消费国—资源生产国"互动中，技术实力及工业能力更为强大的资源消费国一般在产业链中占据产品附加值及经济贡献度较高的中下游环节，在资源互动中相对获益，而资源生产国多为处于产业链上游的发展程度较低的资源富集国，[①]在资源互动中处于"无权"状态，不仅难以借助资源互动使自身真正获得发展，甚至被固定在国际分工体系的低端位置。资源消费国为确保资源安全[②]，即以可接受的价格获得充足的资源供应[③]，会通过战略性部署，减少由于国际市场震荡、国家管控等原因造成的资源价格动荡和供应不足问题，甚至借助"公共产品"等概念证明其使用政治甚至军事手段控制外部资源的合理性。例如，西方发达国家在历史上借助自身强权推动资源生产国放松市场管制，以便使本国的私人商业行为体不受限制地获取资源。[④]资源生产国则

---

① 里约热内卢联邦大学政治学系教授莫妮卡·布鲁克曼（Monica Bruckmann）认为，掌握更多知识的国家更能够在特定资源的价值链中居于下游，并促进其工业化发展。相关论述参见 Monica Bruckmann, "Ciclos Tecnológicos y Recursos Naturales: Hacia una Geopolítica del Desarrollo Científico-tecnológico," in *Ciencia，Tecnología，Innovación e Industrialización en América del Sur：Hacia una Estrategia Regional*，UNASUR，2014，pp.111—121。

② 安全概念最初被严格限定于军事及武力范畴之内，但随着冷战结束后非传统安全问题日益凸显，安全议题向非军事领域不断延展，甚至军事威胁和非军事威胁间的界限也已变得模糊，经济、政治、社会和环境等方面的威胁均被纳入安全议题中，战略性关键矿产资源安全成为其中的重要组成部分。相关论述参见 Stephen Walt, "The Renaissance of Security Studies," *International Studies Quarterly*，Vol.35，No.2，1991，pp.211—239；Gracia Abad Quintanal, "El Concepto de Seguridad：Su Transformación," *Comillas Journal of International Relations*，No.4，2015，pp.40—51；Gian Carlo Delgado Ramos, "Estrategia de Seguridad para el Desarrollo en un Mundo de Geopolítica Total," in Mariana Colotta and Julio Lascano y Vedia, eds., *Contrapuntos para comprender las relaciones internacionales en el siglo XXI．Un análisis crítico de la política internacional*，Teseo，2020，pp.405—421；Gian Carlo Delgado Ramos, "Seguridad Nacional e Internacional y Recursos Naturales," *Revista Tareas*，No.135，2010，pp.15—38；[英] 巴里·布赞、余潇枫：《论非传统安全研究的理论架构》，《世界经济与政治》2010年第 1 期，第 113—133 页。

③ Daniel Yergin, "Ensuring Energy Security," *Foreign Affairs*，Vol.85，No.2，2006，pp.69—82.

④ Bruno Fornillo, "¿Commodities, Bienes Comunes o Recursos Estratégicos? La Importancia de un Nombre," *Revista Nueva Sociedad*，No.252，2014，pp.101—117.

需注重需求安全,通过吸引采掘资本等方式,从资源贸易中获取部分经济收益,但其资源在所谓"市场逻辑"之下被以低价出售也致使资源生产国的发展权益在这一过程中受到损害。

其次,霸权国与崛起国间的权力竞争包含对产业链上游的资源端控制权的争夺,促使资源生产国走向被赋权的状态,在资源开采和分配方面的自主权和影响力增强。在权力转移背景下,大国在人工智能等科技新兴领域的竞争日趋激烈并不意味着资源失去作为战略支持的重要性。①大国若要确保自身高技术产品生产的可持续性,均需要依赖于占据产业链上游环节的资源生产国的支持。具体根据霸权国与崛起国在产业链所处位置不同,所需上游材料可能涵盖原矿、精矿或合金等中间产品。在战略层面,崛起国需要掌握战略性关键矿产以确保经济和工业投入要素的供应,从而实现顺利崛起;霸权国除自身发展需要外,更是出于霸权护持的考虑,意图提升其战略性关键矿产供应链"韧性"的同时,增大崛起国获取资源的难度。当大国为确保其资源供应安全而升级安全化操作时,②霸权国与崛起国对资源生产国矿产的依赖性反而赋予其在三方资源博弈中扮演主导角色的优势地位。

在第一种理论情形中,拉美国家处于较为被动的局面,其资源面临被外部力量所掌控的巨大风险,难以有效转化为自身的发展权。在第二种更为积极的设想中,若拉美国家能够在中美间巧妙周旋,充分利用自身的资源优势,则有望达到发展收益最大化和国家权力显著提升的理想状态。在现实的世界政治经济格局中,"完全无权"或"完全赋权"的情形均属罕见,拉美国家能够凭借其资源优势获取一定权力,但资源相互依赖关系带来的权力提升有其限度。更为一般性的情况是,拉美国家位于这两种关系叠加所形成的权力光谱的某个中间

① Robert D. Kaplan, *La Venganza de la Geografía:Cómo los Mapas Condicionan el Destino de las Naciones*,RBA Libros,2014,pp.25—43.

② 哥本哈根学派安全化理论认为,安全问题是被特定行为体的言语行为所建构的,将安全定义为基于对威胁的认知与判定而产生的一种"政治选择"与"社会建构"。在这一过程中,安全化主体以"存在性威胁"出现为理由,以提升特定问题的议程优先性为目的,通过其言语行为给威胁贴上"安全标签",从而使得相关议题超越常规政治进程而安全化,且采取非常措施和行动作为应对这种威胁的正当手段。参见[英]巴里·布赞、[丹麦]奥利·维夫等:《新安全论》,朱宁译,浙江人民出版社2003年版,第43页;周逸江:《德国安全化气候议题的策略与动因分析》,《德国研究》2021年第3期,第4—22页;[丹麦]琳娜·汉森、李佳、余潇枫:《非传统安全研究的概念和方法:话语分析的启示》,《世界经济与政治》2010年第3期,第89—109页。

位置，具体坐标取决于中美拉三方的资源博弈情形。据此，本文提出核心命题：中美拉三方资源博弈态势影响拉美资源生产国在关系性互动中将资源转化为权力的限度，进而致使拉美国家形成应对中美战略性关键矿产竞争的差异性行为模式（参见图1）。需要特别指出的是，本框架以国别视角作为讨论矿产资源跨国流动问题的切入点，然而，在更广阔的全球产业链与价值链的背景下，矿产资源从勘探、开采、加工到最终利用，其中环节众多，构成了一个复杂且相互依存的全球性网络。因此，"泛安全化"虽然难以规避，但包括拉美国家在内的任何一个国家或政府针对特定矿产交易的外交行为也都只是在贸易、技术、生产链条上的某一具体环节起调整作用，全球资源网络仍然能够凭借其内在的韧性与调节机制保持相对稳定的运行状态。

在中美拉三方资源博弈态势中，判断哪一方占据优势地位取决于该矿种产业链中的关键环节，即"卡脖子"环节，主要由哪个行为体主导。亦需指出的是，本文关于优势地位或主导地位的论述，均仅基于相关报告及文献的事实描述，强调国家在其中部分环节而非全产业链的相对优势地位。但报告数据本身所采用的描述标准及数据的选择性具有其内在的局限性，这些因素可能会影响到结论的精确性。本文在引用与解读数据时尽可能减弱其偏向性，对矿产资源跨国流动背景下的中美拉资源博弈互动进行客观表述。

资料来源：作者自制。

图1　拉美资源生产国应对中美战略性关键矿产竞争行为的因果机制

基于核心命题，本文提出下述假说：

假说1：当拉美资源生产国在三方资源博弈中占优时，其倾向于争取资源网络主导权。

当拉美资源生产国在三方博弈中占据优势地位时，意味着中美均高度依赖拉美资源生产国提供的矿产品①，两国对于在拉美地区获取该种矿产品的需求呈现"刚性"特征。在此卖方市场环境下，集中拥有大量战略性关键矿产的拉美资源生产国能够在中美竞争中充分将资源转化为权力，这种权力不仅体现为联系性权力，也体现为塑造和影响全球资源分配的结构性权力。②在这种情形下，拉美资源生产国有望克服自身相对于世界性大国的传统权力劣势。在意识到其资源在全球供应链中的独特价值和不可替代性的基础上，拉美资源生产国倾向于完善自身资源产业链，从单纯的资源供应国转型为技术领先国，加大对本国资源开采、加工和冶炼技术的投资，推动本国资源产业的现代化和高附加值化，以实现更大程度的产业链掌控，从而进一步锁定其资源优势，争取在资源网络中的主导地位。

假说 2：当中国在三方资源博弈中占优时，拉美资源生产国倾向于强化资源价值。

当中国在三方资源博弈中占据优势地位时，美国会因被中国"牵制"的威胁认知而产生战略焦虑，因此寻求强化与拉美资源生产国关系，并主动打压中国在拉美获取资源的行为，甚至会与中国就资源获取形成强竞争乃至冲突关系。在此情况下，拉美资源生产国仍然保持着一定的被赋权状态，其资源的战略价值被进一步放大。同时，拉美国家也不得不直面中美两国激烈竞争所带来的外部压力，这种压力显著增加了拉美国家将资源有效转化为实际权力的难度，其自主空间被压缩。因此，拉美国家同时具有警惕大国压力和增加对中美两国谈判筹码的考量，倾向于借助一系列具有资源民族主义特征的政策组合强化资源价值，提升自身议价能力，通过强化对本国资源的所有权、开发权与管理权，在顶住大国压力的同时，借助大国资源竞争获得更多租金。③

---

① 根据依赖程度的不同，依赖关系可以分为轻微依赖、中度依赖和高度依赖，其判断标准包含是否存在供求关系、是否涉及关键资源、能否承担转换成本，如果国家间存在涉及关键资源的供求关系，并且依赖方无法承担解除依赖关系的转换成本，则可判定为高度依赖关系。相关论述参见魏涵：《印俄高度军备依赖关系生成机制探究——基于主动锁定策略的分析》，《国际安全研究》2023 年第 5 期，第 108—133 页。

② 政治经济中使用的权力有结构性权力和联系性权力两种，其中联系性权力是甲靠权力迫使乙去做他本来不想干的事，而结构性权力是形成和决定全球各种政治经济结构的权力，即决定办事方法的权力。具体论述参见［英］苏珊·斯特兰奇：《国家与市场》，杨宇光等译，上海人民出版社2012 年版，第 20—21 页。

③ 经济租（economic rent）指由于资源的稀缺性，对某生产要素的意愿支付与购买该生产要素必须支付的最低金额之间所产生的差额。

假说 3：当美国在三方资源博弈中占优或当三方之间没有明显的独立优势者时，拉美资源生产国倾向于放松资源主权。

当美国在三方博弈中占据优势地位或当三方之间没有明显的独立优势者时，美国对于中国在拉美获取资源的行为不敏感，更倾向于理性地避免与中国直接产生资源竞争或冲突。同时，中国也会避免因动摇美国在拉美的资源优势地位而引发美国的强势打压，倾向于遵循市场逻辑获取所需矿产品，拉拢拉美资源生产国的动力较小。在这种情况下，中美双方均不会采取积极策略来确保其资源供应。这种低竞争度的环境使得拉美资源生产国能够通过资源转化获得的权力极为有限，其资源的相对价值并未得到显著提升，自主控制资源的战略收益不大。但与此同时，拉美资源生产国仍然能够利用中美对该种矿产资源需求量提高而带来的资源价格提升的机遇，专注于抓住市场机会实现短期内的经济利益最大化，倾向于放松资源主权，尽可能多地利用市场条件获取资源采掘带来的收益。

三、案 例 研 究

本文围绕铌、锂、铜三种矿产资源进一步探讨拉美国家应对中美战略性关键矿产竞争的行为逻辑，以论证上述假设。本文的案例选择主要基于下述两个原因：其一，这三种矿产均是中美两国关注的战略性关键矿产①，并且拉美地区是这些矿产的主要富集产地，因此案例在资源背景上具有较强的相似性，这是本文在案例比较方面进行变量控制的前提；其二，拉美国家在这三个矿种方面所获得的发展机遇及应对方式展现出显著的差异性，有助于揭示拉美国家在中美资源竞争中不同战略性应对的内在逻辑。

---

① 中国国土资源部在《全国矿产资源规划（2016—2020）》中将铜与锂纳入了战略性矿产目录，并将铌视作战略性新兴产业矿产，强调要保障铌等稀有稀散金属资源供应；美国地质调查局 2022 年公布的 50 种关键矿产目录中包括锂与铌，同时美国能源部于 2023 年 7 月正式将铜列入其关键材料清单。相关信息参见 USGS, *2022 Final List of Critical Minerals*，February 24, 2022；U.S. Department of Energy, *Critical Materials Assessment 2023*，2023，pp.76—77；中华人民共和国发展和改革委员会：《全国矿产资源规划（2016—2020 年）》，https://www.ndrc.gov.cn/fggz/fzzlgh/gjjzxgh/201705/t20170511 _ 1196755.html，2023-12-27。

（一）案例一：借助中美对巴西铌产品高度依赖关系，巴西争取并暂时占据铌资源网络枢纽地位

当前全球航天活动呈现高频态势，特别是低轨小卫星星座领域的国际竞争愈发激烈。[①]在此背景下，高性能材料如铌合金的研发与应用显得尤为重要。铌合金以其卓越的耐腐蚀性和耐热性，成为生产航天器组件的必需品。[②]例如，美国航天公司太空探索技术公司（SpaceX）与赫尔墨斯公司（Hermeus）的航天器均依赖于 C103 铌合金，以确保能够在极端太空环境下保持稳定性能。[③]

中美是铌需求大国，其需求量分别占据全球铌供应量的 35% 和 15%，但两国的铌消费均依赖于净进口，[④]这一现象深刻反映了全球铌资源分布的高度不均衡性。巴西是全球铌资源最重要的战略供应国[⑤]，中美对巴西铌资源展现出极高的依存度。早在 2010 年，维基解密泄露的秘密文件中便提及美国将巴西铌矿视为不可或缺的战略资源。[⑥]当前，世界铌产品生产主要来自巴西矿冶公司（Brazilian Metallurgy and Mining Company）、英国英美资源公司（Anglo American）和加拿大亚姆黄金公司（IAMGOLD），其中仅巴西矿冶公司同时生产铌生产链中的标准铌（HSLA FeNb）、真空铌铁（VG FeNb）、铌合金（铌含量 50%—65%）以及高纯铌（铌含量＞99%），英美资源公司和亚姆黄金公司等其他世界铌铁生产商多专注于标准铌的生产。[⑦]因此，即便美国有意愿从与其关系

---

① 徐纬地：《太空安全博弈与国际航天合作——空间交通管理视角下的太空安全态势与中国对策思考》，《空间碎片研究》2021 年第 1 期，第 18—25 页。

② Andy Robinson, *Oro, Petróleo y Aguacates: Las Nuevas Venas Abiertas de América Latina*, Arpa & Alfil Editores, 2020, p.58.

③ CSIS, "Hypersonic Hegemony: Niobium and the Western Hemisphere's Role in the U.S.-China Power Struggle," March 4, 2024, https://www.csis. org/analysis/hypersonic-hegemony-niobium-and-western-hemispheres-role-us-china-power-struggle, 2024-06-12.

④ Dalton M. McCaffrey, Nedal T. Nassar and Simon M. Jowitt, "Embedded Critical Material Flow: The Case of Niobium, the United States, and China," *Resources, Conservation and Recycling*, No.188, 2023, pp.1—14.

⑤ 根据美国地质调查局的数据，全球已探明的铌矿储量超过 1 700 万吨，其中巴西储量 1 600 万吨，加拿大 160 万吨，美国 17 万吨。就产量而言，巴西占全球铌产量的 91%，约 78 000 吨，加拿大约占 8%，世界其他地区占 1%。参见 USGS, *Mineral Commodity Summaries 2021*, 2021, pp.114—115。

⑥ Adriano Gonçalves Silva, "Nióbio: Um Minério Geoestratégico para o Território Brasileiro," *Boletim Campin eiro de Geografia*, Vol.9, No.1, 2019, pp.107—119.

⑦ Jáilison W. Silveira and Marcelo Resende, "Competition in the International Niobium Market: A Residual Demand Approach," *Resources Policy*, Vol.65, 2020, pp.1—11.

更为紧密的英国、加拿大进口铌产品，并且加拿大相比巴西更具地理距离优势，但美国在高端铌产品方面的需求无法通过其他供应来源被满足。①在没有替代来源的情况下，中美在巴西获取铌资源的"刚性"加强，两国对巴西的非对称依赖关系的敏感性和脆弱性较强。②因此，在中美巴的铌资源关系中，反而是实力相对弱小的巴西凭借其垄断性资源优势在三方博弈中占据优势地位。

在资源生产国巴西占优的条件下，中美均倾向于交好巴西，通过巩固同巴西资源经济关系的方式削弱自身的铌供应风险。巴西强调其外交战略不应受强权制约，在中美间采取平衡战略，与中国维持着积极、稳定的资源合作。③近年来中国涉矿企业对巴西铌矿进行了大规模收购，2011 年由鞍山钢铁集团、宝钢集团、首钢集团和太原钢铁集团等中国国有企业组成的中国铌业投资控股有限公司收购了巴西矿冶公司 15% 的股份④，2016 年中国钼业公司再次斥资 17 亿美元从代理经营巴西铌矿的英美资源公司手中收购了巴西戈亚斯州加泰罗尼亚市（Catalão de Goias）的铌磷矿。⑤这引起了美国国防部和新保守主义智库的警惕，认为随着中巴资源关系愈发紧密，美国在铌这一战略性关键矿产竞争中处于不

---

① 中国在铌产品领域的对外依存度主要集中在初级加工阶段，而美国不仅在铌产品的初级加工阶段高度依赖进口，在后续的深加工阶段也几乎完全依赖于国外供应。相关论述参见 Dalton M. McCaffrey, et al., "Embedded Critical Material Flow: The Case of Niobium, the United States, and China," *Resources, Conservation & Recycling*, Vol.188, 2023, pp.1—14。

② 相互依赖的敏感性（sensitivity）指的是某政策框架内做出反映的程度，即一国变化导致另一国发生有代价变化的速度以及所付出代价的程度；脆弱性（vulnerability）指的是行为体获得替代选择的相对能力及其付出的代价。相关论述参见［美］罗伯特·基欧汉、［美］约瑟夫·奈：《权力与相互依赖》，门洪华译，北京大学出版社 2012 年版，第 12—13 页。

③ 即使 2019—2022 年期间执政的巴西极右翼总统博索纳罗（Jair Bolsonaro）个人追随时任美国总统特朗普，在意识形态领域与中国具有较大的分歧，但整体的外交战略中仍然选择深化与中国的战略合作伙伴关系，两国关系并未出现根本性逆转。博索纳罗于 2019 年亲自访华以扩展同中国在农业、能源、矿业、航天、基础设施等多领域的合作，表示欢迎中国五矿等中国金属矿业公司在巴西进行投资。相关论述参见 Gilberto M. A. Rodrigues, "Política Exterior de Bolsonaro: Ideología y Aislamiento Diplomático (2019—2022)," *Análisis Carolina*, 2022, pp.1—13；中国五矿集团有限公司：《国文清拜会巴西总统雅伊尔·博索纳罗》，http://www.minmetals.com.cn/xwzx/wkxw/201910/t20191026_290577.html，2024-06-20。

④ Caio de Freitas Paes, "Niobium's Silent Impact in Brazil," April 5, 2019, https://dialogochino.net/en/extractive-industries/25588-niobiums-silent-impact-in-brazil/, 2024-05-28.

⑤ Andy Robinson, *Oro, Petróleo y Aguacates: Las Nuevas Venas Abiertas de América Latina*, p.60.

利地位。①美国战略与国际问题研究中心（Center for Strategic and International Studies，简称 CSIS）更是将洛阳钼业向巴西加泰罗尼亚市提供的 120 万美元的抗疫援助视作中巴铌资源关系超越单纯商业范畴的战略互动的例证，主张美国主动采取措施确保铌供应。②尽管美国对中国在巴西的铌矿收购行为不满，但这种高度依赖关系削弱了美国的行动自由度，美国不能毫无顾忌地利用军事、政治化部署等胁迫性手段保障自身的铌供应，反而在一定程度上主动迎合巴西的资源政策偏好，并试图弱化中巴资源关系。为此，美国将巴西纳入矿产安全伙伴关系（Minerals Security Partnership，简称 MSP）时有意通过推行 ESG 标准，使该倡议与卢拉（Luiz Inácio Lula da Silva）政府的进步议程产生共鸣，进而拉拢巴西加入美国主导的供应链机制安排中。③美国驻巴西大使伊丽莎白·巴格利（Elizabeth Bagley）于 2024 年 5 月表示，美国正在寻求与巴西在关键矿产领域建立伙伴关系，支持卢拉成为"全球南方"的领导人，并承诺这一战略不会因为美国的政党轮替而改变。④

巴西在铌资源领域没有受到大国资源竞争的强大压力，无需选边站队的同时，能够充分利用资金、技术支持及战略合作下塑造的发展机遇，完善铌产业链并尝试主导铌资源网络。⑤首先，巴西能够按照其发展战略灵活调控铌矿开采及铌产品生产规模，并且由于全球铌交易量较小，不在交易所进行公开交易，也没有相应的期货市场或报价平台进行报价，其价格主要由下游客户通过询单方式与上游的铌产品供应商在非公开谈判协商过程中确定⑥，因此占据优势地位

① Sharon E. Burke and Rachel Zimmerman，"This is the Dawning of the Age of … Niobium?" December 6，2018，https://slate.com/technology/2018/12/united-states-china-competition-strategy-critical-minerals.html，2024-05-26.

②③ CSIS，"Hypersonic Hegemony：Niobium and the Western Hemisphere's Role in the U.S.-China Power Struggle，" March 4，2024，https://www.csis.org/analysis/hypersonic-hegemony-niobium-and-western-hemispheres-role-us-china-power-struggle，2024-06-12.

④ "US Seeks Closer Ties with Brazil to Secure Supply of Critical Minerals，" May 15，2024，https://www.bnamericas.com/en/news/us-seeks-closer-ties-with-brazil-to-secure-supply-of-critical-minerals，2024-06-21.

⑤ Tadeu Carneiro，"Nióbio-desenvolvimento Tecnológico e Liderança，" in Adolpho José Melfi，et al.，eds.，*Recursos Minerais no Brasil：Problemas e Desafios*，Rio de Janeiro：Academia Brasileira de Ciências，2016，p.62.

⑥ USGS，*Minerals Yearbook：Niobium*，2018.

的巴西矿冶公司能够较为稳定地控制铌产品交易价格。[1]其次，借助铌资源的高度富集，巴西矿冶公司已发展成为具有行业垄断性质的铌生产商，主动开拓全球市场，将更多国家纳入铌资源网络中，使巴西自身在铌资源网络建立的过程中作为中心节点获得正外部性的益处。目前巴西矿冶公司在荷兰、新加坡、美国、瑞士均设立子公司，旨在开发新的铌应用和产品，还在瑞典、俄罗斯、荷兰、意大利、西班牙、加拿大、美国、中国、韩国和日本设立产品仓库。[2]再次，巴西强化其先发优势，逐步向铌产业链下游延伸，占据更多"生态位"。巴西于2021年6月18日第2号决议中正式公布矿产部确定的战略矿产清单，其中铌既被视为应用于高科技产品和工艺的重要矿产，也被视为本国具有竞争优势且对经济至关重要的矿产[3]，这意味着巴西政府意识到本国在铌生产和初级加工方面具有优势，同时着力将其应用于与高科技相关的产品和工艺中，加速矿产品向高附加值工业制成品的转换。[4]

目前，巴西主动借势中美将自身从资源国成功转变为技术国，在铌工业的各领域中均处于世界领导地位。从铌矿开采到最终转化为铌铁、铌氧化物、真空级合金和金属铌四类铌基产品，这一过程极为复杂并需要经历多重精炼环节，而巴西矿冶公司首创了使铌能够在工业规模上强化钢铁的技术。[5]尽管中国拥有巴西矿冶公司六分之一的股份，但这一技术被巴西视作不与中国分享的国家级机密，中国公司从未被允许进行技术尽职调查工作。[6]在此基础上，巴西领导开

---

① 巴西矿冶公司控制着巴西75%的铌产量，是世界铌生产的领导者，负责矿石的提取和加工，以及增值产品的生产及开发。最初该公司由美国钼业公司与巴西银行家沃尔特·莫雷拉·萨勒斯（Walter Moreira Salles）共同创立，沃尔特拥有55%股份，并此后逐步从美国钼业公司中收购了剩余的45%股份。参见 Carlos G. O. Bruziquesi, Jose Gabriel Balena and Márcio César Pereira, "Nióbio: Um Elemento Químico Estratégico Para O Brasil," *Química Nova*, Vol.42, No.10, 2019, pp.1184—1188; "At a Glance: Niobium Powerhouse CBMM," August 30, 2019, https://www.bnamer-icas.com/en/features/at-a-glance-niobium-powerhouse-cbmm, 2024-06-25。

② Ricardo Junior de Assis Fernandes Gonçalves and Bruno Milanez, "The Territorialization of the Nio-bium Global Extractive Network in Goiás, Brazil," *Ateliê Geográfico*, Vol.14, No.2, 2020, pp.142—162.

③ "Resolução N° 2, de 18 de junho de 2021," *Diário Oficial da União*, 2021, p.103.

④ Fernando Ferreira de Castro, et al., *Transição Energética e Dependência por Minerais Críticos: Aspectos Geopolíticos, Socioambientais e a Perspectiva Brasileira*, p.38.

⑤ "Brazil's Richest Family Forging $13 Billion Niobium Dream," https://www.bloomberg.com/news/articles/2013-03-13/brazil-s-richest-family-forging-13-billion-niobium-dream, 2024-06-27.

⑥ Adriano Gonçalves Silva, "Nióbio: Um Minério Geoestratégico para o Território Brasileiro," *Boletim Campin eiro de Geografia*, Vol.9, No.1, 2019, pp.107—119.

拓铌在新兴产业的应用范围，延伸铌产业链。2017 年，巴西与日本东芝公司（TOSHIBA）签署合作协议，投资 720 万美元，在日本柏崎（Kashiwazaki）的东芝工厂旁建设一个试验性电池装置，开发新一代混合氧化铌阳极和钛的电池，以提升电动汽车对铌氧化物的需求。[1]这一战略转型意味着在铌产业链中，巴西打破了拉美国家作为主要原材料供应国的传统地位观念，并引入一种新的发展逻辑，即巴西能够发展成为具有主导资源网络能力的技术国。[2]

然而，巴西能够主导全球铌资源网络的时间很可能是短期的。一方面，钽、钒、钛和钼等矿物可以作为铌的不完美替代品，其重要性日益凸显，因此巴西并不能凭借自身的资源垄断地位不断抬高铌产品价格。[3]另一方面，巴西在铌资源网络中的主导地位已引发中美警惕，任何国家都不希望在资源供应方面过度依赖某一国家，这促使两国加速寻找新的资源供应来源国或在本国内部加快资源勘探。中国内部的铌资源勘探已取得突破性进展，2023 年在内蒙古自治区包头市的白云鄂博矿床发现了铌包头矿，为铌的开发提供了新方向。[4]美国则借助同加拿大紧密的政治、经济联系加强其铌供应安全，同时美国也开始在国内加紧寻找铌矿，重点推进内布拉斯加州（Nebraska）的埃尔克里克（Elk Creek）铌项目。[5]

总体而言，世界铌市场形成了独特的寡头垄断格局，由巴西矿冶公司这一主要生产商主导。巴西在中美拉三方资源关系中占据优势地位，中美均倾向于交好巴西，与其在铌资源领域进行合作，并且没有对巴西形成强大的选边压力。巴西能够借助这一战略机遇巩固其作为铌加工产品出口大国的地位，在此基础上利用其先发优势不断延伸产业链条，牢牢占据铌下游的供应市场，并将自身

---

① Ricardo Junior de Assis Fernandes Gonçalves and Bruno Milanez, "The Territorialization of the Niobium Global Extractive Network in Goiás, Brazil," *Ateliê Geográfico*, Vol.14, No.2, 2020, pp.142—162.

② Adriano Gonçalves Silva, "Nióbio: Um Minério Geoestratégico para o Território Brasileiro," *Boletim Campin eiro de Geografia*, Vol.9, No.1, 2019, pp.107—119.

③ Jáilison W. Silveira and Marcelo Resende, "Competition in the International Niobium Market: A Residual Demand Approach," *Resources Policy*, Vol.65, 2020, pp.1—11.

④ 孟凡君：《我国科学家发现战略性关键金属新矿物——铌包头矿》，《中国有色金属报》2023 年 10 月 14 日，第 4 版。

⑤ 该项目本是 20 世纪 70 年代美国钼业公司（Molycorp）开采的稀土矿，但在钻探过程中发现其中含有一条高品质铌矿带，目前由美国的尼奥集团开发公司（NioCorp Developments）运营，美国有意推动其成为本国的第一家铌生产商。相关论述参见 "Elk Creek Critical Minerals Project," March 29, 2023, https://www.nsenergybusiness.com/projects/elk-creek-project/, 2024-06-20。

转变为铌技术国，主动创造铌市场，至少在短期内成为了世界铌资源格局中的主导国。

（二）案例二：面对中国在锂产业中下游优势地位及中美激烈锂竞争，拉美锂资源生产国通过强化资源主权以提升议价能力

随着不可再生能源矩阵向脱碳方向转型，以及便携式储能电源技术模式的崛起，作为核心要素的锂资源需求量在 21 世纪迅速上升。[1]中美均希望通过控制锂资源进而在电动汽车等新兴产业中获得塑造行业标准和规范的权力优势。[2]但中美两国在锂资源供应方面均具有极强的对外依赖性。中国是锂来料加工为主的国家，目前中国的锂产品 70% 依赖进口。[3]美国消耗的锂产品 92% 来自国外[4]，尽管其锂储量占全球 3.5%，然而产量占全球不足 1%，这是由于美国本土锂矿大部分位于原住民土地附近，加之拜登清洁能源政策所依赖的关键矿产开采与国内环境保护主流相抵触，使得美国在锂矿开采方面同时面临国内环保群体及原住民社群的反对压力。[5]

拉美地区是世界上最重要的锂产区，玻利维亚、阿根廷、智利三国被称为"锂三角"，目前集中着世界锂资源储量的 58%。[6]拉美地区的锂生产商集中在卤水或矿石提锂的上游环节，主要向全球市场供应未精炼的锂原料，在能够产生更高产品附加值的产业链中下游环节不占据优势地位。中国在锂矿开采以及碳酸锂进口方面主要依托于澳大利亚及智利、阿根廷两个拉美国家[7]，并且目前在

①　邵世均、倪浩、李晓骁：《"锂佩克"呼之欲出？资源国"组团"渐成趋势》，《环球时报》2022 年 11 月 1 日，第 11 版。

②　Miguel León Garrido, "Recursos Naturales y Seguridad en Latinoamérica, un Problema Emergente de Seguridad," *Revista de Pensamiento Estratégico y Seguridad CISDE*, Vol.5, No.1, 2020, pp.11—28.

③　Thea Riofrancos, "The Security-Sustainability Nexus: Lithium Onshoring in the Global North," *Global Environmental Politics*, Vol.23, No.1, 2023, pp.20—41.

④　Amelia Pedone and John Deutch, *A Domestic Content Rule for Electric Vehicle Lithium-Ion Batteries will Protect U.S. Jobs*, MIT Center for Energy and Environmental Policy Research, 2021, p.1.

⑤　于宏源、关成龙、马哲：《拜登政府的关键矿产战略》，《现代国际关系》2021 年第 11 期，第 1—8 页。

⑥　USGS, *Mineral Commodity Summaries 2021*, p.99.

⑦　Fernando Estenssoro and Alejandro Carrasco, "El Litio en la Geopolítica Ambiental de Estados Unidos: La Tensión con China para el Caso Chileno," *Encrucijada Americana*, Vol.15, No.2, 2023, pp.8—21.

拉美大型锂矿的投资来源国中，中国是极为突出的存在。①美国锂矿进口的最大来源国同样是阿根廷、智利两国，其中51%来自阿根廷，40%来自智利。②但拉美地区的锂矿年产量在全球范围内并无显著优势，面临着来自澳大利亚这一锂生产大国的竞争。③因此，尽管中美均将拉美视作获取锂的重要来源，但在替代资源生产国存在的情况下，拉美在锂产业链上游也无法发挥"卡脖子"作用。

中国在全球锂产业链中既是加工大国也是技术强国，在中美拉锂资源关系中占据明显优势。中国是唯一一个全面参与锂产业全价值链的国家，涵盖从盐湖提锂、矿石加工、精炼到活性材料生产以及电动汽车电池的制造等各个环节，尤其在技术含量较高的锂电池生产领域占据重要地位。这是世界首次出现一个由非西方国家主导的全球能源循环，中国在该领域的技术发展水平已显著超越美国和欧洲。④中国加工了全球58%的碳酸锂和80%的氢氧化锂，并参与了全球电池组件中70%的正极生产和85%的负极生产，这些关键部件的生产凸显了中国在锂电池技术领域的强大实力。⑤2021年，全球200家千兆级锂电池工厂中，148家位于中国，但仅有11家位于美国。⑥美国在锂产品加工领域缺位，依赖中

---

① 例如，智利的阿塔卡马（Atacama）盐湖目前主要由美国雅保公司（Albermale）、智利矿业化工公司以及中国天齐锂业进行开采，墨西哥的索诺拉（Sonora）矿山由我国的赣锋锂业公司与英国的巴卡诺拉锂业公司（Bacanora Lithium）共同投资开发。中国的紫金矿业、西藏珠峰、赣锋锂业、蔚来、藏格矿业等企业也广泛投资阿根廷的锂矿项目。相关论述参见姜玉妍：《能源转型期中国与拉美锂矿合作的机遇和挑战》，《中国国土资源经济》2023年第5期，第22—31页；贺双荣：《中国企业投资拉美锂矿的风险研究》，《中国能源》2022年第10期，第48—55页。

② USGS, *Mineral Commodity Summaries 2023*, January 31, 2023, pp.108—109.

③ 澳大利亚是另一重要的世界锂资源生产国，尽管只拥有全球锂储量的7%，却是目前世界上最大的锂生产国。相关论述参见 Melisa Argento and Florencia Puente, "Entre el Boom del Litio y la Defensa de la Vida: Salares, Agua, Territorios y Comunidades en la Región Atacameña," in Bruno Fornillo, ed., *Litio en Sudamérica Geopolítica*, *Energía y Territorios*, Ciudad Autónoma de Buenos Aires: El Colectivo/CLACSO/Instituto de Estudios de América Latina y el Caribe（IEALC）, pp.173—220；于宏源：《关键矿产的大国竞合分化、治理困境和中国选择》，《人民论坛·学术前沿》2023年第15期，第83—90页。

④ Stella Juste and Florencia Rubiolo, "Litio y Desarrollo en Argentina: Los Desafíos del Sistema de Gobernanza Multinivel y el Vínculo con China," *Si Somos Americanos. Revista de Estudios Transfronterizos*, Vol.23, 2023, pp.1—28.

⑤ Ilaria Mazzocco, "Why the New Climate Bill is Also about Competition with China," August 25, 2022, https://www.csis.org/analysis/why-new-climate-bill-also-about-competition-china, 2024-06-20.

⑥ Suleyman Orhun Altiparmak, "China and Lithium Geopolitics in a Changing Global Market," *Chinese Political Science Review*, Vol.7, No.3, 2023, pp.487—506.

国公司生产的锂产品供应和相关电池组件，因此从原材料到最后的电池组装，美国在多个环节面临被中国"卡脖子"的风险。澳大利亚是美国的重要盟友，理应成为其锂供应的重要来源，但2023年澳大利亚出口了357万吨锂精矿，其中仅3 000吨锂精矿出口向美国，绝大部分出口到中国进行加工。①

中国在锂产业链中的这种优势地位是美国所无法接受的，2018年美国防部发出警告，指出美国在锂价值链中高度依赖外部供应。②为阻遏中国在可再生能源领域中进一步巩固其主导地位，美国在战略焦虑下与中国展开激烈的锂竞争。首先，美国在国家战略层面对锂资源进行安全化升级操作。自特朗普政府起，美国就认为中国在锂行业的进步对美国的安全、工业和战略利益构成威胁，开启了针对中国的"锂战争"；拜登政府上台后签署关于供应链安全的第14017号行政令，将电动汽车电池及其关键矿物供应视为美国产业链安全的核心要素。其次，美国通过拉拢拉美资源生产国等方式强化其锂资源供应链。2019年6月，美国发起能源资源治理倡议（Energy Resource Governance Initiative，简称ER-GI），旨在建立起强大可靠的关于清洁能源转型所需矿产资源的供应链，并邀请巴西、秘鲁、阿根廷等拉美国家加入。2022年8月，美国政府颁布《通货膨胀削减法案》（Inflation Reduction Act），向符合要求的新型电动汽车的购买者提供7 500美元的税收抵免，其中一项是汽车电池中必须有最低比例的关键矿物是在美国或与美国有自由贸易协定的国家开采或加工的。③再者，美国针对中国在拉美的锂资源获取行为进行直接打压。一是通过传播煽动性话语，对拉美国家政府施加舆论压力，声称中国在拉美地区的行为具有侵略性。④美洲开发银行（Inter-American Development Bank，简称IADB）首位非拉美籍行长——美籍候

① Matthew Cranston and Andrew Tillett, "New US Tariffs on China Could Help Australian Critical Minerals," May 15, 2024, https://www.afr.com/world/north-america/new-us-tariffs-on-china-could-help-australian-critical-minerals-20240515-p5jdob, 2024-06-23.

② Department of Defense, *Assessing and Strengthening the Manufacturing and Defense Industrial Base and Supply Chain Resiliency of the United States: Report to President Donald J. Trump by the Interagency Task Force in Fulfillment of Executive Order 13806*, 2018, p.83.

③ CEPAL, *Extracción e industrialización del litio Oportunidades y desafíos para América Latina y el Caribe*, 2023, pp.10—11.

④ Rubén Atahuichi, "Triángulo del Litio: el Asunto de Seguridad Nacional dc EEUU sobre su 'Patio Trasero'," March 13, 2023, https://www.la-razon.com/nacional/2023/03/13/triangulo-del-litio-el-asunto-de-seguridad-nacional-de-eeuu-sobre-su-patio-trasero/, 2024-05-28.

选人毛里西奥·克拉维尔·卡罗内（Mauricio Clavell Carone）不断抹黑中国在拉美的锂矿投资，宣称目前拉美的锂矿运营应该独立于中国。①在 2023 年 5 月举行的第八届西半球安全会议（8th Annual Hemispheric Security Conference）上，美国就中国对锂等战略性矿产资源的影响力发出警告，美国南方司令部司令劳拉·理查森（Laura Richardson）称中国在拉美地区的投资行为实际上在"掠夺资源"。②二是动用政治力量干预中国在拉美的锂矿项目，例如通过对玻利维亚的政治干预迫使其取消与中国的锂矿合约。③三是纠集盟友对中国的锂矿投资进行干预。2022 年初，中国承泽锂业收购了加拿大智利锂业公司 19.35% 的股份。鉴于该公司主要在智利和阿根廷拥有矿产资源，并未运营加拿大的锂矿项目，其投资在理论上并不直接触及加拿大的本土资源安全。但在贾斯汀·特鲁多（Justin Trudeau）政府于 2022 年 11 月实施的新国家安全要求下，承泽锂业国际被迫宣布以 2 600 万加元的价格将其在加拿大智利锂业公司的所有股份出售给加拿大公司盖托资本（Gator Capital）。④这些行动均显示了美国正试图削弱中国在全球锂产业链中的地位，加强其自身的资源掌控力。

在中美对拉美锂资源的激烈竞争背景下，拉美国家所承受的压力增大，但拉美国家普遍倾向于避免在中美间做出明确的立场选择，特别是尽可能顶住美国要求"选边站队"的压力。2023 年 3 月 28 日，智利驻美国大使胡安·加夫列尔·巴尔德斯（Juan Gabriel Valdés）在华盛顿特区举行的 SAFe 峰会上讨论了智利的锂政策，尽管他表达出了与美国进行战略合作的意向，但智利外交部长阿尔韦托·范·克拉韦伦（Alberto van Klaveren）对此进行澄清，强调智利与中国有许多共同利益和价值观，不打算在中美间做出明确的立场选择。⑤更重要的

① 姜玉妍：《能源转型期中国与拉美锂矿合作的机遇和挑战》，第 22—31 页。

② Paula Lugones, "Estados Unidos Advirtió sobre la Influencia de China sobre Minerales Estratégicos como el Litio," May 3, 2023, https://www.clarin.com/politica/unidos-advirtio-influencia-china-minerales-estrategicos-litio _ 0 _ PpN07Wisga.html, 2024-05-25.

③ "Una Hipótesis sobre el Golpe contra Evo Morales," November 15, 2019, https://www.tercer-ainformacion.es/opinion/15/11/2019/una-hipotesis-sobre-el-golpe-contra-evo-morales/, 2024-05-26.

④ Fernando Vega, "La Empresa China que Fue Obligada a Salir de una Empresa con Proyectos de Litio en Chile por Presión de Canadá," March 29, 2023, https://www.latercera.com/pulso-pm/noticia/la-empresa-china-que-fue-obligada-a-salir-de-una-empresa-con-proyectos-de-litio-en-chile-por-presion-de-canada/WUTIXQVTJVGDHMFUJ4DR2PEEPY/, 2024-06-20.

⑤ Fernando Estenssoro and Alejandro Carrasco, "El Litio en la Geopolítica Ambiental de Estados Unidos: La Tensión con China para el Caso Chileno," *Encrucijada Americana*, Vol.15, No.2, 2023, pp.8—21.

是，为避免自身沦为大国资源竞争中的被牺牲地区，拉美国家谨慎对待其国际合作伙伴，意图借助实施资源民族主义色彩的保守锂政策、增强研发能力以及建立地区集体议价机制的方式，实现锂资源的增值，以在中美锂资源博弈中寻求利益最大化，并努力成为能源转型中成功的长期参与者。①

具体而言，智利逐步收紧对锂资源的监管，对锂业实施高进入壁垒及国有化措施。②米歇尔·巴切莱特（Michelle Bachelet）总统第二任期内成立的国家锂委员会（Comisión Nacional de Litio）提出了旨在加强智利在锂业领域竞争优势的战略。③加夫列尔·博里奇（Gabriel Boric）政府在2023年宣布的《国家锂战略》（Estrategia Nacional de Litio）中，明确提出成立一家国有上市公司的计划，该公司将全面参与锂产业链，包括从矿产开发到加工以及后续的锂电池组装、回收环节。④中国锂矿企业天齐锂业在智利投资也持续遭遇其资源民族主义政策扰动。2018年天齐锂业拟从加拿大公司Nutrien手中收购智利第二大锂生产商智利矿业化工公司（SQM）24%股份，但此项交易受到智利生产促进委员会（COFRO）以及参议员亚历杭德罗·吉耶（Alejandro Guillier）和曼努埃尔·奥桑东（Manuel Ossandón）的投诉，智利反垄断监管机构国家经济检察官办公室（FNE）介入后要求限制天齐锂业的关键权益，不允许天齐锂业人员进入该公司董事会及获取该公司锂业务相关的商业敏感信息。⑤2023年底，智利矿业化工公司与智利国家铜业公司（Corporacion Nacional del Cobre de Chile，简称CODEL-CO）宣布建立公私合作伙伴关系，共同开发阿塔卡马盐湖锂资源，智利国家铜业公司占据该合资公司的主导权，而智利矿业化工公司未来将不再拥有该项目核心锂业务的控制权。⑥作为智利矿业化工公司的第二大股东，天齐锂业因此面

---

① Jewellord Nem Singh, "How Latin America Can Harness the White Gold Rush," March 21, 2024, https://www.chathamhouse.org/publications/the-world-today/2024-02/how-latin-america-can-harness-white-gold-rush，2024-06-25.

② 贺双荣：《中国企业投资拉美锂矿的风险研究》，《中国能源》2022年第10期，第48—55页。

③ Johannes Rehner, et al., *Extracción y Procesamiento de Litio en Chile y la Participación de China*, ICLAC, 2023, p.25.

④ Gobierno de Chile, *Estrategia Nacional del Litio*, 2023, p.26.

⑤ 相关论述参见 Johannes Rehner, et al., *Extracción y Procesamiento de Litio en Chile y la Participación de China*, pp.24—25.

⑥ 中华人民共和国商务部：《智利国家锂业战略的国家主导设想初见实效》，http://cl.mofcom.gov.cn/article/jmxw/202312/20231203463645.shtml，2024-06-20.

临丧失锂业务控制权以及利益受损的问题。然而，天齐锂业提出的召集特别股东大会审批这一交易的权利诉求，未得到智利相关部门认可。①在墨西哥，2022年4月奥夫拉多尔（Andrés Manuel López Obrador）政府正式将墨西哥锂业国有化，赋予国家对锂的勘探、开采和使用的专有权。②赣锋锂业在墨西哥索诺拉的锂矿项目是在矿业法改革颁布前授予的，本应不受到相关改革的影响，但2023年8月，墨西哥矿业总局（General Directorate of Mines）仍以赣锋锂业2017—2021年期间没有达到其最低投资标准为理由取消了其在索诺拉项目中全部9个锂矿的采矿特许权。③阿根廷一贯实行开放的锂业政策④，但该国在锂资源研究战略领域也强化了国家主权。在政府倡导下，阿根廷建立了锂科学、技术和创新网络。阿根廷国家原子能委员会（Comisión Nacional de Energía Atómica）及国家科学和技术研究委员会（CONICET）等机构均参与其中。⑤

总体而言，在全球锂资源格局中，中国占据显著优势地位，这一局面引发了美国的战略焦虑。美国试图通过政治化操作打压中国在拉美获取锂资源的行动，此举给拉美国家带来了日益增大的压力，同时中美之间锂资源竞争也为拉美国家提供了发展锂产业的必要投资机遇。拉美锂资源生产国倾向于实施具有资源民族主义色彩的锂政策，强化锂资源价值，并争取在国际市场上的议价权，旨在维持锂价高位，并扭转资源产业链中利润分配不平衡的问题，实现由"边缘"向"中心"的历史性跨越。

（三）案例三：美再生铜领域技术优势下，拉美国家利用市场条件顺势提高经济收益

铜以其卓越的导电性和导热性，在可再生能源发电系统、电动汽车等清洁

① 李少鹏：《天齐锂业智利项目"公私合营"计划将继续实施》，《上海证券报》2024年6月22日，第6版。

② Cecilia Jamasmie, "Mexico Nationalizes Lithium Mining," April 21，2022，https://www.mining.com/mexico-passes-mining-reform-nationalizing-lithium/，2024-09-02.

③ "Chinese Company Says Cancellation of Lithium Mining Concessions Confirmed," November 30，2023，https://mexiconewsdaily.com/business/chinese-company-says-cancellation-of-lithium-mining-concessions-confirmed/，2024-09-02.

④ 龚韵洁：《南南合作视角下的战略性矿产资源安全——以中国与阿根廷锂业合作为例》，《拉丁美洲研究》2023年第3期，第86—105页。

⑤ CIN, "Litio 2021 en la Argentina ¿Una política Soberana?" Foro Interuniversitario de Especialistas en Litio de la Argentina，May 27, 2021.

能源应用领域发挥着不可或缺的作用，几乎应用于所有的低碳能源技术，[1]这一特性直接驱动了国际铜需求量的持续攀升。[2]中美两国均有意加强铜产品供给安全。总部位于美国的铜发展协会（Copper Development Association，简称 CDA）指出，基于铜需求在 2035 年翻倍的预测，若届时铜供应不足，将直接对国家安全与经济发展构成重大威胁。[3]中国是世界最大的铜消费国并拥有全球一半的铜冶炼厂，但自身铜矿资源基础相对薄弱，人均可采资源储量远低于世界平均水平，这构成了其清洁能源产业长期发展的一个关键挑战。[4]鉴于上述形势，中美均需要在全球范围内积极寻求铜矿资源，以弥补各自的供应缺口。

拉美地区是全球铜矿主产地，特别是智利、秘鲁和墨西哥合计控制着全球 36.4% 的铜储量，[5]并拥有巨大的未开发铜资源潜力。[6]拉美国家在中美铜供应链中扮演着关键角色，两国对其铜资源依赖程度较高。[7]但拉美国家并没有形成对铜资源的垄断性集中，加拿大、澳大利亚、蒙古均是重要的铜矿石出口国，中美铜矿石进口来源较为多元，因此拉美国家无法将其资源的富集优势转化为在中美拉三方资源关系中的优势地位。而尽管中国铜业发展迅速，从 2001 年到 2021 年，全球粗炼铜和精炼铜的占比分别从 9.4% 和 9.7% 增长到 40.8% 和 42.7%，[8]但在

---

① 吴文盛、梁富：《"双碳"背景下矿产资源战略安全研究》，《中国矿业》2022 年第 3 期，第 15—19 页。

② Juan Carlos Gachúz Maya, "Comercio e Inversión de China en el Sector Minero de Chile, Perú y Bolivia," *Sino-Iberoamericano Interacción*, Vol.2, No.1, 2022, pp.43—65.

③ "CDA Applauds U.S. Department of Energy for Copper's Inclusion on Critical Materials List," August 2, 2023, https://copper. org/about/pressreleases/2023/cda-applauds-us-department-of-energy-for-coppers-i.php, 2024-05-30.

④ 国家发展和改革委员会：《全国矿产资源规划（2016—2020 年）》，https://www.ndrc.gov.cn/fggz/fzzlgh/gjjzxgh/201705/t20170511_1196755.html，2024-05-25。

⑤ Alex Blair, "Critical Mineral Geopolitics: Latin America's Untapped Potential," September 13, 2023, https://www.mining-technology.com/features/critical-mineral-geopolitics-latin-americas-untapped-potential/, 2024-05-30.

⑥ 智利是世界上最大的铜生产国，2022 年的产量为 520 万吨，储量最大，约 1.9 亿吨，占世界总量的 21.3%，而秘鲁是第二大生产国，2022 年产量为 220 万吨，并且是仅次于澳大利亚的第三大储量国，储量为 8 100 万吨，占全球储量的 9.1%。相关论述参见 USGS, *Mineral Commodity Summaries 2022*, January 31, 2022, pp.54—55.

⑦ Jiaheng Yin, et al., "Sustain China's Copper Resources with Domestic Mining, Trading, and Recycling," *Resources, Conservation and Recycling*, Vol.202, 2024, pp.1—9.

⑧ Isidro Téllez Ramírez, "La Industria Mundial del Cobre: Cambios Territoriales y Desafíos Socio-ambientales en el Siglo XXI," *Región y Sociedad*, Vol.36, 2024, pp.1—31.

铜加工及应用领域中国未能占据"卡脖子"的关键位置，这主要归因于美国不仅在铜矿开采、精炼铜生产和精炼铜消费方面占有重要地位，还在再生铜领域占据关键地位。①铜是为数不多的在回收过程中不会降解或失去其化学和物理特性的材料，因此全球铜业中存在新铜和再生铜两条相互协同的供应链。②美国正是凭借在铜回收环节的优势降低了供应风险，并在此技术环节获得了较高的产品附加值，③在铜产业链中具有一定的优势地位。相比之下，与许多发达国家的在用铜库存已达到相对稳定的状态不同，中国铜业发展起步较晚，潜在的再生铜资源可能需要几十年的时间才能逐步释放。④因此，面对中国能源及建筑行业精炼铜短缺的局面，中国需要从美国进口大量进口再生铜，这使美国成为中国的主要再生铜供应商，甚至中国在铜矿石供应上还可能因为美国中断出口再生铜而面临被"卡脖子"的风险。⑤

美国在再生铜领域的技术优势使其对中国在拉美获取铜产品的行为并不敏感。美国积极投资拉美铜矿，美国铜生产商自由港麦克莫兰公司（Freeport-McMoRan）铜产量为 1 703 000 吨，占全球总产量的 6.5%，控制着秘鲁的重要矿山绿丘（Cerro Verde），该矿山铜产量占全球总产量的 2.5%。⑥同时，中国也在南美积极寻找铜矿，如投资秘鲁铜矿的中国公司包括拥有拉斯邦巴斯（Las Bambas）铜矿特许经营权的中国五矿资源有限公司，拥有特罗莫克（Toromocho）铜矿的中国铝业公司，上述两家公司与中国尾矿公司首信一起，2020 年共同贡

① "The New Focus on Copper," https：//americanrecycler.com/the-new-focus-on-copper/，2024-06-10.

② Government of Canada，"Copper Facts," https：//natural-resources.canada.ca/our-natural-resources/minerals-mining/mining-data-statistics-and-analysis/minerals-metals-facts/copper-facts/20506，2024-06-10.

③ Janice Lee，et al.，"Don't Throw Away the Opportunity in E-Waste," June 26，2023，https：//www.bcg.com/publications/2023/seizing-opportunity-ewaste-recycling，2024-06-20.

④ Jiaheng Yin，et al.，"Sustain China's Copper Resources with Domestic Mining，Trading，and Recycling," *Resources，Conservation and Recycling*，Vol.202，2024，pp.1—9.

⑤ Pratima Desai and Julian Luk，"Los Precios Récord del Cobre Frenarán los Envíos de Chatarra de EEUU a China," June 17，2024，https：//www. xm. com/es/research/markets/allNews/reuters/los-precios-rcord-del-cobre-frenarn-los-envos-de-chatarra-de-eeuu-a-china-53861962，2024-06-11.

⑥ Isidro Téllez Ramírez，"La Industria Mundial del Cobre：Cambios Territoriales y Desafíos Socio-ambientales en el Siglo XXI," *Región y Sociedad*，Vol.36，2024，pp.1—31.

献了秘鲁 25% 的铜精矿产量，①并且中国在拉美铜资源富集国还建立了多座加工厂，强化了和秘鲁、智利等拉美铜资源生产国的关系。②但截至目前，没有任何记录显示中国和美国因从拉美国家收购铜矿而发生严重争端。③

同时，随着中美对铜需求量的增加，拉美国家作为铜的主要出口地，正迎来原材料供应紧张所催生的溢价机遇。国际铜业研究组织（International Copper Study Group，简称 ICSG）表示，铜市场正面临连续赤字。④据咨询公司麦肯锡公司（McKinsey & Co.）预测，到 2031 年铜的年需求量将增加到 3 660 万吨，预计供应量仅为 3 010 万吨，将会出现约 650 万吨的缺口。⑤这种对供应短缺的持续忧虑已经转变为铜价格的持续上涨，并在相对高位波动，自 2023 年 12 月至 2024 年 5 月，铜价从每磅 3.94 美元飙升至 5.09 美元。⑥

面对铜价上涨的市场环境，智利、秘鲁等拉美国家能够从这一贸易条件变化中获取利润⑦，通过灵活调整铜业政策以增强自身的盈利能力。例如，智利的铜政策尽管跟随博里奇政府的整体资源政策趋于收紧，但与其保守的锂政策仍然形成了一定的反差，其政策更为温和，并展现出激励生产的趋势。2022 年 6 月 22 日，智利财政部长马里奥·马塞尔（Mario Marcel）宣布允许智利国家铜业公司每年将其利润的 30% 再投资，用于公司项目组合的融资。此前，智利国家

---

① Bruno Macciotta Pulisci and Pablo Biderbost, "Perú entre Estados Unidos y China: Adaptación de la Política Exterior Peruana de Cara a las Divergencias Chino-estadounidenses," *Revista UNISCI / UNISCI Journal*, No.61, 2023, pp.170—194.

② Bruno Hernandez, "China-América Latina y el Caribe: Inversión, Comercio y Perspectivas Futuras," November 17, 2023, https://www.china-briefing.com/news/china-america-latina-y-el-caribe-inversion-comercio-y-perspectivas-futuras/, 2024-02-27.

③ Romer Cornejo and Abraham Navarro García, "China y América Latina: Recursos, Mercados y Poder Global," *Nueva Sociedad*, No.228, 2010, pp.79—99.

④ Rick Mills, "New Copper Supply Offset by Multiple Hits to Existing Operations," June 19, 2023, https://www.mining.com/new-copper-supply-offset-by-multiple-hits-to-existing-operations/, 2023-12-25.

⑤ Yusuf Khan, "Copper Shortage Threatens Green Transition," April 18, 2023, https://www.wsj.com/articles/copper-shortage-threatens-green-transition-620df1e5, 2023-12-25.

⑥ "Copper Price at Four-month High on Strong Chinese Imports," December 20, 2023, https://www.mining.com/copper-price-highest-since-august-on-strong-chinese-imports/, 2023-12-25; "Copper," https://tradingeconomics.com/commodity/copper, 2024-06-27.

⑦ Andrés Wainer, "A Bridge to Development? Changes in Latin America's Trade with the United States and China," *Problemas del Desarrollo*, Vol.54, No.213, 2023. pp.3—30.

铜业公司将其100%的利润交付给国家，这项利润再投资计划将使公司能够控制债务水平并降低公司的融资成本。①在税收改革方面，政府也做出了一定的妥协，继2023年3月智利国会否决了博里奇政府提出的税收方案后，智利政府再次准备了一项关于采矿特许权使用费新提案并获得国会立法批准，意将拟议的特许权使用费税收上限从最初的50%降低至45.5%—46.5%。②2023年5月出台的采矿税法规定，政府为每年生产超过50 000公吨精铜（TMCF）的采矿运营商建立了一个新的税收计划，其中包括年铜销售额1%的从价税。但同时，为应对智利的政策不确定性可能带来的外资流失现象，智利政府正在积极与铜业公司及其他利益相关者进行讨论，以提供投资激励措施。③自由港麦克莫兰公司7月23日宣布计划投资约75亿美元扩建其在智利北部的埃尔阿布拉（El Abra）铜矿，其总裁理查德·阿克森（Richard Adkerson）也表示博里奇政府的铜政策基调已经发生变化，更多表现出对采矿业的支持态度。④此外，2024年8月29日，博里奇表示必须"利用最近受到积极关注的铜超级周期"，将在2026年其任期结束时将智利铜产量提升100万吨。⑤

秘鲁经济和财政部长何塞·阿里斯塔（José Arista）强调，随着铜价不断上升，秘鲁经济面临着重要的增长机遇。⑥秘鲁迪娜·博卢阿特（Dina Boluarte）

① Codelco, "Gobierno Acuerda Histórico Plan de Reinversión de Utilidades para Codelco," June 22, 2022, https://www.codelco.com/prensa/2022/gobierno-acuerda-historico-plan-de-reinversion-de-uti-lidades-para-codelco, 2024-05-20.

② S&P Global, "Chile and Peru's Copper for Energy Transition," April 5, 2023, https://www.sp-global.com/esg/insights/featured/special-editorial/chile-and-peru-s-copper-for-energy-transition, 2024-06-15.

③ Ron Butler, "¿Cómo se Pueden Mantener Competitivos los Mineros de Cobre en medio de la Transición hacia una Economía más Verde?" February 23, 2024, https://www.ey.com/es_uy/mining-metals/mining-and-metals-centre-of-excellence/empresas-mineras-cobre-competitivas-energia-verde, 2024-09-05.

④ Kevin Hinostroza, "Freeport McMoran Planea Inversión de US $7.500 Millones para Ampliar su Mina de Cobre en Chile," July 24, 2024, https://www.rumbominero.com/chile/freeport-mcmoran-us-7-500-millones-ampliar-mina-cobre-chile/, 2024-09-05.

⑤ Eva Cruz, "Boric Espera Alza Producción Chilena de Cobre en 1 Millón de Toneladas al Fin de su Mandato," April 25, 2024, https://www.rumbominero.com/chile/boric-alza-produccion-chilena-de-co-bre/, 2024-09-02.

⑥ Edwin Montesinos Nolasco, "José Arista, MEF: 'Se Está Gatillando un Ciclo Expansivo que nos Haría Crecer un 7% (PBI), Vale la Pena Soñar'," July 11, 2024, https://www.infobae.com/peru/2024/07/10/jose-arista-mef-se-esta-gatillando-un-ciclo-economico-que-podria-llegar-a-tasas-de-crecimiento-de-7-vale-la-pena-sonar/, 2024-09-02.

政府专注于简化启动采矿投资的程序，维持 29.5% 的企业所得税和对采矿业的激励措施。①2024 年 5 月，秘鲁能源和矿业部部长罗慕洛·马乔（Rómulo Mucho）表示，借助新批准的科塔班巴斯（Cotabambas）、安塔科里（Antakori）等 4 或 5 个铜矿项目的开发，预计将秘鲁铜年产量提升至 400 万吨，并强调降低政策不稳定性以吸引投资，从而强化秘鲁作为主要铜生产国的重要地位。②中国五矿资源有限公司也在着力推动秘鲁拉斯班巴斯铜矿项目达到满负荷生产，目标为使年产能达到 40 万吨。③

尽管阿根廷国内尚不具有正在开发的铜矿，④哈维尔·米莱伊（Javier Milei）政府也有意推动阿根廷成为全球主要铜生产商，并将铜业锚定为推动国家经济增长的重要领域，于 8 月 23 日发布第 749/2024 号法令，正式颁布大型投资激励制度（RIGI），推动放松铜业领域管制。目前阿根廷已有 23 个铜矿项目处于开发阶段，其中 8 个铜矿项目处于开发后期。⑤并且，这一政策激励有助于吸引国际投资进入阿根廷铜业，必和必拓公司（BHP）将与加拿大伦丁公司（Lundin）以近 32.5 亿美元的价格联合收购费洛德索尔（Filo del Sol）铜矿项目 100% 的股份。与此同时，两家公司成立了一家合资企业，拟共同开发智利另一个大型铜矿项目何塞玛利亚（Josemaría）。⑥

---

①　S&P Global, "Chile and Peru's Copper for Energy Transition," April 5, 2023, https://www.sp-global.com/esg/insights/featured/special-editorial/chile-and-peru-s-copper-for-energy-transition，2024-06-15.

②　Ministerio de Energía y Minas de Perú, "Ministro Rómulo Mucho: 'Nuevos Proyectos de Cobre nos Permitirán Alcanzar los 4 Millones de Toneladas'," May 31, 2024, https://www.gob.pe/institucion/minem/noticias/964422-ministro-romulo-mucho-nuevos-proyectos-de-cobre-nos-permitiran-alcanzar-los-4-millones-de-toneladas，2024-09-02.

③　Stjepan Kalinic, "Perú Aumenta Producción de Cobre: Apunta a 4M de Toneladas Anuales," June 3, 2024, https://es.benzinga.com/news/usa/peru-aumenta-produccion-cobre/，2024-09-05.

④　阿根廷最后一个运营的铜矿为位于卡塔马卡（Catamarca）省的巴约德拉阿伦布雷拉（Bajo de la Alumbrera）矿山，关闭于 2018 年。

⑤　Fernando Heredia, "Argentina Reinicia la Minería de Cobre en medio de Tensiones Ambientales," June 25, 2024, https://dialogue.earth/es/energia/argentina-reinicia-mineria-cobre-tensiones-ambientales/，2024-09-05.

⑥　Roberto Bellato, "Luego de la Aprobación del RIGI, Gigante Minero Mundial Desembarca en dos Megaproyectos de Cobre en la Argentina," June 30, 2024, https://econojournal.com.ar/2024/07/luego-de-la-aprobacion-del-rigi-gigante-minero-mundial-desembarca-en-dos-megaproyectos-de-cobre-en-la-argentina/，2024-09-05.

然而，"铜超级周期"的持续时间并不由智利等拉美国家控制[①]，全球基准铜价格由伦敦金属交易所（London Metal Exchange，简称 LME）主导决定，价格随行就市。因此，即使作为铜矿石出口行业领导者的智利，也难以在这一市场中掌握议价权。尽管有建议智利与秘鲁组成"矿业联盟"[②]，但实际上在地区外部存在众多可能的矿物供应替代国情况下，拉美国家难以形成有效的价格联盟。另外，中美也在努力加强对本国铜资源的勘探，积极寻求多元化的外部铜矿石来源。因此，这一新的"铜超级周期"可能相对短暂，限制了拉美国家在这一过程中掌握主动权或真正在铜价值链中实现显著的跨越式发展的潜力。在这种情况下，拉美国家更多倾向于借助中美对铜资源的需求量增长而带来的价格提升，放宽国家对铜业的政策限制，以期在短期获取更多经济收益。

总体而言，在中美拉铜资源关系中，美国处于相对优势地位，中国则因较高的供应风险以及尾矿工业发展的后发劣势，面临更为复杂的挑战。鉴于此，美国对于中国在拉美地区获取铜矿资源的行为并未表现出明显的战略焦虑，虽有意加强与拉美资源生产国的合作以增强铜供应链的"韧性"，但不会过度拉拢这些国家，也不会着力打压中国获取铜资源的努力。因此，智利等拉美铜资源生产国难以获取充分的权力资源来提升自身在产业链中的位置，但它们仍然可以因应铜价上升的机遇，适时调整资源主权政策，从而获得更多的铜矿出口收益。

结　　语

在资源生产国与消费国的传统互动模式中，非洲、拉美、中东等地区的资源生产国被固定在单一的原材料供应者角色上。然而，权力转移引致的中美资源竞争改变了这一经典互动模式，并赋予资源生产国更强的能动性。在大国资

---

① 高盛（Goldman Sachs）称，目前存在中期铜短缺问题，但已发现和为未发现的铜资源储量仍然较为丰富。相关论述参见 Expansión, "El Cobre se Disparará a 11000 Dólares por Tonelada, Pronostica Goldman Sachs," December 8, 2022, https://expansion.mx/mercados/2022/12/08/goldman-sachs-pronostica-precio-record-cobre, 2024-06-25。

② Javier Alcalde, et al., *La Conexión China en la Política Exterior del Perú en el Siglo XXI*, Edición Digital, 2019, p.299.

源竞争的背景下，战略性关键矿产与国家安全更为紧密地结合，拉美国家能够借助大国对其的资源依赖关系提升自主性，为摆脱自身在国际体系中的落后局面和边缘位置提供了可能性。

拉美资源生产国如何将资源优势最大限度地转化为发展权，对于其战略选择具有强有力的诱导作用，而中美拉三方资源博弈态势能够影响资源与权力在博弈性互动中的转化限度，进而使拉美国家形成应对中美战略性关键矿产博弈的差异化战略行为。当拉美资源生产国在三方资源博弈中占优时，其能够在最大程度上不受大国挤压，实现自身在产业价值链中的地位跃升，并追求提升其科技地位，争取资源网络主导权；当中国在三方资源博弈中占优时，拉美资源生产国仍然保持着一定的被赋权状态，但同时面临中美两国激烈竞争所产生的强大压力，倾向于实施保守的资源政策以提升自身的议价能力，强化资源价值；当美国在三方资源博弈中占优或当三方之间没有明显的独立优势者时，拉美资源生产国倾向于放松资源主权，以期顺势借助资源价格提升的机遇获取更多资源采掘带来的收益。需要特别指出的是，拉美国家的资源策略无疑受到其国家政局的影响，特别是左翼政府倾向于强化资源主权，而右翼政府则倾向于吸引采掘资本、放松政府监管。即便如此，同一政府在不同矿种中推行的具体政策仍具有差异，不能简单地一概而论，而对这一差异性的探索也是本文的创新点所在。

对于正处于崛起进程中的中国而言，中美资源竞争的愈演愈烈以及美国频繁对战略性资源采取的安全化升级操作，将成为影响中国能否顺利实现崛起的关键因素。首先，面对以美国为首的西方国家的资源安全化升级操作，中国应认识到随着中国不断崛起以及中美资源竞争的加剧，这一现象会频繁出现乃至"常态化"，因此应在资源生产国进行提前布局。与此同时，中国在资源博弈中取得优势地位时，来自资源生产国方面的压力往往也会增大。这要求中国不断优化与资源生产国的矿业政策协调，积极释放诚意合作的信号。拉美资源生产国并不愿意在中美博弈中选边站队，而是倾向于寻找平衡点，并因应博弈形势使自身收益最大化。我们应着重强调中国与美国在处理对拉关系方面的差异性，明确中拉资源关系的发展不附加政治条件，中国在拉美地区也没有接替美国霸权的意愿，不以控制拉美或在拉美地区争夺地盘作为战略目标。这样能够营造有利于中国进行资源经济活动的良好外部战略环境，避免以美国为首的西方国家通过"中国威胁论"等话语将中国的形象扭曲为"新殖民主义国家",导致拉美国家对中国在该地区投资、贸易等资源经济活动产生恐惧、防备甚至是反感情绪。

其次,拉美资源生产国并非中美战略竞争棋盘中缺乏能动性的"棋子",中国应尊重其借助战略性关键矿产的在国际资源网络中为自身谋取利益,争取权力的行为,采取具体措施支持拉美等地区的资源生产国实现发展,当拉美在资源博弈占优时与其进行知识、技术性合作,当美国在资源博弈占优时与其加强在矿产加工冶炼方面的合作,当中国在资源博弈占优时积极邀请拉美国家参与至中国的矿产供应链中。鉴于拉美国家的战略应对蕴含着对于世界经济格局中不平等关系的不满,我们应主动让我国自身的发展红利外溢至拉美资源生产国,借助中国具有优势的技术、知识以及基础设施,与在上述方面相对落后的拉美国家一道,重点围绕资源附加值提升进行合作。这有助于帮助拉美资源生产国在产业链中不断向中下游环节进行延伸并提高竞争力,从而促进双方优势互补,在"人类命运共同体"以及"南南合作"的框架下进行互利互惠、健康可持续的合作,推动打破发达国家的技术垄断,获得真正摆脱"边缘"地位的机会。如在锂工业中,拉美国家正是囿于技术限制无法独立对锂矿进行大规模开采,智利常用的浓缩—沉淀法的卤水提锂技术耗时较长且对水质会产生金属污染,而中国具备锂辉石提锂、盐湖卤水提锂等一系列先进的提锂技术,可与拉美国家的技术形成互补,促进拉美国家锂产业发展。[1]这也要求中国自身部署战略性关键矿产的前沿技术中心,着力提升技术能力,攻克"卡脖子"的技术难题。

再次,面对资源生产国应对中美战略性关键矿产竞争的战略行为所带来的资源供应不稳定性和相关风险,中国须强化矿产供应链向国内外双向延伸,提高自身的矿产资源产业链"韧性"。一是加大在国家内部的找矿力度,对低品位紧缺战略性关键矿产的勘察提供政策与资金扶持;二是推动国有及私营企业的全球矿产投资,不断扩大中国的资源合作"朋友圈",主动优化自身的资源合作格局;三是中国应做好资源生产国伴随大国资源博弈态势调整其资源政策的风险管理,对当地的政治局势、劳工文化、环境保护条例以及资源开采制度等法律规制做好充分调研,并灵活运用国际制度来处理矿业方面的纠纷,避免我国

---

① 姜玉妍:《能源转型期中国与拉美锂矿合作的机遇和挑战》,第22—31页。

企业的海外利益因不了解社情民意而遭受无畏损失。

最后，中国应主动提升在全球资源网络中的地位，采取激励本国矿业公司发展成为具有国际竞争力的矿业生产商，设置区域性战略性关键矿产交易所，并主动联合其他资源消费国及资源生产国进行矿产领域的国际标准建设等措施，着力在国际层面争取规范性话语权。

中国—东盟南海环境机制复合体研究：联系、互动及效用分析

李佳兴[*]

一、问题的提出

为促进南海环境治理合作，中国与东盟国家业已建立起庞大的海洋环境机制，所涵盖的利益攸关方众多，组织结构多样化，机制种类丰富多样，呈现出碎片化特征。这种机制碎片化特征追本溯源是一种扩散效应，机制数量与密度的增加使得机制边界不断弱化，不可避免地产生彼此反应，在组织结构、功能领域与成员等层面出现重叠现象。一方面，国际体系中机制安排的密集性、重叠性增强，突破以往将国际机制视为"独立或独立安排工作"进行研究的局限，以证实研究机制间联系的必要性。另一方面，国际机制碎片化趋势促使机制之间互动程度进一步提升，机制数量与密度的增加为机制间互动提供前提条件。为实现共同或相似的治理目标，相关机制之间会进行不同类型的互动以实现合作的优化。机制间互动塑造了实质性规则、规范的发展，因此机制治理结果变化可以解释为机制之间互动模式的功能作用。[①]基于对机制之间碎片化、联系与互动的演化过程，对于机制的讨论也需要进一步创新，因此学界提出国际机制复合体理论（complex of international regimes，以下简称机制复合体）[②]。

---

* 李佳兴：山东大学东北亚学院博士研究生，山东大学国际问题研究院科研助理。

① 晋继勇、郑鑫：《全球卫生治理中的国际机制间互动——以世界卫生组织和世界银行为例》，《湖北社会科学》2020 年第 5 期，第 68—76 页；Henning Randall，"Hierarchy and Differentiation in International Regime Complexes：A Theoretical Framework for Comparative Research," January 2020，https://www.peio.me/wp-content/uploads/2020/01/PEIO13_paper_66.pdf。

② 在国内研究中，对于机制复合体、机制复杂性以及制度复杂性等相关表述虽然有所区别，但其所指的概念内涵是大致相同的。王明国认为制度复合体是与制度复杂性相对应的一个（转下页）

　　中国与东盟在南海海洋环境治理场域之内形成"意大利面条碗"的交错式格局，构成机制复合体形态。整体来看，南海海域涵盖种类多样的环境机制，诸如东亚海协作体（COBSEA）、东盟环境部长级会议（AMME）、东亚海环境管理伙伴关系计划（PEMSEA）等国际组织机构；也包括《东盟成员国打击海洋废弃物区域行动计划（2021—2025）》《东亚海洋可持续发展战略（SDS-SEA）》等共识性协议；还包括一系列官方联合声明、正式与非正式环境治理论坛以及相关议题的国际会议与谈判平台等。这种机制集簇化现象导致海洋治理议程与功能的重叠，从而对海洋环境治理效果产生复杂影响。

　　中国与东盟在南海环境治理议题上机制碎片化程度高，已然形成机制复合体状态。为深度剖析中国—东盟南海环境机制复合体的内在机理，需要引入机制间联系、互动等分析要素，构建机制效用分析的多维度标准，依托具体案例对其在全球治理领域发挥的作用进行综合评价。探究中国—东盟南海环境机制复合体具有重要意义：从理论层面来看，进一步完善国际机制复合体理论的解释框架，对于机制复合体内关键要素和效用（utility）①进行概念诠释与拓展；从实践层面来看结合机制复合体理论框架，对南海海洋环境机制进行系统梳理与分析，做出客观且真实的评估，为中国与东盟相关海洋环境合作、机制建设、环境政治等研究领域提供学理借鉴。

二、既有研究的贡献和不足

　　20 世纪 70 年代伊始，国际机制理论进入国际关系学界，此时对于国际机制

（接上页）概念，是指对某一特定问题领域进行治理的一系列国际制度交叉并存所形成的一种总体状况。本文选择国际机制复合体这个固定的名词概念。参见：王明国：《"一带一路"与现有国际制度的对接——基于制度复杂性的视角》，《社会科学文摘》2022 年第 5 期，第 79—81 页。

　　① 部分学者用"效用"一词来表示机制复合体的治理结果、效果。参见：Kenneth Abbott，"The Transnational Regime Complex for Climate Change," Environment & Planning C：Government & Policy，April 2，2012，https：//papers.ssrn.com/sol3/papers.cfm?abstract _ id = 1813198；Oscar Widerberg and Philipp Pattberg，"Accountability Challenges in the Transnational Regime Complex for Climate Change," *Review of Policy Research*，Vol.34，No.1，2017，pp.68—87；Jonathan Kuyper，"Global Democratization and International Regime Complexity," *European Journal of International Relations*，Vol.20，No.3，pp.620—646。

的研究聚焦于机制本身、议题领域和行为体。①自 20 世纪 90 年代末，学者逐步意识到机制单元是难以独立运行的。进入 21 世纪，有关"机制重叠""机制混乱""机制扩散"讨论更加丰富。2004 年卡尔·罗斯提亚拉（Kal Raustiala）与戴维·维克托（David G. Victor）首创植物遗传资源机制复合体，正式将"机制复合体"（regime complex）概念引入国际关系学界。他们将机制复合体定义为管理特定领域的一系列无等级重叠机制的集合。②随着研究目标与范围的扩散，陆续有学者提出难民机制复合体、粮食安全机制复合体、能源安全机制复合体、安全治理机制复合体。③同时，新兴议题领域也成为机制复合体研究的阵地，例如气候治理机制复合体、网络空间治理机制复合体、金融安全机制复合体等。④此外，另一种研究路径以区域为划分标准，探索国际关系视角下区域内部形成的机制碎片化现象，关注内部行为体的博弈关系，例如东亚机制复合体、亚太地区制度复合体等。⑤

学界对于机制复合体的研究历经近二十余年，大致包含机制复合体的成因、关键要素以及结果分析。从机制复合体成因来看，托马斯·格林（Thomas Gehring）和本杰明·福德（Benjamin Faude）认为有以下两方面原因：其一是现有国际机制所涉及的治理问题领域不断扩大，与其他机制产生必然的重叠现象，形成联结关系；其二，源于行为体有意愿利用一个新机制影响或代替现有机制，新机制的成立与发展也会与旧的机制之间产生重叠，加剧复杂的系统环境。⑥王

---

① 王明国：《机制复杂性及其对国际合作的影响》，《外交评论》2012 年第 3 期，第 144—155 页。

② Kal Raustiala and David Victor, "The Regime Complex for Plant Genetic Resources," *International Organization*, Vol.58, No.2, pp.277—309.

③ 参见 Alexander Betts, "The Refugee Regime Complex," *Refugee Survey Quarterly*, Vol.29, No.1, pp.12—37；Matias Margulis, "The Regime Complex for Food Security: Implications for the Global Hunger Challenge," *Global Governance*, Vol.19, No.1, 2013, pp.53—67。

④ 参见 Robert Keohane and David Victor, "The Regime Complex for Climate Change," *Perspectives on Politics*, Vol.9, No.1, pp.7—23；李昕蕾：《治理嵌构：全球气候治理机制复合体的演进逻辑》，《欧洲研究》2018 年第 2 期，第 91—116 页；[美] 约瑟夫·奈：《机制复合体与全球网络活动管理》，《汕头大学学报（人文社会科学版）》2016 年第 4 期，第 87—96 页；张中元：《金融体系中的机制复合体与国际金融治理》，《当代亚太》2020 年第 3 期，第 119—140 页。

⑤ 参见王明国：《国际制度复杂性与东亚一体化进程》，《当代亚太》2013 年第 1 期，第 4—32 页；任琳、张尊月：《亚太地区的制度复杂性分析》，《东北亚学刊》2022 年第 6 期，第 16—30 页。

⑥ Thomas Gehring and Benjamin Faude, "The Dynamics of Regime Complexes: Microfoundations and Systemic Effects," *Global Governance*, Vol.19, No.1, pp.119—130.

明国认为现有机制的有效性限度、治理限度使其在全球治理进程中面临更多挑战，诱发政治性因素介入，刺激机制不断膨胀扩散。①结合已有研究，可以将机制复合体定义为应对特定议题领域一系列无等级重叠机制的集合，通过个体机制间联系和互动来运行，并影响最终的治理效果。

随着研究的深入，学界对机制复合体的关键要素进行探讨。第一，机制复合体突出了个体机制间联系的作用。奥兰·杨（Oran Young）提出国际机制联系四种类型，分别是嵌入型联系、嵌套型联系、集簇型联系和重叠型联系，后将其简化为平行联系与垂直联系。平行联系是指个体机制与其他机制的安排关系，不存在明显的嵌套关系，通过机制间职能分工来达成治理的效果。垂直联系是指国际机制与在社会组织的较低层次运作的制度性安排之间的关系。②克里斯琴·卢塞纳（Cristiane Lucena）将国际机制之间的联系分为扩散（proliferation）和并行（parallel）两类③，实质上也是一种垂直和平行联系的演化。维诺德·阿加沃尔（Vinod K. Aggarwal）提出等级制型联系和平行联系，等级制型联系是通过将"宏观机制"与"微观机制"相互嵌套实现的，而平行联系是通过在机制间进行职能分工达成的。④王明国认为机制扩散产生无等级秩序下嵌套的、部分重叠的以及平行的机制联系。⑤由于治理问题日益复杂化、多样化，使国际机制的治理目标需要相互关联，具体表现为机制目标的外溢现象，即一个问题领域的合作成果会对另一个问题领域的治理产生影响，类似于环境议题的国际机制也会对经济发展机制产生影响，所以除了水平与垂直联系之外，外溢联系也成为当下机制复合体需要关注到的结构变化。

---

① 王明国：《全球公共卫生治理的制度重叠及其应对之策》，《东北亚论坛》2021 年第 1 期，第 77—91 页。

② 参见：［美］奥兰·杨：《世界事务中的治理》，陈玉刚、薄燕译，上海人民出版社 2007 年版，第 112—113 页。

③ Cristiane Lucena Carneiro, "Complexity and Compliance: How do Complex International Regimes Perform?" Prepared for the 2014 FLACSO/ISA Conference Buenos Aires, 23-25 July, 2014, http://web.isanet.org/Web/Conferences/FLACSO-ISA%20BuenosAires%202014/Archive/16a68f38-1ddd-493a-8c1c-777598c7b535.pdf, p.3.

④ Vinod Aggarwal, "Reconciling Multiple Institutions: Bargaining, Linkages, and Nesting," in Vinod Aggarwal, *Institutional Designs for a Complex World*, New York: Cornell University Press, 2019, pp.1—31.

⑤ 王明国：《机制复杂性及其对国际合作的影响》，《外交评论》2012 年第 3 期，第 144—155 页。

第二，机制复合体突出机制间互动作用。卡尔·罗斯提亚拉在提出机制复合体概念之初就认为学界未能密切关注机制跨界互动关系，从而给理论研究留下漏洞。劳拉·戈麦斯·梅拉（Laura Gomez Mera）等认为机制间互动一方面是国际机制如何影响另一个国际机制的因果逻辑，另一方面是机制复合体随着时间推移所产生的系统影响。①托马斯·格林与塞巴斯蒂安·奥贝蒂尔（Sebastian Oberthür）提出了四种经典的互动模式：认知互动（cognitive interaction）、承诺互动（interaction through commitment）、行为互动（behavioural interaction）和影响层级互动（impact-level interaction），②承诺互动更强调国家的主动作用，而认知互动、行为互动和影响层级互动则聚焦于机制自身行为。此外，罗伯特·基欧汉（Robert O. Keohane）等学者也证明机制复合体的产生与发展往往是机制之间联系与互动的结果，机制间联系是机制互动的前提，机制间的互动意味着机制复合体最终确立。③

关于机制复合体发挥何种作用的研究大致分为两个阵营，一方观点认为机制复合体有利于治理实践的优化选择，乔纳森·凯珀（Jonathan W. Kuyper）、本杰明·福德等人从优势性因素来分析，认为机制复合体的灵活性与多样性可以为更多行为体提供参与治理进程的机遇。同时，机制复合体内部的竞争可能会激励机制内部的创新与响应能力，分担治理资源的供应成本，抵消机会主义与不合作主义倾向。④另一方观点认为机制复合体拥有诸多的缺陷。卡伦·奥尔

---

① Laura Gomez Mera, "International Regime Complexity and Regional Governance: Evidence from the Americas," *Global Governance*, No.21, pp.19—42; Jean-Frédéric Morin and Amandine Orsini, "Regime Complexity and Policy Coherency: Introducing a Co-adjustments Model," *Global Governance: A Review of Multilateralism and International Organizations*, Vol.19, No.1, pp.41—51.

② Thomas Gehring, Sebastian Oberthür, "The Causal Mechanisms of Interaction between International Institutions," *European Journal of International Relations*, Vol.15, No.1, pp.125—156.

③ Robert O. Keohane and David G. Victor, "The Regime Complex for Climate Change," *Perspectives on Politics*, Vol.9, No.1, pp.7—23; Thijs Van de Graaf, "Fragmentation in Global Energy Governance: Explaining the Creation of IRENA," *Global Environmental Politics*, Vol.13, No.3, pp.14—33.

④ 参见 Jonathan Kuyper, "Global Democratization and International Regime Complexity," *European Journal of International Relations*, Vol.20, No.3, pp.620—646; Benjamin Faude and Michal Parizek, "Contested Multilateralism as Credible Signaling: How Strategic Inconsistency Can Induce Cooperation Among States," *The Review of International Organizations*, No.16, pp.843—870; Hannah Murphy and Aynsley Kellow, "Forum Shopping in Global Governance: Understanding States, Business and NGOs in Multiple Arenas," *Global Policy*, No.4, pp.139—149.

特（Karen J. Alter）、戈兰·阿尔内（Göran Ahrne）等学者从弊端因素来分析，认为机制复合体会因为治理分散而导致机制规则的模糊性与不确定性，重叠的规则与内部法律规范不一致也使机制复合体的合法性程度降低。数量膨胀的国际协议可能会限制国家执行能力和国际机构监督能力，使机制复合体有效性受损，加剧资源浪费现象。①此外，还有第三方阵营的学者认为要从更加综合的视角来审视机制复合体发挥的作用，米娅·雷纳尔（Mia Raynard）认为要从机制复合体的制度逻辑出发，系统研究机制之间的不同融合方式，如何兼容冲突与协调的模式来塑造机制的结构，从而达成和平共处、竞争、相互取代以及暂时休战等不同结果。②

目前，南海海洋环境治理已经形成了机制间"交错纵横"的格局，学界主要围绕中国与东盟国家在国际法、治理机构以及合作模式层面进行研究，认为机制内部法律约束效果不佳、政策难以协调等困难致使南海地区的生态环境合作成效并不明显。③

总体而言，既有研究存在以下不足：第一，国际机制复合体的研究呈现分散化，尤其是机制复合体运行的关键性要素并未得到充分界定与论证；第二，现有对于机制复合体有效性的评估难以全面概括出机制复合体对全球治理产生的复杂影响，需要引入更丰富多元的分析标准来完善对于机制复合体功能的认识；第三，学界对于中国与东盟海洋环境合作研究缺乏对于该地区大量重叠机制的系统性分析，并且过于重视该地区海洋环境机制"应然"层面，而缺乏对

① 参见 Karen J. Alter and Kal Raustiala, "The Rise of International Regime Complexity," *Annual Review of Law and Social Science*, No.14, pp.329—349; Göran Ahrne, Nils Brunsson and Dieter Kerwer, "The Paradox of Organizing States: A Meta-organization Perspective on International Organizations," *International Organization Studies*, Vol.7, No.1, pp.1—26。
② Mia Raynard, "Deconstructing Complexity: Configurations of Institutional Complexity and Structural Hybridity," *Strategic Organization*, Vol.14, No.4, pp.310—335.
③ 参见薛桂芳：《"一带一路"视阈下中国—东盟南海海洋环境保护合作机制的构建》，《政法论丛》2019年第6期，第74—87页；韩立新、冯思嘉：《南海区域性海洋生态环境治理机制研究——以全球海洋生态环境治理为视角》，《海南大学学报（人文社会科学版）》2020年第6期，第18—26页；白佳玉：《南海环境治理合作机制研究——与北极环境保护机制比较的视野》，《中国海洋大学学报（社会科学版）》2020年第3期，第21—31页；任远喆、王晶：《南海生态环境合作：机制建设与中国角色》，《南洋问题研究》2021年第4期，第82—98页；Yoga Suharman and Suratih Muhamad Karo, "The Effectiveness of ASEAN Cooperation in Marine Environmental Protection（MEP）in South China Sea（SCS）," *Jurnal Hubungan Internasional*, Vol.9, No.1, pp.84—96.

"实然"层面的深入分析，易使得研究结果偏颇。

三、机制复合体的研究框架

机制复合体相比于机制研究更为注重系统性与整体性，强调机制间联系、互动要素在治理进程中的关键作用。

（一）机制复合体中的联系要素

任何新机制并不是在"制度真空"中直接产生的，而是在现有机制安排背景下形成的。既有的机制安排直接影响机制复合体结构与内容，制约其发展进程。因此，机制复合体不是简单的数量相叠加，而是在机制之间复杂联系的背景下形成的。

由于机制扩散化会不断侵蚀机制的边界，弱化彼此间壁垒，所以就不可避免地出现机制重叠现象。为了清楚机制复合体内机制间联系方式，则需要对于机制重叠的类型进行划分。机制重叠大致包含三个层次，分别是结构重叠、领域重叠与目标重叠。结构重叠是指一个机制被另一个机制包含而产生的重叠现象，例如联合国环境规划署制下的诸多海洋环境机制，他们虽然在治理内容、治理功能以及服务范围层面存在差异，但是都处在联合国环境规划署的框架之下，受其直接影响。领域重叠是指一个机制与另一个机制拥有相似的治理领域，例如东亚地区受到海洋塑料垃圾污染的影响而建立大量针对此问题的环境治理机制。目标重叠是指不同目标的机制之间会在某些领域产生共同治理需求，从而使得机制目标产生扩散，出现重叠现象。例如以经济发展、社会发展为目标的国际机制会共同注意到环境问题的急迫性，于是将环境治理纳入机制目标。

国际机制的联系指机制与机制之间的组合排列关系。机制复合体内的重叠现象实质上也是机制间发生联系的过程，三种不同的重叠方式也意味着机制复合体之中将存在三种不同的联系方式。

与结构重叠相对应的是垂直联系，此处垂直联系是指范围或者功能较小的B机制被纳入更为广泛的A机制，受到A机制框架的影响与制约，形成B机制嵌套于A机制之中的嵌套关系，组成一种同心圆结构。例如一些国际机制针对某些具体问题会成立附属机构或工作组，后者承担具体的工作任务并需要定期向前者汇报工作进展；抑或是国家层次上的机制安排与地区性或地方性机制的协调关系。

与领域重叠相对应的是平行联系。平行联系是指没有直接从属关系，组织结构上相互独立的机制 A 与机制 B 之间在某一治理领域拥有相似的安排，形成 A 机制与 B 机制的交叉关系。例如某些区域性环境机制虽然在组织和成员上各不相同，但是都会进行塑料污染治理、生物多样性保护等领域的活动。

与目标重叠相对应的是外溢联系，此处的外溢联系是指以 X 为主要治理目标的机制在具体实践进程中会使得 X_1、X_2 目标引起以 Y、Z 为主要治理目标机制的关注，促使 Y、Z 机制进行目标拓展，从而形成相互勾连、相互渗透的结构。例如，以环境治理议题因弱敏感性与紧迫性，会被纳入外交合作机制、经济发展机制的构建，形成环境治理目标的外溢结果。

对于以上国际机制间联系方式的划分与梳理有助于厘清机制复合体存在的形态，从"机制混乱""机制重叠"的国际背景中构建较为清晰的研究路径，有助于从系统视角来审视机制间复杂的关系。

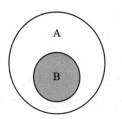

结构重叠：垂直嵌套联系

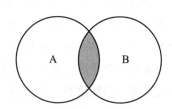

领域重叠：平行交叉联系

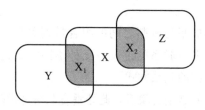

目标重叠：外溢拓展联系

图 1　机制复合体三种联系方式与形态图示

（二）机制复合体的互动要素

机制互动研究是学术界密切关注国际机制产生治理结果与治理外部性的重要体现，是指一套机制安排影响另一个或另一些机制的结果，而机制复合体就是机制间互动所形成一种状态和局面。①机制互动直接影响了机制有效性，而机制有效性也从侧面反映出国际合作的状态，因此机制互动是研究机制复合体运行的关键性要素。

机制复合体内的机制互动建立在机制联系的前提之下，同时机制互动又加深了机制间联系。机制联系加深进一步弱化了机制之间存在的壁垒与边界，为机制互动创造有机环境。机制互动有利于塑造"小群体"效应，使行为体可以获得协调与合作的空间，②并在此过程之中固化彼此间联系。机制复合体内存在的三种联系方式也对应着三种互动方式。

首先是认知互动。认知互动是指国际机制间学习的过程，信息相互传递，实现价值观与理念层面的影响。机制复合体内认知互动是基于意愿、能力而产生的，主要是发生在垂直联系的机制组合之中。垂直联系的机制复合体内结构嵌套关系使得范围、功能更大的"宏观机制"具备强大的支配能力，且"宏观机制"往往以实体性的国际机构呈现，如联合国环境规划署、世界卫生组织等，拥有分配治理资源、制定发展战略、发挥政治影响的作用。因此"宏观机制"的意愿与能力可以直接影响地区机制和专门协调机制为代表的"微观机制"。③而这些"微观机制"在推动治理实践的进程中也会向"宏观机制"传递信息，更新其治理理念与观点，从而实现互动关系。

其次是行为互动。主要指治理实践行动引起机制改变的过程，涉及机制在规则、规章法律、规范和行动模式等层面的相互影响。机制复合体内的行为互动是基于机制之间具有共同或相似的治理领域而实现的，在领域重叠的情况下，相关机制之间会展开合作、竞争或者重组等行动，引起机制发生改变。行为互

---

① 王明国：《国际制度互动与制度有效性关系研究》，《国际论坛》2014年第1期，第53页。

② Karen J. Alter and Sophie Meunier, "The Politics of International Regime Complexity," *Perspectives on Politics*，Vol.7，No.1，pp.13—24.

③ 这里的"宏观机制"主要是指在功能和范围上较大的国际组织机构，如联合国环境规划署、亚太经合组织等，他们具备进行治理整体性框架，包括人员、组织和资金等；"微观机制"主要是功能和范围较小的国际机制，包括"宏观机制"所附属的区域执行组织或者公约、宣言、行动计划、发展战略、协定、法规等，他们往往需要依赖"宏观机制"来发挥作用。

动往往发生在平行联系的机制复合体之中，由于它们没有直接的从属关系，因此不会受到彼此的直接支配，可以通过互动来影响彼此的治理内容。

最后是影响层级互动。主要是指国际机制间治理目标相互影响的过程，涉及机制所达成的治理效果对另一机制目标的改变。机制复合体内影响层级互动是基于机制间不同目标所产生的外溢联系而实现的，特别是在当今国际社会相互依赖程度持续增强的背景下，国际机制的边界感不断弱化，治理目标便能相互产生影响。例如气候与环境治理议题拥有专门性的国际机制，同时该议题也是政治外交、经济发展、社会发展等机制所密切关注的。因此，以气候与环境治理为目标的机制也会与其他机制产生影响层级互动，以合作、协作的方式来影响其他机制目标，实现目标外溢效应。基于这种互动关系，机制复合体的组合范围也会继续扩充，治理目标会更加包容多元，不断丰富治理功能。

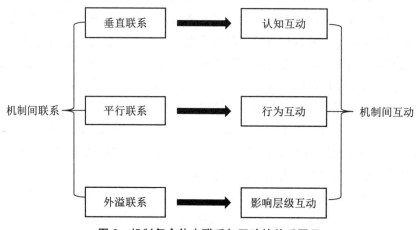

图 2　机制复合体内联系与互动的关系图示

四、中国—东盟南海环境机制复合体内的联系与互动

南海附近海域环境恶化问题得到中国与东盟的共同关注，双方作为直接利益攸关方就海洋环境治理议题达成基础性共识，参与并建立大量的国际机制，加速碎片化进程。目前，中国—东盟南海环境机制复合体主要由国际环境组织和机构、国际环境法律体系（包括软法）及论坛会议、资金机制、其他国际制

度中与环境相关的规则或条款共同构成。①本文依据机制复合体的联系与互动模式将中国—东盟南海环境机制复合体分为以下三类。

（一）结构重叠：机制复合体内的垂直联系与认知互动

中国与东盟参与的南海环境治理机制之间存在垂直联系，"微观机制"嵌套于"宏观机制"之中，并在核心机制协调与领导之下形成层次分明的机制复合体，呈现明显的结构重叠现象。目前南海地区形成以联合国组织（UN）②、亚洲太平洋经合组织（APEC）以及东南亚国家联盟（ASEAN）这三大国际与区域组织为主③，其余环境治理机制嵌套其中的机制复合体状态。

其一，联合国环境规划署在亚太地区直接设立东亚海协作体（COBSEA）进行海洋治理工作，其本质上是区域间政策执行协调机制，负责监督联合国环境规划署"东亚海域海洋环境及海岸地区保护及发展行动计划"（简称"东亚海行动计划"）项目的实施情况。在东亚海协作体的组织之下，部分东盟国家及中国共同建立《扭转南海和泰国湾的环境退化趋势项目》《海洋垃圾区域行动计划（2019）》等行动框架。④联合国开发计划署设立东亚海环境管理伙伴关系计划（PEMSEA），负责执行东亚海可持续发展战略（SDS-SEA）。此外，东亚海环境管理伙伴关系计划主办的东亚海大会（EAS）也成为推动地区海洋环境保护合作的重要会议机制。

其二，亚太经合组织于2011年重新整合资源设立了海洋和渔业工作小组（OFWG），作为保护亚太地区（包括南海）海洋与资源环境的官方活动机构。⑤2017年海洋和渔业工作小组启动区域海洋废弃物预防和管理能力建设培训计划，提升政府制定并实施区域海洋环境政策的能力。另外，亚太经合组织还通过举

---

① 王杰：《国际机制论》，新华出版社2002年版，第337—369页。

② 主要包括联合国环境规划署（UNEP）和联合国开发计划署（UNDP）。

③ 刘天琦、张丽娜：《南海海洋环境区域合作治理：问题审视、模式借鉴与路径选择》，《海南大学学报（人文社会科学版）》2021年第2期，第10—18页。

④ United Nations Environment Programme, "Action Plan for The Protection and Sustainable Development of The Marine and Coastal Areas of The East Asian Region," UNEP Regional Seas Reports and Studies, No.86, pp.1—6.

⑤ 张丽娜、王晓艳：《论南海海域环境合作保护机制》，《海南大学学报（人文社会科学版）》2014年第6期，第42—49页。

办多轮亚太地区应对海洋垃圾影响的高级别官方论坛来提升各国对于海洋环境治理的共识。①

其三，东盟建立"10＋1""10＋3"等区域合作框架来推动海洋环境治理。东盟于 2019 年出台《曼谷宣言（2019）》与《东盟海洋垃圾行动框架》，明确在南海地区治理海洋垃圾的承诺与责任。2021 年东盟启动《2021—2025 年应对海洋塑料垃圾的行动计划》，为南海地区提供了一个可扩展的、以治理方案为核心的战略规划。②东盟还建立东盟环境部长级会议，下设包括海洋和海洋环境工作组在内的六个部门。东盟环境部长级会议数次针对海洋垃圾治理提出要求，倡导在官方层面倡导建立合作伙伴关系。

认知互动出现在以联合国环境规划署、联合国开发计划署、亚太经合组织、东盟等"宏观机制"与其附属的执行机构、行动计划、发展战略的"微观机制"之中。一方面，认知互动是信息的传递与反馈，体现为机制的指导作用。联合国环境规划署、亚太经合组织与东盟作为全球至次区域的大型国际组织，不论是从成员覆盖范围、行动资金支持、知识技术能力以及政治支持层面都拥有绝对的优势，可以指导附属机制的具体行动。例如，联合国环境规划署制下的机制重视具体海洋环境保护工作，联合国开发计划署制下的机制将环境治理与社会发展相兼容。另一方面，认知互动也是机制间学习的过程，"微观机制"在治理实践中根据面临的诸多问题会做出及时的调整与反馈，同时促进"宏观机制"更新现有的治理理念。例如，东盟框架下海洋塑料垃圾治理行动多局限于区域层级，并且治理方式难以实现"循环"的经济效益。东盟出台的《2021—2025 年应对海洋塑料垃圾的行动计划》中明确指出需要加强国际联合行动的作用，在国际与区域两个层面推动海洋可持续管理。③在类似的认知互动下，东盟框架也不断调整治理理念与合作方式，拓展环境合作领域的成员范围与实践内涵，

---

① APEC 网站，"Workshop on Understanding and Addressing Marine Debris Impact in the APEC Region，"August 22，2019，https：//www.apec.org/Press/Photos/2019/0822＿OFWG♯album1-12。

② The ASEAN Secretariat，"ASEAN Regional Action Plan for Combating Marine Debris in the ASEAN Member States，"May 2021，https：//www.worldbank.org/en/news/press-release/2021/05/28/asean-member-states-adopt-regional-action-plan-to-tackle-plastic-pollution.

③ The ASEAN Secretariat Jakarta，"ASEAN Regional Action Plan for Combating Marine Debris in the ASEAN Member States（2021—2025），"May 2021，https：//asean.org/book/ascan-regional-action-plan-for-combating-marine-debris-in-the-asean-member-states-2021-2025-2/.

促进东盟"10＋3""10＋6"等机制组织形式在海洋环境领域的应用与延伸。

（二）领域重叠：机制复合体内的平行联系与行为互动

中国与东盟参与的南海环境治理机制之间存在垂直联系还存在平行联系，它们在治理过程中属于平等地位，没有结构重叠现象，但是在部分治理领域拥有相同或相似功能，因此构成领域重叠。南海海域主要的环境风险来源于海洋废弃物污染，海洋生物资源多样性破坏以及突发性溢油事件等，而围绕这几个领域中国与东盟也构建起相关机制集群。

第一，海洋废弃物治理领域。海洋废弃物排放是海洋污染的主要组成，因此各国与国际组织都极为重视建立治理海洋废弃物的机制。例如，联合国框架下的《东亚海协作体海洋垃圾区域行动计划（2019）》、海岸带综合管理（ICM）项目；东盟框架下的《曼谷宣言（2019）》《2021—2025 年应对海洋塑料垃圾的行动计划》。这些机制在不同机构组织的协调下共同应对陆源污染所带来的环境危机。

第二，海洋生物与生态资源保护领域。南海的海洋生物与生态资源十分丰富，具有重大科研与经济价值。东盟国家签订《养护和管理印度洋、东南亚海龟及其栖息地的谅解备忘录》（IOSEA-Marine Turtles）为海龟生存提供保障；建立《关于珊瑚礁、渔业和食品安全的珊瑚三角倡议》（CTI-CFF），通过十年期行动计划来指导海洋生态保护区的建设工作。东亚海环境管理伙伴关系计划的东亚海可持续发展战略也将保护、恢复和管理自然栖息地作为重要战略任务。此外，东盟国家和中国签订多项南海渔业合作声明、协定及谅解备忘录，举办多轮磋商论坛来保护南海鱼类资源。①

第三，溢油污染及突发环境事故领域。南海附近海域已成为世界上最关键的航运线路之一，大量船舶穿行必然会带来环境污染的风险，造成海上溢油污染与突发环境事故。2013 年东盟与国际石油工业环境保护协会（IPIECA）、国际海事组织（IMO）签订《东南亚全球倡议》（GI SEA）合作项目来提升区域溢

---

① Nguyen Chu Hoi and Vu Hai Dang, "Building a Regional Network and Management Regime of Marine Protected Areas in the South China Sea for Sustainable Development," *Journal of International Wildlife Law & Policy*，Vol.8，No.1 pp.133—135.

油应急和响应能力。①2014 年《东盟溢油应急行动计划（ASEAN-OSRAP）》授权通过，成为治理东南亚附近海域溢油等污染事故的重要机制。此外，东亚海环境管理伙伴关系计划与溢油应急有限公司（OSRL）签订了溢油应急响应合作备忘录，定期更新伙伴关系协定，合作制定次区域溢油应急响应计划。东亚海环境管理伙伴关系计划还为泰国湾三边溢油应急协议和《马尼拉湾漏油应急计划（马尼拉湾计划）》等环境机制提供技术支持。

行为互动发生在领域重叠的平行联系机制复合体之中。一方面，在相同或相似领域的机制集群内，国际机制之间拥有大致相似治理的范围，机制之间为实现功能最大化而寻求彼此间治理合作。东亚海协作体与东亚海环境管理伙伴关系计划作为地区大型环境治理机构，在诸多领域拥有重叠，行为互动十分典型。例如东亚海协作体的《海洋垃圾区域行动计划（2019）》与东亚海环境管理伙伴关系计划的东亚海可持续发展战略都重视海洋垃圾治理问题，因此具备开展深入合作的基础性要素，2021 年两大组织就在印度尼西亚附近海域共同开展了有关海洋塑料垃圾数据监测的合作②，提升智能监测技术在机制中的应用。另一方面，机制之间通过行为互动加深合作，可以推动机制规范，模式改变。如海洋生物多样性保护机制可以融合生物保护技术与海洋管理技术，菲律宾马尼拉—东盟生物多样性中心（ACB）和东亚海环境管理伙伴关系计划将南海区域生物多样性保护与海洋跨界管理相结合，以此来完善机制的治理模式与规范。当然领域重叠下行为互动也会诱发机制之间的竞争现象，良性的竞争可以实现优胜劣汰，而无序的竞争则会导致机制复合体处于混乱状态。

（三）目标重叠：机制复合体内的外溢联系与影响层级互动

中国与东盟之间还存在着庞大的机制网络，通过外溢联系实现治理目标的拓展，构成机制复合体。现如今，海洋环境议题受到国际社会的广泛关注，其影响力已经渗透到外交合作、经济发展等机制之中。这一现象就是机制复合体

---

① Joselito Guevarra，"The Global Initiative for South East Asia," *International Oil Spill Conference Proceedings*，No.1，pp.1375—1387.

② Coordinating Body on the Seas of East Asia（COBSEA），"Report of part one of the Twenty-fifth Intergovernmental Meeting of the Coordinating Body on the Seas of East Asia," September 9，2021，https：//www.unep.org/cobsea/resources?%2Fresources=&title=&type=All&page=1.

内外溢联系，基于这种联系方式，会呈现出机制间影响层级互动。

首先，南海地区环境议题与外交合作机制产生了外溢联系。1978年首届东盟环境专家组会议上就将海洋环境定位优先领域，东盟海洋环境机制建设逐步启动。①此时海洋环境合作内容主要出现在专业性机制之中。1992年东盟国家签订南海宣言，将南海环境污染问题纳入外交合作机制。随着海洋环境机制的起步发展，对于跨国合作的需求不断上升，海洋环境的政治意义被发掘。现如今，环境议题向外交合作机制中外溢的现象更为明显。中国与东盟已经建立全面战略伙伴关系，在《落实中国—东盟面向和平与繁荣的战略伙伴关系联合宣言的行动计划（2021—2025）》中提出重视利用中国—东盟环境合作论坛、东盟与中日韩环境部长会议等机制加强合作，保护海洋生态系统保护和海洋及海洋资源可持续利用。②在这种外溢联系条件下，南海环境合作及相关机制被赋予政治性意义，而环境合作也成为促进国家间政治互信发展的重要内容。

其次，南海地区环境议题与经济发展机制产生了外溢联系，特别是蓝色经济发展离不开优良的海洋生态环境。③联合国环境规划署出台的《扭转南海与泰国湾环境退化趋势项目》，在确保生态环境安全的同时重视提振该地区沿海渔业和旅游业发展。2019年起，东亚海协作体与东盟合作召开区域海洋政策对话，以"利用东南亚海洋经济可持续发展"为主题，推动东南亚海洋经济的可持续融资，并探讨海洋塑料污染治理的融资解决方案。④目前，中国与东盟国家积极倡导构建蓝色经济伙伴关系，对于优良的海洋生态环境需求更为迫切。2021年东盟峰会一致通过蓝色经济宣言，将海洋环境保护、治理海洋塑料垃圾污染以及沿海综合管理等纳入蓝色经济合作。此外，在区域全面经济伙伴关系协定（RCEP）中，海洋环境保护与蓝色经济发展议题也是紧密结合的。

① 关道明、梁斌、张志锋：《我国海洋生态环境保护：历史、现状与未来》，《环境保护》2019年第17期，第27—31页。

② 《落实中国—东盟面向和平与繁荣的战略伙伴关系联合宣言的行动计划（2021—2025）》，中华人民共和国外交部网站，2020年11月12日，https://www.mfa.gov.cn/web/zyxw/202011/t20201112＿348692.shtml。

③ 2017年世界银行组织将"蓝色经济"定义为可持续利用海洋资源促进经济增长、改善生活和就业，同时保持海洋生态系统的健康。

④ COBSEA官方网站，"Regional Policy Dialogue：Harnessing the Sustainable Ocean Economy in South East Asia," December 3，2019，https://www.unep.org/cobsea/events/workshop/regional-policy-dialogue-harnessing-sustainable-ocean-economy-south-east-asia。

此外，在南海区域溢油机制的影响下，相关航运合作机制也将环境治理视作重要目标。例如2007年印度尼西亚、马来西亚和新加坡建立了《马六甲海峡和新加坡海峡航行安全和海洋环境保护合作机制》，中国为该机制提供资金支持，旨在共同应对马六甲海峡附近与航运相关的环境污染问题。[①]

影响层级互动依赖于机制之间治理目标的联系，以目标外溢拓展机制的治理目标。[②]罗伯特·基欧汉将机制的扩散行为解释为一个问题领域的法律法规向其他问题领域法律法规的扩散，可以理解为机制内容与规范的扩散。[③]以海洋环境治理为主要目标的国际机制拥有一定的组织规模与影响力之后，治理目标就会出现扩散现象，与其他机制产生影响层级互动关系。

一方面，南海环境治理愈发受到中国与东盟的重视，外交合作、经济发展等其他目标机制都关注到海洋环境议题，发掘海洋环境合作"低政治"的属性。近年来，中国与东盟在海洋塑料污染治理领域构建大量机制，《中国—东盟战略伙伴关系2030年愿景》等政治外交机制中也对海洋塑料污染治理作出明确要求。亚太经合组织在以发展蓝色经济为目标的《第四届亚太经合组织海洋部长会议厦门宣言》中，特别肯定了海洋和渔业工作组对环境治理的重要贡献，并将沿海与海洋生态环境保护列为四大工作重点领域之一。[④]另一方面，其他机制也会对海洋环境机制及治理实践产生影响。《南海各方行动宣言》将海洋环保视为和平解决南海争端前的首要合作领域[⑤]，为南海环境合作提供政治性保障，促使中国与越南、印度尼西亚、马来西亚、菲律宾等国签订一系列海洋环保、海上资源保护合作协议。因此，在这种影响层级互动之下，海洋环境机制与其他目标机制之间的联系愈发紧密，形成机制复合体关系。

---

① Sam Bateman, "Regime Building in the Malacca and Singapore Straits: Two Steps Forward, One Step Back," *The Economics of Peace and Security Journal*, Vol.4, No.2, pp.45—51.

② Thomas Gehring and Sebastian Oberthür, "The Causal Mechanisms of Interaction between International Institutions", *European Journal of International Relations*, Vol.15, No.1, pp.143—145.

③ Alexander Ovodenko and Robert O. Keohane, "Institutional Diffusion in International Environmental Affairs," *International Affairs*, Vol.88, No.3, pp.526—541.

④ 《第四届APEC海洋部长会议厦门宣言》，中国政府网，2014年8月28日，http://www.gov.cn/xinwen/2014-08/28/content_2741975.htm。

⑤ 《南海各方行为宣言》，中华人民共和国外交部网站，2011年8月12日，https://www.fmprc.gov.cn/web/wjb_673085/zzjg_673183/yzs_673193/dqzz_673197/nanhai_673325/201108/t20110812_7491674.shtml。

五、中国—东盟南海环境机制复合体的效用分析

在明确中国—东盟南海环境机制复合体内联系与互动的规律后，需要对其实际效用进行探讨。鉴于海洋环境机制复合体与机制的区别，应建立更加丰富全面的标准进行评估，大致可以从完整性、有效性和发展性这三个方面进行分析。

（一）中国—东盟南海环境机制复合体的完整性分析

完整性分析是从整体架构、内容安排的角度来判断机制复合体是否拥有完整的体系。在纷繁复杂的全球治理困境下，更是需要充分提升机制的包容性、多元性与协调度，而结构体系复杂多样的机制复合体在治理进程之中拥有显著优势。首先，机制复合体需要拥有多元的参与行为体，政府机构、非政府组织、社会团体以及个人都能在其中发挥应有的优势作用；其次，机制复合体需要拥有相对完善实施机制，类似于国际组织、区域组织之类拥有实体架构的机制载体，同时还需要拥有承载具体治理实践工作的委员会、行动小组等功能部门；再次，机制复合体需要拥有规范、规则等实质性内容，这些规则、规范提供约束行为的"文本"，赋予机制复合体在法律层面治理行为的参照标准。

整体而言，中国—东盟南海环境机制复合体的体系庞大，涵盖的机制类型及机制间联系丰富，结构因此完整性较强。其一，中国—东盟南海环境机制复合体拥有完整的治理机构设置，包括联合国环境规划署的东亚海协作体、联合国开发计划署的东亚海环境管理伙伴关系计划等都拥有执行委员会（区域活动中心）、部长级论坛、伙伴关系委员会以及管理秘书处等职能部门，拥有制定规范并直接参与海洋环境治理进程的能力。其次，中国—东盟南海环境机制复合体拥有丰富的决议、宣言、行动计划、区域协议以及国际论坛等衍生机制。这些机制已通过多边谈判与协商的模式建立起原则、规范与规则，并且形成彼此之间的分工。决议与宣言主要是国家之间达成海洋环境治理的共识要素，为环境治理与合作提供政策性导向；区域协议与行动计划，是对于环境保护推进标准、细则、条款与禁制的具体化内容，为环境治理与合作提供文本性基础；国际论坛与国际会议为行为体提供协商与讨论的公共平台。再次，南海地区海洋

环境合作的资金保障机制也较为充分。在国际层面，联合国开发计划署、全球环境基金（GEF）、世界银行（WB）等组织提供项目资金。[①]在次区域层面，亚洲开发银行（ADB）筹备建立可融资的项目，吸引金融投资来支持亚洲海域的海洋环保。[②]东盟基础设施基金（ASEAN Infrastructure Fund）也为东南亚国家的海洋环境治理行动提供"蓝色金融"支持。[③]另外，政府间组织机构也会通过建立信托基金来保障行动资金的供应。作为南海海域最具影响力国家，中国履行地区大国的责任，积极向南海环境治理机制捐助资金，并主动设立南海环境保护基金。

中国—东盟南海环境机制复合体庞大的体系也会带来诸多弊端。第一，机制复合体的重叠性可能会造成对于规范、规则以及法律的模糊性与不确定性，导致机制解释的选择性和潜在的合规性降低，增加了遵约执行的技术和官僚成本。[④]同时，大量的国际承诺可能会压低各国执行这些承诺的能力和国际机构监测遵守情况的能力。[⑤]第二，机制复合体内的结构重叠、领域重叠与目标重叠也可能造成资源浪费，加剧本就严重的治理赤字、治理不均衡的现象。例如在海洋垃圾治理领域就明显出现多种机制重叠，然而治理具体落实情况并不乐观，行为体共识度高但执行力弱，共识度与执行力之间配额失衡，不仅增加了机制运行的成本，也降低治理效率。

---

① 东亚海环境管理伙伴关系计划（PEMSEA）由联合国开发计划署（UNDEP）与全球环境基金（GEF）共同资助。2022 年 6 月 22 日，世界银行提供 2 000 万美元资金来支持东盟成员治理塑料垃圾。参见：The World Bank 官方网站，"World Bank Approves US $20 Million Regional Grant for ASEAN to Combat Marine Plastic Pollution in Southeast Asia," June 22, 2022, https://www.worldbank.org/en/news/press-release/2022/06/22/world-bank-approves-us-20-million-regional-grant-for-asean-to-combat-marine-plastic-pollution-in-southeast-asia。

② Ingrid van Wees, "Asian Development Bank: Towards a Blue Deal to Restore the World's Oceans," April 28, 2021, https://cfi.co/sustainability/2021/04/asian-development-bank-towards-a-blue-deal-to-restore-the-worlds-oceans/。

③ 2021 Asian Development Bank, "Financing the Ocean Back to Health in Southeast Asia Approaches for Manistreaming Blue Fiance," December 2021, https://www.adb.org/sites/default/files/publication/756686/financing-ocean-health-southeast-asia.pdf。

④ Karel Raustiala, "Institutional Proliferation and the International Legal Order," in J. Dunoff & M. Pollack, eds., *Interdisciplinary Perspectives on International Law and International Relations: The State of the Art*, Cambridge University Press, 2012, pp.293—320.

⑤ Bethany Lukitsch Hicks, "Treaty Congestion in International Environmental Law: The Need for Greater International Coordination," *University of Richmond Law Review*, Vol.58, No.5, p.1648.

（二）中国—东盟南海环境机制复合体的有效性分析

有效性是国际关系的行为体在多大程度上遵守国际制度约束的尺度[1]，是对于国际机制发挥何种功能的直观评价。机制复合体若想获得更多的合法性，强化机制权威，就需要提升有效性。结合中国—东盟南海环境机制复合体的互动特征，可以建立问题领域、遵约机制与行为改变这三方面有效性的评估标准。

首先是问题领域，海洋环境机制复合体的出现就是为了解决区域海洋污染的重大难题。在问题领域的评价标准下，中国—东盟南海环境机制复合体的行为互动促进机制中内容与规范持续扩散，并且在治理实践的引领下，不断增设应对多种环境污染领域的行动计划、论坛、战略等"软件系统"，尤其对于海洋废弃物防范治理与海洋生态保护领域。目前，中国—东盟南海环境机制复合体拥有庞大的重叠机制集群，几乎涵盖已知的海洋环境污染领域（灾害性海洋环境危机、生态性海洋环境危机、资源性海洋环境危机）。[2]中国—东盟南海环境机制复合体通过认知互动使信息传递与反馈的渠道保持通畅，通过加强机制间学习的功能来丰富治理方式与手段。从直观的数据来分析，南海海域污染情况有所改善，2016 年至 2020 年之间，中国南海未达到第一类水质标准的海域面积逐年以较大幅度降低，2020 年已经降到近 20 年内最低水平。[3]中国—东盟南海环境机制复合体的影响层级互动将不同议题机制的目标延伸环境领域，突破环境治理单一维度，以经济、政治、科技等议题为引领，推动环境合作走嵌入式发展道路。2022 年 11 月召开的"2022 构建蓝色经济伙伴关系论坛"中，各国专家就将南海打造成为全球海洋生态环境多元共治示范区视作主要目标。

其次是遵约机制。遵约是国际法的核心概念，遵约指行为与立法准则或标准相一致，诸多学者也将遵约界定为评估法律要求与行为变化趋同程度的关系。[4]可以说，国际法学界对于遵约的研究注重法律的实践，而以国际政治的视角来分析，遵约能否实现需要建立在权力与利益的基础上。在中国—东盟南海

---

① 王明国：《国际制度互动与制度有效性关系研究》，《国际论坛》2014 年第 1 期，第 53 页。

② 国际关系学者在研究海洋环境问题时将其划分为三类，分别是灾害性海洋环境危机、生态性海洋环境危机、资源性海洋环境危机。参见李昕蕾：《全球海洋环境危机治理：机制演进、复合困境与优化路径》，《学术论坛》2022 年第 2 期，第 1—15 页。

③ 《2021 年中国海洋生态环境公报》，中华人民共和国生态环境部，2022 年 5 月 27 日，https://www.mee.gov.cn/hjzl/sthjzk/jagb/index.shtml。

④ 王明国：《因果关系与国际制度有效性研究》，世界知识出版社 2014 年版，第 209 页。

环境机制复合体运行中，环境利益已然成为各个行为体的共识，所以该机制复合体的遵约程度的主要变量还是权力的分配。如果一个机制拥有"仁慈的霸权"（benevolent hegemon），则合作可能是有效的，可以强制所有成员执行所达成的协议。①目前中国—东盟南海环境机制复合体在运行过程中缺乏足以影响所有成员共同遵守协议、规范的权威力量，无论是国家政府还是国际组织机构都没有足够的能力迫使国际机制发挥应有作用，而南海地区海洋环境机制的遵约行为也都是建立在各成员的自愿基础上的。

南海地区这种"权威"缺位的形成具有深刻的政治因素，南海环境机制以"中国＋东盟"的架构为主，东盟的合作模式坚持自愿、非强制原则，强调弱制度化，非正式合作模式，证实东盟在治理南海环境问题方面的领导能力较弱。②中国—东盟南海环境机制复合体多为"软法"，未形成类似北海—东北大西洋模式、波罗的海模式以及地中海模式下的"硬法"体系，与北美、欧洲等地区的海洋环境机制相比具有软合作的明显特征，尤其缺乏制定环境公约和议定书这类约束性强、法律框架明晰、具有普遍解释性的国际机制。③

再次是行为改变。有效性以行为体在多大程度上改变行为以采纳和实施在机制安排中商定的规范和原则为参考。中国—东盟南海环境机制复合体内的行为互动促使国家治理行为发生改变。柬埔寨 2020 年制定了海洋法草案，该草案是柬埔寨解决环境和海洋安全问题的重要行动计划；印度尼西亚 2018 年通过关于处理海洋废弃物的第 83/2018 号总统条例；马来西亚制定了《2017—2022 年马来西亚航运总计划（MSMP）》，以振兴海洋环境法规和政策审查功能；越南于 2015 年制定《海洋和岛屿自然资源法》、2017 年修订《渔业法》、2019 年还批准了《船舶防污系统和压载水管理公约》；④中国更是积极参与环境机制的实

---

① Edward Miles, eds., *Environmental Regime Effectiveness, Confronting Theory with Evidence. In Environmental Regime Effectiveness*, Cambridge: The MIT Press, 2002, pp.18—29.

② Yoga Suharman and Suratih Muhamad Karo "The Effectiveness of ASEAN Cooperation in Marine Environmental Protection（MEP）in South China Sea（SCS）," *Journal Hubungan International*, Vol.9, No.1, p.94.

③ 刘天琦、张丽娜：《南海海洋环境区域合作治理：问题审视、模式借鉴与路径选择》，《海南大学学报（人文社会科学版）》2021 年第 2 期，第 13—15 页。

④ Yoga Suharman, Suratih Muhamad Karo, "The Effectiveness of ASEAN Cooperation in Marine Environmental Protection（MEP）in South China Sea（SCS）," *Journal Hubungan International*, Vol.9, No.1, p.95.

践，制定和补充国内环境法律以支持南海环境治理。

中国—东盟南海环境机制复合体的有效性还需要进一步验证，尽管在问题领域、行为改变的标准层面上有显著成效，但是在遵约机制层面还有较大改进的空间。

（三）中国—东盟南海环境机制复合体的发展性

机制复合体的发展性受国际政治中行为体竞合关系的影响，是对机制复合体近期发展情况、未来发展方向的预测与推论。由于机制复合体超越了个体机制的成员范围，拥有更加丰富的行为体参与其中，将更多政治性权力、利益因素带入治理实践之中，使得机制复合体内部竞争与合作关系日趋复杂。而行为体作为机制复合体的实际构造者和经营者，始终影响机制复合体的发展进程。行为体竞合关系深刻影响机制复合体的发展趋势，若行为体之间竞合关系保持良性发展，则机制复合体自我调整的能力会不断加强。

南海海域长期以来是国际社会关注的焦点，行为体之间就领土、资源、权力的竞争成为不可忽视的因素。一方面，中国与越南、菲律宾、马来西亚、文莱、印度尼西亚五国之间在海域划界、附属海域等方面存在争端，[1]客观导致各国在划分跨境区域治理的空间范围管辖权时存在冲突。另一方面，美、澳等国长期干预南海各项议题，试图将其海洋力量辐射至南海地区，通过制造争端、捏造不实舆论等方式来损害中国海洋权益。目前，相关国家在南海地区的战略博弈与权益争端愈演愈烈，已然成为阻碍南海合作的现实性顽疾。

在国际自助系统中，彼此间存在竞争态势的各方认为相对收益比绝对收益更重要，只有当竞争减弱时，绝对收益才会变得更加重要，[2]当行为体更多关注绝对收益时，深入合作就会成为国家间必然的选择。中国—东盟南海环境机制复合体实质上促进区域合作发展。其一，海洋环境治理作为非传统安全议题，弱化军事与政治敏感因素，再加上海洋的延展性与无边界性，使各国形成了"一荣俱荣，一损俱损"的共同体。所以海洋环境利益更直观表现为绝对收益，合作将成为国家间的主流选择；其二，中国与东盟国家作为机制复合体的主要

---

① 曾勇：《双层复合博弈下的南海维权思考》，《南洋问题研究》2021年第2期，第35—49页。

② ［美］肯尼迪·华尔兹：《国际政治理论》，信强译，上海人民出版社2003年版，第263页。

参与者，双方关系也决定了合作将怎样推进。中国与东盟在 2021 年建立了全面战略伙伴关系，这是双方合作关系发展中的新的里程碑。近期，构建中国—东盟蓝色经济伙伴关系成为双方海洋合作的又一突破口，依托"海上丝绸之路"、区域全面经济伙伴关系协定，促使海洋经济产业、生态治理等合作持续深入。无论从环境议题性质还是国家间关系层面来看，中国与东盟国家维持合作弱化对抗的思维将在海洋环境治理领域得到充分贯彻，以合作协商的方式继续完善机制复合体。

考虑到南海问题的复杂性，诸多域外势力有意参与其中，通过构建新机制，制定新规则的方式来干预南海的治理行动，推动南海问题国际化。尤其是在多国出台"印太战略"的背景下，南海海域将成为西方国家海洋战略的焦点地带，其中海洋环境和生态保护也成为西方国家利用并渗透其利益的领域。[1]目前，中国与东盟已形成共识，将坚决维护处理南海议题的自主性，依托中国全球治理理念与东盟合作模式，共同遵循平等协商、互惠互利的基本原则。未来，在中国—东盟南海环境机制复合体中，将继续凸显中国与东盟国家的主体地位，充分发挥多边合作的优势，在照顾到自身利益的同时巩固区域共同利益，极大提升中国与东盟国家在海洋治理与环境机制构建层面的影响力和话语权。

在中国—东盟南海环境机制复合体中，行为体竞争关系并未突破界限而演化为不可调和的争端，并且在中国与东盟国家的携手努力下，南海地区形势逐步稳定，合作环境持续向好，区域治理的自主性得到极大提升。因此，行为体竞合关系的良性发展给予中国—东盟南海环境机制复合体进行自我调整的空间，有利于机制复合体克服外界干预、内部矛盾、机制混乱与协调不力等阻滞因素。在可预见的未来，以中国和东盟国家参与为主的南海环境机制复合体内各项功能和作用将逐步完善，构建符合双方利益的南海治理规范准则。

---

① 美日曾以南海自由航行为由，提出在南海地区加强海洋环境合作，实则损害我国主权利益。参见 Karl Friedhoff, "Cooperating, Competing, Confronting: US-Japan-South Korea Trilateral Cooperation as China Rises," July 7, 2021, https://globalaffairs.org/research/report/cooperating-competing-confronting-us-japan-south-korea-trilateral-cooperation-china。

表1 中国—东盟南海环境机制复合体效用分析逻辑

	主要影响因素	效用分析标准		结果分析	
机制因素	机制间联系	机制复合体的完整性	正向结果	体系庞大，完整性较强，结构完善	
			负向结果	体系庞大，重叠程度高，浪费治理资源，治理能力受损	
	机制间互动	机制复合体的有效性	正向结果	问题领域覆盖度较高	行为改变程度较高
			负向结果	遵约机制较弱	
非机制因素	行为体竞合关系	机制复合体的发展性	正向结果	合作趋势向好，机制复合体自我调整能力强	
			负向结果	行为体之间竞争关系长期存在，但处在可控范围内	

六、结论与启示

　　南海环境危机不断凸显，海洋的无边界性、连通性加剧了环境治理的复杂性，主权国家与非主权国家等众多行为体参与治理进程，彼此之间的联系与互动深刻影响海洋环境治理的效果。正因为中国与东盟海洋环境治理难以完全依赖个别国家或单一的国际机制，所以南海环境治理呈现出机制碎片化、机制重叠的趋势，形成机制复合体格局。以中国与东盟国家为主要参与成员，构建了海洋环境机制复合体，根据机制间结构重叠、领域重叠与目标重叠可以将之划分为垂直联系、平行联系和外溢联系，这三种联系也是机制复合体内进行认知互动、行为互动与影响层级互动的前提。正是在联系与互动这两个关键性因素的作用下，中国—东盟南海环境机制复合体得以正常运行。同时，这两个关键性要素也直接影响了机制的效用。总体而言，中国—东盟南海环境机制复合体的存在拥有其合理性与合法性，取得了相应的治理成效。例如认知层面凝聚了南海沿岸国家的共识，基本形成了合作共赢的思维；机制建设层面步步提升，现已基本涵盖了已知的海洋环境危机领域，并不断丰富机制的类型与范围。中国—东盟南海环境机制复合体在互动中不断完善机制的功能，增强机制复合体的有效性，并融合各方行为体的利益，扩展社会参与环境治理的渠道。然而，

257

机制碎片化与机制重叠性所衍生出的效率低下、治理赤字、资源浪费等阻滞性因素同样是真实存在的，再加上南海区域合作所特有的"非强制性"与"软法"特征，使得海洋环境机制复合体发展面临瓶颈。

基于此，中国需要积极充当南海治理的引领者与协调者，发挥中国在海洋环境机制复合体中的综合领导力，增强机制的权威性与执行力。同时中国应继续坚持"新多边主义"（多边主义 2.0）理念，重视从管理到治理的转变，注重与其他参与者的协作关系，以完善海洋环境机制复合体为重要突破口，主动提供环境公共产品，打破重重合作壁垒，积极推动南海沿岸国家将海洋环境合作议题延伸至其他非传统领域，不断挖掘区域环境合作的政治影响力，助力中国与周边国家建立友好互信关系，深入践行海洋命运共同体倡议。

北极视角下的美国关键矿产供应链重塑：特征与评价

李凌志*

美国拜登政府上台以来，其提出的关键矿产政策受到了中国学者的普遍关注，国内学术界主要侧重于对美国关键矿产政策及其影响和中国应对进行研究。①然而，关键矿产存在资源分布不均与生产供应集中现象，这决定了美国关键矿产政策无法依靠本国资源与产业基础独立实施，必须依靠外部资源和外国配合才能完成政策目标。北极地区关键矿产资源储量较为丰富，对全球关键矿产供应链有重要的潜在影响。但目前国内对美国关键矿产政策的研究较少从北极等外部视角进行。而北极研究中，国内学者主要聚焦于中国参与北极事务的身份构建、北极治理机制与模式、北极国际法律制度构建、北极军事博弈、北极航线等议题;②国外学者也多聚焦于北极航线、北极政治和北极环境，以及渔业、旅游业、采掘业和油气资源开发问题,③对关键矿产关注度不足。因此，本文以美国关键矿产政策为切入点，分析美国在北极地区采取了哪些行动，呈现

---

 * 李凌志：中国海洋大学法学院国际法学博士研究生。

① 代表成果如：刘国柱、白语诺：《拜登政府的"清洁能源革命"与关键矿物的地缘政治》，《太平洋学报》2023 年第 10 期，第 32—45 页；韩爽等：《2022 年度美国供应链安全政策分析、影响与应对》，《情报杂志》2023 年第 11 期，第 41—47 页；张所续、周季鑫：《美国关键矿产政策演变及战略举措》，《中国国土资源经济》2022 年第 2 期，第 12—21 页；赵燊等：《美国关键矿产战略的演化特征及启示》，《科技导报》2022 年第 8、91—103 页；李婧等：《美国关键矿产供应链安全风险防控及启示》，《情报杂志》2022 年第 6 期，第 58—65 页；于宏源：《风险叠加背景下的美国绿色供应链战略与中国应对》，《社会科学》2022 年第 7 期，第 123—132 页。

② 李振福等：《国内北极问题研究主要观点和争论述评》，《大连海事大学学报（社会科学版）》2022 年第 6 期，第 1 页。

③ 李振福等：《基于 ScienceDirect 数据库的国外北极问题研究综述（2007—2021 年）》，《海洋开发与管理》2023 年第 3 期，第 13—29 页。

怎样的特征，这既是学术研究应重视的问题，也是中国维护国家利益所须关注的重要内容。

一、美国关键矿产供应链重塑的背景与北极定位

地缘经济学认为，一国的实力不完全取决于该国的生产力总量，而取决于该国可绝对控制并能稳定获取世界资源的总量；一国在全球政治中的兴衰，不再单纯取决于它所表现出的财富总量，而决定于保证这些财富得以不断产出的资源占有量。[①]因此，地缘经济竞争更加集中在国家对资源的拥有总量和控制能力方面，尤其是战略性资源，如粮食、石油和水等，谁能更多地占有、控制这些资源，谁就将掌握世界经济发展的主导权。[②]

随着第四次工业革命的深入，大国竞争的维度发生变化，对关键技术产生和转移的控制、对供应链和产业链的支配成为重要的权力指标。[③]在全球产业共识中，清洁能源开发、输送、存储、消费各环节所涉及的装备制造链条称为"清洁能源供应链"（clean energy supply chain，见图 1），关键矿产（critical mineral）即是该供应链所依赖的矿产种类。[④]近年来，随着清洁能源的不断推广[⑤]，使得全球市场对关键矿产的需求急剧增长（见图 2）[⑥]，传统化石能源的地缘政治属性弱化，能源地缘政治的焦点转移到关键矿产上。[⑦]因此，关键矿产不仅具

[①] 韩银安：《地缘经济学与中国地缘经济战略》，世界知识出版社 2011 年版，第 103 页。

[②] 同上书，第 103—104 页。

[③] 秦渝斌、江天骄：《拜登政府对华技术地缘政治竞争——限度与应对》，《国际展望》2023 年第 3 期，第 74 页。

[④] 张锐、洪涛：《清洁能源供应链与拜登政府的重塑战略：基于地缘政治视角》，《和平与发展》2022 年第 1 期，第 18 页。

[⑤] 根据 IEA 的分类，需要关键矿产的清洁能源产业包括：太阳能光伏（公用规模和分布式）、风能（陆上和海上）、其他低排放发电技术（集中太阳能抛物线槽和中央塔、水电、地热、生物能源和核能）、电网（传输、配电和变压器）；电动汽车（电池电动和插电式混合动力汽车、电动汽车电机）；蓄电池存储（公用用途和住宅）；氢（电解器和燃料电池）。

[⑥] 如电动汽车产业需要锂、钴、镍、稀土、铝、铜、石墨、锰等元素；风能产业需要铜、稀土、钴、锂、铝、银、金、铅、锌、镍、碲、铟、镓、硅、铅等元素。新一代信息技术产业、人工智能和机器人产业、生物技术产业、航天工业同样需要种类繁多的关键矿产，但相较于大宗产品，关键矿产的年需求量较低，且资源分布不均、供应集中，供应链更容易断裂。

[⑦] 王永中：《全球能源格局发展趋势与中国能源安全》，《人民论坛·学术前沿》2022 年第 13 期，第 15 页。

有战略性资源属性，而且关乎国家能否在清洁能源产业等战略性新兴产业中保持或提高竞争力。①

资料来源：作者自制。

图 1 清洁能源供应链示例

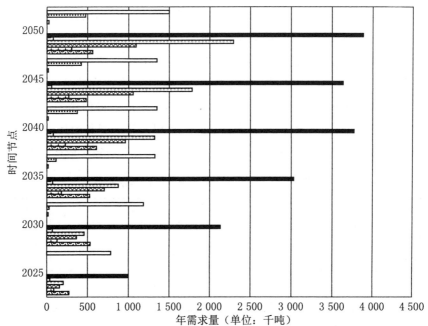

资料来源：https://www.iea.org/data-and-statistics/data-tools/critical-minerals-data-explorer。

图 2 部分关键矿产的需求走势

---

① 张生辉等：《中国关键矿产清单、应用与全球格局》，《矿产保护与利用》2022 年第 5 期，第 140 页。

当前，全球关键矿产供应链形成了以欧美为金融研发和消费中心、中国为生产制造中心、部分资源能源大国为资源性商品出口中心的全球经济大循环模式，基本符合各国经济在全球的地位和关键矿产分工体系。①但对美国而言，一方面，中国在全球清洁能源产业和关键矿产供应链中占据主导地位，这种主导地位不在于拥有资源，而在于提炼和加工其他地方开采的矿产，即中国拥有雄厚的技术积累和庞大的产能，例如中国企业生产出全球72%的太阳能组件、69%的锂电池和45%的风力涡轮机，②这使得中国具备从清洁能源产业链中上游向下游延伸，进行产业升级的能力，对美国清洁能源产业发展构成竞争。另一方面，美国接近一半的关键矿产对中国存在依赖（见表1），美国认为其关键矿产供应链存在风险。③所以，为了促进本国清洁能源产业发展，抢占未来能源地缘政治的制高点，同时压制中国在清洁能源产业技术进步与产业升级，美国提出重塑关键矿产供应链，即实施关键矿产供应链"去中国化"（在资源和技术上对华脱钩）和"友岸外包"（friend-shoring，将供应链外包给"大量值得信赖的国家"）④，意在摆脱对中国开采、生产、加工的关键矿产及相关清洁能源产品的依赖，确保美国对关键矿产资源、产品和清洁能源技术的获取，以增强对华竞争优势。⑤

表1　美国关键矿产（2022年清单）的对华依赖情况

矿种	铝	锑	砷	重晶石	铍	铋	铯	萤石	镓	锗	石墨	铟
主要资源国		√	√			√		√	√	√	√	√
主要生产国	√	√	√	√		√	√	√	√		√	√

① Dou Shiquan and Xu Deyi, "The Security of Critical Mineral Supply Chains," *Mineral Economics*. Vol.36, Iss. 3, 2023, p.406.

② 朱玲玲：《拜登政府的"清洁能源革命"：内容、特点与前景》，《中国石油大学学报（社会科学版）》2022年第4期，第52页。

③ 丁思齐、刘国柱：《美国的关键矿物战略论析》，《当代美国评论》2023年第1期，第48页。

④ 尽管布林肯在2023年5月声称美国并非与中国脱钩，而是"去风险"，但二者具有相同的战略意图，"去风险"仍是美国打压和遏制中国在全球产业链供应链中的重要地位、降低对中国产业链供应链依赖的政策的手段，即"去风险"是"脱钩"的延续，因此"去中国化"与"去风险"实质相同。蔡宏波等：《美国"去风险"对中国产业链供应链安全的影响及应对》，《财经问题研究》1-11，http://kns.cnki.net/kcms/detail/21.1096.F.20231207.1557.002.html，2023-12-20。

⑤ 刘晓伟：《产业竞争与规则重塑："印太经济框架"与美国对华经济竞争新战略》，《云南师范大学学报（哲学社会科学版）》2023年第2期，第151页。

（续表）

矿种	镁	锰	钪	碲	铊	锡	钛	钨	钒	钇	锌
主要资源国			√	√	√	√	√	√	√		√
主要生产国	√	√	√	√	√	√	√	√	√	√	√

资料来源：霍文敏等：《美国关键性矿产战略与政策演进研究——对我国矿产资源保供的启示》，《中国国土资源经济》2023 年第 9 期，第 42—43 页。

目前，美国意识到北极是拓展关键矿产来源、提升研发技术实力和加强供应链国际合作的重要地区。一方面，从关键矿产资源分布来看，北极地区蕴藏着丰富的矿产资源（见表 2），而且加拿大、挪威和芬兰本身就是美国石墨、钴等关键矿产的重要来源国。[①]在美国认定对经济和国家安全至关重要的 35 种矿产中，加拿大是其中 13 种矿产的重要供应国，并有潜力成为稀土等其他关键矿物的可靠来源；[②]格陵兰除了丰富矿产资源外，南部的科瓦内湾（Kvanefjeld）还是世界第二大稀土矿和第六大铀矿所在地。[③]另一方面，从政治关系来看，加拿大、丹麦、冰岛、挪威、瑞典和芬兰等北极国家都已经成为和正在成为美国的北约盟友（以下简称北极盟友），属于友岸外包中的可信赖国家。目前，美国官方文件明确指出北极在关键矿产领域的重要性，并提出在这一领域进行投资。美国2022 年《国家安全战略报告》（National Security Strategy）的北极部分指出，将"鼓励美国、盟友和合作伙伴进行负责任的私营部门投资，包括关键矿产，并改善针对国家安全目的的投资筛选"[④]。2022 年《北极地区国家战略》（National Strategy for the Arctic Region）指出："追求北极的……关键矿产、以基于国家安全、环境可持续性和供应链弹性问题来筛选未来的投资。"[⑤]2023 年 10 月《北

---

① 于宏源等：《拜登政府的关键矿产战略》，《现代国际关系》2021 年第 11 期，第 5 页。

② 孙海泳：《拜登政府对华新能源产业竞争的导向、路径与前景》，《国际关系研究》2023 年第 1 期，第 140 页。

③ 李凌志、高飞宇：《格陵兰政府换届后的政策走向及其对世界矿产资源格局的影响》，《海洋世界》2021 年第 9 期，第 4 页。

④ "National Security Strategy," The White House, https://www.whitehouse.gov/wp-content/uploads/2022/11/8-November-Combined-PDF-for-Upload.pdf, 2023-11-03.

⑤ "National Strategy for the Arctic Region," The White House, https://www.whitehouse.gov/wp-content/uploads/2022/10/National-Strategy-for-the-Arctic-Region.pdf, 2023-11-03.

极地区国家战略实施计划》（Implementation Plan for the United States' National Strategy for the Arctic Region）亦提出和盟友与伙伴增加对关键矿产的投资。[1]可见，北极地区对美国有着重要意义：美国可以通过北极扩大关键矿产原材料来源，与北极盟友进行技术合作，从而在原料开采和加工技术上摆脱对中国的依赖，以重塑关键矿产供应链。

表 2　北极矿产分布

地　区	矿产种类
格陵兰岛	金刚石、**铬、铁、镍、锌、钼**、金、**铅、铀、铂族元素、稀土**
加拿大北极区	**铁、钴、镍、铜、锌、钼、铅、铀**
美国北极区	**锌、铜、钼**、银、金、**铅**
欧洲北极区	**磷、钒、铬、铁、钴、镍、铜、锌**、银、**铂**、金、**铅、稀土**
俄罗斯北极区	**锂**、金刚石、**钛、铬、锰、铁、钴、镍、铜、铌、锡、锑、钨**、金、**铀、铂族元素**

注：加粗为中国、美国和欧盟认定的关键矿产种类。

资料来源：聂凤军等：《北极圈及邻区重要矿产资源找矿勘查新进展》，《地质科技情报》2013 年第 5 期，第 2—5 页。

由此可见，全球能源转型使得关键矿产和清洁能源产业成为国家地缘权力的重要指标，美国为获得同中国竞争的优势地位，决定拓展关键矿产来源和建设独立供应链。由于美国国内无法提供全部关键矿产资源，也无法掌握全部加工制造技术，因此关键矿产供应链的重塑是一项国际行动，需要调整供应链的各个环节和各国产业分工。北极蕴藏的关键矿产资源尚未完全开发，但是北极丰富的资源潜力和殷实的工业基础是美国扩大关键矿产来源和实施"友岸外包"的理想地区，其可以提供拓展美国关键矿产的国外来源，美国也可以将加工制造技术外包给北极盟友。为此，拜登政府上台后，美国不断加强与北极盟友的合作，以实施关键矿产供应链的"去中国化"。

---

① The White House, "Implementation Plan for the United States' National Strategy for the Arctic Region," https://www.whitehouse.gov/wp-content/uploads/2023/10/NSAR-Implementation-Plan.pdf, 2023-11-03.

二、北极视角下美国关键矿产供应链重塑的特征

尽管美国提出的是本国关键矿产供应链"去中国化"，但按照美国的要求，其北极盟友也必须实现"去中国化"，所以关键矿产供应链重塑不再是一国国内问题，而是区域问题，北极作为外部因素反而是供应链重塑成功的关键。因此美国在北极采取了一系列具有鲜明政治经济特征的行动，以重塑关键矿产供应链。

（一）北极视角下美国关键矿产供应链重塑的政治特征

国际关系理论认为，政治联盟有利于促进经济合作[①]，地缘区域中国家能够通过政治手段发展经济或者能够通过经济战略实现政治目的。[②]关键矿产供应链具有鲜明的经济属性，其重塑必然需要政治手段，即美国需要促使北极盟友在政治上认可并实施关键矿产供应链"去中国化"。

首先，美国在北极的关键矿产供应链重塑呈现阵营化特征。拜登政府上台以来，美国不断将经济问题赋予"民主"属性，塑造以价值观和意识形态为基础的北极阵营，并策动不同阵营的经济脱钩。2021年12月举行的民主峰会期间，美国拉拢丹麦和挪威、芬兰共同发起"出口管制和人权倡议"，并得到了加拿大的支持。[③]2022年6月，美国财政部长珍妮特·耶伦（Janet Yellen）访问渥太华时强调"支持一套共同的国际贸易价值观的国家"；[④]加拿大工业部部长商鹏飞（Francois-Philippe Champagne）在2022年10月份对加拿大美国商业委员会（Canadian American Business Council）代表表示要"与中国、与世界上其他与我们价值观不同的政权脱钩"[⑤]。同时，北欧各国认为自己是自由人权保护的

---

① 洪菊花、骆华松：《地缘政治与地缘经济之争及中国地缘战略方向》，《经济地理》2015年第12期，第33页。

② 任洪生：《论地缘政治经济学研究的核心概念：一个分析框架的提出》，《中国政法大学学报》2016年第6期，第25页。

③ 赵明昊：《把控世界政治"拐点"：美国国家安全战略的调整》，《美国研究》2022年第6期，第75页。

④ Arne O. Holm, "The Arctic Can Free Us From the Iron Grip of Dictatorships," High North News，https://www.highnorthnews.com/en/arctic-can-free-us-iron-grip-dictatorships，2023-11-03.

⑤ Robert Walker, "By Following US' Sinophobia Craze, Trudeau will Only Hurt Canada More," *Global Times*，https://www.globaltimes.cn/page/202211/1279334.shtml，2023-11-03.

坚定支持者，与中国的分歧日益加大，这侵蚀了双方之间的政治信任，并为更广泛的脱钩议程铺平了道路。①可见，北极已成为美国推进其价值观外交和捍卫"基于规则的国际秩序"的重要舞台②，这扩大了美国和北极盟友的利益汇合点③，为关键矿产供应链重塑凝集"去中国化"的共同意愿。尽管这些以意识形态和价值观为基础的阵营划分并不只针对关键矿产，但为关键矿产供应链"去中国化"打下价值观基础。

其次，美国在北极的关键矿产供应链重塑呈现安全化特征。美国一直宣传中国是北极国家的威胁，以阻止北极盟友采取中立立场和战略模糊空间，加速北极盟友"去中国化"的进程。早在 2019 年美国在北极理事会部长级会议上明确指出，中国正在北极地区制造"债务陷阱"④，有的美国智库还宣称中国对北极的投资是在试图通过贸易胁迫北极国家。⑤如兰德智库认为，中国可能限制稀土等关键矿产的出口，以胁迫贸易伙伴⑥，特别是 2019 年中国对加拿大的农产品出口施加贸易限制，以抗议加拿大逮捕孟晚舟。⑦在美国将经济议题泛安全化的宣传下，中国在北极的活动被安全化。受此影响，北欧国家和加拿大在经济

---

① Andreas B. Forsby, "Falling out of Favor: How China Lost the Nordic Countries—The Diplomat," Easy Reader, https://hiswai.com/falling-out-of-favor-how-china-lost-the-nordic-countries-the-diplomat, 2023-11-03.

② 徐广淼：《从"例外论"到"长和平"：变局中的北极秩序前景展望》，《俄罗斯研究》2023年第 1 期，第 121 页。

③ 余南平、杜志远：《拜登政府对华政策调整及引发的复合安全困境问题研究》，《太平洋学报》2022 年第 10 期，第 29 页。

④ Politico, "Pompeo aims to counter China's ambitions in the Arctic," Politico, https://www.politico.com/story/2019/05/06/pompeo-arctic-china-russia-1302649, 2023-11-03. 转引自郭培清、杨慧慧：《错误知觉视角下的中美北极关系困境与出路》，《中国海洋大学学报（社会科学版）》2023年第 2 期，第 4 页。

⑤ 吴棋航：《2018 年以来美国主流智库对中国北极政策及活动的认知及所提出的对策》，《极地研究》2023 年第 1 期，第 115 页。

⑥ Fabian Villalobos, "Emerging Domestic Battery Supply Chain Should Be Wary of China's Information Ops," Rand, https://www.rand.org/blog/2022/11/emerging-domestic-battery-supply-chain-should-be-wary.html, 2023-11-03.

⑦ Luke Patey, "China is an Economic Bully—and Weaker than It Looks The World doesn't have to Put Up with Beijing's Attempts at Economic Coercion," DIIS, https://www.diis.dk/en/rescarch/china-is-an-economic-bully-and-weaker-than-it-looks, 2023-11-03.

上加强了对中国的防范，特别是对国家安全有影响的经济部门。①加拿大不仅驱逐部分中国矿产企业，还于 2022 年 10 月宣布任何涉及国有企业投资加拿大关键矿产公司的交易都将在"特殊基础上"获得批准。②可见，美国在北极将关键矿产供应链议题泛安全化，出于国家安全考虑，关键矿产供应链成为北极盟友"去中国化"的重点领域。

最后，俄乌冲突后，关键矿产供应链"去中国化"已是美国的北极盟友的义务。在 2022 年的俄乌冲突发生后，美国将阵营化对抗和关键矿产供应链重塑结合，采取三个步骤为北极盟友设置关键矿产供应链"去中国化"的义务。第一，美国利用俄乌冲突将俄罗斯同以美国为首的北极 7 国的关系推向对抗，如北极 7 国已纷纷停止与俄罗斯在北极治理机制中的合作③，并对俄罗斯采取多种制裁措施，促使北极盟友在油气资源供应上对俄罗斯脱钩。第二，美国将中国拖入北极的阵营化对抗中。由于中国与西方采取共同立场，美国便指责中国在乌克兰危机中为俄罗斯提供经济生命线④，制造中俄互动的"有罪论"氛围。⑤例如 2022 年 10 月在冰岛雷克雅未克举行的北极圈大会上，北约军事委员会主席罗布·鲍尔（Rob Bauer）指责中国"不认同"北约的"价值观"，"破坏了基于规则的国际秩序"。⑥第三，在对中俄完成阵营捆绑后，美国将摆脱对俄依赖扩展到摆脱对华依赖上。2023 年 6 月 21 日，北约秘书长斯托尔滕贝格（Jens Stol-

① 丹麦、芬兰在欧盟的《外资审查法案》框架下，颁布或更新了本国的投资审查法，对事关国家安全的重要基础设施领域的投资进行审核；挪威批准《国家安全法案》，第十章专门涉及并购中的所有权控制问题；瑞典政府不仅正在将投资审查机制法律化，将中国置于对瑞典构成最大威胁的国家行列。严骁骁、余建华：《北欧国家对华政策调整及影响》，《现代国际关系》2023 年第 5 期，第 57—58 页。

② Arne O. Holm, *The Arctic Can Free Us From the Iron Grip of Dictatorships*.

③ 郭培清、李小宁：《乌克兰危机背景下北极理事会的发展现状及未来走向》，《俄罗斯东欧中亚研究》2023 年第 5 期，第 143 页；李凌志：《规则与机制：国际法何以影响欧洲北极地区的安全治理》，《中国海洋大学学报（社会科学版）》2023 年第 5 期，第 58 页。

④ 极地与海洋门户：《〈南华早报〉：乌克兰战争可能会冻结俄罗斯和中国的北极合作》，极地与海洋门户，http://www.polaroceanportal.com/article/4092，2023-11-03。

⑤ 赵隆：《中俄关系的独立价值和世界意义不容抹黑》，环球网，https://opinion.huanqiu.com/article/4C9BZ38ODYC，2023-11-03。

⑥ Ilya Tsukanov, "After Heated Arctic Debate, China Expert Explains Why PRC Won't Dance to NATO's Tune on Russia," Sputnik, https://sputniknews.com/20221017/after-heated-arctic-debate-china-expert-explains-why-prc-wont-dance-to-natos-tune-on-russia-1101958922.html，2023-11-03.

tenberg) 在北约跨大西洋气候与安全问题高级别小组会议上表示，各国在减少对俄罗斯石油和天然气的依赖的同时，应避免对中国稀土的依赖。[1]2023 年 10 月，在丹麦哥本哈根举行的北约议会大会（NATO PA）的年会上，英国议员哈里特·鲍德温（Harriett Baldwin）在报告中再度指出，北约国家应警惕将过度依赖俄罗斯能源转变为过度依赖中国的关键矿产。[2]显然，如果仅仅出于价值观和国家安全考虑，关键矿产供应链"去中国化"还只是美国北极盟友的国内事务，但在俄乌冲突的催化下，只要美国与其北极盟友的对俄立场和北约身份不改变，关键矿产供应链"去中国化"就是北极盟友作为北约成员国的共同义务和必须选择。

由此可见，在北极视角下，美国重塑关键矿产供应链的行动具有阵营化和安全化的政治特征。无论是出于意识形态、对乌克兰的支持或是国家安全考虑，美国的北极盟友都很难在关键矿产领域继续同与中国合作，从而被迫实施"去中国化"，服务于美国关键矿产供应链的重塑。

（二）北极视角下美国关键矿产供应链重塑的经济特征

由于核心技术竞争（建立技术优势）和关键矿产竞争（建立可靠的关键矿产资源供应）是在中美产业竞争的主要表现[3]，所以，为了重塑关键矿产供应链和"去中国化"，美国需要阻止中国从其北极盟友处获取关键矿产，以保证北极关键矿产原材料的单向供应，并促使美国与其北极盟友摆脱对中国的技术依赖，导致北极正在形成以关键矿产供应链为基础，以美国为主导的北极经济联盟，这是美国重塑关键矿产供应链最鲜明的经济特征。

首先，关键矿产供应链独立化是美国在北极重塑供应链的直接经济特征。美国 2022 年 6 月建立的"矿产安全伙伴关系"（MSP）中，北极国家包括加拿大、

① "NATO Secretary General: Our Armed Forces Must be Both Green and Strong," Nato, https://www.nato.int/cps/en/natohq/news_216227.htm?selectedLocale=en, 2023-11-03.

② "NATO PA Weighs Ukraine War's Impact on Energy and Trade, Says Rebuilding Must Start Now," Nato, https://www.nato-pa.int/news/nato-pa-weighs-ukraine-wars-impact-energy-and-trade-says-rebuilding-must-start-now, 2023-11-03.

③ 李巍等：《电动汽车革命：大国产业竞争"新赛道"》，《国际经济评论》2023 年第 4 期，第 108—110 页。

芬兰和瑞典。①目前，美国希望北极关键矿产原材料供应独立化，得到了加拿大的支持。②如前所述，加拿大在矿产开发上已经完全站在了美国一边，并且在2023 年 3 月 24 日，美加两国宣布加强在减少温室气体排放和促进清洁能源方面的合作③，双方还更新了《关键矿产合作联合行动计划》。④除加拿大外，格陵兰也成为美国建设关键矿产供应链独立化的重要原材料产地。一方面，美国企业纷纷在格陵兰岛矿产勘探和开发矿产资源，例如美国已提供 6.57 亿美元在格陵兰开发世界上最北端的锌矿山。⑤美国科博尔德金属（KoBold Metals）公司还在格陵兰寻找包括镍、铜、铂和钴在内的关键矿产。⑥美国支持的克林雷恩（Kringlerne）稀土项目也得到了格陵兰政府的批准。⑦另一方面，格陵兰已经加入了"民主供应链"，并保证相关项目由民主国家的公司运营。⑧而中国企业在北极地区关键矿产的开发和供应上影响非常有限，⑨如中资背景的格陵兰矿业公司（Greenland Minerals）旗下宽纳西特（Kuannersuit，位于科瓦内湾）稀土项目被

---

① 李建武等：《美欧关键矿产战略及其对我国的启示》，《中国科学院院刊》2022 年第 11 期，第 1563 页。

② 张笑一：《当前加拿大对华政策探析》，《现代国际关系》2022 年第 11 期，第 19 页。

③ Brett Samuels, "Four Things on the Agenda for Biden's First Trip to Canada as President," The Hill, https：//thehill. com/homenews/administration/3914677-four-things-on-the-agenda-for-bidens-first-trip-to-canada-as-president/，2023-11-03.

④ The White House, "Remarks by President Biden and Prime Minister Trudeau of Canada in Joint Press Conference," The White House, https：//www. whitehouse. gov/briefing-room/speeches-remarks/2023/03/24/remarks-by-president-biden-and-prime-minister-trudeau-of-canada-in-joint-press-conference/，2023-11-03.

⑤ Mia Bennett, "The US is Using a Mine in Greenland to Counter China," Cryo Politics, https：//www.cryopolitics.com/2022/06/20/us-mine-greenland-china，2023-11-03.

⑥ Alina Bykova, "Bezos and Gates-Backed Mining Company Prepares to Drill in Greenland," High North News，https：//www. highnorthnews. com/en/bezos-and-gates-backed-mining-company-prepares-drill-greenland，2023-11-03.

⑦ "No Obstacle for New Mines in Greenland," High North News, https：//www.highnorthnews. com/en/no-obstacle-new-mines-greenland，2023-11-03.

⑧ Jonas Parello-Plesner, "Tidligere diplomat：Grønlands sjældne jordarter kan gøre os uafhængige af autokratiske regimer," Altinget, https：//www. altinget. dk/artikel/tidligere-diplomat-groenlands-sjaeldne-jordarter-kan-goere-os-uafhaengige-af-autokratiske-regimer，2023-11-03.

⑨ Patrik Andersson and Per Kalvig, "How Much, What, How and Why？Does China Control Arctic Mineral Raw Materials?" DIIS, https：//www.diis.dk/en/research/does-china-control-arctic-mineral-raw-materials-0，2023-11-03.

格陵兰叫停。①可见，美国与北极盟友构筑独立的关键矿产供应链联盟，以保证北极关键矿产资源的可靠供应并限制中国对关键矿产的获取。

其次，技术同盟化是美国在北极重塑关键矿产供应链的重要经济特征。美国政府认为，关键矿产供应的所有阶段都很重要，仅靠某一阶段的措施不能解决问题，例如加大开采力度而不增加相应的加工制造能力，只会将经济和国家安全风险进一步转移到供应链下端，导致加工制造能力依赖国外，②所以建设关键矿产提炼加工与生产制造的技术同盟有助于美国摆脱对华技术依赖，对应关键矿产供应链的生产制造端。早在 2021 年 12 月，美国与冰岛进行了绿色能源领域的创新和合作经济磋商。③2022 年 3 月，瑞典驻美大使馆、瑞典商务促进局、瑞典能源署和瑞典创新机构 Vinnova 发起了绿色转型倡议（GTI），支持美国在交通、能源、工业和可持续建筑等领域实施绿色技术，使瑞典成为美国气候转型的关键合作伙伴。④2022 年 9 月，挪威总理斯特勒访问美国时表示，挪威和美国在气候行动、可再生能源和绿色转型领域有着共同的雄心壮志。⑤2023 年 7 月 13 日，美国和芬兰、丹麦、冰岛、挪威和瑞典领导人在赫尔辛基举行第三次美国—北欧领导人峰会，其间讨论了加强在清洁技术、资源和能源效率、能源安全、关键矿产资源和弹性供应链方面的合作的方法，使美国和北欧国家能够保持在技术前沿，并开发符合共同价值观和利益的技术和标准。⑥显然，基于关键矿产供应链议题阵营化和政治化的特征，美国与北极盟友之间并非单纯

---

① Eric Onstad，"Neo agrees to buy Greenland rare earth project from Hudson Resources," *Arctic Today*，https://www. arctictoday. com/neo-agrees-to-buy-greenland-rare-earth-project-from-hudson-re-sources/，2023-11-03.

② 张生辉等：《中国关键矿产清单、应用与全球格局》，第 140 页。

③ "Græn orka og nýsköpun á dagskrá efnahagssamráðs Bandaríkjanna og Íslands," Stjornarradid，https://www.stjornarradid.is/sendiskrifstofur/stok-frett-fra-sendiskrifstofu/2021/12/08/Graen-orka-og-nyskopun-a-dagskra-efnahagssamrads-Bandarikjanna-og-Islands/，2023-10-02.

④ "Launch of Sweden-U.S. Green Transition Initiative to Accelerate the Climate Transition," Swe-den Abroad，https://www.swedenabroad.se/en/embassies/usa-washington/current/news/launch-of-swe-den-u.s.-green-transition-initiative-to-accelerate-the-climate-transition/，2023-10-02.

⑤ "Norwegian Offshore Wind Development in New York," Regjeringen，https://www. regjeringen.no/en/aktuelt/norwegian-offshore-wind-development-in-new-york/id2928136/，2023-10-02.

⑥ "Press Release of the U.S.-Nordic Leaders' Summit in Helsinki on 13 July 2023," President of the Republic of Finland，https://www.presidentti.fi/en/press-release/press-release-of-the-u-s-nordic-lead-ers-summit-in-helsinki-on-13-july-2023/，2023-11-03.

的技术合作，而是在北极构建具有排他性的技术同盟，突出强调没有中国参与。由此可见，美国在重塑关键矿产供应链的行动上具有鲜明的技术同盟化特征。

最后，产业中心化是美国在北极重塑关键矿产供应链的核心经济特征。尽管美国正在与其北极盟友在矿产领域加强合作，但这并非单纯的、互利共赢的经济合作，而是建立以美国为主导的权力关系和产业格局。目前，拜登政府大力扶持本国能源产业的技术创新和产业建设，例如美国2022年《削减通胀法案》（IRA）规定，美国消费者购买新能源汽车最高可获得7 500美元补贴，但是补贴必须满足相应条件：一是整车必须在美国、加拿大、墨西哥进行组装；二是用于电池的关键原材料中至少有40%来自美国或与美国签有自由贸易协定的国家（获得3 750美元）；三是至少50%的电池组件是在"北美三国"制造或组装（再获得3 750美元）；并且这些比例还将逐年提高①，且到2030年，美国将安装9.5亿个太阳能电池板、12万个风力涡轮机和2 300个电池工厂。②然而，这种补贴条款不仅违反WTO规则的单边措施③，而且会导致其北极盟友生产的清洁能源产品在美国市场的竞争力降低，同时还会将清洁能源产业转移到美国。例如瑞典电池企业北方伏特（North volt）正寻求在美国扩大生产④，挪威弗雷尔电池（Freyr Battery）公司也宣布在美国佐治亚州的考维塔县（Coweta）投资建立美国千兆工厂（Giga America)⑤，并暂停对其欧洲项目的任何进一步投资，以专注于在美国扩大规模。⑥由此可见，美国通过扶植本国产业和吸引盟国企业，增强在全球清洁能源产业中的实力和地位，使关键矿产供应链的中下游产业向美国汇聚，即关键矿产供应链的重塑呈现产业美国中心化特征。

---

① "H.R.5376—Inflation Reduction Act of 2022," The Congress, https://www.congress.gov/bill/117th-congress/house-bill/5376，2023-11-03.
② 庞晓华：《欧洲绿色协议美国通胀法案哪家强》，《中国石油和化工产业观察》2023年第1期，第90页。
③ 马伟：《美国〈通胀削减法案〉缘何激怒欧洲》，《世界知识》2023年第2期，第62页。
④ 李强：《欧盟出台"绿色协议产业计划"》，《人民日报》2023年2月7日，第17版。
⑤ Hilde-Gunn Bye, "Freyr Battery Ventures in the US, Delays in Norway," High North News, https://www.highnorthnews.com/en/freyr-battery-ventures-us-delays-norway，2023-11-03.
⑥ Cameron Murray, "EU Launches €4 Billion in Funding for Clean Energy Projects, Including Energy Storage," https://www.energy-storage.news/eu-launches-e4-billion-in-funding-for-clean-energy-projects-including-energy-storage/，2023-11-23.

表 3　美国《削减通胀法案》中的新能源汽车补贴要求

时间	2024 年前	2024 年	2025 年	2026 年	2027 年	2028 年	2029 年
关键材料	40%	50%	60%	70%	80%		
电池组件	50%	60%	60%	70%	80%	90%	100%

资料来源：作者自制。

　　总之，美国通过与北极盟友打造独立的关键矿产供应链，并提升对关键矿产的加工提炼技术，吸引相关产业转移到美国，最终获得对原材料、技术和市场的主导地位，使北极视角下的重塑行动呈现关键矿产供应链独立化、技术同盟化和产业体系美国中心化的经济特征。这表明美国仍然试图控制世界重要的资源生产地区和资源的生产、运输活动，以及与资源相关的技术创新，这也是美国在全球争霸中采取的主要手段之一。①

　　综上，在北极视角下美国依托北极的资源禀赋和盟友关系，将全球清洁能源产业供应链的主导权争夺与能源地缘政治重塑有机结合，通过在北极实施关键矿产供应链重塑行动遏制中国的原料获取、技术发展和产业升级。表明美国在北极的国家利益已从单纯的经济利益转变为复杂的安全利益，政策导向已演变为供应链阵营化和意识形态化，进而在北极建立具有排他化、集团化特征的政治经济阵营，使美国实现对北极资源、技术与市场的主导。

三、对北极视角下美国关键矿产供应链重塑的评价

　　关键矿产供应链的全球化是资本主义市场经济在资源配置中自然选择的最优结果，但是美国关键矿产供应链的重塑则是将国际分工的全球化变为区域化，并非单纯地增加供应商，而是彻底调整关键矿产供应链的上中下游产业分布，如此庞大的工程必然包含庞大的时间金钱成本和显著的风险。

　　首先，加剧中国关键矿产的供应风险，阻碍中国与北极国家的正常经济合作。一方面，就关键矿产原材料而言，中国有多种矿产上存在短缺②，而且中国

---

① 于宏源：《地缘政治与全球市场：全球资源治理的两种逻辑》，《欧洲研究》2021 年第 1 期，第 103 页。

② 中国学者多采取战略性关键矿产的说法，中国战略性关键矿产的短缺矿产为：铁、锰、铬、铜、铝、镍、钴、锂、铍、铌、钽、锆、铪、铂、铼、铯、钪。李建武等：《中国战略性关键矿产目录厘定》，《地球学报》2023 年第 2 期，第 267 页。

有多种铬、铝、镍、锑、锂以及稀土等 21 种矿产资源与美国重合（见图 4），美国及其盟友国家主导供应链的"去中国化"，将显著增加中国进口供应风险，[①]削弱中国从北极地区获得关键矿产资源的能力和中国企业在北极的影响力。另一方面，就清洁能源产业而言，中国与北欧国家将难以实现在技术、资金、投资模式上的优势互补。目前，北欧国家正计划扩大海上风电规模[②]，而中国在风电领域优势明显，例如单机容量高而价格降低，海上风电产业商业模式（资源+产业+订单一体化）、产业模式（海上风电+制氢+海上牧场）日趋成熟，"海上风电+"综合能源岛新模式（如海上风电搭配就地制氢、海上油气、海水淡化、储能等业态）。[③]以美国"去中国化"的要求，中国自然难以在北欧地区直接投资布局清洁能源产业，这无疑损害了中国在北极的正当利益。

其次，损害北极盟友的经济利益，加深对美国的依赖。美国关键矿产供应链重塑侧重提升自身清洁能源产业的绝对安全性和压倒性竞争优势，不断强化阵营化色彩，控制更多关键性资源国，并将竞争对手排除在合作议程之外。[④]美国的北极盟友承担的是原材料供应和技术合作，但美国关键矿产供应链"去中国化"会强制要求北极盟友在原材料开采加工方面不使用中国产品和技术，否则关键矿产供应链仍会对中国产生间接依赖。这是利用政治手段强行打破关键矿产供应链交织的正常状态，破坏了企业间的正常合作，强迫企业重新选择合作对象，增加了企业的生产成本，也使北极盟友在经济上对美国形成单向依赖。同时，盟友身份不代表美国在供应链重塑中会让渡利益，因为拜登政府《削减通胀法案》是对清洁能源产业进行补贴并造成产业转移，表明美国为了本国利益，即使让盟友经济蒙受损失也在所不惜。

---

① 尹文渊等：《美国关键矿产供应链重构：动因、影响及对策》，《亚太经济》2023 年第 5 期，第 81—89 页。

② "Urgent Co-Operation Needed on Offshore Wind Power if Nordics are to be Leaders，" Nordic Cooperation，https://www.norden.org/en/news/urgent-co-operation-needed-offshore-wind-power-if-nordics-are-be-leaders，2023-11-03.

③ 例如来自东方电气集团和南京大学的研究团队利用新型薄膜和风力，成功将海水转化为氢气。利用该薄膜可以生产出 99.9% 纯度的氢气，并延长生产设备的使用寿命，使得从海水中提取绿氢成为能源生产中更加可行的选择。[美] 詹姆斯·希诺特：《一枚硬币的两面：中美绿氢战略》，中美聚焦，https://mp.weixin.qq.com/s/XsXJp0bZyUmK1KIdwtfICQ，2023-11-03.

④ 李昕蕾、刘小娜：《欧盟清洁能源供应链重塑的地缘化转向》，《国际论坛》2023 年第 5 期，第 70—95、157—158 页。

最后，关键矿产供应链建设周期长、成本高，美国实现"去中国化"的目标困难重重。尽管北极蕴藏的资源丰富，但这些关键矿产资源产量的迅速提高并不现实，从发现矿产资源到实现量产的平均时限为16.5年。①再以稀土为例，挪威、瑞典和格陵兰都陆续发现了大量稀土矿藏，但稀土产业链涉及开采、分离等一系列程序，仅有稀土矿储备还远远不够，如果缺乏所需要的先进技术、人才等配套资源，将导致其生产的稀土产品成本过高、缺乏竞争力。②同时，北欧国家虽然对中国在北极地区的潜在影响力仍然保持警惕，但对与中国展开经济合作抱有积极的态度。③例如丹麦认为中丹两国在能源效率、能源转型和能源规划方面有良好的合作前景④，并于2023年8月发布《中丹绿色联合工作方案（2023—2026）》。⑤挪威政府认为中挪两国并没有处于脱钩的局面，并有兴趣扩大与中国在海洋经济方面的合作；⑥芬兰有官员表示中芬两国在新能源、循环经济和数字医疗方面有合作潜力。⑦可见，美国的北极盟友并没有做好在清洁能源产业上"去中国化"的准备，北极关键矿产开发短期内更是难以显现成效，甚至未来10年美国对新能源汽车项目能否一直维持现在的税收抵免力度也存在不确定性，⑧这都直接影响关键矿产供应链重塑的成效。

总之，即使是2023年的中美元首旧金山峰会后，美国对华态度有所改观，但深层次矛盾并未缓解，⑨而且在能源对外政策上，两党能源安全观的长期分歧

① 于宏源：《关键矿产的大国竞合分化、治理困境和中国选择》，《人民论坛·学术前沿》2023年第15期，第83—90页。

② 谢彬彬：《瑞典发现大型稀土矿恐难缓解欧盟"稀土荒"》，新华网，http://www.news.cn/world/2023-01/19/c_1129300187.htm，2023-12-27。

③ 张景全、董益：《2010—2022年北欧智库对中国参与北极事务的认知演变研究》，《情报杂志》2023年第4期，第82页。

④ 张斐晔：《丹麦：人心相通 合作共赢》，《光明日报》2022年11月8日，第8版。

⑤ 外交部：《中华人民共和国政府和丹麦王国政府绿色联合工作方案（2023—2026）》，外交部，https://www.mfa.gov.cn/wjbzhd/202308/t20230818_11128926.shtml，2023-11-03。

⑥ "Norway Interested in Expanding Co-Op with China: Norwegian Officials," China Daily, https://global.chinadaily.com.cn/a/202308/03/WS64caf3eaa31035260b81a02c.html, 2023-11-03.

⑦ "Finnish Political and Business Circles Optimistic about Chinese Market, Willing to Strengthen Cooperation with China: Report," Global Times, https://www.globaltimes.cn/page/202306/1292098.shtml, 2023-11-03.

⑧ 杨水清、孔颖：《美国重构新能源汽车产业链的动向及影响》，《当代美国评论》2023年第3期，第82页。

⑨ 吾楼：《中美接触势头不减 拜登首次公开警告以色列——美国外交一周观察》，中美聚焦，https://mp.weixin.qq.com/s/8rfUiXt3NwEZqb4Z60Uozg，2023-12-27。

在减少对华依赖方面高度一致，①执政党更迭难以扭转这一局面。然而，关键矿产供应链重塑绝非一日之功，北极短期内难以为美国提供稳定的关键矿产供应，北极盟友能在多大程度上实施"去中国化"也是未知。

结　语

综上所述，美国关键矿产供应链重塑本质上是其维持全球经济霸权的一环。美国极力放大贸易关系中的"价值观"因素，形成贸易领域的价值观壁垒，并以此构建"弱中国化"甚至"去中国化"的新产业链分工体系，②从而在国际权力格局变迁中占据优势地位，③这是美国在北极和世界其他地区的地缘经济竞争中的终极目标。

党的二十大报告指出，我国在能源、产业链供应链可靠安全方面还须解决许多重大问题，要确保能源资源、重要产业链、供应链安全。中国能源领域专家陈卫东认为，目前中国能源转型的核心将从以石油为中心的能源体系转向以电力为中心的能源体系。④中俄在向清洁能源转型、推动绿色发展等方面存在基本共识。⑤2023 年 3 月，中俄元首《关于深化新时代全面战略协作伙伴关系的联合声明》指出，双方将打造更加紧密的能源合作伙伴关系，维护能源产品产业链供应链稳定。⑥而俄罗斯北极地区蕴藏着丰富的矿产，这表明中俄在北极有着共同的利益和广阔的发展空间，未来俄罗斯是中国实现关键矿产供应链安全的理想伙伴。

---

① 于宏源：《能源转型视阈下美国地缘俱乐部的发展与影响》，《社会科学》2023 年第 9 期，第 94 页。

② 宋国友：《美对华贸易战给国际经贸体系造成三大破坏》，环球网，https://opinion.huanqiu.com/article/4CDJCN0y8yC，2023-11-03。

③ 李昕蕾：《气候安全与霸权护持：美国气候安全战略的全球推进》，《国际安全研究》2023 年第 2 期，第 86 页。

④ 陈卫东：《反思 2022 年全球能源市场：3 件大事、3 个关键词、3 个不变》，《中国石油和化工产业观察》2023 年第 1 期，第 72 页。

⑤ 陈小沁：《俄罗斯清洁能源转型及中俄合作展望》，《太平洋学报》2022 年第 6 期，第 59 页。

⑥ 外交部：《中华人民共和国和俄罗斯联邦关于深化新时代全面战略协作伙伴关系的联合声明》，外交部，2023 年 3 月 22 日，https://www.fmprc.gov.cn/zyxw/202303/t20230322＿11046188.shtml，2023-11-03。

　　此外，中俄关系与中美关系、中欧关系之间不存在直接联动性，中国无意同俄罗斯打造"反西方"联盟，也没有义务切割与俄罗斯正常的关系。[①]对此，中国需要利用进博会、服贸会和友好城市在内的民间外交平台推进与北极国家的经贸往来，达到"政治是政治，经济是经济；政府是政府，企业是企业"的效果，以此来反制美国关键矿产供应链"去中国化"的计划。

---

　　① 赵隆：《中俄关系的独立价值和世界意义不容抹黑》，环球网，https://opinion.huanqiu.com/article/4C9BZ38ODYC，2023-11-03。

基于全生命周期理论的区域国别高层次人才培养探索

王雨薇*

随着全球化浪潮的更迭与我国对外开放进程的加深，许多学科更加重视对区域和国别问题的研究，推动多元化的思维视角与理论体系逐渐进入区域国别研究领域。多种学科在区域国别研究"十字路口"的交会，也进一步反哺于"区域国别学"这一新兴交叉学科的建设和发展，打造出更加立体、综合、深入的自主知识平台。2012年以来，教育部等主体多次印发实施关于开展区域和国别研究的相关指导办法并成立培育基地，推动研究进入快速发展时期。外语类、政法类、社科类高校纷纷布局该领域，区域国别学学科的自主构建提上日程。同时，上述进程也对区域国别研究的可持续发展提出了新的挑战：一方面，多元学科的入局赋予了区域国别学鲜明的学科交叉性，却在一定程度上减弱并阻碍了区域国别学独立作为一门学科的知识体系建设；另一方面，相对于本科生的培养，以服务国家的高层次人才培养作为主要目标的研究生教育，是支持区域国别学成为一级学科的基础。不同学科对于区域国别高层次人才培养方向的争鸣讨论，例如是培养学术型人才还是应用型人才，是以外语能力还是国际关系知识作为学科基础等，这些讨论也在一定程度上表露出学界与业界对区域国别人才培养面向的忧虑。因此，区域国别研究在成为一门独立的学科后，应该培养什么样的高层次人才，如何培养这种高层次人才，成为高校研究生教育思索的重要课题。

---

* 王雨薇：北京大学区域与国别研究院外国语言文学（国别和区域研究）专业博士研究生。本文的思路得益于笔者在清华大学研究生院从事研究生教育保障工作的在职经历，成熟于笔者在北京大学区域与国别研究院的学习研究过程。很多想法尚不成熟，责任由笔者自负。

　　各界对于区域国别领域高层次人才培养的关注，与对区域国别学学科体系建设的思考是密不可分的。随着我国在世界舞台和国际事务中角色和地位的提升，区域国别领域相关知识的理论指导意义和社会实践意义被更加看重，反哺于该领域自主知识体系的构建与延伸。2022 年 9 月，国务院学位委员会和教育部印发新版《研究生教育学科专业目录》，区域国别学被正式列入第 14 个学科门类"交叉学科"中，成为其下设的 7 个一级学科之一。理论需要与实践需求的相伴相生，令区域国别研究朝着"面向国家需要、坚持问题导向"的发展路径积极前行，在交叉学科背景下把为国家培养和输送高层次、复合型人才作为培养总目标。

　　综上，在全球泛连接、风险常态化、博弈尖锐化的当今时代，区域国别学的高层次人才应当如何定位、如何培养，才能更好服务和回应我国对该领域人才的战略需要。本文试图就此开展思考，在交叉学科背景下，引入"全生命周期"理论视角，将区域国别学的人才培养纳入研究生教育的全生命周期、全流程环节中，探讨新时代区域国别学高层次人才培养的要求与策略。

一、交叉学科背景下区域国别学的学科建设与人才培养

　　根据经济合作与发展组织（OECD）教育研究与创新中心（Education Research and Innovation）发布的报告，交叉学科（Interdisciplinary）产生于两门及以上不同学科之间相互作用的过程中，进而从简单的观点交流走向组织化的概念、方法论、认识论相互融合。[①]近年来，中国的学科交叉融合趋势不断深入和显化，诞生了许多新兴交叉学科，也为培养高层次、复合型人才扩展了有效路径。作为我国交叉学科门类下新设的一级学科，区域国别学已然脱离了从属性的学科地位，完成了学科主体性与独立性的自我确认，发展速度与研究热度显著提升。在交叉学科大发展背景下，如何借助学科交叉融合的脉络与体系，做好区域国别学的学科建设与人才培养，业已成为各界研究和讨论的重点。

　　作为全球化时代把握国际和地区格局态势、服务我国对外交往合作的重要

---

① OECD Centre for Educational Research and Innovation, "Interdisciplinary: Problems of Teaching and Research in Universities," Washington DC: OECD Publications Center, 1972, p.25.

研究抓手，同时也是新兴交叉学科并位于国家急需专业领域中，区域国别学成为一级学科离不开国家政策与社会实践的支持。其学科建设与人才培养的互动紧密围绕着两类话题：一是区域国别学应培养什么样的人才，二是如何提升区域国别学的人才培养效能。自 2012 年教育部批准成立首批高校区域和国别研究培育基地以来，已有众多学者和机构对这两类话题展开集思广益，有效促进了区域国别学学科的主体性构建。在国家急需高层次人才培养的目标牵引下，学界与业界积极关注、探讨并完善着区域国别学的人才培养路径。

在学科发展的进程中，针对区域国别学科建设与人才培养的互动，我国国内学界形成了较为一致的观点。综合而言，就是"发展和推动区域国别研究的根本出路是培养人，而培养人的途径是设立学科"[1]。"区域国别学"的研究生教育作为培养区域国别研究高层次人才的重要渠道，自被纳入我国新版《研究生教育学科专业目录》（2023 年开始实施）和《国家急需学科引导发展清单》以来，就充分体现出它所肩负的重大国家使命和时代使命，以及它作为"'大国之学'，经世致用之学，服务大国参与全球治理"[2]的现实属性。可以说，区域国别研究具有学理和实践意义并重、人文与社会学科方法融合的跨文化、跨学科、跨区域等特征，本质上是一门交叉学科。[3]

"简言之，要说区域国别研究的诞生与发展，中外之理相同，都是源于了解外部世界的需要，它既是一种知识性探索，又往往服务于特定历史条件下的政治与经济社会发展的目的。"[4]学科的学术研究使命与战略需要使命，指引着区域国别学高层次人才的培养工作。首先，在宏观层面，国家政策与现实背景为区域国别学人才培养确立了核心目标。当前，全球化与逆全球化交叠席卷，国内国际进入双循环发展新格局，我国相继提出"人类命运共同体"、"一带一路"倡议、"讲好中国故事"等的中国式现代化方案。[5]全面研究了解世界各国家、各

---

① 钱乘旦：《关于区域国别研究的几个问题》，《史学理论与史学史学刊》2022 年第 2 期，第 7—10 页。

② 杨丹：《中国式现代化需要什么样的区域国别学》，《外语界》2023 年第 1 期，第 7—11 页。

③ 赵可金、刘军：《区域国别学的学科定位与发展空间：赵可金教授访谈》，《俄罗斯研究》2022 年第 5 期，第 3—30 页。

④ 任晓、孙志强：《区域国别研究的发展历程、趋势和方向：任晓教授访谈》，《国际政治研究》2020 年第 1 期，第 134—160 页。

⑤ 和音：《为全球提供了一种全新的现代化模式：中国式现代化的世界意义》，《人民日报》2023 年 2 月 27 日，第 3 版。

地区，为政府制定政策、民间公共外交和文明交流互鉴等提供研究支持，成为区域国别学学科建设的驱动力。在此背景下，学者们积极为区域国别学高层次人才培养建言献策，相继提出如"通才＋专才"①、"'国别通''领域通''区域通'"②、"学以致用、用以强学的双能人才"③、"具有全球视野和世界眼光的卓越国际化人才"④等的人才培养理念。

其次，在中观层面，交叉学科背景下的知识体系与研究方法建设，为区域国别学人才的复合型能力构建指明了方向。区域国别研究作为一种在跨学科视野下认识、分析、诠释外国文化的事业，⑤在学科建设上需要突破方法论之争，把交叉学科研究和学科专门研究结合起来，把研究上升为学理，并以学理指导为人才培养提供明确、系统和深刻的理论与方法论。⑥正如部分学者所言，区域国别学的知识体系建设有可能成为"消解对冲'冷战知识体系'，助力'人类命运共同体知识体系'建设的关键"⑦。区域国别学的战略性特征，为其跨越学科的壁垒、统筹构建具有中国特色的知识体系和研究范式指明了前路，而马克思主义哲学的实践观与认识论以及唯物辩证法等范式，均可以为区域国别学实现"科学认识中国的外部世界、找到其中的发展规律、研究其中的各种问题、分析中国与外部世界的关系"提供科学指导。⑧沿着上述路径，区域国别学的中国特色得以明确。

---

① 杨洁勉：《新时代中国区域国别学科建设的理论意义与学术治理》，《亚太安全与海洋研究》2022 年第 4 期，第 1—11、133 页。

② 谢韬、陈岳、戴长征、赵可金、翟崑：《构建中国特色的区域国别学：学科定位、基本内涵与发展路径》，《国际论坛》2022 年第 3 期，第 3—35、155 页。

③ 同上文，第 27—31 页。

④ 赵裴、姜锋：《区域国别学的内核与学科边界》，《上海交通大学学报（哲学社会科学版）》2023 年第 3 期，第 73—82 页。

⑤ A. Tansman, "Japanese Studies: The Intangible Act of Translation", in David L. Szanton ed., *The Politics of Knowledge: Area Studies and the Disciplines*, Berkeley: University of California Press, 2004.

⑥ 张蕴岭：《区域国别学理论与人才培养需要守正创新》，《区域国别学刊》2023 年第 3 期，第 7—11、152 页。

⑦ 曹峻、刘鸿武：《中国特色区域国别学助力"人类命运共同体知识体系"建设》，《区域国别学刊》2023 年第 4 期，第 18—22、154—155 页。

⑧ 陈杰：《区域国别学的中国特色塑造》，《国际关系研究》2023 年第 2 期，第 104—117、158 页。

最后，在微观层面，部分高校通过自身在学科与人才队伍建设方面的先行实践，为区域国别学的人才培养供给了一些可以借鉴的有益经验。总体来看，区域国别研究上升为交叉学科内部的一级新学科，标志着其正式进入我国研究生教育系统化体系，需要激活与发挥其作为一级学科的育人育才功能，构成哲学社会科学整体发展战略①的新组成部分。这就意味着，为更高质量完成人才培养目标，区域国别学从人才物色阶段起就需要锻炼具备前瞻性眼光，要把高层次人才培养的起点前置，从本科阶段起就开始有意识地物色，把未来的人才培养起来，并在研究生阶段制定专门的培养计划。②目前，在高校研究生教育的实践层面，已有清华大学国际与地区研究院"发展中国家博士项目"③、北京大学区域与国别研究院区域研究课题组④、上海外国语大学全球治理与区域国别研究院特色研究生培养项目⑤等高校方案，以项目制、本研贯通、联合培养等实践方式，为区域国别研究的不同细分领域吸收和培育人才，为我国建设具有自主特色的区域国别学科及高层次人才队伍⑥积蓄力量。

沿着上述规划与实践的道路，区域国别学的学术研究与决策辅助并重的属性日益凸显，区域国别学确立了培养"学术＋应用"双向赋能人才的中国特色路径。从研究生教育的角度看，即该学科需培养"研以致用，用以强学"的双能力人才，为双循环新格局下的中国式现代化输送"营养源"。因此，"学术＋应用"的双能力人才便是区域国别领域高层次人才的风向标。

与此同时，区域国别学学科发展的新兴性、交叉性、战略急需性，又为研究生培养效能的提升提出了新难题：单独突出某一个或几个培养、学习或实践

---

① 《习近平：坚持中国特色社会主义教育发展道路培养德智体美劳全面发展的社会主义建设者和接班人》，《人民日报》2018年9月11日，第1版。

② 杨丹、刘新成、冯仲平、崔洪建：《区域国别学研究与学科建设笔谈（一）》，《区域国别学刊》2023年第4期，第7—17、154页。

③ 赵可金：《国别区域研究的内涵、争论与趋势》，《俄罗斯研究》2021年第3期，第121—145页。

④ 宁琦：《区域与国别研究人才培养的理论与实践——以北京大学为例》，《外语界》2020年第3期，第36—42页。

⑤ 张维琪、孙志伟、忻华：《区域国别学学科建设的多维探索：以上海外国语大学为例》，《国际观察》2023年第2期，第132—156页。

⑥ 翟崑、王雨薇：《区域国别学一级学科首次研究生招生工作开启：高校如何做好"区域国别学"人才选拔和培养？》，《中国科学报》2023年8月22日，第3版。

环节，都不足以保障人才培养实现质效双增。由此，高校等主体须在系统观、全局观的统筹引领下，把研究生教育的各个环节加以整体化衔接，形成一个"全生命周期"式的培养架构。毕竟人才培养的周期较长，但社会对高层次复合型人才的需求迫切。因此，以全生命周期式思维深化高校区域国别学研究生教育的管理体制改革，以全过程管理、全环节贯通提高教学管理和学术治理效能，"是提高学科建设水平、研究生培养质量和学位授予质量的重要保障"[①]。

二、全生命周期管理视野下的区域国别双能力人才培养

全生命周期管理理论，源于 20 世纪 80 年代由美国军方启动的 CALS 项目（Continuous Acquisition and Lifecycle Support Program），即在工程管理过程中实现从始至终的"连续获取和全生命周期支持"。这一理论面向建筑工程项目"从 0 到 1"全生命周期的所有阶段，支持全过程各环节的信息共享、业务协作和过程管控，目标是打通各环节之间壁垒，改善分散化、各自为政的管理方式，实现组织、过程、信息、系统的有效集成，最终达到提高建筑产品质量，实现项目增值等的目的。随着建筑领域全生命周期管理的概念不断完善，以及各个学科对于"项目"这一概念的积极引入，关于全生命周期管理的研究也逐渐从理工领域拓展至人文社科领域。作为交叉学科背景下兼有自然科学与人文社科知识特征的区域国别学一级学科，其在研究生教育阶段的学科建设与人才培养可视作处于全生命周期管理的起步阶段。内外政策与社会环境的变化、学科交叉的进一步深化、学界与业界对于区域国别双能力人才的急切需求，都使得"区域国别学高层次人才培养"这一议题被吸收到高校研究生教育的全过程环节中，推动高校在时间和效能的并行管理中更加致力于双能力人才培养效能的提升。

将区域国别双能力人才的培养纳入全生命周期管理视野下是有着充分理由的。具体来看，全生命周期管理所具有的信息共享、业务协作和过程管控等"融通式"管理内涵，是集成化管理思想对分散式管理的"破壁"。一方面，区域国别学一级学科在鲜明的交叉学科背景与学科交叉特色中诞生，各个学科内

---

① 钟秉林：《高质量高等教育体系建设进程中的重要事件：写在新版〈研究生教育学科专业目录〉颁布之际》，《教育研究》2022 年第 9 期，第 98—106 页。

部有着较为明显且独立的知识与方法区隔；另一方面，在外部环境中，区域国别学的诞生和发展又同时承载着"学界＋业界""专才＋通才"的期望。由上，内外夹击的成长环境，天然地赋予该学科较为分散化、多元化的知识源，并在学科主体性建设的过程中形成了新的难题：跳过本科生培养阶段、直接来到研究生教育阶段的区域国别学一级学科，究竟应该吸纳什么样基础学科背景的本硕学生来从事研究？学生在进入该研究领域后，面对多元的跨学科知识以及要"全面、深入了解对象国及地区的综合性知识"①的培养目标，又应当如何在合适的修业年限中高质量完成培养方案？其研究成果的创新性和实用性又应当如何评定？可以看到，多元化的学科间横向交叉与研究成果纵向深入性之间的矛盾，在区域国别学人才培养的过程中不断显化。

在上述情况下，区域国别学研究生教育的全生命周期管理，意味着要从规划设计、实施开展再到评价反馈的全阶段，对区域国别学双能力人才培养做出全方位、可操作、高质量的集成和优化措施。具体而言，若想培养好"研以致用，用以强学"的区域国别双能力人才，就需要运用系统化、集成化的思维统筹协调好多元学科的入局，并将各培养部门之间较为分散、独立的培养环节进行打通，探索并建立起高校研究生教育全过程、各环节间的协作与共享机制，通过系统规划与体制机制革新对"学与用"进行一体化推进，联合各学科力量、联动学界与业界，打破交叉学科的学习与研究壁垒，形成人才培养的合力，为区域国别学专业的准入和在学研究生开展学术研究、寻找发展方向，提供更加具有个人特色的"定制化"指导，和更加有利的条件保障。

根据教育部等主体针对新时代研究生教育改革发展发布的指导性文件，以及部分示范性高校和多数"双一流"高校的研究生院机构设置，学科建设、招生选拔、课程与实践培养、奖助体系、学位授予、职业规划选择支持等工作，构成了研究生教育的全过程环节。在马克思主义"抓住和解决主要矛盾"的思想指引下，这些环节及其之间的有效过渡和衔接，共同影响着人才培养的质量。在学科深度交叉、双能力人才匮乏的当下，区域国别学的教育管理者要重视顶层设计、建设评价体系，以全生命周期管理赋能区域国别研究生教育，善用新

---

① 钱乘旦：《以学科建设为纲　推进我国区域国别研究》，《大学与学科》2021 年第 4 期，第 82—87 页。

一代信息技术等外部资源创建集成、共享、协同的全流程环节管控机制，进而优化招生选拔、课程培养、奖助体系、学位授予等全过程培养环节，为建立"研以致用，用以强学"的良性发展闭环提质增效。

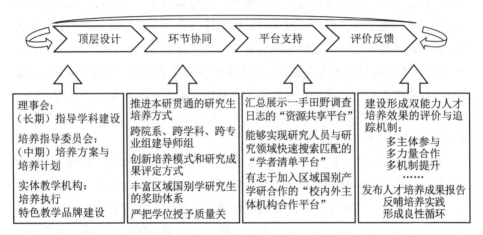

图1 全生命周期的区域国别人才培养架构

（一）要依托高校领导层和实体教学机构做好学科建设的顶层设计

从工程学理论中引用而来的"顶层设计"，处于全生命周期管理的起始阶段。核心要义是"统筹考虑、统揽全局，全面高远、层次分明、衔接有序地寻求问题的解决之道"①。在培养区域国别双能力人才的实践道路上，高校领导层和实体教学机构分别是顶层设计的"制定者"和"执行者"。高质量、可持续地培养输送区域国别双能人才，同时吸揽更多有潜力、有志向投身该领域的申请学生，是做好学科建设顶层设计的最终目标。为实现该目标，作为制定者的高校领导层需站在更高层面、树立系统观念，在学校内部给予区域国别学学科建设以高度重视，牵头制订长期发展规划和阶段性人才培养计划，筑好区域国别学一级学科建设的支撑性架构；对外则以实体教学机构作为执行者和传播者，做好区域国别双能力人才培养的具体执行和品牌传播，面向各界的关注者塑造本校区域国别人才培养的特色品牌形象。

---

① 正楷：《读懂"顶层设计"的三个关键词》，《人民日报》（海外版）2015年6月11日。

具体来看，在对内的顶层设计方面，可设立由高校领导层和相关基础学科所属院系领导等组建的理事会和培养指导委员会，并从经济学、政治学、法学等基础学科中选聘资深学者组成院务会和学术委员会，通过定期召开务虚会、考察调研等方式，在学校内部各部门、学院之间构建起常态化的沟通机制，以跨学科培养人才的思维制定并不断优化区域国别双能力人才的长期培养规划。比如成立于 2017 年的清华大学国际与地区研究院，由校长王希勤担任理事长，副校长彭刚担任副理事长，来自经济管理学院、苏世民书院、社会科学学院等的院系主要负责人和骨干教师组成培养指导委员会，指导并负责研究院的人才培养工作。成立六年来，清华大学国际与地区研究院作为清华大学区域国别学的实体教学机构，先后布局成立地区研究博士后工作委员会、讲席教授团组，并建成全球问题研究中心、南亚东南亚研究中心、欧亚研究中心、西亚北非研究中心、撒哈拉以南非洲研究中心、拉丁美洲和加勒比研究中心等 6 个研究中心，顶层架构不断完善，为博士生培养的顺利开展提供了强而有力的支撑。

在对外品牌传播层面，实体教学机构可以在明确自身定位的基础上积极建设品牌管理方案、创新品牌传播方式，做好区域国别研究特色形象建设的窗口。"品牌是综合竞争力的集中体现，品牌形象建设是一项长远而有效的投资"[1]，以实体院系作为传播主体，做好区域国别双能人才培养的品牌形象建设，有助于吸引更多社会注意力，提升高校区域国别学育人体系的知名度和信誉度，为可持续化吸引和吸收人才积蓄力量。近年来，北京大学区域与国别研究院通过将坐落在"北京大学燕南园 66 号院"的院馆进行符号化，比照企业品牌形象建设的有形化策略，打造出"燕南 66"和"圈儿院"（"圈儿"＝区域国别的快速连读）两个北大区域国别学的特色品牌符号，有效增强了外界的品牌感知与品牌联想。此外，通过开设澎湃政务号专栏，北京大学区域与国别研究院建立了自有的知识生产平台，将传播的主动权掌握在自己手里，通过原创性知识生产的活性保持，对自身的品牌形象和趣缘群体进行长期维护。而高校实体教学机构建设区域国别特色品牌的其他方式还包括：主办区域国别青年学者论坛及沙龙、创建自有期刊及出版物、建设运营自有社交媒体账号、举办媒体见面会等系列

---

① 范红：《中国企业建设全球化品牌需着力"五化"》，《可持续发展经济导刊》2023 年第 6 期，第 30—31 页。

品牌活动。以上做法从品牌建设与传播的角度，有利于协助高校的区域国别学实体教学机构储备一批"粉丝团"，全方位地展现育人成果和理念，不断扩展影响力、提高话语权，在获取更多社会力量关注的同时，吸引更多潜在的双能力人才。

（二）要依托高校研究生院和学位评定委员会实现培养环节间协同合作

在全生命周期管理的理论体系中，加强环节间协同是令顶层设计和投产使用有效衔接起来的关键策略。[①]协同与合作可有效降低各个环节各自为政的"信息孤岛"现象，形成共建共享、推动良性发展的合力。高校研究生院作为高层次人才培养的主导职能部门，负责组织开展招生选拔、课程培养、导师队伍建设、派出访学、奖助评定与发放，并负责协助校学位评定委员会开展学位论文送审及学位授予等重要工作。可以说，研究生院的职能贯穿于从学生申请入学到毕业获得学位的培养全过程中。因此，研究生院作为全生命周期管理在实施阶段的主体，应携手校学位评定委员探索和推进中间各个培养环节间的有效协同，以及时、有效的沟通与合作，畅通各环节间的信息共享，赋能"学以致用、用以强学"双向闭环的打造。

具体来看，高校研究生院和学位评定委员会可在以下环节架筑起协同合作的育人桥梁：

一是要推进本研贯通的研究生培养方式。本研、本博贯通的目的，是把区域国别学人才选拔的起点前置，提前发掘和储备有潜力、感兴趣的学科人才，弥补区域国别学专业缺乏本科生培养的不足。而在"保研""直博"的研究生选拔过程中，应更注重考查学生学习和运用跨学科方法的潜力，以及学生是否具有将学术研究和实践应用两种能力加以融会贯通的潜能。据此，研究生院可邀请来自不同院系、学科专业的指导教师组成招生考试评审组，在选拔过程中统一标准、共享信息、交叉评选，招收评审组共同认可度较高的学生。

二是要跨院系、跨学科、跨专业组建导师库。做好指导教师队伍建设是提高区域国别学研究生培养效能的关键。根据国务院和教育部新版《研究生教育

---

① 黄铭芳：《结构方程模式：理论与应用》，中国税务出版社 2005 年版。

学科专业目录》，区域国别学一级学科可授予经济学、法学、文学、历史学学位，因此，建立跨学科联合指导机制是重要一步。联合指导是学科深度交叉融合的一种体现，可帮助区域国别学研究生深入、全面掌握对象国家和地区的综合性知识。在校内聘任复合学科背景的教师进入区域国别学的跨学科导师库，并允许在学研究生在导师库中跨专业选择1至3名导师组成导师组，让每名研究生都拥有个性化的跨学科导师组，帮助学生树立多元的研究视角，建立系统性的区域国别知识体系。

三是要创新培养方式和研究成果评定方式。区域国别双能力人才的培养，需要走精细化培养路线，以"小班教学""定制化培养"的思路，以对象国和地区的重要、核心问题研究为线索，做好每一名入学研究生的培养方案定制和管控。研究生院对学生成果进行评价，要破除唯论文、唯发表、唯文凭的思想沉疴，将"田野调查的一手报告"和"非虚构式的参与观察写作"等内容形式，引入作为区域国别学研究的创新成果，并通过成果产出的定向激励，鼓励学生主动将对象国及地区的生活经历转化为科普型、通俗化的知识见闻，面向社会加以表达和传播，实现区域国别知识的大众化普及，帮助更多社会公众从区域国别的视角了解世界、认识世界。

四是要丰富区域国别学研究生的奖助体系。研究生院可联合上级部委、跨国企业、智库、媒体等校内外多方力量，为区域国别学的在学研究生提供具有竞争力的派出访学资助和田野调查支持。切实解决学生前往对象国家和地区开展长期研究可能面临的困难，尤其是在发展中国家和最不发达国家进行实地考察所需要的经费、人员和场地问题。若想做好区域国别学，长期扎根于对象国的生活和学习经历是不可或缺的，一些高校目前对区域国别学研究生提出的对象国生活时间要求是不低于一年，有些学校甚至要求达到两年以上，青年学生独立在对象国开展研究，衣食住行等基础性经费的支持必须跟上，加大奖助力度是十分有必要的。

五是要严把学位授予质量关。区域国别学的研究生学位论文评审应和其他一级学科的评审方式有所区分，跨学科理论知识的应用和一手田野资料的体现需被作为评审的重要标准。校学位评定委员会可通过研究生院的学位办公室和培养办公室，邀请学界资深学者和业界高职称专家，在区域国别学研究生学位论文的送审环节中同时担任盲审评委，争取让每一份学位论文同时集成学界与业界的双方送审意见，并为学生在意见指导下修缮和完成一份高质量的原创学位论文留出相对充裕的时间，做到学位授予的"严进严出"。

（三）要依托高校信息化职能部门建设好区域国别学所需的"三种平台"

当研究生教育培养的全过程处于进行时状态时，通过新一代信息技术的植入，打造区域国别双能力人才共建共享的开放式通道，体现了全生命周期管理的"共时性"特征。沿着这一思想，高校职能机关中的信息化技术部门也可以加入区域国别学双能力人才培养的全生命周期中。根据全生命周期管理内在的集成性和共享性需求，高校的信息化职能部门可以运用自身在新一代信息技术方面的使用优势，利用数据库技术、智能算法技术和交互技术，建设好区域国别学双能力人才培养的"三种平台"。这三种平台分别是：汇总展示学生一手田野调查日志的"资源共享平台"、能够实现研究人员与研究领域快速搜索匹配的"学者清单平台"、有志于加入区域国别产学研合作的"校内外主体机构合作平台"。三类平台的开放程度依次增强、面向的受众群体依次扩大，为区域国别学双能力人才的培养实现共建共享而助力。

首先，建设汇总展示学生一手田野调查日志的"资源共享平台"，需要高校信息化职能部门和校内的区域国别实体教学机构进行合作，以扁平化、搜索式、社交化的网页设计架构，交互性、简洁性、体验感强的录入界面，为历届入学的区域国别学研究生创建一个安全性强的田野调查专属"社交平台"，或者说专属"共享文档"。"资源共享平台"应当支持区域国别学研究生在校内学习阶段和派出阶段都能随时随地将有关对象国和地区的所见所闻、所学所思以图文形式上传到平台中，并允许已毕业和在学的区域国别学研究生在图文发布内容下方进行评论互动，针对某一具体问题开展讨论。相关讨论还应设置"一键导出"功能，便于学生收集和总结讨论情况，在平台提供的互助机制下产出经过思辨讨论的区域国别研究内容。这一平台主要为本校在学和已毕业的区域国别研究生开放，也可适度面向跨学科、跨专业的在校研究生开放权限，当作集思广益的一种方式。

其次，建设能够快速搜索匹配研究人员与研究领域的"学者清单平台"，是为区域国别学领域的学者开展学术研究或是形成实践方案寻找知音及合作者提供帮助。该平台可以采用半开放的方式，允许其他高校以及社会面的区域国别研究者实名注册，并建立自己的简介档案，介绍自身研究国别、地区和代表性成果。平台根据收集到的学者信息，分区域和国别形成不同栏目，将某一区域或国别的研究者档案集成在一个类目下。而学者在平台注册并建立好个人档案后，一旦通过审核，即可以运用关键词搜索、课题名称搜索、国别名称搜索等寻找和自身研究领域相近的其他学者，通过平台提供的联络区和希望合作的学者建立联系，洽谈学术合作或实践合作。

最后，建设有志于加入区域国别产学研合作的"校内外主体机构合作平台"，是希望依托开放合作体制形成人才培养合力的积极探索。该平台主要接收来自校内外甚至国内外的社会力量成为注册主体，为高校、科研机构及企事业单位提供产学研合作研究区域国别问题的沟通空间，是三类平台中开放程度最高的。注册主体可以在平台中发布区域国别相关主题的产学研合作研究项目，主动寻找合适的合作方解决研究问题，也可以邀请有意愿的高校在对象国和地区共建田野调查基地，扩展区域国别合作研究的"朋友圈"。以企事业单位为代表的社会力量的加入，为区域国别研究提供了更加具体的问题导向，为区域国别研究发挥智库作用，指导政治、经济、文化等层面的国际合作与发展提供了更具现实价值的实践场域。该平台的可持续运维，亦对高校有针对性地调整区域国别学双能力人才培养方案提供了决策参考。

（四）要依托高校职业发展指导中心形成人才培养效果的评价追踪机制

为打造"研以致用，用以强学"的双向赋能闭环，高校需以全生命周期管理的理念，联通区域国别研究生教育全过程直至最后一个阶段——就业阶段，从而建设形成双能力人才培养效果的评价与追踪机制。评价追踪机制的建立，可有效反哺于区域国别学双能力人才培养的顶层设计和培养全过程管理，通过"以评促建"的方式，为高校下一阶段的招生选拔及培养工作提供行之有效的决策辅助。目前，国内不少高校都已建立专职的职业发展指导中心，对学生毕业后的就业甚至创业进行指导。高校的职业发展指导中心除了可以为毕业年级学生集中提供招聘信息、简历制作指导、面试礼仪指导等具体性工作，还可以把自身定位于"高校—社会—国家"人才输送流通的见证者，通过组建调研小组等方式，与研究生院学籍管理部门、相关院系进行学生就业信息的收集、协同与分析，并面向教育部等上级部委、同类高校和特定的社会关注者发布人才培养成果报告。

具体到区域国别学的双能力人才培养，校职业发展指导中心可以派员与区域国别研究的实体教学机构组成联合追踪小组，以每五年或其他适合的间隔时间为单位，以毕业研究生的研究领域分布、毕业去向、就业状况、阶段性研究成果等作为变量组，通过问卷及定期访谈等形式开展培养成果调研，并形成培养成果报告，面向教育部国别和区域研究工作秘书处、高校国别和区域研究人才培养与学科建设联盟等上级单位和特定社会关注者，乃至部分关心学科发展的社会公众，以可视化形式展示和发布人才培养成果，分析培养目标达成情况及培养过程的优劣之处，为下一阶段高校领导层和实体教学机构调整区域国别学高层次人才培养的顶层设计、优化培养过程提供决策参考，帮助高校的区域国别学双能力人才培养形成自我革新、自我成长的可持续发展闭环。

综合来看，应用全生命周期管理理念创设的区域国别学研究生教育管理策略，系统化改善了区域国别研究在交叉学科背景下所面临的管理分散、信息分散、培养分散的局面。集成、协同、共享的全过程环节管控，将给予学生从申请入学到申请学位的各个节点以充分的支持，降低了学生进行区域国别研究的实际和潜在困难，有利于高校区域国别研究从高速发展阶段迈向高质量发展阶段。全生命周期的管理理念，通过优化信息和资源的流动与连接方式，创造了新的教育管理秩序，为高校研究生学术能力与应用能力的双提升提供了有利空间，假以时日，相信亦会促成区域国别学双能力人才队伍建设的质变效果。与此同时，区域国别学沿着双能力人才培养的"一条主线"，也发展出"跨学科素养教育"与"全球胜任力素养教育"两个重要的"辅助翼"体系，在服务国家需求的价值驱动下，帮助区域国别学的高层次人才培养不断自我革新、自我完善，打造具有中国特色的区域国别学研究生育人体系。

三、跨学科素养教育与全球胜任力素养教育对区域国别学人才培养的价值驱动

交叉学科背景下，区域国别学研究生教育具有两个重要的"辅助翼"体系：一是跨学科思维范式的素养教育，二是国际视野与格局下的全球胜任力素养教

育。二者沿着区域国别学培养"研以致用，用以强学"双能力人才的"一条主线"，分别担任起支撑这条主线可持续发展的左右"两翼"。而这左右"两翼"，在双能力人才培养的过程中都还需要再进行聚焦优化：跨学科思维范式的素养教育需要在复杂交织的多元学科知识与方法论体系中，提炼出一套灵活、自洽、有效的知识吸收和提取方法，服务于跨学科研究的顺利开展；而全球胜任力素养教育则要紧抓立德树人主线与服务国家进步的坚定志向，在国际视野与格局下坚持问题导向，以培育和养成"在国际与多元文化环境中有效学习、工作和与人相处的能力"为目标。

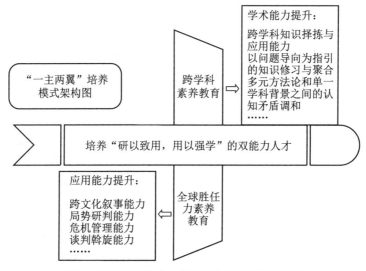

图 2　区域国别学"一主两翼"培养模式架构图

（一）跨学科素养教育：以问题导向提升跨学科知识择拣与应用能力

区域国别学成为一级学科，与我国综合国力不断增强、国际合作发展需要持续上升的现实情况相辅相成。在当前复杂多样的国际环境中，国家和地区之间的主体信任建构变得十分艰难，"构建人类命运共同体"迫切呼唤着"学术＋应用"双能力人才的出谋划策。而在培养区域国别双能力人才的过程中，着重提升他们对复杂性区域国别问题的破题能力是关键。区域国别问题之所以复杂多样，离不开政治、经济、历史、文化、法律等基础因素的综合作用，因此，区域国别学教育的根本目标之一，就是帮助每位后备人才建构形成一个综合对象国家或地区政治、经济、历史、文化、法律等内容知识的、跨学科的知识储备调配库。当突发实际问题出现并对我国形成重要影响时，区域国别领域的人才生力军可以快速从其跨学科知识储备库中择拣调配合适的理论知识，结合其实地田野经验，分析并形成合理可行的决策辅助报告，帮助我国国际问题的决策主体更好地做出应对。可以说，区域国别学人才的跨学科知识择拣与应用能力，是以问题导向为指引的知识修习与聚合，更是学术能力与应用能力在同一人身上的破壁与融通。

谈及跨学科素养教育在研究生学段的开展路径，采用全生命周期管理的理念不仅可以打通研究生教育各环节的信息壁垒，还可以强化不同基础学科教育在交叉学科背景下的"百花齐放"与"百家争鸣"，让学生在全面学习不同基础学科知识的同时，还能根据需要自主、灵活地选择研习的主次。此外，全生命周期式的研究生教育可以从体制机制上，为学生的学习提供更加强有力的支持，允许学生试错并能容错，为学生在研究生学段的学术与应用能力探索，供给人、财、物等方面的资源支持。

在未来的区域国别学双能力人才培养过程中，跨学科素养教育的价值和意义应当得到进一步的肯定，并通过校内课程和校外的产学研实践，帮助学生构建"学术＋应用"的知识体系，"以'我'之视角研究域外地区和国家，从而为'我'服务"①。而区域国别跨学科素养教育的落地，与学科建设密不可分。近年来，针对区域国别学学科建设的讨论，充分体现了交叉学科背景下，区域国别研究积极打通学科壁垒以实际解决问题的思维模式。例如，北京大学区域与国别研究院在2023年7月举办的学科建设研讨会上，提出了包括"区域国别学理论""国家发展与现代化""区域整合与地缘关系""一带一路""文明交流与互鉴"五个问题为导向的区域国别学双能力人才培养方向。上述实践用自主设置二级学科的方式，积极尝试构建中国特色的区域国别学交叉学科，帮助学生形成跨学科的思维择选与应用能力。

（二）全球胜任力素养教育：以实践导向培育全球胜任力

如果说跨学科素养教育聚焦于区域国别学双能力人才培养的"学术能力"

---

① 于海阔：《走出区域国别学研究认识误区》，《中国社会科学报》2023年5月10日，第3版。

一端，那么全球胜任力素养教育就更加侧重双能力人才培养的"应用能力"一端。区域国别学中的全球胜任力素养教育，旨在通过田野调查和产学研实践等实践型教育方式，着力提升区域国别领域人才"在国际与多元文化环境中有效学习、工作和与人相处的能力"①。确保区域国别学培育出的双能力人才具有开放的格局和全球化视野，具有坚定的主流价值观与高远志向，具备积极灵活的跨文化交往能力，是区域国别学开展全球胜任力教育的锚向。全球胜任力素养教育不仅为跨学科素养教育在实践领域的效果考察提供了明确的指标，也将更好地服务于区域国别学双能力人才的跨文化叙事能力、局势研判与危机管理能力、跨国谈判斡旋能力等的培养，并反哺于区域国别学科的主体性建设。

全球胜任力素养教育的核心，是为学生搭建一个田野调查和社会实践的无形实验室，为学生提供在对象国家和地区沉浸式学习和交流的机会。为达到对目标国家和地区的全方位、深入式了解，全球胜任力素养教育可以说为区域国别学创造了得天独厚的沉浸式研究情境。在这个无形的实验室里，学生可以以"参与式观察"或"非参与式观察"的角色进入到对象国家和地区，长时间入乡随俗地感受和体验当地社会文化，在和当地人交往的过程中寻找最合适的研究视角，通过第一手资料的收集，建立起有关当地的综合知识体系。

值得注意的是，在当前虚拟现实和网络空间交融的社会化传播环境中，对目标国家和地区的研究也不应只局限于实体的实地考察，对当地网络空间尤其是社交媒体使用的考察和观察，从当地用户的社交发布中学习话语使用和信息接受习惯，对于在实践中讲好中国故事、有效传播中国声音也起到至关重要的作用，这既是新闻传播学基础知识在区域国别领域的彰显，也体现出跨文化传播能力在全球胜任力素养教育中的不可替代性。

关于田野调查和当地生活经历在区域国别研究中的基础性地位，已有众多文献进行了强调，无需另作说明。但研究生教育的全生命周期管理对全球胜任力素养教育的有效支持，需在此加以明确，希望能引起学界及业界的共同重视。全球化时代，做好区域国别学双能力人才的全球胜任力素养教育，一方面要在

---

① Organisation for Economic Co-operation and Development，"The PISA 2018 Global Competence Assessment," October 22，2020，https://www.oecd.org/pisa/pisa-2018-global-competence.htm，2023-10-01. 曲炜：《全球素养、跨界创新、融合发展 培养具备全球胜任力的国际化人才：记清华大学社会科学学院全球治理人才培育项目》，《国际人才交流》2018年第10期，第14—16页。

管理机制层面入手，为学生前往对象国家和地区开展田野调查和产学研实践提供充分支持，比如与国外高校及科研机构建立联合培养和专项激励项目，又如在成果产出方面打破唯论文、唯发表的旧局，探索以"实地考察民族志""非虚构式文学影像作品"等适用于区域国别研究领域的创新成果，取代传统的成果评价机制。再如要利用助研体系打通国内学生与国际学生的交流通道，为国内学生通过国际学生进一步了解对象国增加可能性。另一方面要在多方合作层面下功夫，比如以国家急需解决的区域国别领域问题为导向组建产学研合作团队，引入社会和机构力量丰富实践场景、提升调研针对性，等等。在上述设想之外，发展全球胜任力素养教育也决不可忽视"立德树人"主线和服务国家的坚定志向。长期的域外生活经历以及杂糅参差的外国文化，很难不对学生既有的价值观念和文化认同产生冲击。冲击之下，以青年学者为主的区域国别学人才后备队伍，需要具备坚持主流价值观的定力，爱国关天下的魄力，急国家之所急、应国家之所需的实力，应对好在区域国别研究开展过程中遇到的各类心理挑战。

四、结　语

从 2012 年教育部批准成立首批高校区域和国别研究培育基地，到如今 400 余个教育部国别和区域研究备案中心相继建成，我国的区域国别研究已基本实现世界主要地区和国家的全覆盖。2023 年下半年，区域国别学首次作为交叉学科下设一级学科开启研究生招生工作。在交叉学科蓬勃发展的驱动下，区域国别学需在学科建设与人才培养的互动中做好顶层设计。

总体来看，双能力人才培养将是区域国别学在学科交叉和现实需要的背景下，在未来一段时期内的高层次人才培养方向。构建区域国别学研究生教育的全生命周期管理模式，通过主体间、部门间、学科间、行业间、信息间的集成协作与共享融通，为区域国别学研究生教育的全过程环节注入"润滑剂"，成为促进双能力人才培养效能提升的新型手段。以全生命周期的系统性管理观念，和"一主引领＋两翼驱动"的增值型辅助体系，打破知识体系区隔与人才吸纳的壁垒，构筑一个具有中国特色的区域国别学高层次人才培养全生命周期，明确双能力人才即高层次人才的培养核心目标，有助于打造"研以致用，用以强学"的良性发展闭环。

区域安全文化与东盟安全实践

刘　琼[*]

随着国际安全局势动荡加剧，地区冲突持续蔓延，传统安全强势回归，致使全球不确定性日益增加。与世界其他地区不同，东南亚国家联盟（ASEAN，以下简称东盟）自 1967 年成立以来整体保持和平稳定，经济关系开始蓬勃发展，新的地区安排和合作模式愈发引起更有影响力的地区行为体的关注。这种势头不仅表现在经济领域，也在安全合作、政治协商、跨国项目等多领域合作方面得以体现。凭借其自身独特的"东盟方式"，东盟能动地建设以东盟为中心的区域对话机制群，如东盟地区论坛（ASEAN Regional Forum，ARF）、东盟与中日韩（10＋3）合作机制、东亚峰会（East Asia Summit，EAS）等，并试图吸引地区大国加入区域一体化进程，创造了一种舒适、安全的和平生态。这些合作进程甚至被称为东南亚、东亚以及亚太关系的"东盟化"。实际上，东南亚地区的经济活力、地区倡议和相对稳定往往令人难以忆及，在东盟建立之前，东南亚国家和地区政治中表现出来的是一种何等脆弱的政治经济条件：同质化程度低、国内结构虚弱、地区竞争严峻和大国干涉。[①]然而，东盟以其独有的方式追求地区共识和非对抗性、包容性的政治交往制度实践，并通过非正式的区域协调，成功稳定了其内部以及整个地区的局势。即便在"棘手"的领土主权问题上，东盟也展现出了出人意料的韧性，成功化解了潜在的冲突。[②]这不禁引人深思：是什么原因导致一个同质化程度很低、曾经动荡不安、贫穷分裂的地区

---

　*　刘琼：外交学院国际政治专业博士研究生。
　①　［美］鲁德拉·希尔、彼得·卡赞斯坦：《世界政治研究中的分析折中主义》，秦亚青、季玲译，上海人民出版社 2013 年版，第 173 页。
　②　Alice D. Ba，(*Re*) *negotiating East and Southeast Asia：Region，Regionalism，and the Association of Southeast Asian Nations*，Stanford University Press，2009，p.1.

在短短几十年内实现了巨大的和平演变？尽管缺乏调停或解决冲突的正式渠道，但为什么地区冲突没有升级？地区还是能维持整体上的和平？东盟如何设法稳定成员国之间的关系、扩大和深化区域安全合作？作为区域内实力相对较弱的中小国家群体，东盟如何引导地区大国参与区域安全合作并主导这一进程？这些问题值得深入探讨。研究东盟的传统方式从严格的功利主义、理性主义角度衡量地区安全合作，未能对东盟具有弹性的区域安全合作实践进程做出合理解释。本文尝试提出区域安全文化视角，指出区域安全文化是影响区域安全合作实践的重要背景性因素，为理解东盟安全合作实践的内在逻辑提供一个新的综合性视角，也为世界其他地区以及全球安全合作实践提供借鉴与启示。

一、东南亚安全合作实践研究现状

现有研究基于不同理论视角，分别以权力、制度、观念等核心观点探讨东南亚的安全合作实践。现实主义理论关注国际安全环境中的权力平衡，认为国际政治体系中大国之间的互动塑造了东南亚地区的安全秩序。新自由制度主义视角重视国际制度和规则对东南亚安全合作实践的影响，强调东盟作为一个地区性组织所发挥的制度性作用。建构主义关注共同规范和价值协调，强调地区身份认同建构和共同价值观塑造在东南亚安全实践中的作用。

（一）传统理论的不同诠释

根据现实主义理论的安全观念，国家间的权力和利益竞争无可避免，生存与安全是国家的首要关注。全球权力格局变革对小国的安全实践产生影响，大国之间的互动影响小国的战略行动空间，进而塑造其地区安全秩序。具体到东南亚安全实践，有研究指出东盟区域安全实践受到两个因素限制：其一，大国的利益和行动影响了东盟安全政策走向；其二，东盟内部在安全观念和安全利益上的分歧决定了组织内部安全合作的局限性。[①]也有观点认为，大国安全竞争

---

① Shaun Narine, "ASEAN and the Management of Regional Security," *Pacific Affairs*, Vol.71, No.2, 1998, pp.195—214；赵爱国：《东盟内部的离心力与向心力：东盟各国国家利益冲突与协调分析》,《国际论坛》2001年第1期，第28—30页。

的程度和方式决定了东盟在区域内的行动空间，进而影响其安全合作实践与安全战略选择。①结构现实主义学者关注地区安全权力结构对东盟在区域安全领导方面的影响，一旦地区安全结构陷入竞争与对抗格局，东盟将难以继续安坐地区安全合作架构的"驾驶座"（Driver's Seat），甚至将沦为区域大国相互制衡的筹码。②关于东盟是否成功建立"安全共同体"也是现实主义视角讨论东盟安全实践的焦点。如迈克尔·莱费尔（Michael Leifer）指出，东盟的凝聚力和生存能力取决于东盟国家是否拥有共同威胁，且是否愿意为维护成员国的特殊利益而展现出外交团结，这意味着东盟无法成为传统意义上的安全保障者。③也有研究提出相似观点，认为东盟的安全共同体建设无法摆脱其成员国作为中小国家的弱势战略现实，其价值趋同与共有规范实践仍受地区大国的操控和影响。④现实主义理论在逻辑上具有一定的片面性，无法针对东盟弹性的区域安全实践提供令人满意的解释。一方面，根据结构现实主义的权力平衡原则，东南亚地区的安全实践不符合现实主义的预测范围，即霸权稳定、权力过渡等物质性结构并未在东南亚地区体现；另一方面，现实主义理论主张国家间竞争和冲突不可避免，这一逻辑无法解释东盟长期和平的安全合作态势。此外，该理论视角还

① 刘若楠：《大国安全竞争与东南亚国家的地区战略转变》，《世界经济与政治》2017年第4期，第60—82页；刘若楠：《印太战略框架下美国与东南亚国家的安全合作》，《南洋问题研究》2020年第2期，第43—57页；Herman Joseph S. Kraft, "Great Power Dynamics and the Waning of ASEAN Centrality in Regional Security," *Asian Politics & Policy*，Vol.9，No.4，2017，p.601；David Martin Jones and Nicole Jenne, "Weak States' Regionalism: ASEAN and the Limits of Security Cooperation in Pacific Asia," *International Relations of the Asia-Pacific*，Vol.16，No.2，2016，pp.209—240；韦宗友：《印太视角下的"东盟中心地位"及美国：东盟关系挑战》，《南洋问题研究》2019年第3期，第8页。

② 封帅：《变动中的平衡：东盟在亚太安全体系中的地位与作用》，《东南亚研究》2017年第4期，第1—18页；Lee Jones, "Still in the 'Drivers' Seat', but for How Long? ASEAN's Capacity for Leadership in East-Asian International Relations," *Journal of Current Southeast Asian Affairs*，Vol.29，No.3，2010，pp.101—102。

③ Michael Leifer, *ASEAN and the Security of South-East Asia*（Routledge Revivals），Routledge，2013，p.158；Michael Leifer, "The Role and Paradox of ASEAN," in Michael Leifer eds., *The Balance of Power in East Asia*，Palgrave Macmillan，1986，pp.119—131。

④ David Martin Jones and Michael L.R. Smith, "Making Process, Not Progress: ASEAN and the Evolving East Asian Regional Order," *International Security*，Vol.32，No.1，2007，pp.148—184；Ralf Emmers, *Cooperative Security and the Balance of Power in ASEAN and the AFR*，Routledge，2003，pp.51—52。

存在过于单一化问题，即随着东盟安全合作不断深化，仅从安全困境、权力平衡等角度分析东南亚安全合作实践无法充分解释该地区秩序变化的复杂形势。

新自由制度主义理论认为，明确、自主、约束的制度建设更有助于各国理性应对国际意图的模糊性。具体到东盟安全实践，艾伦·科林斯（Alan Collins）认为东盟作为一种安全制度减少了成员国对彼此意图的不确定性，进而缓解了区域内的安全困境。他指出，东盟要成为一个安全共同体不能依赖于"东盟方式"的行为规范和准则，而是必须制定新的社会化制度以建立共同身份。[1]类似的研究以制度作为变量考察东盟安全治理模式的发展脉络，指出东盟地区安全治理模式的效用与其区域建制及制度化程度密切相关。[2]也有学者认为，东盟独特的安全观念是东南亚区域安全合作实践中的重要机制，并进一步构建了该地区安全合作实践的主要模式。[3]与硬性制度主义不同，东盟长期以来强调合作、对话和共同理解，主张通过软性规则和非正式协商展开区域安全实践，并通过规范制度、网络权力和过程实践三个路径有效建立和部分主导了以东盟地区论坛为代表的地区国际制度。[4]开放性合作理念削弱了东南亚安全合作的制度化程度，具体表现为非正式性、无法律约束力、规则解释多元的清谈模式。[5]这导致东南亚安全合作机制也存在碎片化问题，体现出机制多元化、复杂化和无序化特征，降低了区域安全合作的制度化水平，加剧了区域安全合作的复杂性。[6]新

---

① Alan Collins，"Forming a security community：lessons from ASEAN，"*International Relations of the Asia-Pacific*，Vol.7，No.2，2006，pp.203—225.

② 韦红、颜欣：《东盟地区安全治理模式变迁：从抗御力到安全共同体》，《当代世界与社会主义》2017 年第 5 期，第 159—168 页；张云：《东南亚区域安全治理研究：理论探讨与案例分析》，《当代亚太》2017 年第 4 期，第 122—151 页。

③ 郑先武：《"合作安全"与东南亚安全区域主义》，《国际论坛》2007 年第 1 期，第 73—78 页；韦红：《东盟安全观与东南亚地区安全合作机制》，《华中师范大学学报（人文社会科学版）》2016 年第 1 期，第 27—34 页；Shaun Narine，"Institutional Theory and Southeast Asia：The Case of ASEAN，"*World Affairs*，Vol.161，No.1，1998，p.43。

④ 魏玲：《小行为体与国际制度——亚信会议、东盟地区论坛与亚洲安全》，《世界经济与政治》2014 年第 5 期，第 85—100 页；Sisowath Doung Chanto，"The ASEAN Regional Forum-The Emergence of 'Soft Security'：Improving the Functionality of the ASEAN Security，"*Dialogue and Cooperation*，No.3，2003，pp.41—47。

⑤ 魏玲：《关系、网络与合作实践：清谈如何产生效力》，《世界经济与政治》2016 年第 10 期，第 39—58 页。

⑥ 韦红、尹楠楠：《东南亚安全合作机制碎片化问题研究》，《太平洋学报》2018 年第 8 期，第 13—25 页。

自由制度主义理论无法解释的是，为什么东盟看似松散、非正式、无明确规则界定的软性制度构建能够推进区域安全合作实践，实现地区秩序的长期稳定与和平。基欧汉（Robert Keohane）指出，包括约定（convention）在内的非正式机制具有隐含的规则和理解，不仅可以促进协调和谈判，也能影响行为者的动机，与正式制度具有同样效力，是影响国际关系的重要因素。[1]这一观点明确了制度化程度高低与国际体系中的行为预期和效力并不存在直接逻辑关系，但并未提出非正式制度化建设影响行为体合作实践的内在机制。据此，将制度作为东南亚地区安全合作实践的原因也无法提供充分解释。

建构主义强调规范（或观念）在国际政治中的重要作用，认为规范塑造了国际行为体的身份和利益，进而影响其行为互动和政策选择。涉及东南亚安全合作实践研究，建构主义学者大多以东盟的共同规范、共有价值、集体认同等要素为核心解释工具，用"安全共同体"建构来阐释东盟区域安全合作实践。[2]根据伊曼纽尔·阿德勒（Emanuel Adler）和迈克尔·巴尼特（Michael Barnett）对安全共同体概念的解释，成员国具有共享身份、共同规范和价值趋同是构建安全共同体的基本条件。[3]在此基础上，阿查亚主要关注安全共同体建构中制度、规范和身份建构的社会化互动过程。他指出，东盟通过其社会文化规范内化和集体身份建构逐步形成具有东盟特色的安全共同体。[4]阿查亚进一步提出规范本土化理论框架，解释了东盟规范形成的本土化机制，指出新规范在融入东盟的既有规范体系后仍需要一个本土内化的过程。[5]类似研究指出，东盟对西方主权和不干涉等新规范内化存在一定局限性，但"东盟方式"作为东盟安全共同体的重要规范性框架有助于调节成员国之间的不安全感，进而促进其区域安

① Robert O. Keohane, *International Institutions and State Power: Essays in International Relations Theory*, Routledge, 2018, p.4.

② 潘启亮、蒋琛娴：《东盟安全共同体建构：外部推力与内在进程》，《东南亚研究》2020年第3期，第36—57页；[加] 阿米塔·阿查亚：《建构安全共同体：东盟与地区秩序》，王正毅、冯怀信译，上海人民出版社2004年版，第29—40页。

③ Emanuel Adler and Michael Barnett, *Security Communities*, Cambridge: Cambridge University Press, 1998, pp.37—48.

④ [加] 阿米塔·阿查亚：《建构安全共同体：东盟与地区秩序》，第29—40页。

⑤ Amitav Acharya, "How Ideas Spread: Whose Norms Matter? Norm Localization and Institutional Change in Asian Regionalism," *International Organization*, Vol.58, No.2, 2004, pp.239—275.

全合作。①然而，建构主义理论也因此遭受批评。根据"安全共同体"概念，成员间彼此信任、互惠合作是构建安全共同体的关键因素。②拉尔夫·埃默斯（Ralf Emmers）据此对东盟是否成功构建"安全共同体"存疑。他认为成员国之间因利益差异而产生的彼此不信任，削弱了东盟作为一个安全共同体解决地区安全问题的能力。③也有研究批评建构主义理论过于重视内部规范、集体认同等要素的作用，忽视了权力、利益等外部因素对东盟规范更新与安全合作实践的影响。例如，有学者通过系统衡量冷战后东盟外交与安全共同体之间的关系，对东盟国家遵守规范的行为是出于内部共同价值结构还是理性权力平衡提出疑问。④对此，阿查亚在研究中承认，国际方面等外部力量的推动是促进东南亚地区和平进程的重要因素。⑤可见，内部规范视角也未能阐明推动东盟区域安全合作发生变化的根源。

（二）既有研究的进展与局限

综上，既有研究从不同理论视角对东南亚安全合作实践的解读具有一定启发，但也存在一些共同的局限。首先，范式导向研究建立理论边界，不同理论与研究传统的相互分立和互不通约容易陷入形而上理念的论争，使得区域安全合作研究在自我封闭的学术辩论与开放的政策实践之间存在巨大鸿沟。⑥现有解释遵循经典理论范式研究思路对复杂的区域安全现实进行高度简化，集中考察权力、制度和规范要素对于东盟安全合作实践的影响。过度依赖简约和一般性的抽象理论容易将真实世界的安全问题片面分割，疏略或回避其中细节、复杂

---

① Jürgen Haacke, "ASEAN's Diplomatic and Security Culture: A Constructivist Assessment," *International Relations of the Asia-Pacific*, Vol.3, No.1, 2003, pp.57—87; Nikolas Busse, "Constructivism and Southeast Asian Security," *The Pacific Review*, Vol.12, No.1, 1999, pp.39—60.

② Emanuel Adler and Michael Barnett, *Security Communities*, Cambridge University Press, 1998, p.17.

③ Ralf Emmers, "Enduring Mistrust and Conflict Management in Southeast Asia: An Assessment of ASEAN as a Security Community," *Trans-Regional and -National Studies of Southeast Asia*, Vol.5, No.1, 2017, pp.75—97.

④ Tobias Nischalke, "Does ASEAN Measure Up? Post-Cold War Diplomacy and the Idea of Regional Community", *The Pacific Review*, Vol.15, No.1, 2002, pp.89—117.

⑤ ［加］阿米塔·阿查亚：《建构安全共同体：东盟与地区秩序》，第 131—132 页。

⑥ ［美］鲁德拉·希尔、彼得·卡赞斯坦：《世界政治研究中的分析折中主义》，第 8 页。

性与关联性。同时，单一的分析框架将历史、文化等人文因素排除在外，忽视了小国行为体的自主性和能动性，无法为理解东盟安全合作实践提供一个较为全面的理论视角，难以充分解释国际关系的复杂现实。因此，区域安全研究有必要重构包含不同范式的概念、逻辑、诠释和机制的分析框架，以问题为导向考察现实安全问题。①

其次，既有研究主要基于理论理性的分析路径，其基本假定是由表象性知识引导以推进行动，②即工具理性、制度理性和规范理性都是以抽象的形式重现客观世界的普遍规律，并以此解释具体安全实践。表象性知识不以具体情景、具体地域和文化经历为基础③，忽视对国际社会变化的社会性与实践性的理论探讨。但正如文森特·波略特（Vincent Pouliot）指出，国际社会中大多数外交实践的复杂运作都依赖于实践性知识④，这意味着对客观世界实践性的理论探索并非没有价值。因此，国际关系研究有必要突破表象性知识规定的理性理论边界，关注行动者的地方背景与实践经验，从更多元的角度审视理论建构与现实行动之间的关系。⑤

最后，传统解释分别从权力、制度和规范视角讨论国际体系层面因素如何影响东盟安全合作实践。这种以实质主义为核心的单项建构理论属于静态结构理论，缺乏对双向进程的完整描述，难以摆脱线性思维的束缚，很难解释确定性较低的生成过程。⑥东南亚是一个不断发展的多元化地区，处于一个高度动

---

① 希尔和卡赞斯坦称此为国际关系研究的"实用主义转向"，并提出超越范式的"分析折中主义"。参见鲁德拉·希尔、彼得·卡赞斯坦：《世界政治研究中的分析折中主义》，第 22—44 页。

② 知识可以被分为表象性知识和实践性知识两类，参见 Vincent Pouliot, "The Logic of Practicality: A Theory of Practice of Security Communities," *International Organization*, Vol.62, No.2, 2008, pp.270—271。

③ 秦亚青：《行动的逻辑：西方国际关系理论"知识转向"的意义》，《中国社会科学》2013年第 12 期，第 188 页。

④ Vincent Pouliot, *International Security in Practice: The Politics of NATO-Russia Diplomacy*, Cambridge University Press, 2010, pp.30—31.

⑤ 国际关系研究中有关"行动逻辑"的研究正在从关注利益、制度、规范等可言明、可界定，甚至可量化的表象性知识范畴中的概念转向关注在很大程度上无以言明的背景性知识，秦亚青称其为国际关系的"知识转向"。相关论述参见秦亚青：《行动的逻辑：西方国际关系理论"知识转向"的意义》，第 188—198 页。

⑥ 秦亚青：《关系本位与过程建构：将中国理念植入国际关系理论》，《中国社会科学》2009年第 3 期，第 71 页；秦亚青：《关系与过程：中国国际关系理论的文化建构》，上海人民出版社2012 年版，第 205 页。

态、变动不居的过程之中，无论是权力结构、制度结构还是观念结构都是将理论静态化处理的研究①，无法对安全实践进程的变化、发展和延续做出令人满意的解答。因此，国际安全研究应更关注过程的多元性、异质性以及行动者之间的互动。

为弥补既有解释的不足，国际政治的实践理论与习惯逻辑（logic of habit）已做出初步探讨。与传统解释以权力、制度和规范等静态结构为核心解释要素不同，实践理论强调行为体受背景知识和社会情境驱动而产生的行动过程。②具体到东南亚安全实践，有学者将东盟安全实践视为一个不断发展变化的历史进程，将背景知识运用于实证研究，指出其构成具体实践、行动产生的主导条件。③也有研究注意到区域关系与社会情境对实践进程的影响，指出东盟所构建的关系性权力在安全合作实践中发挥主导性作用。④同样，习惯逻辑也观察到世界政治中被视为理所当然的不确定性要素，指出在现实安全实践中存在一种习惯性要素（habitual elements），这种要素源于共同的经验，能够无意识地影响行为体的行为。⑤这些研究观察到东盟作为实践者的能动性和自主性，也关注到外部环境对实践进程的影响，但忽视了文化作为一种身份意识是行为体塑造集体认同、判别彼此关系的基础和前提。随着国际关系的知识转向，以表象知识作为唯一知识、以西方实践与经验为基础的垄断地位被动摇，这为非西方知识、经验与实践的释放提供了理论依据，而实践经验的多元本质上指向了文化的多样性。⑥

---

① 秦亚青：《关系与过程：中国国际关系理论的文化建构》，第 200 页。

② ［加］伊曼纽尔·阿德勒、文森特·波略特主编：《国际实践》，秦亚青等译，上海人民出版社 2015 年版，第 6—8 页。

③ 季玲：《历史、实践与东盟安全合作进程》，《外交评论（外交学院学报）》2014 年第 5 期，第 85—103 页；李垣茕：《背景知识、关系情境与东盟安全合作实践》，《外交评论（外交学院学报）》2019 年第 4 期，第 99—125 页；魏玲：《本土实践与地区秩序：东盟、中国与印太构建》，《南洋问题研究》2020 年第 2 期，第 1—14 页。

④ 田诗慧、郑先武：《关系性权力与亚太海洋安全合作"东盟中心地位"构建》，《当代亚太》2022 年第 6 期，第 98—133 页；田诗慧、郑先武：《关系性安全与东盟的实践》，《世界经济与政治》2020 年第 9 期，第 101—122 页。

⑤ Aarie Glas, "Habits of peace: Long-term regional cooperation in Southeast Asia," *European Journal of International Relations*, Vol.23, No.4, 2017, pp.833—856; Ted Hopf, "The Logic of Habit in International Relations," *European Journal of International Relations*, Vol.16, No.4, 2010, pp.539—541.

⑥ 秦亚青：《行动的逻辑：西方国际关系理论"知识转向"的意义》，第 192—194 页。

作为一个区域性国际组织，东盟安全合作实践实际上也体现了隐藏在其背后的独特区域安全文化。鉴于此，本文在借鉴和反思既有研究的基础上提出区域安全文化的研究视角，认为区域安全文化是促进东盟安全合作实践的重要背景性因素，为理解区域安全合作实践提供一种可能的解释逻辑。本文所依据的文化概念具有两层含义：一是基于传统文化与背景知识，即东盟安全合作在多大程度上受到东盟各国自身历史、文化、经验和习惯的指导和制约；二是基于东盟成员国之间及其与外部环境的互动而形成对于区域安全威胁与合作的共同认知。对于东南亚地区来说，区域安全文化可以助其创建地区安全合作框架，进而指导和推动东盟安全合作实践。

二、区域安全文化：理解区域安全合作实践的新视角

冷战结束以来，文化因素在国际安全研究中的作用日益凸显。从国际关系经典理论范式的论争到不同中微观理论的提出①，文化概念再次成为国际关系研究的重要议程。安全文化是文化在安全领域的具体反映，具有文化概念的一般属性。②在讨论安全文化之前，本文首先明确什么是文化。

（一）文化

文化是一个社群在长期实践过程中建构形成的意义体系，并以共同背景知识的形式，对该群体的身份塑造、行为选择产生潜移默化的影响。在学术界，关于文化的概念更强调精神因素或知识层面。例如，克利福德·格尔茨（Clifford Geertz）主张的文化概念基于符号学理论，指出"文化是从历史留下来的存在于符号中的意义模式，是以符号形式表达的前后相袭的概念系统，借此人们交流、保存和发展对生命的知识和态度"③。简言之，文化是人类社群共有的意义系统，是一种社群性共识。

---

① 例如，福山的"历史终结论"、亨廷顿的"文明冲突论"、约瑟夫·奈的"软权力"概念以及建构主义从规范和认同角度研究国际政治中的文化因素等。参见魏玲：《东南亚研究的文化路径：地方知识、多元普遍性与世界秩序》，《东南亚研究》2019年第6期，第12页。

② 秦亚青：《新冠肺炎疫情与全球安全文化的退化》，《国际安全研究》2021年第1期，第5页。

③ ［美］克利福德·格尔茨：《文化的解释》，韩莉译，译林出版社1999年版，第109页。

　　文化概念进入国际关系理论研究视野则更强调国际体系行为体之间的共同性和主体间性。文化是一国在长期实践过程中建构形成的意义体系，以共同背景知识的形式，对国家的行为与选择产生潜移默化的影响。亚历山大·温特（Alexander Wendt）基于社会意义角度，将国际体系层次的共有知识称为文化。具有共有知识的行为体对彼此的理性程度、战略、偏好、信念以及对外部世界状态的认知都是共享的，并形成一种"主体间共识"。[1]彼得·卡赞斯坦（Peter J. Katzenstein）对文化的定义更为具体，规范、规则、制度、习俗、习惯、意识形态等都是文化的具体形态。他将文化框定为民族国家权威或身份的集体模式，认为文化既是一套评价标准（如规范和价值观），也是一套认知标准（如规则和模式），这些标准定义了体系中的社会行为体、行为体的运作方式及其相互之间的关系。[2]江忆恩（Alastair I. Johnston）则从单位层面将文化视为共同的决策规则、标准的操作程序和惯常的决策方式。[3]在文化与国家行为关系的解释方面，他认为决策者由于受到文化的影响，会对外部环境中的某些条件更为敏感，进而影响其战略选择。[4]福里斯特·摩根（Forrest Morgan）指出文化与国家战略行为之间的连接因素包括认知、战略偏好和政治程序。其具体作用机制是：首先，文化决定个人和集团如何认识外界环境；其次，文化界定战略偏好；最后，文化塑造了影响政治程序的社会互动模式。[5]克里·朗赫斯特（Kerry Longhurst）同样强调文化的战略性，提出战略文化包括基础成分（foundational elements）、安全政策观点和常规实践（regulatory practices），塑造政策制定者对形势的认识和战略偏好，并为其提供了行动的参考框架。[6]此外，文化影响行为，这种影响是个人和群体在与环境的互动或在实践活动中完成的，因此，文化是习得的、

---

　　① ［美］亚历山大·温特：《国际政治的社会理论》，秦亚青译，上海人民出版社2014年版，第157—158页。

　　② ［美］彼得·卡赞斯坦主编：《国家安全的文化：世界政治中的规范与认同》，宋伟、刘铁娃译，北京大学出版社2009年版，第7页。

　　③ Alastair I. Johnston, *Cultural Realism Strategic Culture and Grand Strategy in Chinese History*, Princeton University Press, 1995, p.35.

　　④ 李晓燕：《战略文化与国家行为——江忆恩战略文化理论述评》，《世界经济与政治》2006年第7期，第36页。

　　⑤ Forrest E. Morgan, *Compellence and the Strategic Culture of Imperial Japan：Implications for Coercive Diplomacy in the Twenty-First Century*, Praeger Publishers, 2003, pp.25—27.

　　⑥ Kerry Longhurst, *Germany and the Use of Force*, Manchester University Press, 2018, pp.17—21.

进化的、动态的。①

上述对于文化概念的讨论都强调了文化作为一种共有知识或观念在互动实践中对行为体产生潜移默化的影响，这与约翰·塞尔（John Searle）的"背景知识"概念颇有异曲同工之处。塞尔提出了"背景"（background）的概念，认为背景构成了意义理解和诠释的基础，任何意识和行为都有赖于背景性知识的作用。②国家往往下意识地根据本国的标准来衡量和判断他国的话语和行为便是基于自身文化背景的驱动。皮埃尔·布迪厄（Pierre Bourdieu）的"惯习"、马歇尔·福柯（Michel Foucault）的"历史先验知识"等概念都具有类似含义。可以说，文化是社会群体的共同背景知识，这些群体内部成员即便在无意识的条件下也会表现出相似的惯习式行为。

据此，国际关系研究视角对文化概念的讨论具有三种意义。一是基于一个民族、社会或国家的历史、传统、风俗、行为准则等而形成的文化。例如，国际关系领域所讨论的霸权文化、战略文化等都属于这种文化。二是基于国际体系中行为体之间互动形成的共有观念结构，主要指宏观层面的国际体系文化，即霍布斯文化、洛克文化和康德文化。三是基于社会行为体之间的互动、交往、实践过程中而形成的共有背景知识，并与规范、规则、认同等具体文化形态紧密关联。三种意义上的文化都属于观念或知识层面的内容，但前两种意义上使用的文化概念具有历史性和系统性，变化进程相对缓慢，第三种文化基于行为体之间的实践活动，具有一定动态性和可变性。本文采用第三种意义上的文化概念，即作为共同背景知识的文化。这种文化会随着行为体之间的关系和互动发生改变，这为理解东南亚安全合作实践提供一种新的视角。

（二）安全文化

安全是人类社会的首要价值，通常指个体或群体的生存不受威胁的状态。

---

① ［美］亚历山大·温特：《国际政治的社会理论》，第 181—182 页；Alastair I. Johnston, *Cultural Realism Strategic Culture and Grand Strategy in Chinese History*，p.35。

② 在他看来，背景具有语言性诠释（linguistic interpretation）和感知性诠释（perceptual interpretation）功能，前者意味着人们会在背景知识的基础上理解和解释句子的意义，而不是单纯在语言学范畴内诠释句子和单词；后者指的是人们在背景知识作用下对外界事物进行感知和判断。参见 John R. Searle, *The Construction of Social Reality*, The Free Press, 1995, p.131。

作为国际关系研究的重要概念，安全可以被简单理解为客观上不存在威胁，主观上不存在恐惧。这意味着安全具有两重性——既是一种现状，也指一种心态。[1]不管是客观现状还是主观感知，安全都具有关系属性[2]，即基于行为体之间的安全互动而形成的对威胁的认知和判断。简言之，安全是行为主体间的集体认同建构。[3]文化是行为主体通过互动而形成的共同背景知识，强调群体内部共有的、相互联系的价值观念、规范和知识对社群成员思维方式和行为方式的影响。据此，安全文化是指一个社群成员如何应对威胁与获取安全的共同背景知识。[4]从安全文化的角度看，国家的安全利益受文化因素的影响，是国家之间及其与国际社会的互动实践所建构的结果。[5]

安全作为一种集体认同建构是一个不断演变的动态过程，其核心在于文化观念的变动。[6]从安全维度看，温特提出国际体系中的三种无政府文化实际上属于三种不同的安全文化。霍布斯文化是一种战争文化，行为体彼此对立，将他者再现为敌人以及如何消灭他者的意图成为行为体之间的共有认知。这种文化建构的安全是零和游戏，行为体以纯粹的现实主义观念对待安全关系。洛克文化建构了另一种安全文化，即行为体之间不再将彼此视为敌人，而是在承认主权、生命和自由的基础上展开竞争。这种安全关系具有相互竞争和相互依赖的双重特性。康德文化基于合作与友谊，强调非暴力、集体行动和互助理念。在这种文化中，多元安全共同体成为重要组成部分。行为体之间彼此互信，不再倡导以武力解决争端，而是构建积极、和谐的集体认同关系，为构建持久和平奠定基础。江忆恩以战争的作用、对手及其威胁的性质和使用武力的效用这三个问题作为战略文化核心范式的基本假定提出战略偏好的三种类型[7]，实际上也反映了不同的安全文化。防御性战略和扩张主义战略更强调通过武力消除安全

① 李少军：《国际政治学概论（第5版）》，上海人民出版社2019年版，第178页。

② 李少军：《国际安全新论》，中国社会科学出版社2018年版，第29页。

③ ［英］巴里·布赞等主编：《新安全论》，朱宁译，浙江：浙江人民出版社2015年版，第43页。

④ 秦亚青：《新冠肺炎疫情与全球安全文化的退化》，第8页。

⑤ ［美］彼得·卡赞斯坦主编：《国家安全的文化：世界政治中的规范与认同》，第2页。

⑥ 孙溯源：《集体认同与国际政治——一种文化视角》，《现代国际关系》2003年第1期，第38—44页。

⑦ Alastair I. Johnston, "Thinking About Strategic Culture," *International Security*, Vol.19, No.4, 1995, pp.46—47.

威胁以保护自身利益，属于冲突型安全文化，而调和主义战略则反映了合作型安全文化，主张通过正式和非正式的合作、交往与联盟以实现安全。

据此，安全文化是一个社会共同体在处理安全问题时的共同认知、价值观和行为规范的反映。不同安全文化造就了共同体之间不同的安全关系，也影响了其安全政策和互动方式。本文所依据的安全文化概念属于一种区域安全文化，重点关注两个相互关联的含义。①第一，区域安全文化受传统文化与地方知识的影响。例如，东盟的区域安全文化在一定程度上受到东盟各国自身历史、文化、经验和习惯的指导和制约。多年的殖民历史和在大国角逐中的艰难处境使东盟在安全问题上达成共识，在此基础上互动、发展而来的区域安全文化具有共有观念意义，一旦形成就无法还原至自有的地方背景知识。这样的安全文化也不能仅被简单归纳为宏观层面的国际体系文化——即霍布斯文化、洛克文化和康德文化。尽管在建构主义看来，这三种无政府文化都是社会建构的文化结构，但鉴于体系文化的共有特性和结构的均衡倾向，世界体系层次的文化结构发生变化的进程相对缓慢，②亦即国际体系文化的本质是预设的、确定的。被固化的国际体系文化成为影响行为体行为的研究起点和根本要素，文化形成的过程因之被忽视。③第二，区域安全文化是基于一个实践共同体在特定时间内通过共同体之间及其与外部环境之间的互动而形成的对安全与威胁的共同认知，是可改变、可习得、可调整的。因此，区域安全文化研究需要区别对战略文化的分析。战略文化作为一个符号系统包括关于安全问题是什么以及如何有效应对安全问题的假定。④不同战略文化塑造不同国家的身份认同和利益偏好，进而影响其战略行为和战略选择。在此过程中，战略文化被视为某种恒定的、不可改变、具有国家特性的静态文化。而区域安全文化不仅源于实践共同体的地方背景知识和传统文化，也基于其长期互动和调整的过程。互动实践的过程构成了共同体重新界定其与其他共同体及其与国际社会之间的关系，催生了集体身份认同和对安全与威

---

① 阿查亚将"东盟方式"视为一种安全文化，首先提出"区域安全文化"的概念，本文在其研究基础上提出区域安全文化的具体内涵，参见 Amitav Acharya, "Culture, Security, Multilateralism: The 'ASEAN Way' and Regional Order," *Contemporary Security Policy*, Vol.19, No.1, 1998, p.55.

② [美] 亚历山大·温特：《国际政治的社会理论》，第 309 页。

③ 秦亚青：《关系与过程：中国国际关系理论的文化建构》，第 201 页。

④ 秦亚青主编：《文化与国际社会：建构主义国际关系理论研究》，第 153 页。

胁的共同认知。维持过程意味着安全文化被持续不断地建构和再建构①，因此区域安全文化是不断变化、发展的，这种变化由共同体的施动性和外部环境的作用使然。

（三）区域安全合作实践的分析框架

本文关注区域安全合作实践的形成和发展。长期以来，理性主义主导了区域安全合作研究，欧盟往往被视为这种以结果为导向和正式制度为基础的地区安全合作范例。与之相比，东南亚地区安全合作是过程主导，先启动安全合作进程，界定相互之间的关系，后出现相应的制度性安排。②要理解这一现象，需要超越传统理性主义思维对区域安全合作研究的限制。巴里·布赞（Barry Buzan）等学者指出，安全具有主体间性和社会性，是一种自我参照的实践。安全威胁是行为主体之间对安全认知的集体反应和共享过程，能够塑造国际体系内的安全互动，并由此抑制安全困境。③这在东南亚地区的安全合作中体现得尤为充分。东南亚的区域安全合作是一个动态过程。安全的主体间认知在东南亚地区并未表现为权力主导或约束性制度化的规范，而是一个赋予安全互动以意义的实践。从这个意义来看，安全合作研究应更注重安全实践的过程。据此，本文在借鉴实践理论和关系理论的基础上，从区域安全文化视角探讨区域安全合作实践的形成及进程。

区域安全合作研究的传统理论分析往往基于单一理论分析框架，忽视了现实安全实践中物质与理念因素错综复杂、相互制约的关系。为了更贴近国际政治现实中的动态互动过程，一些国际关系学者开始转向从"实践"视角观察国际关系中的日常行为。实践是适当绩效行动的实施，是做事情的过程，嵌于特定的、具体的社会域境中，强调有规律的行动实施。④例如，每年轮流在东盟主席国举行的东盟地区论坛（ASEAN Regional Forum，简称 ARF）就是亚太地区27 个国家参与的多边安全对话与合作实践。实践是具有社会意义的，确定某种实践是否适当由行为体所处的社会关系及其互动所建构。⑤实践在实践共同体中

---

① 秦亚青：《关系与过程：中国国际关系理论的文化建构》，第 209 页。
② 同上书，第 220—221 页。
③ ［英］巴里·布赞等主编：《新安全论》，第 42—43 页。
④ ［加］伊曼纽尔·阿德勒、文森特·波略特主编：《国际实践》，第 6 页。
⑤ 同上书，第 8 页。

得以发展、扩散和制度化。一个实践共同体由非正式的、在学习与实施某一实践中具有共同利益的群体组成①，是一个可以产生相似思维的知识聚合领域。共同担当的意识在这个知识空间中形成、扩散，并随着共同体成员的协商调整而发生变化。②基于实践概念，阿德勒认为安全共同体是一种实践共同体，由一系列特定的实践、共同体成员对安全特定的理解方式以及这些实践所发生的环境构成。③在面对不确定的安全环境时，共同体成员基于自身文化背景与实践经验对彼此产生信任或对安全问题形成共同理解和应对。这种"我们感"（we-feeling）是一种惯习式的、基于文化与社会互动实践的相互认同。东盟成员国面对柬埔寨问题时仍能抛开彼此分歧，在相互尊重和自我克制基础上努力开展安全合作，以和平的方式解决争端便是一个例证。

区域安全实践受到背景知识驱动。背景知识建构了行为体或行为群体的观念、言语和行为方式，进而框定了实践活动的范围。知识可以被分为表象知识（representational knowledge）和背景知识（background knowledge）两种类型。与表象知识不同，背景知识是行为体在实践性活动中习得的知识，具有经验性，是难以言明的、隐含的、直觉的、受语境影响的，具体表现为日常生活中的经验、常识等。④布迪厄提出的"惯习"（habitus）概念与背景知识有类似含义，指行为体在长期社会实践中，通过日常学习和实践逐渐形成的一种内在的、无意识的习性。⑤行为体的实践活动往往由背景知识引导，波略特将外交视为国际关系领域的一种安全实践共同体。在这个共同体中，外交官在日常实践中开展外

① Adler Emanuel，"The Spread of Security Communities：Communities of Practice，Self-Restraint，and NATO's Post—Cold War Transformation，"*European Journal of International Relations*，Vol.14，No.2，2008，p.199.

② ［加］伊曼纽尔·阿德勒、文森特·波略特主编：《国际实践》，第 17 页。

③ Adler Emanuel，"The Spread of Security Communities：Communities of Practice，Self-Restraint，and NATO's Post—Cold War Transformation，"pp.195—206.

④ 表象知识是基于行为体理性思考的知识，具有普适性和通则性，是可以言明的、有意识的、抽象的、概念、理论、规范、制度等对客观世界的抽象属于这类知识体系，参见 Vincent Pouliot，"The Logic of Practicality：A Theory of Practice of Security Communities，"pp.270—271。

⑤ 本文的"惯习"概念需要与霍普夫提出的"习惯"（habit）概念作区分。霍普夫指出，习惯是无意识的、非自愿的、毫不费力的，不会消耗人的认知处理能力，更强调人脑的自动反应。基于"惯习"的实践逻辑比习惯逻辑更具反思性和能动性，因此对世界变化的预期会更高。参见 Ted Hopf，"The Logic of Habit in International Relations，"*European Journal of International Relations*，Vol.16，No.4，2010，pp.541—544。

交活动，即通过非暴力方式解决国家间争端。①背景知识和表象知识不是对立的，前者是后者的基础，并为后者的知识生产提供不可或缺的背景。②例如，理性是在西方文化背景知识中生发的核心要素，这种背景性理念框定了西方国际关系理论建构者的思考范围，引导其产生特定的知识取向。③国际关系理论受启蒙运动和科学革命以来西方思维方式演变的影响，存在一种"表象偏见"（representational bias），强调工具计算和理性说服，追求普遍合理性与适当性。④但需要指出的是，理性思考和行为的能力首先是一种背景能力，不仅存在于人们的头脑中，也存在于不断发展的背景知识中。⑤背景知识并非先于实践，而是表现在实践的实施过程中。实践者首先基于经验性思维和行为方式展开实践活动，使先验知识在现实行动中得以再生产。一旦过去的经验无法应对现实的实践，背景知识会被反射性激活。实践依赖于实践者的反思意识，基于其对眼前现实的普遍理解实现有效协调。经过反复的实践仪式，某种具体行为成为无须思考、心照不宣的社会规范，它就再次成为共同体进行社会互动所依据的背景知识。⑥

背景知识是历史的产物，并产生于一个具体实践共同体的日常实践活动。因此，背景知识首先是自有的、地方的。⑦一个国家、民族的传统、风俗、规范、记忆、道德观念等是由这个具体实践共同体构成的自有知识形态，能够帮助其构建群体身份和利益，也可能影响其对外政策。在此过程中，实践共同体的自有背景知识得到再造和再生成，其恒定性和持久性也被不断强化。⑧主流建构主

---

① Vincent Pouliot, "The Logic of Practicality: A Theory of Practice of Security Communities," p.280.

② 秦亚青：《世界政治的关系理论》，上海人民出版社 2021 年版，第 263 页。

③ 同上书，第 55—56 页。

④ 关于"表象偏见"的论述，详见 Vincent Pouliot, "The Logic of Practicality: A Theory of Practice of Security Communities," pp.257—265.

⑤ Adler Emanuel, "The Spread of Security Communities: Communities of Practice, Self-Restraint, and NATO's Post—Cold War Transformation," p.202，转引自 John R. Searle, *Mind*, *Language and Society: Philosophy in The Real World*, Basic Books, 1998.

⑥ ［加］伊曼纽尔·阿德勒、文森特·波略特主编：《国际实践》，第 16—17 页。

⑦ 根据秦亚青的观点，背景知识支撑着一个共同体的存在，它产生于一个具体的实践共同体，产生于这个共同体之中的人的日常生活实践活动。因此，知识首先是地方性知识。详见秦亚青：《世界政治的关系理论》，第 60 页。

⑧ 本文的自有背景知识概念与布迪厄的"习性"概念具有类似含义。布迪厄指出，习性可以生成思想、感知、表述、行为图式等产品，以既往经验的方式储存并作用于每个人身上。但因受限于其所处的历史和社会条件，习性的再造能力不同于无法预期的创新，它来自历史产生的历史，从而确保变化过程中的恒定性。详见［法］布迪厄：《实践感》，蒋梓骅译，译林出版社 2003 年版，第 83—86 页。

义学者认为，微观层次的自有知识可以通过行为体之间的社会互动和实践活动形成宏观层面的共同知识，亦即文化。①同理，自有背景知识如何成为共同背景知识，进而影响社会环境中整个实践共同体的思维和行为方式需要一种文化表象力的推进作用。文化表象力是指实践者通过文化结构产生的力量来推进实践活动。具体而言，行为体在特定的社会环境中可以通过彼此之间的社会互动和实践活动形成一种共同背景知识（即文化），使文化产生一种约束力和指导性力量，进而影响实践共同体成员的思维和行动。②正如理查德·施韦德尔（Richard Schweder）指出，人是通过文化进行思维的。③只有在类似的文化空间中，行为体才能对某一具体社会现实产生相同或相似的认知。诸如国际规范、国际制度、意识形态等具体文化形态都是由行为体的共同背景知识建构而成。例如，东南亚国家针对什么是"不干涉"、什么是"自主性"等安全问题彼此产生共识。如果成员国之间不了解这些文化内容，那么东盟安全合作便无法展开。不同实践共同体之间通过社会互动共享知识和文化，将此作为一种共同背景知识和理所当然的习惯，进而影响实践者的思维、话语和行为方式。据此，区域安全文化影响区域安全实践的逻辑是：首先，背景知识属于地方性自有知识，产生于某个具体实践共同体在特定历史与社会情境下的日常实践活动。其次，地方背景知识通过行为体之间的社会互动和实践活动形成彼此共享的区域安全文化，进而构建出一种具有指导意义和约束性质的文化空间。最后，区域安全文化作为一种共同背景知识通过自身表象力的作用影响文化空间中实践共同体的思维和行为方式，进而推进安全合作实践。区域安全文化与区域安全实践的逻辑关系如图1。

---

① ［美］亚历山大·温特：《国际政治的社会理论》，第139—184页。

② 秦亚青指出，文化虽然不会以线性方式成为个体某种行为或国家某个政策的直接原因，但却会以统摄性语境的能力、以共有知识的形式，使一个社群成员的行为成为可能或是不可能。参见秦亚青：《新冠肺炎疫情与全球安全文化的退化》，第7页。此外，本文中文化表象力的含义与马特恩提出的"语言表象力"概念类似。马特恩认为，行为体在一定的语境下可以有目地使用语言，使语言产生一种强迫力，从而达到向对方施压的作用。详见孙吉胜：《语言、意义与国际政治：伊拉克战争解析》，上海人民出版社2008年版，第80—91页；Janice Bially Mattern, *Ordering International Politics：Identity，Crisis，and Representational Force*, Routledge, 2005, pp.69—83。

③ ［美］亚历山大·温特：《国际政治的社会理论》，第170页。

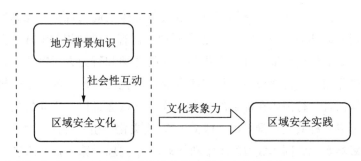

注：虚线框表示互动过程中形成的潜在的区域安全文化空间。

图 1　区域安全文化影响区域安全实践的逻辑关系

区域安全文化作为一种共同背景知识通常是在具体社会环境（social context）中构建起来的。根据世界政治的关系理论，社会环境主要由关系构成。①社会世界是一个复杂的关系体，关系构成了社会行为体认知方式和实践行动的前提。在关系性世界里，行为体不是相互独立、具有先验属性的个体，而是置身于关系网络中的关系者，其身份在自我与他者以及自我与社会环境的关系互动实践中建构形成。②关系是流动的、开放的，为过程的发展变化提供动力。世界因关系的变化而变化，整个关系网络可以影响网络中的个体，反过来，网络中的个体之间的互动也会影响整个关系网络。③据此，社会环境是一种关系环境，既包括行为体之间的关系，也包括行为体自身所处的整体关系网络。④行为体不仅与其他行为体产生关系，也与社会环境互动、互构。对于国际社会行为体而言，关系环境具有制约和使能两种作用。一是社会行为体不可避免地与其他行为体建立关系，自身实践也受到这种关系网络的制约；二是关系环境也为行为体获取资源和施展影响提供场所，行为体的施动性在实践过程中发挥重要作用。⑤

---

① 秦亚青：《世界政治的关系理论》，第151—154页；秦亚青：《关系与过程：中国国际关系理论的文化建构》，第62页；秦亚青：《国际政治关系理论的几个假定》，《世界经济与政治》2016年第10期，第21—22页；秦亚青：《关系本位与过程建构：将中国理念植入国际关系理论》，第82页。

② 秦亚青：《世界政治的关系理论》，第156页。

③ 秦亚青：《关系本位与过程建构：将中国理念植入国际关系理论》，第83页。

④ 秦亚青：《世界政治的关系理论》，第154页。

⑤ 根据关系理论的假定，任何一个国家都降生于复合的关系网络并进入关系缠结的情景之中。关系缠结亦即关系者置身关系圈网中，这个关系网络便是关系者行动的社会环境。参见秦亚青：《世界政治的关系理论》，第190—191页。

行为体面对安全问题，在一定程度上是关系的产物。安全只有通过与他者的互动才得以实现。当行为体的利益受到威胁并感到恐惧时，行为体之间便产生安全互动，进而形成一种特定的安全关系。没有围绕这种威胁的互动，就不构成安全问题。因此，安全是关系性的，安全实践是一种关系性实践。行为体与社会环境之间的安全互动可以被视为一种社会关系的互动，维系和优化关系环境成为行为体的安全目标。①行为体的安全实践受到关系环境制约，关系变动伴随着机遇和挑战出现，左右行为体对安全的认知，进而对行为体的施动能力产生影响。同时，行为体能够通过主动管理和调节形成关系平衡，以实现自身利益最大化、维护和促进合作。②据此，关系环境影响区域安全实践的逻辑是：当关系环境发生变化时，继续遵循原先路径的区域安全实践会受到阻碍，致使旧的区域安全文化被反射性激活。实践共同体开始反思先前实践的经验标准，并基于眼前的关系环境做出适当调整，并生成新的区域安全文化。③新的区域安全文化经过反复行动与实践得到巩固和内化之后又再次隐退"幕后"，成为默示的、惯习式的适当性标准，继续推进区域安全合作实践。关系环境与区域安全实践的逻辑关系如图 2 和图 3。

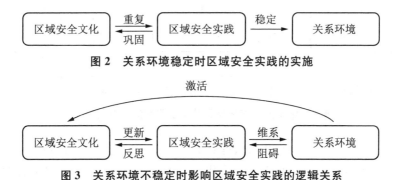

图 2 关系环境稳定时区域安全实践的实施

图 3 关系环境不稳定时影响区域安全实践的逻辑关系

① 季玲：《关系性安全与东盟的实践》，《世界经济与政治》2020 年第 9 期，第 101—122 页。
② 魏玲：《关系平衡、东盟中心与地区秩序演进》，《世界经济与政治》2017 年第 7 期，第 38—64 页。
③ 斯坦把这一过程称为"将背景知识推向'前台'"，她认为这种反思是有意识而非默认的，是一种"学习"的过程。实践共同体内部的"学习"与实践密不可分，往往是由共同体成员经过反复磋商而形成的，并通过实践得以表达。参见贾尼丝·格罗斯·斯坦：《将背景知识推向"前台"：关于"神圣领域"中适当性实践的对话》，载［加］伊曼纽尔·阿德勒、文森特·波略特主编：《国际实践》，第 100—123 页。

基于上述实践理论和关系理论的研究基础，本文拟提出以下假定：第一，安全是一个关系概念，涉及行为体对自我与他者生存和发展的互动认知；第二，在一个实践共同体中存在某种安全文化空间，为实践者的行动与实践提供导向；第三，区域安全文化产生于共同体成员的互动与实践，并作为一种共同背景知识塑造其如何应对威胁与获取安全的共同认知，进而影响区域安全合作实践的生成、运作与发展；第四，关系环境具有约束性和使动性，维护和优化关系环境是实践共同体的安全目标；第五，区域安全文化是动态的、可习得的，其形成与发展取决于行为体所处关系环境的波动，也受其地方背景知识与实践经验的影响。据此，区域安全文化是区域安全合作实践形成与发展的核心推动力。区域安全文化与区域安全合作实践演进的一般性逻辑见图 4。

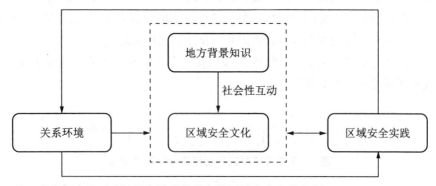

注：虚线框表示互动过程中形成的潜在的区域安全文化空间。

图 4 区域安全文化与区域安全实践的一般逻辑图

本文认为，区域安全合作实践是在具体的关系环境中，以区域安全文化为导向的实践性活动。行为体在安全合作初期首先基于惯习行事，依靠经验性思维和行为方式应对眼前的安全问题。不同行为体之间通过社会性互动共享自身地方背景知识，相似的历史经历与实践经验促使相关行为体在某些安全问题上形成共同背景知识，即区域安全文化，进而构建出一种具有指导意义和约束性质的安全文化空间，并逐渐形成关于安全合作知识标准的实践共同体。区域安全文化一旦形成，得到实践共同体的认可与反复实践后逐渐内化形成一套惯习式的意义标准，并通过自身表象力的作用引导和制约区域安全合作实践。区域安全文化并非一个静态概念，其形成与发展不仅受行为体地方背景知识的影响，也受制于关系环境的波动。面对关系环境的变化，先前被认定的区域安全文化不断受到质疑，实践共同体不得不转变旧有安全认同以作出相应调整，并形成新的区域安全文化，进一步谋求适配眼前关系环境的区域合作框架。关系环境变化与区域内外行为主体间的安全互动不断重塑实践共同体的安全认同，致使区域安全文化的基础得到更新和完善。新的区域安全文化在一段时间内的实施、稳固并且被共同体成员广泛接受之后逐渐回归"背景"，成为隐含的、默示的区域安全文化，再次引导区域安全合作实践。在整个过程中，关系环境是实践共同体创新区域安全文化的动力和动机。共同体的实践意识是将背景知识重新推向"前台"的核心与关键，即通过主动管理安全关系以形成新的区域安全文化来维系关系环境的动态平衡，以此推进区域安全合作实践，促进区域稳定与和平。

三、区域安全文化与东盟安全合作实践

本文关注区域安全文化对东盟安全合作实践的影响。长期以来，以工具理性为核心的国际关系理论观点主导安全研究，国际安全往往被认为不具备文化向度。卡赞斯坦指出，国家及其他行为体的文化—制度背景与政治认同建构对于国际安全研究具有决定性影响，却未被给予足够重视。[①]在安全研究中，文化概念或被忽视，或被视为基于物质力量的解释因素。东盟安全合作实践体现了其解决安全问题、消解安全威胁、构建安全秩序的一种区域安全文化。柬埔寨冲突和南海问题是东盟应对内部问题和外部危机的两个极具代表性的案例，在东南亚安全合作实践中具有标志性意义。以下将选取这两个事件，运用过程追踪法考察东盟安全合作实践的进程，对前文理论框架进行验证。

（一）东盟围绕柬埔寨冲突的区域安全实践

在围绕柬埔寨冲突的安全实践中，东盟为何能在区域国家关系持续紧张、地区大国不断介入的情境下克服区域内部边界争端问题，以维护地区的稳定与和平？其安全合作实践形成与发展的背后逻辑是什么？本文认为，影响东盟安

---

① 〔美〕彼得·卡赞斯坦主编：《国家安全的文化：世界政治中的规范与认同》，第5页。

全实践运作与转变的重要因素是东盟区域安全文化的变化。

1. 区域安全文化的生成：地方知识、社会互动与地区自主

东南亚作为复杂的地缘概念，长期以来是大国竞争和角逐的"权力场"。大多数东南亚国家或都遭受殖民主义的蹂躏，或长期生存在大国影响力的狭缝之中。从二战结束到东盟成立，东南亚的地区凝聚力历经一个不断实践和适应的过程。独立初期的东南亚各国仍处于分裂与动荡的局面①，但共同的殖民历史和争取独立的经历使东南亚国家将地区政治安全作为走向联合的优先考虑。正是在这种安全相互依存意识初步形成、地方背景知识相互碰撞的背景下，东南亚国家认识到，只有互相联合、协调合作才能共同抵御外部大国势力的威胁。其突出表现就是东南亚国家不断寻求安全上的独立自主，为推进区域安全合作做出尝试和努力。1945 年，越南领导人胡志明（Ho Chi Minh）首先表达了建立"泛亚洲共同体"（Pan-Asiatic Community）的愿景。1947 年，缅甸与泰国先后建议成立"东南亚联盟"（Southeast Asia Union），以促进东南亚国家彼此间良好的理解，实现"完全民族性"的愿望。②随后，来自印度尼西亚、缅甸、泰国、越南、菲律宾和马来西亚的代表在"亚洲关系会议"（Asian Relations Conference）上呼吁建设"东南亚邦联"，以构建反对帝国主义侵略的联合阵线。③1955 年，除马来西亚以外的东南亚国家都参加了在万隆开幕的亚非会议，该会议以彼时中国总理周恩来与印度领导人尼赫鲁（Jawaharlal Nehru）提出的"和平原则"为基础。④这些早期的区域合作意识与联合尝试创造了区域内国家相互交流的机会，并为东南亚区域安全文化的构建奠定了基础。乔根森－达尔（Arnfinn Jor-gensen-Dahl）精辟地指出，基于各国本质上相同的社会条件，所有这些国家面

---

① 外部势力全面渗透使东南亚处于重叠的危险之中。从外部看，东南亚国家间的矛盾与冲突主要表现在领土与领海的纠纷；从内部看，其面临的最大威胁来自分离主义和共产主义运动。详见郑先武：《安全、合作与共同体：东南亚安全区域主义理论与实践》，南京大学出版社 2009 年版，第 182—185 页。

② Nicholas Tarling, *Regionalism in Southeast Asia：To Foster the Political Will*，Routledge，2006，p.71.

③ 郑先武：《安全、合作与共同体：东南亚安全区域主义理论与实践》，第 188 页。

④ "和平原则"包括尊重各国遵循《联合国宪章》单独或集体防御的权利；反对使用集体防御安排为任何大国的特定利益服务；反对一国对另一国施加压力；放弃对任何国家领土完整或政治独立的侵略行为或武力威胁；运用和平方式解决争端；促进相互利益与合作等。参见 Nicholas Tarling, *Regionalism in Southeast Asia：To Foster the Political Will*，Routledge，2006，p.92。

临着来自区域内部和外部的共同威胁。从这一点来看，它们参与的区域合作与组织被认为是找到这些条件产生的根源，也由此成为其应对共同威胁的有力工具。①相似的地方背景知识在区域国家间的社会互动中催生了东南亚地区最早的区域政府组织——"东南亚联盟"（The Association of Southeast Asia，简称 ASA）和"马菲印联盟"（Maphilindo）。

尽管这些尝试性联合行动最终都归于失败，但为解决区域安全问题而提出的原则——诸如"协商"、"共识"、"不受外部干涉"、强调"集体认同"等不断融入后来东盟区域安全合作的核心规范中。与此同时，东南亚地区关系环境的变化也加强了区域安全合作的紧迫感。英国宣布将于 1970 年在东南亚撤军的决定迫使新加坡和马来西亚意识到大国保证的虚空，开始积极寻求地区安全合作。关系环境的不稳定、相似的地方背景知识以及东南亚国家对地区未来安全的愿景共同构筑了这一时期东南亚的区域安全文化，即基于各国的合作与团结维护地区安全，强调国家主权和地区自主性，避免外部力量干涉。可以说，东盟区域安全文化的缘起是基于持久寻求独立的国家性和国际社会主权平等基础上的。②在此区域安全文化驱动下，印度尼西亚、菲律宾、新加坡、马来西亚和泰国的政府首脑于 1967 年 8 月在曼谷签署了《东南亚国家联盟成立宣言》（The Association of Southeast Asian Nations Declaration），即《曼谷宣言》（Bangkok Declaration），正式成立东盟。宣言突出了"平等和伙伴关系精神"，明确表示东南亚地区被历史和文化纽带紧密相联，各国之间存在共同利益和共同问题，须进一步加强区域国家间的团结与合作，确保"地区稳定与和平不受任何形式的外部干涉，以便维护符合人民理想和愿望的民族身份"③。东盟的成立是东盟区域安全文化生成的见证，为东盟国家间和平共处创造了一个可以"先坐下来再谈"（sit and talk）的平台。④在这过程中，各国意识到尊重他国主权与利益、不

---

① Arnfinn Jorgensen-Dahl，*Regional Organization and Order in South-East Asia*，The Macmillan Press，1982，p.102.

② 赵银亮：《东南亚的安全和外交文化："东盟方式"的转型》，《南洋问题研究》2006 年第 3 期，第 21—28 页。

③ "The ASEAN Declaration（Bangkok Declaration），" https://agreement.asean.org/media/download/20140117154159.pdf，2023-08-30.

④ 周玉渊：《从东盟到东盟共同体：东盟决策的模式与实践》，世界知识出版社 2015 年版，第 65—66 页。

干涉他国内政的重要性，以开始建立互信、加深彼此了解。东盟国家重视各国之间的友好睦邻关系，并以此作为构建其国家身份的基础。

2. 区域安全文化的巩固：确立地区"中立化立场"

进入 20 世纪 70 年代，东南亚地区的国际形势发生巨大变化。英国决定从东南亚撤出，美国为摆脱越南战争的泥沼抛出"尼克松主义"，在东南亚实行战略收缩。印支半岛同时出现了越南、老挝和柬埔寨三个共产主义意识形态的国家，苏联借此提出建立亚洲安全体系的构想，开始积极谋求填补东南亚地区的"权力真空"。部分东盟创始国与其他东南亚国家的内部纷争也使东盟对其关系环境产生担忧。受当时国际安全环境所限，独立之初的东盟国家实力孱弱，为大国军事安全承诺感到失落的同时，也对如何处理联盟内部的重要伙伴关系感到困惑。尚不确定的关系环境促使东盟强调进一步联合提高自身防御力以维护自身生存安全，摆脱大国干涉。受此区域安全文化驱使，东盟提出各国之间互不侵犯原则，并排除区域外大国对东盟内政的干涉，共同维护其作为中立地区的和平。1970 年 9 月，马来西亚在不结盟首脑会议上首次正式阐述了中立化政策。这一政策有两个要点：一是东南亚各国之间实现互不干涉、互不侵犯，不卷入大国之间的竞争；二是东南亚地区的中立要得到中美苏大国的保证，承诺不干涉东南亚地区事务。①中立化概念的提出并未得到东盟其他国家的一致认同，如印度尼西亚政府对大国承诺表示质疑。其前外长亚当·马利克（Adam Malik）提出"国家抗御力"（national resilience）概念，认为"国家和区域内聚力是足以抑制外部力量的唯一前提条件"②。泰国也因与美国的密切军事关系对此持谨慎态度。

尽管东盟国家对马来西亚提出的中立化概念意见各异，但不愿再次陷入地缘政治斗争、寻求区域安全独立自主的区域安全文化促使东盟确立维护地区自主、摆脱大国干涉的区域安全合作框架。1971 年 11 月，东盟颁布《关于和平、自由和中立地区宣言》（Zone of Peace, Freedom and Neutrality Declaration, ZO-PFAN）（即《吉隆坡宣言》，Kuala Lumpur Declaration），表明东盟各国尽一切

---

① 曹云华主编：《东南亚国家联盟：结构、运作与对外关系》，中国经济出版社 2011 年版，第 40 页。

② Arnfinn Jorgensen-Dahl, *Regional Organization and Order in South-East Asia*, London: The Macmillan Press, 1982, p.78.

努力赢得东南亚作为一个和平、自由和中立区的承认和尊重，使之不受外部大国任何形式干预的决心。①1976年东盟于首届首脑会议签署《东南亚友好合作条约》（Treaty of Amity and Cooperation in Southeast Asia），将东盟的相处原则归纳为："各国相互尊重彼此的独立、主权、领土完整和国家认同；各国有权保持其民族生存、不受外来干涉、颠覆和压力；互不干涉内政；以和平方式解决分歧和处理争端；放弃使用武力或以武力相威胁等。"②这些关于东盟处理国家间关系的基本原则最终构建出一种具有本土特色的安全实践模式——"东盟方式"，即通过非正式制度建设安排，依靠共同利益和协商一致原则，削弱成员国之间发生内部冲突的基础。"东盟方式"不仅基于东盟成员国的地方背景知识，也取决于东盟国家内部及其与外部关系环境的社会化互动过程中形成的对安全与威胁的共同认知，是东盟区域安全文化的直接体现。随着东盟安全合作的不断推进，以地区自主和中立化为核心观念的区域安全文化被重复、实施和巩固之后逐渐内化形成惯习式的意义标准，以默示的、自然而然的方式影响共同体的行为选择。

3. 区域安全文化的更新：反思地区中立化与向"外"求安全

柬埔寨冲突对于东盟地区"中立""自主"的区域安全文化与安全实践是一次深刻考验。20世纪70年代，越南占领柬埔寨不仅制造了规模巨大的难民潮，也使东盟成员国内部受到了严重威胁。由于越柬两国持续的冲突，外部大国力量再次介入东南亚地区事务，这与东盟长期主张的中立、自主的区域安全文化背道而驰。在冲突早期，东盟首先依照已达成共识的区域安全文化，即"维护地区自主、摆脱大国干涉"推进区域安全合作实践。1979年1月9日，东盟对危机做出第一次集体回应，五位外长联合发表声明，呼吁地区各国尊重他国独立、主权、领土完整和政治制度，不在双边关系中使用武力，不干涉彼此内政，不直接或间接进行颠覆活动。③随着战争的持续发展，同年1月12日，东盟各国

---

① "Zone of Peace，Freedom and Neutrality Declaration," https://www.icnl.org/wp-content/up-loads/Transnational _ zone.pdf，2023-08-30.

② "Treaty of Amity and Cooperation in Southeast Asia," https://asean-aipr.org/wp-content/up-loads/2018/07/Treaty-of-Amity-and-Cooperation-in-Southeast-Asia-1976-TAC.pdf，2023-08-30.

③ "Statement by the Indonesian Foreign Minister as Chairman of the ASEAN Standing Committee on the Escalation of the Armed Conflict between Vietnam and Kampuchea," Jakarta，9 January 1979，https://www.asean.or.id/1595.htm，2023-11-18.

外长特别会议再次发表联合声明，强烈谴责越南对柬埔寨独立、主权和领土完整的武装干涉，强调柬埔寨人民"有权在不受外国干涉和影响的情况下决定自己的未来"，并要求越南立即从柬埔寨领土上撤军。①尽管东盟在柬埔寨问题出现早期就具备了推进区域安全合作实践的基础，但并不是所有共同体成员均就此达成一致。实际上，由于各自地缘政治环境和国内政治现状的不同，东盟成员国在地区关系环境的判断上显现出巨大差异。具体到柬埔寨问题的立场上，大致可分为两个阵营：以泰国和新加坡为代表的对越强硬派和以印度尼西亚和马来西亚为代表的对越妥协派。②前者倾向于使用对抗性策略，坚决反对越南的侵略行为，甚至主张利用外部大国的力量对越南施加压力，其目标是在国际社会上孤立越南；后者主张采取较为包容的外交解决方式，即探索一种在区域框架内解决冲突的方法，谨慎外部大国的过度介入。这两种观点的分歧随着印度尼西亚和马来西亚推出"关丹原则"而达到高潮③，东盟就越南如何撤军的问题陷入僵局。

随着冲突不断升级，东南亚地区的关系环境发生了巨大变化。苏联通过与越南结盟获得对金兰湾海军基地的使用权，使其拥有了在东南亚地区进行扩张的牢固基地。④美国为平衡苏联的扩张行为对东南亚地区的战略地位给予重新关注，加强与东盟国家在安全问题上的合作。越南在中越边界挑起冲突，1979年中国对越南进行自卫反击战，并首次将中苏冲突直接带入东南亚地区。⑤据此，以美国、苏联和中国为代表的外部大国力量不可避免地被卷入柬埔寨危机之中，东盟长期寻求"不受外部力量干涉"的安全关系平衡被打破，进而"中立化立场"的区域安全文化不再适用于眼前的区域安全实践。关系环境变动使东盟旧有的区域安全文化被反射性"激活"。由于自身实力有限，东盟意识到已经难以

---

① "Joint Statement of the Special Meeting of ASEAN Foreign Minister," Bangkok, 12—13 January 1979, https://www.nas.gov.sg/archivesonline/data/pdfdoc/1380-1979-01-13.pdf, 2023-8-31.

② 曾晓祥：《冲突管理与东盟地区规范的构建》，华中师范大学2008年博士学位论文，第67页。

③ "关丹原则"试图要求越南摆脱苏联和中国的影响，并从泰国边境部分撤军；认可越南在印支地区的合法利益；支持一个政治基础更广泛的柬埔寨政府，结束东盟对红色高棉政权的支持。这一原则最终遭到泰国的强烈反对。参见郑先武：《安全、合作与共同体：东南亚安全区域主义理论与实践》，第208页。

④ 潘一宁等：《国际因素与当代东南亚国家的政治发展》，中国社会科学出版社2004年版，第113—114页。

⑤ Sheldon W. Simon, "ASEAN's Strategic Situation in the 1980s," *Pacific Affairs*, Vol.60, No.1, 2008, p.73.

在地区框架内解决柬埔寨问题，而是必须向外寻求安全援助，尤其是充分动员联合国力量的支持。尽管各成员国存在不同判断和立场，但仍能抛开彼此分歧，在相互尊重和自我克制基础上统一了立场，即柬埔寨问题解决的基础是联合国宪章，真正的协商应该在联合国框架内、由相关各方召开国际会议进行商谈。① 1979 年联合国大会通过了东盟提交的"呼吁尽快撤出一切外国武装、停火等"提案。自此，东盟连续 8 年都将越南从柬埔寨撤军的决议提交联合国大会并得以通过。由于东盟的努力和争取，1981 年有关柬埔寨冲突的国际会议在纽约举行。会议商讨了东盟一直呼吁和倡导的基本原则，但由于苏联和越南的缺席而未取得实质性成果。②此次会议也暴露了东盟与中国在柬埔寨问题处理方式上的分歧，但为了借助中国惩罚越南的侵略行为，东盟不得不对中国做出妥协。③纽约国际会议的失败对此前东盟在区域安全合作中所遵循的区域安全文化再度构成了挑战，即缺乏大国的支持，东盟的地区安全合作实践是难以推进的。想要遏制与苏联结盟的越南，东盟必须寻求国际社会的支持。因此，只有对已有的区域安全文化进行修正，即东盟不能只专注于区域自主与内聚力，还应以"外向"寻求大国合作才能维护地区安全与稳定。

经过早期努力的失败以及成员国的反思，新的区域安全文化趋于成熟，以推进东盟寻求解决柬埔寨问题的安全合作。一方面，东盟继续发表联合声明，要求越南从柬埔寨撤军；另一方面，东盟呼吁越南、苏联和中国一同商讨柬埔寨问题，努力寻找各方政策的交集。但直到 1986 年，不管是在战场上还是在谈判桌上，柬埔寨问题仍是一个僵局。④而非正式、协商一致的"东盟方式"在突破柬埔寨问题的僵局上发挥了积极作用。1987 年，印度尼西亚与越南两国外长为解决柬埔寨冲突进行了"鸡尾外交"⑤。尽管会谈并未达成实质性成果，但灵

---

① "Statement by the Chairman of the ASEAN Standing Committee on USSR Appeal," Manila, 27 March 1981，https://www.asean.or.id/1628.htm，2023-11-18.

② 曾晓祥：《冲突管理与东盟地区规范的构建》，华中师范大学 2008 年博士学位论文，第 66 页。

③ 曹云华主编：《东南亚国家联盟：结构、运作与对外关系》，第 49 页。

④ ［加］阿米塔·阿查亚：《建构安全共同体：东盟与地区秩序》，第 130 页。

⑤ "鸡尾外交"，即举行"鸡尾酒会"（非正式直接会谈），最初由柬埔寨领导人西哈努克提出。根据西哈努克的设想，在印度尼西亚的主持下举行一次包括越南、中国和苏联在内的所有柬埔寨冲突各方参加的非正式会议，交流各方对柬埔寨问题的看法。参见曾晓祥：《冲突管理与东盟地区规范的构建》，华中师范大学 2008 年博士学位论文，第 86 页。

活的"东盟方式"为柬埔寨问题相关各方的会谈营造了善意的氛围。"鸡尾酒会"谈判也直接推动 1988 年 7 月和 1989 年 2 月两次在雅加达茂物召开的柬埔寨冲突各方的两次非正式会谈。与此同时，80 年代末的关系环境剧变进一步深化东盟区域安全文化的开放性。随着冷战格局的根本性变动，中苏关系的改善为柬埔寨问题的解决创造了有利条件。1989 年 2 月，中苏两国外长就政治解决柬埔寨问题达成共识，共同承诺对柬埔寨作为独立、和平、中立、不结盟国家的地位进行国际保证。[①]1991 年，由印度尼西亚和法国担任联合主席的巴黎国际会议召开，正式通过了一份终止柬埔寨冲突的和平协议。

（二）东盟围绕南海问题的区域安全实践

在围绕南海问题的区域安全实践中，东盟同时面临区域内部团结、地区大国角色以及东盟作为一个区域性组织对其未来的担忧等问题。尽管相关国家针对南海问题的争议尚未得到解决、彼此之间的关系经历动荡起伏，中美之间围绕南海的战略竞争日益加剧，但紧张局势在一定程度上却得到缓解。东盟在南海问题上的区域安全实践为何仍能保持一定程度的弹性和灵活性？本文认为，东盟的区域安全文化在其中发挥了重要作用。

1. 区域安全文化的生成：地方知识、社会互动与《东盟南海宣言》

随着"柬埔寨冲突"的妥善解决，南海争端逐渐显露，并逐步演变成为东南亚地区的安全焦点问题。为缓解紧张局势、增进国家间的信任，印度尼西亚大使哈希姆·贾拉勒（Hasjim Djalal）于 1990 年 1 月发起首届"管理南中国海潜在冲突研讨会"（Workshop on Managing the Potential Conflicts in the South China Sea，以下简称"南海研讨会"）作为"第二轨道"外交活动，以促进争端各方在南海问题上的协商对话。[②]1991 年 7 月，第二届"南海研讨会"在印度尼西亚万隆举行，与会者不仅来自东盟成员国，还包括中国大陆、中国台湾地

---

① 曹云华主编：《东南亚国家联盟：结构、运作与对外关系》，第 50 页。

② Yann-Huei Song, "The South China Sea Workshop Process and Taiwan's Participation," *Ocean Development & International Law*，Vol.41，No.3，2010，p.256. 另外，该研讨会被视为解决南海问题的有效机制，会上达成的关于使用和平手段解决争端以及在不损害各争端国领土主张的情况下促进共同开发合作的普遍协议已经被纳入 1992 年《东盟南海宣言》。参见 Lee Lai To, "ASEAN and the South China Sea Conflicts," *The Pacific Review*，Vol.8，No.3，1995，p.540.

区、越南和老挝等国家和地区。研讨会最终确定了南海合作的"万隆六原则",进一步提出要以合作共赢的方式解决南海争端。①由印度尼西亚主导的非正式研讨会在培养争端地区的合作习惯与信任建立方面发挥了重要作用。②共同历史经验与地方背景知识使东盟国家对南海争议的未来抱有共同的责任感,希望通过非正式的、和平协商的方式解决南海问题。经过一段时间的互动与实践之后,东盟关于解决南海争议的区域安全文化逐渐生成,即缓和南海争端需要相关各方加强对话与合作,同时引导中国参与这一议题的协商进程。这本质上要求东盟在南海问题上须保持一定的中立性,并对其他域外大国的介入持谨慎态度。在此基础上,东盟国家在第四届东盟峰会上首次正式讨论安全问题,主张在军事上加强相互合作与交流,采取在大国对峙中维持平衡的立场。③此次会议还决定建立"东盟地区论坛"以加强地区安全事务上与外部大国的对话以及东盟内部的安全合作,为区域安全谋划预防性机制。④

由于当时所处的关系环境尚未稳定,尽管共享区域安全文化,东盟安全合作实践的推进却并不顺利。1992年2月,中国颁布《中华人民共和国领海与毗连区法》,重申中国的陆地领土并规定允许中国海军下令驱逐通过领海时违反中国相关法律法规的外国军舰。⑤同年5月,中国海洋石油公司与美国克利斯通能源公司(Crestone Energy Corporation)签订关于"万安北-21"区块石油与天然气开发合同。⑥中国合理正当的行为遭到东南亚周边国家反对,南海争议伴随"中国威胁论"的大肆渲染骤然升级。面对南海局势的加剧,菲律宾总统菲德

---

① Hasjim Djalal, "Indonesia and the South China Sea Initiative," *Ocean Development & International Law*, Vol.32, No.2, 2001, pp.99—100.

② Pavin Chachavalpongpun ed., *Entering Unchartered Waters: ASEAN and the South China Sea*, ISEAS Publishing, 2014, p.12.

③ 白毓麟:《东盟国家首脑会议及其影响》,《东南亚研究》1992年第2期,第51页。

④ 葛红亮:《东盟与南海问题》,《国际研究参考》2013年第11期,第2页;张云:《国际政治中"弱者"的逻辑:东盟与亚太地区大国关系》,社会科学文献出版社2010年版,第63页。

⑤ 《中华人民共和国领海与毗连区法》,全国人民代表大会常务委员会,1992年2月25日,https://www.mfa.gov.cn/web/ziliao_674904/tytj_674911/tyfg_674913/200904/t20090409_7949303.shtml,2023-12-24。

⑥ "Territorial Dispute Simmer in Areas of South China Sea," *Oil & Gas Journal*, July 13, 1992, https://www.ogj.com/home/article/17219237/territorial-disputes-simmer-in-areas-of-south-china-sea,2023-12-24.

尔·拉莫斯（Fidel Ramos）在 1992 年 7 月的东盟部长会议开幕式上建议举行一次专门讨论南海问题的国际会议①，但这一提议并未被采纳。受区域安全文化驱使，部分东盟成员国认为南海问题应保持在某种非正式层面，但东盟最终仍就南海问题统一立场并发表了《东盟南海宣言》（ASEAN Declaration on the South China Sea，以下简称《宣言》），即《马尼拉宣言》（Manila Declaration），呼吁相关国家须自我克制、使用和平方式解决南海争端，并探索共同合作的可能性。②《宣言》作为东盟解决南海问题的第一份具有决定性意义的政治安全文件，尽管只规定了寻求南海和平的一般原则，但无疑是东盟区域安全文化在累积和互动过程中的产物。《宣言》发布后，应邀出席此次会议的中国时任外长钱其琛进一步阐述了中国针对南海问题的立场，指出中国政府主张通过谈判和平解决南海争端，反对诉诸武力，并提出了"搁置争议、共同开发"的建议，以维护有关国家间的友好关系。③中国此前一直坚持与南海问题相关国进行双边谈判，避免南海议题"国际化"。这一声明表明中国改变了对争端的态度，接受了《宣言》的基本原则④，为南海局势的缓和以及中国—东盟之间的进一步对话与磋商奠定了基础。1993 年，新加坡外长黄根成（Wong Kan Seng）在东盟部长会议期间召开的东盟与中国咨商会议（ASEAN-China Consultative Meeting）上明确提出希望中国能支持印度尼西亚所主导的南海"第二轨道"外交，与东南亚国家推动南海群岛的共同开发。⑤类似表述在之后两年东盟外长会议的联合声明中被重申。⑥1994 年在曼谷举行的 27 届东盟部长会议上，中国被

① 张云：《国际政治中"弱者"的逻辑：东盟与亚太地区大国关系》，第 64 页。

② 1992 ASEAN Declaration on the South China Sea，Manila，22 July，1992，https://cil.nus.edu. sg/wp-content/uploads/2017/07/1992-ASEAN-Declaration-on-the-South-China-Sea.pdf，2023-12-25.

③ 熊昌义、谢培林：《就经济合作与地区安全问题 钱其琛向东盟阐述我国主张》，《人民日报》1992 年 7 月 23 日第 6 版。

④ Leszek Buszynski，"ASEAN，the Declaration on Conduct，and the South China Sea，" *Contemporary Southeast Asia*，Vol.25，No.3，2003，p.344；Lee Lai To，"ASEAN and the South China Sea Conflicts，" p.534.

⑤ 葛红亮：《东盟与南海问题》，第 3 页，转引自 The Statement by H.E. Wong Kan Seng Minister of Foreign Affairs at the ASEAN-China Consultative Meeting，Singapore，July 23，1993。

⑥ 1993 Joint Communique of the 26th ASEAN Ministerial Meeting，Singapore，July 23—24，1993，https://cil. nus. edu. sg/wp-content/uploads/2019/02/1993-26th-AMMJC-1. pdf，2023-12-25；1994 Joint Communique of the 27th ASEAN Ministerial Meeting，https://cil.nus.edu.sg/wp-content/uploads/2019/02/1994-26th-AEM.pdf，Bangkok，July 22—23，1994，2023-12-25.

升格为东盟的磋商伙伴参加了东盟地区论坛，并在其晚宴上参与讨论南海问题。①通过发表宣言、成员国内部及其与中国之间的互动实践，东盟的区域安全文化得到进一步认可并逐渐内化形成一种惯习式标准指导东盟处理南海争议问题。

2. 区域安全文化的巩固：中国—东盟的互动与中国态度转变

1995 年初，中国与菲律宾爆发了"美济礁事件"，使南海局势再度紧张起来。关系环境的变动开始加速推动南海问题的"东盟化"。②同年 3 月，东盟发布《东盟外长关于近期南海局势发展的声明》（Statement by the ASEAN Foreign Ministers on the Recent Development in the South China Sea），集体表达了对南海问题的"严重关切"。该声明重申了 1992 年《宣言》中的基本原则，鼓励相关各方通过正式或非正式的论坛尽快解决由美济礁事件所引发的问题。③南海局势加剧的一个月后，第一届中国与东盟高官磋商会议（以下简称"杭州会议"）于杭州举行。尽管南海问题没有被列入正式的议事日程，东盟仍表达了对这一争议的关切。④随后在 1995 年的《第 28 届东盟部长会议共同声明》（1995 Joint Communique of the 28th ASEAN Ministerial Meeting）、东盟地区论坛《主席声明》（Chairman's Statement）、《曼谷峰会宣言》（Bangkok Summit Declaration of 1995）等官方文件中，东盟都明确表示，希望以和平方式解决争议，呼吁相关各方保持克制，鼓励通过各种双边和多边形式处理事端。⑤可以看出，东盟在南海议题上的一系列集体表态延续了 1992 年《宣言》的中立性立场，实质上也是

---

① 李金明：《从东盟南海宣言到南海各方行为宣言》，《东南亚》2004 年第 3 期，第 31 页；Rodolfo C. Severino, "ASEAN and the South China Sea," *Security Challenges*, Vol.6, No.2, 2010, p.43。

② 贺嘉洁：《东盟的规范性影响力及其在南海问题中的作用》，《世界经济与政治》2021 年第 7 期，第 135 页。

③ ASEAN, *ASEAN Documents Series*, 1994—1995（*Supplementary Edition*）, Jakarta：The ASEAN Secretariat, 1999, p.40.

④ 张云：《国际政治中"弱者"的逻辑：东盟与亚太地区大国关系》，第 71 页。

⑤ 1995 Joint Communique of the 28th ASEAN Ministerial Meeting, Bandar Seri Begawan, Brunei Darussalam, 29—30 July, 1995, https://cil. nus. edu. sg/wp-content/uploads/2019/02/1995-28th-AMMJC.pdf, 2023-12-27；Chairman's Statement the Second ASEAN Regional Forum, Brunei Darussalam, 1 August, 1995, https://aseanregionalforum. asean. org/wp-content/uploads/2019/01/Chairmans-Statement-of-the-2nd-ARF.pdf, 2023-12-27；ASEAN, *ASEAN Documents Series*, 1994—1995（*Supplementary Edition*）, p.1.

对中国的一种试探性反应。①由于中菲在美济礁的对峙致使南海局势不断加剧，东盟迫切希望了解中国在南海问题上的政策与意图。

作为回应，中国代表唐家璇在"杭州会议"召开期间特意安排了一次"非正式会议"，与东盟代表专门讨论南海问题。②事实上，"杭州会议"的召开标志着中国第一次愿意与作为一个整体的东盟讨论南海问题，也打破了中国以往只与有关争端方进行双边磋商的一贯立场。③1995 年 7 月，中国时任外长钱其琛在东盟外长会议上首次公开谈及南海问题，并表示将与争端各方遵守国际法，通过和平谈判解决争议。④中国态度的转变意味着东盟区域安全文化得到进一步巩固与强化，将中国逐渐纳入区域内的多边对话框架在反复实践中逐渐内化成为一种外交惯例，致使东盟能自发依据惯习应对和处理南海议题，并形成认可这一安全合作标准的实践共同体。随着中国批准发布《联合国海洋法公约》（United Nations Convention on the Law of the Sea）与《领海基线声明》，南海局势再次紧张起来。受到区域安全文化驱动，尽管对中国之举存疑，东盟仍在 1996 年东盟地区论坛上发表声明，对相关国家依据国际法的一般原则，以和平方式寻求解决所作的努力表示赞扬和欢迎。⑤东盟通过这种"以屈求伸"的方式将南海问题正式写入东盟地区论坛的《主席声明》以应对加剧的南海局势，同时进一步深化与中国的伙伴关系，将中国确立为东盟全面对话伙伴。在此后的东盟外长会议与东盟地区论坛的共同声明中，东盟仍旧一贯地就南海问题表示关切。1998 年在第六届东盟峰会上，东盟提出"河内行动计划"（Ha Noi Plan of Action），首次在东盟官方文件中明确指出推动"南海行为准则"（Code of Conduct，COC）的制定。⑥1999 年，由菲律宾和越南呈交的行为准则草案被东盟地区论坛一致同意采纳⑦，为此后中国与东盟就 COC 的磋商奠定了基础。

---

① 陈相秒、马超：《论东盟对南海问题的利益要求和政策选择》，《国际观察》2016 年第 1 期，第 100 页。

②③ 张云：《国际政治中"弱者"的逻辑：东盟与亚太地区大国关系》，第 71 页。

④ 丁宝忠、王星桥：《钱其琛与东盟外长对话时指出　中国同东盟各国永远是好朋友》，《人民日报》1995 年 7 月 31 日第 1 版。

⑤ ASEAN, *ASEAN Documents Series*, *1996—1997*（*Supplementary Edition*），Jakarta：The ASEAN Secretariat, 1999, p.73.

⑥ ASEAN, *ASEAN Documents Series*, *1998—1999*（*Supplementary Edition*），Jakarta：The ASEAN Secretariat, 1999, p.26.

⑦ 李金明：《从东盟南海宣言到南海各方行为宣言》，第 32 页。

经过一段时间的互动与实践，东盟已经娴熟掌握了在处理南海争议时如何保持平衡的艺术，即在推动南海问题"东盟化"的同时引导中国加入区域内的多边对话框架。东盟在东南亚地区逐步塑造并形成了一种文化空间，为其在处理南海安全问题时提供了一种独特的思考和行为方式。通过区域安全文化的表象力作用，东盟成功统一了立场，协商中国在多边基础上讨论南海问题。中国对东盟区域安全文化的接受，成为推进东盟安全合作实践的重要条件。通过建立论坛、运用其独有的"东盟方式"展开对话与协商，东盟将中国纳入地区的多边对话框架，并使之常态化与规范化。这不仅有助于维护南海局势的稳定，而且也强化了中国与东盟之间的信任建立。

3. 区域安全文化的更新：COC磋商的重启与推进

基于共同的区域安全文化，东盟逐步形成处理南海问题的统一立场，即将COC视为唯一能使东盟成员国达成共识的争端管理机制。[1]2000年3月，东盟与中国交换了各自关于COC的草案文本。[2]同年4月，双方正式开始就COC草案进行磋商。由于东盟成员国内部以及南海问题相关方与中国之间的分歧难以弥合，双方在经过数年磋商与谈判依然无果的情况下，在2002年11月的第八届东盟首脑会议上签署了《南海各方行为宣言》（Declaration on the Conduct of Parties in the South China Sea，DOC）。[3]尽管是妥协性、非约束性的政治文件，但该宣言仍体现了各方致力于维护南海地区稳定和平，彼此建立互信和增强合作的政治意愿。[4]自此，中国与东盟就落实DOC和达成"行为准则"开启了为期数年的磋商进程。然而，东盟国家往往采取对内达成共识、对外团结一致的做法，导致双方后续的协商在很长时间内陷入僵持。[5]

南海问题的关系环境在2009年发生巨大转折。2009年初，菲律宾国会通过

---

[1] Le Hu，"Examining ASEAN's Effectiveness in Managing South China Sea Disputes，" *The Pacific Review*，Vol.36，No.1，2023，p.126.

[2] Carlyle A. Thayer，"ASEAN's Code of Conduct in the South China Sea：A Litmus Test for Community Building?" *The Asia-Pacific Journal*，Vol.10，No.4，2012，p.76.

[3] 张明亮：《原则下的妥协：东盟与"南海行为准则"谈判》，《东南亚研究》2018年第3期，第69页。

[4] Declaration on the Conduct of Parties in the South China Sea，Phnom Penh，4 November，2002，https://asean.org/declaration-on-the-conduct-of-the-parties-in-the-south-china-sea-2/，2023-12-28.

[5] 葛红亮：《东盟与南海问题》，第7页。

《领海基线法案》试图将中国的黄岩岛和南沙群岛部分岛礁划为菲领土；同年5月，越南、马来西亚无视南海海域划界的争议事实，向联合国大陆架界限委员会联合提交200海里"外大陆划界案"，这迫使中国为维护自身权益也向联合国提交相关主张，南海事态不断升级。[①]与此同时，美国政府一转先前"积极中立"的南海政策，高调提出"亚太再平衡"战略开始公开介入南海问题。2010年7月，美国时任国务卿希拉里·克林顿（Hillary Clinton）在东盟地区论坛上明确指出，自由航行、亚洲开放的海上通道和在南海尊重国际法是美国的国家利益，并敦促各方依据《联合国海洋法公约》寻求其领土主张以及对海洋空间的权利。[②]美国的介入使得南海问题的复杂性质升级，不仅包括领土主权、海洋权利和资源方面的争端与纠纷，还包括不断崛起的中国与力图维持现状的美国之间在地区甚至全球竞争影响力的激烈较量。[③]发生变化的关系环境使得东盟在南海问题上的分歧随之扩大，难以继续依循原先的区域安全文化推进安全合作实践。2012年7月的外长会议上，东盟因重大分歧未能发表联合公报，这是东盟成立45年来首次在外长会议结束后没有发表联合声明。面临内部"分裂"的风险，印度尼西亚外长积极开展"穿梭外交"，在两天内先后飞往东盟五国协调各方意见。[④]是以，东盟最终发表了"东盟关于南海问题的六条原则"以重申其旧有的合作安全共识，即在南海问题上东盟仍扮演中立协调的角色，确保COC磋商进程的推进。

在发生变动的关系环境中，东盟的区域安全文化随之被反射性"激活"。东盟意识到，要想顺利推进中国与东盟在南海问题上的安全合作实践，一方面在维持东盟国家内部团结的同时必须让中国相信东盟不是美国的"同谋"，其处理南海问题的"多边化形式"不会损害中国在南海的权益；另一方面拒绝为美国

---

① 傅莹、吴士存：《南海局势历史演进与现实思考》，http://world.people.com.cn/n1/2016/0516/c1002-28353779.html，2023-12-28。

② Hillary R. Clinton, Remarks at Press Availability, Secretary of State, National Convention Center, Hanoi, Vietnam, July 23, 2010, https://2009-2017.state.gov/secretary/20092013clinton/rm/2010/07/145095.htm, 2023-12-29.

③ Alice D. Ba, "Staking Claims and Making Waves in the South China Sea: How Troubled Are the Waters?" *Contemporary Southeast Asia*, Vol.33, No.3, 2011, p.270.

④ Carlyle A. Thayer, "ASEAN's Code of Conduct in the South China Sea: A Litmus Test for Community Building?" p.79.

政治化的争端处理方式"背书",尽量避免域外大国过多介入南海问题以破坏积极和谐的区域安全合作氛围。①基于新的区域安全文化,泰国作为东盟对华关系协调国首先召集中国—东盟非正式高官磋商,为双方提供了一个新的交流平台。②基于以往双方沟通的经验,考虑到以正式或非正式的概念文件(conception paper)以及自上而下的谈判流程将阻碍双方协商的进展,东盟精心安排的非正式讨论能以其独有的"非正式"性质给予各方充分的舒适度,以增进COC磋商取得进展的机会,为中国与东盟往后的对话与合作夯实了基础。③据此,东盟就启动COC磋商的强烈愿望与其对内部分歧的主动协调促使中国做出了正面回应。在经过一系列积极的互动与实践之后,中国与东盟最终于2013年7月举行的第9次高官会上,在基于进一步有效落实DOC框架的基础上就COC正式进行了磋商。伴随COC磋商的重启,美国开始加大在南海地区实施"航行自由行动"的力度,高频介入南海问题并借此试图加剧中美在东南亚地区的战略竞争。2015年,中美在东盟防长扩大会议上就南海问题展开激烈争论,没能按原计划形成与会国联合宣言。④为维系和平衡大国在区域内的友好关系,东盟发布主席声明强调落实DOC和推动COC磋商进程对建立互信与维护区域安全、稳定的重要性⑤,以确保中国与东盟之间的磋商顺利进行。2016年所谓"南海仲裁"结果发布后,东盟拒绝发表支持裁决结果的声明,同时拒绝美国、日本等域外大国在东盟外长会议联合声明中提及"仲裁案"的建议,为维持与中国的互动营造了积极氛围。⑥

　　东盟围绕柬埔寨冲突以及南海问题的区域安全实践进一步说明,区域安全文化作为一种共同背景知识是一个动态、可习得的概念,不仅基于实践共同体

---

① 贺嘉洁:《东盟的规范性影响力及其在南海问题中的作用》,第137页;刘阿明:《东盟在"南海行为准则"磋商中立场的发展演变》,《东南亚研究》2023年第4期,第5页。

② Kaewkamol Pitakdumrongkit, "Coordinating the South China Sea Issue: Thailand's Roles in the Code of Conduct Development," *International Relations of the Asia-Pacific*, Vol. 15, No. 3, 2015, pp.415—416.

③ Ibid., p.416.

④ 魏玲:《关系平衡、东盟中心与地区秩序演进》,第63页。

⑤ Chairman's Statement of the 3rd ASEAN Defense Ministers' Meeting-Plus, Kuala Lumpur, 4 November, 2015, https://admm.asean.org/dmdocuments/Chairman%27s%20Statement%20of%20the%203rd%20ADMM-Plus.pdf, 2023-12-29.

⑥ 刘阿明:《东盟在"南海行为准则"磋商中立场的发展演变》,第5页。

的地方背景知识，也受其关系环境波动的影响，在共同体之间的安全互动中得到发展与重构。东南亚区域内外的安全关系纵横交贯，致使其区域安全实践与不断变化的关系环境紧密相连，难以独自在区域框架内解决安全问题。这表明，东盟的区域安全实践还需要通过其区域安全文化的表象力作用协调与地区大国之间的安全关系，以维护区域和平与稳定。

四、结　语

　　本文试图就东盟如何实现弹性的区域安全合作实践以及如何构建长期和平稳定的地区安全生态作出解释。尽管主流理论从权力、制度和观念的不同视角对东南亚安全合作实践做了不同解读，但它们在解释变化时忽视了行为体的施动性。现有的实践理论、逻辑习惯和关系理论研究对此做了弥补，但也忽略了行为体塑造集体认同、判别彼此关系的重要变量，即文化。本文指出，区域安全文化是影响行为体安全实践的重要背景性因素。区域安全文化是动态的、可习得的，其形成与发展不仅受行为体地方背景知识的影响，也受制于关系环境的波动。作为一种共同背景知识，区域安全文化塑造了其如何应对威胁与获取安全的共同认知，并以此推进区域安全实践。

　　东盟安全实践受东盟区域安全文化的影响。一方面，基于东南亚国家的历史经历和文化背景，争取维护地区独立自主一直是东盟开展区域安全实践的重要地方背景知识来源，是东盟区域安全文化的底色，对东盟的安全合作实践具有指导性意义。另一方面，东盟安全实践也受地区安全关系环境的制约。不断变化的关系环境促使区域内外主体间的安全互动，致使东盟区域安全文化得以重构和发展，并在反复确认、实施和巩固后再次被内化成为隐含的、默示的知识，以推进东盟安全合作实践进程。本文通过东盟围绕柬埔寨冲突与南海问题的区域安全实践两个案例分别对上述假定进行验证。在这两个案例中，东盟的区域安全文化是基于其地方背景知识以及在危机事件的化解过程中逐渐形成的。对于柬埔寨冲突，东盟首先基于地方背景知识形成地区自主的区域安全文化。随着关系环境变化，东盟在危机管理中通过平衡域外大国的力量调整了区域安全文化，即以"外向"求安全以维护地区安全与稳定，并推动了新的区域安全实践。在南海问题中，东盟的区域安全文化首先在与中国的互动实践中生成与巩固。随着美国对南海问题的介入以及中美在南海的竞争日益加剧，东盟转变原有区域安全文化，在确保与中国保持和谐的区域安全合作氛围同时，拒绝为美国政治化的争端处理方式"背书"，成功推进了"南海行为准则"的磋商进程。

本文关注国际行为体的互动实践过程和行为体之间变动不居的复杂安全关系，将研究的出发点从传统分析的结果导向转向过程导向，指出区域安全文化对区域安全合作实践的根本性作用，为理解东盟具有灵活性与渐进性的区域安全合作实践展示了一条可能的分析路径。尽管本文的研究对象是东盟，但区域安全文化不是东盟独有的。各地区行为体可以通过共同合作与协调塑造一种有助于区域稳定、和平的安全文化，通过行为体之间共享的文化、理念与知识推进地区安全实践，进而实现全球安全。因此，区域安全文化的理论研究具有重要的理论与现实意义，能为世界其他地区以及全球安全合作实践提供借鉴与启示。

解析威慑概念背后的战略文化要素：以美俄以三国为例

陈 曦[*]

一、战略文化及其对威慑战略的支撑作用

每个国家的战略行为背后都有其自身战略文化支撑，特别是对于涉及武力使用方式的威慑战略而言，战略文化的影响无疑更加深刻。威慑本身是国家依据所处的时空环境而表现出的战略行为，其会受时空变换的影响，而战略文化影响的则是国家如何看待具体的安全环境并如何对军事力量进行"操作化"。因此，在最根本的认识层面上，战略文化规定了一个可能性的领域，在该领域内，威慑得以产生并运作。

不同的国家对待同样的外部安全环境可能会有不同的认知，并据此做出不同的战略选择。例如，面对一战后破裂的国际格局，美国拿出了与英法完全不同的安全路线图，即建立"国际联盟"，通过集体安全机制来确保成员国安全。这与美国"天赋命运"，以"民主灯塔"自居的认识是分不开的。同样，面对不同的外部环境，不同时期的主权行为体也可能会做出相同的战略选择。例如，一战前的沙俄与二战后的苏联处于两个完全不一样的国际环境中，但"沙文主义"思想始终弥漫在其对外政策中，这与其历史上形成的"大国主义"世界观是密切相关的。更进一步讲，不同的战略文化决定了不同国家对于战争与和平、冲突与合作等主题的认识，塑造了不同国家的身份认同和战略偏好，进而决定

---

* 陈曦：国防科技大学外国语学院政治学专业 2022 级博士研究生。笔者曾以此文初稿在 2023 年第十六届"全国国际关系、国际政治专业博士生学术论坛"上做汇报，感谢王逸舟、郑先武、毛维准、郑安光四位老师的意见建议，文责自负。

了国家之间不同的战略选择。

（一）战略文化与战略行为的关系探究

冷战期间，杰克·斯奈德（Jack Synder）等学者率先提出在战略研究中融入"战略文化"这一观念性输入要素，以此来强化战略行为的可解释性。斯奈德把战略文化定义为"指导和限定有关战略问题的思想，影响战略问题形成的方法以及设定战略辩论的词汇和视域的一系列态度和信念"[①]。战略文化理论从根本上质疑了战略分析的结构现实主义模式中固有的关于国家是一个普遍的、非历史的、单一的理性行为体的概念，战略文化理论假定战略环境以及对环境做出的反应都是社会学习和历史建构的结果。[②]第一代战略文化研究学者也因其相信战略文化的某种决定作用而被划为"决定论"一派。

第二代战略文化研究是指 20 世纪 80 年代中期至冷战结束的"工具论"时期。这一时期，战略文化研究开始触及国家高层内部的战略决策。与"决定论"学者不同，"工具论"认为战略文化与实际的战略行为在根本上是断裂的。战略文化无非是政治精英模糊或掩饰他们战略选择的工具，其目的是给他们所实施的战略赋予法律或文化上的合法性，以此消除或误导可能出现的政治挑战。[③]但"工具论"显然忽视了文化要素更深层次的影响，因而难以对理解战略行为有更多益处。

第三代战略文化研究者选择了一条"中间道路"，将战略文化视为战略选择研究的"干预变量"。各方普遍承认战略文化视角对国家行为具有独特的分析效力，但它只是新现实主义视角的有力补充，而非替代。从中短期看，物质性、结构性因素决定着国家的战略选择，而从长期看，战略文化因素则可以发挥重

[①]　Jack L. Snyder, "The Sovie Strategic Culture：Implications for Limited Nuclear Operations," RAND report，September 1977，p.9，https：//www. rand. org/content/dam/rand/pubs/reports/2005/ R2154.pdf，查询时间：2023 年 11 月 20 日。

[②]　秦亚青主编：《文化与国际社会：建构主义国际关系理论研究》，世界知识出版社 2006 年版，第 142 页。

[③]　参见 Bradley Klein, "Hegemony and Strategic Culture：American Power Projection and Alliance Defence Politics," *Review of International Studies*，Vol. 14，No. 2，1988，pp. 133—148；Robin Luckham, "Armament Culture," *Alternatives*，Vol.10，No.1，1984，pp.1—44。

要甚至决定性作用；外部的压力要通过战略文化的过滤来影响国家的选择。①

在对前三波研究的总结与反思后，江忆恩认为，战略文化应该被视作一组超越时间与战略背景而持续存在的等级偏好。②不同的外生性条件与恒定的战略文化之间的互动，导致了复合性自变量的变化。赵景芳作为国内战略文化研究的集大成者，在综合国内外研究后认为，所谓战略文化，是指一套由国家战略决策体系内成员在国家安全事务方面共同享有的、以稳定战略价值观为基础的战略思维模式和优先排序的战略行为偏向模式组成的复合体。③他强调，在关注国家实力与现实生存压力的影响的同时，应关注国内文化对国家战略选择的影响，反之亦然，从而可使国家战略行为研究更为精确、丰满和有预见性。

虽然战略文化概念本身及其对行为选择的影响，学界仍有争论，但在对战略文化的重新审视后，我们可以得出一些有关战略文化与战略行为关系的共识。首先，一个有"使用价值"的战略文化概念一定是狭义的，其基本要素涉及两个相互关联的问题，即行为体如何看待对手以及如何看待暴力手段的使用。对这两个问题的回答，构成了一种特定战略文化的核心安全范式，而冲突型与合作型可以被视为两类大的战略文化。④其次，战略文化是理解国家战略行为选择的重要参考，它应该被理解为一个干预变量，并且依安全环境变化而呈现不同的影响效度。在竞争性的国际体系下，战略文化与新现实主义强调的结构因素同等重要。特别是当国际体系处于大国均势状态下，大国国内文化因素对国家互动进程中的影响往往大于结构性因素，成为国家战略选择中更为重要的动因。⑤最后，对战略文化与战略行为关系的研究必须建立在全面了解对象国基本

① 参见 Colin Dueck，"Realism，Culture and Grand Strategy：Explaining America's Peculiar Path to World Power，" *Security Studies*，Vol.14，No.2，2005，pp.195—231；Ken Booth & Russell Trood，eds.，*Strategic Cultures in the Asia-Pacific Region*，Basingstoke：Macmillan，1999，pp.3—28。

② ［加］江忆恩：《文化现实主义：中国历史上的战略文化与大战略》，朱中博、郭树勇译，人民出版社 2015 年版，第 58 页。

③ 赵景芳：《美国战略文化研究》，时事出版社 2009 年版，第 43 页。赵景芳认为，在冲突性国际体系比较稳定的情况下，结构性物质因素最终会压倒文化性因素，成为决定国家行为的主要动因；在竞争性国际体系比较稳定的时期，体系结构性力量虽然对国家间关系有着重要作用，但文化性因素往往会压倒物质性结构因素影响国家战略选择。详见赵景芳：《美国战略文化研究》，第 58—60 页。

④ 秦亚青：《权力·制度·文化》，北京大学出版社 2005 年版，第 353 页。

⑤ 赵景芳：《美国战略文化研究》，时事出版社 2009 年版，第 59 页。

国情与战略历史的基础上，应在与对象国的互动中考察其"行动式"战略文化，不能一味从看似标准简洁的静态文本中找寻"口号式"文化。当然，对象国从历史上流传下来的典籍是重要的参考源，这些作品中表达的思想传承至今并深刻影响了决策层。不过，这些典籍本身可能也包含着诸多不同的思想内核，有些甚至是对立的。在这种情况下，我们需要结合历史实践来进行分析与选择，要摒弃"谁名气大听谁的"的人云亦云的做法。在做到这些的基础上，战略文化可以为我们理解不同国家的威慑战略或理念提供更加深入的见解。

（二）解释威慑概念的两个战略文化维度

传统威慑手段的有效性主要取决于工具理性，而工具理性的概念并不依赖于对决策者偏好细节的任何绝对评价。[1]一个工具理性的行为者是一个对所有结果具有完整的、传递性偏好的行为者，他总是选择自己最偏好的替代品，或者在几个替代品并列的情况下，选择最偏好替代品中的任何一个。将威慑作为一种优先的国家对外战略手段实际上就是一种工具性质的运用，表明理性行为体偏好威慑而不是其他战略手段来保证战争不爆发。但不同国家战略文化中的工具维度并不总是一致的，即各国在战略手段的选择偏好上存在差异，并不总是将"以武力慑止对手"的狭义威慑概念视为首选。不同于西方威慑背后武力的绝对潜在使用的逻辑，中国古代的"全胜"思想可以被诠释为：凭借己方优势力量，综合利用各种手段，在最小化损失和最大化收益的情况下，尽量用不战的方式达成战略、战役或战术目标。[2]这其中，达成"止战"的目标并不拘泥于武力手段的使用，同时也不排斥武力的有限使用。这体现了中国战略思想中从孙武开始一脉相承的对战略灵活性和权变性的强调，与西方威慑理论在内涵上有着很大差异。下文论述的俄罗斯威慑理念也存在这种工具维度上的特殊性。

此外，在将威慑作为优先战略手段的国家间，威慑的目标被理解为使对手相信威慑方发出的威胁并因此放弃改变现状的意图，但威慑方如何发出威胁，发出怎样的威胁，以及达成什么样的具体目标，对这三个问题的回答很大程度

---

[1]　Frank C. Zagare and D. Marc Kilgour, *Perfect deterrence*, Cambridge University Press, 2000, p.40.

[2]　祁昊天：《试论"全胜"思想与"武力潜在使用"战略的异同》，《军事历史研究》2008年第2期，第156页。

上也是因国而异的。对发展威慑理论的美国战略分析家来说，对手不是"苏联人"，甚至不是"政治人"，而是抽象的"战略人"，他们都是以博弈论的方式思考问题的。①但事实上，在具体的工具维度上，不同国家对威慑如何发挥作用的理解是不一样的，在威慑手段的选择与应用上也是有差异的。

从历史的长进程角度看，虽然威慑理论谱系是二战后才出现，但大部分国家自诞生起就一直有对武力使用的态度或偏好。因此，可以认为，威慑战略或威慑理念是在一个较长的历史周期内形成的，而国家的战略文化在这个长周期中起到了重要的推动作用。威慑战略或理念在实践中不断得到应用后，也会在战略文化中产生一种"规范"价值，用以指导与约束国家在之后的战略行为。这种规范价值之所以影响国家行为，枢纽机制就是"规范理性"。行为体具有个体理性，在面对规范的时候，首先就是权衡利弊，然后决定是否接受或遵从规范。进而，在长期的学习过程中，行为体也会内化规范，逐渐将规范视为理所当然遵循的行为准则。②从这个角度看，"规范理性"依然是工具理性的一种变异形态，是行为体基于长期的偏好选择而内化形成的一种价值要素。在进行分析时，我们不能简单将其与工具要素对立起来，应该在考察威慑战略或理念的工具性使用后结合战略历史剖析其在规范价值上的特征。

综上，威慑背后所体现的是工具与规范两个维度的战略文化要素。战略文化的工具维度决定了行为体是否将威慑视为优先战略，并且决定了在威慑框架下如何具体发出威胁。战略文化的规范维度形成于行为体的长期行为，决定了行为体以什么样的视角来简化复杂场景与定义威胁。接下来本文将从工具与规范角度分析美俄以三国威慑战略或理念背后各异的战略文化。

二、美国的威慑战略及背后的战略文化

美国的威慑战略起于冷战美苏对抗，在冷战后则依威胁源的变化而不断调整威慑手段，使之契合美国的战略目标。这从工具角度上看是实用主义的，美

---

① Michael MccGwire, "Deterrence: The Problem—Not the Solution," in Roman Kolkowicz, ed., *Dilemmas of Nuclear Strategy*, *Routledge*, 1987, p.26.

② 秦亚青：《文化与国际关系理论创新——基于理性和关系性的比较研究》，《中国社会科学评价》2019年第4期，第40页。

国一直倾向于将威慑作为使用军事手段的首要方针。而从规范角度看，美国对威慑有近乎本能的依赖，并且大多数情况下是放在武力使用之前的，与实际使用武力区分得较为明显。这表明美国在道义理念上仍然是"慑而少压"，防止对手过激反应，这是一种自由主义特性。但是，这种特性在现实中往往驱使美国走上自相矛盾的道路，引发更加激烈的对抗。

（一）美国威慑战略的演进

随着人类进入核时代，核武器在国际关系中的角色日渐突出，美国作为第一个研制并实际使用核武器的国家自然对核武器的认识有更多天然优势，诸多有识之士在冷战期间深入探讨了核武器的角色与作用。在这一过程中，威慑理论逐渐成为核时代美国智识的代名词，而在理论发展成熟的同时，美国的威慑战略也从冷战时期的核威慑转向了冷战后复杂威胁背景下的多元威慑。

二战结束后，核武器作为人类制造出的威力最强大的"绝对武器"，在国际政治中扮演的角色愈发重要。美国学术界对"威慑"理论体系及其基础上的政策应用进行细致的研究，至今已形成了四波威慑研究的浪潮。第一波浪潮出现在第二次世界大战结束前后，与美国主导的战略背景下核武器和技术的使用与扩散相对应，但很快便过渡到了理论建构阶段。第二波浪潮开始于冷战初期，美苏关系和联盟结构决定了这一浪潮的研究议程。艾森豪威尔政府"大规模报复"战略的确立使得威慑理论的研究进入了第二阶段，杰维斯称之为"黄金时代"①。在这一时期，威慑理论的发展是为了指导威慑战略。所谓威慑研究的"黄金时代"几乎全部聚焦于威慑战略的考察，威慑在该时期也主要被视为是一个军事问题。第三波浪潮则开始于 20 世纪 70 年代，它的重点是从经验主义的角度检验以前提出的概念、框架与理论。这一波研究表明，在运用威慑战略时，承诺、沟通与决心非常重要。心理学、官僚思维和领导能力等概念也出现在了威慑理论中。②但在实际中对威慑战略的指导价值并不及"黄金时代"。

在前三波威慑研究浪潮后，威慑理论已经基本成熟，但威慑战略的研究却

---

① 参见 Robert Jervis，"Deterrence Theory Revisited，" *World Politics*，Vol.31，No.2，1979，pp.289—324。

② 参见 Paul K. Huth，"Extended Deterrence and the Outbreak of War，" *American Political Science Review*，Vol.82，No.2，1988，pp.423—433。

屡屡陷入困境，产生此种困境的主要原因有三。第一，前三波威慑研究的时代背景是美苏冷战，核威慑独占鳌头。而在冷战结束后的十年中，美国建立了无与伦比的单极霸权，这使其能够摆脱威慑的束缚，随心所欲使用其他的强制与非强制手段来实现战略目标，而不必像冷战时期那样顾虑苏联的反应，主要针对苏联/俄罗斯的威慑战略重要性自然大为下降。此外，美国在冷战后至2014年克里米亚危机爆发前这段时间里更关注俄罗斯的核武器安全问题，并推动与俄的核军控谈判，军控而非威慑成为这段时期对俄的主线任务。总之，威慑战略在冷战后因苏联的消亡而一度消失于美国的战略设计中，但基思·佩恩（Keith Payne）、保罗·布拉克（Paul Bracke）等学者也提出"第二核时代"的概念，意在提醒学界，核武器在全新的核安全环境下依然是美国维持国家安全不可或缺的重要手段与工具，核时代还将继续。①但如何在"第二核时代"变革威慑战略至今仍然处于争论中。

第二，进入21世纪，美国所面临的主要挑战转变为恐怖主义威胁，而对恐怖主义势力的威慑对各国来说一直都是大难题。"9·11"事件后，恐怖主义成为美国的首要威胁，尽管小布什在任内初期抛弃了威慑恐怖主义的想法，转而寻求通过"先发制人"来实现绝对安全，但在2006年发布的《联合作战概念：威慑行动2.0》（Deterrence Operations Joint Operating Concept，Version 2.0）中，小布什政府再次将威慑作为维护国家安全的支柱，其中也包括了威慑恐怖主义。尽管小布什政府没有完全依赖威慑是明智的，但它对威慑流氓国家的前景过于怀疑，因此高估了使用预防性武力的必要性。②奥巴马政府也将威慑作为反恐战争工具箱中的一项，但其注重从间接路径来实施威慑，包括切断支恐资金链、加强同阿拉伯国家友好关系等。尽管已有多年实践经验，但威慑恐怖主义的战略本身漏洞仍然很多，美国国土安全部的研究也认为，美国需要不断转化思路，借鉴他国经验来实现威慑战略突破，以色列的威慑经验就是重要来源。③

---

① 李喆：《"第二核时代"理论与美国的核战略转型》，《国际政治研究》2019年第4期，第83页。

② Jeffrey Knopf, "Wrestling with Deterrence: Bush Administration Strategy After 9/11," *Contemporary Security Policy*, Vol.29, No.2, 2008, p.230.

③ 参见 John MacKinney, "The Balance of Pain: Terrorism Deterrence in Israel," *Comparative Strategy*, Vol.34, No.1, 2015, pp.1—13.

第三，科技进步特别是网络技术的发展对威慑战略带来了前所未有的新挑战，这是经典威慑理论在前三波浪潮中从未深研过的问题。随着新质新域竞争的逐步显现，美国也寻求在传统的威慑生效逻辑基础上调整或重新制定对应的威慑战略。这些调整带来的一个直接结果就是美国不再强调惩罚性核威胁，而是更多地通过加强常规防御/拒止来威慑。①这极大扩展了威慑战略的"武器库"，为在新科技革命背景下的军事竞争提供了更多手段选择。

美国近年来在其所谓持续的竞争中着重关注了对网络空间的利用。在某些重要方面，美国的网络威慑实践超过了理论。在学术界的理论还没有得到充分的理解、检验和完善之前，战略、战术和政策就已经形成、公布和使用。美国的网络威慑也已经从小布什总统时期几乎只关注防御/拒止的威慑转变为奥巴马和特朗普总统时期以惩罚为主的战略。形成这种转变的一个重要原因就是技术进步使美国提高了监测网络攻击并识别攻击者的能力，继而可以在网络空间内外实施报复行动。②简而言之，惩罚策略越来越可行，但网络冲突的升级风险也随之迅速加剧。在太空域的威慑问题上，在科技发展和国际互动的双重推动下，太空威慑逐渐由"太空作为威慑手段的威慑"和"太空作为保护对象的威慑"两个层次共同构成，通过"以太空能力慑止针对太空资产的攻击"，"以其他能力慑止对太空资产的攻击"和"以太空能力慑止对其他国家利益的侵犯"三种路径发挥威慑作用。③由于太空环境在相当长一段时间内都具有军民两用、攻击占优和缺少规范的特点，太空威慑战略也在传统威慑的基础上呈现出新的变化。

与第一波浪潮一样，冷战结束后延续至今的第四波浪潮主要是对现实世界事态发展的回应，因而此波浪潮更关注威慑战略的发展，而非威慑理论。就学术研究而言，第四波浪潮既特别有活力，又略显混乱：阳光下的一切都成为了焦点。无赖国家、非国家行为体一度成为威慑研究的主要目标，网络和太空两个新兴领域的威慑战略问题也同样得到了高度重视。随着威慑研究范围的扩大，

① Patrick M. Morgan, "The State of Deterrence in International Politics Today," *Contemporary Security Policy*, Vol.33, No.1, 2012, p.91；陈曦、葛腾飞：《美国对华拒止性威慑战略论析》，《国际安全研究》2022 年第 5 期，第 81—106 页。

② Alex S. Wilner, "US Cyber Deterrence: Practice Guiding Theory," *Journal of Strategic Studies*, Vol.43, No.2, 2020, p.260.

③ 高扬予兮：《第二太空时代的美国太空威慑战略研究》，世界知识出版社 2022 年版，第 183 页，

威慑的实践也随之扩大，但威慑理论的一些局限也逐渐暴露出来，威慑理论指导下的威慑战略也经常处于美国政策界辩论的中心。

（二）美国威慑战略体现的战略文化：实用主义与自由主义

美国为了应对核时代的威胁而开创了对威慑的系统研究，并将部分理论成果结合进美国的大战略，从而创造出了极具美国特色的威慑战略。二战后，美国先后面对了在军事上与其势均力敌的苏联、制造巨大国内恐慌的恐怖主义等，面对这些显著异质化的威胁，威慑首当其冲成为美国应对安全威胁的"急先锋"，这体现出极强的"实用主义"倾向。同样，美国在威慑战略中强调的"技术制胜"思想也源自"实用主义"的观念。在这种思想的长期指导下，美国逐渐从力量优势的视角来看待对手的威胁，认为可以凭借自己的优势力量"不战而止战"，这也是其不断借助技术发展增强军力，维护国家安全的重要考量。换言之，让对手看到美国的优势军事实力，进而使对手进行合理的"成本—收益"考量，从而放弃打破"美国治下的和平"的意图，是美国对任何类型的对手或威胁制定威慑战略的核心考虑。

美国的战略文化既有强调国家利益的现实主义思想，同时兼具以道德为导向的理想主义情怀。前者较多体现在孤立主义与黩武主义思潮中，后者则更多反映于美国在国际事务中倡导民主、自由与平等价值的实践。[1]而美国的自由主义传统给生活在不自由世界中的美国人带来了深刻的不安全感。这种不安全感，加上对美国价值观普适性的信念，有时会推动美国走向异常积极的大战略。[2]反映在威慑战略这个次级战略上就是特有的高度进取性，希望其他国家遵从美国的想法，参与美国塑造世界秩序与地区秩序的进程中，不要挑战美国的权威。这是规范维度上美国威慑战略的独特之处，也与美国威慑理论研究的核心立场相一致。

---

[1] 王翔宇：《美国战略文化中的实用主义——以"责任规避"为例》，载《国际关系研究：新发展与新问题——2012 年博士论坛论文集》，第 217 页。

[2] 参见 Colin Dueck, *Reluctant Crusaders: Power, Culture, and Change in American Grand Strategy*, Princeton, NJ: Princeton University Press, 2006; Michael C. Desch, "America's Liberal Illiberalism: The Ideological Origins of Overreaction in U.S. Foreign Policy," *International Security*, Vol.32, No.3, 2007/08, pp.7–43。

美国战略文化中实用主义与自由主义的高度融合，表面上为其战略行为赋予了较强的合理性，但同时也为其战略逻辑注入了天然的悖论，即陷入"越威慑越恐慌"的死循环。自由主义要求美国的"常识"能渗透进所有国家，使它们归于美国的领导，这导致体系内的"异见者"往往被摆在与美国完全对立的一面，并使美国产生一种恐慌与不信任感。同样，实用主义者强调通过工具本身来直接实现目的，但是结果往往造成这样一种困境，即更关注的常常不在于自身的工具效能如何，而在于对对手可能在工具上超越自身的一种极度恐慌，致使恐慌主导了战略进程。[1]曾在肯尼迪政府任职过的理查德·巴尼特（Richard Barnet）对战后美国威慑理论的批判就是一个很好的例子。他认为，在冷战的大部分时间里，美国一直在与自己进行军备竞赛。美国大大高估了苏联能力的数量和质量，误解了他们的动机。苏联没有先发制人的意图，也没有能力进行有效的反击。苏联导弹现代化计划的目的是在第一次打击中幸存下来，并提高报复能力，而这一能力比美国的估计要低40%。[2]美国认为，苏联总是有可能对美国发动核攻击，但美国事后对核武器的性质、预算限制、苏联的政治压力和共产主义意识形态的了解都表明，这是极不可能的。[3]这种恐慌情绪在很大程度上塑造了冷战时期的极端对抗态势，也使得基于惩罚理念的威慑往往不假思索地成为美国的既定和首要主张，这容易适得其反，引发更多激烈的对抗。诚如杰维斯所言，美国的威慑理论不是建立在与防御相对应的"威慑"概念上，而是建立在更广泛的胁迫（通过惩罚的威胁使对手服从）与蛮力（通过身体上的强迫使对方服从）之上。[4]美国的威慑战略正是在这种"合理性的吊诡"中，找到了它可以充分伸张的空间。

三、俄罗斯的威慑理念及背后的战略文化

作为冷战超级大国的苏联及解体后衰微的俄罗斯，其借重军事力量谋求国

---

① 葛腾飞：《工具理性主义的困境与美国冷战决策模式的批判——〈保罗·尼采：核时代美国国家安全战略的缔造者〉评介》，《美国研究》2018年第3期，第139页。

② 相关讨论参考：Dmitry Dima Adamsky, "The 1983 Nuclear Crisis-Lessons for Deterrence Theory and Practice," *Journal of Strategic Studies*, Vol.36, No, 1, 2013, p.13.

③ Richard Barnet, "The Illusion of Security," *Foreign Policy*, No.3, 1971, p.71.

④ Robert Jervis, "Deterrence Theory Revisited," *World Politics*, Vol.31, Issue. 2, 1979, p.297.

际体系重要角色的理念一直存续着，但美国政学界对苏联/俄罗斯军事威慑理论的关注度一直较低，这其中既有语言文化障碍因素，也与威慑理论的"美国中心主义"密不可分。直到近年，随着学者们对来自俄罗斯的史料与官方文献的细致解读，俄罗斯的威慑战略及其背后的战略文化要素才逐渐为人们所知晓。

（一）俄罗斯的威慑相关术语与威慑战略转型

俄罗斯官方各层级在使用"威慑"一词时相当不一致，这直接导致俄罗斯难以理解在西方眼中所谓"可信的威慑"到底意味着什么。也正因此，俄罗斯本国专家之间，以及他们与西方学者沟通时往往出现一些词义理解上的困难。特别是，虽然自 2012 年起，五大常任理事国开始就核术语制定共同的标准，但迟至 2022 年第二版《五核国核术语》发布，都没有列入对"威慑"一词的解释。①也就是说，五核国间就此概念至今仍然没有达成一致。这其中，俄罗斯对威慑的理解与西方存在较大差异是主要原因之一。

根据维罗亚尔·维贝尔（Viljar Veebel）的解释，在俄语中，"威慑"一词至少有三个等价词。分别是 sderzhivaniye（сдерживание），prinuzhdeniye（принуждение），ustrasheniye（устрашение）。但在俄语中，这些术语不是同义词，而是具有不同的语义，甚至与西方所理解的"威慑"概念无关。②

Sderzhivaniye 是俄语中最广泛使用的威慑术语。字面上的意思是"遏制、约束或抑制"。该词主要用于战略和政治背景，俄罗斯官方常用的词语"战略威慑"可以翻译为 strategicheskoye sderzhivaniye。然而，该词在俄语中也可以被翻译为"遏制"。原则上，该词与西方国家使用"威慑"一词的方式类似，但俄罗斯官方学者的声明表明，俄罗斯和西方国家对"现状"的理解并不一致。西方通常将现状解释为中立或积极的东西，然而，俄罗斯倾向认为稳定并不一定意味着俄罗斯希望保持的东西，而是应该增加相互威慑（即相互施压），以保证新的稳定。③换言之，只有动态稳定才能称得上"积极的现状"。

---

① 五核国核术语工作组：《五核国核术语（2022 年版）》，http://un.china-mission.gov.cn/zgylhg/cjyjk/npt/202112/P020211229400269960446.pdf，查询时间：2023 年 9 月 13 日。

② Viljar Veebel, "Russia and Western Concepts of Deterrence, Normative Power, and Sanctions," *Comparative Strategy*, Vol.40, No.3, 2021, p.271.

③ Богданов К.В. Сдерживание в эпоху малых форм // Россия в глобальной политике. 2023. Т. 21. № 3. С. 42—52.

第二个词 prinuzhdeniye 字面意思是"强制"。在俄罗斯，这个词大多用作司法术语，指通过武力和威胁说服某人做某事的行为，其含义接近英语中的"胁迫"一词。然而，俄罗斯研究人员也在军事背景下使用 prinuzhdeniye 一词，常以 silovoye prinuzhdeniye 的形式使用，指武力作为进攻性威慑的工具。在此语境下该词具有更积极主动的含义，与"胁迫"的含义比较接近。①但俄罗斯官方学者普遍认为西方所谓"胁迫"对他们没有用。②

第三个词 ustrasheniye 在英语中的意思接近"恐吓"，它被用来描述他人的非法的威胁政策。对俄罗斯来说，这个词包含了更多的负面信息。例如，sderzhivaniye putem ustrasheniya（意为通过恐吓来威慑）是俄罗斯用来描述冷战时期美国对苏政策的一个常用短语。③这说明冷战时期，苏联对美国威慑政策的反应是很消极的。

综上，俄语中作为"威慑"一词的同义词所使用的三个术语都是根据具体的上下文而呈现词义。它可以指不让某人做某事的威慑（sderzhivaniye）、让某人做某事的威慑（prinuzhdeniye）或恐吓的威慑（ustrasheniye）。俄本国专家则一般用 sderzhivaniye 一词来描述俄罗斯自己的对外威慑政策。

冷战后俄罗斯威慑思维的演变可以分为三个阶段。自海湾战争美军展示了精确打击能力后，俄罗斯军事理论家便思考如何用核武器威慑常规威胁。随着常规军事能力在 90 年代的全面落后，俄罗斯不得不依靠威慑，特别是核威慑来遏制北约的安全威胁。按照西方学者的观察，"降级"（degradation）理论成为俄罗斯应对这一挑战的主要选项。而俄罗斯核武器与其大国地位追求的紧密结合导致了这样一种局面：任何可能削弱俄罗斯威慑力量发展的举动都被视为是在削弱其国际地位。④2000 年初，普京同意采纳"特定条件下使用战术核武器"的原则并签署了新的军事学说。该学说引入了"去升级"（de-escalation）的概

---

① Dimitry Adamsky, "From Moscow with Coercion: Russian Deterrence Theory and Strategic Culture," *Journal of Strategic Studies*, Vol.41, No.1, 2018, p.36.

② Viljar Veebel, "Russia and Western Concepts of Deterrence, Normative Power, and Sanctions," p.273.

③ Kristin Ven Bruusgaard, "Russian Strategic Deterrence," *Survival*, Vol.58, No.4, 2016, p.8.

④ 参见 Matthew Rojansky, "Russia and Strategic Stability," in Elbridge A. Colby and Michael S. Gerson eds., *Strategic Stability: Contending Interpretations*, Carlisle, PA: US Army War College, 2013, pp.295—342.

念——即以有限的核打击威胁迫使对手恢复原状，允许在"对俄罗斯国家安全至关重要的情况下"使用核武器。①而俄罗斯从 2000 年开始进行的几乎所有大规模军事演习都模拟了有限的核打击。②大力发展战术核武器的举动和频繁的演习表明俄罗斯将有效利用核力量优势威慑周边可能存在的敌人，在军控层面上则意味着俄罗斯不会再受惑于美国在冷战后期对俄罗斯采取的不对称裁军手段，不会主动放弃战术核力量优势地位。③

然而，用核武器弥补常规武器劣势的方法不可能持续。21 世纪后，俄罗斯军事理论家开始关注如何结合使用核武器和常规武器，以更有效地威慑常规与核威胁。"战略威慑"成为第二阶段俄罗斯威慑思想演变的主基调，其更多被视为对西方武力胁迫的被动式回应。战略威慑在俄罗斯军事字典中被定义为：连续或同时采取的军事和非军事措施相协调的体系，目的是阻止可能造成战略破坏的军事行动。在平时和战时，战略威慑措施将不断实施。④在俄罗斯威慑战略里，进攻性非核能力、防御性非核能力和非对称选择都是与威慑和战争相关的能力。因此，它们可以在平时和战时构成威慑。

第三阶段，从 2010 年开始，俄罗斯扩展了其"战略威慑"思想，特别是囊括了更多非军事要素。俄罗斯定义的非军事威慑工具包括"政治、经济、意识形态、科技措施"，在西方看来则是明显通过"跨域手段"来胁迫西方。⑤其中尤为引人注目的是俄罗斯近年来利用信息行动取得的成功，这种"灰色地带"的非军事行动在给西方国家的社群主体带来更多不确定性的同时也给俄罗斯自身带来了一定的非对称优势。对此，西方学者频繁表示，非军事威慑机制的不确定性可

---

① 俄罗斯 2000 年版军事学说英文版概述参见：Arms Control Association, Russia's Military Doctrine, May 2000, https://www.armscontrol.org/act/2000-05/russias-military-doctrine, 查询时间：2023 年 9 月 9 日。

② Nikolai N. Sokov, "Why Russia Calls a Limited Nuclear Strike 'de-escalation'," *Bulletin of the Atomic Scientists*, March 13, 2014, https://thebulletin.org/2014/03/why-russia-calls-a-limited-nuclear-strike-de-escalation/, 查询时间：2023 年 9 月 10 日。

③ 陈曦：《美俄战术核武器困境生成原因》，《战略决策研究》2021 年第 1 期，第 58 页。

④ Military-Encyclopaedic Dictionary of the Russian Ministry of Defense, http://encyclopedia.mil.ru/encyclopedia/dictionary/details.htm?id=14206@morfDictionary, 查询时间：2023 年 9 月 10 日。

⑤ Dmitry (Dima) Adamsky, "Cross-Domain Coercion: The Current Russian Art of Strategy," *Proliferation Papers 54*, https://www.ifri.org/sites/default/files/atoms/files/pp54adamsky.pdf, 查询时间：2023 年 9 月 10 日。

能会导致西方对俄罗斯威慑语境的误解，进而引发更加强烈的对抗而非维持现状，但事实上，"有限突破现状"本身可能就是俄罗斯威慑战略的一个重要目标。

（二）俄罗斯威慑理念体现的战略文化：整体主义与现实主义

虽然西方对俄罗斯威慑战略的理解还没有完全达成共识，但不可否认威慑思想在俄罗斯战略思想中占据了重要的位置。面对迫近的北约威胁与可能降低的国际地位，俄罗斯不得不将威慑置于国家整体对外战略中并高度整合军事、经济、科技等国家资源。而从冷战结束后俄罗斯"战略威慑"的演进看，其高度强调威慑手段执行的"全过程、跨领域"，力图以此营造对威胁源的持续威慑态势。这种"整体主义"（holistic）的倾向实际上也是俄罗斯战略文化的题中应有之义。"整体主义"倾向是俄罗斯在文学、宗教哲学和科学中的传统，它意味着俄罗斯需要掌握一个大的图景，并将现实的每个元素描述为在系统框架中与其他元素不断相互作用，将不同维度的问题视为相互关联。①这种倾向不断投射在俄罗斯在各个历史阶段中的战争文化、战略风格和军事思想中。对俄罗斯而言，作为整体的一部分，展示力量和让他国认识这一力量与运用力量本身同样重要。②因此，作为俄罗斯战略艺术的最新版本，现阶段的威慑构想基本上反映了这种整体主义倾向，即普遍性、持续性以及"威慑与胁迫"逻辑的结合。③从这个角度分析，俄威慑战略反映的并不是其战略文化的变化，而是延续。

在规范维度，主导俄罗斯政治精英对外关系基本观念的是以民族主义思想为基础，融合了欧亚主义思想的保守现实主义。④在历史长河中，俄罗斯形成了

---

① 有关俄罗斯"整体主义"文化的解释详见：Шубцова，Л. В. "Государственное антикризисное управление：системный подход." Национальные интересы：приоритеты и безопасность 5（2011）：11—18；Бакулина，Маргарита Сергеевна. "Системный и комплексный подходы：сходство и различие." Вестник Красноярского государственного педагогического университета им. ВП Астафьева 2（2011）：168—173；Мохов，А. И. "Отличие системного и комплексного подходов в научных исследованиях." Большая Евразия：развитие，безопасность，сотрудничество 2-1（2019）：520—527.

② 秦立志：《战略文化、安全困境与俄国应对地缘政治风险的决策偏好》，《俄罗斯学刊》2022 年第 3 期，第 73 页。

③ Dimitry Adamsky，"From Moscow with Coercion：Russian Deterrence Theory and Strategic Culture，" p.55.

④ 徐博：《俄罗斯"东转战略"的国内政治影响要素探析：战略文化、央地关系与政治结构》，《当代亚太》2019 年第 6 期，第 57 页。

崇尚实力、分而治之的现实主义战略，追求强国地位和空间扩张，必要时以空间换时间，这本身就是一种进攻性战略文化的体现。这种现实主义具有极强的斗争性与长期性，二者源于俄罗斯战略文化中的脆弱感、对突然袭击的恐惧、被围困堡垒的叙事和永久战争的观念。面对敌人，俄罗斯经常从长周期角度来思考问题，认为暂时的失败并不会影响最终结果。或早或迟，机会的窗口必将向俄罗斯敞开，俄罗斯将实现自己的目标。这便是俄罗斯精英对未来的看法。[①]

如前所述，对俄罗斯来说，国际竞技场上的行为体相互竞争，并不以稳定与持久和平为目标。俄罗斯担忧的是在欧亚大陆形成不受自己力量影响的局面。因此，冲突是具有连续性的全过程的一部分，而稳定只是一种暂时的平衡状态或斗争的间歇点。这也解释了为什么俄罗斯话语体系不区分威慑、强制和胁迫三者，而是交替使用或在"威慑"的标题之下混杂使用。俄罗斯进行战略威慑与跨域胁迫行动的目的就是增加在得到利益的同时迫使对手以可接受的条件结束冲突的可能性。然而，问题在于，西方是否会理解俄罗斯相关概念中包含的威慑信息。而从理论上看，这种重大差异体现了俄罗斯战略文化的独特性，也需要我们进行更加深入的研究。

四、以色列的威慑战略及背后的战略文化

与美国不同，以色列认为，威慑并不是为了完全隔绝暴力，而是在数次交手中使敌人意识到行动的代价之大且很难成功，进而推迟更大规模暴力的到来，规范对手的日常行动，这就是以色列独特的"累积威慑"（cumulative deterrence）所表达的核心思想。而在规范角度，以色列因为其长期强烈的不安全感而追求着一种"慑压并举"的威慑方式，并在其中放大了使用惩罚性武力的必要性，威慑明显变成以色列极端现实主义考虑之下使用武力工具的一种指引，有时甚至是主动使用武力的借口。

---

① 德米特里·索洛维伊、王嘎：《战略文化在俄罗斯对外政策中的作用与意义》，《俄罗斯东欧中亚研究》2019 年第 3 期，第 24 页。

（一）累积威慑与以色列的战略实践

长期以来，以色列依据其建国实践将国家安全框架建立在三大支柱上：威慑、预警与决策。具体而言，以色列认为，威慑的作用在于维护稳定，尽可能延长以色列与周边国家的和平期。如果威慑失败了，以色列将对战争征候进行及时预警，并尽快部署预备役人员。待作战人员就绪后，以色列的战场决策应该促成快速且决定性的作战胜利。在西方尤其是美国的威慑理论中，对被威慑方使用武力就昭示了威慑的失败。但长期以来，以色列与阿拉伯国家及巴勒斯坦解放组织、哈马斯、巴勒斯坦伊斯兰圣战组织"吉哈德"、黎巴嫩真主党之间爆发多次冲突。因此，如何理解以色列的威慑战略成为学界一直以来思考的问题。在此背景下，多伦·阿尔莫格（Doron Almog）及托马斯·里德（Thomas Rid）等人创造性地提出了"累积威慑"的概念。他们认为，在以色列的案例中，使用武力并不代表威慑已经失败，一次小规模军事行动恰恰是以色列威慑战略的有机组成部分。[1]

关于以色列累积威慑战略的特殊性所在，诸多学者注意到了威慑理论在美国的发展与在以色列是不一样的，而美以威慑理论与战略的不同路径实际上反映了核威慑与常规威慑的显著分野。[2]在美国，经典的威慑理论是在冷战时期核对峙的背景下发展起来的。而以色列的威慑概念和实践则是在不同的经验背景下产生的，即在形成过程中包括了与国家和非国家行为体的实际军事斗争。美国在冷战期间虽然也面临过类似的问题，但由于核因素更加突出，理论家并没有强调这一点。因此，冷战时期，在以核武器为战略工具的互动实践中，核威慑理论产生并演变为威慑理论谱系中的主导范式。以色列的威慑政策则是以常规威慑为主，突出实际使用常规武器以塑造良好"声誉"的必要性与重要性，但理论本身在很长一段时间内没有得到足够重视。

累积威慑是学者基于以色列的历史实践得出的理论范式，无论是对阿拉伯

---

① Thomas Rid, "Deterrence Beyond the State," *Comparative Strategy Policy*, Vol. 33, No. 1, 2012, pp.124—147; Doron Almog, "Cumulative Deterrence and the War on Terrorism," *Parameters*, Vol.34, No.4, 2004, pp.4—19; Edward Rhodes, "Conventional Deterrence," *Comparative Strategy*, Vol.19, No.3, 2000, p.234; Jonathan Shimshoni, *Israel and Conventional Deterrence*, Ithaca: Cornell University Press, 1988, p.215.

② Dmitry Adamsky, "From Israel with Deterrence: Strategic Culture, Intra-war Coercion and Brute Force," *Security Studies*, Vol.26, No.1, 2017, p.162.

国家，还是对非国家行为体，以色列都高调强调有限使用武力的重要性。①在长期的历史实践中，以色列认为仅仅通过传统的"防御性威慑"措施不足以建立一个旨在维持现状的威慑态势。以色列的军政领导人认为，只有一支能够速战速决，造成明确失败的军队才具有威慑力。②为此，以色列国防军（IDF）采取了一种进攻性的作战姿态，首先是阻止对手在战场上实现目标，而之后对民事目标的报复则是对各种袭击的惩罚，摧毁军事力量和占领领土是以色列在威慑严重失能后对对手实施惩罚的重要组成部分。这已经成为以色列维持威慑力的惯常做法。

不过，鉴于国家行为体与非国家行为体之间仍然存在显著差异，以色列也不断更新其威慑手段。在对阿拉伯国家的累积威慑中，以色列强调"决定性的胜利"的重要性，即只有阿拉伯方面获得痛苦的代价，才能恢复威慑力。但面对更复杂的非国家行为体威胁，以色列认为其目标不是胜利，也不是结束冲突，而是有效地管理暴力事件。在此目标下，以色列往往采用"割草"的方式来创造与维持威慑。以"割草"来进行威慑的目的是说服潜在的敌人为了自己的利益应该避免某些活动。虽然"割草"行动主要是为了对有价值的资产和能力造成损害，但一个必然的效果是降低敌人伤害以色列的动机。③"割草"行动的一个具体政策表现就是在 2015 年，以色列国防军根据前期作战经验提出了"战争之间的战役"（Campaign between the Wars，CBW）概念。"战争之间的战役"涉及采取预防措施，特别是秘密行动，以经常性削弱敌人的能力并防止其获得先进能力，目的是推迟战争，加强威慑力，并在发生实际战争时为以色列国防军创造最佳行动条件。④在近期爆发的哈以冲突中，以色列继续使用包括地面进攻力量在内的惩罚性手段对加沙北部的哈马斯进行打击。但事实上，这种"割草"

---

① 陈曦、葛腾飞：《以色列安全战略中的累积威慑析论》，《西亚非洲》2024 年第 1 期，第 102—130 页。

② Inbar，Efraim and Shmuel Sandler，"Israel's Deterrence Strategy Revisited," *Maarachot*，No.328，1993，p.332.

③ Efraim Inbar & Eitan Shamir："'Mowing the Grass'：Israel's Strategy for Protracted Intractable Conflict," *Journal of Strategic Studies*，Vol.37，No.1，2014，p.75.

④ Amr Yossef，"Israel's Campain between the Wars：Lessons for the United States?" May 27，2021，Modern War Institute，https：//mwi.usma.edu/israels-campaign-between-the-wars-lessons-for-the-united-states/，查询时间：2023 年 9 月 21 日。

性质的直接惩罚手段所带来的威慑效用日渐下降，远没有达到可以持久威慑非国家行为体的程度。

进入 21 世纪，第二次巴勒斯坦大起义（Second Intifada）后，非国家行为体威胁以色列的手段有了进一步的发展，以色列在非对称冲突中也吸取了一些教训。而在 2009 年奥巴马政府在中东实施战略收缩后，伊朗给以色列带来了新挑战。与此同时，新军事技术革命给以色列带来的技术优势效应逐渐显现。更为重要的是，国际社会对以色列跨境使用武力的政治约束愈益强烈，这突出了以色列调整传统威慑范式的必要性和紧迫性。因而，在推动以色列整体威慑战略调整的过程中，拒止手段获得了更多重视，强调了在边境与后方构建主被动防御体系的重要性，代表性举措就是沿着边境线修筑"隔离墙"并大范围部署"铁穹"系统。以色列此举的目的就是向其对手传递现有手段无法对以色列国家安全构成有效威胁的信号，而且以色列仍然会在袭击后选择性地进行惩罚。这种"组合技"在以色列看来有望更进一步地削弱对手发动袭击的动机，为以色列争取"平静期"。同时，有限打击的手段也更加符合以色列的安全需要与国际规范，增强了威慑的合法性与可信度。

（二）以色列威慑战略体现的战略文化：规范主义与极端现实主义

在累积威慑的政策阐释中，以色列政界和学界更多借鉴了在法律理论中被概念化的"威慑"概念，这也是国际关系理论中"威慑"概念的最初来源。历史上，法学家一般都赞同功利主义哲学家杰里米·边沁（Jeremy Bentham）的观点，认为惩罚是防止犯罪的一种威慑手段。①从"规范对手"的工具性目的出发，以色列通过一系列成功的军事行动，使对手不断更新对以色列国家实力与威慑决心的认知。在意识到针对以色列的行动可能会遭到报复后，对手则倾向于相信，不仅在可预见的未来，而且从长远来看，冲突无法在军事上以可接受的成本解决，从而不得不寻求通过政治手段结束冲突。在这些军事行动不断达成目标后，以色列可以逐渐确立一条延展开的、在以色列领土之外的"安全边界"，即对以色列安全具有战略意义的领土。以色列知名学者德米特里·亚当斯

---

① ［美］詹姆斯·多尔蒂、小罗伯特·普法尔茨格拉夫：《争论中的国际关系理论》，阎学通、陈寒溪等译，世界知识出版社 2003 年版，第 371 页。

基（Dmitry Adamsky）在广泛采访以军高级军官后发现，作为威慑政策的主要制定与执行者，以色列国防军倾向于认为使用武力是对威慑能力和决心的"学习—教学"（learning-teaching）过程，可以保持强硬的声誉并确保威慑可信度。[①]因此，以色列的累积威慑模式主要是为了通过军事行动划定红线来规范对手的行动，推迟下一轮冲突的爆发时间并降低其规模。

以色列对阿拉伯国家的威慑在某种程度上也不同于西方经典军事理论中的范式。在克劳塞维茨看来，当军事力量的消耗过大、超过了政治目的实现后的价值时，人们就必然会考虑是否放弃政治目的而媾和，以避免更大的损失。[②]换言之，一场大规模消耗战的前景极有可能消除对手改变现状的企图，以此实现有效威慑。但在以色列累积威慑理念中，威慑应该是一系列有力的军事行为，这虽然制造不了消耗战的前景，但可以在一个较长的时期内创造和维持行为规范。从这个角度上说，惩罚对手所要表现出的并不是无限制的暴力威胁，而是某种规范性的有限打击。

从规范维度看，以色列长期以一种"极端现实主义"的视角看待安全威胁，这在其战略文化中表现为一种典型的"进攻崇拜"思想，反映在威慑思维上就形成了对惩罚性先发制人行动的偏爱。在军方基本主导威慑战略制定与实施的情况下，如何实现快速的军事行动才是以色列的首要考虑，这也是由以色列战略文化中"军事安全优先"特质所塑造的。以军也一直倾向于在战争开始前打击对手的武器库。另外，"极端现实主义"塑造了以色列的"围攻心态"以及对"绝对安全"的追求，在这些思想的驱使下，以色列的整体威慑思路逐渐变得不对称。以色列假定只有从优势地位而不是平等地位才能实现威慑，并试图在不被威慑的情况下进行威慑。《以色列国家安全战略纲要》就明确指出，以色列的安全战略必须始终建立在国家的威慑力与和平条约可能崩溃的假设之上。以色列必须在短时间内保持广泛的安全边界，并持续为可能的战争升级做好准备。[③]

---

① Dmitry Adamsky, "From Israel with Deterrence: Strategic Culture, Intra-war Coercion and Brute Force," p.163.

② ［德］克劳塞维茨：《战争论》，孙志新译，联合出版公司 2014 年版，第 25 页。

③ Gadi Eisenkot, Gabi Siboni: "Guidelines for Israel's National Security Strategy", Washington, D. C.: Washington Institute, Oct. 2, 2019, https://www. washingtoninstitute. org/policy-analysis/guidelincs-israels-national-security-strategy，查询时间：2023 年 10 月 8 日。

但这很明显是与威慑的稳定性相违背的。要想实现稳定的威慑状态，从来都不只是单向的，在两国处于持久对抗的国家间，相互威慑才是和平的必要保证。

五、战略文化视角下威慑研究的进路思考

当前的威慑研究仍然具有极强的地缘政治色彩，并因新质新域竞争的加入而演化出不同的形态。不可否认，这是威慑战略自身的现实工具属性所要求的，是服务国家大战略的必要考虑。但以战略文化的视角观之，威慑研究也应从国别与区域的角度进行考察。这可以帮助我们更深入地理解威慑战略或理念的深层决定因素，也有益于我们创新威慑理论，为构建中国威慑自主知识体系铺路。

（一）国别与区域案例应当成为威慑研究的材料来源

未来的威慑战略（包括理论）研究应将国别案例作为主要材料来源，同时注重考察区域威慑理念的存在性与具体特征。这是因为，从历史的长进程来看，威慑理论在相当大的程度上是基于美国的发展经验抽象而来的，但我们不能认为美国的经验放之四海而皆准，并非所有的国际政治参与者在做决定时都以同样的方式计算效用。①简而言之，威慑的作用在很大程度上取决于具体国家，我们应该从其他国别案例中寻找威慑战略研究的突破口。

威慑战略的研究一直以来都不是无源之水、无本之木，即使是倾向于使用博弈论方法的学者也往往会使用国别的案例来检验之。国别研究本身具有独特的知识价值，提供了关于某一国别的系统知识，是了解对象国家独特历史环境、文化传统、社会发展进程的必备路径。而在不同文化、历史背景下的人们，其政治行为的动机和模式可能全然不同。②一个优秀的国别研究者，首先需要对所研究的国家有着全面、系统、真实的了解。因此，描述性知识是学科知识的重要组成部分。③就此而言，国别研究的重要知识对于威慑战略的制定与运用具有重要意义。

---

① Gordon Craig and Alexander L. George, *Force and Statecraft：Diplomatic Problems of Our Time*，New York：Oxford University Press, 1995, p.188.

② 李强：《关于区域与国别研究方法论的思考》，《欧洲研究》2020 年第 5 期，第 158 页。

③ 秦亚青：《区域国别学知识体系的构成》，《国际论坛》2022 年第 6 期，第 5 页。

我们在将国别研究与威慑战略研究结合的过程中需要注意把握两个重要原则。第一，在概念层面，我们在研究国别案例时需注意一个前提，即一个国家需要接受"威慑"作为其军事力量的主要运用方式，并在政策上予以一定体现。事实上，不是每个国家在政策上都有明确的"威慑"概念或主张，不过基本上都有"通过威胁使用武力来达到国家意图"的近似表达。因此，在进行国别研究时，我们首先应考察对象国安全战略中是否有"威慑"或其近似概念，接着再对与他国的比较研究进行可行性分析。

第二，在方法论层面，虽然传统威慑理论基础概念的适用性已得到各方的充分认可，但建立在这些概念之上的威慑战略往往却有着浓厚的美式色彩。美国式的威慑思想，更多地体现了一种优势文化，它的政策实施主体和客体之间是不平等的，隐含着把对手当成一种"恶"来看待的思想。我们不能将这种思想先验带入对其他国家威慑战略或理念的分析。我们应该基于已有的威慑基础概念来分析国别案例，不能先验地将基于美国经验的威慑思维代入其中，这既无助于我们制定合乎需要的威慑战略，也无助于挖掘对象国更深层的战略文化要素。

区域是威慑战略研究中极易被忽视的一个层次，主要原因在于威慑战略主要是为不同的国家所定制，因此国别个案分析而非区域研究是其重点。但如果考虑民族、族群、文明圈这些特殊区域行为体所具有的整体性特征，我们就可以将区域作为一个视角，从区域行为体的战略行为中析出其整体性的威慑思想或理念。这既有助于在制定威慑战略时涵盖更多高同质化程度的行为体，也可以为区域研究开辟一条新的研究路径，探寻区域行为体的共性与个性文化特征。

战略文化是国家所拥有的特质，于区域而言，构成一个区域的因素相比自然因素而言更重要的是人文的经济和政治因素。[①]而这也意味着存在着某种"区域文化"，这种文化是为区域内所有行为体所共有的，是在个体充分吸收与运用后上升到区域层面的，并影响了其战略行为。迈克尔·巴尼特（Michael Barnett）在研究阿拉伯国家的区域文化时就发现，大阿拉伯主义（Pan-Arabism）不但一度成为阿拉伯各国结盟的思想根据（例如排斥西方等），也对各盟邦的国家认同

---

① 任晓：《区域国别研究的几个维度》，《南京大学学报（哲学·人文科学·社会科学）》2023 年第 4 期，第 79 页。

造成影响。①这种从身份认同角度出发的区域文化在武力使用上的激进态度决定了威慑战略带有的进攻性特征。不过，这种文化并不会是组成区域行为体的所有成员所长期共同认可的，必然受复杂的组织因素影响。因此，未来对区域威慑理念的研究也应注重从长时段角度分析其演进过程与驱动变革的因素。

（二）透过威慑研究深化对战略文化的认识以形成闭环

与国际关系研究追求普适性、规律性的一般知识不同，国别与区域研究追求的是在此基础上的地方性、精细化的具体知识，更重视基于在对外部世界深入理解的基础上为国家制定更为精细的对外战略与策略、开展更具针对性和有效率的外交政策，并对外交行为提供经世致用的现实指导。②如卢光盛老师所言，对国别与区域进行研究既是"大学之学"，也是"大国之学"；既是一门科学，也是一项事业。③于威慑研究者而言，可以通过探索不同国家或区域文化影响下的威慑战略或理念，深化对战略文化的认识，并将得到的成果融入外交政策中，以此更好辅助决策形成闭环。威慑理论与威慑战略二者的贯通性极强，是可以融合并进的，而威慑理论又需要国别与区域的案例研究作为支撑。在这三者互相借重的过程中，关于对象国或所在区域的更深层的战略文化要素便可能随之流露出来。一个国家表现出不同的实际战略行为就可以从其不同的战略文化中寻找原因，理论与实践的不一致也就能得到相应的解释，政策也能得到更好的完善。

一国的战略文化中包含有其看待战争与和平的特殊方式，也可能蕴含着独有的信号模式与传输路径。当然，战略文化是一个相当深邃的概念，中国学者目前相对集中地考察了不同国家的战略文化传统及其内涵，揭示了这些国家在战略思维方面的独特性及其主要原因。相关理论成果对于解释和分析这些国家

---

① Michael N. Barnett，"Identity and Alliance in the Middle East，" in Peter J. Katzenstein ed. *The Culture of National Security：Norms and Identity in World Politics*，New York：Columbia University Press，1996，pp.400—447.

② 王健：《综合与交叉：国际关系学与区域国别学的区分与链接》，《国际关系研究》2023 年第 6 期，第 7 页。

③ 卢光盛：《区域国别学与国际关系研究的融合发展》，《南京大学学报（哲学·人文科学·社会科学）》2023 年第 4 期，第 85 页。

的威慑战略选择无疑是一个有价值的贡献。当然对于战略文化与国家行为表现之间的一致性问题，中国学者目前的研究还存在一定的欠缺，还没有进行系统的研究和论证。①文化、战略文化、国家威慑政策之间不是简单的线性因果关系。一个国家的战略文化表现是否与其文化相一致，而战略文化又在多大程度上影响和决定国家的威慑政策或具体举措，这两个问题仍然值得我们深入研究。但毋庸置疑的是，中国学者在对战略文化的深度阐释中或许可以帮助理解一些对象国重要的国家战略，进而可以辅助决策者推出或调整相关政策以更好应对危机、促进合作。

更进一步地讲，以传统文化为底蕴，中国战略文化具有求统一、尚和平、重防御的基本精神。②而根植于欧洲历史文化传统的美国战略文化则具有与生俱来的扩张性，与中国的"慎战""止战"思想，是根本不同的，这也是中国战略文化中包含的特殊意涵。因此，我们也应该适时地将对战略文化视角下威慑战略进行的批判研究上升到"慎战""止战"思想研究。这不仅是威慑与战略文化研究的题中应有之义，也是中国学者探索"战争与和平"这个永恒话题的新进路。

（三）在加深具体的威慑战略研究的同时发展威慑理论

在多数情况下，对国别与区域进行研究承担着一个国家形形色色的对外战略和实用目的，因此很多成果停留在描述性研究的层次，被批评为缺乏学理研究的基础。③不过，在我们转向更加深入的威慑战略研究后，所研究的成果对威慑理论实则有一种"赋能"作用，中国学者可借此机遇继续挖掘威慑理论的深刻机理，实现理论创新，构建中国威慑自主知识体系。

由于经典威慑理论在很大程度上是冷战时代的副产品，因此，它的发展受到美苏关系以及核武器的"过度"影响。但冷战已经结束，我们看到威慑成为一种跨文化、跨技术、跨时代的普遍现象。有鉴于此，威慑理论的研究仍然有待进一步挖掘，而不能拘泥于美国的经验。为了维持理论的解释力，不少研究

---

① 李晓燕：《文化·战略文化·国家行为》，《外交评论（外交学院学报）》2009 年第 4 期，第 85 页。

② 许琳：《中美战略文化之比较》，《长白学刊》2012 年第 1 期，第 35 页。

③ 赵可金：《国别区域研究的内涵、争论与趋势》，《俄罗斯研究》2021 年第 3 期，第 122 页。

者不惜"阉割"现实，在研究中选择性地使用材料，凡是符合理论的就采用，凡是不符合理论的就舍弃，这样做的直接后果就是丧失了研究的客观性和独立性。例如学界长期以来忽视对朝鲜、伊朗等被西方国家视为"秩序破坏者"的国家的威慑战略研究，而对这些国家的细致研究恰恰是对威慑理论的重要检验。这种选择性研究既无助于推进对特定具体的威慑战略的认识，同时限制了威慑理论自我修正和发展的潜力。

在当下的第四波威慑研究浪潮中，成熟的威慑理论指导下的政策实践成为主要研究对象。但面对日益复杂的战略环境与不同的竞争对手，理论本身也有必要依据不同的国家或区域而进行更加细致的拓展与创新。如何在不同分析层次上处理威慑现象应该成为下一阶段我们借助国别与区域案例深化威慑研究的主要方向。从抽象的演绎威慑理论出发，有必要重新定义不同层次的威慑问题。理论上讲，威慑研究由三大层次构成：一是大国间的战略威慑关系，二是对局部战争和有限战争的威慑，三是对非军事挑战和"灰色地带"冲突的威慑。第一个层次在威慑理论建构中已经得到了相当多的重视，学者也倾向于采用战略威慑的逻辑作为思考一般威慑的范例。然而，事实证明，后两个层次有其独特的威慑机理，如何在不同领域有效实施威慑仍然存在很多差异。这一挑战尚未得到解决，因而可以成为我们未来深化威慑研究的进路。

六、结语与展望

威慑概念背后蕴含着工具与规范这两个维度的战略文化要素，它们对我们理解不同国家的威慑战略或理念起着重要的指引作用。美国的威慑战略体现了实用主义与自由主义的融合，但二者看似合理的结合却导致了美国陷入愈加恐慌的境地。俄罗斯的威慑理念则是贯彻了其整体主义思想，无论是战略选择还是具体威慑手段选择，都体现了这一理念，背后则是由其历史上形成的现实主义思维所支撑的。以色列的累积威慑是在其建国与维稳的实践中产生的，是基于暴力管理思想的规范主义路径，但实质上也是由其战略文化中始终内含的极端现实主义思维所支配的。当然，从战略文化视角考察三国的威慑战略并不意味着它们对威慑的理解是完全不同的，也不意味着它们的战略没有贯通性。本文实则是通过论述与比较来揭示威慑概念也是受战略文化所深刻影响的，并且不同战略文化指引下的威慑战略或理念有其独特性与不同的侧重点。

主流国际关系理论框架中没有非西方社会的位置，未来，为了构建中国威慑自主知识体系，我们也应更多关注中国战争史中蕴含着的丰富的威慑案例。这些案例在当前威慑研究中的缺位不仅不利于西方理解中国的威慑文化，也压缩了威慑理论可能存在的进一步发展的空间。因而，加强基于中国自身的重要案例研究应成为中国学者未来可拓宽的重要途径。从中国自身案例出发可以使学者基于"一手资料"，以具体问题和现实需求为"双重导向"来选择理论和方法。这有助于启发学术界修正传统上基于美国思维的威慑理论，进而形成在理论研究上的创新优势，促进威慑理论这个国际关系中层理论的持续健康发展。

"全球南方"：国际关系研究的新视角和新工具

曾维燊[*]

近年来，"全球南方"（Global South）成为国际关系领域兴起的研究对象。一些学者开始探索"南方"在世界政治中扮演的角色，以及"南方"和"北方"的政治与经济关系。[①]还有一些学者开始对"全球南方"的内涵与影响加以分析。[②]然而，目前的国际关系学界，主要把"全球南方"看作一种研究对象，而较少探究它在学理上的工具价值。

"全球南方"的内涵是什么？不同的理论如何理解和阐释"全球南方"？更重

---

[*] 曾维燊：北京大学国际关系学院博士研究生。感谢张清敏教授为本文提供的宝贵意见。本文在"第十六届全国国际关系、国际政治专业博士生学术论坛"和"中国政治学会 2023 年学术年会"上也获得了诸多建设性建议，在此对各位评议人表示感谢。感谢《国际政治研究》编辑部和匿名审读专家的意见和建议，文责自负。

[①] 可参见 Andrew Hurrell and Sandeep Sengupta, "Emerging Powers, North-South Relations and Global Climate Politics," *International Affairs*, Vol.88, No.3, 2012, pp.463—484; Siddharth Tripathi, "International relations and the 'Global South': From Epistemic Hierarchies to Dialogic Encounters," *Third World Quarterly*, Vol.42, No.9, 2021, pp.2039—2054; Imad Mansour, "A Global South Perspective on International Relations Theory," *International Studies Perspective*, Vol.18, No.1, 2017, pp.2—3; Sebastian Haug, Jacqueline Braveboy-Wagner and Gunther Maihold, "The 'Global South' in the Study of World Politics: Examining a Meta Category," *Third World Quarterly*, Vol. 42, No. 9, 2021, pp.1923—1944.

[②] 我国学界的研究，可参见周桂银：《全球南方崛起与当代国际秩序变革》，《国际政治研究》2024 年第 1 期，第 83—113 页；李东琪：《全球南方的源流辨析》，《国际政治研究》2023 年第 6 期，第 112—130 页；刘德斌、李东琪：《"全球南方"研究的兴起及其重要意义》，《思想理论战线》2023 年第 1 期，第 83 页；赵可金：《全球南方与中国外交的新议程》，《国际政治研究》2023 年第 6 期，第 92—111 页；徐秀军、沈陈：《全球南方崛起与世界格局的演变》，《国际问题研究》2023 年第 4 期，第 64 页；孙伊然：《中国参与全球发展议程：意义、举措与挑战》，《国际关系研究》2015 年第 2 期，第 73 页。

要地，"全球南方"是否可以作为国际关系研究的视角与工具？所有的社会科学都呼唤视角。[1]"全球南方"可以为我们理解和阐释国际关系提供额外的视角和工具，但挑战是如何具体地使用它。正如杨光斌所指的那样："只有某种力量（行动单元）把地球意义上的'世界'联系起来、整合起来并形成一个关系密切的结构，自然地理的世界才能成为政治意义上的世界，或者说才有'世界政治'之说。"[2]"全球南方"正可以成为解读这种"力量"和"联系"的媒介。这不仅需要我们在概念上和理论上对"全球南方"予以理解和澄清，还应该在操作层面上说明它在国际关系研究中的工具价值。

为回答这些问题，本文使用定性研究方法，基于全球国际关系学（Global IR）和批判国际关系学（Critical IR）的相关基本理论，结合"全球南方"研究的主要面向和新兴成果，重点考察"全球南方"的概念内涵、理论意义、工具价值。在"全球南方"话题不断"涌现"的今天，通过从概念上和操作上说明将"全球南方"在国际关系研究的学术意义，本文强调的是对"全球南方"（以及其他元范畴）进行批判性的分析和科学化的使用。[3]这对丰富国际关系研究与反思国际关系学科知识生产具有意义。

一、"南方"：新兴的元范畴

全球性研究的形成并不意味着学术界对"全球南方"形成了统一的认识。尽管越来越多的国际关系研究开始使用"全球南方"的术语，但他们大多将它视为一种"已知的"或"给定的"概念，而没有对它的内涵加以审视。总体而言，存在着三种对"全球南方"的误读。第一，是将"全球南方"与其他概念混淆，认为"全球南方"是"发展中"（developing）、"第三世界"（Third World）、"非西方"（non-western）的替代。第二，是对"全球南方"进行泛化处理，将

---

[1] 刘永涛：《语言与国际关系：拓展政治分析的新视角》，《世界经济与政治》2011年第7期，第44页。

[2] 杨光斌：《政治思潮：世界政治变迁的一种研究单元》，《世界经济与政治》2019年第9期，第24—25页。

[3] 王逸舟：《试析中国国际关系学的"进步"：几点批评与思考》，《外交评论》2006年第89期，第34、39、40页。

各种无关的材料填充进"全球南方"。第三，是忽视"全球南方"形成的历史过程，认为它是一种新近出现的现象或概念。

广义来说，社会科学中的范畴就是对现象的归纳。①通过对一些具有共同特征的现象进行归纳，范畴使得我们可以比较和分析世界。为了让世界中的地理单元变得可以比较，人们很早就开始用不同的范畴来划分世界，例如"北美""地中海""东亚"。随着这些范畴不断发展，元范畴出现并成为了人们划分全球空间的工具。②所谓元范畴，从某种程度上说，就是"范畴的范畴"。③元范畴是地理的，但更是历史的。正如其他元范畴一样，"南方"概念的形成具有一个历史的过程。

长期以来，元范畴塑造了人们对全球空间的想象。这些元范畴包括了"东方与西方""中心与外围""发达和欠发达"等。从根本上讲，这些元范畴都是二分的，即将世界划分为"自我"（self）和"他者"（other）。作为一种新兴的元范畴，"南方"延续了这种二分法，将世界分为"南方"与"北方"。但与其他元范畴不同，把世界划分为"南方"与"北方"的做法，将人们对世界的解读同全球性的不平等联系了起来。正如一些学者指出的，"北方"被塑造成一种富饶、创新、从事知识生产的实体，而"南方"则被想象成缺乏财富和想法的"他者"。④换言之，"南方"不仅是地理意义上的广大南半球地区，更是一种对（不平等的）国际权力结构的描述。

---

① Sebastian Haug, Jacqueline Braveboy-Wagner and Gunther Maihold, "The 'Global South' in the Study of World Politics: Examining a Meta Category," *Third World Quarterly*, Vol.42, No.9, 2021, pp.1923—1944.

② 在国际关系研究中，一些学者用"元地理"（meta-geography）来概括这种分析单元。可参见 Jochen Cleinschmidt, "Differentiation Theory and the Global South as a Metageography of International Relations," *Alternatives: Global, Local Political*, Vol.43, No.2, 2018, pp.59—80。但"元范畴"（Meta-category）是国际关系学者和发展研究学者更多使用的术语。具体可参见 Nikita Sud and Sanchez-Ancochea, "Southern Discomfort: Interrogating the Category of the Global South," *Development and Change*, Vol.53, No.6, 2022, pp.1123—1150; Sebastian Haug, Jacqueline Braveboy-Wagner and Gunther Maihold, "The 'Global South' in the Study of World Politics: Examining a Meta Category," *Third World Quarterly*, Vol.42, No.9, 2021, pp.1923—1944。

③ 在中文语境中，元有"基本"的意思。但在西方语境，元还有"可变与变化"的意思。笔者在这里指出，希望有助于读者的理解。

④ Nikita Sud and Sanchez-Ancochea, "Southern Discomfort: Interrogating the Category of the Global South," *Development and Change*, Vol.53, No.6, 2022, pp.1123—1150.

尽管"南方"是一种新兴的元范畴，但它的形成却根植于历史之中。从世界历史（world history）或全球历史（global history）的视角看，将全球范围内的人类语言、文化、习惯联系起来的，是他们之间的网络（networks）和联系（connections）。①公元 1500 年以前，这些网络和联系虽然存在，却相对微弱，且不稳定。地理大发现时代的到来，标志着世界的各个中心开始被联系起来，美洲、非洲以及亚洲，开始被纳入近代意义上的"世界"之中。然而，在这个过程中，欧洲成为了文明和文化的象征，而世界的其他地方则被欧洲认为是一片广大的、空白的、等待被开发的"无主之地"。近代以后，随着资本主义不断发展，形成了掠夺性的全球资本主义，而帝国主义和殖民主义也随即产生。有学者认为，"南方"的形成，是一种在世界范围内"制造差异"（difference-making）的过程。它始于地理大发现，并一直持续到了 20 世纪中叶。在这个过程中，全球范围内的历史、地理、时间不断被填充进"南方"，而"南方"也不断地被人为地与"北方"区分开来。

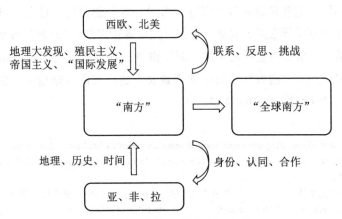

资料来源：笔者自制，基于"全球南方"研究主要文献。

图 1　"全球南方"概念形成

从实践的视角看，"南方"发展为"全球南方"，是从 20 世纪中叶开始的。第二次世界大战之后，殖民时代落幕，"发展合作"代替"殖民掠夺"，成为了

---

①　Jerry H. Bentley, *The Oxford Handbook of World History*，Oxford：Oxford University Press，pp.12—14.

"北方"维护霸权的新工具。在美国总统杜鲁门的就职演说中，"南方"第一次成为了一个实体，即"他们食不果腹，饱受疾病摧残"，并且"他们的经济生活原始落后和停滞不前"，而美国则"卓尔不群……仅凭民主制度便能产生富有生气的力量，激励世界各国人民采取胜利的行动"。①从国际关系的维度看，杜鲁门的演讲标志着两个转向：第一，帝国主义式的扩张开始被以"发展"为名义的各种跨国项目和援助政策所取代；第二，欧洲中心的"文明"体系开始被以美国为主导的"自由"体系所取代。到了 1977 年，前联邦德国总理勃兰特（Willy Brandt）领导成立了"国际发展问题独立委员会"，并在随后发表了《南方与北方：争取生存的纲领》，以应对全球性的资本主义危机。②至此，"南方"与"北方"的概念被国际社会更加广泛地使用，"南方"在政策上更进一步成为了元范畴。显然，"发展"并没有从根本上改变"南方"和"北方"之间的不平等关系。"发展"，或者说"欠缺发展"（underdeveloped），成为了后殖民时代区分"南方"与"北方"的最主要标准。③

"南方"是一个被霸权塑造出的概念，但它却被不断地填充、修改、丰富。1955 年在印尼万隆召开的万隆会议确立了"南南合作"的会议规则，往往被认为是"南方"这一概念实践化的开端。到了 20 世纪 60 年代，"不结盟运动"的兴起和随后成立的"77 国集团"（G77）则标志着"南方"的概念开始走向制度化和常规化。有学者认为，"77 国集团"的出现和兴起，很大程度上意味着"南方"作为一种规范性的力量，出现在现代国际关系活动中。④在此背景下，20 世纪 70 年代开始，全球范围内出现了许多以"南南合作"与"南南对话"为基础的区域性合作组织，例如拉丁美洲经济体系（SELA）、海湾合作委员会（即现在的"阿拉伯国家合作委员会"，Gulf Cooperation Council）、西非经济共同体（ECOWAS）等。越来越多的地区性反霸权组织和运动开始在全球各个范围内出现，"南方"的概念显然已经不足以对这些现象加以概括。正是在这些实践中，

---

① Harrys Truman, "Inaugural Address," Harrys Truman Library, 1949, Accessible from https://www.trumanlibrary.gov/library/public-papers/19/inaugural-address, 2023-11-03.

② "国际发展问题独立委员会"，即 Independent Commission on International Development Issues，又称"勃兰特委员会"。委员会的主席为联邦德国前总理勃兰特，委员会共有成员 21 人。

③ A. Mbembe, *On the Postcolony*, Oakland, CA: University of California Press, 2001, pp.3—5.

④ Sebastian Haug, Jacqueline Braveboy-Wagner and Gunther Maihold, "The 'Global South' in the Study of World Politics: Examining a Meta Category," pp.1923—1944.

"全球"逐渐成为"南方"的前缀，"全球南方"开始更加频繁地出现在世界政治中。从实践的视角看，"全球南方"的发展过程，既是一个"他者"被建构和被塑造的过程，也是一个"自我"不断形成的过程。

表 1　"全球南方"研究的三个阶段

阶　段	时　期	特　点	代表人物与思想
第一阶段	20 世纪 50 年代至 60 年代末	经济与社会建构	索维："第三世界" 罗斯托：经济发展阶段论 联合国等："发展中国家"
第二阶段	20 世纪 70 年代至 90 年代末	政治与文化批评	沃勒斯坦：依附论 萨义德：后殖民主义理论 考克斯：批判理论
第三阶段	21 世纪至今	建构国际关系理论	布赞与阿查亚：全球国际关系学

资料来源：笔者自制，基于全球国际关系学、批判国际关系学、"全球南方"相关研究的相关文献。

从学术研究的视角看，自 20 世纪 50 年代以来，"全球南方"研究大致经历了经济与社会建构、政治与文化批评、国际关系建构三个阶段。第一个阶段，从 20 世纪 50 年代到 60 年代末，"全球南方"相关的研究和讨论主要围绕经济与社会建构，特别是西方对于作为"他者"的亚非拉国家的经济与社会建构。1952 年，法国人口学家阿尔弗雷德·索维（Alfred Sauvy）第一次提出了"第三世界"的概念，指向广大亚非拉国家的欠发达的经济状态和独立自主的政治状态。[①]1960 年，美国政治经济学家沃尔特·罗斯托（Walt Rostow）发表了《经济增长的阶段》，将人类社会发展分为六个不同的阶段。为了实现经济"起飞"（taking-off），一国需要满足三个条件，即高积累率、主导经济部门、保证"起飞"的制度。[②]然而，这种线性的发展阶段论将西方发达国家的经济社会发展经验看作"放之四海而皆准"的标准，套用至其他国家上，从理论上否定了其他经济发展模式的可能性。60 年代初，联合国开始使用"发展中国家"的概念，

---

① Eugenia Palieraki, "The Origins of the 'Third World'：Alfred Sauvy and the Birth of a Key Global Post-War Concept," *Global Intellectual History*, online, January 7, 2023, pp.1—30.

② Walt Rostow, *The Process of Economic Growth*, Oxford：Clarendon Press, 1960, pp.7—15.

以替代此前西方讨论中的"欠发达国家"概念。①在此背景下，西方主导的国际开发机构开始将"第三世界"和"发展中国家"的概念套用于亚非拉国家身上。

第二个阶段，从20世纪70年代到90年代末，"全球南方"研究开始进行政治与文化批判。"第三世界"的概念出现并发展之后，亚非拉国家接受并改造了这一概念。在中国的影响下，"第三世界"在70年代成为重要地缘政治概念。20世纪70年代末至80年代，随着新自由主义在全球扩张，"南方"的概念逐渐平行于"第三世界"，被越来越多的政治经济学研究所使用。随着冷战结束，具有强烈反对殖民主义、反对帝国主义色彩的"第三世界"概念在实践中已不复存在，而"南方"的价值取向彼时又尚不清晰。在此背景下，学者开始反思"南方"的概念。第一，地理的和历史的"南方与北方"二分法已经无法准确描述冷战后的国际关系格局。例如，东欧的一些经济社会欠发达地区应该被理所应当地认为是"北方"吗？东亚一些快速崛起的国家仍然应该被纳入"南方"的范畴吗？第二，"南方"的概念往往暗含的是"北方"对"南方"的掠夺与压迫，而冷战结束之后，"南方"内部的经济社会联系，以及"南方"在发展过程中所面临的共同挑战可以被更好地连结和总结。正是在这些反思之中，六七十年代的"依附论"、八九十年代的后殖民主义、后来发展的批判理论对全球南方所面临的不平等体系进行了批判。②也正是在这些反思中，"全球南方"的概念开始流行，"全球南方"研究开始成型。相比于第一阶段，第二阶段的"全球南方"研究开始指向反对殖民历史、反对全球性霸权、多样化的发展需求等。

第三个阶段，从21世纪初至今，"全球南方"研究开始强调这一概念对国际关系理论的建构。在这一阶段的学术研究中，"全球南方"不仅被用于讨论世界政治之中的结构性不平等，更被用于讨论替代性的权力来源和知识来源，以

---

① 相较于"第三世界"概念，"发展中国家"概念被更加长期地接受和使用。直到今天，多数国家与国际组织依然使用"发展中国家/发达国家"的二分法对国家进行划分，从而生产政策。本文第二节第一部分也涉及了对国家划分指标的讨论。同时，可以参见 Deborah B. L. Farias, "Unpacking the 'Developing' Country Classification: Origins and the Hierarchies," *Review of International Political Economy*, online, August 14, 2023, pp.1—23。同时，可以参见张云：《从"发展中国家"到"全球南方"国家》，《中国社会科学报》2023年10月19日，第7版。

② Robert W. Cox, *Production, Power and World Order: Social Forces in the Making of History*, New York: Columbia University Press, 1987; Edward W. Said, *Orientalism*, Penguin, 1985；[美] 沃勒斯坦：《现代世界体系》，郭方、刘新成、张文刚译，高等教育出版社1998年版，第6页。

打破这种不平等。其中，伦敦政治经济学院教授巴里·布赞（Barry Buzan）、美利坚大学教授阿米塔·阿查亚（Amitav Acharya）、罗萨里奥大学教授阿琳·蒂克纳（Arlene Tickner）、伦敦政治经济学院教授卡伦·史密斯（Karen Smith）、秦亚青等一批学者开始致力于开创全球国际关系学（Global IR），倡导更加重视全球南方的历史经验，弥补西方主流国际关系理论的根本性缺陷。①例如，剑桥大学教授艾谢·扎拉科尔（Ayse Zarakol）的《西方之前：东方秩序的兴衰》创造性地提出了以 1206 年建立的蒙古帝国作为现代国际关系史研究的起始点，对西方中心的国际关系史提出挑战。②

近年来，"全球南方"被赋予了更多的关注，成为国际关系领域的又一研究对象。越来越多的科研机构、培养项目、合作机制被冠以"全球南方"的称谓，同时，这一元范畴也愈发频繁地出现在学者发表的标题、概要、内容中。在国际关系研究中，"全球南方"同样已跃升成为核心议题。③虽然"全球南方"的议题价值得到了充分的发掘，其概念内涵和工具价值却有待讨论。正如一些学者所言，"全球南方"似乎成为一种"理所当然"的术语，讨论它的人似乎断定"他人一定知道它的内涵"。一方面，相比于"第三世界"等具有较强意识形态色彩的元范畴，"全球南方"具有什么样的价值取向，这是有待讨论的。④另一方

① Amitav Acharya and Barry Buzan, *The Making of Global International Relations*：*Origins and Evolution of IR at Its Centenary*, Cambridge：Cambridge University Press, 2019；Arlene B. Tickner and Karen Smith, eds., *International Relations from the Global South*：*Worlds of Difference*, London & New York：Routledge, 2020；Yaqing Qin, ed., *Globalizing IR Theory*：*Critical Engagement*, London & New York：Routledge, 2020.

② Ayşe Zarakol, *Before the West*：*The Rise and Fall of Eastern World Orders*, Cambridge University Press, 2022.

③ 比较具有代表性的研究可参见：Andrew Hurrell, Sandeep Sengupta, "Emerging Powers, North-South Relations and Global Climate Politics," *International Affairs*, Vol. 88, No. 3, 2012, pp.463—484；Siddharth Tripathi, "International relations and the 'Global South'：From Epistemic Hierarchies to Dialogic Encounters," *Third World Quarterly*, Vol.42, No.9, 2021, pp.2039—2054；Jochen Cleinschmidt, "Differentiation Theory and the Global South as a Metageography of International Relations," *Alternatives*：*Global*, *Local Political*, Vol.43, No.2, 2018, pp.59—80。

④ 近期，有学者对"全球南方"兴起背后的现实政治因素进行了较好的分析，参见周桂银：《全球南方崛起与当代国际秩序变革》，《国际政治研究》2024 年第 1 期，第 83—113 页；马汉智：《"全球南方"视域下的日本对非洲政策》，《国际问题研究》2023 年第 3 期，第 117—137 页；李红梅：《印度的国际秩序观——从"边缘领导"到"全球协同领导"》，《国际展望》2023 年第 4 期，第 20—36 页。

面，相比于地理意义上的"南方"，"全球南方"指向的是南方国家的同质性。但如何具体理解这种同性，以及如何在国际关系研究中用好这个元范畴，学术界的讨论是不足的。因此，在概念上对"全球南方"予以理解和澄清，追溯作为元范畴的"南方"的形成历史，是一个开端。但是，要发掘"全球南方"在国际关系研究中的工具价值，还需要把概念放归理论之中，找准"全球南方"在不同国际关系理论中的定位。

二、世界政治与"全球南方"

如同所有社会科学研究一样，国际关系研究需要视角。世界政治是纷繁复杂的国际关系的反映，但却不是国际关系。它是全球维度的政治活动。王缉思认为国际关系"就好比冰山浮出海面的部分，但它的运动和形状取决于海平面之下的冰川和地壳的运动，即世界范围和各个国家内部的社会运动、经济活动、文化底蕴等"。世界政治研究不仅需要关注外交关系，也需要"从了解各国国内政治、经济、社会、文化开始"，即看见"冰山隐藏在海平面下面的部分"。[①]罗伯特·吉尔平（Robert Gilpin）关注世界政治中的变革，分析不同力量增长以及不平衡所带来的结果。[②]彼得·卡赞斯坦（Peter Katzenstein）则研究世界政治中的"多元多维文明"，挑战了塞缪尔·亨廷顿（Samuel Huntington）的文明冲突论。[③]不论采取什么样的路径，解释世界政治实际上就是在解释政治力量在全球维度的运行及后果。

如何理解和阐释世界政治中的"全球南方"？长期以来，有不少理论尝试回答过这个问题。在这一部分，笔者将抽象的概念放入这些理论之中进行比较，以说明"全球南方"在世界政治中的不同属性。通过比较，可以发现"全球南方"具有多维度性（multidimensionality），因此，对其进行批判性的

[①] 王缉思：《世界政治的终极目标：安全、财富、信仰、公正、自由》，中信出版社 2018 年版，"序言"，第 VII 页。

[②] ［美］罗伯特·吉尔平：《世界政治中的战争与变革》，宋新宁、杜建平译，上海人民出版社 2019 年版，第 12 页。

[③] ［美］彼得·卡赞斯坦：《世界政治中的文明》，秦亚青译，上海人民出版社 2018 年版，第 30、31、40 页。

分析和科学化的使用是必要的和重要的。

具体而言，"全球南方"可以分别被视为世界政治中的关系、结构、运动。这里，本文简要介绍这三种理解。

（一）作为关系的"全球南方"

世界政治中的"全球南方"，首先是通过关系显现出来的。人类在世界中相互联系，并在联系的过程中通过诸如阶级、种族、性别等身份区分彼此，这是关系视角的基础。15世纪以前，"种族"概念并不存在。地理大发现之后，随着西方的扩张和殖民主义的兴起，种族逐渐被塑造成一种生物意义上的结构，随后被赋予社会意义。在这个过程中，"南方"不断形成，并进入世界政治中。逐渐地，"南方"成为"黑暗、落后、野蛮"的代名词，而殖民扩张则被粉饰为"文明的传播"。有学者认为，这种趋势不断延续，"全球南方"在今天指向的是一个在经济社会意义上边缘化的世界。①例如，世界银行按照收入水平，将世界分为"低收入""中等偏下""中等偏上""高收入"四个部分；联合国开发计划署则将各国按社会经济发展程度进行排位，产生了"人类发展指数"（HDI，Human Development Index），只有少数指数"极高"的国家，才能被认为是"发达国家"。这些划分世界的方法衍生于同一套逻辑，继承了"中心"国家对他者的区分。如果说早期的"南方"是在殖民掠夺中形成的，那么今天的"南方"则是在不平等的国际政治经济关系中被塑造的。

世界政治中的关系，并不是"南方和北方"的关系，而是通过"南与北""东与西""发达与欠发达"等二分法体现出来的"自我"和"他者"之间的关系。这里的"自我"，往往是享有特权的、白人为主的、具有男性气质的、传统扩张性国家，而"他者"则没有准确的定义。换言之，只要不属于"自我"的存在，往往都被塞入"全球南方"的范畴之中。通过这种异化，"自我"的属性不断增强。皮埃尔·布迪厄（Pierre Bourdieu）的实践理论认为，场域（field）是各种位置之间客观存在的网络，在这个网络（即场域）之中，行动者区分彼此，找到自己的位置。②类似地，查尔斯·蒂利（Charles Tilly）推动社会学中的

① Sebastian Haug, Jacqueline Braveboy-Wagner and Gunther Maihold, "The 'Global South' in the Study of World Politics: Examining a Meta Category," pp.1923—1944.

② ［法］皮埃尔·布迪厄、［美］华康德：《实践与反思》，李猛、李康译，中央编译出版社1998年版，第3页。

"关系结构"，认为社会行动实际上是以不同形式连接在一起的网络节点之间的互动。从这个意义上看，世界政治就是关系网中具有不同特征的"自我"和"他者"的互动关系。

"南方"原本是一种被强加的印象，但亚非拉国家却接受、利用、修改了与之相关的概念、话语、叙事，形成了一种"全球南方"的集体意识和共同身份。20世纪60年代，"发展中国家"概念被提出后，逐渐取代"欠发达国家"，成为联合国和众多国际开发机构的官方用语，被广泛地使用。与此同时，亚非拉国家和地区也很好地接受了这一概念，并基于自身经济与社会发展的经验，将其补充和完善。①特别是进入21世纪后，"发展中国家"已不再单纯用于划分国家类型，而成为了亚非拉国家追求发展、公平、团结的集体身份和认同。2015年，联合国提出"2030可持续发展目标"，涵盖"减贫""性别平等""气候行动"等17个具体领域，为全球南方国家实现中长期发展提供了更好地参考和借鉴。②

然而，应该看到，"全球南方"从"他者"转向"自我"的过程，是一个漫长而曲折的过程。在这个过程中，"全球南方"的主体意识和身份认同也是在不断变化的。第二次世界大战之后，"全球南方"身份认同的基石是它们被殖民的共同历史。在这一基石之上，"全球南方"的集体意识主要指向反对殖民主义、促进民族解放、促进第三世界国际主义。到了20世纪70年代，西方国家开始加强对亚非拉国家的分化与控制，加上亚非拉国家内部的冲突与矛盾，"全球南方"的身份认同开始削弱，"全球南方"的内涵逐渐模糊。③这种情况一直持续，直到冷战结束后才有所变化。进入21世纪后，新兴经济体积极推动多边主义发展，国际关系走向社会化和民主化，中国、印度、巴西等发展中大国再次强调基于"发展"的身份和认同，"全球南方"开始被注入新的内涵。④与此同时，亚非拉国家内部的区域一体化建设加速，东盟等区域一体化组织开始扮演更重要的角色，"全球南方"开始指向本土的、自主的、基于经验的发展战略和公共政策。

---

① Deborah B. L. Farias, "Unpacking the 'Developing' Country Classification: Origins and the Hierarchies," pp.1—23.

② 有关"2030可持续发展目标"的介绍，可参见联合国官网 https://sdgs.un.org/2030agenda。

③ 周桂银：《全球南方崛起与当代国际秩序变革》，第83—113页。

④ 李红梅：《印度的国际秩序观——从"边缘领导"到"全球协同领导"》，第20—36页。

（二）作为结构的"全球南方"

"全球南方"形成的过程，就是世界政治中"南方"与"北方"分化的过程。然而，只有在世界政治的结构之中，才能更好地理解"全球南方"是如何进一步运转的。国际关系研究转向关注世界政治，本质上是将世界视为一种结构。这种结构是历时性的，但也是结果性的。①作为"结果性的结构"，世界政治实际上是"地理世界"被政治塑造的结果。杨光斌认为，世界政治在历史形成过程中产生"深层结构"（deep structure），它无时无刻不在约束着行为体的行为，并且时刻充当着行为主体的角色。"深层结构"被从不同角度解释出来，如沃勒斯坦的"世界体系"、布赞的"国际体系"、亨廷顿的"世界秩序"。不论在什么层次分析世界政治，都离不开对世界政治本身的"深层结构"进行说明。而"全球南方"则是解释"深层结构"的又一视角。

从结构的视角看，"全球南方"是相对于先进的、发达的、核心的"北方"而言的外围。在这个视角下，"北方"对于财富与技术的控制不仅促进了自身的发展，还限制了"南方"的转型。这种观点和一系列批判性的国际政治经济学研究具有紧密联系。对世界政治不平等结构最经典的阐释来自阿根廷经济学家劳尔·普雷维什（Raúl Prebisch）。1949 年，普雷维什向联合国拉丁美洲和加勒比经济委员会递交了一份题为《拉丁美洲的经济发展及其主要问题》的报告。在这份报告中，他将世界经济看作一个整体性的结构，而在这个结构中，存在着"中心"和"外围"，即"大的工业中心"与生产粮食和原材料的"外围"。在"中心—外围"的世界性结构中，生产关系不仅不是互利的，反而是压迫性的。在他看来，技术进步的外溢一直是不平等的，因为"这有助于使世界经济因为收入增长结果的不同而划分成中心和从事初级产品生产的外围"②。

"南方"与"北方"的结构，正是在这种生产不平等关系中深化的。而理解世界政治，实际上就是理解根植于世界历史中的"中心与外围""南方与北方""控制与反控制"关系。在依附论者看来，不平等关系不仅不是自然形成的结构，而是"北方"的政府与跨国公司共同塑造和维护起来的。早期的依附论者

---

① 杨光斌：《政治思潮：世界政治变迁的一种研究单元》，《世界经济与政治》2019 年第 9 期，第 24—25 页。

② Raúl Prebisch, "The Economic Development of Latin America and its Principal Problems," *Economic Bulletin for Latin Amertca*, Vol.7, No.1, 1962, p.1.

认为，在现有的国际政治经济格局中，"南方"无法自主地产生产业升级和结构转型。但随后的依附论者（即一些依附发展理论学家）认为，尽管"中心—外围"的世界政治结构不会改变，但国家在体系中的位置却是可以改变的。伊曼纽尔·沃勒斯坦（Immanuel Wallerstein）在其巨著中分析了世界经济体系的形成过程，认为"外围"国家可以升为"半外围"国家甚至"中心"国家，而"中心"国家也可能下降为"半外围"甚至"外围"国家——依附性的发展是可以实现的。①总之，依附论所要解决的中心议题是探讨"南方"国家如何解决不平等的发展与依附问题，他们的讨论从表面上看呈现出"经济中心主义"，但本质上却是对世界政治中的权力结构的深刻分析。

在依附论与左派发展理论提出后的几十年里，学术界与政策界开始更加关注权力与生产不平等背后的规则性、制度性、知识性不平等。例如，斯坦福大学教授詹姆斯·弗格森（James Ferguson）通过对世界银行在非洲国家莱索托1978—1982 年间发展项目的考察，指出了世界银行在国际发展领域的知识霸权和制度霸权。弗格森认为，世界银行的规范性权力使得它以一种"理所当然"的状态出现在国际发展领域中，这导致了世界银行很多政策和项目的失败。②北卡罗来纳大学教授阿图罗·埃斯科瓦尔（Arturo Escobar）则对一系列的国际发展组织进行了批判性的研究。在他看来，依托于国际组织而存在的有关"发展"的话语同殖民话语一样，都通过建立某种霸权话语体系，从而"剥夺其他思维方式出现的可能"。③相比于物质性权力，基于知识和价值的霸权往往更加稳定，也更难以被颠覆。第二次世界大战之后，很多国家成功地实现了经济的发展，但"全球南方"背后的结构性不平等依旧没有消除。一方面，已实现发展的"北方"常常制造"富国陷阱"（kicking away the ladder），以阻止南方国家使用更加有效的政策工具。④另一方面，已经基本结束的全球疫情也再次说明，"全球南方"被阻隔于资本和技术之外的事实，仍然将是很长一段时间的现实。此外，

---

① ［美］伊曼纽尔·沃勒斯坦：《现代世界体系》，第 6 页。

② James Ferguson, *The Anti-Politics Machine*："*Development*"，*Depoliticization，and Bureaucratic Power in Lesotho*，University of Minnesota Press，1994.

③ Arturo Escobar, *Encountering Development*：*The Making and Unmaking of the Third World*，Princeton University Press，1995.

④ Ha-Joon Chang, *Kicking Away the Ladder*：*Development Strategy in Historical Perspective*，Anthem Press，2002，pp.7—9.

369

还有学者指出，"全球南方"要发挥其应有的影响力，仍然面临外部干扰过大、机制化平台不足、诉求多样化等挑战。[①]这些事实告诉我们，体现着世界政治不平等结构的"全球南方"，仍然是我们理解世界政治的重要视角。

（三）作为运动的"全球南方"

以上两种理解，主要描述的是"南方"如何在世界政治中"被塑造"和"被固定"，然而，"南方"却并没有对关系性和结构性的霸权屈服。相反，"全球南方"也将世界政治中的边缘性力量联系和团结起来。它作为一个跨地域、跨文化、跨时间的政治力量，长期反对和抵抗霸权。长期以来，国际关系的批判主义理论通过对历史和文化的解析，指出了社会运动和反抗力量在全球社会变革中的关键作用。以国际关系理论家罗伯特·考克斯（Robert Cox）为例，他的历史结构理论（historical structures theory）借鉴了安东尼奥·葛兰西（Antonio Gramsci）的文化霸权思想，认为社会变迁其实是通过历史结构实现的，而结构又由物质、思想、制度三个要素组成。正是由于现有的结构存在内在矛盾和外在压迫，社会运动和反抗力量才得以出现。因此，反霸权运动实际上是尝试通过建构替代性的物质、思想、社会结构，从而建立一种新的权力关系。[②]除此以外，社会科学理论存在很多关于抵抗性"全球南方"的论述，这里没有必要系统予以总结。笔者主要指出三种作为运动的"全球南方"。

首先，"全球南方"代表了以往受压迫的"他者"不断进行的政治斗争。以奴隶制的废除为例，人们一般认为"北方"的理性启蒙与政治运动导致了奴隶制的解体，而事实却恰恰相反。世界上的第一个反奴隶制革命于1791年发生于法属殖民地圣多米尼加。彼时，当地的黑人种植园努力不畏暴力，为自由而战，反对他们的"白人主人"。到了1798年，他们又击败了英国军队，刺激了英国正在进行的废奴运动，加速了1807年英国废除《奴隶贸易法案》。尽管受压迫的"南方"在这一过程中发挥了作用，但遗憾的是，直到近期学术界才开始重审他们的贡献。[③]

---

① 徐秀军、沈陈：《全球南方崛起与世界格局的演变》，第64页。

② Robert W. Cox, *Production, Power and World Order: Social Forces in the Making of History*; Antonio Gramsci, *Selections from the Prison Notebooks of Antonio Gramsci*, International, 1971.

③ Nikita Sud and Sanchez-Ancochea, "Southern Discomfort: Interrogating the Category of the Global South," *Development and Change*, Vol.53, No.6, 2022, pp.1123—1150.

第二次世界大战之后，"全球南方"作为一种更具实质性的团结和抵抗运动，开始出现在国际舞台上。在1955年4月18日至24日召开的万隆会议中，"全球南方"第一次在没有殖民国家参加的情况下讨论亚非人民切身利益。以中国的经历为例，尽管美国等"北方"力量制造了"克什米尔公主号"事件，并渲染中国"夺取亚非世界的领导权"，中国代表团顶住压力，争取扩大世界和平统一战线，为建立和加强同亚非国家的关系创造了条件。这种以"南方"为主体的斗争传统和政治呼吁一直持续，在今天的世界政治中发挥着重要作用。①在不同的历史阶段，这些全球范围内展开的反对殖民与反对霸权的革命、战争、运动不是独立存在的，而是全球性反抗力量与进步运动的有机组成部分。②

其次，"全球南方"也代表了一种对西方文化霸权和知识霸权的批评，特别是对以西方为中心的知识生产的批评。广义而言，"北方"并不局限于特定的国家。相反，"北方"是霸权的统称。在世界政治中，"北方"反映着国际关系的历史和现实，而且对他们进行有目的的政治和社会构建。换言之，从"全球南方"的视角看，世界政治不仅是物质与观念斗争的场所，还是国家之间争夺"对秩序的构建"的过程。"全球南方"不仅抵抗以国家和国际组织为载体的"北方"，还抵抗根植于全球性秩序之中的"深层结构"。从学科意义上讲，世界政治不仅是关系性的和结构性的，不仅根植于全球性的霸权之中，背后还有最为重要的知识生产。"全球南方"对西方中心知识生产的影响主要表现在两方面：第一，一批来自"南方"的社会科学家在本体论、认识论、方法论、价值伦上重新理解主流的社会科学理论，提出种种批评，建立替代性的理论和分析；第二，主流的社会科学理论也开始更加关注"全球南方"所蕴含的经验现象，开始反思自身理论赖以生存的"（西方）历史"的局限性。

最后，"全球南方"还代表着建立国际政治经济新秩序的尝试。在贸易与金融融领域，"全球南方"对霸权的反对更加直接和剧烈。第二次世界大战之后，世界范围内的石油勘探、开采、销售几乎完全被"北方的"石油公司垄断，其

①　这方面的例子有在国际经济领域内加强发展中国家的团结与合作，推动建立国际经济新秩序，推进发展中国家经济社会发展进程的77国集团（G77）。

②　Carl Oglesgy, "Vietnam Has Failed. The Revolution Can Only Be Mauled, Not Defeated," *Commonweal*, Issue 90, 1969, pp.11—12; Hedley Bull and Adam Watson, eds., *The Expansion of International Society*, Oxford: Oxford University Press, 1984, pp.217—228.

结果是发达国家获取超额利润，而"南方国家"的经济利益却受到损害。为了抵抗这种"石油霸权"，1967 年第三次中东战争后，"欧佩克"的阿拉伯成员国成立另一个重叠的组织，名为阿拉伯石油输出国家组织（Organisation of Arab Petroleum Exporting Countries，OAPEC），以向以色列施压。阿拉伯石油输出国家组织于 1973 年对美国、西欧和日本实施石油禁运，给"北方国家"带来巨大压力。正是在这一时期，阿拉伯石油输出国家组织逐渐获得了其在世界政治中的影响力。

近年来，"全球南方"对世界政治格局中全球性资本主义与新自由主义霸权提出进一步的挑战。以多边开发性金融为例，长期以来，"北方"所主导的"放之四海而皆准"的多边开发性金融范式深刻影响着全球多边开发性金融格局。为了从捐资国获取贷款，"全球南方"中的国家往往需要根据"北方"的标准改变国内的政策。有学者指出，"北方"主导的范式，不仅体现出对"南方"的不信任，也没有办法满足它们国家能力建设的需要。近年来兴起的"南方"主导的多边开发银行开始实行更加贴合"全球南方"现实的贷款政策，在项目设计、咨询、监督等方面允许贷款国最大程度地使用本国的政治法律系统。[①]这种趋势反映了世界政治在跨国金融层面的暗流涌动。[②]总之，作为运动的"全球南方"在世界政治的运行中，体现出巨大的潜力。

三、"全球南方"的三种工具价值

"全球南方"研究和国际关系研究相互交叉，但不完全相同。在国际关系研究中，"全球南方"常常作为议程与议题出现，但很少被用作视角与工具。换言之，"南方"这一"元范畴"的工具价值，在国际关系研究中是值得被进一步说明的。然而，正如前文所述，"全球南方"是研究全球权力结构的主要脉络之一。不仅如此，它在国际关系研究中也有独特的作用。挖掘"全球南方"作为一种视角和工具在国际关系研究中的意义，是一项极具潜力的工作。这种跨学

---

①② Kevin Gallagher and Fei Yuan, "Standardizing Sustainable Development: A Comparison of Development Bnaks in the Americas," *Journal of Environment and Development*，Vol.26，No.3，2017，pp.243—271.

科的努力，强调的是对"全球南方"进行批判性的分析和科学化的使用。它不仅将"全球南方"添加到国际关系研究的工具箱中，也有助于学界对国际关系学科的知识生产进行反思。

"全球南方"在国际关系研究中的工具价值是多方面的。总体上看，"全球南方"把"南方的""边缘的""非西方的"现实放在国际关系研究的中心，强调这些经验现象是构建国际关系理论和进行国际关系研究的工具。因此，它可以促进更具反思性、批判性、补充性的国际关系研究。具体而言，结合目前学界对"全球南方"和国际关系研究的讨论，存在几种看法。在本体论上，"全球南方"没有构建起一套新的国际关系理论，没有像"关系主义"一样从根本上改变国际关系研究的基本分析单元。但是，它指出了以西方历史经验为基础的国际关系理论存在本体论的问题。例如，几大主流理论中"国家"的概念都基于 1648 年以后欧洲的历史，但用这一概念分析"全球南方"的现实却显得捉襟见肘。[1] 在认识论上，尽管国际关系是客观存在的国家间关系，但对于绝大多数国际关系的观察者和研究者而言，他们所接收的实际上是以"北方国家"为基础的理论和实践建构出来的"国际关系"。在方法论上，研究者对国际关系观察和分析时，主要还是依赖西方中心的历史材料，例如"两次世界大战""冷战""布雷顿森林体系"等，这导致现有国际关系研究在方法论上的欠缺。除此以外，在价值论上，国际关系研究中的"理论"与"实践"，实际上是"北方"知识霸权下的产物。它们不仅不是所谓客观的，反而是带有明显价值取向的。

具体而言，"全球南方"作为国际关系研究的视角与工具，具备三个维度的价值：（1）挑战本体论；（2）反思认识论；（3）补充方法论。它们是逐层递进的关系。

（一）挑战本体论

国际关系理论的本体论，就是关于"国际关系"存在及其本质的学说。一旦一套理论在本体论上发生动摇，其认识论、方法论、价值论也会随即改变。包

---

① Imad Mansour，"A Global South Perspective on International Relations Theory，" *International Studies Perspective*，Vol.18，No.1，2017，pp.2—3.

括现实主义、自由主义、建构主义等在内的经典国际关系理论的核心，是"历史上突然出现的"西方经验。①在它们的体系之中，"全球南方"仅仅是以西方为基础的"国际关系"的衍生品。即，是"全球南方"在向"北方"索取理论。这样的设置显然不能满足不断丰富化的国际关系研究的需求。

在人类历史上，"中心国家"政治发展所产生的思想与话语体系，往往会被"中心国家"当作实时性的国家利益对外推广，从而使得一种地方性的知识成为全球性的思潮。有学者指出，主流的国际关系理论迫切需要对其赖以生存的本体论进行反思，以满足其"普适性"的需求。②还有学者认为，不管是"东西"，还是"南北"之间的对立，都不符合国际关系理论发展的趋势。相反，超越文化壁垒、推动"全球性"理论的形成，才是理论创新的方向。③这些批评很好地指出了主流国际关系理论在本体论方面存在的结构性问题。借助"全球南方"这一工具，不论是主流的还是批判性的国际关系研究都可以更加深入地思考一系列本体论问题：国际关系的本质是什么？国际关系是客观存在的现象，还是一定环境下政治互动的产物？国家在国际关系中争夺的是什么？更进一步，"国家"应该是国际关系研究的基本分析单元吗？如果不是，那应该是什么？我们所创造的国际关系理论的适用范围在哪里？

本体论的建构是建立在经验材料之上的。"全球南方"作为一种增补经验材料的工具，不仅可以带来国际关系研究视野的拓宽，也可以带来国际关系理论的本体论创新。第一，可以用古老而经典的主流国际关系理论解释"全球南方"中零散的、广泛的、各不相同的国际关系（甚至是人类学、社会学的）现象。例如，尽管亚马逊雨林中的各部落没有形成现代意义上的"国家"，但我们却可以用建构主义国际关系理论分析它们之间的竞争与和合作。或者，中国东北边境地区的鄂温克族群体长期存在迁徙和贸易的传统，对他们来说，西方生产的"主权""领土""边界"意义有限，流动性的"关系"和作为价值的"传说"才

---

① Siddharth Tripathi, "International relations and the 'Global South'：From Epistemic Hierarchies to Dialogic Encounters," *Third World Quarterly*, Vol.42, No.9, 2021, pp.2039—2054.

② Imad Mansour, "A Global South Perspective on International Relations Theory," *International Studies Perspective*, Vol.18, No.1, 2017, pp.2—3.

③ 高程：《历史经验与东亚秩序研究：中国国际关系理论的创新视角》，《外交评论》2013 年第 3 期，第 18 页。

能更好地解释他们的行为。①第二，可以使用"全球南方"中替代性的材料来修正或拓宽经典国际关系理论。"全球南方"国家和地区在世界观、国际秩序、国际交往维度中的基本概念和主要观念，可以被用于挑战经典的国际关系理论，甚至产生新的国际关系理论。②例如，学者扎拉科尔在《西方之前：东方秩序的兴衰》一书中提出了以蒙古帝国秩序为原点的国际关系理论研究，以补充和挑战现有的"威斯特伐利亚体系"。③尽管有很多学者强调，国际关系研究中的"全球南方"视角应该与经典国际关系理论保持距离，以避免被知识霸权"收编"，但笔者通过对文献的阅读和分析，却认为优秀的理论和材料之间，是相互促进和相互构建的关系。通过对替代性经验材料的分析，我们有可能对经典理论的假设、边界、应用范围进行修正，但这并不意味着需要在根本上否定它们。

然而，在国际关系领域，所有的叙述活动都是政治活动，理论建设也是如此。④在国际关系研究中，选取什么材料和不选取什么材料，如何分析材料，如何呈现材料，都是政治性选择的结果。现有的主流国际关系理论，甚至包括女性主义在内的一些批判性国际关系理论，本质上都是基于西方经验材料的理论建设。或者说，即使一些"全球南方"的历史和现实被纳入讨论，本质上都是围绕西方这个中心展开的。特别是对于中国的国际关系学界而言，清醒地认识到这些与本体论有关的结构性知识问题，透过"全球南方"找到本土经验中的连贯性与自洽性，是十分重要的工作。国际关系的理论创新是艰巨的，因为它要求研究者在本体论上有所突破，并与根深蒂固的"常识"观念分裂。这是"全球南方"的重要工具价值之一。

---

① 本体论创新的重要维度是基本概念和基本观念的创新。"全球南方"各个地区和国家有关"世界""秩序""交往"的概念和观念对本体论创新具有借鉴作用。在这个维度，一些学者做了开创性的工作，参见 Arlene B. Tickner and Karen Smith，eds.，*International Relations from the Global South：Worlds of Difference*，London & New York：Routledge，2020。此外，刘德斌与李东琪的论述也涉及这个方面，参见刘德斌、李东琪：《"全球南方"研究的兴起及其重要意义》。

② Amitav Acharya and Barry Buzan，*The Making of Global International Relations：Origins and Evolution of IR at Its Centenary*；Arlene B. Tickner and Karen Smith，eds.，*International Relations from the Global South：Worlds of Difference*，London & New York：Routledge，2020；Yaqing Qin，ed.，*Globalizing IR Theory：Critical Engagement*.

③ Ayşe Zarakol，*Before the West：The Rise and Fall of Eastern World Orders*.

④ 刘永涛：《语言与国际关系：拓展政治分析的新视角》，第44页。

（二）反思认识论

国际关系研究不仅依据历史和现实创造理论，也对理论形成的过程进行批判，即创造"理论的理论"。知识生产是国际关系中最重要的"深层结构"，也是国际关系研究绕不开的"位置性"（positionality）问题。如果说国际关系经常以政治、经济、文化冲突的形式表现出来，那么在更深的维度中，它是围绕知识生产所展开的竞争。物质的，或者说政治的、经济的、技术的优势界定了一个国家在国际关系中的位置和影响，而知识的，或者说"理论的和话语的"实力则决定了它对其他国家的长期影响。相比于物质的结构性不平等，知识的结构性不平等更加隐蔽，因此也更难被观察。但这不意味着它不存在，或者不重要。

从根本上讲，虽然国际关系是客观存在的国家间的关系，但人们所认知到的"国际关系"却是一定环境下政治、文化、社会互动的产物。同理，国际关系的"理论"和基于"理论"的"研究"，也是一种依赖主观选取的材料所进行的社会构建和文化构建。尽管主流国际关系理论的冲突常常以本体论、认识论、方法论差异为表征，但在源头上，这种冲突是对不同历史材料处理的结果。如果说理论决定了我们观察世界的位置和方法，那么历史材料则决定了我们"观察什么世界"。构建（主流）国际关系理论的过程，就是在过去百年西方错综复杂的权力关系环境里，通过这些关系实现的过程。

值得注意的是，作为一种工具，"全球南方"既可以被用来"加强权力不对称"，也可以"削减它"。①"南方"本身就是国际关系历史和现实的组成部分。但是，脱离了"南方"存在的语境，人们就无法解释它在国际关系中的位置。因此，通过"全球南方"来构建国际关系研究，总结国际关系中的政治、经济、文化实践，我们需要对构建"全球南方"的语境有更加具体的认知。具体而言，尽管"全球南方"可以被用作工具，将全球范围内分散的经验现象连接起来，以服务更宏观的一般性分析，但有两项工作是必不可少的。第一，是对"全球南方"的内涵进行以学科为基础（field-based）和以议题为基础（issue-based）的批判性讨论。②正如前文所述，"全球南方"是一个流动的概念，不同语境中的人

---

① Nikita Sud and Sanchez-Ancochea, "Southern Discomfort: Interrogating the Category of the Global South," *Development and Change*, Vol.53, No.6, 2022, pp.1123—1150.

② Sebastian Haug, Jacqueline Braveboy-Wagner and Gunther Maihold, "The 'Global South' in the Study of World Politics: Examining a Meta Category," pp.1923—1944.

对它会有不同的理解。因此，在使用这一工具时，有必要对其具体内涵进行说明。第二，是对"全球南方"背后不平等的国际关系权力结构保持清晰的认知。正如"东方""发展""国际社会"等术语一样，"全球南方"本身也是一种国际关系中权力运动的延伸，"全球南方"本身也是西方知识霸权的产物。研究者不应该将其盲目视为价值中立的研究工具。

（三）补充方法论

元范畴不仅使世界在地理、时间、政治上可以比较，它还推动研究者关注国际关系背后更加深层的关系、结构、运动。从"东西"到"南北"，再到"全球"，人们借以研究国际关系的元范畴不断在更新，这也意味着国际关系研究的视角和方法不断拓展。有一些研究讨论了"全球南方"在国际关系理论知识生产中的反霸权作用，它们的观点可以被简洁地概括："北方"，或者说国际关系中的主导性权力，对知识生产进行控制，不仅是知识本身"适用性"的问题，还是全球性政治经济结构的问题。在知识生产霸权中，不仅"全球南方"的差异被建构起来，"全球南方"内在的历史和现实也被边缘化，被认为是"非历史"和"非现实"的。知识生产霸权是一种服务于"北方"的霸权。它不仅仅是影响，而是决定了人们对国际关系中"现实"的解读。"全球南方"有望成为打破这种霸权的工具之一。换言之，"全球南方"想要争取从压迫中解放，就应该进行自身的知识生产。这种观点不仅被讨论，也成为了很多学者从事国际关系研究的立场。[①]

作为工具，"全球南方"的方法论价值的作用是显著的，这主要体现在两个方面。第一，越来越多的研究开始将"南北关系""南南合作""南北合作"等作为视角，以概括和分析国际关系中的实践。[②]进一步讲，中国国际关系学界比较热门的"崛起国""中等力量""世界秩序"研究，实际上也是这种研究趋势的

---

① 主要参见 Albert Sanghoon Park，"Does the Development Discourse Learn from History?"*World Development*，Vol.96，2017，pp.52—64；Melisa Deciancio，"International Relations from the South：A Regional Research Agenda for Global IR，"*International Studies Review*，Vol.18，No.1，2016，pp.106—119。

② 李小云、吴忠、徐进：《南南合作：中国的实践与贡献》，世界知识出版社 2020 年版；郦丽、徐秀丽：《更趋平行的全球卫生治理新图景——全球南方的视角》，《太平洋学报》2023 年第 5 期，第 53—65 页。

体现。①第二，越来越多的研究开始将"全球南方"的不同经验现象联系和总结起来，以补充、修正、挑战传统研究，开启新的研究领域。②许多跨学科的区域与国别研究，可以被划入这个趋势中。把"全球南方"作为分析的视角和工具，可以为国际关领域的实践研究提供主题的创新。例如，国际关系研究中"全球南方"是否一定要以国家作为划分的界限？如果崛起中的印度、巴西、中国是"南方"的一部分，那么北美和西欧落后的边缘化地区是否也是"南方"？又或者，中国和希腊的国际金融合作，是一种"南北合作"，还是一种"南南合作"？

近年来，随着越来越多的"全球南方"历史浮现在研究者眼前，学界开始讨论构建替代性的国际关系理论。③中国作为"全球南方"的崛起力量在国际舞台上出现，也引发越来越多的中国学者开始思考我国历史材料与西方国际关系理论之间的适用性问题。然而，一般性的理论不仅要求本体论、认识论、方法论的创新，更必须包含科学的、具有边界的、可以使用的分析工具。此外，颠覆现有的全球性知识权力结构也并不容易。

以上所讨论的三种有关"全球南方"的工具价值，在学界较为流行普遍。在我国国际关系研究界，不少学者围绕学科知识生产的讨论，都涉及了以上的一点或多点。④例如，翟崑认为，中国区域国别学的知识生产需要有学科的知识形态支撑，且不可能"按照霸权国指给中国的路径退出知识生产竞争者的行列"。这要求作为国际关系研究子学科的区域国别学不仅在主题上有所创新，更要在研究方法和研究技能上有所突破。⑤李开盛看到，当前中国的"学派性"研究和"非学派性"观点，呈现出"独行侠"和"集团军"齐头并进的现象，这

① 石斌：《新型大国崛起与全球秩序变革》（十卷本），南京大学出版社 2023 年版；张宇燕：《后疫情时代的世界格局：三超多强？》，《世界经济与政治》2021 年第 1 期，第 1、2、5 页。

② 周桂银：《全球南方崛起与当代国际秩序变革》，第 83—113 页。英文文献可参见 Nikita Sud and Sanchez-Ancochea, "Southern Discomfort: Interrogating the Category of the Global South," *Development and Change*, Vol.53, No.6, 2022, pp.1123—1150。

③ 李东琪：《全球南方的源流辨析》，《国际政治研究》2023 年第 6 期，第 112—130 页；刘德斌、李东琪：《"全球南方"研究的兴起及其重要意义》，第 83 页。

④ 唐士其：《国际关系研究的知识属性》，《学术前沿》2024 年第 2 期，第 27、28 页；杨原：《经验困惑、多样性与国际关系理论的创新路径》，《国际关系研究》2016 年第 2 期，第 24、25 页；高程：《历史经验与东亚秩序研究：中国国际关系理论的创新视角》，第 18 页。

⑤ 翟崑：《论中国区域国别学的知识生产》，《国际论坛》2022 年第 3 期，第 27 页。

是值得抓住的机会。①刘丰则提醒，在强调中国经验和文化传统特殊性的同时，也应注重"社会科学知识的普遍性和共通性"。②总之，围绕"全球南方"所展开的对全球性知识生产的讨论，正在加速进行。③"全球南方"在知识生产维度的工具价值不应该被忽视，这对于国际关系研究来说尤其如此。

结　　语

　　讨论"全球南方"在国际关系研究中的工具价值，目的在于拓宽国际关系研究的视野和补充国际关系研究的工具箱。这种尝试有别于仅仅将"全球南方"看作国际关系中的一种现象或一类对象。从"全球南方"的历史与现实出发，也有助于启发具有批判性和替代性的研究，这在一定程度上可能补充在本体论、认识论、方法论上具有缺陷的主流国际关系理论。简言之，尝试阐释"全球南方"在国际关系研究中的工具价值，不仅有助于批判和反思知识生产，更是一种建设性的跨学科努力。

　　本文从概念和操作上说明"全球南方"在国际关系研究中的学术意义。从概念上看，"南方"不仅是地理的，同时也根植于人类历史之中。这意味着，它不是"取之即用"的术语，而是具有多重内涵的元范畴。想要理解"全球南方"的多重内涵，应该把它放回人类发展历史和世界政治的变迁中。因此，本文分析了三种世界政治中的"全球南方"，即作为关系、结构、运动的"全球南方"。它们是彼此联系的关系。从操作上看，"全球南方"作为国际关系研究的新视角与新工具，至少具备本体论、认识论、方法论三个维度的价值。发掘"全球南方"在国际关系研究中的工具价值，并呼唤对"全球南方"创造性、批判性、

---

　　①　李开盛：《中国国际关系学派的知识社会学分析》，《云梦学刊》2020 年第 4 期，第 9、11、12 页。

　　②　刘丰：《概念生成与国际关系理论创新》，《国际政治研究》2014 年第 4 期，第 25、26 页。

　　③　Melisa Deciancio, "International Relations from the South: A Regional Research Agenda for Global IR," *International Studies Review*, Vol.18, No.1, 2016, pp.106—119; Arlene B. Tickner and Karen Smith, eds., *International Relations from the Global South: Worlds of Difference*, London & New York: Routledge, 2020. 除此以外，国内外学术期刊也多次以专题组稿的形式讨论"全球南方"对（国际关系研究）知识生产的意义，例如，《第三世界季刊》2021 年就曾推出系列文章，除塞巴斯蒂安（Sebastian Haug）等人的导论以外，还有 9 篇文章从法律、气候、治理的视角切入议题。

科学性的使用，是本文的重点。

近年来，构建具有中国特色的国际关系学科呼声愈来愈高。①发掘"全球南方"的工具价值与这种趋势是契合的。然而，在此过程中有三点需要注意。第一，有必要对"全球南方"这一概念兴起和发展的驱动力进行持续的思考。据目前考究，"全球南方"自1969年提出后，经历了不同的发展阶段，但为何在近几年热度飙升？研究者应对"全球南方"背后的政治动力、经济动力、文化动力加以考察。②第二，作为工具和视角的"全球南方"在国际关系研究中，将有一定的局限性。例如，目前学界广泛讨论的"全球南方"研究同现存的一批南南合作研究、国际政治经济新秩序研究有何异同？"全球南方"内部是否也存在不平等的权力结构呢？这类问题呼唤更具批判性的思考。第三，正如本文最后一部分所指出的，任何社会科学的工具与视角，都是具有价值取向的。在使用这些工具、透过这些视角（例如"全球南方"）的同时，研究者应该保持对它们背后不平等的权力结构的认识，并审视研究者自身在全球性知识生产中的位置。总之，在"全球南方"不断在学术研究中兴起的今天，忽视它在国际关系学科中的价值和作用显然是一种欠缺。"全球南方"可以成为国际关系研究的一个新发力点。

---

① 参见秦亚青：《关系本位与过程建构：将中国理念植入国际关系理论》，《中国社会科学》2009年第3期，第69页；高尚涛：《关系主义与中国学派》，《世界经济与政治》2010年第8期，第116页。

② 周桂银：《全球南方崛起与当代国际秩序变革》，《国际政治研究》2024年第1期，第83—113页；马汉智：《"全球南方"视域下的日本对非洲政策》，《国际问题研究》2023年第3期，第117—137页；李红梅：《印度的国际秩序观——从"边缘领导"到"全球协同领导"》，第20—36页。此外，2023年12月在清华大学开展的"百年大变局下的'全球南方'"全球发展论坛也着重讨论了"全球南方"热度提升背后的现实政治因素。

竞争模式、利益平衡度与中美海上危机管控

王　雪*

引　言

危机是指造成一个或多个基本系统变量发生意料之外或突然变化的情况，这会增加各方使用暴力的可能性，并对国家高度关注的目标产生威胁。①相较于陆地危机管控，海上危机管控更加困难。海洋具有高度流动性和隐蔽性，大国②海上竞争的范围和样式更加复杂，存在诸多不确定性。作为人为设计的一种理性合作方式，国家间海上危机管控机制指的是两个及以上国家在海上危机管控实践中，为降低国家间因海上意外相遇事件走向全面对抗而制定的一系列规则、准则、协定等。国家间海上危机管控机制的形式包括双边与多边，内容主要涉

---

　　*　王雪：南京大学中国南海研究协同创新中心、国际关系研究院与南洋理工大学拉惹勒南国际关系学院联合培养博士研究生。本文是 2024 年江苏省研究生科研创新计划项目"竞争模式、利益平衡度与中美海上危机管控"与教育部哲学社会科学研究重大课题攻关项目"百年未有之大变局下我国发展外部环境研究"（20JZD060）的阶段性成果，并得到国家留学基金资助。感谢《外交评论》编辑部、匿名审稿专家、朱锋教授、牛仲君副教授，以及第十六届全国国际关系、国际政治专业博士生学术论坛、第十五届"金仲华国研杯"征文颁奖研讨活动、第四届"茅家琦史学论坛"等各位评议老师的建设性修改意见。

①　James M. McCormick, "International Crises: A Note on Definition," *The Western Political Quarterly*, Vol.31, No.3, 1978, pp.352—353; James L. Richardson, "New Insights on International Crises," *Review of International Studies*, Vol.14, No.4, 1988, p.310; David E. Banks, "The Diplomatic Presentation of the State in International Crises: Diplomatic Collaboration During the US—Iran Hostage Crisis," *International Studies Quarterly*, Vol.63, No.4, 2019, p.2.

②　国内外学者对"大国"这一概念从不同视角进行了界定，本文采用巴里·布赞（Barry Buzan）对"大国"的三层模式定义：体系层面的超级大国和大国以及地区层面的地区大国。［英］巴里·布赞：《美国和诸大国：21 世纪的世界政治》，刘永涛译，上海人民出版社 2007 年版，第 70 页。

及危机沟通机制、安全领域的建立信任措施、军事与安全行为准则等。[①]海上危机管控机制是减少危机发生和弱化战争风险的重要工具与保障，能够使处于竞争状态的大国维持一定程度的战略稳定性。

根据 2023 年 7 月亚太领导力网络（APLN）发布的研究报告，在 2010—2023 年间，亚太地区至少发生了 79 起军舰、飞机、海岸警卫队船只和渔船等之间的海空相遇事件。其中，中国战斗机和美国侦察机的频繁近距离接触存在升级为全面冲突的风险。[②]虽然中美海空相遇多数是安全与专业的，但美军极具挑衅性进入中国西沙群岛与南沙群岛领海和领空，由此引发的双方近距离、对抗性相遇，仍然对双方现有《关于建立加强海上军事安全磋商机制协定》（MMCA）、《海上意外相遇规则》（CUES）、《关于海空相遇安全行为准则的谅解备忘录》等一系列规则的战略稳定效力提出了挑战。当前，新兴军事科技正重塑大国互动的传统路径，这无疑增加了危机升级成战争的风险。无人系统的"机器速度"强化了危机中的不稳定，诱使对手进行先发制人的打击。[③]随着时间的推移，中美之间的"威胁认知"与敌意会不断累积和加深，导向敌意互动行为的可能性也在增大。[④]在此背景下，对"中美海上危机管控缘何艰难"这一问题的探讨，既可史论结合、对比分析中美与美苏在海洋领域的危机管控机制建设过程与效用，进一步强化对大国海上危机管控的历史案例研究，也能在实践领域为优化中美海上危机管控、更有效地管理双方在海洋领域的互动提供政策启示。

一、既有研究回顾与问题的提出

在 1918—2019 年间，世界范围内爆发了 496 起危机事件。[⑤]在关于 20 世

---

① Tuosheng Zhang, "Strengthening Crisis Management, the Most Urgent Task in Current China-US and China-Japan Security Relations," *China International Strategy Review*, Vol.3, No.1, 2021, p.42.

② Asia-Pacific Leadership Network, *Assessing Military and Non-Military Incidents at Sea in the Asia-Pacific*, Pirundae-ro, Jongno-gu, Seoul, ROK, 2023, p.6.

③ Todd S. Sechser et al., "Emerging Technologies and Strategic Stability in Peacetime, Crisis, and War," *Journal of Strategic Studies*, Vol.42, No.6, 2019, pp.730—731.

④ William R. Thompson, "Identifying Rivals and Rivalries in World Politics," *International Studies Quarterly*, Vol.45, No.4, 2001, p.562.

⑤ "ICB Project International Crisis Behavior," Duke Express, https://sites.duke.edu/icbdata/data-collections/.

触发危机的国家行为体统计中，美国与德国、南非并列第2，以56起的总数成为20世纪最容易引发危机的国家。①20世纪世界局势的动荡引发了各国学者关于国际危机及其管理的讨论，并涌现了大量成果。②作为大国海上危机管控机制的先行者，美苏1972年签订的《关于防止公海及其上空意外事故协定》（INC-SEA）成为了世界范围内数十个国家建立双边或多边海上危机管控机制的模板③，而在2014年第14届西太平洋海军论坛通过的《海上意外相遇规则》文本中，我们也可以找到美苏海上危机管控协议的影子。该协议的主要目的包括：第一，为双方海军提供避免公海上意外相遇事件的工具。第二，为化解任何存在升级风险的摩擦提供指导协议。第三，构建一种讨论已发生的任何摩擦、从而防止其再度发生的机制。④基于对美苏海上危机管控实践经验的借鉴，中美于

---

① Michael Brecher et al., *A Study of Crisis*, University of Michigan Press, 2000, p.47.

② Boin Arjen et al., *The Politics of Crisis Management: Public Leadership under Pressure*, Cambridge University Press, 2016; Rosenthal Uriel et al., *Managing Crises: Threats, Dilemmas, Opportunities*, Charles C. Thomas Publisher, 2001; Glenn H. Snyder et al., *Conflict Among Nations: Bargaining, Decision Making and System Structure in International Crises*, Princeton University Press, 1977; Richard Ned Lebow, *Between Peace and War: The Nature of International Crisis*, Johns Hopkins University Press, 1981; Charles F. Hermann, *International Crises: Insights from Behavioral Research*, Free Press, 1972; Gilbert Winham, *New Issues in International Crisis Management*, Westview Press, 1988; Michael Brecher and Jonathan Wilkenfeld, "Crisis in World Politics," *World Politics*, Vol.34, No.3, 1982; Eliot A. Cohen, "Why We Should Stop Studying the Cuban Missile Crisis," *The National Interest*, No.2, 1986, pp.3—13; Michael Brecher et al., *International Crisis Behavior Data Codebook*, Version 15, 2023; Patrick Shea et al., "Opposition Politics and International Crises: A Formal Model," *International Studies Quarterly*, Vol.58, No.4, 2014, pp.741—751; Michael Brecher, *Decisions in Crisis*, University of California Press, 1980; Thomas Clifton Morgan, *Bargaining in International Crises: A Spatial Model*, Ph.D. Dissertation, University of Texas at Austin, 1986; Arjen Boin et al., *The Politics of Crisis Management: Public Leadership under Pressure (Second edition)*, Cambridge University Press, 2016; Claus Offe, "Crisis of Crisis Management: Elements of A Political Crisis Theory," *International Journal of Politics*, Vol.6, No.3, 1976, pp.29—67; Amira Schiff, "Preventing Another Korean War: A Case Study of Crisis Management from the Perspective of Readiness Theory," *International Negotiation*, Vol.26, No.2, 2020, pp.184—217; Andreas Schwarz et al., *The Handbook of International Crisis Communication Research*, John Wiley & Sons Inc, 2016; 杨洁勉：《后冷战时期的中美关系：危机管理的理论和实践》，上海人民出版社2004年版。

③ 以美苏《关于防止公海及其上空意外事故协定》为范本，联邦德国与波兰，希腊和土耳其、伊朗和伊拉克、马来西亚和印度尼西亚、印度和巴基斯坦等国也都签署了类似的防止海空摩擦事件协定。此外，韩国、日本等国亦与俄罗斯联邦签订了类似协定。

④ Peter L. Jones, "Maritime CBMs in the Asia-Pacific: The Application of the INCSEA Concept in the Region," *The Korean Journal of Defense Analysis*, Vol.8, No.1, 1996, p.10.

1998 年 1 月签订了《关于建立加强海上军事安全磋商机制的协定》，2014 年 11 月达成了《关于建立重大军事行动相互通报信任措施机制的谅解备忘录》和《关于海空相遇安全行为准则的谅解备忘录》，2015 年两国又为两个备忘录新增了"军事危机通报"和"空中相遇安全行为准则"的附件。2018 年，中美就建立《危机预防沟通框架》达成初步共识。虽然中美完善与强化双方海上危机管控机制的意愿不断增强，但该机制的潜力却难以得到充分发挥。①针对"中美海上危机管控缘何艰难"这一问题，现有研究从实力对比、观念共识、机制规则及第三方因素进行了解释。

第一，基于现实主义视角，诸多学者从大国实力对比的角度观察危机管控与机制运作的效果。他们把相对实力对比作为理解国际关系的根本逻辑，认为相对实力差异是影响国际关系的基本因素。在超级大国之间的危机管理实践中，实力对比发挥了主要作用，其中实力占优的一方往往更享有主动权与影响力。②冷战时期，在超级大国之间维持的 45 年长和平，是世界分化成势均力敌两个阵营的产物。③到了冷战后期，美苏便实现了核与军事能力方面的对等，而在可预见的未来，中美之间的军事平衡将继续保持不对称。④危机事件参与方的实力排序与军事实力对比密切相关，军事实力和利益是危机讨价还价的基础性要素，

---

① 关于中美海上危机管控与美苏海上危机管控效果对比的讨论，参见余文全：《中美海空事件原因分析与危机管控》，《国际论坛》2017 年第 5 期，第 49 页；胡波：《中美海上危机管理面临的困境与改善路径》，《美国研究》2021 年第 5 期，第 62 页；Sean M. Lynn-Jones, "A Quiet Success for Arms Control: Preventing Incidents at Sea," *International Security*, Vol.9, No.4, 1985, p.154; Min Gyo Koo, *Island Disputes and Maritime Regime Building in East Asia: Between a Rock and a Hard Place*, Springer Science & Business Media, 2010, p.34; Raul Pedrozo, "Close Encounters at Sea: The USNS Impeccable Incident," *Naval War College Review*, Vol.62, No.3, 2009, pp.101—114; 张沱生：《中美应如何缓和紧张防止冲突与战争》，北京大学中外人文交流研究基地，2023 年 4 月 12 日，http://igcu.pku.edu.cn/info/1026/5789.htm; Minnie Chan, "Would A Cold War-Style Agreement Help Prevent China-US Tensions from Escalating?", South China Morning Post, January 29, 2023, https://www.scmp.com/news/china/military/article/3208282/would-cold-war-style-agreement-help-prevent-china-us-tensions-escalating.

② 夏立平：《关于中美危机管理的比较研究》，《美国问题研究》2004 年第 1 辑，第 59 页。

③ Charles W. Kegley, Jr. and Gregory A. Raymond, "Must We Fear a Post-Cold War Multipolar System?" *The Journal of Conflict Resolution*, Vol.36, No.3, 1992, p.574.

④ Bo Hu, "Systemic Obstacles and Possible Solutions to Crisis Management Between China and the US," *China International Strategy Review*, Vol.3, 2021, p.263.

进而造就了成功、失败、妥协与崩溃四种国际危机结构。①中美危机管控的结果是双方在该地区的利益平衡状况和实力对比共同作用的结果。②美苏海上危机管控效果更突出，还在于双方不存在领土主权利益方面的分歧，但中国在亚太具有强烈的领土利益诉求。③

第二，在观念层面，部分学者观察到相互理解与认知的差异使中美双方难以就国际法相关概念达成共识，这极大降低了中美海上危机管控机制的实用性。政治、军事、经济、结构等因素影响着危机是升级成战争还是会被和平解决，但最后这些影响因素都通过心理机制，尤其是观念因素得以发挥作用。④有三个至关重要的因素影响危机中的讨价还价结果：即行为体对竞争对手的认知、对危机局势的认知，以及对讨价还价战略的总体感知。⑤冷战实践证明，在体系极化水平较低的情况下，低烈度的认知分化更易于促成有效的危机管控。⑥而中美海上危机管控之所以如此艰难，部分源于双方缺乏在国际法框架下展开海空互动的共识。2001年中美南海撞击事件的发生，很大程度上源于双方对"飞越自由"的认知差异。⑦中美在政治制度和价值观念方面也存在差异，双方在人权问题等方面的认知也不同，因而，两国海上危机管控机制与海上军事关系也随之发生波动。⑧与此同时，中美对彼此关系的界定并未达成战略共识，美苏《关于防止公海及其上空意外事故协定》是实施"冷战"的工具，而中美关系不能被如此定义。⑨

---

① Glenn H. Snyder and Paul Diesing, "From Conflict Among Nations," in John A. Vasquez, *Classics of International Relations*（2nd edition），Prentice-Hall Inc., 1990, pp.186—210.

② 张沱生、史文主编：《对抗·博弈·合作——中美安全危机管理案例分析》，世界知识出版社2007年版，第69页。

③ Min Gyo Koo, *Island Disputes and Maritime Regime Building in East Asia：Between a Rock and a Hard Place*，Springer Science & Business Media, 2010, p.34.

④ David G. Winter, "Asymmetrical Perceptions of Power in Crises：A Comparison of 1914 and the Cuban Missile Crisis," *Journal of Peace Research*, Vol.40, No.3, 2003, p.251.

⑤ Philip J. Rogers, "Crisis Bargaining Codes and Crisis Management," in Alexander L. George, *Avoiding War：Problems of Crisis Management*, Westview Press, 1991, p.415.

⑥ Benjamin Miller, "Explaining Great Power Cooperation in Conflict Management," *World Politics*, Vol.45, No.1, 1992, p.10.

⑦ Raul Pedrozo, "Close Encounters at Sea：The USNS Impeccable Incident," *Naval War College Review*, Vol.62, No.3, 2009, p.112.

⑧ 钱春泰：《中美海上军事安全磋商机制初析》，《现代国际关系》2002年第4期，第7页。

⑨ Pete Pedrozo, "The U.S.-China Incidents at Sea Agreement：A Recipe for Disaster," *Journal of National Security Law & Policy*, Vol.6, No.1, 2012, p.209.

英美之间的"和平权力转移"之所以能够超越"修昔底德陷阱"，在很大程度上得益于双方高度同质化的社会制度与价值观，而且，英美在海洋领域也鲜有任何形式的争议。

第三，中美海上危机管控机制尚存有进一步细化、系统化与机制化空间。21世纪的国际环境与20世纪末的冷战体系有很大的不同，冷战结束使国家间谈判的领域与结构都得以延展，新的规制安排增加了国际谈判的复杂性。①根据国际危机管理的"准备理论"，低水平的准备会产生适度的和解姿态，而准备水平越高，各方行为更加趋于和解、也更有可能走向谈判。②相比于美苏危机管控机制，中美关于竞争与冲突管控的安排仍处于初级阶段，高层宏观框架与中低层互动之间尚存缺口。③在海洋领域，危机管控包括风险减少、制定应急计划与回应事件等一系列安排。④美苏海上危机管控机制并不致力于解决战略和政治问题，而是侧重于对各方海上部队海上行动的安全管理。⑤当前中美海上危机管控机制的一些细则尚存"空白"，比如尚须进一步明晰在军事演习区域"有意相遇"情况如何协调彼此立场和实践，双方也未就两国舰船、军机相遇时如何行动、遵守何种规则等军事操作行动细节进行具体规定。⑥

第四，基于"联盟困境"的逻辑，相关学者也注意到了第三方因素对大国海上危机管控效果的影响。第三方不仅可以作为大国矛盾的触发点，也能引发大国之间的紧张关系。这使各方建立相关互信机制变得更加艰难，甚至会把大

---

① I. William Zartman, *Peacemaking in International Conflict：Methods and Techniques*（*Revised Edition*）, United States Institution of Peace, 2007, pp.126—163.

② Amira Schiff, "Preventing Another Korean War：A Case Study of Crisis Management from the Perspective of Readiness Theory," *International Negotiation*, Vol.26, No.2, 2020, p.189.

③ 祁昊天：《大国隐性军事竞争与中美冲突管控》，《外交评论》2021年第4期，第119页。

④ John R.Harrald et al., *The Management of A Maritime Crisis：The Integration of Planning，Prevention and Response*, Natural Hazards Research and Applications Information Center, University of Colorado, 1989, pp.4—5.

⑤ David Griffiths, *US-China Maritime Confidence Building Paradigms，Precedents and Prospects*, US Naval War College, Newport, Rhode Island, No.6, 2010, p.14.

⑥ 曹群：《中美台海博弈的风险变数和危机管控》，《亚太安全与海洋研究》2022年第3期，第101—102页；张愿、胡德坤：《防止海上事件与中美海上军事互信机制建设》，《国际问题研究》2014年第2期，第102页。

国卷入非本意冲突之中。①联盟在增加成员实力的同时也给其自主性带来了限制，进而影响危机管控结果。②当两个以上行为体卷入危机中，危机管控就面临更大困难。③中国与周边国家的领土主权争议和海洋划界争端极大增加了美国陷入"联盟困境"的风险，从而影响了中美海上危机管控机制的效力。近年来南海争端导致多起冲突和意外事件，中国与该地区其他国家关系更加紧张，尤其是与日本、菲律宾与越南之间。在此情况下，美国通过介入南海问题以增强其盟伴的安全防卫能力，在南海强化军事存在与安全承诺来向盟伴展示决心，并将这种合作从战术层面推至战略层面，进而维持自身联盟体系的稳定。④毋庸置疑，美国对其盟伴的无条件支持显著弱化了中美海上危机管控机制的有效性和合法性。

以上四种研究视角都注意到了大国建立海上危机管控机制的必要性和重要性，并围绕中美或美苏海上危机管控实践进行了具体分析，但这些研究也存在一些不足。第一种关于大国海上危机管控影响因素的现实主义解释，并未系统说明实力对比是如何影响大国海上危机管控的。同时，该逻辑忽略了复杂国际互动中的其他细节，比如霸权国与崛起国基于实力但不限于实力的主观能动性。更重要的是，如果将实力对比解释为影响国际互动的唯一要素，就排除了非对称关系下大国协调以稳定地区与国际秩序的可能。此外，此类研究视角也并未回答在中美与美苏都拥有共同海洋利益的情况下，为何美苏较之中美在海上危机管控机制的谈判与实践中利益协调度更高，以及美苏与中美海上利益平衡难度存

---

① Oran R. Young, *The Intermediaries*: *Third Parties in International Crises*, Princeton University Press, 1967, pp.24—25；李开盛：《间接性结构冲突——第三方引发的中美危机及其管控》，《世界经济与政治》2015年第7期，第106页。

② 常晓燕：《施压信号、沟通渠道与国际危机管控失败》，《世界经济与政治》2022年第9期，第9页。

③ Alexander L. George, "A Provisional Theory of Crisis Mangement," in Alexander L. George, *Avoiding War*: *Problems of Crisis Mangement*, Westview Press, 1991, p.26.

④ Mark E. Manyin et al., "Pivot to the Pacific? the Obama Administration's 'Rebalancing' Toward Asia," in Danie B. Samuel, *East Asia's Maritime Territorial Disputes*: *Claims and Considerations for the United States*, Nova Science Publishers Inc, 2013, p.157；吴士存：《南海缘何再度成为大国角逐的舞台》，《人民论坛·学术前沿》2021年第3期，第20页；Jeremy Stöhs, *Allied Navies in the 2020s*: *High-End Threats*, *Low-End Challenges and Promising Opportunities*, Nomos Verlagsgesellschaft mbH & Co. KG, 2021, p.289.

在的差异问题。第二种基于认知主义视角的解释限度在于，其没有追溯造成中美与美苏这两对大国之间出现共识差异的根本原因所在。即便处于冷战的高强度对抗期，美国尚且能够与苏联在海洋法的基本概念上达成共识，那么，为何美国没有和中国就类似议题上达成共识？第三种侧重于对大国海上危机管控机制局限性的考察，并未完全解释中美海上危机管控机制化建设不断往前推进、但双方各种形式海空相遇事件并未明显减少这一事实。问题还在于，基于美苏《关于防止公海及其上空意外事故的协定》发展而来的中美海上危机管控机制，为何达不到美苏海上危机管控高峰期的效果？第四种关于第三方因素的探讨，则没有充分回应中美较之美苏在海上危机管控过程中为何盟友因素负面影响相对较强。

总之，以上研究没有完全解释美国在相继与苏联和中国建立海上危机管控机制后，其效用存在差异的根本原因及其作用机制。对美苏海上危机管控经验的借鉴，以及崛起国参与体系权力竞争的时间差异与海上利益平衡难度对大国危机管控的影响，仍有进一步深入挖掘的空间。

二、竞争模式、利益平衡度与大国海上危机管控

海上危机的爆发、升级或消除是一个动态的过程。海上危机管控涉及两个阶段，其一是在海上意外相遇发生后，通过准确、有效的沟通避免危机发生；其二是在海上危机发生后，各方都能够以化解危机为导向进行磋商，避免危机升级。在危机发生前，衡量大国间海上危机管控有效性的指标具体涉及能否明确危机管控机制内容细节，彼此克制与履约是否充足，以及海空摩擦危险事件是否会减少。在危机发生后，大国海上危机管控的效果则主要体现在危机解决可操作性的强弱，不间断例行磋商能否得以维持，以及危机爆发之后各方是否进行有效反思与优化。

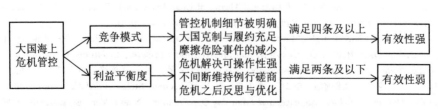

图 1　竞争模式、利益平衡度与大国海上危机管控的效果

（一）竞争模式影响大国海上危机管控的传导机制

毋庸置疑，危机中国家的行为不可避免地受到国际体系"结构"的影响，该"结构"由体系中主要行为体的数量以及军事力量的分配来决定，也受国家行为体之间的关系模式、具体互动情况以及内部属性等因素的影响。①行为体之间的关系状态不可避免地影响危机管控的过程，而双方关系对称与否则影响大国竞争与合作需求的相对权重。相较于实力对比，竞争模式对大国海上危机管控的影响更加全面和系统。竞争模式从一开始就奠定了竞争方在全球安全结构中的地位，也塑造了海空相遇事件中大国所处的"情景"，比如决策者对他方威胁效用的感知、应对的时间限制，以及在危机解决前实施军事行动的可能性。

根据崛起国参与体系权力竞争的时间差异，大国权力竞争可以划分为"同期竞争模式"与"追赶模式"。"同期竞争模式"意味着崛起国与霸权国都具备为足够多的小国提供安全保障的初始资源，大国在同一时期展开权力竞争。而在"追赶模式"中，在崛起国到达竞争体系主导权的"能力门槛"之前，只有霸权国掌握为足够多的小国提供安全保障的初始资源，霸权国因而享有一段"权力垄断"期。②"追赶模式"是大国不对称竞争模式的体现，这时两国在某个特定议题领域各自发挥主导作用，但一国相对于另一国享有较大权力优势。③竞争

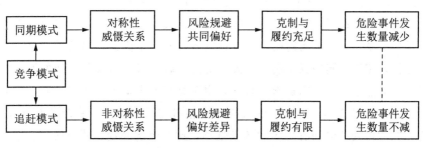

图 2　竞争模式影响海上危机管控的传导机制

---

①　Glenn H. Snyder et al, *Conflict among Nations：Bargaining，Decision Making，and System Structure in International Crises*，Princeton University Press，1977，pp.419—420；Oran R. Young, *Politics of Force：Bargaining During International Crises*，Princeton University Press，1968，pp.9—10.

②　杨原：《大国无战争时代的大国权力竞争：行为原理与互动机制》，中国社会科学出版社2017 年版，第 197 页。

③　Wolfram F. Hanrieder, "The International System：Bipolar or Multibloc?" *The Journal of Conflict Resolution*，Vol.9，No.3，1965，p.303.

模式的差异在很大程度上塑造了竞争方海上危机管控需求的差异，"同期竞争模式"促使双方建立危机管控机制，使已处于竞争状态的大国关系保持战略稳定。而在"追赶模式"下，霸权国更多地希望以最小的代价维持优势地位、成功地对对手实施威慑，崛起国则希望以和平的方式进行权力超越。

在同期竞争模式下，首先双方能够建立对称性的相互威慑关系，拥有相匹配的谈判筹码与对等的身份。两极格局表明，当军事权力和政治决策权集中到两个相对平等的行为体手中时，这种竞争模式的稳定性是最突出的。[1]其次，同期竞争模式能促使霸权国与崛起国在选择国际危机结果上形成相同的风险规避偏好。在各方海上实力处于同一级别的情况下，竞争方秉持相同动机规避较高的冲突成本，进而催生管控危机的合作共识。都拥有大量核武器的双方会谨慎使用武力来应对危机，因为这存在使危机走向迅速和破坏性升级的风险。[2]第三，在同期竞争模式下，大国风险规避的共同意愿增强了各方的履约意识以及对自身行为的克制。而且，这种克制也体现在竞争方凭借其绝对影响力控制各自阵营内部成员之间的破坏性互动，这可以弱化第三方因素给大国海上危机管控带来的不利影响。总之，同期竞争模式能促使竞争方将危机升级视为"非理性"的外交政策手段，而各方的克制与履约则有利于减少危险事件发生的数量。在双方对彼此安全关切的认知都较为充分的情况下，大国对共同安全议题的处理也更加趋于理性。

而在追赶模式下，霸权国与崛起国建立危机管控机制的动力来自管理彼此的非对称关系，减少影响霸权可持续性的各种不确定因素，以及维持全球系统的稳定性。相较于同期竞争模式，大国身处追赶模式会对彼此之间的海上危机管控产生截然不同的多重影响。首先，由于霸权国占据先天优势，双方建立的威慑关系是非对称的，崛起国的选择方案相对有限。非对称威慑关系意味着，霸权国在危机处理中拥有更多的政策选项，比如经济制裁、外交孤立、军事封锁甚至国际社会层面的盟伴动员，较之崛起国在危机中享有更大的政策选择余地。其次，对于处于追赶模式中的大国，其非对称威慑关系引发了各方风险规避偏好的差异，霸权国以限制自身行动自由为代价与崛起国制定海上危机管控行为规则的需求并不强烈。实力的非对称性会引发承诺的非对称性，弱国在这

---

①   Michael Brecher et al.，*A Study of Crisis*，University of Michigan Press，2000，p.80.

②   Michael Brecher，*Crisis in World Politics：Theory and Reality*，Pergamon Press，1993，p.32.

种关系中将承受更大的风险，双方在彼此的认知和互动中存在根本差异。①此时，霸权国对凭借自身实力优势取得最终胜利更有信心，因而其规避风险的意愿相对较低。第三，拥有优势军事实力的一方往往具有较强的进攻性，霸权国在克制与履约方面存在较大不确定性。相对于崛起国，霸权国基于权力优势与有利地位，其对海上敌对行为、事件或情境变化变得不那么敏感。②而在战术层面，霸权国甚至会有意升级危机，利用对手对未来灾难的恐惧迫使其让步。霸权国彰显优势与缺乏克制，会增大双方对抗与引发战争的风险，最终导致低效的海上危机管控。同时，在追赶模式中，综合实力处于上风的霸权国也在盟友与战略伙伴的动员方面拥有更大优势，崛起国不仅面临来自霸权国的挑战，也面临霸权国盟友与战略伙伴的压力。

（二）海洋利益平衡度对大国海上危机管控的影响机制

利益考量是理性决策的基础，即使在本质上是合作性的谈判关系中，收益分配问题也会催生次要竞争。③在危机管控情境下，国家外交政策面临的难点在于需要同时实现维护国家利益与避免危机升级这两个目标。④民族国家拥有广泛的海洋利益，基于重要程度至少可以划分成核心、重要与次重要三个层级。国家的核心海洋利益涉及主权统一与领土完整，内水与领海、领空以及近海地缘的安全。在世界历史进程中，大多数基于利益动机的战争都与领土控制挂钩，62%的领土争端与直接利益相关。⑤相较于政策、机制等其他类型的冲突，涉及领土议题的冲突更容易升级为国家间的战争。⑥国家间围绕核心海洋利益的矛盾

---

① ［美］布兰特利·沃马克：《非对称与国际关系》，李晓燕、薛晓芃译，上海人民出版社2020年版，第5页。

② Michael Brecher, *Crisis in World Politics：Theory and Reality*, p.59.

③ Oran R. Young, *Politics of Force：Bargaining During International Crises*, Princeton University Press, 1968, p.30.

④ Alexander L. George, A Provisional Theory of Crisis Management, in Alexander L. George, *Avoiding War：Problems of Crisis Management*, Westview Press, 1991, p.23.

⑤ Hemda Ben-Yehuda, "Territoriality and War in International Crises：Theory and Findings, 1918—2001", *International Studies Review*, Vol.6, No.4, 2004, pp.86—91；［美］理查德·内德·勒博：《国家为何而战？过去与未来的战争动机》，陈定定等译，上海人民出版社2014年版，第151页。

⑥ Karen K. Petersen, "Conflict Escalation in Dyads with a History of Territorial Disputes," *International Journal of Conflict Management*, Vol.21, No.4, p.416；John Vasquez and Marie T. Henehan, "Territorial Disputes and the Probability of War, 1816—1992," *Journal of Peace Research*, Vol.38, No.2, 2001, p.128.

协调难度最大，因为国家妥协余地较小。国家的重要海洋利益一般涉及国际法赋予的专属经济区与大陆架主权权利和管辖权，以和平方式利用海底、公海与南北极的权利，以及针对关键海域规则与秩序塑造的话语权。自 21 世纪以来，由争夺自然资源控制权引发的冲突显著增加，且尤以石油与海底资源为最。此外，参与或主导重要海域规则与秩序的建构，塑造稳定与和平的外部发展环境，也是沿海国的重要海洋利益。国家的次重要海洋利益涉及公海和远离核心利益诉求的领域，国家对该领域的利益协调拥有更多的行动空间。总之，国家间利益冲突越接近核心层，协调难度就越大，危机管控中的外交政策目标就越难实现。

表 1　大国海洋利益冲突所属领域与利益平衡难度

平衡难度 冲突域		海洋利益平衡难度
海洋利益冲突域	具体表现	
核心海洋利益	内水与领海、领空安全	最高难度
	主权统一与领土完整	
	近海地缘与海上通道安全	
重要海洋利益	专属经济区与大陆架主权权利和管辖权	中等难度
	关键海域和平稳定与规则塑造话语权	
	船舶领海无害通过，船舶（飞机）群岛海道通过与国际航行海峡过境通行，公海航行（飞越）自由	
	和平使用海底与南北极权利	
次重要海洋利益	公海自由与安全	较低难度
	海洋经济发展	
	海外利益	

资料来源：胡波：《论中国的重要海洋利益》，载朱锋、成汉平：《南海周边安全形势分析》，南京大学出版社 2021 年版，第 247 页；《联合国海洋法公约》，联合国网站，https://www.un.org/zh/documents/treaty/UNCLOS-1982。以上引用作者有改动。

高水平的海洋利益平衡度对大国海上危机管控具有积极影响。首先，在海上危机管控磋商过程中，各方协调的难度越低，越容易达成共识或妥协，从而确保谈判的效率与质量。其次，国家间冲突若不涉及核心海洋利益，协调难度相对较低，利于推动各方明确危机管控成果的细节。海上危机管控机制的具体内容涉及海上安全磋商会议、热线、演习操作的事先通知与透明度、精准的操作程序、具体协定的规范化等。[1]第三，海上危机管控机制具体条文的明确度与细致性越高，各方在实践层面的可操作性也就越强。国家间海空相遇实践涉及诸多突发情况，海上危机管控机制的具体内容难以覆盖海上危机事件的所有方面。因此，在争议管控的语境中，具体的解决方案需要通过概念的操作化体现出来。[2]事实上，相对明确的文本与较强的可操作性，也有利于各方在危机之后进行有效的反思与流程优化。

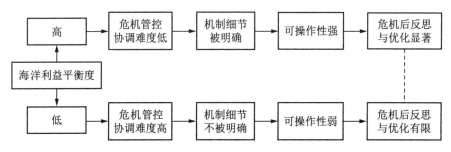

图3　海洋利益平衡度影响大国海上危机管控的作用机制

反之，较低水平的利益平衡度会增大双方达成妥协的难度，大国协调效果也就越不理想。国家海上危机决策的底线是维护各自国家利益，低利益平衡度会拉大相关方在危机管控中的政策目标距离，各方采取针锋相对立场的概率也更大。海洋利益平衡度低意味着双方在降低风险方面的利益不对称，一方也很难真正了解对方的安全关切。这阻碍了双方达成共识，也不利于双方完善海上危机管控的运作程序与规则，进而造成管控协议细节难以被明确、拘束力与操

---

① Sukjoon Yoon, "The Need for Maritime Crisis Management Systems in Northeast Asia," *China International Studies*，Vol.53，2015，p.92.

② Zeev Maoz, "Resolve, Capabilities and the Outcomes of Interstate Disputes, 1816—1976," *Journal of Conflict Resolution*，Vol.27，No.2，1983，p.200.

作性都较弱，也无法实质上抑制各方的海上摩擦或冲突。同时，具备更多危机管控经验的大国更容易占据主动权，甚至将海上危机管控机制本身作为竞争手段以扩展其国家利益。

为验证竞争模式、海洋利益平衡度影响大国海上危机管控的假设，本文选取美苏与中美海上危机管控机制建设进行比较案例研究，进而详细剖析中美海上危机管控的得失。选取这两对案例的主要原因在于：第一，虽然自第二次世界大战以来国家间海上危机管控的必要性和重要性不断凸显，但大国之间海上危机管控实践以美苏与中美之间最为典型。由于英美在权力转移过程中不存在围绕海洋议题的冲突，因而在世界历史中尚没有危机管控前例可循；第二，中美与美苏的海上危机管控实践具有较强可比性。虽然这两对大国之间的海上危机管控实践处于不同历史阶段，但其中美国都是重要当事方，而且中美之间的海上危机管控发展至今很大程度上仍以美苏实践为蓝本；第三，本文的落脚点是为完善中美海上危机管控机制提供新思考，因而在有限的篇幅中希望能将更多笔墨用于讨论中美海上危机管控的历史镜鉴、现实状况与优化策略。

三、同期竞争、高利益平衡度与美苏海上危机管控

客观而言，美苏海上危机管控的显著有效性，得益于双方在同期竞争模式下的有效相互威慑以及海洋利益的高度平衡。

（一）美苏的同期竞争模式

美苏海上危机管控机制的形成是两极对立和妥协的结果，该机制的成功在很大程度上是美苏同期竞争模式造就的。两极结构表明，当权力与决策集中于国际体系内两个相对平等的主导性行为体时，这样的体系结构能有力地抑制国家间暴力的使用，从而维持战略稳定。[1]在当时的国际体系中，两个超级大国的战略武器系统的相对优势以及它们对彼此的威慑能力决定着双方的军事关系。[2]在1962年古巴导弹危机期间，美国虽然相对于苏联具有战略核力量优势，但引

---

① Kenneth N. Waltz, "The Stability of a Bipolar World," *Daedalus*, Vol.93, No.3, 1964, p.882.

② Charles F. Hermann, *International Crisis: Insights from Behavioral Research*, 1972, p.10.

发全面核战争的风险仍使美国避免针对苏联采取先发制人行动，转而建立有效威慑。苏联也尽力避免与美国爆发直接冲突，双方的有效相互威慑成为终止危机与世界免于核大战的关键。到 1969 年 11 月，苏联在洲际弹道导弹系统上针对美国已拥有 1 140—1 054 枚的数量优势。①到 1972 年，美国核武器库存数量为 26 516 枚，苏联也达到了 14 478 枚。而到了 1978 年，苏联核武器库存数量以 25 393 枚超过美国的 24 418 枚。②至此，美苏两国确立了相互确保摧毁模式与有效的核威慑，战略核平衡的整体稳定增加了美苏在海上互动时的自我克制与谨慎，也降低了双方在海上发动战争的预期优势。

在 20 世纪 60 年代到 70 年代，美苏海上实力对比在此消彼长的变动中实现了大致均衡，使双方开始承认彼此的安全关切。这一时期，美国的海上优势在越南战争期间被极大消耗，沉重的作战需求导致海军舰艇、飞机供应减少，军队士气和信心下降。1968 年，在美国海军 267 亿美元总预算中，只有 8 亿美元被专门用于建造新军舰。③1962 年的古巴导弹危机使苏联更加意识到了强大海军力量在与美国对抗中的重要性，于是苏联开始生产能够部署于本土海域之外的战舰，以实现与美国海上实力的对等。为了对抗美国"北极星"导弹的二次打击能力，苏联大幅改进了其弹道导弹系统。到 1964 年中期，苏联军舰持续在地中海扩大存在，随着更多现代化战舰入役，苏联海军的部署最终覆盖了全球所有地区。1968—1974 财年间，美国舰队中现役军舰数量缩减了 49%，从 976 艘下降到了 495 艘。1977 年，美国军舰数量低至 464 艘。④反观苏联，20 世纪 60 年代末便拥有能够装备 16 枚弹道导弹的"扬基"级潜艇，这对美国构成了更大的威胁。许多较新的苏联潜艇不仅可以发射鱼雷，也可以向水面舰艇发射导弹。与此同时，岸基苏联海军航空兵飞机的远程空对舰导弹威胁性也在不断增强。到了 20 世纪 70 年代初，苏联的海上拒止能力已经扩展到了挪威海、地中海东

---

① Robert J. McMahon, *The Cold War: A Very Short Introduction*, Oxford University Press, 2003, p.123.

② Robbert S. Norris and Hans M. Kristensen, "Global Nuclear Weapons Inventories, 1945—2010," *Bulletin of the Atomic Scientists*, Vol.66, No.4, 2010, p.81.

③ Steven T. Wills, *Strategy Shelved: The Collapse of Cold War Naval Strategic Planning*, Naval Institute Press, 2021, p.60.

④ ［美］乔治·贝尔：《美国海权百年：1890—1990 年的美国海军》，吴征宇译，人民出版社 2014 年版，第 483—486 页。

部和鄂霍次克海。美国海军作战部部长等官员坦言，美国海军在与苏联的海上常规战斗中仅有55%的概率获胜。①在1970年约旦危机期间，苏联军舰与美国军舰针锋相对，在东地中海上演了一场"国际军舰展"。这次危机使双方意识到了冲突升级的风险，加快了通过外交谈判进行海上危机管控的步伐。因而，在谈判后期两国地位是对等的，谈判也是富有成效的，最终促成了1972年5月25日美苏《关于防止公海及其上空意外事故协定》的签订。

（二）较高的美苏海上利益平衡度

由于美苏双方不存在核心海洋利益冲突，海洋领域风险点主要集中在公海，双方的海洋利益平衡难度较低。总体看，双方利益关系是清晰和相对稳定的，且利益的共享程度较高。苏联主要是一个陆权国家，其海洋利益更多表现为抵御来自海洋方向侵略，以及利用海洋资源发展经济，这属于次重要海洋利益。苏联海军现代化建设主要用于派往大洋以保障其国家利益，抵御来自广阔大洋方向的外来袭击，以可靠地保卫社会主义大家庭。②在这一时期，美苏之间的军舰、商船、拖网渔船频繁相遇。美苏海上相互侵扰给双方海上互动带来巨大威胁，两国都意识到了对相遇事件施加约束的必要性，也都注意到了在海上建立信任措施可以在不损害双方国家安全的情况下降低战争风险。从美国角度来说，为了任何一个国家发动一场核战争都是不值得的。避免与苏联海军在公海发生冲突，通过设定规则阻止苏联军舰对美国航母的横冲直撞，也符合美国的国家利益。而对苏联而言，一旦美国决定发起大规模海上战争，苏联要想在避免冲突升级为核大战的前提下维护海上利益是不可能的，战争甚至还会危及苏联本土安全。

鉴于美苏都无意引发可能导致核升级或扰乱彼此政治关系的海军冲突，两国海军都希望防止爆发危及船只和人员的事故，因而，对危险活动的限制可能比小幅削减现有核设施更有可能减少战争的几率。1966年6月24日，在通往日本海彼得大帝湾途中，美苏军舰发生碰撞，双方相互指责。1970年秋季，在约旦危机期间，美国与苏联军舰的部署相互交错。与此同时，这一时期苏联的商

---

① David F. Winkler, *Cold War at Sea：the Maritime Confrontation on and over the High Seas between the United States and the Soviet Union，1945—1989*, American University, 1998, p.190.

② ［苏］谢·格·戈尔什科夫：《国家海上威力》，房方译，海洋出版社1985年版，第218—219页。

船和捕鱼船队也在不断扩张，致使苏联拖网渔船和美国军舰之间的冲突时有发生。1963 年 3 月 8 日，一艘苏联拖网渔船在弗吉尼亚州诺福克市以东 70 英里处遭到美国海军舰艇的攻击。在 1966 年到 1968 年美国发起的"滚雷"行动中，苏联商船时常遭遇附带损害，苏联因而对美国发出严厉抗议。然而，若任何一方发动海上先发制人打击，都会引爆双方激烈对立的民族情绪，导致直接冲突乃至局面失控。因此，这一时期美苏在海上实现有序与可控的竞争，符合两国的共同利益。

（三）美苏海上危机管控的成效

鉴于管控海上危机符合美苏的国家利益，且双方实力地位总体相当、谈判地位大体对等，总体上美苏海上危机管控取得了较好的成效。

第一，自 1972 年 5 月签订《关于防止公海水面和上空意外事件的协定》后，美苏双方的克制与履约相对充分。1973 年 10 月第四次中东战争爆发后，美苏海上危机管控机制经历了第一次真正的考验。1973 年 10 月 6 日，阿拉伯军队针对以色列展开进攻行动，此时 48 艘美国军舰停靠在地中海。中东"代理人"战争的形势发展促使苏联增加了在该地区的军事活动，苏联海军直接卷入了这场海军对峙。到 10 月 31 日，苏联在地中海的军事力量达到 95 个作战单位，包含 34 艘水面舰艇和 23 艘潜艇，这些舰艇和潜艇具备发射 88 枚舰对地导弹、348 枚鱼雷和 46 枚舰对空导弹的首轮打击能力。[1]危机期间，通过持续机动以获得战术优势的 150 艘美苏军舰在狭小区域相遇，但两国仍遵守了双方达成的海上危机管控协议，也都使用了新商定的旗帜信号来加强通信，避免紧张局势升级。同时，该协议还成功应对了苏联在阿富汗的军事行动给美苏关系带来的政治挑战。当时的紧张局势使美国暂停了与苏联大使馆和武官层面的联系，但美国海军领导人拒绝废止美苏海上危机管控机制，因为他们担心这会使构建起来的公海行为规范遭到破坏。事实证明这些行为规范有助于实现美国的国家安全，因而《美苏关于防止公海及其上空意外事故协定》被完整地保留了下来。[2]

---

① Elmo R. Zumwalt, Jr, *On Watch*：*A Memoir*，Quadrangle/The New York Times Book Co.，1976，p.447.

② David F. Winkler，"US-Soviet Maritime Confidence Building Measures," in Stimson Center，Maritime Confidence Building Measures in Regions of Tension，Washington D. C.，Report 21，1996，p.11.

第二，在解决美国"航行自由行动"引发的"黑海撞船"危机事件过程中，美苏进行了有效的危机反思与优化。1988 年 2 月 12 日，美国"约克城"号巡洋舰与"卡隆"号驱逐舰欲进入苏联领海执行"航行自由行动"，遭到了苏联巡逻护卫舰"贝拉温特尼"号[①]舰长弗拉基米尔·博格达申的警告和驱离。在两次警告未果后，博格达申奉命做出了相对克制的撞击选择。虽然双方四艘战舰的损害程度并不高，但两国对彼此都颇为不满并相互指责。美国宣称自己的舰船正在"无害通过"，而苏联认为美国的行动侵犯了其主权，构成了"军事挑衅"行为。尽管双方存在分歧，四个月后双方海军仍顺利举行了一年一度的磋商，两国的海军上将公开和坦率地讨论了这一事件。虽然这次危机事件发生在美苏《关于防止公海及其上空意外事故协定》框架之外，构成了双方总体关系缓和的"小插曲"，但这次撞船事件也在一年后顺利达成和解。1989 年 9 月 23 日，苏联外交部长谢瓦尔德纳泽与美国国务卿詹姆斯·贝克在怀俄明州进行会晤，双方签订了相互谅解声明。苏联承认国际法关于他国船只"无害通过"其领海的权利，美国也宣布取消为维护无害通过权在这些水域实施"航行自由行动"的计划。[②]1989 年 6 月 12 日，两国又达成了《美苏关于防止危险军事行动的协定》，后续并与英国、法国、日本以及韩国等国达成类似协定。

第三，在美苏海上危机管控实践中，双方建立起了机制化、长期性的监督与磋商机制，美苏之间的例行联合咨询委员会年会不曾间断。1979 年底苏联入侵阿富汗导致美国开启对苏"新冷战"，在里根政府前期美苏关系极度恶化。针对彼此的大规模海空军演，双方掀起了相互海空侦查等一系列接触活动的新高潮，但美苏旨在避免战略误判、降低人员伤亡的海上危机管控协定仍然执行较好。1983 年苏军击落大韩航空客机事件以及 1986 年美军在锡德拉湾攻击利比亚等事件，都未对该协定造成根本性冲击，美苏海军部门的例行磋商一直得以维持。

第四，自美苏《关于防止公海及其上空意外事故协定》生效后，由两军相互侦察引发的战机坠海、潜艇沉没等重大险情频率得以降低，每年发生的海空摩擦事件数量从 100 起下降到 40 起。[③]在后冷战时代，美俄在互动中仍秉持美苏

---

① 又可译为"无私"号或"忘我"号。

② ［美］大卫·F.温科勒：《防止海上事故——INCSEA 概念的历史》，邢广梅等译，海潮出版社 2015 年版，第 185—202 页。

③ Pete Pedrozo, "The U.S.-China Incidents at Sea Agreement: A Recipe for Disaster," *Journal of National Security Law & Policy*, Vol.6, 2012, p.208.

海上危机管控的战略稳定精神，也都认为《关于防止公海及其上空意外事故协定》提供的沟通渠道仍有价值，因而该协定在冷战结束之后继续展现出了韧性和生命力。

四、追赶模式、低利益平衡度与中美海上危机管控

20 世纪末以来，中美海上危机管控的意愿虽不断强化，但中美之间所处的追赶模式与低海上利益平衡度为双方的沟通与磋商成效设置了障碍，也注定了中美在亚太海域难以建立信任。

（一）中美的追赶模式

在 20 世纪末，中美之间并不具备如美苏那样曾经对等的核大国地位，双方并未确立基于"相互确保摧毁"的战略平衡状态，中国在短期内也难以追平美国的海上综合实力。1998 年，美国核武器数量为 10732 枚，而中国仅为 232 枚。①当前，美国核库存估计有 5244 枚核弹头，中国大概只拥有 500 枚核弹头。②中国采取的是最低限度的核威慑战略，双方在军事层面的危机管控意愿并没有冷战时期的美苏两国那么强烈，导致中美海上危机管控的机制化、条约化程度与约束力也不如美苏当年。根据世界现代军事战舰名录（WDMMW）发布的 2024 年全球海军力量排名，美国以 323.9 分排名第一，中国紧随其后为 319.8 分，其中，美国的航空母舰总共有 11 艘，而中国仅为 3 艘。③同时，美国拥有强大的全球军事力量投射能力，其军队分布在全球 160 个国家，在 45 个国家拥有超过 500 项军事设施。④包括航母打击群和两栖战备群在内的三分之一美国海军

① Robbert S. Norris and Hans M. Kristensen, "Global Nuclear Weapons Inventories, 1945—2010," *Bulletin of the Atomic Scientists*, Vol.66, No.4, 2010, p.82.

② Hans M. Kristensen and Matt Korda, "Nuclear Notebook: United States Nuclear Weapons, 2023," *Bulletin of the Atomic Scientists*, Vol.79, No.1, 2023, p.28; Hans M. Kristensen et al., "Chinese Nuclear Weapons, 2024," Vol.80, No.1, 2024, p.49.

③ "Global Naval Powers Ranking（2024）", WDMMW, https://www.wdmmw.org/ranking.php.

④ Ariel González Levaggi, *Great Power Competition in the Southern Oceans: From the Indo-Pacific to the South Atlantic*, Palgrave Macmillan, 2023, pp.37—42.

部署在海外，覆盖西太平洋、印度洋/波斯湾和欧洲水域等地区。①在短期内，中美之间的追赶模式不会改变，这也是双方海上危机管控机制建设面临的"结构性困境"。美国海上实力的绝对优势意味着，其不需要以限制自身行动自由为代价与中国制定行为规则。崛起国在危机中承受了更大风险，而对霸权国来说，任何海上互动都是相对低风险的。

追赶模式塑造了霸权国与崛起国截然相反的权力发展趋势，从而引起了霸权国较大的心理落差，这在很大程度上成为两国危机管控的障碍。在同期竞争造就的两极格局下，美国承认苏联寻求安全的合法性，但当前美国不承认中国维护自身安全诉求的合法性。中国在海洋领域的任何维权、维稳行动都被美国视为"改变现状"之举，是对美国海上霸权地位的挑战。因而，中美危机管控语境下的外交对话与协商呈现出了很大程度的"共识赤字"，双方的对话也很难产生真正有益的成果。在双方高层官员会晤中，美国国务卿安东尼·布林肯多次表示美国希望为中美互动建立"护栏"，但又指出美国不会更改对华科技、贸易打压以及挑衅性的对台政策。这使中国对美国所谓"护栏"机制失去信心，其实际上赋予美国挑战中国利益而不担心遭到反制的能力。如果中美约定不为台湾问题而爆发战争，那么美国就会在台湾问题上为所欲为。相反，如果这样的"护栏"不存在的话，美国在台湾问题上行事可能会更谨慎。

此外，追赶模式下的"安全困境"也延伸到了中美社会层面，塑造了不利于两国海上危机管控的社会民众心理认知。例如，2023年7月27日，皮尤研究中心的一项新调查显示，50%的美国人将中国视为对自身威胁最大的国家。②近年来，随着新媒体在大众生活中的渗透，普通公众对彼此的威胁感知更趋严重。鉴于美国的"航行自由行动"与穿越台湾海峡行动日趋高调和更具侵略性，中美海上危机管控面临更加复杂的舆论炒作和政治操弄。③

中美处于权力追赶状态的负面溢出效应还在于，中国不仅需要面对美国遏

---

① Shamsuddoza Sajen，"The 10 Most Powerful Navies in the World 2024，"FAIR，April 25，2024，https://fairbd.net/most-powerful-navies-in-the-world/.

② "Americans Name China As the Country Posing the Greatest Threat to the U.S.，"Pew Research Center，July 27，2023，https://www.pewresearch.org/short-reads/2023/07/27/americans-name-china-as-the-country-posing-the-greatest-threat-to-the-us/.

③ 胡波：《中美两军在中国周边海域海空相遇的真正风险》，南海战略态势感知计划，2023年10月25日，http://www.scspi.org/zh/dtfx/1698213779.

制政策带来的压力，也需要面对美国的盟友与伙伴对华"变脸"带来的诸多挑战。与美苏冷战时期不同，当前中美在海洋领域的矛盾并未导致阵营对抗，这意味着第三方自由度与行动空间较大，而这对中美海上危机管控提出了更高的要求。中美海上危机管控中涉及的行为体越多，异质性和不确定性因素就越多，也意味着更多的敌对行动和更大的协调困难。近年来，美国反复强调其在亚太海域对日本与菲律宾的安全承诺，故而第三方因素将美国拖入海上意外事件的概率也不断增大。

（二）较低的中美海上利益平衡度

尽管中美海上危机管控机制塑造了双方相对稳定的关系，但两国低水平的利益平衡度限制了该机制有效性的进一步发挥。①中美在南海、东海与台海都存在不对称的重大利益矛盾，双方海上利益平衡度较低。

在南海，中国的核心利益与美国的重要利益矛盾难以调和。南海关乎中国南海诸岛领土主权与近海战略安全、专属经济区等海洋资源主权权利、历史性权利、南海海上通道涉及的经济与发展利益，以及南海的规则塑造等国家利益，②因而，中国在南海的利益诉求属于海洋核心利益与重要利益层面。而从美国的角度来说，相关学者主要从进入权和稳定性这两个方面来理解美国在南海的利益。③自 2010 年以来，希拉里·克林顿等美国官员更以南海事关美国的"国家利益"为由介入南海问题，以借机更好地实施政治与战略布局。在美国看来，南海是其维持西太平洋海上霸权与维护美式海权的保障，也是遏制中国崛起的重要抓手。美国在南海的利益诉求涉及维持军事力量与战略威慑优势以及掌握地区秩序主导权，对于美国而言，这些都属于重要海洋利益层面。同时，中美南海利益冲突还涉及第三方，即作为美国条约盟友与重要战略伙伴的菲律宾、

---

① International Crisis Group, "Mismatched Interests and Crisis Management," in *Risky Competition: Strengthening U.S.-China Crisis Management*, Crisis Group Asia Report, May 20, 2022, p.19.

② 陈相秒：《中美能否有效管控南海利益冲突》，《世界知识》2019 年第 9 期，第 34 页。

③ 傅泰林、齐皓：《美国对南海有关争议的政策：1995—2017》，《当代美国评论》2017 年第 1 期，第 41—56 页；Gregory Poling, "US Interests in the South China Sea: International Law and Peaceful Dispute Resolution," in Tran Truong Thuy eds., *Power, Law, and Maritime Order in the South China Sea*, Lexington Books, 2015, p.63；Yuan Sun, *Maritime Territorial Disputes Involving China*, Nova Science Publishers, 2013。

越南等国。自 2019 年以来，美国官员一改对美菲同盟义务是否包括南沙群岛的模糊性回应，转而强调在南沙群岛基于《美菲共同防御条约》第四条对菲律宾坚实的安全承诺。美菲共同防御承诺的清晰化，无疑增强了菲律宾对华强硬挑衅的底气，导致新一轮中菲南海争端升温以及中美南海利益矛盾的尖锐化。

就台海而言，中美也存在显著的不对称核心利益矛盾。台湾问题涉及中国主权统一与领土完整，是中国核心利益中的核心。而对美国来说，操纵台海议题是其可以榨取和利用的重要地缘战略工具。20 世纪中期发生的两次台海危机表明，中国危机决策的目标在于维护国家统一，美国的主要目标是防止因危机升级卷入与中国的直接对抗。①因而，中国在台海问题上基本不存在妥协的空间，而在核心利益之外，美国则拥有相对更多的政策选项。美国在"印太战略"目标指引下下不断掏空"一中政策"，将《与台湾关系法》置于中美《上海公报》《中美建交公报》与《八一七公报》之上，并不断推动台湾问题国际化。此外，在美国的牵引下，日本、澳大利亚、加拿大、意大利等国也公开表态密切关注台海地区局势。2024 年 2 月 28 日，欧洲议会在其年度评估报告中甚至公然宣称"中国与台湾互不隶属"②。概言之，近年来美国对华施压已导致中美在台海的军事行动日渐增强，引发中美海上危机的概率也在上升。

在东海方向，维护对钓鱼岛的主权亦属于中国核心利益层面。美国则明确将钓鱼岛作为《美日安保条约》第五条的适用对象，此举意味着中日海上争议可能引发美国基于联盟承诺的军事反应。当前中日在海洋领域的领土主权、海上划界与海洋资源等方面的争端悬而未决，双方在东海的海空摩擦时有发生。同时，美国在日本拥有 88 处美国军事基地与规模庞大的部队，作为美国亚太重要条约盟友，日本卷入台海危机的概率也在增大。日本积极追随美国介入台湾与南海问题，并在所谓"西南诸岛"强化美日联盟的威慑能力。考虑到中日关系本身缺乏互信以及双方海空危机管控机制的脆弱性，东海方向的安全风险也不容忽视。

概言之，中国在向海权国家转型的过程中，不仅面临美国在单极权力结构中享有的绝对优势压力，还面临中国在周边海域的维权、维稳行动与美国的所谓"航行自由行动"和全球海洋霸权战略之间存在难以调和的矛盾。这种矛盾

---

① 杨洁勉：《后冷战时期的中美关系：危机管理的理论和实践》，第 22 页。
② 《欧洲议会称中台互不隶属　中国驻欧盟使团批粗暴干涉内政》，《联合早报》2024 年 3 月 1 日，https://www.zaobao.com.sg/realtime/china/story20240301-1471334。

使中美海洋利益平衡难度较大，双方致力于海上沟通与磋商的共识有限，两国海上危机管控机制的操作化存在短板。无论是在东海、南海还是台海问题上，中美两国都存在"遏制"与"反遏制"、"介入"与"反介入"的碰撞。双方并未形成本应基于国际法的海上互动规范共识，且相对难以调和。中国认为，美国军舰和飞机的长期密集侦察和演习及其频繁的挑衅活动，是诱发中美海上和空中安全风险的根源。[1]无论是中美在涉及军事测量活动、联合军演、侦察活动等专属经济区内军事活动合法性边界的分歧，还是双方在涉及领海内无害通过具体实践的对立，本质上都与"追赶模式"下双方海上利益难以平衡息息相关。

（三）中美海上危机管控机制的艰难运转

中美曾对双方海上意外相遇进行了较为成功的管理，但中美处于追赶模式与低水平的海洋利益平衡度给双方海上危机管控机制的运转带来了诸多挑战。

第一，中美海上危机管控机制存在较多模糊与引发歧义的细节，在实践中的可操作性有限。中美之间的海军安全磋商机制虽然包含了双方沟通的渠道、方式、人员等，但未具体规定两国舰船、军机相遇时如何行动、遵守何种规则等军事操作行动细节。[2]例如，《关于建立加强海上军事安全磋商机制的协定》并未制定详细的避免事故准则，也没有建立完整的双方指挥官在危机中的沟通机制。[3]中美海上危机管控规则及附件虽然涉及海空相遇中船只之间的"安全距离"（Safe Distance）和航空器之间的"安全隔离"（Safe Separation），但这在很大程度上是"视情况而定的"，例如，船舶之间"安全距离"的确定需要顾及能见度、交通密度与航行危险。[4]此外，中美海上危机管控协定也并未对"海洋环境"进行准确的界定与说明，而美苏1972年达成的海上危机管控机制则明确指

① Catherine Wong, "Chinese, US Militaries Resume Maritime Safety Talks After Last Year's No-Show," South China Morning Post, December 30, 2021, https://www.scmp.com/news/china/diploma-cy/article/3161614/chinese-us-militaries-resume-maritime-safety-talks-after-last.

② 张愿、胡德坤：《防止海上事件与中美海上军事互信机制建设》，第102页。

③ Bonnie S. Glaser, "US-China Relations: Managing Differences Remains an Urgent Challenge," Southeast Asian Affairs, 2014, p.82.

④ International Crisis Group, "Mismatched Interests and Crisis Management," in Risky Competition: Strengthening U.S.-China Crisis Management, Brussels, Crisis Group Asia Report, May 20, 2022, p.19.

出该协定适用于"公海及上空"。①由于行为规则不具有约束力，并且存在诸多歧义，它们很难强制执行，而且容易受到政治氛围的影响。

第二，自 20 世纪末中美建立海上危机管控机制以来，中美之间的海上意外相遇事件并未有效减少，两国之间爆发海上低烈度对抗行为的频率也并未显著降低。在 1949 年以来中国与外方的主要危险互动中，美国直接或间接参与的达 7 次，并且全都集中在海洋领域。而自 21 世纪以来，在中国与他国发生的主要危险海空互动事件中，美国至少有 18 次是当事方。在美国持续强化介入南海局势的情况下，中国与菲律宾的矛盾与冲突不断升温，中菲以海警热线为代表的实时沟通机制也遭遇挫折，进而加剧了南海地区国家间互动的不确定性。

表 2　1949 年以来中国与他国主要海空危险互动情况

序号	时　间	事　件	地点	领域	美国的角色
1	1954 年 9 月至 1955 年 5 月	中美第一次台海危机	台海	海洋	直接相关方
2	1958 年 8 月至 1959 年 1 月	中美第二次台海危机	台海	海洋	直接相关方
3	1974 年 1 月	中越西沙海战	西沙群岛	海洋	间接相关方
4	1993 年 7 月至 9 月	中美"银河"号事件	阿拉伯海	海洋	直接相关方
5	1994 年 10 月	中美"小鹰"号航母事件	黄海	海洋	直接相关方
6	1995 年 1 月	中菲美济礁事件	南沙群岛	海洋	间接相关方
7	1995 年 5 月至 1996 年 3 月	中美第三次台海危机	台海	海洋	直接相关方
8	2001 年 4 月	中美南海撞击事件	中国南海	天空	直接相关方
9	2002 年 9 月	中美"鲍迪奇"号事件	黄海	海洋	直接相关方
10	2006 年 10 月	中美"小鹰"号航母事件	日本冲绳附近	海洋	直接相关方
11	2009 年 3 月	中美"无暇"号事件	中国南海	海洋	直接相关方
12	2010 年 9 月	中日钓鱼岛撞船事件	中国东海	海洋	间接相关方

---

①　蔡鹏鸿：《中美海上冲突与互信机制建设》，《外交评论》2010 年第 2 期，第 36 页。

（续表）

序号	时 间	事 件	地点	领域	美国的角色
13	2012 年 4 月	中菲黄岩岛对峙事件	中国南海	海洋	间接相关方
14	2013 年 12 月	中美海军舰艇对峙事件	中国南海	海洋	直接相关方
15	2014 年 8 月	美国海军 P-8 巡逻机与中国战斗机相遇	中国海南岛以东 220 公里附近	天空	直接相关方
16	2015 年 5 月	中美无人机相遇	中国南海	天空	直接相关方
17	2015 年 9 月	美国侦察机与中国战斗机相遇	黄海	天空	直接相关方
18	2016 年 5 月	中国航空器与美国侦察机相遇	中国南海	天空	直接相关方
19	2016 年 6 月	美国 RC-135 电子侦察机与中国战斗机相遇	中国东海	天空	直接相关方
20	2016 年 12 月	中美无人机相遇	中国南海	天空	直接相关方
21	2017 年 5 月	中国两架苏-30 战斗机与美国 WC-135 侦察机相遇	中国东海	天空	直接相关方
22	2017 年 7 月	美国军方侦察机与中国两架战斗机相遇	中国东海	天空	直接相关方
23	2018 年 10 月	美国驱逐舰与中国海军相遇	中国南海	海洋	直接相关方
24	2020 年 12 月	美国海军驱逐舰与中国军事设备相遇（具体未知）	中国南海	海洋	直接相关方
25	2022 年 12 月	中国战斗机与美国航空器相遇	中国南海	天空	直接相关方
26	2022 年 8 月	南希·佩洛西窜访台湾事件	台海	海洋	直接相关方
27	2023 年 2 月	中美"气球事件"	美国	天空	直接相关方

资料来源：Asia-Pacific Leadership Network，*Assessing Military and Non-Military Incidents at Sea in the Asia-Pacific*；以及中华人民共和国外交部官网、新华网等网站。

第三，自 20 世纪末以来，中美在海洋领域的克制与履约并不充足，双方的安全磋商曾多次被迫中断。中美 1998 年 1 月签订的《关于建立加强海上军事安全磋商机制的协定》，不仅未能防止双方因海空意外相遇引发的 2001 年南海撞击事件，原定于 2001 年 4 月 23 日针对该协定举行的第三次全体会议也推迟到了当年 9 月。中国空军拦截的美机数量从 1999 年的 20 次增长至 2000 年的 30 次，双方战机的空中对峙也更加激烈。①自 2010 年以来，在双方高层的指引下，中美海上危机管控机制不断完善。但是随着美国对华遏制政策的强化与中美竞争烈度的提高，海上危机管控机制运作仍不顺畅，相关磋商与对话多次被迫暂停或取消。例如，自 2013 年 11 月中国在东海划定防空识别区（ADIZ）以来，中国歼-11 战斗机和美国 P-8 海上巡逻机在争议海域进行了数次危险的近距离接触。2019 年，由于特朗普政府对中国进行极限施压，加之新冠肺炎疫情的影响，大多数中美安全与外交对话机制陷入瘫痪。2020 年中美海上军事安全磋商机制有关会议被取消，中美军方相互指责。针对 2022 年 8 月 2 日时任美国国会众议院议长南希·佩洛西窜访中国台湾地区的挑衅行为，中国切断了中美海上军事安全磋商机制会议以加以反制。虽然中美元首 2023 年底旧金山会晤以来，中美海上危机管控渠道逐渐恢复，但美国"航行自由行动"、抵近侦察以及对亚太盟友承诺的强化，仍在持续挑战中国对自身海洋利益的合理关切。

第四，2001 年的中美南海撞击事件中，中美双方在危机之后的反思与优化有限。据称，双方飞行员没有任何语言交流，美国机组人员也不清楚中方手势的含义。在华盛顿两次表示"非常抱歉"、但并未正式接受事故责任后，涉及被拘留的美国飞行员和机组人员的紧张外交僵局方得以解决。事件结束后，双方没有进行任何坦诚的协商以回顾事实，以便弄清双方当时到底发生了什么以及如何防止此类事件再次发生。更过分的是，2001 年 5 月，在距离中美南海撞击事件发生仅 1 个月后，美国便恢复了在南海的侦察飞行。中美之间固然存在多条安全沟通热线，但由于美国言行不一与缺乏诚意，中美热线的效力也不尽如人意。为了展示决心并向美国施加危机会意外升级的压力，中国会拒接电话与推迟信息沟通。②但危机之后的复盘是危机管控完整链条的组成部分，也是检验

① 中国现代国际关系研究所危机管理与对策研究中心：《国际危机管理概论》，时事出版社 2003 年版，第 243—244 页。

② 吴文成：《成本调节与外交危机中的决心信号表达》，《国际政治科学》2023 年第 4 期，第 30 页。

危机管控效力与实现机制优化的重要步骤，而在这方面中美海上危机管控机制仍表现不佳。

五、中美海上危机管控的优化空间与进路

为建立一个更全面、更有力和更有效的海上军事安全管控安排，中美应进一步探讨防止再次爆发危机或更为妥善地开展危机管控的思路与机制。在通信与传感技术不断进化的时代，更加健全的"风险管理机制"能使各军事平台及总部间进行早期、实战的战术交流，这也将更加有效地发挥中美两国为增强双边交流与危机管理做出的努力。①

（一）推动力量平衡：塑造中美对称性海上威慑关系

当前中美之间并未实现类似于美苏那样的核平衡，中国应进一步推动中美海上军事力量走向平衡，以促进双方实现更加充足的自我克制与履约，减少海空摩擦事件爆发的频率。冷战期间美苏两个超级大国之所以能促成一连串建立信任措施以避免事故，在很大程度上源于权力平衡催生的平等沟通。②权力关系与危机调解密切相关，危机更有可能发生在实力不对称的各方之间，但在实力对称方之间爆发的危机更有可能被调解。1918—2002 年，占 46% 的实力对称国家间危机被调解，而实力非对称国家间的危机调解概率只有 28%。③大国间军事能力差距越大，危机以战争结束的可能性就越大。当参与方的实力大致均衡时，危机就不太可能导向战争。④

---

① ［美］安德鲁·S.埃里克森：《中国、美国与 21 世纪海权》，徐胜、范晓婷、王琦译，海洋出版社 2014 年版，第 9 页。

② Zhou Bo, "War in the Taiwan Strait? It's the South China Sea, Stupid," *South China Morning Post*, January 25, 2023, https://www.scmp.com/comment/opinion/article/3207845/war-taiwan-strait-its-south-china-sea-stupid?module = inline&pgtype = article.

③ Quinn David et al., "Power Play: Mediation in Symmetric and Asymmetric International Crises," *International Interactions*, Vol.32, No.4, 2006, p.443.

④ T. Clifton Morgan, "Power, Resolve and Bargaining in International Crises: A Spatial Theory," *International Interactions: Empirical and Theoretical Research in International Relations*, Vol.15, No.3—4, 1990, pp.290—297.

中美海上危机管理困境的根源之一在于实力对比差距导致中美处于追赶模式，因此，优化中美海上危机管控的过程，也是中美推动海上军事力量实现平衡的过程。中美要在军事安全领域建立事实上的相互制约，中国就必须发展能够摄止美国军事干预台海冲突的威慑能力。[1]首先，中国应加强洲际导弹的机动性，进一步提升对导弹防御系统的反制措施和研发与部署新能力系统。[2]通过持续升级中国海上力量体系，打消对方依赖军事优势进行区域拒止的幻想，增加对手对其战争成本的预估。其次，加快提升中国海军的反潜能力，强化对超音速反舰导弹的拦截能力，探索潜舰合同立体反潜新战法。持续扩展中国的海上威慑战略工具箱，比如网络战能力、深海空间战等。[3]第三，中国也需要进一步提升有限战略核力量的透明度，与其他国家加强对话，减少其他国家对中国有限战略核力量的恶意猜测和误判。

（二）强化机制运用：完善中美海上危机管控机制的细节

首先，中国需要针对性地引导中美海上危机管控机制在适用区域与操作层面实现细化，加快建立两国之间的"危机预防沟通框架"。中美海上互动场域主要集中在西太平洋，但双方在东海、南海与台海互动的风险点有所区别。在风险级别较高的南海与台海，中国可仿照1989年《防止危险军事活动协议》（PD-MAA）设定"特别警戒区"（SCA）[4]，并在双方协定中对相应警戒区加以明确定义、制定特别协调措施。[5]同时，中美应进一步补齐中美舰机在各类相遇事件中操作层面的"技术短板"，将具体内容写入两国"危机预防沟通框架"之中。比如明确在中国大陆、西沙群岛领海领空，南沙群岛实控岛礁和黄岩岛12海里内，以及台湾海峡等不同相遇情况下双方舰艇与舰机接近的最小距离，并区分

[1] 杨洁勉等：《国际危机泛化与中美共同应对》，时事出版社2009年版，第169页。
[2] 朱锋：《弹道导弹防御计划与国际安全》，上海人民出版社2001年版，第688—689页。
[3] 王雪：《美英澳三边安全伙伴关系的海上威慑实践与中国应对》，《边界与海洋研究》2023年第6期，第51页。
[4] 即在由相关方共同选定的一个区域内，基于特定情况、军事人员与设备的具体考量，根据该协定采取特别措施。
[5] Alexander Klimburg, "Of Ships and Cyber: Transposing the Incidents at Sea Agreement," Center for Strategic & International Studies, September 28, 2022, https://www.csis.org/analysis/ships-and-cyber-transposing-incidents-sea-agreement.

演习和业务活动。在符合两国海空相遇谅解备忘录精神的同时，这些细节可兼顾外国军舰进入中国领海事先通报与美国海军行动自由度的利益。[①]

其次，为减少智能科技勃兴背景下无人设备迅速发展给中美关系带来的海上安全风险，双方可进一步探讨在该领域互动中实现行为规范的具体化。美国将大量无人化、智能化、具备较强隐秘性的水下设备用于在中国近海的抵近侦察，一些具备作战能力的无人潜航器极具进攻性。随着越来越多深海无人设备在亚太海域频繁活动，彼此发生相遇的概率大增，这也是目前中美海上危机管控面临的新课题。目前，国际法对无人潜航器涉及船舶或潜水器等的多重法律地位存在争议，难以有效区分商用、科考、军用与政府用途的无人海洋系统。作为世界范围内最具影响力、且同为西太平洋海军论坛成员的两个大国，中美应引导解决无人系统引发的合法性与伦理争议。挖掘人工智能武器的发展给中美海上危机管控带来的新问题，强化对减轻海洋新兴军事科技领域风险的讨论，探索建立深海无人设备意外相遇时的行为规范与规制。

第三，中美还应进一步思考关于海上舰机与军事演习区域"有意相遇"的解决方案，填补现有机制中的细则"空白"，促进双方危机预防与管理机制的精细化。针对美军舰机实施的"航行自由行动"或抵近侦察等挑衅性行动，中方跟踪、监视与驱离或将导致"有意相遇"。[②]关于中美这类海空相遇事件的协调问题，需要在充分考虑两国海洋领域基本利益的基础上进一步加以谋划。此外，中国也应探讨海上危机管控机制的多边网络模式，在更广范围提升中美海上协调的意愿、扩大亚太海域危机管理的主体与空间。

（三）塑造沟通战略：增加中美海上危机共识与应急联络

随着全球危机时代的到来，中美需要在危机管控领域寻求更多共识。当前中美关于如何在国际法框架下竞争缺乏共识，双方的对话也存在理解偏差。在

---

① Peter Dutton and Andrew Erickson, "When Eagle Meets Dragon: Managing Risk in Maritime East Asia," Real Clear Defense, March 24, 2015, https://www.realcleardefense.com/articles/2015/03/25/when_eagle_meets_dragon_managing_risk_in_maritime_east_asia_107802.html.

② 曹群：《中美台海空中博弈：潜在冲突与危机管控》，南京大学中国南海研究协同创新中心"海洋安全与发展"研究报告，第 12 期，2023 年 5 月，https://nanhai.nju.edu.cn/8d/fd/c5320a626173/page.htm.

这一层面，双方学者可利用"二轨外交"的优势，以建设"知识共同体"的方式为中美海上危机管控贡献力量。众所周知，知识可以促进国家对危机的有效管理，化解危机对世界秩序的不利影响。[1]学者通过历史案例的研究可为中美海上危机管控提供更多经验与教训，增强底线思维以预估未来可能发生的多种危机场景，进而帮助决策者针对性地制定应急预案。在此过程中，关键问题不是深究我们所熟悉的旧时代历史，而是以史为鉴、规划适应新形势的中美海上危机管控方案。在打造"知识共同体"过程中，双方学者可主动引导国内国际舆论，为外交决策创造更多弹性空间，防止海空意外相遇事件升级。比如，学者可通过对中美海空意外相遇事件进行及时、客观、准确、清醒的分析，减少新媒体"键盘侠"等引发的激烈对立的民族情绪。

同时，中美两军需要从战略至战术层面建立沟通交流机制，确立快速、直接的语音通信，以便在紧急情况下进行沟通和协商，防止因彼此误判而引发冲突。当前中美一线部队间的应急沟通已经实现，但在中间指挥链的其他层级之间还没有机制化的沟通渠道。在危机期间，指挥链中其他层级的指挥官或司令部之间的及时沟通尤为重要，对此，中国或可将海上危机管控机制框架下的沟通扩展到指挥链的主要层级，[2]以畅通各层级沟通渠道，推动双方对话与沟通的制度化安排。中国也可在危机前做好预案与安全预警机制，确立可行的有限危机管理目标，构建一轨、一轨半、二轨、高层、中层等有效的各层级应急联络机制。中美海军也应择机进行联合演习，掌握海上互动技巧，以确保在面对面相遇中保持有效沟通。同时，双方达成一项更具体、系统化与操作性强的中美海上实时通信协议也是必要的，以进一步减少中美军事人员之间的语言障碍、准确表达各自意图与推进双方的有效沟通。

（四）复盘管控效果：反思与优化中美海上危机管控过程

如果不能对危机管控中的争议进行很好的复盘，双方在危机事件中多次磋商形成的成果与积累的经验也是有限的。作为国际危机的一种表现形式，大国构建海上危机管控机制是一项系统、全面、复杂的过程，涉及各方对危

---

① Michael Brecher et al., *A study of crisis*, University of Michigan Press, 2000，p.1.
② 胡波：《中美海上危机管理面临的困境与改善路径》，《美国研究》2021年第5期，第79页。

机的预防、应对、修正等诸多环节。各方应定期审查其危机计划，以确保这些计划不会过时、有效性也不会下降。①基于危机之后的复盘，相关方可重建沟通网络、完善应急计划。虽然中美之间已经爆发过数次海上危机，但两国政府很少正式和彻底地接受对方的行为解释与自我辩护，也尚未对争议议题做出实质意义上的"结案"，因而无法为防止此类事件的再次发生达成正式约定、建立预防机制。②为此，中美应补充与强化对管理双方海空相遇事件的反思，为防止同类事件的再次发生积累经验，比如双方可在例行年度磋商会议中提供录像、录音、照片、航海日志等材料，并有针对性地指出对方违反了哪些协定的具体条款，为更好地落实海上危机管控机制提供依据。双方还可以定期举行多边讨论，全面审查现有国际规则和规范的遵守情况，加强对非军用船只或飞机相遇的审查，并通过这一过程减少各方对相关国际法术语和概念的分歧。

此外，中美军事专业人员可以尽量选择相对低调的危机解决方案，必要时可根据情况采取"安静外交"。一旦危机发生，如果双方都能摆脱政治强硬姿态，坦诚、客观与专业地进行磋商，会更有利于减少双方自我克制与履约的障碍。为使中美海上危机管控机制免受政治裹挟，专业人员酌情对危机事件加以秘密处理也是可行的。此外，政府也应进一步加强对公开与私人媒体的引导与监管，减少各方媒体煽动民族情绪给危机管控中的军事与外交决策带来干扰。

（五）重视第三方：鼓励美国关键盟友与东盟发挥有益作用

随着中美海洋互动范围的空间延展与范式变化，加强与美国关键盟友及其战略伙伴，尤其是日本与菲律宾的海上沟通机制建设，也是中美双方危机管控的组成部分。当前中日海洋事务高级别磋商已经进行了十六轮，双方可依托此平台建立针对海空意外相遇事件的危机工作小组，在该小组中畅通涉海各层级部门在紧急事态下的直接对话。基于与日本积极的危机管控互动效果，

---

① Zbigniew Ciekanowski et al., "Crisis Management and Crisis Situation in the Organization," *European Research Studies Journal*，Vol.26，No.4，2023，p.339.

② 张沱生、史文主编：《对抗·博弈·合作——中美安全危机管理案例分析》，第45页。

也可适时进行中美日三边海洋安全对话，就缓解中美、中日海洋领域分歧与误判交换意见。①另外，菲律宾在地理上靠近中国台湾地区，且其作为美国的条约盟友及在南海地区的利害关系，使其卷入台海冲突的风险也在不断升高。中国应与菲律宾保持积极的外交接触。早在 2017 年 5 月，中菲就围绕南海问题建立了双边磋商机制，该机制是中菲沟通与协商的重要渠道。2024 年 7 月 2 日，在中国和菲律宾南海问题双边磋商机制第九次会议上，双方就管控仁爱礁局势坦诚、建设性地交换了意见，并就完善涉海沟通机制进行了交流。②

　　作为亚太地区规范塑造的重要力量，东盟及其成员国是管控中美海洋领域危机可借重的第三方力量。当前，以东盟为中心的合作机制已几乎覆盖所有亚太国家，始于 1994 年的"东盟地区论坛"也已经成为亚太地区首屈一指的官方层面的安全沟通渠道。东盟在 2019 年 6 月发布的《印太展望》中明确提到，其将在不断升温的"印太"争端中发出集体声音，避免各方不断加深的信任缺失、误判以及基于零和博弈的行动。③中美海上危机管控符合《东南亚友好合作条约》中关于以和平方式解决争端的诉求，中国应欢迎东盟在其个别成员国采取可能危及地区和平与安全的举措之前积极介入，促进东盟内部磋商，通过对话、谈判等方式妥善化解分歧。当前，东盟及其成员国管控亚太海空危机的核心任务是为"南海行为准则"（COC）磋商做出有益贡献。同时，中国也应鼓励新加坡、印度尼西亚等东盟成员国在亚太海域危机管控中发出理性的声音，推进多边合作和国家间海上透明度建设，以切实减少国家间冲突。④

---

① Tuosheng Zhang, "Strengthening Crisis Management, the Most Urgent Task in Current China-US and China-Japan Security Relations," *China International Strategy Review*, Vol.3, 2021, p.53.

② 《中国和菲律宾举行南海问题双边磋商机制第九次会议》，外交部网站，2024 年 7 月 2 日，https://www.mfa.gov.cn/wjbxw_new/202407/t20240702_11446084.shtml。

③ "ASEAN Outlook on the Indo-Pacific", https://asean.org/asean2020/wp-content/uploads/2021/01/ASEAN-Outlook-on-the-Indo-Pacific_FINAL_22062019.pdf.

④ 2010 年以来，新加坡与印度尼西亚国防部官员多次提议在亚太制定能涵盖潜艇和军机的相遇准则，进一步建立热线联络与军舰意外相遇的行动计划。详见：《我国提议扩大〈海上意外相遇规则〉参与国》，《联合早报》2016 年 10 月 12 日，https://www.zaobao.com.sg/special/report/politic/southchinasea/story20161012-676763；"Cost of conflict in South China Sea 'too high'," Deutsche Welle, February 18, 2019, https://www.dw.com/en/singapore-defense-minister-cost-of-conflict-in-south-china-sea-too-high/a-47568024；《新加坡副防长：东盟将与中国举行联合海上演习 力促南海局势正常化》，俄罗斯卫星通讯社，2018 年 4 月 5 日，https://sputniknews.cn/20180405/1025087082.html。

结　　语

二战后国家间海洋竞争延展到海洋经济、海洋科技与海洋环境保护等非军事领域，大国海上战略竞争也偏向非热战方式。这意味着各竞争方愿意以一种更安全、更可控的方式管理彼此间的竞争，避免海上意外事件的发生。在冷战期间的军备控制谈判过程中，美苏探索出了一条国家间建立海上危机管控机制的道路。当时，美苏身处权力同期竞争模式，双方在公海的互动不涉及领土主权、海洋划界及近海地缘等核心海洋利益碰撞，其海上利益平衡度相对较大。因而，美苏海上危机管控机制展现出了较强的可操作性，有效减少了海空意外相遇事件的爆发与升级，使美苏海上冷战维持了一定的可控性。当前，在美国"印太战略"持续发展的背景下，海洋是中美之间爆发危机的"风险领域"，但中美之间陷入的权力追赶模式与彼此核心海洋利益冲突，增加了双方海上危机管控的难度与复杂性。

在 20 世纪中后期，解放战争、美苏冷战以及朝鲜战争曾使中美一直处于激烈的冲突中。但在此过程中，两国都为斗争设置了边界，在台海危机之后迅速重建了战略稳定关系，并最终于 1972 年实现了中美关系的正常化。无论是 2021 年底习近平主席与拜登总统的视频会晤、2022 年底习近平主席与拜登总统的巴厘岛会晤，还是 2023 年底习近平主席与拜登总统在旧金山举行的中美元首会晤，这些首脑外交都清晰展现了两国领导人致力于探索和平相处道路的共同意愿。当前的中美关系与 20 世纪后半期的中美关系存在显著差异，其面临的矛盾和问题也更加广泛而复杂。但中美在经济与文化方面仍存在千丝万缕的联系，两国仍拥有大国协调与危机管理的空间，对此，两国人民应怀有新的判断、洞察与期待。中美海上危机管控机制本身代表着两国管控危机的共同意愿，细化与完善该机制的重点在于提升其可操作性。这不仅能为双方的竞争设置边界，也能回应东南亚国家关于大国竞争负面溢出效应的担忧，从而稳定亚太海洋秩序。在此过程中，强化规则机制的适用是中国成长为海权大国和世界性大国的必经之路，也是加快中国式现代化进程的内在要求。

美国亚太安全架构网络化的逻辑
——基于推论性网络分析

张　耀*

形成于冷战初期的美国亚太双边联盟被称为"轴辐体系"，即美国是轴心、其盟友位列辐条末端，且盟友间缺少横向安全联系。2008年国际金融危机后，国际格局的深刻变化与大国竞争强度的加剧对美国长期主导的全球霸权秩序构成挑战，美国的亚太联盟体系即"旧金山体系"也在悄然变化。一方面，随着美国与盟伴之间正式与非正式安全制度安排的持续累积，美国亚太安全架构更加复杂，既包括美国分别与盟伴构建的安全制度，也包括盟伴之间的横向安全合作，呈现出双边、小多边和大多边安全制度相互交叠的特点①；另一方面，地理区域逐渐被地缘政治化，"印太"概念成为美国官方的政治话语并演变为带有政治目标的战略叙事。自特朗普政府开始，美国的亚太安全架构逐步被"印太安全架构"所替代。

在此背景下，冷战后美国亚太/印太联盟体系的转型成为学界关注的热点，并形成了关于联盟体系网络化的争论与演化机制的讨论。本文探讨的核心问题是：哪些因素推动冷战后美国亚太安全架构的演化？从"轴辐体系"转变为

　＊　张耀：南京师范大学公共管理学院讲师，东亚国际问题研究中心助理研究员。本文系国家社会科学基金青年项目"亚太中等强国的地区秩序观及其对中国角色的认知研究"（项目批准号：20CGJ032）的阶段性成果。感谢《世界经济与政治》匿名审稿专家提出的修改意见，文中疏漏由笔者负责。

　①　关于"小多边"的界定，本文参照布宾达尔·辛格与萨拉·泰欧的界定，即"通常涉及3—9个国家之间的合作关系，并且相对排他，本质上具有灵活性和功能性"。因此，本文中"大多边安全制度"的成员规模不少于10个国家。参见 Bhubhindar Singh and Sarah Teo, "Introduction: Minilateralism in the Indo-Pacific," in Bhubhindar Singh and Sarah Teo, eds., *Minilateralism in the Indo-Pacific: The Quadrilateral Security Dialogue, Lancang-Mekong Cooperation Mechanism and ASEAN*, London: Routledge, 2020, pp.1—2。

"复合网络"具有怎样的演化逻辑？既有研究要么是对美国亚太联盟体系"是否网络化"的整体趋势进行判断，要么是对近年来美国亚太小多边安全制度建设过程中出现的一些新情况的即时探讨，模糊了美国亚太联盟体系与安全架构演化的关系，增加了后者的辨识难度，尤其是长期缺乏直观感知。关于美国亚太安全架构网络化的形成机制，既有研究存在联盟政治、小多边主义和盟伴施动等多种视角，但涵盖跨层次和时间维度的探讨尤为不足，也就很难提供一套精细化的分析方案。

本文首先梳理了美国亚太联盟体系与安全架构网络化解释的相关争议，并阐述了将美国亚太安全架构作为研究对象的合理性。随后，本文明确了美国亚太安全架构复合网络化的相关概念，构建了美国亚太安全合作制度原始数据集，通过社会网络分析绘制了冷战后美国亚太安全架构的演化图景。在数据分析的基础上，本文揭示了美国亚太安全架构演化蕴含的网络效应。提高经验分析的细粒度有助于透视潜伏在表象下的深层变化，这对于中国维护国家安全、应对大国竞争以及评估周边安全态势具有重要的政策参考价值。

一、美国亚太安全架构网络化的既有解释

学界在认识美国亚太联盟体系是否网络化这一问题上存在争议。争论焦点源自对"联盟"概念的使用上：一是严格意义上的军事联盟，以正式或非正式的安全承诺与义务为标准[①]；二是更宽泛的国家间合作联盟，纳入不存在军事安全承诺的安全合作以及各种"议题联合"[②]。事实上，探讨包容性更强的安全架构可以规避各方争论，达成更多共识，如奥巴马政府强调"主导构建亚太安全架构"并着力推动网络化进程。[③]特朗普政府出台的"印太"战略则正式提及了

---

① Paul W. Schroeder，"Alliances，1815—1945：Weapons of Power and Tools of Management，"in Paul W. Schroder，ed.，*Systems，Stability，and Statecraft：Essays on the International History of Modern Europe*，New York：Palgrave Macmillan，2004，p.222.

② 在宽泛的安全合作层面，斯蒂芬·沃尔特将"联合"（alignment）定义为"两个或更多主权国家之间正式或非正式的安全合作关系"，其中包括狭义上的"联盟"（alliance）。参见 Stephen M. Walt，*The Origins of Alliances*，Syracuse：Cornell University Press，2013，pp.1、123。

③ The White House，"National Security Strategy，"https://obamawhitehouse.archives.gov/sites/default/files/rss _ viewer/national _ security _ strategy.pdf，访问时间：2024 年 1 月 12 日。

"网络化安全架构"。①拜登政府 2022 年发布的美国《国家安全战略》报告同样提到 "重振美国的（印太）联盟和伙伴关系网络"②。总体而言，美国亚太安全架构网络化的既有解释主要包括三类。

（一）联盟功能不足论

联盟政治理论认为美国亚太联盟体系的网络化源于霸权护持需求与联盟功能不相符。一般而言，联盟具有安全互助、战略协调和秩序维持三种功能。③长期以来，联盟对于美国霸权秩序的维持都发挥着关键作用，而冷战后联盟制度功能与美国霸权护持需求的匹配度持续降低。正如威廉·道（William T. Tow）和阿米塔·阿查亚（Amitav Acharya）所指出的，美国亚太双边联盟体系的有效性受到了质疑，"旧金山体系" 正在转向更为复杂的安全关系结构，以实现 "联盟互惠" 与 "融合安全"。④又如，有研究指出美国主导的东亚 "轴辐体系" 存在残缺性和外部性两大弊端。⑤具体而言，有关美国亚太联盟管理中制度功能不足的研究主要存在三类论点。

第一，联盟的安全互助功能减弱。美国与其盟友之间的安全交换关系是不对等的：在安全等级制下，相互防御的安全承诺基本等同于美国单方面的安全保障，盟友则是附属国角色或仅仅提供必要的后勤支持。随着美国单极霸权的衰落，其承担安全责任的能力下降，联盟承诺可靠性降低，"被抛弃" 和 "被牵连" 的联盟困境加深。美国主导亚太安全架构的战略需求转变为获得更多的力

---

① The U.S. Department of Defense, "Indo-Pacific Strategy Report：Preparedness, Partnerships, and Promoting a Networked Region," https：//media. defense. gov/2019/Jul/01/2002152311/-1/-1/1/ DEPARTMENT-OF-DEFENSE-INDO-PACIFIC-STRATEGY-REPORT-2019. PDF，访问时间：2024 年 1 月 12 日。

② The White House, "National Security Strategy," https：//www.whitehouse.gov/wp-content/up-loads/2022/10/Biden-Harris-Administrations-National-Security-Strategy-10.2022.pdf，访问时间：2024 年 1 月 12 日。

③ 刘丰：《秩序主导、内部纷争与美国联盟体系转型》，《外交评论》2021 年第 6 期，第 26 页。

④ William T. Tow and Amitav Acharya, "Obstinate or Obsolete? The US Alliance Structure in the Asia-Pacific," Working Paper, 2007/4, Department of International Relations, Research School of Pacific and Asian Studies, Australian National University, Canberra, 2007, p.3.

⑤ 包广将：《多节点结构：东亚国际秩序的转型与 "轴辐体系" 的困境》，《国际政治研究》2021 年第 2 期，第 59—64 页。

量支撑和成本分摊。网络化安全架构能够加强联盟的内部团结，进而缓解美国战略资源不足的困境，以最低成本维护地区霸权秩序。①

第二，双边联盟的战略协调功能先天不足。大国竞争、地区争端与非传统安全议题的交织使得美国对威胁多元性和威胁紧迫性的认知增强，对联盟战略协调功能的需求也随之增加。然而，美国亚太联盟体系是建立在双边基础上的"轴辐"结构。这种双边联盟虽然与亚太地区内部的差异性相兼容，但在战略协调功能上却存在制度设计缺陷。美国推动网络化的动机在于试图补足制度缺陷以实现"亚太安全秩序的再美国化"②。对此，路易斯·西蒙（Luis Simón）等人指出美国联盟体系不应再使用双边/多边的二分法描述③，而是表现为一种结合双边、小多边和多边合作形式且有一些独特属性的"节点防御"（nodal defence）体系，在应对多元威胁和战略协调方面具有更强的灵活性和适应性。

第三，亚太盟友对于维持霸权秩序的代表性不足。冷战初期，美国在亚太地区先后将日本、菲律宾、澳大利亚、新西兰、韩国与泰国等纳入防御体系。随着1986年新西兰的"退盟"，美国的亚太盟友仅余下5个。冷战后，美国在亚太地区奉行"接触"战略，霸权护持的合法性需求不断增强，需将更多国家纳入美国安全架构以塑造合法性规范。在中美"位势"消长的体系压力下，美国维护现有联盟体系的边际收益递减，美国认为中国"削弱"其联盟体系的力度却在"增强"。④此外，美国与盟友存在的战略分歧与利益分化问题进一步腐蚀了亚太联盟体系的社会基础。⑤美国通过安全制度多边化弥补联盟功能不足的紧迫性和重要性持续提升。

值得注意的是，联盟政治学者承认安全制度多边化是美国亚太联盟体系的有机补充，但多因坚持"联盟"概念的核心内涵而质疑联盟体系的网络化。受

① 左希迎：《亚太联盟转型与美国的双重再保证战略》，《世界经济与政治》2015年第9期，第63页。

② 同上文，第66页。

③ Luis Simón, Alexander Lanoszka and Hugo Meijer, "Nodal Defence: the Changing Structure of US Alliance Systems in Europe and East Asia," *Journal of Strategic Studies*, Vol.44, No.3, 2021, pp.360—388.

④ 赵明昊：《盟伴体系、复合阵营与美国"印太战略"》，《世界经济与政治》2022年第6期，第35—36页。

⑤ 凌胜利：《美国亚太联盟转型：在中美权力与信任之间》，《当代亚太》2012年第5期，第35页。

路径依赖影响，美国传统联盟体系的持久性归因于其长期的制度化和社会化，因此只可修补而难以重置。①刘丰指出，安全合作网络是美国联盟体系转型的一个主要特征，但并不意味着美国联盟体系正在走向网络化，因为相互之间的安全承诺是联盟关系的内核。②基于地区权力结构变迁，美国亚太联盟体系的内部结构、历史因素以及地缘、文化和宗教因素将长期阻碍美国亚太联盟体系的网络化进程。③吉川元（Kikkawa Gen）认为，除"轴辐体系"的路径依赖外，亚洲非西式民主国家对国内政权安全的维护、反映安全等级的政治交易、日美特殊的双边联盟，以及东亚国家普遍对多边安全制度的排斥都阻碍了东亚多边联盟的形成。④由此可见，持质疑立场的学者以拒绝概念泛化来保持理论的严谨性。

（二）小多边主义视角

近年来，较多研究聚焦在亚太小多边外交对美国亚太安全架构网络化的影响。孙茹是较早探讨美国亚太联盟网络化的中国学者，她指出美日韩、美日澳和美日印等三边安全机制建设是美国亚太联盟体系网络化的主要表现，三边"集群"效应具有合作机制化与合作内容持续深化的特征。⑤总体来看，小多边主义视角主要体现在两方面。

一方面，美国亚太安全架构的网络化取决于多边安全安排带来的政策效益能否超过制度约束所带来的成本。⑥小多边主义因其低成本和高效率的特质而具有显著优势。在美国霸权地位下降且亚太地区缺乏可替代性安全秩序的情况下，小多边主义的兴起源自国家对成本和运作效率的追求，表现为避免单边行动的

① Thomas Wilkins, "A Hub-and-Spokes 'Plus' Model of US Alliances in the Indo-Pacific: Towards a New 'Networked' Design," *Asian Affairs*, Vol.53, No.3, 2022, p.463.

② 刘丰：《秩序主导、内部纷争与美国联盟体系转型》，《外交评论》2021 年第 6 期，第 42 页。

③ 左希迎：《美国的亚太联盟体系会走向瓦解吗》，《世界经济与政治》2019 年第 10 期，第 67 页。

④ Kikkawa Gen, "The Regional Security System in East Asia: The Dilemma of the US-Japan Security Alliance," *Hiroshima Peace Research Journal*, Vol.7, 2020, pp.43—60.

⑤ 孙茹：《美国亚太同盟体系的网络化及前景》，《国际问题研究》2012 年第 4 期，第 39—50 页。

⑥ G. John Ikenberry, "American Hegemony and East Asian Order," *Australian Journal of International Affairs*, Vol.58, No.3, 2004, p.358.

战略成本和多边安排的协调难题。①斯图尔特·帕特里克（Stewart Patrick）总结了小多边主义的四点制度优势：一是战略协调优势，即小多边成员往往价值观、战略利益和政策偏好相似，并具备实现这些信念所需的战略资产；二是制度约束性弱，成员自愿加入且无须受到过多制度约束；三是制度治理的碎片化，小多边主义以零散的方式对复杂的议题领域进行分解，并通过这种零散的制度形式构成互补的制度复合体；四是复合的合作模式，小多边主义还表现为跨政府、多层次和多利益相关方的新型合作模式。②值得注意的是，美国宪法的制约（尤其考虑到多边条约在参议院中几乎不可能通过）推动美国政府更倾向于建立门槛较低的小多边安全协议。③这种排他性安排既保留了"轴辐体系"的控制权，同时也允许参与者优先考虑自身利益，至少可以部分解决美国及其盟友之间因双边联盟的不对称性而产生的协调难题。④

另一方面，小多边主义能够更好地适应亚太地区环境的特性。一是有利于处理亚太地区纷争。亚太地区地理范围广阔，各国利益分歧严重，基于战略上的不信任，难以对诸多安全议题达成广泛共识。⑤小多边主义是地区成员国家利益分歧与大国为推进战略竞争等目标而灵活介入之间互动的结果。叶晓迪认为美国与盟伴的秩序愿景与对华威胁认知主导了"印太"小多边主义的生成。⑥二是兼容东亚特有的政治文化。此类观点在解释冷战后亚太国家为何热衷于构建非正式的安全合作机制时总结了亚洲特有的地区特征：亚洲国家更倾向于在相互竞争的利益之间寻求对话和共识，而不是高度制度化的合作和多数投票原

---

① Joel Wuthnow，" US ' Minilateralism ' in Asia and China's Responses：A New Security Dilemma？" *Journal of Contemporary China*，Vol.28，No.115，2019，pp.136—137.

② Stewart Patrick，" The New ' New Multilateralism '：Minilateral Cooperation，But at What Cost？" *Global*，Vol.1，No.2，2015，pp.120—125.

③ Bhubhindar Singh and Sarah Teo，"Introduction：Minilateralism in the Indo-Pacific，" p.6.

④ William T. Tow，"Minilateralism and US Security Policy in the Indo-Pacific：The Legacy，Viability，and Deficiencies of a New Security Approach，" in Bhubhindar Singh and Sarah Teo，eds.，*Minilateralism in the Indo-Pacific：The Quadrilateral Security Dialogue，Lancang-Mekong Cooperation Mechanism，and ASEAN*，London：Routledge，2020，p.21.

⑤ Rory Medcalf，"Reimagining Asia：From Asia-Pacific to Indo-Pacific，" http：//www.theasanforum.org/reimagining-asia-from-asia-pacific-to-indo-pacific/，访问时间：2023 年 8 月 25 日。

⑥ 叶晓迪：《美国"印太"小多边主义的生成机制探析》，《世界经济与政治》2024 年第 3 期，第 94 页。

则。①此外，东亚地区的主权规范和不干涉原则一定程度上也契合了灵活、松散的非正式多边安全对话机制。

关于小多边主义在美国亚太安全架构网络化中充当何种角色存在多种观点。大部分观点认为，由于面临内部分歧与安全承诺责任等制约因素，小多边安全合作只会成为双边联盟的补充而非替代品。②与西蒙等人的观点相反，威廉·道认为小多边主义不仅"以威胁为中心"，而且被视为一种与"旧金山体系"的联盟网络并用的"桥梁工具"。③车维德（Victor D. Cha）指出，当大国缺乏共识时，亚太地区的小多边主义作为一种非正式的政治安全安排，可与双边和多边主义相互兼容。④理查德·哈斯（Richard N. Haass）强调美国亚太地区架构正采取一种"混乱的多边主义"，表现为组织灵活、制度约束弱、运行方式分散与合作模式多元的复合型架构。⑤此外，贺凯提出的竞争性多边主义也指出亚太秩序的转型凸显了安全制度重叠、冗余和低效的特点。⑥也有观点认为小多边主义是美国亚太联盟体系正在转向的第三种变体。迈克尔·格林（Michael J. Green）认为，当前亚洲地区活跃的三边主义是稳定的双边联盟体系向高度相互依赖秩序转型的中间阶段。⑦不过，上述争论并未否定联盟在地区安全架构中的制度基石地位。

---

① David Rapkin, "Leadership and Cooperative Institutions in the Asia-Pacific," in Andrew Mack and John Ravenhill, eds., *Pacific Cooperation*：*Building Economic and Security Regimes in the Asia-Pacific Region*, New York：Routledge, 2019, p.141.

② Jan Hornat, "Beyond the Hub and Spokes：The Networking Logic and the Operationalization of US Indo-pacific Strategy," *Asian Affairs*, Vol.54, No.4, 2023, p.668；Bhubhindar Singh and Sarah Teo, "Introduction：Minilateralism in the Indo-Pacific," p.9；William T. Tow, "Minilateral Security's Relevance to US Strategy in the Indo-Pacific：Challenges and Prospects," *The Pacific Review*, Vol.32, No.2, 2019, p.241；孙茹：《美国亚太同盟体系的网络化及前景》，《国际问题研究》2012 年第 4 期，第 39—50 页。

③ William T. Tow, "Minilateral Security's Relevance to US Strategy in the Indo-Pacific：Challenges and Prospects," *The Pacific Review*, Vol.32, No.2, 2019, p.241.

④ Victor D. Cha, "American Alliances and Asia's Regional Architecture," in Saadia M. Pekkanen, John Ravenhill and Rosemary Foot, eds., *Oxford Handbook of the International Relations of Asia*, Oxford：Oxford University Press, 2014, p.742.

⑤ Richard N. Haass, "The Case for Messy Multilateralism," https：//www. ft. com/content/ 18d8f8b6-fa2f-11de-beed-00144feab49a, 访问时间：2023 年 7 月 30 日。

⑥ 贺凯：《亚太地区的制度制衡与竞争性多边主义》，《世界经济与政治》2018 年第 12 期，第 60 页。

⑦ Michael J. Green, "Strategic Asian triangles," in Saadia M. Pekkanen, John Ravenhill and Rosemary Foot, eds., *The Oxford Handbook of the International Relations of Asia*, p.770.

（三）盟伴施动性视角

进入 21 世纪以来，随着美国霸权衰落与安全承诺可靠性的下降，亚太地区的中小国家不得不寻求可替代的安全保障方案。一方面，美国亚太安全架构网络化源自其盟伴对威胁认知的施动。此类观点主要强调威胁一致性与威胁强度的影响。"节点防御论"也强调节点国家为应对多元威胁需要通过双边、小多边和多边等多样化的安全制度形式实现功能分化。[1]凌胜利等探讨了美国盟伴的内部分歧与亚太安全战略多边转向的作用机制，即盟伴担心"被抛弃"而与他国展开横向安全合作。[2]由于东亚历史上长期受大国博弈影响，冷战后的地区权力真空和大国崛起加深了亚太地区相关国家对美国的安全需求，这些国家通过与美国加强多边合作的方式降低地区冲突风险。[3]美国驻日海军陆战队前司令曾将驻日美军形象地比喻为防范日本军国主义死灰复燃的"瓶塞"。[4]美日联盟因而成为亚太国家接受与日本开展安全合作以及加入美日主导的小多边安全制度的前提。马特奥·戴安（Matteo Dian）指出，日韩两国在地区安全架构中的不同角色与行为源自双方对中国在东亚秩序转型和制度竞争中的作用存在截然不同的看法。[5]

另一方面，美国亚太安全架构网络化是弱国追求战略自主性的结果，即通过多边制度约束拓展战略空间。杰达·弗雷泽（Jada Fraser）认为，日本和韩国强调增强能力并在与美国的联盟中承担更多责任。[6]韩国除试图在双边联盟中承担更多责任外，还寻求将美韩联盟的防御范围扩大到朝鲜半岛以外以寻求更大

---

① Luis Simón, Alexander Lanoszka and Hugo Meijer, "Nodal Defence: the Changing Structure of US Alliance Systems in Europe and East Asia," p.370.

② 凌胜利、王彦飞：《霸权的逻辑：美国亚太安全战略的多边转向》，《国际安全研究》2022年第 4 期，第 91—126 页。

③ David Rapkin, "Leadership and Cooperative Institutions in the Asia-Pacific," p.138.

④ Fred Hiatt, "Marine General U.S. Troops Must Stay in Japan," https://www.washingtonpost.com/archive/politics/1990/03/27/marine-general-us-troops-must-stay-in-japan/1040d582-b39b-408f-a0cb-cf7dab87dea6/，访问时间：2024 年 1 月 12 日。

⑤ Matteo Dian, "Japan, South Korea and the Rise of a Networked Security Architecture in East Asia," *International Politics*, Vol.57, No.2, 2020, p.185.

⑥ Jada Fraser, "The Cornerstone and the Linchpin: Reconstituting U.S.-ROK-Japan Trilateral Security Cooperation," in Christopher Lamont and Jeffrey Ordaniel, eds., *An Alliance Renewed? Future-proofing U.S.-Japan Security Relations*, Honolulu: Pacific Forum, 2022, p.4.

的国防自主权。文在寅政府新南方政策的"和平支柱"是优先扩大和加强与南亚东南亚国家的安全关系。日本更是希望发挥地区关键角色，提升国际地位和国防自主权。亚太地区国家积极参与多边安全合作的动因是担忧自身过于依赖美国，因此通过多边安全框架增加本国的战略自主性。①盟伴施动性还受到国内政治驱动的影响。一些国家国防工业基础和防务研发成本的日益增加推动了国家向外拓展防务合作以促进国内经济增长，而国防工业相关的公司、政府官员和关键决策者可能随之形成利益共同体。此外，宣扬相关政绩可以对内巩固执政者的合法性，对外彰显国家地位和身份以争取国内民众支持。②

除上述三类主要视角外，美国亚太安全架构网络化也存在其他讨论。如随着联盟承诺的弱化和议题领域的泛安全化，"联合阵线"（coalition）被视为美国亚太安全架构网络化的新形式。霸权国通过增加成员数量、丰富国家类型和扩大议题覆盖范围等实现安全架构的网络化，③为美国主导亚太安全架构拓展操作空间并提高制度化深度。还有学者从英国学派的视角解释美国网络化安全架构中的成员范围，指出该架构旨在通过展开秩序谈判"规范中国发展的轨迹"，从而塑造美国的地区霸权。④

尽管既有研究分析了冷战后美国亚太安全架构网络化的原因，但较少考虑机制因素。第一，联盟政治理论从权力结构、威胁制衡和安全供需的角度出发，强调霸权秩序护持的核心战略目标和联盟制度在安全供给中的功能。然而，联盟功能不足难以为美国安全制度方略调整尤其是安全架构演化的内在机制提供具体的解决方案。第二，尽管小多边主义具有制度有效性和地区兼容性的独特优势，但缺失时间维度使得这一视角难以解释美国亚太安全架构网络化的时段差异。值得注意的是，小多边主义与美国亚太安全架构网络化的作用机制存在内生性问题，即二者可能存在反向因果关系。第三，盟伴施动性解释难以说明

---

① Scott Harold, et al., *The Thickening Web of Asian Security Cooperation: Deepening Defense Ties Among U.S. Allies and Partners in the Indo-Pacific*, Boston: RAND Corporation, 2019, p.6.

② Scott Harold, et al., *The Thickening Web of Asian Security Cooperation: Deepening Defense Ties Among U.S. Allies and Partners in the Indo-Pacific*, p.9.

③ 基于联盟概念争议，有研究将议题联合也纳入联盟框架中。参见任琳：《虚弱的联盟扩容与全球治理秩序》，《国际政治科学》2022年第1期，第7页。

④ Matteo Dian and Hugo Meijer, "Networking Hegemony: Alliance Dynamics in East Asia," *International Politics*, Vol.57, No.2, 2020, p.133.

冷战后 30 年来美国亚太安全架构演化的长期性和内在动力，即美国作为亚太联盟体系的主导国与安全网络的核心节点，无疑起到不可规避的关键作用。综上，相关研究既缺少从国家、双边和网络结构层次的分析，也缺失时间维度的考量。因此，本文借助推论性网络分析（inferential network analysis）路径理解美国亚太安全架构演化的网络效应，[①]将时间维度等更多因素纳入分析框架。

二、美国亚太安全网络演化的结构与机制

借助全样本矩阵数据进行社会网络分析，能够清晰展现冷战后美国亚太安全网络的演进路径。网络分析主要关注节点及其之间的联结。因此，本部分分析了美国亚太安全网络的整体结构和节点特征，以揭示美国亚太安全架构的网络化进程，同时阐明影响美国亚太安全网络演化的多层次效应与因果机制，并提出研究假说。

（一）美国亚太安全架构的复合网络化

与"美国亚太/印太联盟体系"相比，"美国亚太/印太安全架构"是一个相对模糊的概念。在地区安全架构中，各国彼此互动并形成一个凝聚不同成员、彼此规定角色、搭建制度连接与汇聚共同规范的宏观体系，反映了大国或地区权力中心的安全利益与战略偏好。[②]安全制度网络以大国为中心向外扩散，制度被内化的程度可能仅限于安全架构中的少数国家。因此，亚太安全架构的边界较为模糊，往往随大国影响力与"势力范围"的消长而发生变化。美国亚太安全架构包含于亚太安全架构，主要是指美国为维护地区霸权，在亚太地区主导构建的以联盟为核心、以双边和多边安全合作为补充的地区安全制度复合体。这一架构以美国力量投射为保障，以盟友和关键伙伴为战略支点，以安全制度为骨架，推动一系列联盟管理、安全合作与军事部署以应对安全威胁。

从安全制度切入研究美国亚太安全架构具有明显的优势。安全制度是国际

---

① 陈冲：《全球外交访问网络的形成与演化——基于大数据的社会网络分析》，《外交评论》2021 年第 4 期，第 120—154 页。

② 史田一：《冷战后美国亚太多边外交中的同盟逻辑》，《当代亚太》2015 年第 2 期，第 42 页。

制度在安全领域的延伸。在理论方面，虽然既有研究围绕安全制度的界定和类型化分析产生了诸多有益成果，①但仍面临两个问题：一是忽视了安全协议这一复杂的安全制度大类的内部差异；二是难以处理安全制度内部共生交错、相互衍生的复杂关系。本文选择将联盟条约、安全协议、国际组织、对话机制、国际声明等正式和非正式的安全制度均纳入分析范围，以处理其内部复杂的衍生关系。安全合作往往需要通过制度和常态化机制予以确认，即使是常规军事合作也需要签订安全协议，并以此作为执行纲领或指导方针。因此，安全制度可以较好地反映美国同亚太各国安全合作态势的全貌。

通过对美国在亚太地区主导或参与的所有安全制度进行系统整理，本文形成了以美国为中心的网络原始数据——"美国亚太安全合作制度数据集"（US-CID）。数据来源依靠整理和分析海量资料，包括1945年以来美国国务院条约事务办公室登记在册的所有现行防务类安全协议，②美国政府官方的安全报告和政策文件，以及既有的"生效的美国安全相关协议"（DUSTA）、"防务合作协议"（DCAD）等安全与防务合作协议相关数据库。③新数据基本覆盖了第二次世界大

---

① David A. Lake, "Beyond Anarchy: The Importance of Security Institutions," *International Security*, Vol.26, No.1, 2001, p.136; Celeste A. Wallander and Robert O. Keohane, "Risk, Threat, and Security Institutions," in Helga Haftendorn, et al., eds., *Imperfect Unions: Security Institutions over Time and Space*, Oxford: Oxford University Press, 1999, pp.23—29; G. John Ikenberry and Jitsuo Tsuchiyama, "Between Balance of Power and Community: the Future of Multilateral Security Cooperation in the Asia-Pacific," *International Relations of the Asia-Pacific*, Vol.2, No.1, 2002, p.70; 魏冰：《地区安全制度扩员的机制与动力》，《当代亚太》2021年第4期，第76页。

② Office of Treaty Affairs, The U.S. Department of State, "A List of Treaties and Other International Agreements of the United States in Force," https://www.state.gov/treaties-in-force, 访问时间：2023年7月1日; Office of Treaty Affairs, United States Department of State, "Treaties and Other International Acts Series (TIAS)," https://www.state.gov/tias/, 访问时间：2023年7月15日。

③ DUSTA数据集由珍妮弗·卡瓦纳2014年在兰德智库发布，参见 "A Database of U.S. Security Treaties and Agreements" https://www.rand.org/pubs/tools/TL133.html, 访问时间：2023年9月20日。DCAD数据集由布兰登·基尼在2020年发布，参见 Brandon J. Kinne, "The Defense Cooperation Agreement Dataset (DCAD)," *The Journal of Conflict Resolution*, Vol.64, No.4, 2020, pp.729—755。"The Defense Cooperation Agreement Dataset," https://www.brandonkinne.com/dcad, 访问时间：2023年9月21日。由于以上数据库只更新至2012年和2010年，给本文的数据搜集和整理工作带来了极大困难，因此只能沿着原始数据源重点参考美国国务院等权威数据予以整合与补充，最终将数据更新至2023年6月。囿于权威数据源更新的滞后性，2021—2023年的数据存在残缺，但不影响本研究在长时段下的规律发现，且本文对拜登政府时期的数据残缺问题做了规避化处理。

战结束以来美国同亚太地区各国缔结的所有现行正式与非正式安全制度。经过对数据进行清洗和再操作化，本文发现，冷战后美国在亚太地区发起或参与了542个安全制度。这些安全制度不仅规模庞大、纵横交错，而且类型繁多、所涉领域广泛，成为本研究关键的经验来源。

（二）美国亚太安全网络演化的图景呈现与结构分析

本文以美国冷战后亚太安全战略调整转折点和历届政府任期最后一年作为时间切片，[①]将美国亚太安全制度数据分为 1991—2000 年、2001—2008 年、2009—2016 年、2017—2020 年和 2021—2023 年五个阶段，并选取 1991 年、2000 年、2008 年、2016 年、2020 年五个时点分别构建各时点下的网络数据，分析冷战后美国亚太安全网络结构的演化特征。本文选取 USCID 数据生成各时点下的网络共现矩阵，运行 UCINET6.645 与 Netdraw 绘制各时点下美国亚太安全网络全景。

数据显示，冷战前后美国在亚太地区主导或参与构建的多边安全制度规模存在显著差异，这基本符合美国亚太安全架构网络化的经验认知。具体而言，美国自第二次世界大战结束至今在亚太地区主导了 54 个多边安全制度。其中，冷战期间的少数多边安全安排，不仅多项属于同一制度体系，而且在冷战期间相继解体。自 1986 年新西兰"退盟"后，美国亚太安全架构成为完全的"轴辐体系"。冷战后美国亚太多边安全制度建设进展明显，仅在冷战结束后 10 年内美国构建的多边安全安排便超过了冷战时期的总和。此外，小布什政府奉行的单边主义并未阻碍其推动多边安全建设，尤其是美日澳三边战略对话最为成熟。作为美国亚太联盟中的两个关键盟友，日澳两国的横向安全合作虽然不具备盟约属性，但加深了美国亚太安全架构的网络化进程。

根据考察时段内美国历届政府任期最后一年，本文选择 1991 年、2000 年、2008 年、2016 年和 2020 年五个时点作为时间切片。值得注意的是，自美国"重返亚太"以来，其历届政府亚太安全战略的总体目标和方向呈现出惊人的一

---

① 冷战后美国亚太安全战略分为三个阶段：冷战结束初期向后冷战时代过渡的调整阶段（1990—2001 年）、美国全球反恐阶段（2001—2009 年）、美国"重返亚太"阶段（2009 年至今）。参见樊吉社：《从亚太到"印太"：美国地区安全战略的变迁与回归》，《国际安全研究》2022 年第 5 期，第 35 页。

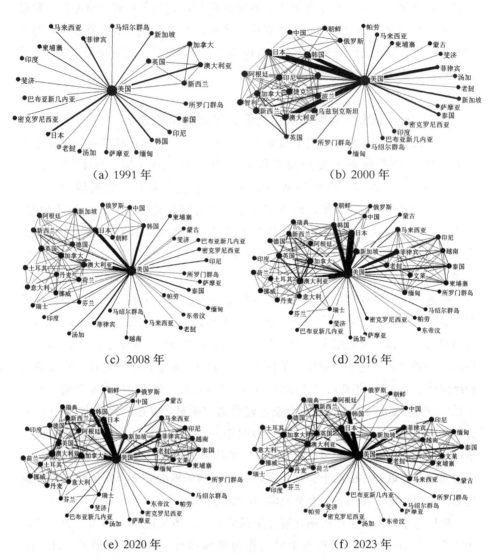

（a）1991 年　　　　　　　　　　　　（b）2000 年

（c）2008 年　　　　　　　　　　　　（d）2016 年

（e）2020 年　　　　　　　　　　　　（f）2023 年

　　注：图中的节点代表安全合作网络中的各参与国，连线表示国家间缔结安全合作制度的数量，其粗细代表关系影响程度大小。该安全合作网络为无向网络。

　　资料来源：笔者自制。

图 1　美国亚太安全网络的演化（1945—2023 年）

致性与连续性。数据结果显示，2016 年和 2020 年的分析结果大致相似。[1]囿于数据统计时间和美国官方数据更新的滞后性，本文仅就这五个时点进行网络结构分析，包括网络规模、网络密度、平均距离、网络直径、两步内可达点数和节点强度等指标。

表 1　美国亚太安全网络结构特征（1991—2020 年）

指标/时间	1991 年	2000 年	2008 年	2016 年	2020 年
网络规模	23	34	39	41	41
网络密度	0.111	0.198	0.143	0.210	0.210
平均距离	1.889	1.802	1.857	1.790	1.790
网络直径	2	2	2	2	2
两步可达点数	23	34	39	41	41

资料来源：笔者自制。

美国亚太安全网络规模随时间呈显著扩大趋势。奥巴马上任之初，美国亚太安全架构参与国达到 41 个，随后边际合作规模减小，说明美国亚太安全架构基本覆盖了所有能建立安全合作关系的国家。网络密度较低表明美国亚太安全网络的制度化程度（制度化密度）整体偏低。平均距离有所缩短表明国家之间合作的密切程度随时间增强。全时段网络直径均为 2，意味着网络中任意两国的最短路径不超过两步。平均距离和网络直径的稳定也是美国成功维护高效与紧密合作关系的重要指标。在个体网络中，参与国的两步内可达点数往往与美国的网络规模直接相关。数值上升说明美国积极推动盟伴安全关系的建立与深化，通过加强不同安全制度的融合以获取资源，巩固网络影响力。节点强度是指连接到各国的边的权重总和。节点强度越大，说明与该国具有安全合作关系的国家数量与缔结安全合作制度的总和越多。不过，同一多边安全制度中若存在多

---

① 相似观点参见 Hugo Meijer, "Shaping China's Rise: The Reordering of US Alliances and Defense Partnerships in East Asia," *International Politics*, Vol.57, No.2, 2020, p.184; Jan Hornat, "Beyond the Hub and Spokes: The Networking Logic and the Operationalization of US Indo-Pacific Strategy," p.649; Nina Silove, "The Pivot Before the Pivot: U.S. Strategy to Preserve the Power Balance in Asia," *International Security*, Vol.40. No.4, 2016, p.51; 参见韩召颖、李圣达：《美国政治信念与对外政策——冷战后〈美国国家安全战略〉报告的操作码分析》，《世界经济与政治》2021 年第 7 期，第 23、34 页。

个成员也会影响节点强度的大小。所以，该指标只能用于整体判断一国介入美国安全网络的程度。

表 2　美国亚太安全网络节点强度比较（1991—2020 年）

国　家	1991年	2000年	2008年	2016年	2020年	国　家	1991年	2000年	2008年	2016年	2020年
美　国	164	239	373	447	483	土耳其	N	N	8	8	8
日　本	33	66	99	118	132	荷　兰	N	N	8	8	8
澳大利亚	29	63	111	118	126	蒙古国	N	1	3	8	8
韩　国	26	49	60	77	81	挪　威	N	N	8	8	8
加拿大	4	28	52	53	57	密克罗尼西亚联邦	2	2	5	6	6
英　国	4	16	46	47	51	马绍尔群岛	1	1	4	5	5
菲律宾	22	24	28	43	45	中　国	N	5	11	6	6
新加坡	9	13	29	47	47	巴布亚新几内亚	3	3	3	4	4
新西兰	5	31	37	40	44	俄罗斯	N	5	10	5	5
泰　国	13	14	16	27	32	朝　鲜	N	5	10	5	5
印　度	3	3	7	13	21	芬　兰	N	N	4	4	4
印度尼西亚	5	17	9	22	22	汤　加	1	2	4	4	4
柬埔寨	4	5	6	16	21	瑞　士	N	N	4	4	4
越　南	N	N	2	16	22	斐　济	1	2	2	2	3
老　挝	1	2	2	12	17	萨摩亚	1	2	2	2	2
马来西亚	5	5	6	16	16	所罗门群岛	3	3	3	3	3
缅　甸	1	1	1	11	16	东帝汶	N	N	2	2	2
丹　麦	N	N	12	12	12	帕　劳	N	1	1	2	2
文　莱	N	N	N	11	12	波　兰	N	12	N	N	N
意大利	N	N	12	12	12	乌兹别克斯坦	N	12	N	N	N
瑞　典	N	N	N	10	10	捷　克	N	12	N	N	N
阿根廷	N	12	8	10	10	智　利	N	12	N	N	N
德　国	N	N	8	10	10						

注：N 表示空值。
资料来源：笔者自制。

从表2可看出，除美国外，日本、澳大利亚与韩国的节点强度在所有时段都稳居前列，表明个体网络中国家间联系频率高。这些国家也是美国在亚太地区的关键盟友和安全资源部署的重点对象。随着时间的推移，各国节点强度呈稳中有升态势。在冷战结束后的10年里，菲律宾、泰国与美国安全合作关系的发展基本停滞（甚至有所倒退）。这与当时由于民族主义和主权观念高涨，东亚部分国家逐渐排斥与美国进行安全合作有关。[①]新西兰、加拿大、印度尼西亚和英国的节点强度大幅提升，这不仅反映了美国的北约盟友自冷战结束之初便开始介入亚太安全事务，还与克林顿政府的多边外交尤其是美国与新西兰安全关系得以修复有关。到小布什政府时期，澳大利亚的节点强度骤增，加拿大、英国、新加坡和印度的节点强度也增长约2倍。此外，多个非美国盟友在该时段首次介入美国安全合作网络。美国"重返亚太"后，亚太盟伴的节点强度整体性增强，反映了这些国家介入美国双边和多边安全制度网络的程度明显加深。

表3　美国亚太安全网络中社会性权力的测量与分布（1991—2020年）

直达权力（相对）						居间权力					
国　家	1991年	2000年	2008年	2016年	2020年	国　家	1991年	2000年	2008年	2016年	2020年
美　国	22.59	14.48	12.75	11.64	11.29	美　国	97.4	80.16	83.58	68.09	68.09
日　本	4.55	4	3.38	3.07	3.08	新加坡	0	0	0	5.19	5.19
澳大利亚	3.99	3.82	3.79	3.07	2.94	澳大利亚	0	0.43	1.93	3.02	3.02
韩　国	3.58	2.97	2.05	2.01	1.89	日　本	0	1.89	1.99	2.39	2.39
新加坡	1.24	0.79	0.99	1.22	1.1	韩　国	0	1.89	0	1.03	1.03
菲律宾	3.03	1.45	0.96	1.12	1.05	新西兰	0	0.43	0	0	0
新西兰	0.69	1.88	1.26	1.04	1.03	菲律宾	N	0	0	0	0
泰　国	1.79	0.85	0.55	0.7	0.75	泰　国	N	0	0	0	0
越　南	N	N	0.07	0.57	0.51	印　度	N	N	0	0	0
印度尼西亚	0.69	1.03	0.31	0.42	0.51	印度尼西亚	N	0	0	0	0

① 1992年，菲律宾决定终止美国在其境内的重要军事基地克拉克空军基地和苏比克湾海军基地的使用权，并要求重新审查与美国的安全关系。参见 The U.S. Department of Defense, "A strategic Framework for the Asian Pacific Rim: Report to Congress," https://onlinebooks.library.upenn.edu/webbin/book/lookupid? key = ha007191495，访问时间：2024年1月12日。

（续表）

通达权力						借势权力					
国家	1991年	2000年	2008年	2016年	2020年	国　家	1991年	2000年	2008年	2016年	2020年
美　国	100	100	100	100	100	美　国	99.96	97.93	97.48	97.78	97.72
新加坡	51.16	50.77	55.88	65.57	65.57	日　本	57.52	62.17	62.03	65.18	67.09
澳大利亚	55	62.26	62.3	64.52	64.52	澳大利亚	45.49	51.08	56.31	50.15	48.82
日　本	51.16	64.71	59.38	61.54	61.54	韩　国	45.32	42.75	40.22	42.43	41.56
韩　国	51.16	64.71	53.52	59.7	59.7	菲律宾	38.35	28.41	21.2	22.31	21.78
文　莱	N	N	N	57.14	57.14	新加坡	15.69	15.39	17.96	20.43	18.86
新西兰	55	62.26	55.88	57.14	57.14	新西兰	4.37	15.35	14.23	12.07	12.72
越　南	N	N	50.67	57.14	57.14	泰　国	22.66	16.57	12.11	12.72	11.84
印度尼西亚	51.16	61.11	50.67	57.14	57.14	印　度	5.23	3.55	5.3	7.63	11.14
菲律宾	51.16	50.77	50.67	57.14	57.14	印度尼西亚	8.72	9.59	6.81	8.87	8.19

注：N 表示空值。囿于篇幅，仅列出前 10 名国家。
资料来源：笔者自制。

　　节点中心度可用来测量美国与其盟伴的社会性权力，其来源和性质由行为体在关系网络中的位置及其联结方式决定。[1]按照度数中心度、中间中心度、接近中心度和特征向量中心度四种中心度指标可将社会性权力分别定义为直达权力、居间权力、通达权力和借势权力。[2]本文使用 UCINET 将亚太地区国家纳入社会性权力的测量。美国与其 5 个亚太盟友在地区安全架构中的社会性权力分布整体呈现出高度的一致性，这种一致性不仅体现在安全网络关系资源的占用量上，而且反映在对资源的控制和利用方式上。这种现象很大程度上归因于冷战初期以来长期存在的双边联盟制度及其路径依赖效应。美国盟伴在社会性权力分布上的变化与美国为应对亚太安全挑战而进行的战略调整相适应，为美国

---

　　① Miles Kahler，ed.，*Networked Politics：Agency，Power，and Governance*，Ithaca：Cornell University Press，2009，p.4；Zeev Maoz，et al，"Network Centrality and International Conflict，1816—2001：Does It Pay to Be Important?" *Annual Meeting of Peace Science Society*，2004，pp.6—8；董柞壮：《影响力制衡：主导国应对崛起国的关系性逻辑》，《世界经济与政治》2021 年第 8 期，第 120 页。
　　② 庞珣、权家运：《回归权力的关系语境——国家社会性权力的网络分析与测量》，《世界经济与政治》2015 年第 6 期，第 39 页。

在亚太地区构建一个更为紧密且弹性的安全架构奠定了基础。

（三）网络效应与研究假说

在探索美国亚太安全架构网络化的逻辑时，需要明确安全合作网络的演化机制。在复杂网络中，拓扑结构会随着时间的推移对网络结果产生影响。[1]为实现这一目标，本文在社会网络分析和三阶依赖效应研究[2]的基础上引出基于节点、关系和结构的三种网络效应：优先连接、强化连接和网络传递。此外，通过对这些网络效应的深入分析，还可揭示美国如何通过多边安全合作维护和加强其在亚太地区的战略利益以及这种合作如何反过来影响地区安全动态。

第一，优先连接是社会网络理论中一个关键的网络节点效应，也是理性选择的结果。[3]在一个网络中，新的节点倾向于与已经拥有较多连接的节点建立联系。从互联网的连接结构到科学合作网络，这种现象在多个领域中均有发现。[4]在国际关系中，具有更大社会性权力的国家更有可能吸引新的合作伙伴。这一逻辑背后的动力是这些中心国家通常具有更多的资源、更强的安全保障能力和更大的影响力，因而成为新合作伙伴的首选对象。在美国亚太安全网络中，美国和关键盟伴等社会性权力大的国家会形成"马太效应"。

第二，强化连接关注的是已有网络关系如何促进新关系的形成。在社会网络理论中，这是基于已建立的联系和互动在网络中创造出新的连接可能性。应用于国际关系领域，如果两个或多个国家已经建立了牢固的双边或多边安全合

① William Kindred Winecoff, "'The Persistent Myth of Lost Hegemony', Revisited: Structural Power as a Complex Network Phenomenon," *European Journal of International Relations*, Vol.26, No.1, 2020, p.214.

② 陈冲：《全球外交访问网络的形成与演化——基于大数据的社会网络分析》，《外交评论》2021 年第 4 期，第 132 页；Peter D. Hoff and Michael D. Ward, "Modeling Dependencies in International Relations Networks," *Political Analysis*, Vol.12, No.2, 2004, pp.160—175；Yanjun He and Peter D. Hoff, "Multiplicative Coevolution Regression Models for Longitudinal Networks and Nodal Attributes," *Social Networks*, Vol.57, 2019, pp.54—62。

③ 陈冲：《全球外交访问网络的形成与演化——基于大数据的社会网络分析》，《外交评论》2021 年第 4 期，第 133 页。

④ 新节点优先依附于已有良好连接的现有节点；换言之，优先依附于具有高度中心性的节点。参见 Albert-László Barabási and Réka Albert, "Emergence of Scaling in Random Networks," *Science*, Vol.286, No.5439, 1999, pp.509—512。

作，受到制度路径依赖和偏好依附的影响，它们更有可能扩展这种合作，进一步深化和加强相互关系。这种机制的存在是因为已有的合作关系建立了信任，从而降低了新合作关系的潜在成本和风险。信任在互动中随时间推移而产生，具有自我强化和累积的倾向。

第三，网络传递是网络结构中的一个核心效应，指的是如果节点 A 与节点 B 有联系、节点 B 与节点 C 有联系，那么节点 A 和节点 C 也有很大可能性建立联系。[1]社会网络理论中存在一种"第三方保障"机制，即在一段新的关系中，第三方提供的可信度线索可以补充信任方对被信任方可信度的判断。[2]关系密切的第三方可以通过传递积极的信息来增强两个主体之间的信任。[3]如 2023 年 3 月，伊朗与沙特阿拉伯在断交 7 年后复交，两国和解的重要原因是双方均与中国长期保持建设性的双边关系。正是在中国的积极斡旋下，双方得以重新建立信任。在安全合作中，如果两个国家都与第三方有安全合作关系，它们之间直接建立合作的可能性将会增加。[4]共同的合作伙伴能够作为信任和合作意愿的中介，从而促进新的合作关系的建立。

冷战结束后，自由主义大战略长期作为美国制定外交政策和构建国际秩序的指导原则，强调经济相互依存、政治民主化与社会化，通过制度约束实现战略上的相互捆绑，也重视与潜在对手建立制度联系，从而实现减少制衡动机、增强相互约束的目标。美国在亚太地区构建一系列多边安全制度具有两方面意图：一是巩固霸权合法性，通过自我约束式的制度方略削弱地区国家联合抗衡美国的意愿；二是以包容性塑造约束性，通过将潜在对手纳入制度框架以更密

---

①　Brian Uzzi, "Embeddedness in the Making of Financial Capital: How Social Relations and Networks Benefit Firms Seeking Financing," *American Sociological Review*, Vol.64, No.4, 1999, pp.481—505.

②　Roderick M. Kramer, "Trust and Distrust in Organizations: Emerging Perspectives, Enduring Questions," *Annual Review of Psychology*, Vol.50. No.1, 1999, pp.569—598.

③　Ronald S. Burt and Marc Knez, "Kinds of Third-Party Effects on Trust," *Rationality and Society*, Vol.7, No.3, 1995, pp.255—292; Ray L. Benedicktus, "The Effects of 3rd Party Consensus Information on Service Expectations and Online Trust," *Journal of Business Research*, Vol.64, No.8, 2011, pp.846—853.

④　网络传递性有多种表现形式，如在外交访问有向网络中，传递性表现为国家更偏好访问那些它们的伙伴已经访问过的国家。参见陈冲：《全球外交访问网络的形成与演化——基于大数据的社会网络分析》，《外交评论》2021 年第 4 期，第 136 页。

切地关注各国动向，缓解安全困境。促进经济相互依存、制度合作和有约束力的承诺是美国建立稳定的世界政治秩序的"秘密武器"。①随着美国霸权的衰落与对华"修正式"战略定位的转变，②美国对亚太盟伴的战略需求也持续增加，包括更多军费开支和力量支持，而传统的"轴辐体系"无法满足这种需求。③网络化的结构可以分散并减轻美国的霸权责任与成本支出，提高联盟体系的运作效率。从战略成果的角度看，美国联合日本、印度等盟伴构建安全网络可以实现一系列战略目标，包括力量平衡、战略捆绑、行动互操作性、威胁应对、风险分担、战略支持和规范塑造等。④

因此，美国霸权护持需求与联盟秩序维持功能的不相符造成的制度缺位是其亚太安全架构网络化的前提条件，基于国家、双边和结构（第三方因素）层次的网络效应则是影响美国亚太安全网络演化的主导性因素。如图2所示，本文基于制度缺位的基本假定，建立了以网络效应为核心逻辑的分析框架。

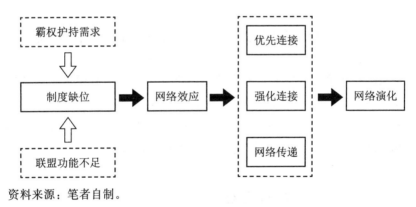

资料来源：笔者自制。

图2　美国亚太安全架构网络化的分析框架

①　G. John Ikenberry and Jitsuo Tsuchiyama, "Between Balance of Power and Community: the Future of Multilateral Security Cooperation in the Asia-Pacific," pp.73—79.

②　叶晓迪：《论中美战略竞争态势变化的原因》，《战略决策研究》2021年第1期，第3页。

③　Jada Fraser, "The Cornerstone and the Linchpin: Reconstituting U.S.-ROK-Japan Trilateral Security Cooperation," p.3.

④　Satu Limaye, "Integrating an Ally and an Aligner in a Principled Security Network: The United States and the India-Japan Strategic Partnership," in Rajesh Basrur and Sumitha Narayanan Kutty, eds., *India and Japan: Assessing the Strategic Partnership*, Singapore: Springer, 2018, p.99.

优先连接、强化连接和网络传递三种网络效应被选作分析机制，原因在于三者之间存在相互联系和互补性，即解释了为何某些国家成为安全合作网络的中心、如何通过现有合作关系建立新的合作以及安全合作网络是如何通过共有联系而得到强化。换言之，这三种网络效应涵盖了国家、双边和结构层次。运用以上网络效应的理由还在于它们在解释美国亚太安全合作网络特有的形成、强化与拓展过程中的直接相关性和解释力。因此，本文提出三个研究假说：

假说 1（优先连接）：在美国亚太安全网络中，社会性权力大的国家更容易与他国建立更多安全合作关系。

假说 2（强化连接）：在美国亚太安全网络中，相互合作基础深厚的国家之间更容易建立新的合作关系。

假说 3（网络传递）：在美国亚太安全网络中，两国之间深化安全合作关系会受第三方影响，它们倾向于选择均与第三方拥有安全合作关系的国家。

三、美国亚太安全架构网络化机制的实证检验

为检验研究假说，本文首先采用动态网络模型实现仿真模拟与参数估计，并进行稳健性检验；随后辅以代表性案例展开过程追踪，阐释美国亚太局部安全网络的演化机理。通过双重检验，本文旨在证实多层次网络效应对美国亚太安全架构网络化的机制，明确分析框架的科学性与合理性。

（一）动态网络建模与稳健性检验

为检验基于三种网络效应的研究假说，明确冷战后美国亚太安全网络演化的机制，本文选择时间指数随机图模型（TERGM）作为主要分析工具。[①]TERGM 是指数随机图模型（ERGM）的扩展，旨在适应纵向观测网络中的时间依赖性。ERGM 指定了给定一组 n 个节点和某些条件下所观察到的网络 Y 相对于所有可能的网络配置出现的概率 θ。TERGM 基于 ERGM，但对时间序列数

①　关于 TERGM 模型的介绍，参见 Statnet Development Team，"Temporal Exponential Random Graph Models（TERGMs）for Dynamic Network Modeling in Statnet，" https：//statnet.org/workshop-tergm/tergm_tutorial.html，访问时间：2023 年 11 月 25 日。

据进行了优化，其核心公式可以表示为：

$$P\left(Y^t \mid Y^{t-K}, \cdots, Y^{t-1}, \theta\right) = \frac{\exp\left\{\sum_A \theta_A H\left(Y^t, Y^{t-1}, \cdots, Y^{t-K}\right)\right\}}{c\left(\theta, Y^{t-K}, \cdots, Y^{t-1}\right)}$$

式 1

式 1 中，t，t-1，…，t-K 表示对应的时期，Y^t，Y^{t-1}…Y^{t-K} 分别表示该时期对应的网络，$c\left(\theta, Y^{t-K}, \cdots, Y^{t-1}\right)$ 是归一化常数，θ 是各统计量的系数，A 是可能影响网络关系形成的因素，$H\left(Y^t, Y^{t-1}, \cdots, Y^{t-K}\right)$ 是对应于 A 的网络统计量。

如果网络中的结果是相互依赖的，那么网络拓扑结构就是准确解释该结果所需的信息。①TERGM 能够处理和分析网络结构随时间的变化，并对网络效应进行仿真模拟和参数估计。针对假说 1（优先连接），本文引入变量二星构型（kstar-2），即统计网络中二星构型的数量，以判定是否存在优先连接性。针对假说 2（强化连接），本文引入网络边协变量（edgecov），即网络中每条边所拥有的某一类型协变量的和，可以反映该类型协变量对两节点间关系形成或强度变化的影响。笔者将美国与各国间缔结安全制度的数量作为网络协变量，由于要考虑合作关系的程度对建立新合作的影响，因此将两国间合作数量小于 2 的边分配一个协变量值为零，从而判定缔结安全制度数量多的国家间（即相互安全合作基础深厚的国家间）是否会更容易建立新的合作。针对假说 3（网络传递），本文引入变量闭合三角构型，统计构成三角结构的数量，以判断两国之间深化安全合作关系是否会受第三方影响。

在实际检验中，本文对基于时间切片生成的无向网络矩阵进行建模。引入时间依赖结构变量稳定性（memory），网络稳定性变量可反映上一期网络中的关系是否会影响下一期网络关系的形成。TERGM 设定如下：

$$P\left(Y^{t+1} \mid \theta^t, Y^t\right) = (1/c)\ \exp\left(\theta_0\ edges + \theta_1\ kstar + \theta_2\ edgecov \right.$$
$$\left. + \theta_3\ triangle + \theta_4\ memory\right)$$

式 2

式 2 中，Y^{t+1} 和 Y^t 分别为 t+1 和 t 时期的美国亚太安全网络，θ 为模型参

---

① William Kindred Winecoff, " 'The Persistent Myth of Lost Hegemony', Revisited: Structural Power as a Complex Network Phenomenon," p.214.

数，1/c 为介于 0 和 1 之间的归一化常数，kstar、edgecov、triangle 分别检验三个假说。

表 4 展示的是基准模型，作为本文其他模型的参考基准。边数（edges）代表网络边数效应，属于网络的基础效应，主要用于反映两节点的连边对网络形成的影响。根据表 4 结果，边数变量的系数为 -1.487，其对应的 p 值低于 0.01，表明该系数是统计显著的。这一结果从 t 检验中得到确认，意味着边数对网络的形成起着关键作用。模型模拟的网络并不是随机网络，因而本研究适合运用 TERGM 进行建模。但是边数的系数为负数说明边增长率低于理论值，同时表明网络的密度较低，网络整体的连通性相对较弱。

表 4　基准模型结果

变量	参数估计值	标准误	t 值	Pr（>｜t｜）
边数	-1.487	0.0456	-32.596	<2.2e-16***
样本量	6 390			
赤池信息准则（AIC）	3 055.95			
贝叶斯信息准则（BIC）	3 062.02			
对数似然	-1 526.98			

注：*** p<0.01，** p<0.05，* p<0.1。
资料来源：笔者自制。

接下来，本文在 TERGM 基础模型中添加变量二星构型、边协变量、闭合三角构型与网络稳定性，使用 R 语言中的 btergm 程序包构建模型并使用马尔可夫链蒙特卡罗最大似然估计算法（MCMCMLE）对参数进行多次迭代估计，① 参考 Pr（>｜t｜）结果检验模型参数显著性，直到确定最优模型。表 5 总结了 TERGM 仿真模拟后的参数估计结果。关于新增效应后的模型的合理性，可通过赤池信息准则（AIC）与贝叶斯信息准则（BIC）的数值来判断。②新增效应后

---

① 马尔可夫链蒙特卡罗最大似然估计算法是一种统计方法，用于估计复杂模型中参数的最大似然估计。该方法结合了马尔可夫链蒙特卡罗的采样技术和最大似然估计（MLE）的统计原理。

② AIC 和 BIC 是两种常用于统计模型选择的准则。它们都用于从一组候选模型中选择最佳模型，但各有其特点和应用场景。其中，AIC 是一种基于信息理论的方法，旨在找到最能代表数据的模型，同时避免过度拟合。BIC 类似于 AIC，但在罚分项中加入了样本量的因素，从而在较大的样本量下更倾向于选择较简单的模型。BIC 尝试寻找最佳平衡点，既能够良好地解释数据，又不会因为模型复杂度过高而导致过度拟合。

的模型的 AIC 和 BIC 比基础模型更小，则说明新增效应后的模型是更具合理性的。①由结果可知，加入二星构型、边协变量、闭合三角构型和网络稳定性的模型，AIC 和 BIC 分别为 1 299.97 和 1 335.29，而基础效应模型的 AIC 和 BIC 分别为 3 055.95 和 3 062.02。因此，新增效应的模型是更具合理性的。

表 5　TERGM 参数估计结果

变　　量	参数估计值	标准误	t 值	Pr（>｜t｜）
边数	−5.710	0.625	−9.142	<2.2e-16 ***
二星构型	0.112	0.017	6.480	1.018e-10 ***
边协变量（合作数量）	4.427	0.576	7.688	1.825e-14 ***
闭合三角构型	0.229	0.038	6.093	1.202e-09 ***
网络稳定性	2.153	0.560	3.842	0.000 123 6 ***
样本量	4 440			
赤池信息准则（AIC）	1 299.97			
贝叶斯信息准则（BIC）	1 335.29			
对数似然	−644.98			

注：*** p<0.01，** p<0.05，* p<0.1。
资料来源：笔者自制。

在表 5 中，二星构型代表优先连接效应，参数估计值为 0.112，显著性水平低于 0.01。这说明优先连接效应对于网络合作关系的形成具有显著正向的影响，即网络中最核心的国家更容易与其他国家建立安全合作关系。边协变量定义为国家间安全合作制度数量（edgecov.net _ quantity），代表强化连接效应，参数估计值为 4.427，显著性水平低于 0.01。因此，强化连接效应对于网络的形成与强化具有显著正向的影响，即相互合作基础深厚的国家间更容易建立新的安全合作关系。闭合三角构型代表传递效应，参数估计值为 0.229，显著性水平低于 0.01。因此，传递效应对于网络的形成与拓展具有正向影响，即两国之间深化安全合作关系会受第三方影响，倾向于选择与第三方均建立安全合作关系的国家。

稳健性检验是为了保证模型结果的准确性。通常来说，TERGM 中的效应

① Pol Johannes, "Introduction to Network Modeling Using Exponential Random Graph Models（ERGM）：Theory and an Application Using R-Projec," *Computational Economics*，Vol.54，No.3，2019，pp.845—875.

如果显著存在，任意取其他时点数据再次进行模型检验也都会成立。本文利用其他年份数据对 TERGM 进行稳健性检验。如表 6 所示，本文随机选取 1992年、1999 年、2006 年、2013 年和 2019 年五年的等距数据对 TERGM 再次进行估计。从结果可知，虽然二星构型与原模型显著性水平不一致，但是整体上边数、二星构型、边协变量（国家间合作数量）和闭合三角构型的参数估计值均显著，且参数估计值的符号和原始模型一致，参数估计值均为正，这说明三个网络效应假说均得到证实。同时，AIC 与 BIC 的值也接近。因此，可以得出TERGM 结果较为稳健的结论。

表 6　稳健性检验结果

变　　量	参数估计值	标准误	t 值	Pr（>∣t∣）
边数	− 3.841	0.289	− 13.301	<2.2e-16 ***
二星构型	0.039	0.013	3.045	0.002 339 **
边协变量（合作数量）	2.571	0.396	6.498	8.971e-11 ***
闭合三角构型	0.492	0.061	8.056	9.925e-16 ***
网络稳定性	1.589	0.227	7.014	2.656e-12 ***
样本量	4 674			
赤池信息准则（AIC）	791.20			
贝叶斯信息准则（BIC）	826.83			
对数似然	− 390.60			

注：*** p<0.01，** p<0.05，* p<0.1。
资料来源：笔者自制。

（二）案例追踪：美日印澳局部安全网络的演变

本文通过案例过程追踪进一步考察网络效应在美国亚太安全架构网络化中的作用机制。自特朗普政府实施"印太战略"以来，不可忽视的代表性案例是美日印澳"四方安全对话"（QUAD）机制。自 2017 年全面复活后，"四方安全对话"在美国"印太战略"和地区安全架构中处于关键地位。[1]作为美国与盟伴

---

[1]　张耀：《中美战略竞争与亚太中等强国的行为选择——以美国印太战略升级为契机》，《东南亚研究》2023 年第 2 期，第 68 页；赵菩、李巍：《霸权护持：美国"印太"战略的升级》，《东北亚论坛》2022 年第 4 期，第 29—31 页。

共同应对体系压力的战略性考量，"四方安全对话"被视为美国亚太安全网络中的一个核心架构，其中包含系列双边、三边和四边关系。关于"四方安全对话"演变的原因，相关研究从国内政治、经济依赖、安全关切与威胁制衡以及权力结构等视角做出了解释。[1]然而，在美国霸权护持需求与亚太联盟秩序维持功能愈加失衡的背景下，制度缺位不仅推动美国持续加强与盟伴的安全联系，也促使盟伴加强与美国及安全架构内部的横向合作，获取社会性权力。基于优先连接、强化连接和网络传递的网络效应能够较好地解释美日印澳安全网络的内部关系如何作用以及为何经历了形成—瓦解—复活—强化的演变历程。

一方面，网络效应为"四方安全对话"在 2007 年的形成与 2008 年的瓦解提供了独特解释。[2]"四方安全对话"概念最初源于 2004 年印度洋海啸期间美日印澳四国在人道主义援助方面的合作。[3]2007 年，安倍晋三（Abe Shinzo）提出建立一个基于共同价值观和战略利益的非正式对话机制，以应对地区挑战。同年 5 月，美日印澳四国举行首次会谈，探讨共同关心的安全问题。2008 年，澳大利亚陆克文政府出于对中澳关系产生负面影响的担忧，退出了这一对话机制。印度也对这一排他性较强的联合阵线持消极立场。"四方安全对话"1.0 版因两国的退出走向瓦解。

有观点认为，"四方安全对话"1.0 版的瓦解源自彼时澳印与美日之间的战略分歧。网络效应可以提供一个多层次的动态分析：当联盟制度缺位问题突出时，网络效应中的优先连接解释了美国和作为次轴心的日本在"四方安全对话"1.0 版形成中所发挥的关键作用。此外，资源丰富的行为体之间也会进行密集的资源交换。[4]在共同利益的驱使下，美日印澳四个国家存在相互联结的推力。从四国内部的安全关系来看，美国、日本与澳大利亚早在冷战初期便成为亚太联盟体系的重要组成部分。数十年来，美日、美澳两对联盟在路径依赖下具备合

---

① Brian C.H. Fong, "Alliance Politics Across the Indo-Pacific: An Offensive Realist Analysis of the QUAD's Transformation," *International Politics*, Vol.60, No.5, 2023, pp.989—1013.

② 本文将 2007—2008 年的"四方安全对话"机制与 2017 年复活的"四方安全对话"机制分别成为"四方安全对话"1.0 版与"四方安全对话"2.0 版。

③ Suhasini Haidar, "After the Tsunami: How the 'Quad' Was Born," https://www.thehindu.com/opinion/op-ed/after-the-tsunami/article20461149.ece, 访问时间：2024 年 1 月 12 日。

④ Yasuhiro Izumikawa, "Network Connections and The Emergence of the Hub-and-Spokes Alliance System in East Asia," *International Security*, Vol.45, No.2, 2020, p.15.

作升级的先天优势并积累了深厚的合作基础。强化连接与网络传递效应为美日澳三边战略对话的确立创造了条件。长期的制度累积让"三方之间联系的加强如此自然"。①然而在 2008 年之前，美印、日澳、日印、美日印、日澳印等双边和多边安全关系的发展并不成熟。例如，陆克文政府对与日本加强合作持谨慎态度。印度长期奉行不结盟政策，强调战略自主和多元外交，使其对加入美国主导的安全架构较为抵触，②认为日澳是美国的"附庸"。③因此，"四方安全对话"1.0 版走向瓦解的主要原因在于美国盟伴之间长期缺少横向安全合作，未能形成足够的"闭合三角"。网络传递的薄弱性致使局部安全网络的脆弱性增强，彼此间缺少信任基础放大了各方对威胁认知差异的影响。因此，强化连接与网络传递的不足使得美国与日澳印三国之间未能形成稳定的安全网络。

另一方面，网络效应解释了"四方安全对话"在 2017 年"复活"后缘何不断强化和拓展。随着美国霸权护持的战略需求急剧增加，制度缺位的紧迫性增强。"印太"概念的提出与"四方安全对话"2.0 版的复活紧密相连。在特朗普政府正式使用"印太"概念后，2019 年 6 月发布的《印太战略报告》提出加强美日印澳外交磋商机制建设。④同年 9 月，四国在联合国大会期间举行首次外长会，极大提升了"四方安全对话"2.0 版的正式性。随后，四国外交部长与国防部长级"2+2"对话机制启动。在拜登政府的积极推动下，四国领导人于 2021年 3 月首次会晤，并决定每年定期举办一次，标志着美日印澳局部安全网络的制度化程度进一步提升，所涉议题领域更加广泛。与 2007 年的初次尝试相比，亚太战略环境发生了显著变化。中国成为亚洲最大经济体以及在维护国家安全方面转向积极作为引起了美国和地区相关国家的警惕，而双边联盟并不能有效促进联合阵线的形成。制度缺位成为美国和关键盟伴加强战略协调的根源。尽

① Ashok Sharma, "The Quadrilateral Initiative: An Evaluation," *South Asian Survey*, Vol.17, No.2, 2010, p.240.

② Tomohiko Satake, "Will Japan-US-Australia-India Security Cooperation Be Realized? Different Perceptions for Order and Implications for Japan," https://www.nids.mod.go.jp/english/publication/briefing/pdf/2018/briefing_e201807.pdf, 访问时间：2023 年 11 月 30 日。

③ Ashok Sharma, "The Quadrilateral Initiative: An Evaluation," p.251.

④ The U.S. Department of Defense, "Indo-Pacific Strategy Report: Preparedness, Partnerships, and Promoting a Networked Region," https://media.defense.gov/2019/Jul/01/2002152311/-1/-1/1/DEPARTMENT-OF-DEFENSE-INDO-PACIFIC-STRATEGY-REPORT-2019.PDF, 访问时间：2024年 1 月 14 日。

管四国重启"四方安全对话"的目的不同，但都有利用对方转移风险、拓展市场、对抗中国与增强社会性权力的意图。[①]

在演化机制中，优先连接、强化连接与网络传递在"四方安全对话"的强化与拓展中起到关键作用。一是优先连接的加强。特朗普政府上台后，美国在"印太安全架构"中的社会性权力显著增强。美国在亚太地区的战略重心发生转变，更加聚焦于与中国的战略博弈，这使得美国与盟伴形成了更多安全合作框架。二是强化连接的显著增强。既有观点认为"四方安全对话"2.0版加强了成员国之间的双边和多边关系，[②]但恰恰是各国之间不同层次安全合作制度的持续累积才促进了"四方安全对话"的"复活"与强化。虽然"四方安全对话"在2008—2017年停止运行，但四国之间的安全合作与战略联系未曾中断。自2008年以来，四国稳步加强安全和防务领域的接触，定期举行双边/三边对话以及军事演习。尽管印度不是美国盟友，但与美国及其盟友的关系呈现出密切接触的趋势。三是网络传递效应显著。除日印、澳印和美印等双边安全关系的持续增强外，美日澳、美日印和澳日印三边战略对话也十分活跃。其中，美日澳三边安全关系被认为是美国与盟伴之间最强大的小多边安全合作之一。因此，四国间的安全合作不再仅限于与美国的双边关系，而是形成了更为紧密和协调的多边安全网络。国家节点在这种安全网络中发挥重要作用。此外，四国在基础设施、军事互操作性与关键资源网络等拓展议题领域中的交叉合作加速了安全网络连接的强化与传递。

综上，"四方安全对话"的形成—瓦解—复活—强化反映了制度缺位前提下三种网络效应的有机互动。其中，"四方安全对话"的初步形成体现了优先连接性中的理性选择逻辑，但由于缺乏稳固的多边合作基础很快瓦解，暴露了小多边安全合作网络的脆弱性。"四方安全对话"的强化与拓展则是优先连接、强化连接和网络传递效应的有力体现，实现了美日印澳局部安全网络的持续深化与

---

① Chunying Ba. "The Revival of the Quadrilateral Security Dialogue：Causes and Characteristics," *Journal of Research in Social Science and Humanities*，Vol.2，No.3，2023，pp.19—20.

② Soham Rane, "Informed Cooperation and Strategic Dynamics：The Quadrilateral Security Dialogue（QUAD）and Its Geopolitical Implications in the Indo-Pacific," https://repositories.lib.utexas.edu/server/api/core/bitstreams/9f68852c-f10c-41e0-a232-0af730b18896/content，访问时间：2023年12月1日。

长期运行。随着北约盟友积极介入亚太事务并支持美国的"印太战略"，安全网络中的"闭合三角"日趋增多。这些域外盟伴与"四方安全对话"机制成员的安全关系逐渐加深，该机制有可能出现由"四方"向"四方＋N"方向发展的趋势。

四、美国亚太安全架构网络化的趋势

通过社会网络分析与统计模型检验，可以发现冷战后美国亚太安全架构始终处于网络化进程中，表现为从"轴辐体系"向"复合网络"演化的整体趋势。这一趋势符合美国维护自由主义霸权的战略需求，也是其在霸权衰落过程中塑造合法性并为霸权分摊成本的关键手段。在网络效应影响下，美国亚太安全架构的复合网络化趋势体现在社会性权力分布、安全制度结构、制度化程度（深度与密度）和空间范围四个维度，并将长期表现为碎片化的垂直网络架构。

首先，优先连接效应推动美国亚太安全架构中的社会性权力分布展现出一种基于不对称关系及安全等级制的垂直网络架构。作为一种"马太效应"，具有更大社会性权力的国家因具有更多资源、更强的安全保障能力以及更大的影响力而更有可能成为合作的首选对象。在优先连接效应下，安全网络中的国家节点分为主导国、支柱国和利基国（niche）三个层次。[①]其中，美国扮演主导国角色，关键盟伴被定位为支柱国，其余中小国家属于利基国。该结构确保了美国在亚太安全架构中的主导权和控制力。美国通过激发关键盟伴的角色潜力来进一步掌控安全网络的整体资源。相较于可能牺牲主导权和控制力的扁平化架构，垂直网络架构巧妙平衡了美国地区霸权护持的支配性与合法性。

其次，强化连接效应显著影响了美国亚太安全架构的安全制度结构。多边化抑或小多边化虽然是美国近年来亚太安全战略转向的重要表现，但美国实行的是"多管齐下"策略。强化连接效应促使美国在推动小多边化的同时持续巩

---

① 路易斯·西蒙等人认为在"节点防御体系"中，包括安全保障者（地区枢纽、地方枢纽和利基国）。在东亚安全架构中，这种角色分别表现为安全保障者（美国）、地区枢纽（日本和澳大利亚）、地方枢纽（韩国和越南）和利基国（菲律宾与新加坡等）。参见 Luis Simón, Alexander Lanoszka and Hugo Meijer, "Nodal Defence: the Changing Structure of US Alliance Systems in Europe and East Asia," pp.360—388。

固和加强与盟伴的双边安全关系，突出表现为美国与盟伴签订或升级一系列安全协议与对话机制。多边安全制度因涉及多国"高调"联合而易被关注，较为"隐蔽"的双边安全制度则仍将长期居于主导地位。尽管新出现的网络化安排没有冷战时期的制度安排那么等级森严，但这并不一定意味着美国放弃了对"辐条"的控制。①双边联盟则是美国亚太安全架构的制度基石。强化连接效应证实了制度的路径依赖性，即借助现有联盟制度可以相对较低的战略成本控制整体安全架构。因此，美国亚太安全架构中的安全制度结构仍将长期表现出"双边主导、多边为辅"的特点。

再次，美国亚太安全架构的制度化程度（密度与深度）②在网络传递效应下也在持续增加。一方面，安全制度的多边化呈现明显的"碎片化"特征，包括参与国之间的相互交错和制度之间的相互衍生。网络传递效应一般建立在强化连接效应的基础上，新的多边安全制度的生成与演进往往与既有的安全制度关系密切，从而实现资源、信息和行动协调的共享。另一方面，安全制度的扩展趋势体现为议题安全化和议题领域相互交叉。例如，"四方安全对话"并非局限于传统议题，而是涵盖了网络安全、人工智能、供应链、公共卫生、气候变化与环境以及基础设施建设等"被安全化"的领域。各类小多边合作并非总是围绕单一议题展开，而是呈现议题的多元化和跨领域性。一项安全制度所涉议题往往也在其他安全制度中被反复提及和讨论。制度化深度的增加避免了制度间的割裂，促进了合作的灵活性和广度，保障了每项制度在处理多议题时保有一定的自主性和特色，从而规避了单一议题的过度集中可能带来的政治敏感和战略风险。

最后，随着网络传递效应的强化，美国亚太安全架构的空间范围呈现出对"地区边界"的泛化和对地缘战略资源的重置。事实上，为维护地区霸权，美国采取了一系列策略延伸其"势力范围"，将更多国家纳入自身主导的安全架构。

---

① Jan Hornat, "Beyond the Hub and Spokes: The Networking Logic and the Operationalization of US Indo-pacific Strategy," p.649.

② 制度化的程度可以从两个亚维度度量：一个是制度化密度，即制度对行为体的行为、交往以及社会结果的规制的细致程度；另一个制度化深度，即制度对不同领域中的行为体的行为、交往以及社会结果的规制的触及深度。参见唐世平：《国际秩序变迁与中国的选项》，《中国社会科学》2019年第3期，第189页。

一是通过推动"印太地区"概念取代传统的亚太地区。这一策略的重点是将印度这个非传统亚太大国纳入联合阵线。二是积极拉拢域外盟伴介入亚洲事务。加拿大和英国的节点强度自冷战后初期开始便在美国亚太安全网络中大幅提升，反映了美国的域外北约盟友在冷战结束之初便开始介入亚太安全事务。近年来，北约"亚太化"的持续推进同样表明美国有意泛化传统地缘战略空间。深入剖析美国泛化亚太地理空间策略的本质，可看出其意在撕裂亚洲国家的身份认同，并引入更多的地缘竞争关系及不稳定因素。这种泛化空间范围的策略不仅意在塑造"政治地区"的战略叙事，也会增强美国介入该地区安全事务的合法性基础。

综上，冷战后美国亚太安全架构的复合网络化趋势凸显，但并不意味着美国亚太安全合作网络会轻易实现高度制度化的整体安全网络，而是长期表现为一种碎片化的垂直网络架构。在网络效应的主导下，美国亚太安全架构的复合网络化将以社会性权力分布为基础，以双边安全制度为主导，以选择性多边主义为补充，以提升制度化密度和深度为制度扩展方向，通过泛化地理空间来汲取更多安全网络资源。值得注意的是，美国亚太安全架构的网络化并不会导致联盟体系的网络化。美国亚太联盟体系作为冷战初期的产物，美国在当下几乎不会再签署新的防御盟约，因为处在霸权衰退中的美国无法再承担更多联盟承诺。

五、结　　论

在冷战结束以来的30余年里，美国亚太安全架构呈现出明显的网络演化轨迹。这种变化不仅在学界引发了激烈争论，而且反映了美国亚太联盟体系转型的趋势。在全样本原始数据的基础上，基于时间切片的动态网络分析呈现出美国亚太安全架构演化的结构特征与演化机制，明确了从"轴辐体系"到"复合网络"的演化趋势以及优先连接、强化连接与网络传递三种网络效应在美国亚太安全架构网络化中的核心逻辑，反映了美国在维护地区和全球霸权的战略调整。本文一定程度上厘清了联盟体系与安全架构的关系，通过安全制度的视角探究安全架构的结构特征与演化趋势，借助推论性网络分析这一先进的分析工具验证了长时段下多层次的分析框架。

在大国战略博弈日益激烈且美国"印太战略"持续升级的背景下，美国对华采取遏制政策将面临更为复杂的现实困境。一方面，中国较强的国内凝聚力与社会稳定性、相对完整的工业体系以及强大的经济军事实力使美国陷入了"从实力地位出发"的现实困境。这种冷战式思维与单极霸权逻辑和全球化大势背道而驰。由于美国对选择性多边主义的偏好、碎片化制度架构中存在的固有缺陷以及东亚地区的环境特性，美国亚太安全架构的网络化进程受到一定制约，内部凝聚力随之削弱。另一方面，中国积极推动并深度参与全球化，同世界各国经济发展进程紧密相连。美国试图构建将中国排除在安全架构之外的联合阵线无疑是自损行为。然而，随着美国"印太战略"的不断升级和对所谓"印太安全架构"的建设，中国周边外交工作的紧迫性和重要性越发凸显。

对此，中国需要充分了解美国亚太安全架构网络化的作用机制来应对挑战。在高度相互依存的全球发展和安全网络中，中美战略博弈的本质是网络中心地位的竞争。一方面，面对美国的制度缺位困境，管控中美战略博弈的烈度仍是处理中美关系的重要内容。除应客观认识到美国霸权护持的决心和对华遏制的战略意图外，中国还要保持充分的战略定力，常态化落实高级别战略对话机制，明确双方的核心利益、重大关切和战略底线，为实现第二个百年奋斗目标尽可能地延长战略机遇期。另一方面，中国可以巧妙利用"楔子战略"等阻断、延缓和迟滞美国亚太安全架构的网络化进程，争取发展与美国盟伴之间的关系。中国应坚持将"亲诚惠容"的周边外交理念以及共建"一带一路"倡议同周边国家的发展进程深度融合，促使亚太国家的地区秩序愿景与中国推动的地区秩序转型前景相容，有效抑制周边国家的对华制衡倾向，减少美国盟伴与美国加强"安全连接"的需求。此外，中国还应充分利用网络演化中的强化连接效应落实全球安全倡议，包括在上海合作组织与东盟地区论坛等制度架构的基础上扩展不同议题领域的双边或多边安全合作。长期的制度累积有利于触发网络传递效应，通过提升安全相互依赖程度进一步弱化美国亚太安全网络的排他性，促进包容性安全架构的形成。

多边安全合作与美国亚太盟国的地位测度研究

姜丽媛*

一、问题的提出

本文探究的核心问题是：在美国亚太地区安全合作的多边化发展趋势中，如何理解美国盟国在其中的地位测度逻辑？缘何盟国在多边合作安排中的地位会呈现明显差异？具而言之，为何一些盟国参与了某些多边合作安排，却对另一些多边机制保持疏离？进而何以一些盟国在多边合作中处于重要地位，而其他盟国却被边缘化？

自奥巴马政府伊始，美国开始在亚太地区倾注越来越多的战略资源，以达成牵制中国崛起、维护霸权地位这一战略目标。为减轻自身战略负担、降低对外战略成本，美国的亚太联盟结构与形态开始出现新的发展变化。第一，亚太联盟在强化双边同盟关系的基础上，联盟结构开始向多边化、网络化方向发展；第二，联盟形态上美国试图以多边安排降低联盟成本，亚太联盟体系开始呈现出多边和"小多边"的发展态势；第三，联盟分工上，美国开始要求盟国分担联盟责任，鼓励盟国从安全的"消费国"向"供给国"转变。特朗普执政后，虽然联盟关系受损，但为了联合盟国制华，继续推动亚太双边联盟体系向印太联盟网络发展，美国构建了以自身为中心的"美日印澳""美日韩"和"美日澳"等多边安全合作机制。这种趋势在拜登政府上台后继续强化。拜登执政后，美国更加重视与盟友及伙伴国的协调，又打造了美英澳三方安全伙伴关系（AUKUS）等多边军事合作，亚太联盟的网络化、多边化趋势进一步突显。在

＊ 姜丽媛：同济大学政治与国际关系学院博士研究生。

东亚地区的军事合作网络中，一个简而易见的现象是：盟国之间存在明显的地位差异，日本发挥核心节点作用，韩国是该网络中的重要一环，但地位不及日本，菲律宾则被边缘化。该现象带来了一个经验困惑：亚太地区美国主导的多边安全合作机制中，为何同一联盟体系中的不同盟国之间存在显著的地位差异？

基于上述经验困惑，本文进一步探究的问题是：美国在亚太地区主导的多边安全合作中，何种因素造成了盟国之间明显的地位差异？如何理解亚太联盟体系中盟国的地位测度？

从理论与现实需求角度出发，在美国加大对华围堵力度背景下，分化瓦解美国与盟国组建的对华遏制同盟是中国的可行选择。若不能理解美国盟友在其主导的多边安全机制中的参与程度与所处地位，中方就难以主动进取地采取应对之策，难免陷入被动局面。因此，探究盟国地位差异的原因，有助于中国更好理解美国亚太同盟的多边化、网络化转型过程，也有益于中国准确把握盟国在该安全体系中的地位与作用，从而更有效地应对这些多边安全机制对中国国家安全与地区安全格局的影响。

二、既有研究评述

对于联盟体系中盟国地位测度问题，相关研究主要从以下两个角度展开：一是从盟国的异质性来探究其对联盟地位的影响，二是突出盟国在联盟中的互动性特征与联盟地位的相关性。

（一）盟国异质性对其联盟地位的影响

现有部分研究从盟国异质性来探究盟国的联盟地位测度，主要以盟国实力、结构因素以及几种因素的综合考量等为测度指标。

第一，以盟国实力为测度指标。譬如，有研究认为盟国实力是衡量其在联盟体系中地位的重要尺度，包括经济实力和军事实力。奇祉润（Jiyun Kih）指出能力维度是理解盟国地位和联盟凝聚力差异的重要因素。她通过比较日本和菲律宾的案例，解释了美菲同盟和美日同盟为何会出现联盟凝聚力差异的问题。具而言之，盟国是否有能力协助和管理美国主导的地区秩序，影响着盟国在联盟体系中的地位。这是由于在能力上更具优势的盟国可以为联盟做出更大的贡献，因而盟国是否有能力和意愿分担联盟负担，并推进美国利益的实现，对获得美国的同盟承诺产生了直接影响，从而可以解释美日同盟为何凝聚力高于美菲同盟的问题。盟国越有能力对联盟分担做出贡献，在资源稀缺的时代，美国对盟国的安保承诺就越有可能维持或提高，而日本的能力优势使其在维持联盟地位方面领先于菲律宾。①

相似地，国内也有研究结合盟国实力因素，提出在印太战略视阈下美国偏好"大国＋中等强国"的新关系模式，小国因素被弱化，因此日本、澳大利亚和印度是美国的优先合作伙伴，而美国与泰国、菲律宾等传统盟国则呈现出弱关系模式。②

第二，以联盟网络结构为测度指标。刘雨辰认为权力结构、议题结构、制度结构和地缘结构会对联盟网络的结构构成影响。而联盟网络中位于中心节点的国家中心性强弱，与其在该联盟网络中的角色功能和作用存在相关性，进而影响到其在联盟中的影响力。该研究指出了美国位于印太联盟网络的中心，日本、韩国、澳大利亚等盟国位于联盟网络的第一圈层内。③刘柏骏也关注到美国亚太联盟网络化体系中盟国的地位问题，他指出日本、韩国、澳大利亚在该体系中发挥着关键节点的作用，其中，日本地位最为显著，韩国和澳大利亚的重要性旗鼓相当，而泰国和菲律宾次之。④但遗憾的是，上述研究并未继续指出为何这些盟国之间也存在着地位差异。

第三，以综合性因素为联盟地位测度指标。例如，汪伟民以盟国实力和地缘战略重要性为测量指标，通过对美日同盟和美韩同盟的比较分析得出日本和韩国在美国的亚太战略考量中存在明显位差。美日同盟具有更高的战略和政治价值，是美国亚太战略的核心，而美韩同盟则只是纯粹军事性质的同盟。⑤

---

① Jiyun Kih, "Capability Building and Alliance Cohesion: Comparing the US-Japan and US-Philippines Clliances," *Australian Journal of International Affairs*, Vol.74, No.4, 2019, pp.355—376.

② 聂文娟：《美国印太战略的新场域与菲律宾的"静默退出"》，《南洋问题研究》2020 年第 2 期，第 91—101 页。

③ 刘雨辰：《美国印太联盟的网络化——结构关系的视角》，《世界经济与政治论坛》2021 年第 4 期，第 61—92 页。

④ 刘柏骏：《美国亚太联盟体系网络结构分析》，《世界经济与政治论坛》2017 年第 6 期，第 113—129 页。

⑤ 汪伟民：《持久的不均衡：战后美日、美韩联盟比较分析》，《史学集刊》2006 年第 5 期，第 47—56 页。

（二）盟国在联盟中的互动性特征对其联盟地位的影响

在现有研究中，反映联盟地位测度的指标还包括盟国在理念和行动上对联盟的参与程度。盟国在理念上的参与程度反映在外交政策上对美国的追随程度，盟国在行动上的参与程度则主要包括盟国对联盟的责任分担程度和在军事行动中的贡献程度这两个方面。因此，以盟国的互动性视角进行地位测度主要涉及以下三类指标。

第一，责任分担贡献程度。在集体行动理论的假设中，联盟中的小国分担联盟责任的程度较低。联盟中"搭便车"的现象普遍存在。小国对联盟的贡献十分有限，而联盟中的大国则主要承担了联盟成本，向小国提供公共产品。[1]但现今却出现了与集体行动理论假设相悖的反常现象：联盟中的小国正在积极分担联盟成本，于是有研究指出同盟从属国积极分担联盟负担是为获得更高的联盟地位。[2]在此基础上，孙云飞指出，美国亚太同盟的网络化发展倚重可以分担防务成本的盟国，因而日本是美国亚太联盟体系的重要一环，美日同盟成为了推进网络化联盟体系的核心圈，在同盟体系内部也提高了日本的作用。[3]信强指出日本在亚太联盟中作用显著，已成为亚太联盟体系网络的"次轴心"，这是由于日本在美日同盟框架下"有所作为"的结果，日本积极回应美国提出的承担新职责与任务的要求，在亚太安全事务中发挥着与日俱增的作用。[4]

第二，在联盟军事行动中的贡献程度。盟国在联盟军事行动中的贡献程度会影响盟国的联盟地位，这可以解释为何盟国愿意参加代价高昂的联盟军事行动。[5]具言之，盟国通过参加并不对其构成直接威胁或利益相关性不高的联盟军事行动，并在其中承担超出其自身实力的军事负担来提升联盟地位。的确，在

---

① Mancur Olson and Richard Zeckhauser, "An Economic Theory of Alliances," *The Review of Economics and Statistics*, Vol.48, No.3, 1966, pp.266—279.

② Andris Banka, "Reclaiming a Good Ally Status: Baltic Coping Strategies in the America First World," *European Security*, Vol.30, No.2, 2021, pp.159—177.

③ 孙云飞：《霸权衰落下的责任转移：特朗普执政后的亚太同盟体系》，《世界经济与政治论坛》2017年第5期，第24—36页。

④ 信强：《"次轴心"：日本在美国亚太安全布局中的角色转换》，《世界经济与政治》2014年第4期，第39—53页。

⑤ 相关研究参见：Ida Maria Oma and Magnus Petersson, "Exploring the Role of Dependence in Influencing Small States' Alliance Contributions: A Reputation Mechanism Argument and Assessment," *European Security*, Vol.28, No.1, 2019, pp.105—126.

冷战后的单极体系中，得到霸权国美国的承认、与之维持紧密关系是一国提高其地位和改善在国际社会中相对地位的重要手段。[①]有研究进一步指出，即使盟国没有受到相关的威胁，若高度重视联盟关系，该国仍然会支持主导国领导的军事行动，因为盟国寻求主导国承认其更高的地位，该盟国会做出超出其相对实力的联盟贡献。贾斯廷·马西（Justin Massie）和本杰明·齐拉（Benjamin Zyla）提出联盟价值与地位因素可以解释加拿大为何以与其军队规模和国内生产总值不成比例的军事负担参与阿富汗战争。[②]与之类似，拉斯马斯·布龙·佩德森（Rasmus Brun Pedersen）等学者将小国在国际冲突中的军事干预政策归因于受联盟地位因素影响，他们认为小国是为获得声誉和提高地位才积极参加美国和北约领导的军事行动，而大国的认可和良好的声誉又可以转化为小国相对于其他国家的地位优势，作者以比利时参与北约打击"伊斯兰国"的军事行动进行了案例验证。[③]

第三，外交政策上的追随程度。还有学者指出盟国对主导国的外交政策追随程度会影响联盟地位，因而有些盟国为表达对主导国的坚定支持，会奉行非常规的外交政策。譬如，有研究探究盟国通过反常的外交政策来提升自身联盟地位的行为，分析了21世纪后立陶宛令人费解的几项外交举措，包括积极参与欧盟东部伙伴关系计划（EaP）、主动与俄罗斯交恶等反常的外交举动，指出其动机与联盟地位因素有关。[④]

此外，还有研究关注到某一盟国的联盟地位与地位变化过程。譬如，现有研究普遍认为日本在亚太联盟中的地位突出。包霞琴等学者探究了冷战迄今日美同盟的结构性变化，指出日本在日美同盟中的地位得到上升。[⑤]时殷弘也指出

① Rasmus Brun Pedersen, "Bandwagon for Status: Changing Patterns in the Nordic States Status-Seeking Strategies?" *International Peacekeeping*, Vol.25, No.2, 2018, pp.217—241.

② Justin Massie and Benjamin Zyla, "Alliance Value and Status Enhancement: Canada's Dispro-portionate Military Burden Sharing in Afghanistan," *Politics & Policy*, Vol.46, No.2, 2018, pp.320—344.

③ Rasmus Brun Pedersen and Yf Reykers, "Show them the Flag: Status Ambitions and Recognition in Small State Coalition Warfare," *European Security*, Vol.29, No.1, 2020, pp.16—32.

④ Ausra Park and Gerda Jakstaite-Confortola, "Small State Status-Seeking: Lithuania's Foreign Policy Status Aspirations," *Europe-Asia Studies*, Vol.73, No.1, 2021, pp.1279—1302.

⑤ 包霞琴、崔樱子：《冷战后日美同盟的制度化建设及其特点——兼论日本在同盟中的角色变化》，《日本学刊》2019年第1期，第19—44页。

日本是美国的"头号盟国",美日同盟是"超特殊关系",而包括日本和澳大利亚在内的印太同盟则发挥着"根本的、基石的"作用。①但这些研究并未分析何种因素造成了日本较高的联盟地位。

值得肯定的是,现有研究已经关注到了在联盟合作中美国亚太盟国与伙伴国的地位差异问题。凌胜利指出按照安全合作程度排列,联盟地位由高至低的盟国依次是日本、韩国和澳大利亚、泰国和菲律宾。②除日本扮演关键角色外,韩国、澳大利亚等国在该网络化联盟中的重要性次之,地位明显高于泰国和菲律宾,此外,新加坡和印度成为了美国亚太联盟网络化体系的关键节点。③也有研究认为未来澳大利亚或将成为南半球的区域枢纽。④另有研究指出日本和澳大利亚在亚太联盟的多边转向中分别扮演着"北锚"和"南锚"的角色。⑤这些研究指出了亚太盟国存在地位差异问题,但遗憾的是以上文献也存在以下不足之处:第一,这些研究虽然注意到亚太联盟中存在地位差异,但并没有进一步横向比较各盟国地位为何会出现差异。第二,现有研究关注美国对亚太联盟体系的整体调整,抑或美国对单一盟国的战略转变,却并未系统地关照在亚太联盟体系调整背景下,亚太盟国地位测度的逻辑如何。第三,大部分现有研究成果关注亚太地区的双边轴幅体系向网络化联盟转型的动因,然而却未对以下问题作出回答:在此过程中,为何部分盟国逐渐走向联盟中心,而其他盟国却逐渐边缘化?哪些因素对盟国在联盟中的地位差异构成影响?

综合以上研究成果,可以发现这些研究的共同点:第一,在以盟国异质性作为地位测度指标的研究中,盟国实力因素被着重强调,是联盟地位测度的重

---

① 时殷弘:《拜登美国的头号盟国:日本对华新态势》,《日本学刊》2021年第6期,第27—44页;时殷弘:《美国同盟和联盟体系的对华军事态势现状》,《亚太安全与海洋研究》2022年第2期,第1—13页。

② 凌胜利:《战略能力、共同利益与安全合作——基于印度与美国亚太盟友安全合作的分析》,《南亚研究》2016年第1期,第1—28页。

③ 刘柏骏:《美国亚太联盟体系网络结构分析》,《世界经济与政治论坛》2017年第6期,第113—129页。

④ Luis Simon, Alexander Lanoszka eds., "Nodal Defence: The Changing Structure of U.S. Alliance Systems in Europe and East Asia," *Journal of Strategic Studies*, Vol.44, No.3, 2019, pp.360—388.

⑤ 凌胜利、王彦飞:《霸权的逻辑:美国亚太联盟战略的多边转向》,《国际安全研究》2022年第4期,第91—126页。

要指标。第二，在以盟国的互动性特征角度为地位测度的指标中，无论是责任负担程度还是在联盟军事行动中的参与程度，均是盟国分担安全成本、帮助美国减轻霸权负担的表现，而盟国对主导国外交政策的追随程度，强调的是在联盟中扮演特殊性角色、发挥特别功能以抬升自身地位，上述行为的最终目的是获得美国认可。总之，这些研究揭示了联盟体系中盟国地位测度的基本框架，在逻辑上可以归纳和理解为盟国在联盟安全分工上的参与和贡献程度。

整体而言，现有研究成果为本文提供了重要的研究视角和有益的参考。然而，现存解释仍存在几个问题：第一，它们集中于个别案例分析，聚焦在对某一国家联盟地位测度的分析，缺少从系统层面上对联盟体系中盟国地位进行比较分析，因此现有研究无法为同一联盟体系中不同盟国的地位差异问题提供解释。第二，它们的关注以北约居多，而整体上对亚太联盟体系着墨较少。第三，整体上，现有研究对亚太联盟多边化转型过程中的盟国地位问题以及地位差异问题关注较少，存在着对现实问题关注不足的情况。

基于现有研究的未尽之处，本文拟在亚太联盟体系结构调整和形态变化的背景下，探究美国亚太盟国的联盟地位为何存在差异的问题。

三、理论假设：威胁认知、安全分工与美国亚太盟国的地位测度

基于对现有文献的回顾，本文认为在美国推动亚太轴辐体系向多边化与网络化转型的背景下，威胁认知与安全分工的联动机制是影响盟国在该体系中地位的核心机理。共有威胁认知有助于理解盟国为何选择性地参加美国在亚太地区的多边安全合作机制，而安全分工水平则对盟国在美国构建的多边合作中的参与度构成了影响，这两大因素是对美国亚太盟国进行地位测度的关键。

（一）核心概念界定

参考现有文献对地位的研究，地位是指"国家在国际等级体系中相对于其他国家的位置，以及他国对本国的价值属性（包括财富、强权、文化、人口、

社会政治组织和外交影响力等方面）上排名的集体信念"①。而关于联盟地位，现有研究成果将其定义为"在由三个及以上国家构成的不对称联盟体系中，联盟主导国对从属国不同重视程度所产生的级别排序"②。本文结合现有成果对国家地位和联盟地位的研究，将联盟地位定义为盟国在联盟体系中的位置分布，联盟地位反映着盟国在联盟体系中的位置或优势差异。

在对联盟地位理解的基础上，那么如何理解地位测度？对于地位测度的定义，本文参考了全球价值链地位测度的现有研究，将联盟地位测度定义为在联盟体系中对盟国位置的测算，通过纳入威胁认知和安全分工水平这两个指标来反映不同盟国在联盟多边安全合作中所处的位置。在本文中，特指在美国主导的多边安全合作中，盟国在其中的位置。

而至于安全分工，现有研究已经对联盟体系中盟国之间的分工问题有所关注。戴维·莱克（David Lake）认为，国际等级制在国家间制造了功能分化，等级制社会中存在着相应比例的安全分工。③莱克继续指出，美国主导的等级制联盟内部也存在着分工，例如德国和日本对美国核保护伞的依赖，以及诸多盟国对美国部署部队投送能力的依赖等。其他大部分研究成果集中在大国与小国间的分工差异问题。譬如，詹姆斯·D. 莫罗（James D. Morrow）探究了非对称联盟的形成动因，他提出了大国与小国间的"自主—安全"交易模型，即大国为小国提供安全保障，小国为获取安全向大国让渡自主权，大国与小国在一种自主权与安全保障的交易进程中结为盟国。④相似地，黄宇兴也认为大国与小国之间的"功能分异"是非对称联盟形成的必要条件，大国使用武力为小国提供安全保障，小国排他性地为大国提供诸如领土和物资等战略资源以影响大国之间的权力投射。⑤但遗憾的是，他们的研究重点在于大国与小国为何结盟——即联

---

① Deborah Welch Larson, et al., Status and World Order［C］//T.V. Paul, et al., eds. *Status in World Politics*, New York: Cambridge University Press, 2014, p.7.

② 参见王雄发、谢凌志：《不对称联盟管理的弱国议价机制——以美国联盟体系为例》，《世界经济与政治》2022 年第 8 期，第 130—153 页。

③ ［美］戴维·莱克：《国际关系中的等级制》，高婉妮译，上海人民出版社 2021 年版，第 10—11 页。

④ James D. Morrow, "Alliances and Asymmetry: An Alternative to the Capability Aggregation Model of Alliances," *American Journal of Political Science*, Vol.35, No.4, 1991, pp.904—933.

⑤ 黄宇兴：《功能分异与联盟形成》，《世界经济与政治》2019 年第 2 期，第 101—122 页。

盟形成的条件问题，并未涉及联盟形成后即联盟管理阶段的盟国间的分工问题。

　　而在联盟管理过程中的联盟分工问题上，加利亚·普雷斯·巴纳森（Galia Press-Barnathan）的研究做出了重要贡献，她提出，单极化时代北约盟国为了应对联盟困境的双重威胁问题，北约国家会采取约束美国战略或与美国进行联盟分工战略。具言之，盟国间的威胁感知水平差异决定盟国克服联盟困境的策略选择，若美国的威胁感知水平较高，为了免于被美国拖入地区冲突，北约国家会利用联盟制度安排限制美国并影响其对外政策；若美国的威胁感知水平低，其他北约国家为了不被美国抛弃，会在某些问题领域与美国开展联盟分工。①也有相关研究聚焦亚太地区的联盟分工问题，奇祉润探究了盟国以自身能力建设促进联盟分工变化与联盟凝聚力之间的因果关系。她指出，一方面，美国的外交政策越来越注重"有能力"的盟国在联盟分工中的作用，盟国日益增长的能力促进了亚太联盟分工的发展，不仅能提高联盟的互操作性和联合性，还增加了联盟凝聚力和可信度。②另一方面，部分亚太盟国为了规避安全困境，会通过自身能力建设促进与美国联盟分工的演变，这有助于它们缓解被美国抛弃的恐惧。③巴纳森等学者的研究无疑推进了联盟管理阶段的联盟分工问题的研究。然而，她们的研究重点在于盟国在什么条件下选择约束美国，在何种情况下会与美国开展联盟分工，却没有进一步指出联盟内部分工的具体逻辑，即其他盟国是如何与美国进行联盟分工的。此外，鉴于制度化水平差异，北约中的联盟安全分工逻辑在亚太地区的有效性和适用性、多边联盟中的安全分工模式能否应用于亚太地区的双边联盟也有待探讨。

　　结合当下美国推行印太战略的现实，在亚太地区的安全合作布局中，美国愈发强调与盟国开展"互惠互利的合作"④。美国与盟国在安全保障的互动上呈

---

① Galia Press-Barnathan, "Managing the Hegemon: NATO under Unipolarity," *Security Studies*, Vol.15, No.2, 2006, pp.271—309.

② Jiyun Kih, "Capability Building and Alliance Cohesion: Comparing the US-Japan and US-Philippines alliances," *Australian Journal of International Affairs*, Vol.70, No.4, 2020, pp.355—376.

③ Jiyun Kih, "Capabilities Building and Alliance Security Dilemma in Post-unipolar World: Focusing on the US-Japan and US-Australia Alliances," *The Journal of International Relations*, Vol.23, No.3, 2020, pp.1—32.

④ The White House, National Security Strategy of the United States of America, 2017, https://trumpwhitehouse.archives.gov/wp-content/uploads/2017/12/NSS-Final-12-18-2017-0905.pdf.

现出两个方面的新特征，其一，美国继续强调以实力维护和平，但这种实力不再仅仅依靠美国独自作为安全保障的供给者，而是敦促盟国需共担责任、共同抵御威胁。①其二，在印太战略的场域下，美国重视盟国发挥自身能力，因而实力较强的中等强国被着重强调，而小国则由于实力不足被弱化，正如美国在其印太战略报告中所指出的："美国寻求与最有能力的盟国和伙伴共同发展。"②因为这些盟国更有能力与美国分担联盟成本，同时可以对中国形成一定制约。③可以看出，在美国实力相对衰落的背景下，美国愈发倚重联盟伙伴这一战略资源，强调盟国通过自身能力建设为联盟关系发展作出贡献。综合现有对联盟分工的研究以及美国推行印太战略过程中与盟国互动的新特征，本文将联盟安全分工界定为主导国与从属国在联盟安全功能上的分化，以此分担安全成本。

（二）威胁认知与盟国参与多边安全合作

现实主义理论以实力界定威胁，认为实力强大的国家往往是威胁来源，因而国家结盟制衡的是实力。而斯蒂芬·沃尔特则指出，实力最强大的国家并不必然构成威胁，国家结盟主要是制衡威胁。除了将传统的综合实力作为影响威胁认知的要素，沃尔特还提出了地理位置毗邻性、进攻实力和进攻意图也会影响国家对威胁的认知。④参考沃尔特的威胁制衡理论，本文认为，亚太盟国与美国威胁认知契合程度是影响其参加多边安全合作的重要因素，决定了其是否参与美国构建的多边安全合作。盟国会根据与美国的威胁认知契合程度，选择性地参加与其安全相关性较为紧密的合作安排，而对于与其威胁相关性不高的安全合作安排，盟国参加的意愿并不强烈。

另外，国内政治因素对于理解盟国参加多边安全合作的选择具有一定合理性。亚太盟国政府领导人更迭可能会对该国参加美国主导的多边安全合作的政策选择构成影响。譬如，尹锡悦上台后，奉行"亲美近日"的外交政策，主动

---

① ② The Department of Defense, Indo-Pacific Strategy Report, Preparedness, Partnerships, and Promoting A Networked Region, 2019，https://media.defense.gov/2019/Jul/01/2002152311/-1/-1/1/DEPARTMENT-OF-DEFENSE-INDO-PACIFIC-STRATEGY-REPORT-2019.PDF.

③ 聂文娟：《美国印太战略的新场域与菲律宾的"静默退出"》，《南洋问题研究》2020年第2期，第91—101页。

④ ［美］斯蒂芬·沃尔特：《联盟的起源》，周丕启译，上海人民出版社2018年版，第20—23页。

缓和韩日关系，补齐美日韩合作的"短板"，推动一度陷入停滞的美韩日三边安全合作走深、走实。小马科斯执政后，改变了杜特尔特的外交路线，在安全上寻求与美国加强合作。但国内政治因素并非始终对盟国的安全政策选择构成影响，譬如近年日本政府更迭频繁，但坚持日美同盟在日本国家安全战略中的基轴地位没有动摇，日本历届政府紧密追随美国参加其主导的多边安全机制。可见，国内政治因素会影响盟国是否参与多边合作安排的政策选择，但不是最关键因素，只会在特定情况下起干预作用。因而，可以将盟国的国内政治因素作为干预变量。

需要指出的是，美国对盟国的压力、盟国对华依赖程度等因素可能影响盟国加入多边安全合作机制。因而控制变量主要从以上两个维度归纳了可能对盟国加入多边安全合作机制的干扰因素。在多边合作机制中，美国对盟国的施压的确会对盟国的选择构成影响，但盟国的自主性因素也不可忽视。譬如，美国多次斡旋日韩两国达成和解，敦促加强美日韩安全合作一体化进程，但由于日本和韩国之间的结构性矛盾难以轻易解决，该合作的推进过程并不顺利。朴槿惠政府时期韩日曾就情报合作达成协议，但由于历史问题两国关系自 2017 年开始加速恶化，两国合作以及美日韩三边合作协议一度长时间搁置。可见，美国施压这一因素存在一定局限。而关于盟国对华依赖程度这一因素，现有研究普遍认为，亚太盟国在中美之间"左右为难"的主要原因就是盟国"在经济上依靠中国，安全上依赖美国"的情况使盟国产生了巨大的撕裂感。[①]的确，中国已经连续多年成为美国亚太盟国的最大贸易伙伴国，对美国盟国的经济影响力不容小觑，因而，对于亚太盟国之间的比较而言，盟国对中国的依赖程度实际上成为了一个常量。此外，中国可能对盟国与美国之间开展的对中国不利的安全合作进行反制，但中国对美国盟国构成的外部压力并非始终可以改变盟国的政策选择。概言之，美国施压以及盟国对华关系不是影响盟国参与多边安全机制的必要条件。

综上，本文只将盟国与美国的威胁认知共识划分为"有"和"无"两个维度，并由此提出了假设 1 和假设 2：

---

① 凌胜利：《双重困境与动态平衡——中美亚太主导权竞争与美国亚太盟国的战略选择》，《世界经济与政治》2018 年第 3 期，第 70—91 页。

假设 1：当盟国与美国对某些议题不存在威胁认知共识时，盟国不会参与美国组织的多边安全合作，因此盟国只能处于联盟内部的边缘位置。

假设 2：当盟国和美国对某些议题存在威胁认知共识时，盟国会参与美国组织的多边安全合作。

（三）安全分工与盟国的地位差异

然而盟国与美国是否存在威胁认知共识这一因素却无法继续解释为何同一联盟体系的国家会存在明显的地位差异这一困惑。本文认为，鉴于美国推行印太战略背景下与盟国互动的新模式与新特征，盟国参与安全分工的水平决定了其在亚太多边安全合作中的地位。具而言之，首先，美国国家实力的相对衰落，造成美国对盟国的承诺能力下降。美国开始愈加重视借助盟国力量弥补地区安全公共产品的不足，维护其霸权地位。尤其在特朗普执政时期，美国反复敦促盟国分担联盟责任，甚至以撤回安全保护承诺相威胁要求盟国增加国防开支。[①]因此，与盟国进行安全分工是霸权收缩时期美国减轻战略负担、维护霸权地位的重要手段。其次，分工是盟国之间持续的利益交换过程，盟国在联盟安全合作中承担特定的安全责任，对联盟集体安全作出贡献，有利于推动盟国之间安全利益共同体的深化，可以有效巩固联盟关系。最后，在前文对现有文献梳理的基础上，可以发现联盟中从属国分担联盟安全责任的程度，是进行联盟地位测度的一个重要指标。因此，在非对称联盟中，安全分工可以帮助主导国分担领导责任、有助于主导国减轻战略负担，也有利于从属国借此巩固联盟关系、提升联盟地位。

基于以上分析，可以从两个方面理解联盟中的安全分工：第一，多边安全合作中的安全分工水平取决于盟国的参与度，具言之，安全分工水平取决于盟国为联盟主导国提供的特定类型利益多寡、作出特定贡献多少，这些利益对主导国越重要，盟国的分工贡献越大。而对于美国推行印太战略这一背景下的安全合作方面，联盟安全分工则表现为盟国在联盟军事安全责任的分担上，包括提高自身国防开支、驻军费用分摊以及盟国在联盟集体行动中的贡献等方

---

① 钟飞腾：《特朗普主义与美国同盟体系的转型》，《当代美国评论》2019 年第 3 期，第 20—47 页。

面。第二，还取决于盟国为主导国分担安全供给成本的意愿，若盟国具备较强的分工能力，但不愿与主导国分担安全成本，该盟国也无法对安全分工做出实质性贡献。

　　本文认为盟国的安全分工贡献程度决定了其在参与的多边安排合作中的地位，那么如何衡量盟国的安全分工水平？本文以能力和意愿两个维度来理解联盟中的安全分工。一方面，安全分工能力以盟国的军事实力为依托。在本文中，盟国的军事实力主要以其军费开支衡量。①另一方面，安全分工也须从盟国的意愿维度进行考察。盟国的军事实力强大并不意味着其对联盟安全分工的贡献程度高，盟国还需要有意愿将其实力运用到联盟关系的发展中。譬如，虽然美国极力推动"美日韩"安全合作，但由于韩日存在历史问题纠葛等缘故，韩国对于美国试图构建的三边安全合作一直有所顾忌，"美日韩"三边安全合作一度进展缓慢。有鉴于此，意愿维度也是考察盟国安全分工另一维度。在本文中，将安全分工水平取值为"高"和"低"两个层次。

表1　多边安全合作中影响联盟安全分工水平的两个维度

	衡量标准	具体内容
安全分工	能力维度	盟国分担联盟安全成本的能力强弱
	意愿维度	盟国有无意愿分担联盟安全成本

资料来源：作者自制。

　　本文对因变量——多边安全合作中盟国地位的测度指标包括：（1）盟国参与多边安全合作安排的数量。安全合作主要包括安全合作机制和具体的安全合作（包括军备合作、联合军演等）。这两者对联盟地位的影响程度有所不同，合作机制的权重大于具体安全合作，这是由于盟国之间的具体安全合作变化频繁，难以造成根本性影响。②总之，盟国参加美国主导的军事合作机制越多、军事合作互动越频繁，其与美国的联盟关系就越紧密，相应地，该盟国的联盟地位就越高。（2）盟国参与多边安全合作安排的水平和级别。盟国参与的安全合作级

---

①　参见漆海霞、齐皓：《同盟信号、观众成本与中日、中菲海洋争端》，《世界经济与政治》2017年第8期，第106—134。

②　李泽：《战略行为匹配度与美国亚太联盟凝聚力》，《世界经济与政治》2019年第1期，第128—155期。

别越高，就表明该盟国与美国的军事合作越紧密，该盟国的联盟地位越高。综上，本文将美国盟国的联盟地位划分为重要地位、次要地位与边缘地位三个层次。

在对核心概念进行界定的基础上，结合前文对威胁认知与安全分工的论述，通过威胁认知共识和安全分工水平这两个指标来度量盟国在多边安全合作中的联盟地位，并由此得出以下假设 3 和假设 4（如图 1 所示）：

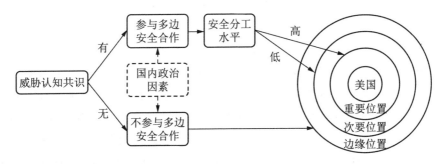

资料来源：作者自制。

图 1　亚太地区多边安全合作与盟国的联盟地位测度

假设 3：当盟国与美国的威胁认知契合程度高，且盟国的安全分工水平较高时，盟国在多边安全合作中处于重要位置。

假设 4：当盟国与美国的威胁认知契合程度高，但盟国的安全分工水平较低，则盟国处于多边安全合作中的次要位置。

四、案 例 分 析

为进一步验证多边安全合作中盟国地位分布的内在逻辑，本文选取了美国在亚太地区的三个盟友：日本、韩国以及菲律宾作为验证案例。选取这几个国家是由于：第一，这些盟国均属于美国亚太地区的轴幅体系，选择它们可以控制不同联盟体系的结构与形态差异等影响因素；第二，在美国实施印太战略背景下组建的多边安全合作机制中，这三个国家之间存在明显的地位差异，选择这些国家具有比较价值。

（一）日本：亚太地区多边安全合作的重要盟国

在美国推行"印太战略"的背景下，日本战略价值进一步得到提升，日本也希望通过参与美国构建的多边军事合作安排来巩固联盟关系、提升地区影响力。日本明确支持美国"印太战略"，①在威胁认知上与美国形成了"合流"，并在多边安全合作中参与度高、认同度强。日本参加的多边安全机制数量众多，且参加的安全机制级别较高，故而在美国构建的诸多小多边安全合作机制中扮演了关键角色，成为了亚太地区的"次轴心"和"北锚"。②

鉴于日美同盟在日本安全战略中的基轴地位，日本认为美国推动以牵制中国为指向的"印太战略"，必将抬升日本作用，因此面对中国崛起引发东亚地区权力格局变动，日本对华战略采取了制衡逻辑。③在日美同盟框架内，日本一方面深化日美军事安全合作，积极迎合美国的战略需求；另一方面，日本通过"日美＋"小多边安全合作将美国与东亚地区安全事务捆绑，大力推动建设印太四边机制，并深化与四边机制中的印度、澳大利亚两国的合作。通过配合美国战略布局来提升日美"超特殊关系"，维护日本"美国头号盟国"的地位④，以此提升自身国际影响力，维系日本在亚洲的领导地位。

首先，日美在威胁认知上高度契合，日本坚定地追随美国，积极参与美国主导的安全合作机制。2017 年，美国特朗普政府发布的《国家安全战略报告》中首次将中国定位为美国的"战略竞争者"。⑤而日本在其 2019 年版《防卫白皮书》中也提出中国是其最主要威胁⑥，其 2022 年版《国家安全保障战略》更将

---

① 刘丰：《秩序主导、内部纷争与美国联盟体系转型》，《外交评论》2021 年第 6 期，第 23—44 页。

② 凌胜利、王彦飞：《霸权的逻辑：美国亚太联盟战略的多边转向》，《国际安全研究》2022 年第 4 期，第 91—126 页。

③ 吴怀中：《日本对华安全战略：一项制衡议程的新近分析》，《日本学刊》2021 年第 5 期，第 59—86 页。

④ 时殷弘：《拜登美国的头号盟国：日本对华新态势》，《日本学刊》2021 年第 6 期，第 27—44 页。

⑤ The White House，National Security Strategy of the United States of America，2017，https://trumpwhitehouse.archives.gov/wp-content/uploads/2017/12/NSS-Final-12-18-2017-0905.pdf.

⑥ Ministry of Defense，Defense of Japan 2019，2019，https://www.mod.go.jp/en/publ/w_paper/wp2019/pdf/DOJ2019_Full.pdf.

中国定位为"前所未有的战略挑战"①。2023 年 1 月岸田文雄访美期间，日美发布的联合声明对俄罗斯、中国与朝鲜表示严重关切。②可见，日本与美国拥有牵制中国这一共同战略目标，联合制华是日美同盟得以持续强化的外在推动力。岸田文雄提出的所谓"新时代现实主义外交"，其核心也是在巩固日美同盟的基础上，进一步提升美日印澳四边安全对话机制（简称四边机制，QUAD）合作，应对中国崛起。③

其次，日本有能力协助美国印太战略框架下开展的多边安排，参与联盟安全分工水平较高。日本有能力、也更有意愿分担维护地区稳定的重担。日本将与其他国家开展安全保障合作视为实现自身防卫目标的三大手段之一，致力于推进多角度多层次的安全保障合作网络。④正如日本在其《国家防卫战略》中所指出的，日本"需通过整合各方面力量来强化防卫体制，并同盟友和志同道合的国家合作应对严峻、复杂的安全环境"⑤。因此，与地区国家开展多边合作在日本国家安全战略中是题中应有之义。日本深度参与美国的安全分工具体体现在如下两个方面。

其一，日本持续强化自身防卫能力建设，承担安全分工能力较强。自安倍晋三第二任期开始后，日本大力推动安全政策改革，强化自主防卫能力，日本防卫预算逐年增加，截至 2023 财年已实现连续 11 年增长。岸田文雄执政后，日本政府基本延续了安倍时期的安全政策，岸田指出"日本增强防御能力能够提高日美同盟的威慑能力和反应能力"⑥。此外，岸田政府承诺继续大幅增加日

---

① Ministry of Defense，National Security Strategy of Japan，2022，https：//www.mofa.go.jp/fp/nsp/page1we _ 000081.html.

② The White House，Joint Statement of the United States and Japan，2023，https：//www.whitehouse.gov/briefing-room/statements-releases/2023/01/13/joint-statement-of-the-united-states-and-japan/.

③ 朱海燕：《日本"岸田外交"与中日关系的前景》，《东北亚论坛》2022 年第 5 期，第 28—43 页。

④ 日本将加强防卫体制、强化日美同盟、开展安全保障合作视为达成防卫目标的三种手段，参见：Ministry of Defense, National Defense Strategy, 2022，https：//www. mod. go. jp/j/policy/agenda/guideline/strategy _ en.pdf。

⑤ Ministry of Defense，National Defense Strategy，2022，https：//www. mod. go. jp/j/policy/agenda/guideline/strategy _ en.pdf.

⑥ The Asahi Shimbun，"Japan, U.S. Strongly in Sync over Radical Defense Buildup," 2023，https：//www.asahi.com/ajw/articles/14814432.

本的国防开支，欲将国防支出从 2022 年占 GDP 的 1% 增加至 2027 年占 GDP 的 2%。[1]

其二，日本以四边机制为核心，深度参与印太安全合作，为美国实施印太战略添砖加瓦。美日印澳四边机制是美国推进印太战略的核心平台，2021 年，美日印澳四方安全对话首次举行领导人峰会，安全对话升级到首脑级别。2023 年 5 月举行的四方领导人会晤期间发布了"四方领导人联合声明"，对"中国东海和南海单方面以武力改变现状的行为表示严重关切"[2]。在具体行动上，四边机制还包括马拉巴尔（Malabar）海上联合军事演习。此外，日本加强了与四边机制中其他国家的战略互动，围绕四边机制与成员国深化安全合作，由此衍生出的美日澳、美日印三边合作已发展为首脑级别会晤。日本还与该地区的其他美国盟友发展出"美日+"等诸多三边合作机制，这包括美日韩、美日菲三方对话等。

日本以日美同盟为基础，延伸拓展多边安全机制是由于：一方面，在日本防卫目标上，日本将与地区国家开展安全合作视为实现自身防卫目标的手段之一；另一方面，日本将（小）多边安全框架视为加强日美联盟关系的工具，认为这有助于将美国的注意力重新拉回亚洲。[3]故而日本对参与美国主导的多边合作积极性高。日本在 2010 年发布的《国防计划指导方针》中指出，中国、印度和俄罗斯的崛起引发美国影响力的相对变化，全球力量平衡发生了变化，日本应加强与其他志同道合国家的伙伴关系，尤其是韩国和澳大利亚。[4]伴随着日美印太战略的推进，岸田文雄指出，日本将加强与美国、澳大利亚、韩国、印度与其他地区的协调，日本在维护和加强"基于自由和法治的自由开放的国际秩序"方面负有重大责任。[5]

---

① 《日本国防开支将在 5 年内翻倍至 GDP 的 2%》，《联合早报》2022 年 11 月 30 日，https://www.zaobao.com/news/world/story20221130-1338619。

② Quad Leaders' Joint Statement，2023，https://www.mofa.go.jp/files/100506959.pdf.

③ Jochen Prantl, *Effective Multilateralism through the Looking Glass of East Asia*, UK：Palgrave Macmillan, 2013, p.122.

④ Japan Ministry of Defence, The National Defense Programme Guidelines for FY2011 and beyond, 2010，https://www.mofa.go.jp/policy/security/pdfs/h23_ndpg_en.pdf.

⑤ Ministry of Foreign Affairs of Japan, "The Future of the Indo-Pacific—Japan's New Plan for a 'Free and Open Indo-Pacific' — 'Together with India, as an Indispensable Partner'," 2023, https://www.mofa.go.jp/files/100477739.pdf.

日本积极配合美国印太战略，强化国防能力、深度参与安全分工的做法得到美国赞赏，①美国将美日同盟定位为印太地区和平与安全的基石。②

（二）韩国：亚太地区多边安全合作的次要盟国

相较于美日同盟在印太地区的基石作用，美国将美韩同盟定位为"东北亚地区与朝鲜半岛和平与安全的关键"③，美日领导人联合声明中，与韩国进行合作排在澳大利亚、印度及东盟之后④，可见，在美国印太战略的布局中，韩国的地位不及同地区的日本。

首先，美韩威胁认知存在分歧，韩国选择参与的多边安全合作机制有限。在制度化合作方面，韩国目前仅参加了美日韩三边合作，主要指涉对象为朝核威胁。这是由于美韩两国在议题性多边安全合作中，对威胁来源的认知截然不同。于美国而言，与中国在东亚乃至全球的战略竞争是当下与未来美国最为关键的战略任务⑤，相较之下，朝鲜核问题虽然危险，但并不危急，只在一定程度上对美国构成威胁，并不至于上升为美国的首要安全关切。但于韩国而言，朝鲜核问题威胁最为迫在眉睫，对韩国的生存和安全构成首要的全面威胁。在2016年韩国发布的《国防白皮书》中指出："朝鲜的核导等大规模杀伤性武器、网络攻击、恐怖袭击对国家安全构成严重威胁，只要这些威胁持续下去，作为其主体的朝鲜政权和军队就是我们的敌人。"⑥因此虽然美国在亚太地区构建了

① The Asahi Shimbun，"Japan，U.S. Strongly in Sync over Radical Defense Buildup，" 2023，https://www.asahi.com/sp/ajw/articles/14814432.

② The Department of Defense，Indo-Pacific Strategy Report，Preparedness，Partnerships，and Promoting A Networked Region，2019，https://media.defense.gov/2019/Jul/01/2002152311/-1/-1/1/DEPARTMENT-OF-DEFENSE-INDO-PACIFIC-STRATEGY-REPORT-2019.PDF.

③ The Department of Defense，Indo-Pacific Strategy Report，Preparedness，Partnerships，and Promoting A Networked Region，2019，https://media.defense.gov/2019/Jul/01/2002152311/-1/-1/1/DEPARTMENT-OF-DEFENSE-INDO-PACIFIC-STRATEGY-REPORT-2019.PDF.

④ The White House，U.S.-Japan Joint Leaders' Statement：'U.S.-Japan Global Partnership For A New Era'，2021，https://www.whitehouse.gov/briefing-room/statements-releases/2021/04/16/u-s-japan-joint-leaders-statement-u-s-japan-global-partnership-for-a-new-era/.

⑤ 在2022年10月发布的《国家安全战略》报告中，美国将中国定位为"最大的地缘政治挑战"，并强调未来十年是中美战略竞争"决定性的十年"，参见：The White House，National Security Strategy，2022，p.24.

⑥ Ministry of National Defense，2016 Defense White Paper，2016，p.41.

一系列小多边军事安排，但韩国参与的意愿并不强烈。韩国不愿完全追随美国牵制中国，亦不愿承担与中国直接对抗的政治风险，认为参加针对中国的军事合作成本过于高昂，若引发中韩关系震荡，韩国将得不偿失。①故而韩国对加入QUAD 等安全倡议表现消极，而是选择加入了专门针对朝鲜核导威胁的美日韩三边安全合作。

其次，韩国分担多边安全合作成本的意愿不足，对相关合作安排的分工贡献有限。诚然韩国具备分担合作成本的能力基础，其军事和经济实力显著增长，但韩国在美日韩合作上有所保留，对美日韩三边安全合作向纵深发展较为回避，对已参与的多边安全合作积极性不高。这主要由于韩日矛盾的冲击，韩日两国在历史问题、岛屿主权归属、贸易争端等问题上积怨颇深，韩国在其发布的2020 年版《国防白皮书》中将日本仅仅称为"邻国"，取代了以往日本是韩国的"伙伴"的表述，②可见韩国对与日本合作的消极态度。一直以来，日本宣称对"竹岛"（韩称"独岛"）拥有主权，从 2005 年至 2023 年，日本通过其《防卫白皮书》连续 19 年提出对"竹岛"拥有主权的主张，引发韩国不满。譬如，在日本 2019 年版《防卫白皮书》中再次主张日本对"竹岛"拥有主权后，韩国外交部和国防部分别召见日本驻韩政务公使实生泰介和驻韩武官渡部达也表示抗议，敦促日本立即撤回该主张，并保证今后不会做出类似举动。

在安全合作机制方面，当前美日韩三方安全合作机制覆盖了各个层级，包括三边首脑会议、三边部长级会晤（TMM）、三国外交部长和国防部长常态化会晤等。在美日韩三方机制的具体实施机制方面，目前韩国仅参与了针对朝核威胁的美日韩安全会议（DTT），但 DTT 级别较低，目前仅为部长助理级。在具体合作内容方面，韩国也偏好参与围绕朝核问题的情报交流、军事演习等合作。譬如，美日韩三国举行了针对朝鲜核威胁的联合空中演习、海上联合军演等。此外，美日韩情报合作也命途多舛，自 2016 年韩日两国签署《军事情报保护协定》（GSO-MIA）后，韩日关系不断交恶，该协定已名存实亡，截至 2023 年 3 月才得以重启。总体上看，美日韩三边安全合作的推进过程并不顺利，由于韩日关系不睦，美日韩军事合作的内部分歧较大，美日韩合作对给韩国带来的安全收益相对有限。

---

① Yaechan Lee, "Riding the Tide: Assessing South Korea's Hedging Strategy through Regional Security Initiatives," *The Pacific Review*, Vol.36, No.3, 2023, pp.494—520.

② Ministry of National Defense, 2020 Defense White Paper, 2020.

不过值得注意的是，自韩国尹锡悦政府上台后，提出"全球枢纽国家"目标以提升韩国的大国地位，在对外关系上奉行"亲美近日"外交，着力提升美韩同盟关系至"全球全面战略同盟"水平，与此同时大力改善韩日关系，美日韩三边军事合作有所加强。2022年以来，三国强化多边联合训练，还就恢复韩日《军事情报保护协定》达成协议，组建"三眼联盟"的情报共享机构，美日韩三边安全合作正在不断走实。拜登政府发布的印太战略报告中，特别提及要强化韩日关系[①]，并扩大美日韩安全合作领域，以应对朝核威胁、区域发展和基础设施建设等议题。[②]由此看来，美日韩三国初显彼此捆绑和阵营化趋势，值得中国予以持续关注。

（三）菲律宾：亚太地区多边安全合作中的边缘盟国

相较于日韩两国，菲律宾在加入美国主导的多边安全合作中起步较晚，虽然与美国在联合军演等行动中互动频繁，但菲律宾自2023年才正式与其他盟国组建安全合作机制。原因在于杜特尔特时期的菲律宾对美国提出参与多边安全合作的要求进行了消极回应，这是由于菲律宾与美国在一些议题上缺乏威胁认知的契合性，加之自身的军事实力羸弱也难以支撑其在多边合作中安全成本的分担，造成安全分工水平程度低。小马科斯执政后，开始积极融入美国主导的多边安全合作，但囿于起步较晚以及菲律宾自身军事实力不足，目前在该网络中发挥的作用仍十分有限。

菲律宾在美国亚太联盟的多边合作安排中处于边缘位置。这是由于：首先，美菲对威胁认知的分歧弱化了菲律宾参加地区安全合作的动力。杜特尔特总统执政时期，菲律宾的国防战略重心出现了"向内转"的趋势，聚焦于菲律宾国内事务和解决内部威胁，[③]着重应对包括国内恐怖主义和分裂势力等挑战。在菲律宾国防战略重心转变的基础上，菲律宾调整了菲美同盟关系。杜特尔特上任后，表示他"不是美国的粉丝"，并希望美国特种部队撤出棉兰老岛[④]，美菲同

---

①　The White House，Indo-Pacific Strategy of The United States，2022，p.9.

②　Ibid.，p.17.

③　The Department of National Defense，National Defense Strategy 2018—2022，2019，https：//www.dnd.gov.ph/Files/ShowFile?url＝/FilesUploaded/Ckeditor/file/NDS_7_August_2019.pdf.

④　The International Institute for Strategic Studies，The Military Balance 2017，2017.

盟关系日渐疏离。鉴于菲律宾主要从国内安全层面来考虑国家安全，美菲两国难以在反华问题上形成合作共识。杜特尔特时期菲美同盟分歧公开化，两国的安全合作有所弱化。这表现为，在安全协商机制层面，2016 年举行第二届美菲防长与外长"2+2"对话会后，该对话暂停了 7 年之久，直至 2023 年才得以重启。在军事协议的落实方面，2018 年，菲律宾提出欲重审《共同防御条约》；2020 年 2 月，菲律宾又宣布终止《访问部队协议》。在军事演习方面，菲美"肩并肩"军演的规模和方向也有一定收缩和后退。此外，菲律宾还多次拒绝参与美国在南海地区领导的联合军事行动。同时，杜特尔特政府寻求外交多元化政策，改善与中国、俄罗斯、日本、印度等地区国家的关系。其中，对华政策方面，为修复与中国关系，菲律宾有意冷却南海争端，倾向于使用外交手段解决南海问题。①在 2017 年菲律宾发布的《国家安全政策（2017—2022 年）》报告中，虽然菲律宾谈到了南海问题，但并未特别指涉中国。在同盟合作弱化和威胁认知出现分歧的前提下，以其为核心和基础而进行拓展的多边安全合作也失去了推进动力，因此菲律宾参与的地区安全合作成果寥寥。

然而，2022 年 6 月小马科斯执政后菲律宾外交政策出现了变化，开始在安全合作上积极向美国靠拢，菲美达成多项安全合作协议。2023 年 2 月，菲律宾同意向美军新开放四处军事基地；2023 年 4 月，菲美举行了史上最大规模的"肩并肩"军事演习。在美菲双边军事合作升温的基础上，菲律宾开始融入美国主导的多边合作安排。2023 年 5 月，美菲首脑会晤后发布的联合声明中指出"两国期待建立美日菲和美澳菲三边合作模式"，②小马科斯执政时期的菲律宾开始积极支持和响应美国的多边安全合作。

其次，菲律宾分工能力不足以支撑其分担联盟安全合作成本，造成菲律宾参与的安全分工水平较低。其一，在安全分工能力方面，菲律宾军事力量薄弱。菲律宾军费开支长期保持在 GDP 的 1%左右，其军费支出仅为同为美国盟友的日本和韩国的十分之一（见表 2）。菲律宾还高度依赖美国提供的军事援助，长

---

① 钟振明、关梦瑞：《非对称同盟内部矛盾与美菲关系的转折——以菲律宾对美国政策变化为主线》，《东南亚研究》2021 年第 6 期，第 112—131 页。

② The Government of Philippines, Joint Statement of the Leaders of the Philippines and the United States, 2023, https://pco.gov.ph/news_releases/joint-statement-of-the-leaders-of-the-philippines-and-the-united-states/.

期以来菲律宾接收美国的军事援助金额居于东南亚国家首位。①此外，菲律宾国内严峻的安全形势也使得菲律宾更倾向于将其有限的军事资源投入解决国内恐怖主义泛滥问题，美国也曾协助菲律宾进行反恐行动。可见，在安全保障的状取上，菲律宾仍需倚重美国扶持。事实上，目前菲律宾参加的多边安全机制的主要功能之一正是帮助菲律宾提升防卫实力。②譬如，2023 年 6 月美日菲三国举行首次联合海上军演过后，美日两国表示该行动意在提高菲律宾的海上安保能力。③其二，在安全分工的意愿方面，为改善对华关系，杜特尔特时期菲律宾不愿在南海争端问题上完全追随美国，更不愿将地区安全合作与南海问题进行捆绑。因而在杜特尔特时期菲律宾在参与美国领导的反华军事部署方面表现克制。小马科斯执政后菲律宾态度有所转变，对于参加多边安全合作重获动力，小马科斯政府试图借助与美日等国的合作来提升自身军事实力。④

表 2　2017—2022 年日本、韩国和菲律宾的国防开支（亿美元）

	2017 年	2018 年	2019 年	2020 年	2021 年	2022 年
日　　本	450	485	507	513	510	460
韩　　国	391	430	441	461	509	464
菲律宾	38	41	43	47	55	40

资料来源：斯德哥尔摩国际和平研究所，https://milex.sipri.org/sipri。

综上，虽然小马科斯政府主动强化与美国的安全合作，积极融入美国主导的多边合作安排，但由于菲律宾在杜特尔特时期对美国的有意疏离，导致菲律宾在多边安全合作上起步较晚，此外菲律宾有限的安全分工水平也成为了其在安全网络中的掣肘，故而菲律宾在美国主导的地区安全合作中处于边缘位置。在菲律宾与美国其他盟国合作的机制方面，包括已经形成的美日菲三边安全机

---

①　参见美国对外援助办公室数据：https://www.foreignassistance.gov/aid-trends。

②　陈相秒：《美菲要搞"美菲 + "军事安全合作？》，《世界知识》2023 年第 12 期，第 30—32 页。

③　Nikkei Asia，"Philippines，U. S.，Japan Coast Guards to Hold First Joint Drills，"2023，https://asia.nikkei.com/Politics/International-relations/Philippines-U. S.-Japan-coast-guards-to-hold-first-joint-drills。

④　周士新：《美日菲安全合作：动因、特征及影响》，《亚太安全与海洋研究》2023 年第 6 期，第 50—67 页。

制，以及仍处于筹划进程中的美澳菲三边合作与美日澳菲四边合作机制。其中，鉴于美菲日三边防务合作自 2022 年才开始规划，目前该合作机制化程度不高，已经开展的具体合作包括 2022 年首次举行的美菲日三边防务政策对话，以及 2023 年 6 月举行的国家安全顾问级三边会议，合作内容涉及安全能力提升、维护海洋秩序以及人道主义援助和救灾合作等。[①]此外，除了仍在筹划中的美澳菲三边安全合作机制，美日澳菲四边安全合作目前已经取得了初步进展，四国防长于 2023 年 6 月以"会中会"的形式在新加坡香格里拉峰会期间举行了首次会谈，但该会晤能否发展为常态化机制还有待观察。在菲律宾参加的多边务实合作方面，除了常态化邀请澳大利亚和日本作为参演国和观察员国参与美菲"肩并肩"联合军演外，正在开展的合作还包括美日菲三国海岸警卫队联合演习、美日澳菲四国海上联合军演、美澳菲"海浪"联合两栖演习等。预计未来，"美菲＋"小多边合作有升温趋势。综上，小马科斯执政后菲律宾在参加小多边安排上更加积极，但目前所参加的合作机制化水平不高，有限的多边安全合作参与度使得菲律宾依然处于相对边缘的位置。[②]

表 3　美国及亚太盟国参与的多边安全合作机制

	参与数量	合作机制	机制级别	联盟地位
日本	5 个	美日印澳四方安全对话（QUAD）	首脑级	重要
		美日澳三边战略对话	部长级	
		美日韩三边伙伴关系	首脑级	
		美日印三边战略对话	部长级	
		美日菲三方安全会议	国家安全顾问级	
韩国	1 个	美日韩三边伙伴关系	首脑级	次要
菲律宾	1 个	美日菲三方安全会议	国家安全顾问级	边缘

资料来源：作者自制。

[①] The White House, Joint Readout of Trilateral Meeting Between the National Security Advisors of the United States, Japan, and the Philippines, 2023, https://www.whitehouse.gov/briefing-room/statements-releases/2023/06/16/joint-readout-of-trilateral-meeting-between-the-national-security-advisors-of-the-united-states-japan-and-the-philippines/.

[②] 陈相秒、张舒：《美国在南海问题上的"联合战略"探析》，《东南亚研究》2023 年第 2 期，第 79—100 页。

五、结　　论

本文旨在探究美国亚太多边安全合作网络中盟国的地位差异问题。本研究发现，美国在亚太地区的多边安全合作是由于美国实力相对衰落背景下增加了对盟国的战略需求，而盟国能否回应美国的战略需求，并在何种程度上分担安全成本则影响了其在联盟体系中的地位。具而言之，本文提出盟国与美国的威胁认知共识与安全分工水平对盟国在联盟网络中的地位构成影响。日本与美国的威胁认知契合度强，在多边合作中的安全分工水平最高，因此是美国多边安全合作网络中的重要盟国。韩国虽与美国在一些议题上存在共识，但对安全分工的贡献却十分有限，因此只能处于联盟体系中的次要地位。而菲律宾不但与美国在威胁认知上契合性有限，自身军事实力羸弱对安全分工的贡献不足，因而只能处于联盟体系中的边缘位置。

本文的研究为理解美国亚太盟国的作用和地位差异提供了一个角度。美国试图运用多边合作缓解自身战略压力，以共有威胁为导向，在亚太地区与盟友及伙伴国家构建了诸多排他性的小多边合作机制。应美国敦促，亚太盟国各有选择、不同程度地参加了地区安全合作，呈现出诸如战略对话、军事演习、军事援助等多种形式的安全合作，盟国之间联动显著加强，这些小多边合作机制强化了亚太地区的阵营对抗趋势，并具备灵活性、彼此联动和相互嵌套的特征，美国驱动这些多边机制以期推动在安全、科技和情报等领域的多种对华具有指向性目标的实现。

鉴于这些多边安全合作机制对中国周边安全的影响不容忽视。根据盟友在多边安全机制网络中的地位和作用差异，可以看出盟国在其中的层次性和梯度性特征。实际上，通过前文所述观察到美国与盟国、亚太盟国之间在威胁认知、安全责任分担和军事行动等问题上不无分歧和矛盾，中国可以把握美国与盟国之间的这些互动性特征，充分利用这些制约性因素，针对不同盟国在其中扮演的差异化角色逐个突破，采取有针对性的应对举措予以化解。实际上，实现亚太地区安全与稳定需要的是一个具有包容性的合作框架，美国以排他性多边合作安排来实现自身战略目标安排只会导致进一步的分歧。

图书在版编目(CIP)数据

变动中的区域国别研究：战略、政策与学理 / 唐士其，韩方明主编；庄俊举执行主编. -- 上海：上海人民出版社，2024. -- ISBN 978-7-208-19181-5

Ⅰ. D81

中国国家版本馆 CIP 数据核字第 2024YB1973 号

责任编辑　史美林
封面设计　零创意文化

变动中的区域国别研究：战略、政策与学理

唐士其　韩方明　主编

庄俊举　执行主编

出　　版　**上海人 民 出版社**
　　　　　（201101　上海市闵行区号景路 159 弄 C 座）
发　　行　上海人民出版社发行中心
印　　刷　上海商务联西印刷有限公司
开　　本　720×1000　1/16
印　　张　30
插　　页　4
字　　数　485,000
版　　次　2024 年 11 月第 1 版
印　　次　2024 年 11 月第 1 次印刷
ISBN 978 - 7 - 208 - 19181 - 5/D・4400
定　　价　148.00 元